赛课融通 综合育人

——2020年全国职业院校技能大赛赛项技术分析报告

（高职分册）

全国职业院校技能大赛执行委员会
中国职业技术教育学会院校技术技能竞赛委员会 组织编写

中国教育出版传媒集团
高等教育出版社·北京

图书在版编目（CIP）数据

赛课融通　综合育人：2020年全国职业院校技能大赛赛项技术分析报告. 高职分册 / 全国职业院校技能大赛执行委员会，中国职业技术教育学会院校技术技能竞赛委员会组织编写. -- 北京：高等教育出版社，2022.11

ISBN 978-7-04-058351-9

I. ①赛…　II. ①全…　②中…　III. ①高等职业教育-职业技能-竞赛-概况-中国　IV. ①G718.5

中国版本图书馆CIP数据核字（2022）第038468号

赛课融通　综合育人：2020年全国职业院校技能大赛赛项技术分析报告
Saike Rongtong　Zonghe Yuren: 2020 Nian Quanguo Zhiye Yuanxiao Jineng Da sai Saixiang Jishu Fenxi Bao gao

策划编辑　贾瑞武　　责任编辑　桑　丽　　封面设计　李卫青　　版式设计　杨　树
责任校对　刘丽娴　　责任印制　朱　琦

出版发行	高等教育出版社	网　　址	http://www.hep.edu.cn
社　　址	北京市西城区德外大街4号		http://www.hep.com.cn
邮政编码	100120	网上订购	http://www.hepmall.com.cn
印　　刷	涿州市京南印刷厂		http://www.hepmall.com
开　　本	787mm×1092mm　1/16		http://www.hepmall.cn
印　　张	33.75		
字　　数	850千字	版　　次	2022年11月第1版
购书热线	010-58581118	印　　次	2022年11月第1次印刷
咨询电话	400-810-0598	定　　价	88.00元

物 料 号　58351-00

序

普通教育有高考，职业教育有大赛。全国职业教育大会明确了发展高质量职业教育培养高素质技能人才的方向，坚持类型定位构建高质量职业教育体系，办好全国职业院校技能大赛，积极参与世界技能大赛，推动“岗课赛证”综合育人，开通大赛优秀选手成才路径，激励广大青年走技能成才、技能报国之路。全国职业院校技能大赛自2008年创办以来不断完善，形成了以政府主导、学校主体、行业指导、企业参与、社会各界大力支持的良好办赛格局，构建了以校赛为基础、省赛为支撑、国赛为龙头、行业赛为补充的完整赛事体系，实现了赛项设置基本覆盖中高职专业大类，竞赛内容对接行业标准，赛的是选手实力，亮的是教师水平，展的是学校文化，是培养高质量技能人才的重要抓手，成为展示广大职业院校师生竞赛风采的一个重要舞台。为充分发挥全国职业院校技能大赛对职业教育高质量发展的示范引领作用，需要借鉴世界技能大赛理念，提高大赛的含金量和权威性，努力办成世界水平赛事，打造中国特色职业教育品牌。

一、全国职业院校技能大赛的重要意义

（一）以赛促教

对接教学标准。大赛赛项基本体现了中、高职专业的综合核心职业能力要求，明确了专业核心知识点、考核点以及涉及专业的核心能力与赛项内容的对应关系，突出竞赛的核心要求，达到了“以赛促教”的目的。

紧跟产业发展。大赛坚持引领高技能人才培养，赛项设置体现国家战略的办赛理念。紧跟产业革命和新一轮科技革命，紧密对接新产业、新技术、新业态发展。

锻炼教师队伍。大赛促进教师转变和更新教学理念，带动了职业院校“双师型”队伍的建设，通过在竞赛过程中担任各赛项的裁判、监督和仲裁等职位，教师能更好地了解本专业技能发展水平。

强化资源转化。为拓展大赛成果在教学过程中的推广和应用，大赛执委会开发了赛项资源转化系统，各赛项执委会根据成果转化方案，在规定时间内完成成果转化并提交上网。资源成果通过官网向社会开放，供全国师生、企业员工、社会各界爱好者学习。

（二）以赛促学

聚焦专业技能。通过参加全国职业院校技能大赛，学生可以发现自身技能短板，有效提高个人技能水平，切实提升职业岗位的胜任力。职业院校更加注重学生实际操作技能的培养，加强技能薄弱环节的训练，提升学生的核心竞争能力，从而达到“以赛促学”的

效果。

培养专业兴趣。学生通过备赛参赛，增强了创新思维和实践能力，改变了被动接受知识、学习兴趣不浓厚的问题，大批技能高手从大赛这个舞台上脱颖而出。

促进就业创业。大赛获奖选手的技术水平得到众多单位的认可，获奖选手成为用人单位竞相选择的目标。大赛为每一位职业院校学生搭建了实现个人梦想的舞台，提升了职业教育的社会影响力。

（三）以赛促改

引领教学模式改革。大赛促进教学内容与技术更新换代紧密结合，赛项技术标准融入课程标准中，借鉴赛项模块和评价标准，采用任务驱动、项目教学法，促进教学方法和评价方式的改革，实现赛项评价指标转化为课程评价标准；

促进产教融合校企合作。大赛作为联系职业院校与合作企业的纽带，拉近了校企间的距离，实现了专业与行业、企业的对接，将行业企业先进技术引入教学过程，借助院校智力优势助推企业发展，成为促进校企合作的有效抓手，产生了良好的效果。大赛资源与企业先进的生产服务标准有效结合，促进教育与行业的有机融合。

二、全国职业院校技能大赛的发展历程

（一）2008—2019 年

在教育部等部级单位组成的组委会指导下，大赛取得了长足发展。赛事规模和水平逐年提升，赛项由 2008 年的 24 项增加到 2019 年的 87 项；参赛学生由 2008 年的 2 080 人发展到 2019 年的 17 450 人，累计参赛学生数达 11.2 万人。全国职业院校技能大赛已经成为国家职业教育一个亮丽的品牌。

（二）2020 年改革试点赛

按照“赛出新机制、赛出高水平”要求，在大赛组委会领导下，2020 年全国职业院校技能大赛改革试点赛（简称试点赛）依托教育部和山东省共建的国家职业教育创新发展高地，2020 年 11 月，在山东 9 个地级市的 25 所学校举办。通过试点，大赛改革取得圆满成功，实现了“安全、质量、公平、廉洁”的办赛目标，为国家层面整体推进大赛改革，探索了路径，提供了借鉴，打造了职教高地“样板”。

三、努力办成世界水平赛事

（一）借鉴世界技能大赛理念

肇始于 1946 年的世界技能大赛（简称世赛）是迄今全球地位最高、规模最大、影响力最大的职业技能竞赛，被誉为“世界技能奥林匹克”，其宗旨是提升公众对技能人才的认可，其竞技水平代表了职业技能发展的世界先进水平，是世界技能组织成员展示和交流职业技能的重要平台。为促进高质量复合型技术技能人才培养，借鉴世赛办赛经验，增强赛项设置的科学性，2020 年全国职业院校技能大赛改革试点赛中的 15 个赛项内容基本对接世赛，22 个赛项体现世赛理念。按照国际技能标准，将新工艺、新规范、新技术、新业态纳入赛项内容。

（二）发挥树旗导航定标催化作用

全国职业院校技能大赛进行改革试点，要探索完善办赛机制、补齐短板。一是树旗。要扛起全国职业院校技能大赛的大旗，扛起当今世界职业技能大赛中国队的大旗，将来跻身著名大赛行列，办出世界水平的大赛。二是导航。要通过大赛，对中国职业教育发展未来定向，引导发展方向和重点，建立良性发展有效机制。三是定标。要通过选手比拼，促进职业教育课程建设、人才培养、校企合作等标准不断更新和升级。四是催化。通过大赛，推动促进职业教育成果转化和技术应用，培育更多技能"苗子"，孵化出更好的成果。

大赛通过改革试点在申办主体改革、赛项内容创新设计、经费投入等方面提供一套可复制可推广的经验和做法，努力把大赛办成世界水平大赛，真正发挥大赛的"树旗、导航、定标、催化"作用，引领新时代中国职业教育高质量发展，加快技能型社会建设，攀登世界技能之巅，整体提升国民技能素质，培养更多高素质技术技能人才、能工巧匠、大国工匠。

曾天山　陈　斌

2021 年 4 月 21 日

前言

中国特色社会主义进入了新时代，我国经济也进入高质量发展的新阶段。党的十九大从新时代坚持和发展中国特色社会主义的战略高度，作出了优先发展教育事业、加快教育现代化、建设教育强国的重大部署。职业教育作为现代教育体系的重要组成部分，是一种类型教育，是经济，更是民生，在促进产业转型升级、兜底民生福祉、赋能脱贫攻坚等方面发挥了不替代的作用。

职业教育先后经过国家示范、骨干职业院校建设和2004—2008年“办学水平评估”和2008—2016年“人才培养工作评估”系列建设阶段，《国家职业教育改革实施方案》的出台和“双高计划”的启动是一个重要的分水岭，标志着职业教育进入高质量发展阶段。新时代，职业教育要提质培优、增值赋能，更承担着教育强国、技能强国、制造强国的重要任务。全国职业院校技能大赛（以下简称“大赛”）作为职业教育重大教育制度设计，已成功举办了12届。新时代，大赛需要承担新使命。为深化职业教育供给侧结构性改革，培养更多高素质劳动者和高端技术技能人才，解决大赛存在的顽瘴痼疾，在前期充分调研的基础上，大赛组委会决定对全国职业院校技能大赛进行改革，按照教育部党组“赛出新机制、赛出高水平”的要求，2020年全国职业院校技能大赛改革试点赛（以下简称“改革试点赛”）依托教育部和山东省共建的国家职业教育创新发展高地，于11月在山东成功举办。

改革试点赛从方案论证到大赛开幕，不足半年的时间，中间过程凝聚了所有参与人员的心血，在时间紧任务重的情况下，有些不足或疏漏在所难免，但瑕不掩瑜，仍然是一届成功的大赛：申办机制科学合理、赛项设置对接世界技能大赛（以下简称“世赛”）、竞赛内容紧跟行业、竞赛形式接轨世赛。赛项所有的专家均来自高校或职业院校的一线教学领域，深耕专业和教育教学多年，具备深厚的学术理论功底。本书的内容凝聚了专家、学者对职业教育的热爱、对大赛的情怀，又为我们以后办好大赛提供了智力支持和重要保障。

为总结改革试点赛的经验和成果，贯彻习近平总书记对首届全国职业技能大赛的贺信精神，将教育部党组对大赛“树旗”“导航”“定标”和“催化”的要求落实、落细，大赛执委会决定对37个赛项的赛项规程、赛项技术分析报告、赛项工作总结结集出版，以期为全国职业院校的广大师生提供有益的借鉴，持续发挥大赛对教育教学的引领作用，激励青年一代走技能成才、技能报国之路，培养更多高技能人才和大国工匠。

书的内容来源于实践，是对改革试点赛的总结、反思，但我们更想让这些宝贵的成果服务于教学改革，将赛项内容所涉及的国际、国家、行业标准和新技术、新工艺、新规范等纳入相关课程，推进赛课融合，优化相关专业的人才培养方案；服务于人才培养，完善赛项内容所涉及的包含职业素养、工匠精神、专业的核心能力等方面的人才培养体系，提高人才培养质量，培养更多创新型、发展型、复合型高端技术技能人才；服务于经济发展和国计民生，真正使职业教育和大赛“长入经济、汇入生活、融入文化、渗入人心、进入议程”，增强职业技术教育适应性，为“十四五”职业教育的大改革、大发展谋好篇、开好局，为建设教育强国、技能强国，为实现国民经济和社会发展第十四个五年规划和二〇三五年远景目标贡献职教人、大赛人的力量。

本套书分为中职和高职两个分册，此分册收录高职汽车技术、机器人系统集成、工业设计技术、数控机床装调与技术改造、云计算、移动应用开发、网络系统管理、集成电路开发及应用、园艺、花艺、货运代理、互联网＋国际贸易综合技能、水处理技术、化学实验技术、健康与社会照护、餐厅服务、建筑工程识图、护理技能、学前教育专业教育技能共 19 个赛项的赛项规程、赛项技术分析报告、专家赛项工作总结。

编写组

2021 年 6 月

ChinaSkills

目录

ChinaSkills

项目一
汽车技术赛项

模块一　GZ-2020001　汽车技术赛项规程

一、赛项名称

赛项编号：GZ-2020001
赛项名称：汽车技术
英文名称：Automobile Technology
赛项组别：高职组
赛项归属产业：装备制造大类

二、竞赛目的

以“汽车技术”相关专业为背景，向国际先进水平看齐，检验高等职业院校“汽车技术”相关专业的教育教学成果，引领其专业建设的发展方向，促进其专业教学改革和教育教学质量的整体提升，加快其产教融合人才培养和课程改革与创新的步伐。通过“发动机管理技术”“车身电气技术”“电动汽车技术”“智能化技术”等模块的竞赛，考察参赛队伍安全生产、组织管理、现场问题的分析与处理、工作效率等职业技能与素养，展示参赛队伍良好的精神风貌，向社会宣传职业教育成果，进一步促进高等职业院校“汽车技术”相关专业毕业生就业，宣扬工匠精神，为行业企业培养高素质劳动者和技术技能人才。

三、竞赛内容

竞赛采用实操考核形式，分“发动机管理技术”“车身电气技术”“电动汽车技术”“智能化技术”四个竞赛模块进行。理论考核融入实操考核中，参赛队伍在完成实操考核的同时，应填写参赛选手报告单，各竞赛模块的竞赛内容、时长与权重见表1-1。

表1-1　各竞赛模块的竞赛内容、时长与权重

竞赛模块内容	时长 /min	分值占比 /%	总分
发动机管理技术	90	35	100分
车身电气技术	90	20	
电动汽车技术	90	30	
智能化技术	90	15	

每个竞赛模块的作业要求和考核要点如下。

（一）发动机管理技术

1. 作业要求

在规定时间内，要求参赛选手对发动机无法起动（不可以使用故障诊断仪诊断）、发动机工作不良故障进行诊断与排除；依据维修手册规范完成作业流程，发现和确认故障点，并配合示波器将所有的故障排除后恢复到车辆的正常状态，完整准确填写“发动机管理技术选手报告单”。作业过程中要熟练查阅维修资料、规范使用工具量具和仪器设备、准确测量技术参数和判断故障点，做到安全文明作业。

2. 考核要点

围绕燃油汽车发动机无法起动、发动机工作不良两种故障现象，进行检测分析并查找故障点。重点考察参赛选手对车辆的构造和控制逻辑的理解程度；考察参赛选手对万用表、故障诊断仪、示波器等常用诊断设备的应用能力；要求对发动机管理技术系统进行故障诊断，包括前期准备、安全检查、仪器连接、症状确认、目视检查、故障码和数据流检查、元器件测量、电路测量、故障点确认和排除、现场 5S 整理等。

（二）车身电气技术

1. 作业要求

在规定时间内，要求参赛选手对车身电气技术系统故障进行诊断与排除（不可以使用故障诊断仪诊断）；依据维修手册规范完成作业流程，发现和确认故障点，将所有的故障排除后恢复到车辆的正常状态，完整准确填写“车身电气技术选手报告单”。作业过程中要熟练查阅维修资料、规范使用工具量具和仪器设备、准确测量技术参数和判断故障点，做到安全文明作业。

2. 考核要点

围绕燃油汽车电源管理系统、仪表与警告装置、车载网络系统、空调系统、车身附件电路（刮水器、喇叭、车窗、门锁、后视镜等）、照明系统进行检测分析并查找故障点。重点考察参赛选手对车辆的构造和控制逻辑的理解程度；考察参赛选手对万用表、示波器等常用诊断设备的应用能力；要求对车身电气技术系统进行故障诊断，包括前期准备、安全检查、仪器连接、症状确认、目视检查、故障码和数据流检查、元器件测量、电路测量、故障点确认和排除、现场 5S 整理等。

（三）电动汽车技术

1. 作业要求

在规定时间内，要求参赛选手对电动汽车技术系统进行故障诊断与排除（低压供电不正常故障不可以使用故障诊断仪诊断）；依据维修手册规范完成作业流程，发现和确认故障点，并根据现场裁判的要求排除故障，完整准确填写“电动汽车技术选手报告单”。作业过程中要熟练查阅维修资料、规范使用工具量具和仪器设备、准确测量技术参数和判断故障点，做到安全文明作业。

2. 考核要点

围绕电动汽车低压电源管理、高压电源管理、交直流充电系统的“低压供电不正常”“高压供电不正常”“车辆无法正常行驶”“车辆无法充电”四种常见的故障现象，进

行检测分析并查找故障点。重点考察参赛选手对车辆电动化系统控制逻辑的理解程度；考察参赛选手对故障诊断仪、万用表、示波器等常用诊断设备的应用能力；要求对电动汽车技术系统进行故障诊断，包括前期准备、安全检查、仪器连接、故障症状确认、目视检查、读取故障码与数据流、高压断电、非带电状态检测验证、绝缘（漏电）检测、元器件测量、机械拆装、故障点确认和排除、现场 5S 整理等。

（四）智能化技术

1. 作业要求

在规定时间内，要求参赛选手对智能化技术系统进行系统的调试与故障排除、智能化装备的参数设置和标定、线控底盘 CAN（控制器局部网）通信数据的读取与调试、调取传感器装调参数进行单模块和组合模块的虚拟仿真测试、在仿真平台上完成功能验证，并由现场裁判确定是否需要进行路测；完整准确填写“智能化技术选手报告单”。作业过程中要熟练查阅技术资料、规范使用工具量具和仪器设备、准确测量技术参数和判断故障点，做到安全文明作业。

2. 考核要点

围绕智能化技术系统进行故障排除和调试，包括设备、平台、测试软件故障等；对关键的智能化装备进行参数设置和标定，包括毫米波雷达、摄像头、激光雷达、组合导航等；进行线控底盘 CAN 通信数据读取与调试，包括 CAN 数据的读取和解析、速度与转向等参数的数据发送、控制执行机构相关参数的调试设定；调取传感器装调参数进行虚拟仿真测试，完成智能化汽车的自动起停、自动驾驶循迹、主动避障、自动紧急制动、自适应巡航、车道保持等功能验证；完成实车道路运行测试，包括自动起停、自动驾驶循迹、主动避障、自动紧急制动、交通标识识别、车道线识别、行人预警等功能。重点考察参赛选手对智能化技术系统控制逻辑的理解程度；考察参赛选手智能网联汽车智能装备调试、功能测试和故障排除等应用实践能力。

四、竞赛方式

（一）参赛条件

竞赛以个人参赛方式进行，每个人参加所有四个模块的竞赛。参赛选手必须是 2020 年度高等职业院校全日制在籍学生或五年制高职中四年级和五年级的全日制在籍学生，不限性别，年龄不超过 25 周岁，年龄计算的截止时间为竞赛当年的 11 月 1 日。往届全国职业院校技能大赛在相关赛项中获一等奖的选手，不得参加同一项目同一组别的竞赛。

（二）竞赛队伍组成

由各省、自治区、直辖市、新疆生产建设兵团为单位组队参赛，各地限报 1 队参赛。每队含参赛选手 1 名、指导教师 1 名、领队 1 名。

五、竞赛流程

竞赛日期：2020 年 11 月（具体时间另行通知）。

竞赛日程及内容：正式竞赛时长 2 天，具体情况见表 1-2。

表 1-2 竞赛日程及内容

流程	时间		内容	地点
裁判培训	第 1-2 天	8:30—16:30	第三方专家封闭验题，最终确定试题	赛场
	第 3 天	8:30—11:30	所有裁判进行培训和竞赛模拟	
		14:00—15:30	参赛选手熟悉竞赛场地	
		15:30—16:30	领队会	会议室
竞赛日	第 4 天	7:00—8:00	参赛队完成： （1）一次加密； （2）按照一次加密确定的顺序进行二次加密	赛场
		8:30—10:00	第一场竞赛： “发动机管理技术”“智能化技术”	
		10:30—12:00	第二场竞赛： “发动机管理技术”“智能化技术”	
		13:00—14:30	第三场竞赛： “发动机管理技术”“智能化技术”	
		15:00—16:30	第四场竞赛： “发动机管理技术”“智能化技术”	
		17:00—18:30	第五场竞赛： “发动机管理技术”“智能化技术”	
	第 5 天	7:00—8:00	参赛队完成 （1）一次加密； （2）按照一次加密确定的顺序进行二次加密	赛场
		8:30—10:00	第一场竞赛： “车身电气技术”“电动汽车技术”	
		10:30—12:00	第二场竞赛： “车身电气技术”“电动汽车技术”	
		13:00—14:30	第三场竞赛： “车身电气技术”“电动汽车技术”	
		15:00—16:30	第四场竞赛： “车身电气技术”“电动汽车技术”	
		17:00—18:30	第五场竞赛： “车身电气技术”“电动汽车技术”	
闭幕	第 6 天	9:30—10:30	竞赛闭幕	报告厅

六、竞赛赛卷

（一）命题流程

专家组依据本规程公布的作业要求和考核要点负责编制竞赛赛题，赛题与评分标准对

应考核模块的故障点或规范操作要点。竞赛设备说明书、维修手册、电路图等相关技术资料将随竞赛车（机）型同时在全国职业院校技能大赛官方网站（以下简称“大赛官网”）上公布。

（二）专家命题

由专家组赛前3天封闭完成竞赛赛题的命制与验证，包括根据竞赛车型和机型，确定故障现象，设置具体故障点并予以验证，电器和机械参数准确地测量，完成评分细则，同时验证竞赛赛题作业的难易程度和需要的标准工作时间等，最终确定赛题的参赛选手报告单、现场裁判评判表和评分表。在开赛当天专家组对裁判进行培训，讲解评分细则。

命题专家在竞赛过程中作为各考核模块的技术支持专家，不直接执裁打分，负责裁判培训、指导并监督执裁，处理现场出现的问题以及协助裁判长做好技术管理等工作。专家组须指定专人负责赛题印刷、加密保管、领取和回收工作。

（三）赛项说明会

在赛前召开赛项说明会，结合样题讲解考核要点、竞赛方式、注意事项等。

（四）最终赛题产生的方式

大赛命题组将依据公布的作业要求和考核要点，出5套试题，试题重复率不超过50%，在竞赛前1天由裁判长指定专人在监督组的监督下于现场随机抽取两套试题，分别作为竞赛用题和备用题。

赛项竞赛结束后1周内，正式赛卷（包括评分标准）通过大赛官网公布。

七、竞赛规则

（一）熟悉场地

赛项竞赛前一天下午安排参赛队熟悉竞赛场地，召开领队会议，宣布竞赛纪律和有关规定。

（二）检录与加密解密

按照《2019年全国职业院校技能大赛制度汇编》要求，进行检录、一次加密、二次加密及解密等工作。

（三）正式竞赛

（1）每轮竞赛统一听从裁判长发布竞赛开始指令后正式开始，参赛选手合理安排计划，利用现场提供的所有条件完成竞赛任务。

（2）参赛选手在竞赛期间实行封闭管理。

（3）竞赛过程中，参赛选手须严格遵守安全操作规程，并接受裁判员的监督和警示，以确保安全。参赛选手因个人误操作造成人身安全事故和设备故障时，裁判长有权中止该参赛选手参赛；如非参赛选手个人因素出现设备故障而无法继续竞赛，由裁判长视具体情况做出裁决（调换到备份赛位或调整为参加最后一场次竞赛）；如裁判长确定设备故障可由技术支持人员排除后继续竞赛，将给参赛选手补足所耽误的竞赛时间。

（4）参赛选手若提前结束竞赛，应举手向裁判员示意，竞赛结束时间由现场裁判记录，参赛选手结束竞赛后不得再进行任何操作。

（5）裁判长在竞赛阶段统一进行剩余时间提醒、发布竞赛结束指令。竞赛结束时所有未完成任务参赛选手立即停止操作。

（6）参赛选手不携带任何参赛队及个人信息、任何通信及存储设备、纸质材料等物品进入赛场，赛场内提供必需用品。

（7）参赛选手提交的选手报告单等竞赛成果，需要现场裁判与参赛选手签写赛位号确认。

（8）其他未涉及事项或突发事件，由大赛组委会负责解释或决定。

八、竞赛环境

竞赛在承办院校合格场地进行，“发动机管理技术”“车身电气技术”在同一场地进行，“电动汽车技术”“智能化技术”在另外的单独场地进行，赛场内各赛位可适当分散增大间隔。竞赛场地面积和赛位设置具体见表1-3（赛位数根据最后报名参赛队数量调整）。

表1-3　各模块场地面积及赛位数

模块竞赛内容	竞赛场地面积 /m^2	赛位 / 个
发动机管理技术	640	6+2
车身电气技术	640	6+2
电动汽车技术	640	6+2
智能化技术	640	6+2

“发动机管理技术”“车身电气技术”竞赛场地设有尾排通风装置，提供稳定的电、气源，场地采光、照明和通风良好。“电动汽车技术”“智能化技术”竞赛场地提供220V交流电（插座带地线），线路能承载7kW、32A以上电流。

赛场内安排有裁判休息区、仲裁室、专家室、评分裁判室、机要室、医疗室、选手封闭室、卫生间等必要的区域；评分裁判室、裁判休息区、仲裁室、选手刚性隔离封闭区，配备志愿者，严禁外人进入；所有竞赛的赛位使用专用屏风隔离，避免相互影响；现场配备音响、摄像设备，以便有效组织赛场活动；现场配备有计时器，准确把控竞赛时间；赛场机要室钥匙由裁判长和监督组长分别保管，机要室严禁外人进入。

九、技术规范

（一）法律法规

《中华人民共和国安全生产法》《机动车维修管理规定》。

（二）技术标准（见表1-4）

表1-4　技术标准

序号	标准号	标准名称
1	GB/T 18344—2016	汽车维护、检测、诊断技术规范
2	GB 7258—2017	机动车运行安全技术条件
3	GB/T 15746—2011	汽车修理质量检查评定方法
4	GB/T 19910—2005	汽车发动机电子控制系统修理技术要求

续表

序号	标准号	标准名称
5	GB/T 18384.1—2015	电动汽车　安全要求　第 1 部分：车载可充电储能系统（REESS）
6	GB/T 18384.2—2015	电动汽车　安全要求　第 2 部分：操作安全和故障防护
7	GB/T 18384.3—2015	电动汽车　安全要求　第 3 部分：人员触电防护
8	GB/T 28382—2012	纯电动乘用车　技术条件
9	GB/T 18385—2005	电动汽车　动力性能　试验方法
10	GB/T 18487.1—2015	电动汽车传导充电系统　第 1 部分：通用要求
11	GB/T 31486—2015	电动汽车用动力蓄电池电性能要求及试验方法
12	GB/T 18488.1—2015	电动汽车用驱动电机系统　第 1 部分：技术条件
13	GB/T 18488.2—2015	电动汽车用驱动电机系统　第 2 部分：试验方法
14	GB/T 20234.1—2015	电动汽车传导充电用连接装置　第 1 部分：通用要求
15	GB/T 20234.2—2015	电动汽车传导充电用连接装置　第 2 部分：交流充电接口
16	GB/T 19596—2017	电动汽车术语
17	GB/T 24347—2009	电动汽车 DC/DC 变换器

（三）高等职业教育专业教学标准

汽车制造类—高等职业学校新能源汽车技术专业教学标准（560707）；
汽车制造类—高等职业学校汽车电子技术专业教学标准（560703）；
汽车制造类—高等职业学校汽车检测与维修技术专业教学标准（560702）；
汽车制造类—高等职业学校汽车制造与装配技术专业教学标准（560701）；
道路运输类—高等职业学校汽车运用与维修技术专业教学标准（600209）。

十、技术平台

竞赛平台采用相同指标的设备平台，工具、耗材统一提供。竞赛平台功能要求见表 1-5。

表 1-5　竞赛平台功能表

竞赛模块	技术平台	功能要求	数量 / 赛位
发动机管理技术和车身电气技术	燃油汽车	主流车型	1
	整车故障连接检测盒	1. 配置原厂适配器，实现与竞赛车辆无损快速连接； 2. 包括发动机管理技术、电源管理、舒适、车载网络、车身附件电路（车窗、门锁、后视镜等）、照明等系统检测； 3. 具备插头端口测量功能，多元测量实时交互； 4. 具备无线故障设置功能，单一故障点不少于 100 路；	1

续表

竞赛模块	技术平台	功能要求	数量 / 赛位
发动机管理技术和车身电气技术	整车故障连接检测盒	5. 能进行线路断路、线路电阻过大（即串电阻）、插头端子缺失或损坏、线路对正电极搭铁、线路对地搭铁、单个元件插头上线路窜线等故障设置	
	故障诊断仪器（仅发动机管理技术）	能进行竞赛车型读码、清码、读取数据流完整信息和进行执行元件驱动诊断、编程等基本功能	1
	汽车专用示波器	要求示波器具备以下性能。 1. 带宽：≥100MHz； 2. 采样率：≥2.0GS/s； 3. 通道：≥2； 4. 耦合：交流、直流； 5. 电池持续时间：≥4h； 6. 具有 USB 端口； 7. 精确测量竞赛车辆总线信号	1
	万用表	要求满足以下技术参数。 1. 适用汽车电器元件检测； 2. 可测试直流电压、交流电压、直流电流、交流电流、电阻、转速、脉宽、占空比、频率、温度、电容、短路以及二极管是否损坏	1
	万用接线盒	主要强调各种规格的“T”型线，能满足轿车竞赛系统的所有融丝、继电器、传感器、执行器插接测量之用，要有足够的通流能力和可重复插接使用能力	1
	拆装工具	多抽屉带轮工具车，配齐拆装工具	1
电动汽车技术	新能源汽车	主流纯电动车型	1
	整车故障连接检测盒	1. 配置原厂适配器，实现与整车无损快速连接； 2. 能够进行新能源汽车低压供电管理模块（BCM）、电池管理（BMS）、充电（OBC）、电机控制（PEU）、整车控制（VCU）等系统检测； 3. 具备插头端口测量功能，多元测量实时交互； 4. 具备无线故障设置功能，单一故障点不少于 100 路；	1

续表

竞赛模块	技术平台	功能要求	数量 / 赛位
电动汽车技术	整车故障连接检测盒	5. 能进行线路断路、线路电阻过大（即串电阻）、插头端子缺失或损坏、线路对正电极搭铁、线路对地搭铁、单个元件插头上线路窜线等故障设置	
	故障诊断仪器	能进行竞赛车型读码、清码、读取数据流完整信息和进行执行元件驱动诊断、编程等基本功能	1
	汽车专用示波器	要求示波器具备以下性能。 1. 带宽：≥100MHz； 2. 采样率：≥2.0GS/s； 3. 通道：≥2； 4. 耦合：交流、直流； 5. 电池持续时间：≥4h； 6. 具有 USB 端口； 7. 精确测量竞赛车辆总线信号	1
	万用接线盒	主要强调各种规格的“T”型线，能满足轿车竞赛系统的所有保险丝、继电器、传感器、执行器插接测量之用，要有足够的通流能力和可重复插接使用能力	1
	万用表	要求满足以下技术参数。 1. 适用汽车电器元件检测； 2. 可测试直流电压、交流电压、直流电流、交流电流、电阻、转速、脉宽、占空比、频率、温度、电容、短路以及二极管是否损坏	1
	拆装工具	多抽屉带轮工具车，配齐绝缘拆装工具	1
	人员及赛位安全防护套装	1. 人员防护套装 包括绝缘手套、耐磨手套、护目镜、安全帽 2. 赛位安全防护套装 包括警示牌、隔离带套装、绝缘防护垫等	1
	绝缘工作台	1. 工作台台面选用实木材质，配 2 层抽屉。 2. 桌面采用防静电材料，尺寸（长 × 宽 × 高）：1500mm × 750mm × 850mm	1

续表

竞赛模块	技术平台	功能要求	数量 / 赛位
智能化技术	自动驾驶线控车辆	含线控底盘车辆、相关零配件和线束	1
	自动驾驶系统（传感器、路由器等）	1. 含自动驾驶功能，包含车道保持、停障、避障、循迹、识别红绿灯等功能； 2. 含相机标定、激光雷达标定、融合标定等功能； 3. 含与仿真测试系统连接并联合调试功能； 4. 含地图录制与刻绘功能； 5. 含车辆状态上传功能； 6. 含车辆通信功能	1
	虚拟仿真测试系统	1. 仿真测试平台中配置智能网联汽车实操平台的车辆模型。 2. 支持与多传感器融合线控底盘车连通，支持工控机在环测试。 3. 支持导入实车传感器的位置参数信息，支持通用类型传感器仿真，满足对于感知系统算法的虚拟仿真测试。 4. 内置一系列测试场景库，由天气因素、道路因素、功能类型随机组成天气因素，包括晴天、雨天、雪天；道路因素包括直道、弯道；功能类型包括自适应巡航、自动紧急制动、主动避障、车道保持、自动泊车、盲区监测等先进驾驶辅助系统的功能测试。 5. 基于同一实车算法，支持不同传感器安装位置参数下的自动紧急制动功能的测试对比。 6. 支持实车算法控制参数的修改，并实现参数调整后的 ADAS（高级驾驶辅助系统）功能实时仿真测试。 7. 支持仿真测试任务的创建，支持测试场景的选择。 8. 仿真测试中支持显示重要的仪器及有关车辆行驶状况信息，如通过速度表显示实时车速。 9. 仿真测试中车辆实时三维展示，效果逼真、场景清晰。 10. 支持同一测试场景多次修改算法参数，并显示测试结果。	1

续表

竞赛模块	技术平台	功能要求	数量 / 赛位
智能化技术	虚拟仿真测试系统	11. 支持多场景测试结果的输出，并根据评价指标进行打分。 12. 支持测试报告的导出，并针对未通过项目提出改进建议。 13. 支持车辆参数、传感器参数的实时查看	1
	综合道路测试设施系统	含监控云平台、静态 / 动态障碍物、红绿灯、假人、无线电台、起点、终点指示牌等	1
	工业显示屏	显卡 GTX1060 显存 6G 以上，显示高清双输出，处理器酷睿 i7-8700 以上，内存 16G 以上，固态硬盘 256G 以上，高清 4K 显示器	1
	汽车专用示波器	要求示波器具备以下性能。 1. 带宽：≥100MHz； 2. 采样率：≥2.0GS/s； 3. 通道：≥2； 4. 耦合：交流、直流； 5. 电池持续时间：≥4h； 6. 具有 USB 端口； 7. 精确测量竞赛车辆总线信号	1
	万用接线盒	主要强调各种规格的“T”型线，能满足轿车竞赛系统的所有保险丝、继电器、传感器、执行器插接测量之用，要有足够的通流能力和可重复插接使用能力	1
	万用表	要求满足以下技术参数。 1. 适用汽车电器元件检测； 2. 可测试直流电压、交流电压、直流电流、交流电流、电阻、转速、脉宽、占空比、频率、温度、电容、短路以及二极管是否损坏	1
	拆装工具	多抽屉带轮工具车，配齐绝缘拆装工具	1
	人员及工位安全防护套装	1. 人员防护套装 包括绝缘手套、耐磨手套、护目镜、安全帽 2. 工位安全防护套装 包括警示牌、隔离带套装、绝缘防护垫等	1

十一、成绩评定

（一）评分标准

1. 评分标准的制订原则

赛项裁判组负责赛项成绩评定工作。评分标准以“公平、公正、公开”为原则，采用过程评分和结果评分两种方式。

2. 成绩管理程序

按照2020年全国职业院校技能大赛执行委员会（以下简称“大赛执委会”）的要求，参赛选手的成绩评定与管理按照严密的程序进行。成绩管理流程如图1-1所示。

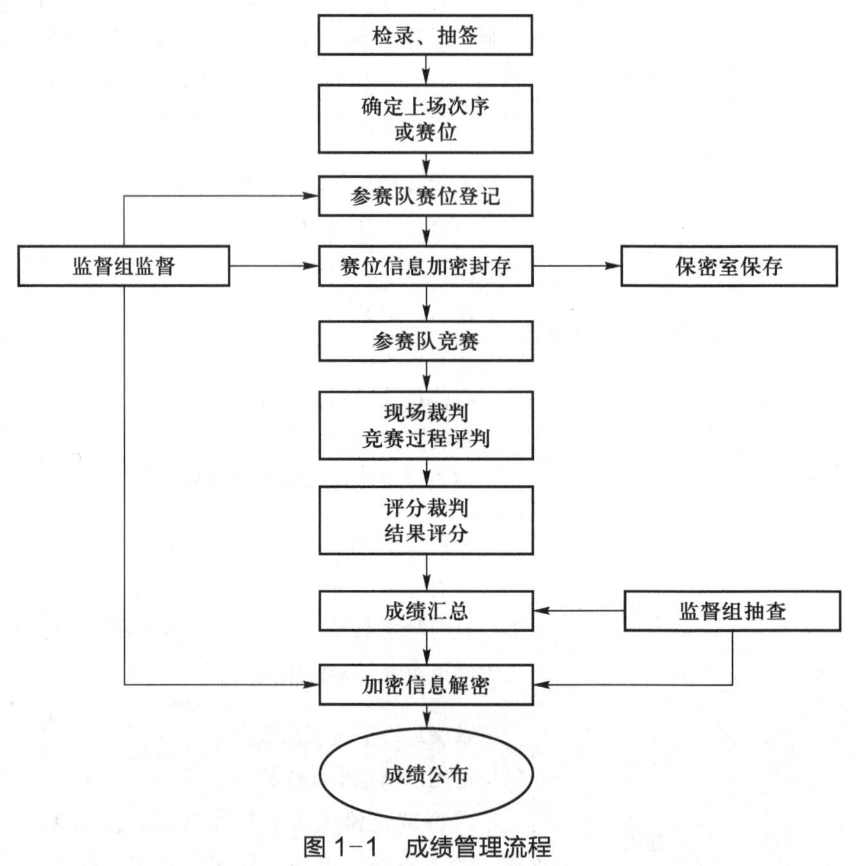

图1-1　成绩管理流程

3. 成绩评分

（1）过程评分。现场裁判依据现场评判表，对参赛选手竞赛过程的人、物安全，设备使用，操作规范，职业素养进行评判。评判结果由裁判员、裁判长签字确认。

（2）结果评分。评分裁判根据现场评判表、参赛选手提交的报告单，依据评分标准进行评分、统分和核分。

（3）解密。在监督组监督下，由裁判长指定解密裁判启封检录抽签一次加密档案、二次加密档案，找出各参赛队与场次赛位对应关系；将竞赛结果分别由场次赛位号转换为参赛队，然后进行分值排序，打印封装。

（4）总成绩排序。总成绩为四个竞赛模块成绩之和。竞赛成绩相同时，按“发动机管理技术”赛项成绩进行排序；竞赛成绩再相同时，按“电动汽车技术”赛项成绩进行排序；竞赛成绩仍相同时，按“车身电气技术”赛项成绩进行排序。

（5）抽检复核。为保障成绩统计的准确性，监督组对赛项总成绩排名前 30% 的所有参赛队伍的成绩进行复核；对其余成绩进行抽检复核，抽检覆盖率不得低于 15%。监督组将复检中发现的错误以书面方式及时告知裁判长，由裁判长更正成绩并签字确认。错误率超过 5% 的，则认定为非小概率事件，裁判组需对所有成绩进行复核。

4. 成绩公布

（1）公示。当日竞赛成绩在竞赛完毕 3 小时后公示。所有竞赛结束后记分员将解密后的各参赛队成绩汇总成最终成绩单，经裁判长、监督组组长签字后进行公示。

（2）录入。成绩公示满 2 小时无异议后，由赛务信息员将赛项总成绩的最终结果录入赛务管理系统。

（3）审核。赛务信息员对成绩数据审核后，将赛务管理系统中录入的成绩导出打印，裁判长、仲裁长和监督组组长审核后签字。

（4）公布。由裁判长在闭幕式上宣布最终竞赛成绩。

（5）报送。由赛务信息员将签字的纸质打印成绩单报送全国职业院校技能大赛各赛项执行委员会（以下简称“赛项执委会”）和大赛执委会办公室。

（二）配分规则

各竞赛模块现场作业配分规则见表 1-6。

表 1-6 各竞赛模块现场作业配分

评分项目	配分
健康与安全	20 分 /10 分（智能化技术）
作业过程与记录	80 分 /90 分（智能化技术）
合计	100 分

（三）违规扣分

（1）在完成工作任务的过程中，因操作不当导致人身或设备安全事故扣 10 分，严重事故直接取消竞赛资格。

（2）损坏赛场提供的设备，污染赛场环境等不符合职业规范的行为扣 5 分。

（3）在竞赛时段，参赛选手有不服从裁判判决的、扰乱赛场秩序的、有作弊行为的、裁判宣布竞赛时间已到仍强行操作的，取消参赛队奖项评比资格。

（4）选手报告单上留有不应有的标识、符号、文字，扣 5 分。

十二、奖项设定

本赛项设团体一、二、三等奖。以赛项实际参赛队总数为基数（小数点后四舍五入），一、二、三等奖获奖比例分别为 10%、20%、30%。

获一等奖参赛队的指导教师获“优秀指导教师奖”。

十三、赛场预案

按照《2019年全国职业院校技能大赛制度汇编》中相关制度执行。

（1）赛场配备技术人员，当车辆、设备等出现问题时，技术人员可第一时间提供专业技术支持。

（2）赛场配置安全通道，当出现火情或其他灾害情况，工作人员应立即向保卫组报告，保卫组接到汇报后要火速到达现场并配合消防队员和公安干警，指挥人员疏散到安全区域并及时处置现场状况。

（3）竞赛过程中出现设备断电、故障等意外时，现场裁判需及时确认情况，安排技术支持人员进行处理，现场裁判登记详细情况，填写补时登记表，报裁判长批准后，可安排延长并补足相应参赛选手的竞赛时间。

（4）赛场布置2个备用赛位，与其他竞赛赛位间隔至少1个赛位的宽度布置。当出现非选手原因设备断电、故障等意外时，经现场裁判认可，裁判长确认予以安排备用赛位进行竞赛。

（5）赛场设有应急医疗点，用于参赛选手突发身体不适（如发热、咳嗽等）或出现碰伤、划伤等意外情况的应急处理；如应急医疗点诊断参赛选手可以继续竞赛的，经裁判长确认予以安排原赛位或备用赛位进行竞赛。如参赛选手不能继续参加竞赛的，终止该参赛选手参赛，必要时可联系120急救车。

（6）竞赛期间发生意外事故，发现者应第一时间报告赛项执委会，同时采取措施，避免事态扩大。赛项出现重大安全问题可以停赛，是否停赛由全国职业院校技能大赛赛区组织委员会（以下简称“赛区组委会”）决定。事后，赛区执委会应向大赛执委会报告详细情况。

十四、赛项安全

赛事安全是赛项一切工作顺利开展的先决条件，是赛事筹备和运行工作必须考虑的核心问题。赛项执委会采取切实有效措施保证大赛期间参赛选手、指导教师、工作人员等人员的人身安全。

（一）竞赛环境

（1）赛项执委会须在赛前组织专人对竞赛场、住宿场所和交通保障进行考察，并对安全工作提出明确要求。赛场的布置，赛场内的器材、设备应符合国家有关安全规定。赛前进行赛场全负荷模拟测试，以发现可能出现的问题，及时排除安全隐患。

（2）赛场周围要设立警戒线，无关人员不得进入。赛场内应参照相关职业岗位的要求为参赛选手提供必要的劳动保护。在具有危险性的操作环节，裁判员要严防参赛选手出现错误操作。

（3）承办院校必须制订管理方案、人员疏导方案和应急预案。

（4）参赛选手、赛事裁判、工作人员进入赛场区域内，严禁携带通信工具、照相摄录设备、记录用具。赛项需要配置安检设备对进入赛场人员进行安检。

（5）赛位、仲裁室、评分室需要配置高清摄像设备，对赛事竞赛时间段进行全程

录像。

（二）处罚措施

（1）因参赛队伍原因造成重大安全事故的，取消其获奖资格。

（2）参赛队伍有可能造成重大安全事故隐患的，经赛场工作人员提示、警告无效的，可取消其继续竞赛的资格。

（3）赛事工作人员违规的，按照相应的制度追究责任。情节恶劣并造成重大安全事故的，由司法机关追究相应法律责任。

十五、竞赛须知

（一）参赛队须知

（1）各参赛队须为参赛选手购买大赛期间的人身意外伤害保险。

（2）各参赛队须对参赛选手、指导教师、领队进行安全管理和维稳教育，在竞赛期间需保持通信畅通。

（3）对申诉的仲裁结果，领队和指导教师应带头服从和执行，还应说服参赛选手服从和执行。凡恶意申诉，一经查实，组委会将追查相关人员责任。

（4）领队负责做好本参赛队竞赛期间的管理与组织工作。

（5）执行大赛各项规定。各参赛队领队、指导教师在竞赛前和竞赛期间不允许私自接触裁判，不得以任何形式影响裁判的评判。

（6）指定一名领队或指导教师准时参加赛前领队会议，进行抽签确定竞赛当日抽签顺序，并认真传达落实会议精神。

（二）指导教师须知

（1）指导教师经报名、审核后确定，一经确定不得更换，如需更换，须由各地区代表队省级教育行政部门于相应赛项开赛 10 个工作日之前出具书面说明并按相关规定补充人员并接受审核。

（2）各代表队指导教师要坚决执行竞赛的各项规定，指导参赛选手做好赛前的一切准备工作，不得以任何理由影响竞赛正常进行。

（3）对申诉的仲裁结果，指导教师应带头服从和执行，还应说服参赛选手服从和执行。

（4）指导教师应认真研究和掌握本赛项竞赛的技术规则和赛场要求，对参赛选手做好安全和纪律教育。

（三）参赛选手须知

（1）参赛选手应严格遵守竞赛规则和竞赛纪律，服从裁判员和竞赛工作人员的统一指挥安排，自觉维护赛场秩序，不得因申诉或对处理意见不服而停止竞赛，否则以弃权处理。

（2）参赛选手须文明竞赛，接受裁判的监督和警示。

（3）参赛选手必须持本人身份证、并佩戴统一签发的参赛证件；在赛前 60 分钟到达赛场进行检录、抽取赛位号，进行赛前准备，等候竞赛开始指令。正式竞赛开始尚未检录的参赛选手，不得参加竞赛。已检录入场的参赛选手未经允许，不得擅自离开。

（4）参赛选手进入赛场不得携带任何纸质资料、通信工具、电子书、存储设备、照相及录像设备等。

（5）参赛选手在收到开赛信号前不得启动操作；若结束竞赛，应向裁判举手示意，由裁判记录竞赛结束时间；竞赛结束后，不得再进行任何与竞赛有关的操作。

（6）在竞赛中如遇非人为因素造成的器材故障，应及时向裁判反映，经裁判确认后，可向裁判长申请补足排除故障的时间。

（7）竞赛结束后，应按要求向裁判提交“选手报告单”。

（8）参赛选手应注意安全，必须穿安全鞋。

（9）参赛选手经体温检测异常的，按竞赛当地防疫要求的规定处理。

（四）工作人员须知

（1）工作人员必须服从统一领导，严格遵守竞赛纪律及时间安排，严守工作岗位，不得无故离岗。

（2）工作人员必须着装整齐，统一佩戴相应证件，精神饱满、热情服务。

（3）熟悉赛项指南，严格按照工作程序和有关规定办事，遇突发事件，按照安全工作预案，组织指挥人员疏散，确保人员安全。

（4）工作人员未经允许不得随意进入竞赛现场。

十六、申诉与仲裁

本赛项在竞赛过程中若出现有失公正或有关人员违规等现象，参赛队领队可在当日竞赛结束后 2 小时内向仲裁组提出申诉。赛项仲裁组在接到申诉后的 2 小时内组织复议，并及时反馈复议结果。申诉方对复议结果仍有异议，可由领队向全国职业院校技能大赛赛区仲裁委员会提出申诉。赛区仲裁委员会的仲裁结果为最终结果。

十七、竞赛观摩

根据国家疫情防控要求，为避免人员聚集，竞赛采取“适度集中、有限开放”的办赛模式，原则上不开放组织现场观摩。

十八、竞赛直播

赛项全程录像，同步直播。各参赛队均可通过多媒体设备和网络设备，同步观看竞赛场面。

多机位拍摄开、闭幕式，制作优秀选手采访、优秀指导教师采访、裁判专家点评和企业人士采访视频资料，突出赛项的技能重点与优势特色。为宣传、仲裁、资源转化提供全面的信息资料。

十九、资源转化

按照《全国职业院校技能大赛赛项资源转化工作办法》的有关要求，制订赛项赛后教学资源转化方案，见表 1-7。

表 1-7　教学资源转化方案

<table>
<tr><th colspan="3">资源名称</th><th>表现形式</th><th>资源数量</th><th>资源要求</th><th>完成时间</th></tr>
<tr><td rowspan="8">基本资源</td><td rowspan="2">风采展示</td><td>赛项宣传片</td><td>视频</td><td>1</td><td>15min 以上</td><td>2021 年 1 月</td></tr>
<tr><td>风采展示片</td><td>视频</td><td>3</td><td>10min 以上</td><td>2021 年 1 月</td></tr>
<tr><td>技能概要</td><td>技能介绍
技能要点
评价指标</td><td>Word 文本</td><td>3</td><td>与专业教学标准对接</td><td>2021 年 1 月</td></tr>
<tr><td rowspan="4">教学资源</td><td>专业教材</td><td>电子教材</td><td>1</td><td>与专业教学标准对接</td><td>2021 年 6 月</td></tr>
<tr><td>技能训练指导书</td><td>电子教材</td><td>1</td><td>与专业教学标准对接</td><td>2021 年 6 月</td></tr>
<tr><td>大赛作品集</td><td>画册</td><td>1</td><td>宣传</td><td>2021 年 6 月</td></tr>
<tr><td>技能操作规程</td><td>Word 文本</td><td>1</td><td>与专业教学标准对接</td><td>2021 年 6 月</td></tr>
<tr><td rowspan="4">拓展资源</td><td colspan="2">案例库</td><td>Word 文本</td><td>1 套</td><td>与专业教学标准对接</td><td>2021 年 6 月</td></tr>
<tr><td colspan="2">素材资源库</td><td>视频、Word 文本</td><td>若干</td><td>与专业教学标准对接</td><td>2021 年 6 月</td></tr>
<tr><td colspan="2">赛题库</td><td>Word 文本</td><td>5 套</td><td>按照大赛规范要求</td><td>2021 年 6 月</td></tr>
<tr><td colspan="2">优秀选手访谈</td><td>视频</td><td>4</td><td>宣传</td><td>2021 年 6 月</td></tr>
</table>

模块二　GZ-2020001　汽车技术赛项技术分析报告

一、综述

1. 竞赛情况

汽车技术赛项（编号 GZ-2020001），于 2020 年 11 月 7—9 日在山东省山东交通技师学院成功举办，与职业教育活动周同期开始。

汽车技术赛项参赛队伍来自全国 29 个省、自治区、直辖市、新疆生产建设兵团，共 29 支代表队。每支代表队组成为一名领队、一名指导教师、一名参赛选手。

2. 竞赛内容

专家组成员编写赛程和赛题，共编制赛程一份，模拟赛题报告单和评分表各一份，9 月 30 日在大赛官网公布。

汽车技术赛项（编号 GZ-2020001）与世界技能大赛汽车技术赛项对接，根据实际情况传承了一部分世界技能大赛汽车技术赛项的核心任务，保留原赛项（汽车技术赛项）特色，并进行了前瞻性创新，形成新赛项、新特色。

竞赛分两个阶段完成，共 15 个小时。第一阶段为发动机管理技术、智能化技术两个竞赛模块，竞赛时间为各 7.5 小时。第二阶段为电动汽车技术、车身电气技术两个竞赛模块，竞赛时间为各 7.5 小时。在四个竞赛任务中第一阶段（第一天）同时进行两个竞赛模块，29 名参赛选手五轮进行竞赛场地轮换。第二阶段同第一阶段。结合竞赛过程，对健康安全、职业素养、规范操作等方面进行考核，具体竞赛内容、分值与竞赛时间见表 1-8。

表 1-8　竞赛内容、分值与竞赛时间

<table>
<tr><th>竞赛内容</th><th>模块名称</th><th>描述</th><th>分值占比</th><th>时间 /h</th></tr>
<tr><td rowspan="2">第一阶段</td><td>模块 1：
发动机管理技术</td><td>针对汽车发动机管理系统故障诊断</td><td>35%</td><td rowspan="2">7.5</td></tr>
<tr><td>模块 2：
智能化技术</td><td>智能化部件的组装、故障排除、参数标定及自动驾驶实施</td><td>15%</td></tr>
<tr><td rowspan="2">第二阶段</td><td>模块 3：
电动汽车技术</td><td>新能源电动汽车的四大部件相关的故障排除</td><td>30%</td><td rowspan="2">7.5</td></tr>
<tr><td>模块 4：
车身电气技术</td><td>对于车身电气系统的故障进行诊断分析并排除故障</td><td>20%</td></tr>
</table>

二、赛项设计解读

1. 赛项整体设计

汽车技术赛项按照行业服务和创新要求，以真实工作过程设计竞赛内容。参赛选手通过竞赛，能够获得汽车技术前沿的先进技术，培养成为技术全能型创新人才，可激发当代热爱专业技术的年轻人选择汽车技术作为职业发展途径。让参赛选手实现自己的人生价值，为国家发展和产业升级努力奋斗。

汽车技术赛项面向汽车技术发展主流，兼顾前瞻创新，借鉴世界技能大赛办赛机制，参考世界技能大赛汽车技术赛项文件，达到“以赛促学、以赛促教”，弘扬工匠精神，通过职业教育为我国产业升级输出技能型人才。

2. 命题依据

以“汽车技术”相关专业为背景，向国际先进水平看齐，检验高等职业院校汽车技术类专业的教育教学成果，引领其专业建设的发展方向，促进专业教学改革和教育教学质量的整体提升，加快产教融合、人才培养和课程改革与创新的步伐。通过汽车的“发动机管理技术”“车身电气技术”“电动汽车技术”“智能化技术”等模块的竞赛，考察参赛队安全生产、故障诊断、理论与沟通、工具使用、现场问题的分析与处理、工作效率等职业技能与素养，展示参赛队良好的精神风貌与技术能力。

3. 赛题解读

（1）竞赛模块 1：发动机管理技术（35 分），维持了原赛项任务，围绕燃油汽车发动机无法起动、发动机工作不良两种故障现象，进行检测分析并查找故障点。重点考察参赛选手对车辆的结构和控制逻辑的理解程度；考察参赛选手对万用表、故障诊断仪、示波器等常用诊断设备的应用能力；要求对发动机管理技术系统进行故障诊断，包括前期准备、安全检查、仪器连接、症状确认、目视检查、故障码和数据流检查、元器件测量、电路测量、故障点确认和排除、现场 5S 整理等。配分为 35 分，主要是考虑到整体参赛队伍的故障诊断水平普遍较高。发动机管理技术单故障点指标及分值比例，见表 1-9。

表 1-9　发动机管理技术单故障点指标及分值比例

指标	健康与安全	发动机无法起动	发动机运转不良	波形测量
分值比例 /%	20	40	32	8

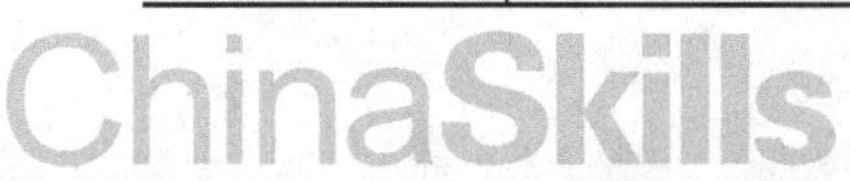

（2）竞赛模块 2：车身电气技术（20%），围绕燃油汽车电源管理系统、仪表与警告装置、车载网络系统、空调系统、车身附件电路（刮水器、喇叭、车窗、门锁、后视镜等）、照明系统进行检测分析并查找故障点。重点考察参赛选手对车辆的结构和控制逻辑的理解程度；考察参赛选手对万用表、示波器等常用诊断设备的应用能力；要求对车身电气技术系统进行故障诊断，包括前期准备、安全检查、仪器连接、症状确认、目视检查、故障码和数据流检查、元器件测量、电路测量、故障点确认和排除、现场 5S 整理等。车身电气技术单故障点指标及分值比例，见表 1-10。

表 1-10　车身电气技术单故障点指标及分值比例

指标	健康与安全	车身附件电路	进入及起动许可系统	电源管理系统	照明系统
分值比例 %	20	24	16	16	24

（3）竞赛模块 3：电动汽车技术（30 分）。是本次竞赛的重点之一。主要是考核参赛选手围绕新能源汽车低压电源管理、高压电源管理、交直流充电系统的“低压供电不正常”“高压供电不正常”“车辆无法正常行驶”“车辆无法充电”四种常见的故障现象，进行检测分析并查找故障点。重点考察参赛选手对车辆电动化系统控制逻辑的理解程度；考察参赛选手对故障诊断仪、万用表、示波器等常用诊断设备的应用能力；要求对电动汽车技术系统进行故障诊断，包括前期准备、安全检查、仪器连接、故障症状确认、目视检查、读取故障码与数据流、高压断电、非带电状态检测验证、绝缘（漏电）检测、元器件测量、机械拆装、故障点确认和排除、现场 5S 整理等。电动汽车技术单故障点指标及分值比例，见表 1-11。

表 1-11　电动汽车技术单故障点指标及分值比例

指标	健康与安全	低压供电不正常	高压供电不正常	车辆无法正常行驶	车辆无法充电
分值比例 /%	20	32	24	12	12

（4）竞赛模块 4：智能化技术（15 分），主要是前瞻性引导指导教师注重未来智能汽车技术的教学工作，注重参赛选手适应已在到来的智能汽车技术的学习应用。围绕智能化技术系统进行故障排除和调试，包括设备、平台、测试软件故障排除等相关内容；对关键的智能化装备进行参数设置和标定，包括毫米波雷达、摄像头、激光雷达、组合导航等调试标定；进行线控底盘 CAN 通信数据读取与调试，包括 CAN 数据的读取和解析、速度与转向等参数的数据发送、控制执行机构相关参数的调试设定；调取传感器装调参数进行虚拟仿真测试，完成智能化汽车的自动起停、自动驾驶循迹、主动避障、自动紧急制动、自适应巡航、车道保持等功能验证；完成实车道路运行测试，包括自动起停、自动驾驶循迹、主动避障、自动紧急制动、交通标识识别、车道线识别、行人预警等功能。重点考察参赛选手对智能化技术系统控制逻辑的理解程度；考察参赛选手对智能网联汽车智能装备调试、功能测试和故障排除等应用实践能力。

分值指标也将重点放在智能汽车设备的组装调试以及自动驾驶路试，在原赛化项和世界技能大赛都没有此任务，此任务为今年汽车技术赛项的前瞻性创新任务。智能化技术单故障点指标及分值比例，见表 1-12。

表 1-12　智能化技术单故障点指标及分值比例

指标	健康与安全	车辆底盘 CAN 通信调试	故障诊断与排除	传感器参数设置与标定	智能化功能验证	综合道路测试
分值比例 /%	10	4	20	12	20	34

三、成绩解析

从赛项成绩看，符合专家组命题思路，达到命题设定的结果。裁判评分主要分为现场过程评分和报告单评定评分两部分。成绩优异的一等奖 3 支队伍，基本符合一等奖设置初衷。二等奖这 6 支队伍，主要分数区间在 38 分到 50 分之间，各参赛队分数差距不大，基本都是之前的全国职业院校技能大赛强队。学校的技术储备基础雄厚，但在新的汽车技术赛项中，没有完全适应，而导致参赛选手没有发挥出应有的能力和状态。三等奖 9 支队伍，在电动汽车技术，或是在智能化技术任务部分有失误，说明参赛选手有偏项，掌握知识、技能不全面。其中部分学校没有智能化技术用的教学设备或电动汽车技术用的相关车型，还与指导教师倾向性培养有关。

对职业教育和职业教育学生来说，除了要掌握传统汽车技术之外，还要不断地更新相关的新技术、新科技，做到与时俱进，职业院校也要多角度适应市场需求，为产业转型做好储备。同时，也要为学生未来可持续发展指明方向。

竞赛设一等奖 3 名，二等奖 6 名，三等奖 9 名。从成绩分布看，原赛项传统强队依然实力强劲。一等奖 3 支队伍中有 2 支是 2019 年的一等奖队伍，二等奖 9 支队伍中有 3 支为 2019 年一等奖队伍。天津市参赛队，是今年的新汽车技术试点赛中的黑马，成绩上升较大，脱颖而出。从地域分布看，职业教育发达地区成绩好于欠发达地区。西部地区参赛队成绩仍有很大上升空间。

从本赛项的 4 个模块的分项平均分看（见图 1-2），由于智能化技术模块是汽车技术试点赛前瞻创新性任务，各参赛队竞赛时间、设备、经验等原因导致整体平均分数偏低。

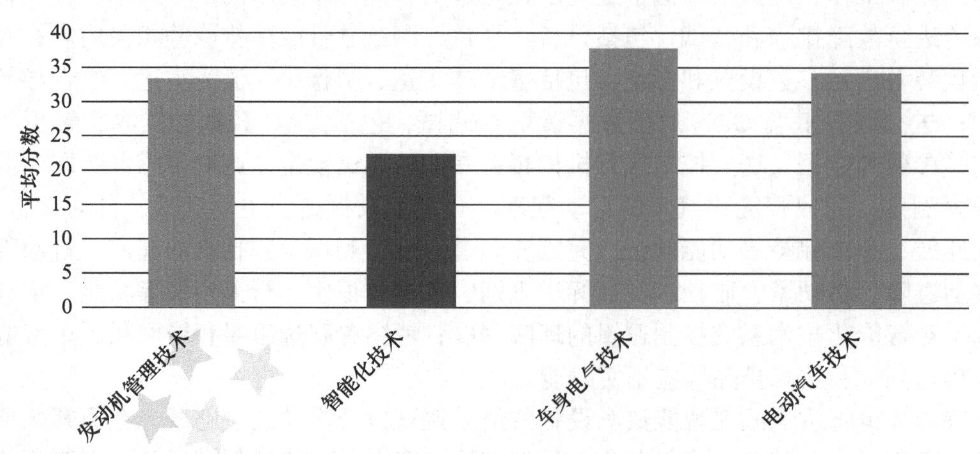

图 1-2　汽车技术赛项各模块分项平均分对比

四、现场情况

（1）在竞赛日，专家组进入赛场后立即投入工作，进行竞赛故障点设置，但由于发现在前一天志愿者休息室内遗落的手机，虽然此时赛题刚取回解封，针对赛题的培训也刚刚开始，考虑到虽然志愿者都不在赛场内休息，无法拿到手机，但依然有风险，所以启动应急预案更换备用试题竞赛，以保证公平公正性。

（2）在竞赛过程中，参赛选手高度紧张、压力过大，出现了哭泣、拒绝进餐、流鼻血等现象，裁判组都分别对参赛选手进行了心理疏导和应急医疗救治，保证了参赛选手能够安全健康的完成竞赛。

（3）专家组摘取了世赛部分模块任务书的模板，对模块任务书的评分进行了较大的改革：大量有效的简化，不需要对逻辑分析过程写出记录评分，而是以结果导向为评分依据，减轻裁判评判的不一致性。

五、行业要求对比

汽车技术赛项，4个赛项模块发动机管理技术、车身电气技术、电动汽车技术及智能化技术之中，发动机管理技术与车身电气技术是之前竞赛中的传统模块，所以参赛选手在这两个模块中的表现基本符合正常竞赛状态。由于增加了电动汽车技术和智能化技术两个模块，而且智能化技术在之前的竞赛中没有过类似的模块，由于时间关系，加之部分院校没有相应的设备，所以在竞赛中分数偏低，没有完成所有模块。电动汽车技术模块中，由于教育部对推进国家新能源职业教育的重视带来的效果已经凸显，虽然所用比亚迪－秦车型较新，在此模块中各参赛队的成绩呈正态分布。如果要将汽车技术赛项办成为国际级赛事（当前主、客观环境条件都已具备，一是中国制造已经逐渐摆脱了粗制滥造、技术含量低、产品质量低的这样一种形象；另外一方面是中国经济实力的增强和文化影响力的不断增大也是其中很重要的因素。所以要打造一个有国际影响力的赛事，需要全国职业院校技能大赛自身的努力，也需要国家力量的强大），专家组需要考虑对下一年度的赛项规程所涉及的模块核心、竞赛规程、机电比例与难易程度进行国际竞赛标准级别的评估。

由于改革试点赛每省份派出一支队伍参赛，有些省份水平高，发挥优异，有些省份却基本未掌握竞赛要领。给一些省份机会参与其中，找差距，谋求进步与发展，符合改革试点赛高瞻远瞩的大格局。

大赛要精彩、要专业、要发展、要创新，提升职业教育水平，指导教师培训、交流、提升，要靠大赛执委会办公室（以下简称“大赛办”）高屋建瓴的顶层设计指引，赛后资源转化，更要发挥应有的巨大作用。

六、总结、意见与建议

专家组命题目标从竞赛结果看，规程中规定的获奖队其竞赛成绩稍偏低。竞赛成绩方面基本属于正态分布，除智能化技术分数略微偏低，均没有完成模块任务外，其他模块基本能够正常完成。

对汽车技术赛项的建议：

（1）建议建立相应制度和机制，严禁、预防专家组和监督组对竞赛的越权干扰、干涉，甚至把持操控竞赛。不影响竞赛的公平公正性是作为世界大国的国家级竞赛的制度保证。

（2）建议专家组、裁判组、仲裁组及监督组不能互相兼任，否则容易产生意想不到的公平、公正、公开的纰漏和风险。

（3）裁判在竞赛现场执裁过程中，建议配备类似执法记录仪的影像记录设备，为了更好地规范执裁，在有需要了解具体情况的时候，执裁过程有据可查。

模块三 GZ-2020001 汽车技术赛项工作总结

2020 年 11 月 10 日上午，为期 2 天的“2020 年全国职业院校技能大赛改革试点赛（高职组）汽车技术赛项”顺利闭幕。本届试点赛是全国职业院校技能大赛首次向世界技能大赛看齐，与世界技能大赛汽车技术项目接轨的竞赛。这次试点赛与往届相比，在竞赛名称、竞赛内容、参赛队人员数量要求、竞赛时长等多个方面发生巨大变化。试点赛在公开、公平和公正的基础上，促进了全国职业院校教师、参赛选手的技能知识水平以及技能实操水平的提升，同时更有效地促进了全国职业院校技能交流、教学模式改革等，更为建设知识型、技能型、创新型技术技能人才队伍，推动高职汽车技术专业高质量发展打下坚实基础。

下面就本次试点赛的工作情况总结如下：

一、试点赛汽车技术赛项竞赛内容

汽车技术赛项是指在规定的时间内，按设计好的赛题，使用工具对竞赛所设的故障进行诊断、排除、调试的竞赛项目。

1. 竞赛队伍

各省、自治区、直辖市、新疆生产建设兵团共有 30 支参赛队进行了报名，实际参加竞赛为 29 支参赛队。

2. 竞赛内容

本次试点赛汽车技术赛项的竞赛内容包括“发动机管理技术”“车身电气技术”“电动汽车技术”“智能化技术”四个模块。

（1）发动机管理技术

在规定时间内，要求参赛选手对发动机无法起动（不可以使用故障诊断仪诊断）、发动机工作不良故障进行诊断与排除。主要围绕燃油汽车发动机无法起动、发动机工作不良两种故障现象，进行检测分析并查找故障点。

（2）车身电气技术

在规定时间内，要求参赛选手对车身电气技术系统故障进行诊断与排除（不可以使用故障诊断仪诊断）。主要围绕燃油汽车电源管理系统、仪表与警告装置、车载网络系统、空调系统、车身附件电路（刮水器、喇叭、车窗、门锁、后视镜等）、照明系统进行检测分析并查找故障点。

（3）电动汽车技术

在规定时间内，要求参赛选手对电动汽车技术系统进行故障诊断与排除（低压供电不正常故障不可以使用故障诊断仪诊断）；依据维修手册规范完成作业流程，发现和确认故障点，并根据现场裁判的要求排除故障。主要围绕电动汽车低压电源管理、高压电源管

理、交直流充电系统的“低压供电不正常”“高压供电不正常”“车辆无法正常行驶”“车辆无法充电”四种常见的故障现象，进行检测分析并查找故障点。

（4）智能化技术

在规定时间内，要求参赛选手对智能化技术系统进行调试与故障排除、智能化装备的参数设置和标定、线控底盘 CAN 通信数据的读取与调试、调取传感器装调参数进行单模块和组合模块的虚拟仿真测试、在仿真平台上完成功能验证，并由现场裁判确定是否需要进行路测。主要围绕智能化技术系统进行故障排除和调试，包括设备、平台、测试软件等。

3. 竞赛赛题

竞赛赛题的考核范围于竞赛前 1 个月在大赛官网上发布，并公布了竞赛赛卷的样题和样题的评判标准。在大赛官网平台公布了赛项的承办院校和合作企业后，专家组长指定专家编制出五套竞赛试题，并进行验题。

在竞赛前 1 天由裁判长从赛题库中随机抽取正式竞赛用赛题和备用赛题各 1 套，分别是第二套、第一套。在第一天竞赛前，因休息室中发现承办院校志愿者在前一天工作结束手机遗落的原因，为确保安全，由裁判长决定启用备用题作为竞赛用赛题。

4. 赛项说明会

根据竞赛规程，汽车技术赛项专家组于 11 月 5 日晚 19:00 召开线上说明会，上线参会人数达 50 多人。说明会由专家组组长对竞赛规程进行了解读，专家对竞赛赛题的样题及评分标准进行了解读，最后进行了网上在线答疑。

5. 裁判的培训工作

11 月 7 日，由专家组安排专家对全体裁判就评判规则、具体的情况处理等方面进行统一的培训，以使各裁判在执裁时尽量达到执裁标准的统一。

11 月 8 日、9 日两天竞赛开始前，由专家组根据执裁项目分组对裁判进行了竞赛赛题的执裁培训。

6. 竞赛成绩分析

（1）发动机管理技术模块与车身电气技术模块的成绩分析

发动机管理技术模块的竞赛成绩说明多数参赛选手的发动机故障分析、诊断与排除的实际技术能力偏弱。车身电气技术模块的成绩出现了两极分化的现象，且成绩偏低的参赛选手占多数。因这两个模块是往届竞赛的竞赛内容，各校指导教师经过多年的指导锻炼，其指导水平和指导能力均已达到很高的水平。成绩偏低可能是由以下原因所致：

① 竞赛规程发生变化，且规程从公布到正式竞赛只有一个月的时间，导致指导教师还未完全研究、理解新的竞赛规程、样题及评分标准。

② 首次使用了在规定的时间内如未完成规定的作业内容，就要被强制休息 10 分钟，由裁判对其未完成的规定作业内容进行恢复。强制休息可能会对参赛选手的心理产生一定的影响，也说明参赛队在这方面缺乏专门的心理素质训练。

③ 参赛选手对故障点最小范围的确认方法不对，存在反复试探和发蒙的现象。

④ 参赛选手对系统的工作原理、控制的逻辑关系等基本理论知识掌握得不够。

另外，从这两个模块总体成绩比较来看，发动机管理技术模块的总体成绩比车身电气技术模块的总体成绩要好。说明参赛选手的发动机管理模块的原理、逻辑控制关系等理论基础知识掌握的比较扎实。

因此，建议各校的指导教师在今后的参赛训练中，要进一步仔细研究竞赛规程、样题和评分标准，把规程的内容吃透、把握好，加强故障点最小范围的确认方法的训练。

（2）电动汽车技术模块与智能化技术模块的成绩分析

相比前两个模块来说，大多数参赛选手对这两个模块的理论知识掌握还是比较弱的。这主要有两个方面的原因，一是因为这两个模块是新增竞赛模块，且了解的时间只有一个月，这两个模块的训练时间严重不足，甚至多数参赛队学校到竞赛了还没设备用于竞赛训练；二是在选拔参赛选手时，还不知道竞赛中会有这两个模块，甚至有的学校汽车类专业还没有开设与智能化有关的课程，所以参赛选手对这两个模块基础知识的掌握上还是比较欠缺的。

（3）竞赛总成绩的分布分析

通过对各参赛队总成绩的情况可以看出，有 23 个参赛队的总成绩集中偏后，占所有参赛队的 79.31%。说明参赛队之间的理论知识和技术能力差距较大。

二、改革试点赛与 2019 年全国职业院校技能大赛项目的不同之处

1. 赛项名称

赛项名称由“全国职业院校技能大赛（高职组）汽车检测与维修赛项”变为“全国职业院校技能大赛改革试点赛（高职组）汽车技术赛项”，实现赛项名称与世界技能大赛汽车技术赛项在竞赛名称上的一致性。

2. 竞赛方式

本次试点赛为了向国际技能竞赛先进水平看齐，与世界技能大赛接轨，竞赛方式由以往的 3 人团体赛，改为单人赛，由一个参赛选手完成 4 个模块的竞赛内容。竞赛时长由 2 天 3 小时调整为 2 天 6 小时。

3. 竞赛模块

由往届的 2 个模块改为 4 个模块；在这 4 个模块中，有 2 个是保留往届的 2 个模块。根据世赛汽车技术赛项的竞赛模块增设了“电动汽车技术”模块；根据汽车技术发展趋势增设了“智能化技术”模块。

三、改革试点赛的创新与突出特点

1. 竞赛内容的全面性

与历届全国职业院校技能大赛“汽车检测与维修”赛项相比，在原来 2 个模块的基础上，新增了 2 个模块，变为 4 个模块，即“发动机管理技术”“车身电气技术”“电动汽车技术”“智能化技术”模块。这 4 个模块涵盖了当前汽车售后服务岗位的主要技术领域，使竞赛内容更加全面。

2. 竞赛项目的先进性

竞赛项目适应经济与产业发展要求，是当前行业、企业最需要的岗位操作技能，与工艺和规范联系，确保竞赛技能和岗位技能一致；尤其“电动汽车技术”“智能化技术”竞赛模块是国家七大战略性新兴产业其中之二，这样可跟随汽车技术发展，永葆技能大赛技术最实用、最前沿的特性。

3. 竞赛模块的创新性

“智能化技术”是汽车技术的重要组成部分，是目前及未来国家汽车技术路线重点发

展方向之一。目前，世赛汽车技术赛项的竞赛模块中还没有设立“智能化技术”模块，在这次试点赛汽车技术赛项中增设“智能化技术”模块，将能起到以赛促教、以赛促改的目的。希望通过大赛推动和引领职业院校该专业的建设与发展。

4. 竞赛形式的一致性

竞赛形式与世赛“汽车技术赛项”一致，参赛人员由 3 人团体赛变更为个人赛，时间由原来的 2 天 3 小时变更为 2 天 6 小时；由原来侧重于对参赛选手的工单评判转变为侧重于参赛选手排除故障的结果评判，弱化了参赛选手竞赛工单的填写过程。

5. 裁判职责与权利的统一性

裁判分现场裁判和评分裁判两类。往届竞赛现场裁判负责参赛选手现场操作和评分工作，评分裁判负责核分和统分工作。与往届相比，本次试点赛现场裁判只负责确认参赛选手进行的操作是否与竞赛赛题有关，不再负责具体的评分工作；而评分裁判依据参赛选手填写的报告单、现场裁判评判表和赛题评分表，负责对参赛选手进行评分、核分和统分。使现场裁判、评分裁判的职责与权利相统一。

6. 竞赛赛题保密的严密性

本次汽车技术赛项试点赛的赛题由专家组长指派专人（专家组成员）在专家组到承办院校前已完成了赛题的编制与验证工作，并负责对赛题采取两次密封制的保密措施，即用大小两个信封密封赛题。裁判长在竞赛前一天抽题，拆开大信封后只能看到密封的小信封上写的是第几套题；正式竞赛当天早上再拆开小信封进行赛题设置。这样可以减少泄题的概率，有助于赛题的保密。

四、试点赛的意义

本次汽车技术试点赛在竞赛内容、竞赛形式、评判方法等方面是第一次与世界技能大赛接轨，这次竞赛让各校看到了我们在人才培养的方式和方法上与国际上存在的差距，开阔了各校的国际视野，对各校培养具有国际视野的技术技能人才将产生深远的影响。

本次试点赛新增了“电动汽车技术”“智能化技术”，尤其是“智能化技术”，将对今后各高等职业院校在专业建设、课程建设、教学方式和方法、实验室建设、师资培养和人才培养等方面起到积极的引领作用，使竞赛达到“以赛促学、以赛促教、以赛促改”的目的。对今后人才培养质量的提升将产生积极的作用。

五、试点赛的建议

为了提高全国职业院校技能大赛（高职组）汽车技术赛项的竞赛水平，结合本次汽车技术试点赛所做的改革实施情况，汽车技术专家组向大赛办提出以下建议，供大赛办和下届专家组参考。

为了达到以赛促学、以赛促教的目的，根据汽车技术竞赛以排除故障为主的竞赛特点，建议引进体育比赛中的现场暂停、教练场边指导环节。即每个模块允许参赛选手可提出一次暂停申请（比如暂停 1 分钟或 2 分钟），指导教师在场边进行现场指导（此时不允许指导教师和参赛选手进行任何的竞赛操作）。这样是最好的现场教学，有助于参赛选手的理论学习和技能的提升，也有助于培养参赛选手的工匠精神；同时也是对指导教师的业务水平和指导能力的一个考验，有助于指导教师整体业务水平的提升。这会使汽车技术竞赛项目的竞赛水平产生一个质的飞跃。

项目二
机器人系统集成赛项

模块一　GZ-2020002　机器人系统集成赛项规程

一、赛项名称

赛项编号：GZ-2020002
赛项名称：机器人系统集成
英文名称：Robot Systems Integration
赛项组别：高职组
赛项归属产业：装备制造大类

二、竞赛目的

随着《机器人产业发展规划（2016—2020年）》和《中国制造2025》战略规划的推进，加快机器人系统集成技术在智能制造领域的应用，是实现制造业转型升级的关键所在。本赛项是为服务《制造业人才发展规划指南》，精准对接制造业重点领域的人才需求，检验高职院校装备制造大类专业复合型技术技能人才培养成效，促进装备制造大类专业教学改革，实现"赛教融合、赛训融合"，全面提升教学质量而设置。

（一）检验教学成效

竞赛内容涵盖工业机器人行业企业岗位对学生职业技能的最新要求。竞赛过程覆盖完整工作任务。竞赛评价标准符合业内项目验收和交付标准。通过竞赛，能够很好地反映出高职院校所培养学生的技能和用人单位岗位要求的匹配程度，从而检验工业机器人技术专业教学成效，展现专业人才培养成果。

（二）促进教学改革

竞赛内容源自企业真实的项目和工作任务需求，反映机器人系统集成技术岗位要求，引导学校将专业内涵建设与职业岗位能力要求对接，将课程内容与职业标准对接，将教学过程与工作过程对接，将学历证书与机器人相关职业技能等级证书对接。通过竞赛，引导高职院校将企业完整的工作任务转化成教学内容；将"重讲授、轻实践"的传统教学模式转向"做中学、做中教"项目案例教学；将职业技能作为专业核心能力进行培养，从而提高人才培养的针对性和有效性。

（三）向世界高水平看齐

本赛项紧跟智能制造领域的发展趋势，瞄准国际工业机器人技术发展最高水平，针对传统制造向智能制造升级的实际问题，以机器人系统集成技术的应用为核心，将行业发展的最新技术融入竞赛内容。赛项紧密对接世界技能大赛，搭建公平公正、切磋技艺、展示技能的集成平台，引领广大高职院校不断在新的、更高的起点上培养国家需要的具备国际一流水准的机器人应用技术技能人才，服务国家战略，建设制造强国。

（四）营造崇尚技能的社会氛围

技能人才是人才队伍的重要组成部分，良好的社会氛围是技能人才成长的必要环境和基础，关系到技能人才队伍的长远发展。通过竞赛宣传，引导全社会尊重、重视、关心对技能人才的培养及其成长，让尊重劳动、尊重技术、尊重创造成为社会共识。通过竞赛，表彰一批优秀的年轻技能人才，增强他们的自豪感、获得感，在全国上下营造“技能改变命运、匠心成就人生”的崇尚技能的氛围，激励广大青年走向技能成才、技能报国之路。

三、竞赛内容

本赛项以汽车行业轮毂零件的制造为背景，采用机器人系统集成技术完成制造单元的智能化改造，充分体现“两化深度融合”在传统制造业升级改造中的技术应用。根据任务书要求，参赛选手自行设计实施方案，在三维软件中搭建竞赛平台并完成产品生产流程仿真，完成真实竞赛平台的系统搭建和线路连接，对工业机器人进行点位示教和控制程序编制，对数控系统进行加工程序编制和通信参数设置，对视觉系统进行检测识别参数设定和优化，对可编程控制器进行控制程序编制及调试，对系统进行故障诊断和排除，实现轮毂产品根据不同的生产工艺要求及订单需求，完成仓库存储、数控加工、打磨加工、检测识别、分拣入位等工艺流程，通过制造执行系统对生产过程信息和设备状态进行实时采集和可视化显示，通过智能终端连接云端实现安全的制造数据远程监控。结合工作任务和用户需求，完成相应的技术文档制作。

本赛项主要考核参赛选手对工业机器人、可编程控制器、数控系统、集成视觉等控制设备的编程调试能力和对复杂机器人集成系统的联调能力，兼顾考核参赛选手在工业网络及数据归档处理方面的信息化能力，充分考验参赛选手面对复杂任务要求时的分析处理能力、方案制订和实施能力，展现参赛选手的综合职业素质和创新水平。

本赛项采用团体竞赛方式，每队 2 名参赛选手在 11 小时内分 3 个赛程协作完成竞赛任务。其中，第一赛程 3 小时，第二赛程 4 小时，第三赛程 4 小时。具体任务由任务书规定。主要竞赛任务如下：

任务一　系统方案设计（4%）

根据制造流程要求，细化完整的生产工艺路径，将工序内容与实现设备一一对应；在指定的场地面积条件下，合理设计单元的布局形式，完成完整的工序内容；根据工序流程和控制系统要求，确定控制网络结构。

任务二　工艺流程虚拟仿真（7%）

利用虚拟仿真软件，在三维环境中按照设计的布局形式搭建硬件环境，规划功能单元的动作轨迹，仿真验证布局设计的有效性。

任务三　硬件搭建及电气接线（12%）

根据集成设计方案，将所选的功能单元按照布局规划拼接固定；根据功能要求，完成各单元的机械安装、电气接线、气路连接、控制网络线路部署等内容；手动测试单元功能动作。

任务四　机器人系统集成（20%）

对 PLC 和远程 I/O 进行组态操作，通过集成机器人与各功能单元，满足控制设计要求；对 PLC、工业机器人、数控系统、视觉系统编程调试，分别实现工业机器人更换不同工具、工业机器人从立体仓库中拾取零件、工业机器人将待加工零件放入 / 取出数控机床、编制加工程序以完成加工任务、工业机器人对零件表面打磨加工、视觉系统对零件加工结果检测与判断、对零件进行分拣入位等功能动作。

任务五　集成系统联调（15%）

根据产品制造流程，对立体仓库、工业机器人、数控系统进行编程联调，利用物联网、工业以太网实现产品、设备和控制器之间的信息交互，满足加工流程自动化；合理优化程序逻辑和设备运行参数，满足任务的生产效率要求。

任务六　MES 系统集成（10%）

利用 MES 系统开发平台完成信息采集、产品数据追溯、制造流程可视化、设备状态可视化等功能模块，可对异常情况进行监控并做出合理判断，确保生产安全；完成机器人集成系统的功能流程控制操作面板开发，实现对生产流程的控制。在 MES 系统开发平台中，将任务要求的生产流程数据、设备状态信息存储到指定的云服务器中。

任务七　拓展任务（20%）

在保证工作台运行畅通的情况下，根据给定的任务要求，对集成系统进行机械、电气、MES 系统或工作流程调整，完成工作站的高级功能拓展。

任务八　文档制作（7%）

竞赛过程中，编写用户交付文档，内容包括方案设计、故障点诊断与排除、安全注意事项、系统功能描述、系统设备结构、系统使用方法、用户维护方法等。

综合任务　职业素养（5%）

竞赛过程中，对参赛选手的技术应用合理性、工具操作规范性、机械电气工艺规范性、耗材使用环保性、功耗控制节能性以及赛场纪律、安全和文明生产等进行综合评价。

四、竞赛方式

（一）竞赛以团体赛方式进行

每支参赛队含 2 名参赛选手，参赛选手必须是 2020 年度高职院校全日制在籍学生，五年制高职四、五年级全日制在籍学生或本科院校中高职类全日制在籍学生，不限性别，年龄须不超过 25 周岁，年龄计算的截止时间为 2020 年 11 月 1 日。凡往届全国职业院校技能大赛中获一等奖的选手，不能再参加同一赛项同一组别的竞赛。

（二）参赛队结构

由各省、自治区、直辖市及新疆生产建设兵团为单位组队参赛，各地限组 1 支参赛队，不得跨校组队；指导教师须为本校专、兼职教师，每队限报 2 名指导教师。

五、竞赛流程

竞赛流程安排（见表 2-1）

表 2-1　竞赛流程安排

日期	时间	事项	地点	参加人员
第 1 天	9:00—14:00	参赛队报到	住宿酒店	参赛队
	15:30—16:30	领队会	会议室	领队、专家组长、裁判长、监督长、仲裁长
	16:30—17:00	熟悉赛场	赛场	裁判长、参赛队
	17:00	封闭赛场		裁判长、监督长、仲裁长
第 2 天	7:00—7:30	竞赛相关人员到达竞赛场地并完成参赛队检录（一次加密）		一次加密裁判、工作人员、监督
	7:30—8:00	参赛队抽签（二次加密）赛前准备		二次加密裁判、工作人员、监督
	8:00—11:00	正式竞赛（第一赛程）		裁判长、现场裁判、技术人员、监督、仲裁
	11:00—12:30	参赛队退场、午餐及裁判评分		裁判长、评分裁判、监督、仲裁
	12:30	封闭赛场		裁判长、监督长、仲裁长
	13:30—14:00	竞赛相关人员到达竞赛场地并完成参赛队检录		裁判、工作人员、监督
	14:00—18:00	正式竞赛（第二赛程）		裁判长、现场裁判、技术人员、监督、仲裁
	18:00—22:00	参赛队退场、晚餐及裁判评分		裁判长、评分裁判、监督、仲裁
	22:00	封闭赛场		裁判长、监督长、仲裁长
第 3 天	7:30—8:00	竞赛相关人员到达竞赛场地并完成参赛队检录		裁判、工作人员、监督
	8:00—12:00	正式竞赛（第三赛程）		裁判长、现场裁判、技术人员、监督、仲裁
	12:00—14:00	参赛队退场、午餐及裁判评分		裁判长、评分裁判、监督、仲裁
第 4 天	9:00—10:00	闭赛式	报告厅	指导教师、参赛队、裁判组、监督组、专家组、工作人员等

参赛选手佩戴大赛组委会颁发的胸卡，在规定时间和地点，向检录工作人员提供参赛选手证（参赛证）、学生证、身份证原件，通过检录进入赛场。

一次加密抽签，确定参赛编号；

二次加密抽签，确定赛位号；

在现场工作人员引导下，参赛选手进入赛位，检查设备、工具清单等，并签字确认。

裁判长宣布竞赛开始后，参赛选手开始操作，竞赛开始计时。

若竞赛过程中出现影响竞赛正常进行的异常因素（不包括赛程设定的故障排除）而无法竞赛，由裁判长视具体情况做出裁决，并酌情补时；必要情况下，可启用备用设备。

竞赛结束前 10 分钟，裁判长提醒竞赛即将结束。

参赛队完成评分演示后，在工作人员引导下离开赛场，竞赛结束。

六、竞赛赛卷

1. 大赛执委会下设的赛项专家组负责本赛项赛题的编制工作。赛题编制遵从公开、公平、公正原则。

2. 赛项公开赛题库，于开赛前在大赛网络信息发布平台（www.chinaskills-jsw.org）公开。从赛题库中可自由组合出不少于 5 套满足竞赛要求的赛卷。

3. 正式竞赛前 10 天左右，专家组负责从赛题库中选择赛题，组建 5 套赛卷。

4. 正式竞赛前 3 天内，对赛卷随机排序后，在监督组的监督下，裁判长指定相关人员抽取正式赛卷与备用赛卷。

5. 竞赛结束后一周内，正式赛卷通过大赛网络信息发布平台公布。

七、竞赛规则

（一）竞赛报名

1. 以省、自治区、直辖市、新疆生产建设兵团为单位组织报名参赛，各地限组 1 支参赛队，不得跨校组队。

2. 通过全国职业院校技能大赛网上报名系统统一报名。

3. 参赛选手和指导教师名单获得确认后不得随意更换。如备赛过程中有参赛选手或指导教师因故无法参赛，须由参赛队所在地区省级教育行政部门于距开赛日 10 个工作日之前出具书面说明，同时按参赛选手资格补充人员并接受审核，经大赛执委会办公室核实后予以更换。

4. 各省级教育行政部门负责本地区参赛学生的资格审查工作，并保存相关证明材料的复印件，以备查阅。

（二）熟悉场地

在竞赛日前一天 16:30—17:00，参赛队在赛场工作人员带领下，携带身份证件，按照规定路线有序进入赛场。任何人员只得在指定区域观察，不得进入赛位，不得触碰竞赛平台及赛位内物品。

（三）正式竞赛

1. 赛前 10 分钟，参赛选手经裁判长允许进入赛位，按设备清单检查竞赛平台、机械

电气元件、工具、耗材、文具用品等，不得做与竞赛任务相关的事情。

2. 竞赛分为第一、第二、第三赛程，任务书按赛程分段发放。每个赛程结束时，将该赛程任务书整齐放置在赛位上，各赛程独立评分。

3. 所有人员在赛场内不得有影响参赛选手完成工作任务的行为。参赛选手未经现场裁判许可不允许随意离开赛位，应使用文明用语，不得言语及人身攻击裁判和赛场工作人员。

4. 参赛选手须严格遵守安全操作规程，确保人身及设备安全。参赛选手因个人误操作造成人身安全事故和设备损坏时，裁判长有权中止该参赛队竞赛。如出现影响竞赛正常进行的异常因素（不包括赛程设定的故障排除）而无法竞赛，由裁判长视具体情况做出裁决，并酌情补时。必要情况下，可启用备用设备。

5. 参赛选手退场时不得将任务书、草稿纸、赛位物品等带出赛场。配合裁判做好赛场记录。

（四）成绩公布

记分员将解密后的各参赛队（参赛选手）成绩汇总成竞赛成绩，经裁判长、监督组长签字后，公布竞赛结果。公布 120 分钟后若无异议，将赛项总成绩的最终结果录入赛务管理系统，经裁判长、监督组长和仲裁长在系统导出成绩单上审核签字后，在闭幕式上宣布并颁发证书。

八、竞赛环境

（一）整体环境要求

1. 竞赛场地平整、明亮、通风良好，场地采光良好，四周无太阳直射，照明条件优良，可保证赛位在竞赛期间稳定的照明环境。

2. 赛场规划独立参观通道和体验区域，不影响竞赛正常进行。

3. 赛场设置合理数量的空调，保证赛场温度适宜。

4. 赛项设置合理数量的监控设备，保证无死角全覆盖所有赛位和人员活动范围，监控录像文件妥善保存。

5. 赛场设置医疗站。

6. 赛场放置灭火器。

7. 赛场设置备用电源。

（二）赛位要求

1. 单个赛位面积不小于 40m^2（5m × 8m），标明赛位号码，有明显区域划分，除了赛位，还应准备 2 个备用赛位、1 个裁判培训工位。赛场面积应不低于 1600m^2。

2. 每个赛位配备竞赛平台 1 套，操作桌 1 张（操作面积不小于 1000mm × 1600mm），编程用计算机 2 台（配计算机桌），凳子 2 张，文具及清扫工具 1 套。

3. 每个赛位提供竞赛平台用供电口 1 个（380V，10kW），编程计算机用供电口 2 个（220V，1kW，提供 UPS），网线接口 1 个（赛场内部署交换机）。

4. 编程用计算机配置要求：CPU 为 Intel i7-8700 CPU（第 8 代，主频 3.2GHz，核心数 6）同级别或以上，显卡为独立 NVIDIA GeForce GTX 1060 显卡（1500MHz 频率，3GB 显存）同级别或以上，内存为 8GB 容量同级别或以上，硬盘为 500GB 容量同级别或以上，安装正版 Windows 10 操作系统以及要求的 Office 软件等。

九、技术规范

（一）相关知识与技术技能

1. 系统集成方案制订与优化

依照实际加工工序及工艺要求，结合硬件设备及特定限制条件，设计硬件单元的布局形式，规划控制系统的层级拓扑结构，选择适当的通信方式和接口，制订后续功能设计方案和调试流程。利用仿真软件快速验证方案合理性，并采取适当措施优化方案以缩短调试周期，加强制造柔性，提高生产效率。

2. 机械安装、电气接线

参照机械及电气操作规范，完成硬件设备的拼接和电路、气路、通信线路的连接。

3. 可编程控制器（PLC）应用

利用适当的编程指令，结合硬件设备及特定限制条件，完成 PLC 控制程序的设计和编程，实现硬件设备的执行设备如伺服电机、气缸、传感器、分布式 I/O 等满足所需的动作要求。

4. 工业机器人（Industrial Robot）应用

利用编程指令，结合硬件设备及特定限制条件，完成工业机器人控制程序的设计和编程，实现工业机器人完成所需的动作要求。

5. 数控系统（CNC）应用

利用适当的编程指令，结合硬件设备及特定限制条件，完成 CNC 加工程序的设计和编程，实现数控机床所需完成的加工过程。

6. 智能视觉（CCD）应用

利用适当的检测模板和条件，结合硬件设备及特定限制条件，完成 CCD 检测条件的设置和优化，实现对目标产品不同特征的检测反馈。

7. 工业网络技术应用

利用不同的工业网络通信协议，结合硬件设备及特定限制条件，实现 PLC、Robot、CNC、CCD、PC 和分布式 IO 的实时通信。

8. 制造企业生产过程执行系统（MES）应用

利用成熟的工业软件，结合硬件设备及特定限制条件，实现对不同控制器、执行设备、传感器的运行状态监控和工艺流程控制。

9. 职业技术术语表述

具有清晰、有效的口头、书面和电子形式的沟通方式，能进行积极的倾听和提问，并与他人进行复杂的技术原理和应用的讨论，能编制规范的专业技术文档。

（二）职业标准

1. 机械设备安装工国家职业标准（职业编码 6-23-10-01）
2. 电气设备安装工国家职业标准（职业编码 6-23-10-02）
3. 可编程序控制系统设计师国家职业标准（职业编码 X2-02-13-10）
4. 计算机程序设计员国家职业标准（职业编码 X2-02-13-06）

5. 工业机器人系统运维员国家职业技能标准（职业编码 6-31-01-10）

（三）技术标准（见表 2-2）

表 2-2 技术标准

序号	标准号	标准名称
1	GB/T 30976.1～2—2014	工业控制系统信息安全
2	GB/T 16977—2005（20032582-T-604）	工业机器人坐标系和运动命名原则
3	GB/T 20867-2007	工业机器人 安全实施规范
4	GB/T 5465.2—2008	电气设备用图形符号 第 2 部分：图形符号
5	GB 5226.1—2019	机械电气安全 机械电气设备 第 1 部分：通用技术条件
6	GB/T 20830—2015	基于 PROFIBUS DP 和 PROFINET IO 的功能安全通信行规——PROFIsafe
7	GB/T 16657.2—2008	工业通信网络 现场总线规范 第 2 部分：物理层规范和服务定义
8	GB/Z 25105.3—2014	工业通信网络 现场总线规范 类型 10：PROFINET IO 规范 第 3 部分：PROFINET IO 通信行规
9	GB/T 18725—2008	制造业信息化 技术术语
10	GB 21746—2008	教学仪器设备安全要求总则
11	GB 21748—2008	教学仪器设备安全要求 仪器和零部件的基本要求

十、技术平台

（一）竞赛平台功能概述

机器人系统集成赛项竞赛平台选用北京华航唯实机器人科技股份有限公司提供的智能制造单元系统集成应用平台（CHL-DS-11 型），以汽车行业的轮毂为产品对象，通过机器人系统集成及应用技术，能够实现仓库取料、制造加工、打磨抛光、检测识别、分拣入位等生产工艺环节，以未来智能制造工厂的定位和需求为参考，通过工业以太网完成数据的快速交换和流程控制，采用 PLC 实现灵活的现场控制结构和总控设计逻辑，利用 MES 系统采集所有设备的运行信息和工作状态，融合大数据实现工艺过程的实时调配和智能控制，借助云网络体现系统运行状态的远程监控。

竞赛平台模块化设计，每个单元安装在可自由移动的独立台架上，布置远程 I/O 模块，通过工业以太网实现信号通信和协调控制，用以满足不同的工艺流程要求和功能实现，充分体现出系统集成的功耗、效率及成本特性。每个单元的四边均可与其他单元拼接，根据工序顺序，自由组合成符合不同功能要求的布局形式。

借助工业机器人离线编程软件，可以在三维虚拟环境中模拟搭建布局结构，仿真动作过程，验证各单元间的配合相关度，提高工作效率，体现智能设计。

（二）竞赛设备单元介绍

竞赛平台集成了工业机器人、仓储物流、数控打磨加工、视觉检测等技术，利用工业以太网实现信息互联，依托 MES 系统实现数据采集与可视化，接入云端数据，实现一体化联控，以满足产品（汽车轮毂）的定制化生产。

1. 执行单元

执行单元是产品在各个单元间转换和定制加工的执行终端，是应用平台的核心单元，由工作台、工业机器人、平移滑台、快换模块法兰端、远程 I/O 模块等组件构成。工业机器人选用知名品牌的桌面级小型工业机器人，六自由度可使其在工作空间内自由活动，完成以不同姿态拾取零件或加工。平移滑台作为工业机器人扩展轴，扩大了工业机器人的可达工作空间，可以配合更多的功能单元完成复杂的工艺流程。平移滑台的运动参数信息，如速度、位置，由工业机器人控制器通过现场 I/O 信号传输给 PLC，从而控制伺服电机实现线性运动。快换模块法兰端安装在工业机器人末端法兰上，可与快换模块工具端匹配，实现工业机器人工具的自动更换。执行单元的流程控制信号由远程 I/O 模块通过工业以太网与总控单元实现交互。

2. 工具单元

工具单元用于存放不同功能的工具，是执行单元的附属单元，由工作台、工具架、工具、示教器支架等组件构成。工业机器人可通过程序控制移动到指定位置，安装或释放工具。工具单元提供了 7 种不同类型的工具，每种工具均配置了快换模块工具端，可以与快换模块法兰端匹配。

3. 仓储单元

仓储单元用于临时存放零件，是应用平台的功能单元，由工作台、立体仓库、远程 I/O 模块等组件构成。立体仓库为双层六仓位结构，每个仓位可存放一个零件。仓位托板可推出，方便工业机器人以不用方式取放零件。每个仓位均设置有传感器和指示灯，可检测当前仓位是否存放有零件并将仓位状态显示出来。仓储单元所有气缸动作和传感器信号均由远程 I/O 模块通过工业以太网传输到总控单元。

4. 加工单元

加工单元可对零件表面指定位置进行雕刻加工，是应用平台的功能单元，由工作台、数控机床、虚拟刀库、数控系统、远程 I/O 模块等组件构成。数控机床为典型三轴铣床形式，采用轻量化设计，可实现小范围高精度加工，加工动作由数控系统控制。数控系统可实现最佳表面质量和高速、高精加工的和谐统一，是面向中高档数控机床配套的数控产品。数控系统集 CNC、PLC、操作界面以及轴控制功能于一体，支持车、铣两种工艺应用，基于 80 位浮点数的纳米计算精度充分保证了控制的精确性。数控系统提供的图形编程既包括传统的 G 指令，也包括最新的指导性编程，用户可以根据指导一步步按自定义的步骤进行编程，简单、快捷。支持多种编程方式，包括灵活的编程向导，高效的工步式编程和全套的工艺循环，可以满足从大批量生产到单个工件加工的编程需要，在显著缩短编程时间的同时确保最佳工件精度。数控系统选用工业级、市场占有率高、使用范围广的高性能产品，保证操作与真实机床的完全一致性。刀库采用虚拟化设计，利用屏幕显示模拟换刀动作和当前刀具信息，虚拟刀库控制信号由数控系统提供，与真实刀库完全相同。加工单元的流程控制信号由远程 I/O 模块通过工业以太网传输到总控单元。

5. 打磨单元

打磨单元完成零件表面的打磨，是应用平台的功能单元，由工作台、打磨赛位、旋转赛位、翻转赛位、吹屑赛位、防护罩、远程 I/O 模块等组件构成。打磨赛位可准确定位零

件并稳定夹持，是实现打磨加工的主要赛位。旋转赛位可在准确固定零件的同时带动零件实现沿其轴线旋转 180°，方便切换打磨加工区域。翻转赛位在无执行单元参与时，实现零件在打磨赛位和旋转赛位间的转移，并完成零件的翻面。吹屑赛位可以实现在零件完成打磨工序后吹除碎屑功能。打磨单元所有气缸动作和传感器信号均由远程 I/O 模块通过工业以太网传输到总控单元。

6. 检测单元

检测单元可根据不同需求完成对零件的检测、识别功能，是应用平台的功能单元，由工作台、视觉相机、光源、结果显示器等组件构成。视觉相机可根据不同的程序设置，实现条码识别、形状匹配、颜色检测、尺寸测量等功能，操作过程和结果通过结果显示器显示。检测单元的程序选择、检测执行和结果输出通过工业以太网传输到执行单元的工业机器人，并由其将结果信息传递到总控单元，从而决定后续工作流程。

7. 分拣单元

分拣单元可根据程序实现对不同零件的分拣动作，是应用平台的功能单元，由工作台、传送带、分拣机构、分拣赛位、远程 I/O 模块等组件构成。传送带可将放置到起始位的零件传输到分拣机构前。分拣机构根据程序要求在不同位置拦截传送带上的零件，并将其推入指定的分拣赛位。分拣赛位可通过定位机构实现对滑入零件准确定位，并设置有传感器，检测当前赛位是否存有零件。分拣单元共有三个分拣赛位，每个赛位可存放一个零件。分拣单元所有气缸动作和传感器信号均由远程 I/O 模块通过工业以太网传输到总控单元。

8. 总控单元

总控单元是各单元程序执行和动作流程的总控制端，是应用平台的核心单元，由工作台、控制模块、操作面板、电源模块、气源模块、显示终端、移动终端等组件构成。控制模块由两台 PLC 和工业交换机构成，PLC 通过工业以太网与各单元控制器和远程 I/O 模块实现信息交互，用户可根据需求自行编制程序实现流程功能。操作面板提供了电源开关、急停开关和自定义按钮。应用平台其他单元的电、气均由总控单元提供，通过所提供的线缆实现快速连接。显示终端用于 MES 系统的运行展示，可对应用平台实现信息监控、流程控制、订单管理等功能。MES 系统会实时将应用平台信息传输到云数据服务器，移动终端中运行有远程监控程序，可利用移动互联网对云数据服务器中的数据进行图形化、表格化显示，实现远程监控。

（三）竞赛平台主要设备参数

竞赛平台主要设备参数见大赛官网，表 2-3 为竞赛软件配置表。

表 2-3 竞赛软件配置表

序号	软件名称	软件版本
1	操作系统	Windows 10 专业版
2	输入法	搜狗输入法 9.3 正式版
3	文本处理软件	WPS Office 2019
4	文本处理软件	Adobe Reader XI（11.0.20）
5	SIEMENS SIMATIC STEP 7 Basic 编程软件	SIEMENS TIA Portal V15 STEP 7

续表

序号	软件名称	软件版本
6	PQArt 工业机器人离线编程软件	PQArt 工业机器人离线编程软件竞赛版（V9）
7	SIEMENS SIMATIC WinCC 编程软件	SIEMENS TIA Portal V15 WinCC Advanced

十一、成绩评定

成绩评定过程中，参赛选手根据裁判要求展示竞赛成果和任务完成情况。裁判严格按照评分表，依照参赛选手实际发生的动作情况完成评定过程，确保公平公正。参赛选手不得围观和议论其他参赛选手评定情况。裁判不得将参赛选手表现和评定结果泄露。工作人员根据裁判要求配合评定工作，不得擅自进入赛位影响评判过程。

（一）分值分配（见表 2-4）

表 2-4　竞赛分值分配表

项目名称	总分比重 /%
系统方案设计	4
工艺流程模拟仿真	7
硬件搭建及电气接线	12
机器人系统集成	20
集成系统联调	15
MES 系统集成	10
拓展任务	20
文档制作	7
职业素养	5
合计	100

（二）评定方法

1. 赛项裁判组负责赛项成绩评定工作，设裁判长一名，全面负责赛项的裁判和管理工作。

2. 参赛选手根据赛项任务书的要求进行操作，需要裁判确认的内容必须举手经过裁判员的确认，否则不得分。

3. 赛项裁判组本着“公平、公正、公开、科学、规范、透明、无异议”的原则，根据裁判的现场记录、参赛选手的赛项任务书及评分标准，评定成绩。

4. 评分方法为过程评分，所有评分材料须由相应评分裁判、参赛选手签字后由裁判长确认。

5. 裁判的分组由裁判长负责。无相应执裁任务的裁判不得进入参赛选手赛位。参赛选手按照裁判的指令展示评分项描述的功能。

6. 名次按竞赛成绩由高到低排列，竞赛成绩高的参赛队名次在前；若竞赛成绩相同，

则以任务“拓展任务”竞赛成绩高的参赛队名次在前；若仍相同，则以任务“集成系统联调”竞赛成绩高的参赛队名次在前；若仍相同，则以“机器人系统集成”竞赛成绩高的参赛队名次在前；若仍相同，则以“第二赛程完成时间”短的参赛队名次在前；如还相同，由裁判长现场召开裁判会，决定名次顺序。

（三）裁判安排

裁判长 1 名，另安排 38 名中级及以上装备制造大类专业技术职务的裁判，其中加密裁判 2 名，现场裁判 10 名，评分裁判 26 名。

（四）成绩审核

1. 录入。由赛场工作人员将裁判长提交的赛项总成绩的最终结果统计保存。

2. 审核。由赛场工作人员对成绩数据审核后，将竞赛成绩导出打印，经裁判长、监督仲裁组和大赛执委会审核无误后签字。

3. 复核。由监督组对赛项总成绩排名前 30% 的所有参赛队伍的成绩进行复核；对其余成绩进行抽查复核，抽检覆盖率不得低于 15%；监督组需将复检中发现的错误以书面方式及时告知裁判长，由裁判长组织评分裁判重新评定成绩并签字确认；复核、抽检错误率超过 5% 的，则认定为非小概率事件，裁判组需对所有成绩进行复核。

4. 报送。由赛场工作人员将确认的赛项成绩信息扫描电子版保存。同时将裁判长、监督仲裁组签字的纸质打印成绩单报送大赛执委会办公室公布成绩。

（五）评分细则

根据竞赛任务，评分指标权重分配见表 2-5。

表 2-5　评分指标权重分配

一级指标	比例	二级指标	配分
系统方案设计	4%	1. 系统布局方案设计 （1）系统布局规划框图绘制； （2）布局位置与真实设备布置相同； （3）清楚注明各单元名称	2 分
		2. 控制系统方案设计 （1）控制系统拓扑图绘制； （2）拓扑结构与实际 TIA 设备网络设置相同； （3）清楚注明各设备名称； （4）清楚注明各设备 IP 地址	2 分
工艺流程模拟仿真	7%	（1）根据实际布局情况完成三维环境搭建； （2）完成轮毂零件的检测工序流程动作； （3）完成轮毂零件的其他工艺流程动作； （4）动作流程中不得出现工业机器人不可达点、轴超限点或奇异点； （5）动作流程中不得出现工具与工业机器人脱离情况； （6）动作流程中不得出现轮毂未按照流程移动情况	7 分

续表

一级指标	比例	二级指标	配分
硬件搭建及电气接线	12%	1. 硬件搭建 （1）工作站各单元安装牢固、稳定； （2）工作站外侧门板全部安装； （3）工作站内侧门板全部拆卸	1 分
		2. 电路气路通信接线 （1）工作站各单元电路连接； （2）工作站各单元气路连接； （3）工作站各单元通信连接； （4）线槽盖全部盖好； （5）电源线放入线槽； （6）气管无漏气现象； （7）手动测试功能单元动作	2 分
		3. 机器人校零 机器人各轴须校零，机器人码盘转数（转数计数器）须更新	1 分
		4. 机电部件装调 （1）完成指定机电部件的装配与调试； （2）完成指定机电部件的 I/O 接线与信号功能调试	4 分
		5. 故障诊断与排除 排查出设置的全部故障并完成全部故障排除，实现工作台正常运行	4 分
机器人系统集成	20%	1. 制造单元通信组态 （1）完成控制系统组态设置，每个远程 I/O 模块通信正常； （2）完成工业机器人的组态设置，I/O 输出正常； （3）完成智能视觉的通信组态，能触发拍照和结果输出	2.5 分
		2. 执行单元和工具单元 （1）平移滑台移动时工业机器人保持安全姿态； （2）平移滑台根据流程要求定位移动； （3）工业机器人实现快换工具更换动作； （4）工业机器人利用工具拾取 / 释放轮毂零件及打磨轮毂零件	3 分
		3. 仓储单元 （1）根据任务要求完成各流程动作； （2）工业机器人快换工具的正常使用； （3）轮毂产品正常拾取； （4）轮毂产品准确放置	3 分

续表

一级指标	比例	二级指标	配分
机器人系统集成	20%	4. 加工单元 （1）在数控系统中建立刀具信息表，能触发虚拟刀库调用； （2）在机床未动作时主轴位置处于机床坐标系原点，不影响上下料动作； （3）按图纸完成加工程序编制，能实现对零件数控加工； （4）根据任务要求完成各流程动作	3.5 分
		5. 打磨单元 （1）根据任务要求完成各流程动作； （2）工业机器人快换工具的正常使用； （3）轮毂产品正常拾取； （4）轮毂产品准确放置	3 分
		6. 检测单元 （1）根据任务要求完成各流程动作； （2）工业机器人快换工具的正常使用； （3）轮毂产品正常拾取； （4）轮毂产品准确放置	2 分
		7. 分拣单元 （1）根据任务要求完成各流程动作； （2）工业机器人快换工具的正常使用； （3）轮毂产品正常拾取； （4）轮毂产品准确放置	3 分
集成系统联调	15%	定制流程集成调试 （1）在流程开始前，应用平台处于要求的初始状态； （2）按照要求完成轮毂零件生产的完整流程； （3）工业机器人处于自动模式完成流程演示； （4）按照任务要求通过按钮启动流程； （5）三色灯按照流程要求亮灭； （6）流程演示过程中，不得出现需要跳转程序情况； （7）在流程结束后，应用平台处于要求的状态	15 分
MES 系统集成	10%	1. MES 系统开发 （1）正确完成 WinCC 组态设置； （2）完成欢迎界面的界面绘制和功能定义； （3）完成手动界面的界面绘制和功能定义； （4）完成监控界面的界面绘制和功能定义； （5）完成订单界面的界面绘制和功能定义	4 分

续表

一级指标	比例	二级指标	配分
MES 系统集成	10%	2. 云端服务调试 （1）平板显示连接成功； （2）云数据服务器有数据上传记录	1 分
		3. MES 自动化流程演示 （1）平板监控界面各项参数与实际状态相同； （2）可通过人机界面下达订单，按订单要求完成轮毂零件生产的完整流程； （3）工业机器人处于自动模式完成流程演示； （4）按照任务要求通过按钮启动流程； （5）三色灯按照流程要求亮灭； （6）流程演示过程中，不得人工干预	5 分
拓展任务	20%	在保证工作台运行通畅的情况下，根据拓展任务要求，完成系统功能拓展	20 分
文档制作	7%	（1）方案设计及排故文档，包含方案设计、故障点诊断排除；	3 分
		（2）用户手册，包含安全注意事项、系统功能描述、系统设备组成、系统使用方法、用户维护方法等	4 分
职业素养	5%	（1）参赛选手未身穿竞赛服装、未穿电工绝缘鞋； （2）气路连接及测试过程不符合安全规范； （3）竞赛过程中脱下安全帽； （4）竞赛过程中机器人工具掉落； （5）竞赛结束后，工具摆放杂乱，废料未清扫，耗材使用不合理； （6）违反竞赛规定，提前进行竞赛操作或竞赛终止后仍继续操作的； （7）其他不符合职业素养的行为； （8）严重违反赛场纪律按特殊情况处理	5 分

注：该评分细则对应附件竞赛样卷，竞赛评分中各任务的配分比例原则不变，根据不同竞赛赛题，由大赛执委会与专家组对子项目和评分点做适当调整。

十二、奖项设定

（一）参赛选手奖励

本赛项设置团体一、二、三等奖，以赛项实际参赛队总数为基数，一、二、三等奖获奖比例分别为 10%、20%、30%（小数点后四舍五入）。

（二）指导教师奖励

获得一等奖参赛队的指导教师获“优秀指导教师奖”。

十三、赛场预案

（一）竞赛平台相关预案

1. 竞赛前 1 周，竞赛平台按照赛项专家组要求进入赛场，并进行满负荷动作测试连续 24 小时，确保零故障。

2. 赛场提供 2 台备用设备，在竞赛设备出现故障无法短时间恢复时，由裁判长确认启动备用设备。

3. 赛场为计算机提供专用 UPS 电源，保证意外断电情况下计算机可正常工作 10 分钟以上。

4. 赛位计算机配置统一并安装正版软件，进行超过 24 小时不间断的软件操作压力测试，并在赛场提供足够数量的备用计算机。

5. 赛场确保提供充足的具备专业技术能力的工作人员，辅助裁判确认竞赛设备和计算机软件状态，快速识别问题根源并及时有效采取措施，保障竞赛顺利进行。

（二）赛场环境相关预案

1. 赛场配置专业电工维修人员，保障供电正常。

2. 赛场配置安全通道，当出现火情或其他灾害情况，工作人员应立即向保卫组汇报，保卫组接报后要火速到达现场并配合消防队员和公安干警，指挥人员疏散到安全区域并及时处置现场状况。

3. 赛场配置医务人员和常用药品，当出现人员受伤时做到及时救护。

4. 发生突发事件时，全体人员必须服从工作人员命令、听从指挥，以大局为重，不得顶撞工作人员、拖延时间或临时逃脱。安全出口执勤人员，接到指令后立即打开出口门，疏导参赛人员有序撤离现场。

5. 竞赛期间发生意外事故，发现者应在第一时间报告大赛执委会，同时采取措施，避免事态扩大。大赛执委会应立即启动预案予以解决并向大赛组委会报告。出现重大安全问题可以停赛，是否停赛由大赛组委会决定。

十四、赛项安全

（一）组织机构

1. 成立安全管理机构负责本赛项筹备和竞赛期间的各项安全工作，大赛执委会主任为第一责任人。

2. 指定安全管理的相应规范、流程和突发事件应急预案，保证竞赛筹备和实施全过程的安全。

3. 指定 1 名执委会副主任负责赛场安全。大赛执委会在赛前一周会同当地消防部门、市场监督管理部门检查赛场消防设施和竞赛设备安全性能，并按消防、市场监督管理部门意见整改。赛前两天，赛项执委会主任会同赛项专家组对赛场进行验收。

4. 指定 1 名执委会副主任负责住宿与饮食安全。赛项执委会会同当地公安部门，食品卫生部门，检查并验收驻地的安全设施和饮食卫生，保证参赛选手的住宿安全和饮食安全。

（二）赛场安全措施

1. 大赛执委会在赛前组织专人对赛场、住宿场所和交通保障进行考察，并对安全工作提出明确要求。赛场的布置，赛场内的器材、设备，符合国家有关安全规定。进行赛场仿真模拟测试。承办院校赛前须按照大赛执委会要求排除安全隐患。

2. 赛场周围设立警戒线，防止无关人员进入，发生意外事件。

3. 赛项承办院校制订赛场人员疏导方案，并在赛场入口张贴安全出口逃生路线示意图。赛场环境中存在人员密集、车流与人流交错的区域，除了设置齐全的指示标志外，应增加工作人员疏导交通。

4. 大赛期间，赛项承办院校在赛场设置火灾应急工作站和医疗医护工作站，并采取有效措施做好疫情防控工作。

（三）操作安全措施

1. 竞赛所用器材、设备符合国家有关安全规定。赛项专家组通过完善设计规避风险，采取有效防范措施保证参赛选手备赛和竞赛安全。

2. 竞赛现场参照相关职业岗位的要求为参赛选手提供必要的劳动保护。在具有危险性的操作环节，裁判员严防参赛选手出现错误操作。

3. 参赛选手在进行设备组装和调试时，工具和检测仪器、仪表等应放置在规定的位置，不得摆放在设备平台上。工业机器人示教器在不使用时必须放置到指定的安放支架上，不能直接放置在斜面上或操作平台上，防止滑落损坏。

4. 连接电路时应断开电源，不允许带电连接电路；断开电源开关后，必须用验电器进行验电，确认无电后方可连接电路。当更改或调整电气线路时，必须断开电源和气源，方能进行操作。

5. 在工业机器人处于自动运行状态时，操作人员不得进入工业机器人的有效工作范围内。

6. 意外或者不正常情况下，应立即使用急停按钮，停止设备运行。

（四）服务安全措施

1. 竞赛期间，原则上由赛项承办院校统一安排参赛选手和指导教师食宿。承办院校须尊重少数民族参赛人员的宗教信仰及文化习俗，根据国家相关的民族、宗教政策，安排好少数民族参赛选手和指导教师的饮食起居。

2. 竞赛期间安排的住宿场所应具有旅游业经营许可资质。

3. 赛项的安全管理，除必要的安全隔离措施外，严格遵守国家相关法律法规，保护个人隐私和人身自由。

十五、竞赛须知

（一）参赛队须知

1. 在组织参赛队时，为参赛选手购买大赛期间的人身意外伤害保险。

2. 各参赛队组成后，制订相关安全管理制度，落实安全责任制，确定安全责任人，签订安全承诺书，与赛项责任单位共同确保参赛期间参赛人员的人身财产安全。

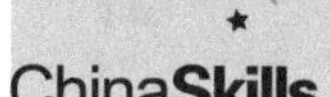

3. 参赛队按照大赛赛程安排，凭大赛执委会颁发的参赛证和身份证、学生证参加竞赛及相关活动。

4. 参赛队应遵守赛项承办院校的疫情防控要求。未携带医院有效证明的，有发热症状的参赛选手不得进入赛场，并按规定报送防控办、后勤保障组，及时送至当地发热门诊就诊。

（二）指导教师须知

1. 各参赛代表队指导教师要发扬良好道德风尚，听从指挥，服从裁判，不弄虚作假。指导教师经报名、审核后确定，一经确定不得更换。如发现弄虚作假者，取消参赛资格，名次无效。

2. 在竞赛阶段，不允许指导教师上场指导，禁止在未经裁判长允许的情况下使用通信工具与参赛选手私下沟通交流。

3. 指导老师应及时查看大赛官网页有关赛项的通知和内容，认真研究和掌握本赛项竞赛的规程、技术规范和赛场要求，指导参赛选手做好赛前的一切技术准备和竞赛准备。

（三）参赛选手须知

1. 严格遵守技能竞赛规则、技能竞赛纪律和安全操作规程，尊重裁判和赛场工作人员，自觉维护赛场秩序。

2. 佩带参赛证件及穿着统一服装进入竞赛场地，穿着具备绝缘标志的电工鞋（自备），并接受裁判的检查，服装上不得有学校、省份标识。

3. 进入赛场前须将手机等通信工具交赛场相关人员妥善保管。参赛选手请勿携带与竞赛无关的电子设备、通信设备及其他资料与用品进入赛场。

4. 严格遵守赛事时间规定，准时抵达检录区，提供参赛选手的身份证、学生证、参赛证，缺一不可，在开赛 15 分钟后不准入场，开赛后未经允许不得擅自离开赛场。

5. 竞赛结束时间到，应立即停止一切竞赛内容操作，不得拖延。竞赛完成后按裁判要求迅速离开赛场，不得在赛场内滞留。

6. 参赛选手须在确认竞赛内容和现场设备等无误后开始竞赛。在竞赛过程中，如有疑问、设备软件故障、身体不适等情况出现，参赛选手应举手示意。

7. 在竞赛过程中，参赛选手由于操作失误导致设备不能正常工作，或造成安全事故不能进行竞赛的，将被终止竞赛。

8. 在竞赛期间，未经大赛执委会的批准，参赛选手不得接受其他单位和个人进行的与竞赛内容相关的采访。参赛选手不得将竞赛的相关信息私自公布。

（四）工作人员须知

1. 配合裁判完成竞赛过程相关工作，严格遵守竞赛规章制度，文明礼貌，认真做好服务工作。

2. 所有工作人员必须统一佩戴由大赛执委会签发的相应证件，着装整齐，赛场除现场工作人员以外，其他人员未经允许不得进入赛场。

3. 新闻媒体等进入赛场必须经过大赛执委会允许，并且听从现场工作人员的安排和管理，不能影响竞赛进行。

十六、申诉与仲裁

1. 各参赛队对不符合赛项规程规定的设备、工具、材料、计算机软硬件、竞赛执裁、赛场管理及工作人员的不规范行为等，可向赛项仲裁工作组提出申诉。

2. 申诉主体为参赛队领队。

3. 申诉启动时，参赛队以该队领队亲笔签字同意的书面报告的形式递交赛项仲裁工作组。报告应对申诉事件的现象、发生时间、涉及人员、申诉依据等进行充分、实事求是的叙述。非书面申诉不予受理。

4. 提出申诉应在整个赛项竞赛结束后 2 小时内提出。超过 2 小时不予受理。

5. 赛项仲裁工作组在接到申诉报告后的 2 小时内组织复议，并及时将复议结果以书面形式告知申诉方。申诉方对复议结果仍有异议，可由省领队向仲裁委员会提出申诉。仲裁委员会的仲裁结果为最终结果。

6. 申诉方不得以任何理由拒绝接收仲裁结果；不得以任何理由采取过激行为扰乱赛场秩序；仲裁结果由申诉人签收，不能代收；如在约定时间和地点申诉人离开，视为自行放弃申诉。

十七、竞赛观摩

（一）观摩安排

1. 采用现场观摩形式。

2. 赛场开放时间、开放范围由裁判长根据现场实际情况决定。

（二）观摩现场要求

1. 携带有效证件，听从工作人员指挥，遵守赛场秩序，服从赛场工作人员的引导和安排。

2. 观摩人员要在指定区域观摩，切忌越过设置的警戒线。

3. 观摩人员不得携带通信及录像设备。

4. 在赛场观摩竞赛时不要大声喧哗，不要拥挤推搡，以免影响竞赛正常进行。

5. 赛场内严禁吸烟，严禁携带易燃易爆物品入场。如遇特殊情况，服从大赛统一指挥。

十八、竞赛直播

（一）直播方式

赛场内部署无盲点录像设备，赛场外部署大屏幕，开、闭赛式提供多机位拍摄。

（二）直播安排

开、闭赛式安排专人完成采访及拍摄工作，竞赛过程中安排专人保障竞赛过程直播正常运行。如竞赛需分成多个场次进行，则在最后一场竞赛过程中安排直播，其他场次竞赛不直播。

（三）直播内容

优秀参赛选手和优秀指导教师采访、裁判专家及企业人士点评，竞赛过程中赛场环境录像及参赛选手操作过程特写。

十九、资源转化

（一）基本资源

1. 向大赛执委会提供专家点评视频、优秀参赛选手、优秀指导教师访谈视频。
2. 向大赛执委会提供竞赛过程的全套音视频素材。

（二）拓展资源

1. 针对赛项竞赛平台，组织教师、行业专家、企业工程师共同开发制作资源，按照新形态一体化教材形式编排，供相关学校教学使用。

2. 搭建基于互联网的技术交流平台，包括资源共享、资源下载、技术交流、在线培训、在线学习、在线考试、题库建设、校企合作等单元。

（三）资源的提交方式与版权

制作完成的资源上传至大赛官网。大赛执委会组织的各技能竞赛，其赛项资源转化成果的版权由大赛执委会所有。

（四）资源的使用与管理

赛项资源转化成果由大赛执委会统一实施和管理，成熟的资源转化成果发布于大赛官网，供职业院校师生借鉴学习。同时联合赛项承办院校、赛项相关专家、相关出版社、相关职业院校教师等，编辑出版有关教材、赛题库等精品资源。

（五）教学资源转化方案（见表 2-6、表 2-7）

表 2-6　教学资源转化时间安排

时间点	资源转化内容
2020 年 12 月	赛项资源转化工作由大赛执委会全面负责，由承办院校牵头，赛项专家组成立竞赛资源转化工作小组，编写赛项资源转化方案
2021 年 1 月	赛项专家组、裁判长、承办院校对赛项工作进行总结
2021 年 2 月	竞赛资源转化工作小组讨论通过赛项资源转化方案开始实施
2021 年 2—6 月	完成赛项资源转化全部内容（教材、视频、竞赛案例分析、动画、文档等）
2021 年 7—10 月	围绕本竞赛项目的相关教学成果研讨会及展示推广等活动

表 2-7　教学资源转化方案

资源名称			表现形式	资源数量	资源要求	完成时间
基本资源	风采展示	赛项宣传片	视频	1	15min 以上	竞赛完成后 1 个月
		风采展示片	视频	1	10min 以上	竞赛完成后 1 个月
		现场照片	图片	20	高清	竞赛完成后 1 个月

续表

资源名称			表现形式	资源数量	资源要求	完成时间
基本资源	技能概要	技能介绍技能要点评价指标	文本文档 演示文稿	3		竞赛完成后 1 个月
	教学资源	技能操作规程	文本文档 演示文稿视频	5		竞赛完成后 3 个月
拓展资源	素材资源库		演示文稿视频	10		竞赛完成后 2 个月
	赛题库		文本文档	1		竞赛完成后 2 个月

模块二　GZ-2020002　机器人系统集成赛项技术分析报告

一、综述

1. 竞赛情况

机器人系统集成（GZ-2020002）赛项于 2020 年 11 月 18—20 日在山东省济南职业技术学院成功举办。在最后一场竞赛过程中安排了全国直播。本赛项在全体裁判员的共同努力下，实现了“零投诉”，充分体现了公平、公正、公开。

机器人系统集成赛项的参赛队伍来自全国 28 个省、自治区、直辖市，共 28 支代表队。每支代表队由一名领队、一名指导教师和两名参赛选手组成。本赛项通过“以赛促学、以赛促教、以赛促改、以赛促练”有效促进了智能制造复合型技术技能人才的培养，引领了高职院校智能制造相关专业建设。

2. 竞赛内容

2020 年 9 月 16—26 日在北京国开会议中心，专家组 5 名成员进行赛程和赛题的编写工作，共编制赛程 1 份、赛题 5 套，9 月 29 日在全国职业院校技能大赛官网公布，11 月 5 日又做了更新。

本赛项以汽车行业轮毂零件的生产制造为背景，采用机器人系统集成技术完成制造单元系统的智能化改造，充分体现“两化深度融合”在传统制造业升级改造中的技术应用。根据任务书要求，参赛选手自行设计实施方案，在三维软件中搭建竞赛平台并完成产品生产流程仿真，完成真实竞赛平台的系统搭建和线路连接，对工业机器人进行点位示教和控制程序编制，对数控系统进行加工程序编制和通信参数设置，对视觉系统进行检测识别参数设定和优化，对可编程控制器进行控制程序编制及调试，对系统进行故障诊断和排除，根据不同的生产工艺要求及订单需求，完成轮毂产品仓库存储、数控加工、打磨加工、检测识别、分拣入位等工艺流程，通过制造执行系统对生产过程信息和设备状态进行实时采集和可视化显示，通过智能终端利用云端实现安全的制造数据远程监控，并结合工作任务和用户需求，完成相应的技术文档制作。

本赛项主要考察参赛选手对于工业机器人、可编程控制器、数控系统、集成视觉等控制设备的编程调试能力和对于复杂机器人集成系统的联调能力，兼顾考核参赛选手在工业

网络及数据归档处理方面的信息化能力，充分考验参赛选手面对复杂任务要求时的分析处理能力及方案制订和实施能力，展现参赛选手的综合职业素质和创新水平。

本赛项采用团体赛方式，每支代表队的 2 名参赛选手均需在 11 小时内分 3 个赛程协作完成竞赛任务。其中，第一赛程 3 小时，第二赛程 4 小时，第三赛程 4 小时。具体由任务书详细规定。

竞赛过程中需编写用户交付文档，内容包括系统功能描述、系统组成、使用方法、维护方法、故障消除方法、安全注意事项等。

本赛项的竞赛任务、分值与时间见表 2-8。

表 2-8　竞赛任务、分值与时间

竞赛内容	任务名称	描述	分值	时间 / h
第一赛程	任务一　系统方案设计（4%）	根据制造流程要求，细化完整的生产工艺路径，将工序内容与实现设备一一对应；在场地面积允许的条件下，合理设计单元的布局形式，完成完整工序内容；根据工序流程和控制系统要求，确定控制网络结构	4	3
	任务二　工艺流程模拟仿真（7%）	利用虚拟仿真软件，在三维环境中按照设计的布局形式，搭建硬件环境，规划功能单元的动作轨迹，仿真验证布局设计的有效性	7	
	任务三　硬件搭建及电气接线（7%）	根据集成设计方案，将所选的功能单元按照布局规划拼接固定；根据功能要求，完成各单元的机械安装、电气接线、气动连接、控制网络线路部署等内容；手动测试单元功能动作及故障排除	7	
第二赛程	任务四　机器人系统集成（25%）	对 PLC 和远程 I/O 进行组态操作，通过集成机器人与各功能单元满足控制设计要求；对 PLC、工业机器人、数控系统、视觉系统进行编程调试，分别实现工业机器人更换不同工具、工业机器人从立体仓库中拾取零件、工业机器人将待加工零件放入 / 取出数控机床、选取指定加工程序完成加工任务、工业机器人对零件表面打磨加工、视觉系统对零件产品加工结果进行检测与判别、对零件进行分拣入位等功能动作	25	4
	任务五　集成系统联调（15%）	根据产品生产制造流程，对立体仓库、工业机器人、数控系统进行编程联调，利用物联网、工业以太网实现产品、设备和控制器之间的信息交互，满足加工流程自动化；合理优化程序逻辑和设备运行参数，满足任务的生产效率要求	15	
第三赛程	任务六　MES 系统集成（10%）	利用 MES 系统开发平台完成信息采集、产品数据追溯、制造流程可视化、设备状态可视化等功能模块，对异常情况进行监控并做出合理判断，确保生产安全；完成机器人集成系统的功能流程控制操作面板的开发，实现对生产流程的控制。在 MES 系统开发平台中，将任务要求的生产流程数据、设备状态信息存储到指定的云服务器中	10	4

续表

竞赛内容	任务名称	描述	分值	时间 / h
第三赛程	任务七　拓展任务（20%）	竞赛过程中，对机械、电气等常见故障进行检测与排除，并根据给定的任务要求，对集成系统进行机械、电气、MES 系统或工作流程调整，完成工作站功能拓展	20	4
	任务八　文档制作（7%）	竞赛过程中，编写用户交付文档，内容包括系统功能描述、系统组成、使用方法、维护方法、故障消除方法、安全注意事项等	7	
综合任务　职业素养（5%）		竞赛过程中，对参赛选手的技术应用合理性、工具操作规范性、机械电气工艺规范性、耗材使用环保性、功耗控制节能性以及赛场纪律、安全和文明生产等进行综合评价	5	

二、赛项设计解读

1. 赛项整体设计

本赛项以机器人系统集成技术的应用为核心，以汽车行业轮毂零件的生产制造为背景，采用机器人系统集成技术完成制造单元系统的智能化集成，将工业机器人、数控机床、立体仓库、智能传感等作为终端，利用工业网络将 MES 系统和 PLC 组成控制网络，结合云端数据服务实现远程监控和流程管控，完成“端—网—云”的集成，充分体现“两化深度融合”在传统制造业升级改造中的技术应用。主要考察参赛选手对于工业机器人、可编程控制器、数控系统、集成视觉等控制设备的编程调试能力和对复杂机器人集成系统的联调能力。

2. 命题依据

专家组命题时，充分考虑了高等职业教育装备制造大类专业现状，赛题注重基础知识和基础技能考核，围绕专业教学标准中课程通用部分展开。

3. 赛题解读

2020 年是该赛项举办的第三年，同时也是改革试点赛的头一年，本次大赛在去年竞赛成功举办的基础上，对接世赛标准，对赛题做了必要的能力提升，并修改了相应的评分细则。本次竞赛的赛题变化包括如下方面：

（1）定制化与智能化要求调整。为了突出智能制造的柔性化、定制化和智能化特点，在赛题中不再提供工艺定制流程图，而是提供定制要求，允许参赛选手自行定义加工流程，与之前赛事相比更加灵活与柔性化。

（2）强化数控加工编程能力的考核。除了传统的简单零件加工外，结合实际工艺流程，更加突出对数控编程基础能力的考查。

（3）注重智能制造定制化数据采集识别的技能要求。数据采集识别要求调整为设计更多的二维码来集成不同的工艺信息。

（4）增加了多项考核内容。能够综合全面考查参赛选手的产品文档制作、机电设备装调、故障排查能力。

（5）设立了以原竞赛内容为基础的拓展任务。能够在参赛队伍中选优，为实力较强的参赛队提供一个发现自身能力极限的有效尺度。

三、评判原则阐释

第一赛程主要得分点为硬件搭建及电气接线，说明参赛选手对于机台熟悉程度高，接线符合电气规范，并能正确排查故障。主要失分点为工艺流程仿真，这是由于部分参赛选手未仔细查看任务书要求，导致系统总体方案设计失误，使得仿真过程中出现较多不可达点。

第二赛程主要得分点为机器人系统集成，说明经过多年的考核，参赛选手对于各功能单元的智能化改造这种传统项目有较高的熟练度。主要失分点为集成系统联调，主要在应用平台信息集成功能、全过程生产自动化两个方面表现欠佳，具体体现为各功能单元之间无法联调。

第三赛程主要得分点为 MES 系统集成，说明参赛选手在 WinCC 的界面设计及信息通信方面的完成度较好，但对各功能单元之间的联调受前赛程任务影响无法完成。主要失分点为拓展任务，说明对于今年新增的难度较大的数据可视化和废品条码加工任务，由于训练较少，基础不够扎实，部分参赛选手直接放弃了较复杂的拓展任务工序内容。

本赛项技术性很强，裁判执裁需要有较好的技术基础。因此本次评分细则除文档制作等少量考核点外，均采用了现象要点判分形式。而且本评分细则的设计瞄准工业生产实际，要求功能完整才能得分，部分评分内容采用了要素一票否决的评分设计。有如下特点：

（1）细化工作任务，合理调整分数配比。将任务细分为含文档制作、职业素养的 9 个任务。每项任务考查 2～3 个技能点，同时任务之间有一定关联性。虽然每项任务分值减小，但考察得更细致全面。本次竞赛的评分表与去年相比，总页数从 9 页增加到了 24 页。

（2）细化了评分表评判标准。在前期赛题验证环节，专家组会同技术人员就有可能出现的异动情况进行了交流探讨。此外，多次召开网络讨论会，就成绩评分细节展开逐一研讨，最终确定了本次成绩评分表的细化标准。针对各评分项，详细给出了界面绘制、信息统计、参数监控及手动控制等现象的实现标准和各项扣分细则，裁判按评分表操作给分，最大程度消除了主观因素的影响。

（3）突出了对集成联调的考察。集成联调贯穿了几个高难度任务，并明确其判定标准为联调成功后才能给分。

四、典型实例评析

本次竞赛共有 28 个参赛队，抽取赛题题号为 1 号。

（1）本套赛题的第一赛程要求在离线编程虚拟仿真平台中，完成虚拟平台系统布局方案的规划与设计，与赛前公布的题库相比，需要实现的功能要求有所增加，达到了 6 条，既包括以前常规应该实现的功能，又要综合考虑流程中可能出现的机器人超限点等因素。通过裁判赛场打分，可以看出仅部分赛位能够较好地读懂赛题，在此基础上进行控制系统方案设计，获得了有效的工作方案。

（2）部分赛位未及时进行过程存盘，导致机器重启后部分程序丢失。

（3）部分赛位存在审题不认真的问题，没有对分拣机构的角度误差进行补偿处理，导致联调失败。

（4）竞赛时间分配不合理。有参赛队完成了全部的联动调试，但没有完成加工信息与上位机的通信（这属于较容易得分项），导致联调过程中工作状态信息无法实时更新，很可惜。

（5）参赛选手对设备功能的了解仍有提升余地。有 2 个赛位完成了硬件功能的联调，但云端数据无法上传，经技术支持检查无硬件问题，之后参赛选手才发现参数未按任务书要求设置，导致损失了部分宝贵的竞赛时间。

（6）参赛选手操作设备的技术水平仍有提升完善余地。从得分情况看，几个赛位由于没有练习过 WinCC 的图表控件，数据可视化功能基本就放弃了。

五、总结、意见与建议

专家组命题目标是优秀作品占参赛队伍提交总作品的 10% 左右，良好作品占参赛队伍提交总作品的 20% 左右，合格作品占参赛队伍提交总作品的 30% 左右。从竞赛结果看，规程中规定的获奖数量与竞赛成绩相当吻合。从竞赛成绩看，吻合度非常高。

建议赛后，在大赛办的指导下，召开多种形式的赛项总结会、经验交流会，赏析优秀作品，提高水平。

模块三　GZ-2020002　机器人系统集成赛项工作总结

2020 年 11 月 20 日，“2020 年全国职业院校技能大赛改革试点赛高职组机器人系统集成赛项”于山东济南职业学院顺利闭幕。

随着《智能制造发展规划（2016—2020 年）》战略推进，加快智能制造技术应用是落实工业化和信息化深度融合、打造制造强国的重要措施，是实现制造业转型升级的关键所在。本项大赛旨在落实《制造业人才发展规划指南》，精准对接装备制造业重点领域人才需求，满足复合型技术技能人才的培养，支撑智能制造产业发展。试点赛与世界技能大赛机器人项目接轨，竞赛在参赛队人员数量要求、竞赛时长、竞赛内容等多个方面发生巨大变化，实现了试点赛的多方位创新。

一、试点赛机器人系统集成赛项竞赛内容

本赛项有 28 支来自不同省、自治区、直辖市的代表队，共计 56 名参赛选手参加了竞赛，通过“以赛促学、以赛促教、以赛促改、以赛促练”有效促进了智能制造复合型技术技能人才的培养，实现了院校人才培育贴近行业需求，促进校企人才供需接轨，引领了高职院校智能制造相关专业建设。

本赛项以汽车行业轮毂零件的制造为背景，采用机器人系统集成技术完成制造单元的智能化改造，充分体现“两化深度融合”在传统制造业升级改造中的技术应用。考察参赛选手对工业机器人、可编程控制器、数控系统、集成视觉等控制设备的编程调试能力和对复杂机器人集成系统的联调能力等综合职业素质。

二、改革试点赛与2019年全国职业院校技能大赛项目的不同之处

2020年是该赛项举办的第三年，同时也是改革试点赛的头一年，本次大赛在2019年大赛成功举办的基础上，对接世赛标准，具体体现在赛项设计中与往届全国职业院校技能大赛不同的是进行了以下重大更新：

1. 赛程变化

为了能够对参赛选手的职业技能相关知识要求、相关技能要求进行综合细致的考核，本次试点赛大幅增加了竞赛时长，总竞赛时间加上执裁过程约15小时，比往届竞赛时长5小时增加了2倍。

2. 考核内容变化

为了与国际高技能型人才标准接轨，更全面考核参赛选手的技能水平，本次赛题设计过程中注重了对装调能力、故障排查能力、数控编程能力、技术文档处理能力等方面的考核，特别设置了相应的考查项目。

3. 综合能力要求变化

本次试点赛每参赛队的参赛选手由往年的3人减少到2人，但考核内容实际上与总时长同比增加，每名参赛选手必须具备更全面的能力才能在有限时长内顺利完成全部竞赛任务，倒逼参赛选手在平时训练教学中要进行全面强化，从而具备独当一面的综合知识和技能水平。

4. 能力上限变化

除在赛项规程公布的样题中的考核内容外，本次竞赛还设置了占比20%的拓展任务，这部分任务需要在常规任务的基础上更加深入应用机器人系统集成的高端内容，代表了本赛项职业技能发展的世界先进水平，能够有效检验各参赛队的能力水平上限，为其进一步提升自我，向世界先进技能水平努力提供方向。

三、改革试点赛的创新与突出特点

本次改革试点赛在总体设计上有所创新，突出特点主要是：

1. 在赛项设计中突出“系统集成”这个总纲，以机器人为抓手，以往年的全国职业院校技能大赛内容为基础，大幅增加机器人的编程核心内容及集成联调任务，进行综合性考核。

2. 在赛程、考查点上以世界技能大赛为参照，确保反映“全球性的职业和工作角色”，以及体现“现代行业和商业中所需的知识和技能”。

3. 在评分设置上，细化标准，采用过程评分与结果评分相结合的方式对参赛队的水平做出评价。

四、试点赛运行总评

本次竞赛的整体运行情况具有以下特点：

1. 竞赛技术含量高

本次竞赛内容新，竞赛过程中，参赛选手通过方案设计、硬件搭建、系统集成与调试等任务，完成以工业机器人为核心的智能制造单元搭建，满足定制化的制造加工过程。工业机器人从立体仓库拾取待加工轮毂，按照加工要求根据二维码信息完成多种不同加工工序，利用工业机器人实现打磨抛光加工，通过传感器检测加工效果，利用 MES 系统实现制造过程信息和设备状态的实时采集和可视化，通过智能终端利用云端实现安全的制造数据远程监控和流程控制，优化工序流程，提高生产效率。综合考核了参赛选手对于工业机器人应用技术、自动化应用技术、视觉检测技术、数控加工技术、数据采集技术等智能制造领域核心技术的应用能力。

2. 竞赛内容难度稍大

本次竞赛采用团体赛（2 人）的形式，以实操方式进行 3 个赛程共计 11 个小时的竞赛，赛题按照基础题与提高题并重设置，素质拓展配分占 5%，文档制作配分占 7%。除以上两项外，基础题任务一～四配分占 43%，但工作量较大，需要参赛选手合理分工，并具有一定的熟练度。提高题任务五～七配分占 40%，且各赛程任务有一定关联性，需要参赛选手将工序流程的逻辑关系吃透才能取得高分，因此总体难度稍大，成绩偏低，但近似成正态分布。

3. 竞赛评分标准规范

竞赛采用了 2 次加密，裁判分成职业素养、工艺确认、功能确认三个部分，每个部分由两名裁判独立评判，严格执行《全国职业院校技能大赛成绩管理办法》。在上场执裁前，裁判员均由专家组进行了多轮培训，对于评分标准有充分的了解。整个执裁过程中，裁判员全部采用带有参考结果的评分标准，标准客观公正，并且在功能确认时让每个参赛选手的竞赛成果都进行了充分的展示，得到参赛选手充分的认可。

4. 参赛选手职业素养出色

“职业素养”任务是在竞赛过程中对参赛选手的技术应用合理性、工具操作规范性、机械电气工艺规范性、耗材使用环保性、功耗控制节能性以及赛场安全、文明生产等进行综合评价。

从整个竞赛来看，今年各参赛队对本赛事高度重视，参赛选手的综合技能和应用水平有了较大的提升。整场参赛选手着装规范，具有良好的安全意识，所有队在“职业素养”任务中均未见扣分项。

五、试点赛的建议

在今后的工作和学习过程中，各参赛队应加强以下几个方面：

一是参赛选手应仔细阅读任务书要求。本次任务书中为提高难度有部分隐藏考点，如归仓时可能会有占位的轮毂、分拣后轮毂定位标志可能有角度偏差，这时要自行增加工序。不详细研究，联调就无法真正完成。

二是注重竞赛策略，合理分配解题时间。首先要根据自身技术水平、分值分配和任务难易程度，先把难度较小、训练成熟的部分得分先拿到。然后对于赛程中影响较大的系统联调如无法一次完成，也不应该放弃，应积极调试，甚至分赛程完成，保证关联任务的分不要丢失太多。

三是参赛选手模块化编程测试能力要加强，参赛选手在编程时过多考虑生产流程编程，没有考虑程序如何测试，有的队甚至没有完整加工过一次，导致验收过程中的两次调整机会用完也没有演示成功。

四是参赛选手解决复杂问题的能力要加强。特别要注重对基础理论知识的训练，参加全国职业院校技能大赛的参赛选手有部分基本功能无法完成，这是极不应该的。又如拓展

任务的产品分类数控加工，在正式赛卷中通过简化良废品标志为仅加工点、横线、斜线，极大地削减了参赛选手数控编程难度，但很多参赛选手根本没有仔细分析这一部分，只看是扩展任务需要判断后再加工，觉得难度大就直接放弃，希望指导教师回去后能够培养参赛选手尝试对复杂问题进行分析后予以简化处理的能力。

项目三
工业设计技术赛项

模块一　GZ-2020003　工业设计技术赛项规程

一、赛项名称

赛项编号：GZ-2020003
赛项名称：工业设计技术
英文名称：Industrial Design Technology
赛项组别：高职组
赛项归属产业：装备制造大类

二、竞赛目的

（一）以大赛检验教育教学成果

本赛项全面考察高职学生三维数据采集、逆向建模、创新设计、CNC 编程与加工、3D 打印、装配验证等前沿的知识、技术技能以及职业素养能力。全面检验学生工业设计的工程实践能力和创新能力。

（二）以大赛促进教育教学改革

本赛项按照行业企业工业设计技术岗位真实工作过程设计竞赛内容，通过“以赛促学、以赛促教、以赛促改”，培养学生工业设计技术实践能力和创新精神，提升学生职业素养和就业能力，促进“双师型”师资队伍建设，推动工业设计等专业人才培养模式与课程体系改革，提升学生从事工业设计相关岗位的适岗性，提高专业建设水平。

（三）以大赛看齐世界技能标准

本赛项面向工业设计主流技术，对接国际标准，借鉴世界技能大赛办赛机制，参考世界技能大赛工业设计技术赛项文件，瞄准世界最高技能水平，选拔出具有大国工匠素质的技术技能人才。

（四）以大赛营造崇尚技能氛围

本赛项大力弘扬工匠精神，引导全社会重视、关心技能人才的培养和成长，宣传技能人才的重要贡献和重大作用，在全社会倡导“崇实尚业”之风，营造尊敬技能人才的社会氛围，让尊重劳动、尊重技术、尊重创造成为社会共识。

三、竞赛内容

参赛选手利用三维扫描仪扫描，获得指定产品外形的“实样”点云后，进行三维逆向建模和产品创新设计，生成“创新产品”装配图及零件图，采用CNC机床和3D打印设备将“创新产品”制造出来，再进行“创新产品”装配验证，实现从“实样”到“创新产品”的研发和制造过程。

本竞赛为操作技能竞赛。竞赛分三个阶段完成，共16个小时。第一阶段为数字化设计，分三维数据采集、逆向建模与创新设计三个竞赛任务，竞赛时间为8小时。第二阶段为CNC加工，主要完成CNC编程与加工竞赛任务，竞赛时间为4小时。第三阶段为3D打印与装配、主要完成3D打印与装配验证两个竞赛任务，竞赛时间为4小时。结合竞赛过程，考核文明生产、职业素养、规范操作、绿色环保、循环利用等职业素养。

第一阶段　数字化设计

任务一　三维数据采集

参赛选手对赛场提供的三维扫描装置进行标定。

利用标定成功的扫描仪和附件对任务书指定的实物进行扫描，获取点云数据，并对获得的点云进行相应取舍，剔除噪点和冗余点后保存点云文件。考核参赛选手复杂表面点云准确获取能力。

任务二　逆向建模

利用任务一所采集的点云数据，使用逆向建模软件，对实物外表面进行三维数字化建模。对逆向建模的模型进行数字模型精度对比（3D比较、2D比较、创建2D尺寸），形成分析报告。考核参赛选手数模合理还原能力。

任务三　创新设计

利用指定实物和任务二所建数字化模型，结合相关知识，按任务书要求进行结构和功能创新设计，生成装配图及零件图。结合设计任务要求编写设计方案说明书，采用文字结合图片的方式从设计方案的人性化、美观性、合理性、可行性、工艺性、经济性等方面描述创新设计的思路及设计结果。考核参赛选手外观美化、结构优化、功能创新的设计能力。

第二阶段　CNC加工

任务四　CNC编程与加工

根据赛场指定的机床、刀具、毛坯等加工条件，分析指定实物的工艺，制订加工工艺过程，编制加工工序卡；利用自动编程软件，根据制订的工艺编制数控加工程序，使用提供的机床和编制的数控程序完成样件加工。考核参赛选手机械加工工艺应用、CNC编程与加工的能力。

第三阶段　3D打印与装配

任务五　3D打印

根据实体建模文件进行封装和打印参数设置，打印出样件。将打印好的样件进行去支撑、表面修整等后处理，以保证零件质量达到要求。考核参赛选手增材制造工艺应用、3D打印设备操作、3D打印样件后处理能力。

任务六　装配验证

将加工得到的样件，与其他实物机构装配为一个整体，验证创新设计的效果。考核参赛选手现场安装与调试能力。

四、竞赛方式

本竞赛为操作技能竞赛。竞赛以单人方式进行。

竞赛采用相同赛题，分三个阶段单独进行。第一阶段竞赛时间为 8 小时。第二阶段竞赛时间为 4 小时。第三阶段竞赛时间为 4 小时。不限制每个阶段内各项任务的完成时间。

每个阶段分别在一天内完成，如需要分场次进行竞赛，第一场次参赛选手进场后须对其余场次参赛选手进行封闭。承办院校如参赛必须安排在首场竞赛。

五、竞赛流程

（一）竞赛日程安排

具体竞赛日期由大赛执委会统一规定，竞赛期间的日程安排见表 3-1。

表 3-1　竞赛日程安排

日期	时间	内容
第 1 天	08:30—11:00	参赛队报到、裁判员报到
	13:00—14:30	裁判员会
	14:30—15:30	领队会、抽签
	15:00—15:30	竞赛工作人员会
	15:30—17:00	赛前场地、设备检查
	15:30—16:30	参赛队熟悉竞赛场地
	16:30	工具检录封存
第 2 天 （第一阶段）	07:00—08:00	参赛选手检录、入场
	08:00—16:00	竞赛
第 3 天 （第二阶段）	07:00—08:00	第一场参赛选手检录、入场
	08:00—12:00	第一场竞赛
	11:00—12:00	第二场参赛选手检录、入场
	13:00—17:00	第二场竞赛
第 4 天 （第三阶段）	07:00—08:00	参赛选手检录、入场
	08:00—12:00	竞赛
第 5 天	9:00	领队、指导教师、参赛选手 参加成绩发布会

（二）竞赛流程

竞赛前一天各参赛队以抽签方式确定竞赛场次，次日参赛队按场次检录，抽取赛位并

抽取加密号信封。参赛选手赛前做好工具箱检查，进行安全教育后方可进入赛场。向参赛选手发放任务书及竞赛赛件。裁判长宣布竞赛开始，参赛选手按任务书要求进行竞赛，竞赛结束前 15 分钟，裁判长会提醒参赛选手。到时，裁判长宣布竞赛结束，参赛选手上交全部赛件及图纸评分表、加密号信封后，方可离开赛场。

第一阶段参赛选手竞赛结束时领取数据封存箱编码条，在第二阶段、第三阶段竞赛进入赛场后凭编码条领取第一阶段的数据。

第二阶段竞赛中，在第一场参赛选手检录进场后其余场次参赛选手进行检录封闭。

六、竞赛赛卷

本赛项采用公开赛题库的方式，于赛前在大赛官网上公布赛题库。赛前把赛卷随机排序后，在监督组的监督下，由裁判长指定相关人员抽取正式赛卷与备用赛卷，过程需全程录像。

七、竞赛规则

（一）参赛资格

1. 参赛选手 1 人，须为普通高等学校全日制在籍专科学生；本科院校中高职类全日制在籍学生可报名参加高职组竞赛。五年制高职学生报名参赛的，四、五年级学生参加高职组竞赛。

2. 参赛选手年龄须不超过 25 周岁（截止时间以 2020 年 11 月 1 日为准）。

3. 凡在往届全国职业院校技能大赛中获一等奖的参赛选手，不能再参加同一赛项同一组别的竞赛。

（二）报名要求

1. 组队要求：由省、自治区、直辖市及新疆生产建设兵团为单位组队参赛，同一地区报名参赛队不超过 1 支；指导教师须为本校专、兼职教师，每队限报 1 名指导教师。

2. 参赛选手和指导教师报名获得确认后不得随意更换，如在备赛过程中参赛选手和指导教师因故无法参赛，须由省级教育行政部门于本赛项开赛日期 10 个工作日之前出具书面说明并按相关规定补充人员并接受审核；竞赛开始后，参赛队不得更换参赛选手。

（三）命题

集中组织专家命题。大赛官网公布赛题 5 套。

竞赛时间 960 分钟（16 小时）为裁判长宣布竞赛开始至裁判长宣布竞赛结束之间的时间。

（四）赛前准备

1. 抽签

竞赛前一天，组织各省份领队抽取竞赛场次。

2. 熟悉场地

（1）熟悉场地将在竞赛前一天进行，只能观看赛场环境，设备布置，不可以操作计算机、操作机床、操作 3D 打印机。

（2）熟悉场地时不发表没有根据以及有损大赛整体形象的言论。

（3）熟悉场地时需严格遵守大赛各种制度，严禁拥挤、喧哗，以免发生意外事故。

（五）竞赛过程

1. 检录赛位抽签

（1）参赛队在规定时间到达指定地点集合，凭参赛证和身份证（两证必须齐全），依次进行安检、身份检录、抽取赛位号、抽取加密号信封，并在赛位抽签记录表上签字确认，在留存的加密号信封上写上“参赛队 + 姓名”。

（2）赛场的赛位号统一编制，赛位抽签确定后，不准随意调换。

（3）赛位号不对外公布，赛位抽签登记表以及参赛选手签字后留存的加密号信封由检录裁判和监督员一起送保密室封存，由承办院校统一保管，在评分结束后开封统计成绩。

（4）完成安全教育后，赛前 15 分钟统一进入赛位准备竞赛，在对应的赛位上对软、硬件竞赛设备进行确认，等待竞赛开始指令。

（5）由于参赛选手自身原因迟到，裁判长宣布竞赛开始时仍未到场的，按弃赛处理。

2. 正式竞赛

（1）现场裁判长对参赛选手集中进行安全教育、告知竞赛注意事项。

（2）参赛选手进入赛位保管好加密号信封，不得在信封上做任何标记、更不得拆开信封。工序卡片只能编写工艺内容，不得填写地区、姓名等其他信息，不得有任何其他标志。检查赛场提供的物品与清单是否一致。

（3）检查计算机与加工设备的通信，根据赛位张贴的提示检查相应的数据和参数，可以操作计算机和加工设备，但不得进行切削加工。

（4）参赛选手拿到赛题后，在裁判长宣布竞赛开始前不得操作计算机、不得进行切削加工。

（5）参赛选手在竞赛过程中，要求工具（含量、刀具）摆放整齐，将作为参赛选手职业素养评分依据。

（6）竞赛过程中，参赛选手必须严格遵守竞赛规程，确保人身和设备安全，并接受裁判和工作人员的监督和警示。参赛选手不得随意离开赛位，不得与其他参赛队交流；如遇问题时须举手向裁判示意。

（7）现场裁判坚守赛位，当参赛选手举手示意时，立即处理，不得拖延。

（8）每场竞赛前在现场裁判监督下，相关技术支持人员将对计算机、数控机床、3D 打印机、扫描仪等设备进行还原操作，确保每场竞赛的所有设备都处于同样的初始状态。

（9）各类赛场工作人员必须统一佩戴签发的相关证件，着装整齐。

（10）除现场裁判和本场参赛选手外，其他人员不得进入竞赛区域。赛场安全员、设备和软件技术支持人员、工作人员必须在指定区域等待，未经允许不得进入竞赛区域。

3. 竞赛结束

（1）裁判长宣布竞赛结束，参赛选手立即停止操作。参赛选手在现场裁判陪同下将加密号信封、U 盘、样件，以及任务书、草稿纸等一起提交到收件处。

（2）现场收件裁判，清点赛件数量，检查参赛选手的加密号信封，确认密封完好后，当参赛选手面将整套样件（包括没有加工的毛坯）、工程图（零件图和装配图）、产品设计方案说明书、工艺卡片等文件按任务书要求备份至 U 盘、加密号信封放入透明带盖的

塑料盒中，用胶带密封，盒中不能放入其他任何物品（如赛题、图纸、评分表、抹布等）。当场赛件收齐后，与监督员一起送加密室进行赛件加密。

（3）加密裁判根据赛件对应的加密号信封中编码，在赛件、U 盘的指定位置进行刻码，监督员监督整个加密过程。

八、竞赛环境

1. 竞赛区域总面积约 800m^2。净空高度不低于 3.5m，采光、照明和通风良好，环境温度、湿度符合设备使用规定，同时满足参赛选手的正常竞赛要求。

2. 赛场主通道宽 3m，符合紧急疏散要求。

3. 赛场提供稳定的水、电、气源和供电应急设备，配置备用发电机，并有保安、公安、消防、设备维修和电力抢险人员待命，以防突发事件。

4. 第一阶段、第三阶段赛场布置 36 个赛位，备用赛位 4 个。第二阶段布置 18 个赛位，备用赛位 2 个，分两场进行。各单元均提供 380V、220V 电源供电设备，赛位地面放置绝缘垫。

5. 根据赛项特点，第一阶段用挡板隔离成竞赛区域构成竞赛单元，赛位面积在 5m^2 左右，赛位内布置：计算机席（含计算机 1 台）1 个，配置扫描仪 1 台等，配有设备所需电源。第二阶段赛位面积在 12m^2 左右，赛位内布置：计算机席（含计算机 1 台）1 个，配置数控加工中心 1 台、刀具装配台及附件。第三阶段用挡板隔离成竞赛区域构成竞赛单元，赛位面积在 5m^2 左右，赛位内布置：计算机席（含计算机 1 台）1 个，配置 3D 打印设备 1 台，钳工装配台、台钻及附件。赛位间分隔适当，现场保证良好的采光、照明和通风，配有压缩空气气源及气枪；配有设备所需电源。

6. 赛场配置设备维修服务、医疗、生活补给站等公共服务区，为参赛选手和赛场人员提供服务；设有安全通道，大赛观摩、采访人员在安全通道内活动，保证大赛安全有序进行。

7. 赛事单元相对独立，确保参赛选手独立开展竞赛，不受外界影响；赛区内包括厕所、医疗点、维修服务站、生活补给站、垃圾分类收集点等都在警戒线范围内，确保大赛在相对安全的环境内进行。

8. 赛场与裁判工作区域配置手机信号屏蔽仪，确保竞赛不受干扰，保证竞赛的公平、公正。

九、技术规范

（一）职业标准

国家职业标准《数控铣工》（国家职业资格三级）

国家职业标准《加工中心操作工》（国家职业资格三级）

国家职业标准《增材制造（3D 打印）设备操作员》

《数控车铣加工》职业技能等级标准

（二）教学标准

高等职业教育　工业设计专业教学标准

高等职业教育 机械设计与制造专业教学标准
高等职业教育 模具设计与制造专业教学标准
高等职业教育 数控技术应用专业教学标准
高等职业教育 机械制造与自动化专业教学标准

（三）技术标准（见表 3-2）

表 3-2 技 术 标 准

序号	标准号	标准名称
1	GB 18568—2001	加工中心 安全防护技术条件
2	GB 15760—2004	金属切削机床 安全防护通用技术条件
3	GB/T 18229—2000	CAD 工程制图规则
4	GB/T 4458.1—2002	机械制图 图样画法 视图
5	GB/T 4457.4—2002	机械制图 图样画法 图线
6	GB/T 4458.4—2003	机械制图 尺寸注法
7	GB/T 4458.5—2003	机械制图 尺寸公差与配合注法
8	GB/T 18784.2—2005	CAD/CAM 数据质量保证方法
9	GB/T 21012—2007	精密加工中心技术条件
10	GB/T 15236—2008	职业安全卫生术语
11	GB/T 1008—2008	机械加工工艺装备基本术语
12	GB/T 6477—2008	金属切削机床 术语
13	GB/T 4863—2008	机械制造工艺基本术语
14	GB/T 12204—2010	金属切削 基本术语
15	GB/T 18726—2011	现代设计工程集成技术的软件接口规范
16	GB/T 30174—2013	机械安全 术语
17	GB/T 35076—2018	机械安全 生产设备安全通则

十、技术平台

1. 硬件平台

赛场提供统一配置的计算机及软件。硬件基本配置：双核处理器 /4G 内存 /1T 硬盘 /1G 独显 /19 寸 LED 显示器。

2. 软件平台

（1）计算机操作系统：MS-Windows7。

（2）文字处理软件：MS-Office 2010。

（3）设计、编程、加工软件：西门子 NX10.0 教育版、Geomagic Design X 2016、Geomagic Control X 2020、Autodesk（PowerSHAPE、PowerMILL）2017、中望 3D 2018；

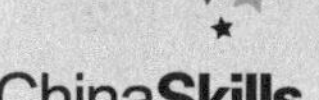

（4）扫描软件系统：Wrap_Win3D 三维数据采集系统 V2.0。

十一、成绩评定

（一）组织分工

赛项下设专家组、裁判组、监督组、仲裁组等工作机构。具体要求与分工如下：

（1）专家组负责本赛项技术文件编撰、竞赛命题、赛场设计、设备拟定、赛项裁判人员培训、赛项说明会组织、赛项安全预案、竞赛成绩分析、赛事成果转化以及赛项执委会安排的其他竞赛技术工作。

（2）裁判组实行"裁判长负责制"，设裁判长 1 名，全面负责赛项的裁判管理工作并处理竞赛中出现的争议问题。同时设竞赛现场裁判长 1～2 名，负责协助裁判长对赛场进行管理，设检测裁判长 1 名，负责协助裁判长对赛件检测进行管理。

（3）监督组对裁判组的工作进行全程监督，并对竞赛成绩抽检复核。

（4）仲裁组负责接受由参赛队领队提出的对裁判结果的申诉，组织复议并及时反馈复议结果。

（二）成绩管理流程

参赛队的成绩评定与管理严格按流程进行，成绩管理流程如下：

（1）加密

裁判长正式提交赛位号（竞赛成果号）评分结果并复核无误后，加密裁判在监督人员监督下对赛件和 U 盘进行加密。

（2）职业素养评分

5 名现场裁判组成评判组对参赛队操作规范、现场表现进行 3 次（开赛半小时、赛程过半、结束竞赛前半小时）记录。评判由现场裁判长主持，评判时，依据职业素养评分表，5 人独立进行打分，去掉一个最高分、去掉一个最低分后，取平均值。

（3）竞赛成果评分

三维数据采集、逆向建模、创新设计，CNC 编程与加工，3D 打印、装配验证等任务竞赛成果分 A、B 组集体进行独立客观评分、两组评判结果一致成绩方为有效，否则在检测裁判长主持下复检。

（4）抽检复核

为保障成绩评判的准确性，监督组对赛项总成绩排名前 30% 的所有参赛队成绩进行复核；对其余成绩进行抽检复核，抽检覆盖率 20%。

监督组需将复检中发现的错误以书面方式立刻告知裁判长，由裁判长更正成绩并签字确认。

若复核、抽检错误率超过 5% 时，裁判组将对所有成绩进行复核。

（5）成绩排序

成绩排序按从高向低排序，成绩相同者分别按创新设计、CNC 编程与加工任务高分者排前。

（6）解密

加密裁判在监督人员、裁判长监督下对竞赛成绩逐层进行解密。

（三）成绩评定

第一阶段成绩占总成绩的 65%，第二阶段占总成绩的 18%，第三阶段占总成绩的 12%，职业素养贯穿竞赛全过程占总成绩的 5%。

具体竞赛内容、分值与竞赛时间，见表 3-3。

表 3-3　竞赛内容、分值与竞赛时间

竞赛内容		描述	分值	时间 /h
第一阶段：数字化设计	任务一：三维数据采集	扫描仪标定，三维数据采集	10	8
	任务二：逆向建模	逆向建模，数字模型精度对比，出具分析报告	20	
	任务三：创新设计	结构创新设计，生成装配图及零件图，编写设计方案说明书	35	
第二阶段：CNC 加工	任务四：CNC 编程与加工	编制加工工序卡、加工工艺说明和数控程序，进行样件加工	18	4
第三阶段：3D 打印与装配	任务五：3D 打印	根据实体建模文件进行封装和打印参数设置，打印出样件，将打印好的样件进行去支撑、表面修整等后处理，以保证样件质量达到要求	7	4
	任务六：装配验证	创新产品装配，验证创新设计的效果	5	
职业素养		安全生产、文明生产、操作规范、绿色环保、循环利用等	5	

（四）成绩公布

（1）录入。由承办院校信息员将裁判长提交的赛项总成绩的最终结果录入赛务管理系统。

（2）审核。承办院校信息员对成绩数据审核后，将赛务系统中录入的成绩导出打印，经赛项裁判长、监督组、仲裁组审核无误后签字。

（3）报送。由承办院校信息员将确认的电子版赛项成绩信息上传赛务管理系统。同时将裁判长、监督组及仲裁组签字的纸质打印成绩单报送大赛执委会办公室。

（4）公布。记分员将解密后的各参赛队（选手）成绩汇总成最终成绩单，经裁判长、监督组签字后进行公布（在赛项指南中明确成绩公布方式）。公布时间为 2 小时。成绩公布无异议后，由仲裁长和监督组长在成绩单上签字，并在闭赛式上宣布竞赛成绩。

十二、奖项设定

（一）参赛选手奖

根据竞赛成绩，从高到低排序，按参赛总队数的 10% 设一等奖，20% 设二等奖，30% 设三等奖，小数点四舍五入。

（二）指导教师奖

对获得一等奖参赛选手的指导教师颁发“优秀指导教师奖”。

十三、赛场预案

防疫按照承办院校所属地要求执行。竞赛期间发生意外事故时，发现者应在第一时间报告赛项专家组，同时采取措施，避免事态扩大。应立即启动预案予以解决并报告。出现重大安全问题的赛项可以停赛，是否停赛由大赛执委会决定。事后，应向大赛组委会报告详细情况。

出现安全事故，首先追究赛项相关责任人的责任。赛事工作人员违规的，按照相应的制度追究责任。情节严重并造成重大安全事故的，报相关部门按相关政策法规追究相应责任。

本赛项应急预案将列为赛项指南的内容，在赛前公布。命题专家负责制订命题工作相关的安全预案，以便快速有效处理命题事故。

十四、赛项安全

赛项安全是技能竞赛顺利开展的先决条件，是赛事筹备和运行工作的核心问题。应确保竞赛期间参赛选手、指导教师、裁判员、工作人员的人身安全。管理要求主要包括：

（一）竞赛环境

（1）在赛前组织专人对竞赛现场、住宿场所和交通保障进行考察，并对安全工作提出明确要求。赛场的布置，赛场内的器材、设备，应符合国家有关安全规定。如有必要，也可进行赛场仿真模拟测试，以发现可能出现的问题。承办院校赛前须按照要求排除安全隐患。

（2）赛场周围要设立警戒线，要求所有参赛人员必须凭印发的有效证件进入场地，防止无关人员进入发生意外事件。赛场内应参照相关职业岗位的要求为参赛选手提供必要的劳动保护。在具有危险性的操作环节，裁判员要严防参赛选手出现错误操作。

（3）承办院校应提供保证应急预案实施的条件。对于竞赛内容涉及高空作业、可能有坠物、大用电量、易发生火灾等情况的赛项，必须明确制度和预案，并配备急救人员与设施。

（4）承办院校制订开放赛场和体验区的人员疏导方案。赛场环境中如存在人员密集、车流与人流交错的区域，除了设置齐全的指示标志外，须增加引导人员，并开辟备用通道。

（5）大赛期间，赛项承办院校须在赛场设置医疗医护工作站。在管理的关键岗位增加力量，建立安全管理日志。

（6）参赛选手、赛项裁判、工作人员严禁携带通信、摄录设备和未经许可的记录用具进入竞赛区域；如确有需要，由赛项承办院校统一配置，统一管理。赛项可根据需要配置安检设备，对进入赛场重要区域的人员进行安检，在赛场相关区域安放无线屏蔽设备。

（二）生活条件

（1）竞赛期间，原则上统一安排参赛选手和指导教师食宿。

（2）竞赛期间安排的住宿地应具有宾馆 / 住宿经营许可资质。以学校宿舍作为住宿地的，大赛期间的住宿、卫生、饮食安全等由提供宿舍的学校负责。

（3）承办院校须保证竞赛期间参赛选手、指导教师和裁判员、工作人员的交通安全。

（4）各赛项的安全管理，除了可以采取必要的安全隔离措施外，应严格遵守国家相关法律法规，保护个人隐私和人身自由。

（三）组队责任

（1）各组队单位组织代表队时，须安排为参赛选手购买大赛期间的人身意外伤害保险。

（2）各代表队组成后，须制订相关管理制度，并对所有参赛选手、指导教师进行安全教育。

（3）各代表队须加强对参赛人员的安全管理，实现与赛场安全管理的对接。

（四）处罚措施

（1）因参赛选手原因造成重大安全事故的，取消其获奖资格。

（2）参赛选手有发生重大安全事故隐患，经赛场工作人员提示、警告无效的，可取消其继续竞赛的资格。

（3）赛事工作人员违规的，按照相应的制度追究责任。情节恶劣并造成重大安全事故的，由司法机关追究相应法律责任。

十五、竞赛须知

（一）参赛队须知

（1）参赛队名称统一使用规定的地区代表队名称，不使用学校或其他组织、团体名称。

（2）参赛队按照大赛赛程安排凭承办院校颁发的参赛证、身份证参加竞赛及相关活动。

（3）各参赛队按统一安排参加竞赛前熟悉场地环境的活动。

（4）各参赛队按统一要求，准时参加赛前竞赛场次和熟悉机床时间的抽签。

（5）各参赛队要注意饮食卫生，防止食物中毒。

（6）各参赛队在竞赛期间，应保证所有参赛选手的安全，防止交通事故和其他意外事故的发生，为参赛选手购买人身意外保险。

（7）各参赛队要发扬良好道德风尚，听从指挥，服从裁判，不弄虚作假。

（二）指导教师须知

（1）各参赛代表队指导教师要发扬良好道德风尚，听从指挥，服从裁判，不弄虚作假。指导教师经报名、审核后确定，一经确定不得更换。如发现弄虚作假者，取消参赛资格，名次无效。

（2）指导教师应认真研究和掌握本赛项竞赛的技术规则和赛场要求，指导参赛选手做好赛前的一切准备工作，加强对参赛选手的管理，做好赛前准备工作，督促参赛选手带好证件和允许自带的各种工具等。

（3）在竞赛阶段，不允许指导教师上场指导，禁止使用通信工具。

（4）参赛选手对裁判等工作人员的工作有异议时，必须在 2 小时内由领队提出书面报告送交仲裁组。口头报告或其他人员要求解释处理，仲裁组不予受理。对申诉的仲裁结果，领队和指导教师应带头服从和执行，还应说服参赛选手服从和执行。

（5）领队和指导教师应在赛后做好技术总结和工作总结。

（三）参赛选手须知

（1）参赛选手应严格遵守竞赛规则和竞赛纪律，服从裁判员和竞赛工作人员的统一指挥安排，自觉维护赛场秩序，不得因申诉或对处理意见不服而停止竞赛，否则以弃权处理。

（2）参赛选手在赛前熟悉机床和竞赛时间内，应该严格遵守所用设备的工艺守则和安全操作规程，杜绝出现安全事故。

（3）参赛选手不得将通信工具、任何技术资料、工具书、自编电子或文字资料、笔记本计算机、摄像工具以及其他即插即用的硬件设备带入赛场，否则取消参赛选手竞赛资格。

（4）参赛选手应严格按竞赛流程进行竞赛。

（5）参赛选手必须持本人身份证、佩戴签发的参赛证，按竞赛规定的时间，到指定的场地参赛。

（6）技能竞赛参赛选手须赛前 60 分钟到达检录处检录。先抽取赛位和加密号信封，用本人身份证和参赛证更换赛位证，在赛位抽签记录表上签字，一个加密号信封上签上参赛队城市名和参赛选手姓名，每名参赛选手带上另一个加密号信封（妥善保管，信封外观不得有任何标识）和赛位证进入赛场指定赛位参加竞赛。

（7）由于参赛选手自身原因迟到，不能与本场同步开始竞赛的，不予补时；裁判长宣布竞赛开始时仍未到场的，按弃赛处理。已检录入场的参赛选手未经允许，不得擅自离开。参赛选手提前完成竞赛的，必须竞赛结束方可离开赛场。

（8）参赛选手进入赛位，进行赛前准备。检查毛坯，检查计算机、扫描仪、数控机床、3D 打印机和配套工具，检查软件及设备传输等是否正常。

（9）赛前 5 分钟发放赛题，裁判长宣布竞赛开始，参赛选手方可进行竞赛。

（10）参赛选手在操作技能竞赛过程中应按规定穿戴好防护装备，必须穿工作服、防砸防刺穿劳保工作鞋，佩戴护目镜，女选手要求带工作帽，且长发不得外露。严禁戴手套、手表、戒指、挂坠等物品操作数控机床，不得围布于身上。

（11）严禁移动或损坏安装在机床上的警告牌。

（12）参赛选手应根据机床性能正确使用机床，禁止超性能使用。

（13）机床开始工作前要认真检查各旋钮及按钮位置是否正常。

（14）使用刀具前应确认是否与机床允许的规格相符，破损的刀具要及时更换。

（15）加工时，机床工作台上不许放其他物品，以防发生事故。

（16）密切注意工件和刀具的夹紧状态。

（17）铁屑必须用工具清理，严禁徒手抓取。

（18）禁止用手或其他任何方式接触正在旋转的主轴、工件或其他运动部位。

（19）加工过程中禁止测量工件、用棉纱擦拭工件及清扫机床。

（20）机床运转中参赛选手不得离开岗位，机床发生异常立即停车。

（21）参赛选手必须在操作步骤完全清楚时进行操作，禁止在不知道规程的情况下进行尝试性操作，如机床出现异常，参赛选手必须立即向裁判员报告。

（22）加工过程中认真观察切削及冷却情况，确保机床、刀具的运行及工件的质量，防止铁屑、冷却液飞溅。

（23）在加工过程中需测量工件尺寸时，要待机床完全停止，主轴停转后方可进行测量，以免发生人身伤害事故。

（24）竞赛过程中，参赛选手不得修改机床参数，擅自修改机床参数者一经发现取消竞赛成绩。

（25）参赛选手必须将全部数据文件存储至计算机指定盘符下，不按要求存储数据，导致数据丢失者，责任自负。竞赛结束将数据拷入赛场提供的 U 盘。

（26）竞赛过程中，参赛选手若需休息、饮水或去洗手间，一律计算在竞赛时间内。食品和饮用水由赛场统一提供。

（27）竞赛过程中，参赛选手须严格遵守相关操作规程，确保人身及设备安全，并接受裁判员的监督和警示，若因参赛选手个人因素造成人身安全事故和设备故障，不予延时，情节特别严重者，由裁判长视具体情况作出处理决定（最高至终止竞赛）并上报大赛执委会批准后执行。

（28）参赛选手在竞赛过程中不得擅自离开赛场，如有特殊情况，需经现场裁判长同意后，特殊处理。

（29）竞赛过程中，参赛选手不能更换毛坯，也不能相互借用工具。各参赛选手之间不能走动、交谈。竞赛过程中出现机床故障等设备问题，应请现场裁判长到赛位处确认原因。若因非参赛选手个人因素造成设备故障导致中断或终止竞赛，由现场裁判视具体情况作出延时或更换备用赛位等处理意见，须由现场裁判长批准后执行，并由参赛选手在赛场记录表上确认（按指纹）。

（30）裁判长在竞赛结束前 15 分钟对参赛选手做出时间提醒。裁判长宣布竞赛结束后，参赛选手应立即停止竞赛。

（31）竞赛结束，参赛选手应立即清理赛件，3 分钟之内参赛选手必须前往收件处提交整套赛件（包括未加工的毛坯）、U 盘、加密号信封以及所有赛题、图纸、评分表、草稿纸等。赛件提交后，现场收件裁判和参赛选手在交件记录表上签字确认。

（32）提交赛件后，参赛选手应立即清理现场（包括机床和工作台及周边卫生），清点赛位配置的物品，经裁判和工作人员确认后方可离场，不得将草稿纸以及其他与竞赛相关的物品带离赛场。此项工作将在参赛选手职业素养环节进行评判。参赛选手离场时用赛位证换回身份证、参赛证。

（33）参赛选手在竞赛期间未经批准，不得接受其他单位和个人进行的与竞赛内容相关的采访；参赛选手不得私自公开竞赛相关资料。

（四）工作人员须知

（1）工作人员（含技术支持人员）必须服从统一指挥，佩戴工作人员标识，认真履行职责，做好竞赛服务工作。

（2）工作人员按照分工准时上岗，不得擅自离岗，应认真履行各自的工作职责，保证竞赛工作的顺利进行。

（3）工作人员应在规定的区域内待命，未经许可，不得擅自进入竞赛场地。听到现场裁判的呼叫，指定人员应立即去指定赛位进行服务，工作结束应立即返回、不得在赛场停留。

（4）如遇突发事件，须及时向现场裁判长报告，同时做好疏散工作，避免重大事故发生。

（5）竞赛期间，工作人员不得干涉个人工作职责之外的事宜，不得利用工作之便，弄虚作假、徇私舞弊。如有上述现象或因工作不负责任的情况，造成竞赛程序无法继续进行，视情节轻重，给予通报批评或停止工作，并通知其所在单位做出相应处理。

（五）裁判员须知

（1）裁判员应参加赛前培训。

（2）裁判员执裁期间，统一着装并佩戴裁判员标识，举止文明礼貌，接受参赛人员的监督。

（3）严守竞赛纪律，执行竞赛规则，服从赛项裁判长的领导。按照分工开展工作，始终坚守工作岗位，不得擅自离岗。

（4）裁判员的工作分为检录裁判、加密裁判、现场裁判、检测裁判等。

（5）除裁判长应工作需要外，加密裁判、现场裁判、检测裁判在竞赛的工作场所均不得携带和使用手机。所有裁判在工作期间严禁使用各种器材进行摄像或照相。

（6）现场裁判负责检查参赛选手携带的物品，违规物品一律清出赛场，竞赛结束后裁判员要命令参赛选手停止加工。

（7）竞赛中所有裁判员不得影响参赛选手正常竞赛。

（8）严格执行赛场纪律，不得向参赛选手暗示或解答与竞赛有关的内容。及时制止参赛选手的违纪行为。对裁判工作中有争议的技术问题、突发事件要及时处理、妥善解决，并及时向现场裁判长汇报。

（9）要提醒参赛选手注意操作安全，对于参赛选手的违规操作或有可能引发人身伤害、设备损坏等事故的行为，应立即制止并向现场裁判长报告。

（10）严格执行竞赛项目评分标准，做到公平、公正、真实、准确，杜绝随意打分；严禁利用工作之便，弄虚作假、徇私舞弊。

（11）竞赛过程中如出现问题或异议，服从裁判长的裁决。

（12）严格遵守保密纪律。裁判员不得私自与参赛选手或代表队联系，不得透露竞赛的有关情况。

（13）竞赛期间，因裁判人员工作不负责任，造成竞赛程序无法继续进行或评判结果不真实的情况，视情节轻重，给予通报批评或停止裁判资格，并通知其所在单位做出相应处理。

（14）裁判长在竞赛结束前 15 分钟对参赛选手做出时间提醒。

十六、申诉与仲裁

本赛项在竞赛过程中若出现有失公正或有关人员违规等现象，参赛队领队可在本场竞赛结束后 2 小时之内向赛项仲裁组提出书面申诉。

书面申诉应对申诉事件的现象、发生时间、涉及人员、申诉依据等进行充分、实事求是的叙述，并由领队亲笔签名。非书面申诉不予受理。

赛项仲裁组在接到申诉报告后的 2 小时内组织复议仲裁，并及时将仲裁结果以书面形式通知申诉方。申诉方对复议结果仍有异议的，可由各市领队向大赛仲裁工作组提出申诉。大赛仲裁工作组的仲裁结果为最终结果。

仲裁结果由申诉人签收，不能代收，如在约定时间和地点申诉人离开，视为自行放弃申诉。申诉方可随时提出放弃申诉。

申诉方不得以任何理由采取过激行为扰乱赛场秩序。

十七、竞赛观摩

赛场内设定观摩区域和参观路线，向媒体、企业代表、院校师生及家长等社会公众开放。

为保证大赛顺利进行，在观摩期间应遵循以下规则：

（1）观摩人员在规定时间，在观摩区域按照规定路线，跟随引导人员进行观摩，不得滞留。

（2）观摩全程请保持安静，不得喧哗，不得相互或与参赛选手交谈，不得对参赛选手打手势（包括哑语沟通等明示、暗示行为），不得有鼓掌喝彩等干扰参赛选手的行为。

（3）观摩时不得拍照、摄像，不得使用对竞赛可能造成干扰的发光或发出声响的设备。

（4）请站在规定的观摩区域或者安全线以外观看竞赛，并遵循赛场内工作人员和竞赛裁判人员的指挥，不得有围攻裁判员、参赛选手或者其他工作人员的行为。

（5）请务必保持赛场清洁，观摩时不得抽烟、进食、乱扔杂物。

（6）为确保参赛选手正常竞赛，观摩人员严禁携带手机及其他任何通信工具。

十八、竞赛直播

（1）赛场内部署无盲点录像设备，能实时录制并播送赛场情况。

（2）赛场外有大屏幕或投影，同步显示赛场内竞赛状况。

（3）有条件可网上直播。

（4）多机位拍摄开闭幕式，制作优秀选手采访、优秀指导教师采访、专家裁判点评和企业人士采访视频资料，突出赛项的技能重点与优势特色。为宣传、仲裁、资源转化提供全面的信息资料。

十九、资源转化

赛项资源明细见表 3-4。

表 3-4　赛项资源明细

<table>
<tr><th colspan="3">资源名称</th><th>表现形式</th><th>资源数量</th><th>资源要求</th><th>完成时间</th></tr>
<tr><td rowspan="3">基本资源</td><td rowspan="2">风采展示</td><td>赛项宣传片</td><td>视频</td><td>1</td><td>15min 以上</td><td>2020.11.1</td></tr>
<tr><td>风采展示片</td><td>视频</td><td>1</td><td>10min 以上</td><td>2020.12.10</td></tr>
<tr><td>技能概要</td><td>技能介绍
技能要点
评价指标</td><td>文档</td><td>1</td><td>竞赛规程</td><td>2020.10.10</td></tr>
</table>

续表

资源名称			表现形式	资源数量	资源要求	完成时间
基本资源	教学资源	专业教材	出版物	1	数字教材	2021.4.10
		技能训练指导书	文档	1	电子文档	2021.4.10
		大赛作品集	图集	1	近三年	2020.11.15
		技能操作规程	文档	1	电子文档	2020.11.15
拓展资源	案例库		文档	1	电子文档	2021.4.10
	素材资源库		文档	1	电子文档	2020.10.10
	试题库		文档	10	网站公开	2020.10.10
	衍生成果		加工样件	10	图片展示	2020.11.15
	优秀选手访谈		视频	4	3min 以上	2020.11.15

模块二　GZ-2020003　工业设计技术赛项 技术分析报告

一、综述

1. 竞赛情况

工业设计技术赛项（编号 GZ-2020003），于 2020 年 11 月 7—9 日在山东省潍坊市潍坊职业学院成功举办。

工业设计技术赛项参赛队伍来自全国 28 个省、自治区、直辖市，共 28 支代表队。每支代表队组成为一名领队、一名指导教师、一名参赛选手。

2. 竞赛内容

2020 年 9 月 16—26 日在北京国开会议中心，专家组 5 名成员进行编写赛程和赛题工作。共编制赛程一份、赛题 5 套，9 月 30 日在大赛官网公布。

工业设计技术赛项（编号 GZ-2020003）与世界技能大赛工业设计技术赛项充分对接，并保留原赛项（工业产品数字化设计与制造）特色，形成新赛项、新特色。

竞赛分三个阶段完成，共 16 个小时。第一阶段为数字化设计，分三维数据采集、逆向建模与创新设计三个竞赛任务，竞赛时间为 8 小时。第二阶段为 CNC 加工，主要完成 CNC 编程与加工竞赛任务，竞赛时间为 4 小时。第三阶段为 3D 打印与装配、主要完成 3D 打印与装配验证两个竞赛任务，竞赛时间为 4 小时。

结合竞赛过程，考核文明生产、职业素养、规范操作、绿色环保、循环利用等职业素养。

二、赛项设计解读

1. 赛项的整体设计

工业设计技术赛项按照行业企业产品开发研制、改型和创新等岗位真实工作过程设计竞赛内容。

通过竞赛能够使参赛选手获得前沿制造业企业的先进技术、工艺和经营理念，培育技术全能型创新人才，激发参赛选手热爱本专业岗位工作。待到参赛选手学成毕业后，选择其喜欢的岗位，努力工作，实现自己的人生价值，为社会做出更大贡献。

工业设计技术赛项面向产业主流技术，借鉴世界技能大赛办赛机制，参考世界技能大赛工业设计技术赛项文件，“以赛促学、以赛促教、以赛促改”，弘扬工匠精神，引导全社会重视、关心技能人才的培养和成长，宣传技能人才的重要贡献和重大作用，营造尊敬技能人才的社会氛围，让尊重劳动、尊重技术、尊重创造成为社会共识。

2. 命题依据

专家组命题时，充分考虑高职教育装备制造大类专业现状，赛题注重基础知识和基础技能考核，围绕专业教学标准中课程通用部分展开，重点放在参赛选手识读图能力、配合与精度、典型机械结构运用、常用三维软件使用、加工中心操作、增材制造等数字化制造手段上。

赛题贴近先进企业实际，参赛选手初接触，感觉不是十分难，但想顺利完成竞赛却要动用所有课堂知识、技能训练和平时对周围事物的观察。

3. 赛题解读

（1）竞赛任务一　三维数据采集（10 分），维持了原赛项任务，配分上减少了 5 分，主要是考虑整体参赛队伍的扫描操作水平普遍高。

竞赛任务一　分值指标适当分配，见表 3-5。

表 3-5　竞赛任务一分值指标分配

指标	扫描仪采集系统调整	主体完整性、处理效果	局部特征完整性、处理效果	细节特征完整性、处理效果
分值	1	3	3	3

（2）竞赛任务二　逆向建模，分数增加 5 分，合计 20 分，主要是引导指导教师注重参赛选手三维建模训练以及日常数字化设计教学工作，注重参赛选手提交作品的精度。

竞赛任务二的分值指标也将重点放在数模特征的完成度和精度上，要求比原赛项和世界技能大赛都有提高，分值指标分配见表 3-6。

表 3-6　竞赛任务二分值指标分配

指标	数据定位合理性	模型特征的完成度	特征拆分合理性	特征完成精确度	关键特征精度	数字模型对比（报告）
分值	2	5	3	5	2	3

（3）竞赛任务三　创新设计，分数增加 10 分，合计 35 分。是本次竞赛的重点。主要是考核参赛选手综合运用所学知识和技能，观察赛场环境，应用现场给定的竞赛条件，利用好一切已知条件，完成竞赛的能力。创新不设定正确答案，参赛选手提交作品合理就得分。目的是鼓励参赛选手发挥想象空间，不拘泥指导教师的束缚。

同时，对参赛选手的作图、识读图能力，文字表达能力也进行了重点考核，实现以赛促教。竞赛任务三分值指标分配见表 3-7。

表 3-7 竞赛任务三分值指标分配

指标	外观设计	结构设计	功能设计	图纸表达	创新说明
分值	5	8	6	10	6

（4）竞赛任务四 CNC 编程与加工，不再为编程配分，主要是引导参赛选手注重工艺选择、刀具选择以及刀路的优化。引导指导教师在平时教学中，把教学重点放在研究基础知识、实践操作训练相结合，转变实践教学黑板上教的普遍现象。引导指导教师走进企业，向先进企业技术人员学习。不光学习技术，还要学习企业的先进理念，回馈教学。

将任务重点放在完成度和精度上，分值指标分配见表 3-8。

表 3-8 竞赛任务四分值指标分配

指标	完成度	表面粗糙度	尺寸精度	工艺文件
分值	8	4	3	3

（5）竞赛任务五 3D 打印 本任务是上一任务的延续，是参赛选手设计思想的实现过程。这一阶段任务参赛选手等待打印成果时间较长，所以，赛场容许参赛选手完成前两个阶段的未尽工作，比如锉修任务 4 的工件、钻孔装配、完善设计工艺文件，这是原赛项和世界技能大赛没有的。显示赛项设计的人性化，激发了参赛选手尽最大可能完成竞赛的信心。参赛选手充分发挥，在有限的竞赛时间内，把作品完成到最好。

（6）竞赛任务六 装配验证，创新产品装配后验证创新设计的效果。

三、成绩解析

1. 赛项分项任务成绩

从赛项成绩看，符合专家组命题思路，达到命题设定的结果。裁判评分主要集中在第一阶段和第三阶段成果评定上。成绩优异的第一集团有九支队伍，四位评分裁判认定完全完成竞赛的有三支队伍，基本完成竞赛的有六支队伍，非常符合一、二等奖设置。

三等奖队伍或是创新任务部分失误，或是 CNC 编程与加工任务部分失误，说明参赛选手有偏项，掌握知识、技能不全面，还不是全能型参赛选手。这与指导教师侧重培养有关。

2. 总竞赛成绩

竞赛设一等奖 3 名，二等奖 6 名，三等奖 8 名，有 11 支代表队未得奖。

从成绩分布看，原赛项传统强队依然实力强劲。比如一等奖有两支是 2019 年获一等奖队伍，二等奖中有 3 支为 2019 年获一等奖队伍。江西省、北京市、天津市、宁夏回族自治区、新疆生产建设兵团 5 支代表队，成绩上升快，可喜可贺。中西部地区代表队成绩仍有很大上升空间，需要引起专家组重视，赛后专家组已经与代表队领队联系，以便有针对性“把脉”，帮助他们提高竞赛水平，提高专业建设和课程建设水平。

陕西省代表队今年表现失常，分析主要原因是陕西省的传统强队没有参加今年的改革试点赛。

四、典型实例评析

专家组今年对打分表细化：所有队伍均能完成的任务不再给分；有创意、超出专家组预设答案的作品，给分偏高；同样错误只扣一次分，不再重复扣分；完善设计任务成果文件，只是帮助参赛选手提高实物作品质量，不作为评分依据；体现裁判组执行专家组意图准确，公平、公正。

获得一等奖的作品中，比如第一阶段单项得分最高的队伍为 45.5 分，几乎没有什么失误。

由于改革试点赛，每省出一支队伍参赛。有些省份水平高，发挥有加；有些省份基本不得竞赛要领。对有些队伍来说，参与更重要，参与其中，找差距，谋求进步与发展，符合改革试点赛的大局观。

五、行业要求对比

工业设计技术赛项，两个展示成果的手段，一个是 CNC 加工，一个是 3D 打印（增材制造），需要有前面数字建模作为基础，软件应用是关键。工业软件种类很多，不同行业，使用的软件也不一样。赛项使用软件种类有限。为适应行业需要，软件的多样化和学校的教学是矛盾的。专家组考虑，对下一年度的赛项规程所涉及的软硬件，需要广泛征询学校的意见，尤其参赛院校的建议。

从数字化制造行业看，不论叫数字化转型，还是叫智能制造的基础，都说明围绕工业设计技术赛项展开的工作是重要的，是企业实际需求。对比企业和职业教育，先进企业在理念、技术、工艺等方方面面都走在前面，是职业教育需要吸纳的养分。

赛后资源转化，赛项对专业教材、培训教材的开发，对三教改革都能发挥很好的作用。

六、总结、意见与建议

专家组命题目标是优秀作品占参赛队伍提交总作品的 10% 左右，良好的作品占参赛队伍提交总作品的 20% 左右，合格的作品占参赛队伍提交总作品的 30% 左右。从竞赛结果看，规程中规定的获奖数量与竞赛成绩吻合度非常高。

建议赛后，在大赛办的指导下，召开多种形式的赛项总结会、经验交流会，赏析优秀作品。让指导教师和参赛选手知道作品好在哪里，差在哪里。

模块三 GZ-2020003 工业设计技术赛项工作总结

“2020 年全国职业院校技能大赛改革试点赛（高职组）工业设计技术赛项”赛程 3 天，于 2020 年 11 月 7 日—9 日在山东潍坊市潍坊职业学院举办，与职业教育活动周同期主场开幕。

工业设计技术赛项，原名“工业产品数字化设计与制造”，本届试点赛实现与世界技能大赛“工业设计技术”项目接轨。赛项在名称、参赛队选手人数、指导教师要求、竞赛时长、竞赛内容等多个方面发生巨大变化，实现试点赛多方位创新，具有鲜明的工业设计

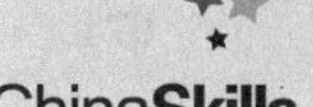

行业和装备制造行业兼而有之的鲜明特点。

同时，工业设计技术赛项保持了精彩、专业、安全、廉洁办赛方针，更加注重公平、公正原则，精准评判。

一、工业设计技术赛项竞赛内容

工业设计技术赛项（编号 GZ-2020003）与世界技能大赛工业设计技术赛项充分对接，并保留原赛项（工业产品数字化设计与制造）特色，形成新赛项、新特色。

竞赛分三个阶段完成，共 16 个小时。第一阶段为数字化设计，分三维数据采集、逆向建模与创新设计三个竞赛任务，竞赛时间为 8 小时。第二阶段为 CNC 加工，主要完成 CNC 编程与加工竞赛任务，竞赛时间为 4 小时。第三阶段为 3D 打印与装配、主要完成 3D 打印与装配验证两个竞赛任务，竞赛时间为 4 小时。

二、改革试点赛与 2019 年全国职业院校技能大赛项目的不同之处

1. 赛项名称

竞赛名称由“全国职业院校技能大赛（高职组）工业产品数字化设计与制造赛项”变为“全国职业院校技能大赛改革试点赛（高职组）工业设计技术赛项”，实现赛项名称与世界技能大赛工业设计技术项目接轨。

2. 参赛选手数量与竞赛时间

参赛队伍来自全国 28 个省、自治区、直辖市，共 28 支代表队。每支代表队组成为 1 名领队、1 名指导教师、1 名参赛选手。

参赛队伍覆盖范围广，试点赛由 1 省份 2～3 支代表队变为 1 省份 1 支代表队，人才选拔更精准，要求更高。

竞赛时间对接世界技能大赛，竞赛时间加长，竞赛内容及难度加大。

3. 双人团体赛改为单人赛

参赛代表队的参赛选手由 2 人减到 1 人，团体赛改成单人赛。原来 2 位参赛选手在设计、操作、加工环节各有侧重。指导教师在训练和选拔中也是选择两个各自优势的学生为参赛选手组合，互相配合。试点赛改变参赛规则，更贴合技能型人才培养规律。不仅要求选手有自己突出优势技能，还要求参赛选手要全能型，必须具备设计、操作、加工全面知识和技能，是对专业人才培养方案的全面检验。通过竞赛，能够使参赛选手获得前沿制造业企业的先进技术、工艺和经营理念，培育技术全能型创新人才，激发参赛选手热爱本专业岗位工作的兴趣。参赛选手待到学成毕业后，选择其喜欢的岗位，努力工作既要有特长，又要有全面能力，实现自己岗位立业，提升可持续发展空间。

三、改革试点赛的创新与突出特点

1. 更加引领教学贴近教学实际、贴近专业人才培养

2020 试点赛的改变，要求参赛选手既要懂设计、会建模，有创新思维，又要会操作、加工。竞赛形式变了，内容改了，参赛选手技能训练也要跟进。总结参赛经验，调整教学方式，技能训练方法，从而达到“以赛促学，以赛促教，以赛促改”。竞赛时间加长，由原来 5.5 小时增加到 16 小时，是参赛选手智力、体力、操作能力、现场应变能力的全面展

示。对参赛选手要求更加严格，能更精准的选拔知识型、技能型、创新型高质量复合型装备制造业人才。

2. 全程直播、增加教练指导环节

现场全程全网直播，实时画面实现赛场过程全公开。为避免参赛选手被打扰，赛场半开放，分时段允许观摩。在确保公平竞争的基础上，促进参赛队伍相互学习、相互进步，提高工业设计技术赛项参赛选手全面技能水平。

竞赛在第一阶段赛后，有两个晚上间歇，参赛选手可以和指导教师见面，改进上一阶段竞赛的缺点和错误，能更好地为大赛提供优秀成果和作品，使竞赛更加精彩，展示教师和参赛选手的专业水平。有效地提升指导教师以及参赛选手的赛事应变能力，同时也给予参赛队教师现场观摩的机会，促进教师、参赛选手共同进步。进一步促进双师型教师提升专业技能，能有效提高教师的教学能力，促进教学模式的改进。

3. 注重与行业先进技术对接

试点赛在原有 CNC 加工展示竞赛成果的基础上，增加了 3D 打印（增材制造）方式。竞赛内容更加丰富，竞赛也更加贴合新的专业目录，与时俱进。目的是引领传统机械制造专业有效转型、升级，适应装备制造行业对职业教育的市场需求。

3D 打印（增材制造）技术引入竞赛内容，使工业设计技术赛项实现在理念、技术、工艺等方面走在先进技术前沿。对于竞赛内容的增加和保留，专家组是充分考虑赛项未来与产业对接，实现职业教育专业设置要按产业需求做好动态调整，优化人才培养方案、培养模式、教学内容，提高人才培养质量。为适应行业需要，专家组考虑，对下一年度的赛项规程所涉及的软硬件，需要广泛征询院校的意见，尤其参赛院校的建议。

4. 赛项工作组分工协作共同执裁

2020 年的试点赛，规则变化和内容增加要对参赛院校、指导教师、参赛选手明确，尤其要对裁判进行解读和宣贯。

专家组指导承办院校规范有序办赛，尽职尽责。现场指导防疫、赛场布置、竞赛设备人员调度、竞赛场次安排、竞赛软件安装等工作，率先垂范，预案充分。

裁判组采用随机抽取方式，由第三方裁判执裁，执裁裁判与参赛队伍无关联，更能保证裁判工作公平、公正、严格、精准。专家组制订评分表，裁判组执行。监督、仲裁合并为监督仲裁组，负责监督竞赛以及执裁过程公平公正。

赛项工作组分工协作共同执裁，专家组详细制订评分表，裁判组执行。监督、仲裁合并为监督仲裁组，负责监督竞赛以及执裁过程公平公正。监督仲裁组核查严谨，有理有据。

在专家组、监督仲裁组以及裁判长的监督下由第三方人员完成分值核算及录入，确保竞赛结果高效无误，让主观评价更加客观化，实现竞赛零投诉。

5. 赛后技术点评全面，促进交流学习

闭幕式技术点评，专家组组长讲解赛题的知识点、技能点。重点讲解改革试点赛都改了什么，为什么改，改的作用。指出参赛选手的普遍操作规范问题，分享竞赛技巧、方法，点评失分点与试点理念问题。期待参赛队伍进行总结，促进全国职业院校教师及参赛选手技能提升。

努力使赛项引领教学、丰富教学内容、展示教学成果。

四、试点赛的意义

1. 规避人为因素，实现竞赛公正、公平

专家组统一命题，统筹考核知识点、技能点。让指导教师、参赛选手能清晰备赛，知道赛项比什么，赛什么。同时第三方裁判组、监督仲裁组以及专家组三组协同，实现竞赛公开透明，公平、公正、严格、精准。

2. 世赛模式实现人才培养标准化

参考世界技能大赛的工业设计技术赛项竞赛评价标准体系，竞赛内容不局限于某一职业（工种），赛项涵盖产品研发的三个阶段，6大任务模块，并突出强调文明生产、规范操作的意义。培养一专多能复合型、全能型技能人才，为产品研发行业“人人皆可成才、人人尽展其才”创造基础条件，助力建设技能型社会、建设技能中国，为美丽中国的建设做出贡献。

3. 与产品研发行业接轨，培养高质量人才

赛项对装备制造大类专业教育教学与技能培养方面，与新时代发展要求是有很大发展空间的。大赛要精彩、要专业，职业教育水平提升是必须的，指导教师培训、交流也是必须的。需要有专业的平台，要靠大赛办高瞻远瞩，顶层设计的引领。

赛后资源转化，赛项对专业教材、培训教材的开发，对三教改革都能发挥很好的作用。

4. 以赛促教、以赛促训、以赛促技、以赛促改

通过竞赛促进职业院校机械大类专业更加注重实训环节，有效提高参赛选手实操技能、指导教师教学能力。工业设计技术项目涵盖机械大类专业内容，让教学内容贴近试点赛赛项内容融合重构，实现院校人才培育贴近行业需求，促进校企人才供需接轨，助力行业可持续、高质量发展。实现“以赛促学、以赛促教、以赛促改、以赛促建、以赛促发展”。

5. 弘扬工匠精神，传播“人人出彩、技能强国”理念

赛项改为单人赛，要求参赛选手全面掌握专业知识和技能，既要有特长，又要有全面能力，职业教育也要多角度适应人才市场需求。同时，也要为学生未来留有可持续发展空间。赛项针对产业主流技术，借鉴世界技能大赛办赛机制，参考世界技能大赛工业设计技术赛项文件，加重创新设计部分权重，增加3D打印（增材制造）任务，突出装配验证环节，都是为了凸显技能立人，弘扬工匠精神。

五、试点赛的建议

1. 加强赛前赛后培训

建议赛后，在大赛办的指导下，召开多种形式的赛项总结会、经验交流会，赏析优秀作品。让指导教师和参赛选手知道作品好在哪里，差在哪里。

同时，加强赛前安全培训、设计、建模、加工工艺流程培训，加强参赛队伍操作规范化、标准化作业的同时，确保竞赛安全有序地进行。

2. 专家组指导，以承办院校为主体、联合知名企业共同办赛

鼓励知名企业以办赛形式加入，推广校企联合、产教融合。扩大人才培养范围，从单一的学生培养拓宽到培育院校学生以及行业企业职工，让校企人才对接更流畅、人才培养更精准，实现学生高质量就业。

3. 增加竞赛材料、设备赞助环节

让行业企业以赞助形式加入，将备赛、办赛活动转化为职业教育的内生动力，构成产业链、产品链、供应链、资金链、信息链有机融合，扩大职业教育活动的影响面，推动校企发展、产教融合。

4. 执裁、监督人员构成

监督仲裁组、裁判组成员来源，要学习世赛裁判工作方式，避免人为不公平因素，影响大赛的公平公正性。

项目四
数控机床装调与技术改造赛项

模块一　GZ-2020004　数控机床装调与技术改造赛项规程

一、赛项名称

赛项编号：GZ-2020004

赛项名称：数控机床装调与技术改造

英文名称：Assemble & adjust of CNC machine，system upgrade of the CNC machine

赛项组别：高职组

赛项归属产业：装备制造大类

二、竞赛目的

通过竞赛，检验高职院校人才培养、专业建设、课程改革、教学成果和成效，检验参赛团队协作能力、计划组织能力，检验参赛选手数控机床机械装调、电气装调、精度检验、故障诊断与维修、工件试加工、技术改造等技能。

通过对接国家职业标准、企业真实工作场景，借鉴世界技能大赛理念，坚持竞赛与教学资源建设相结合等，营造崇尚职业技能的社会氛围，促进产教融合和校企合作，引导高职院校适应当前制造业转型升级要求、适应智能制造发展，培养具有“匠人精神”的优秀技术技能人才，展示职教改革成果及师生良好精神面貌。

三、竞赛内容

（一）内容描述

本赛项以数控机床的机电装调、故障诊断与维修、功能开发为主要内容，注重职业素养和安全意识评价，实现数控机床的位置、速度、精度和动作要求，竞赛内容包括数控机床电气设计与安装、数控机床机械部件装配与调整、数控机床故障诊断与维修、数控机床指定功能调试、数控机床精度检测、试切件加工及测量等六项任务。

（二）命题要求

本赛项为实操竞赛，利用赛场配备的数控设备、机械功能部件、检测仪器、计算机等，根据赛题的要求，在规定的时间内，实际操作完成参数设置、PLC 编程、功能调试、精度检测、机械装调、编程加工等竞赛任务。竞赛实际操作赛题由赛项专家组按照相关方案命题。

（三）命题内容

本赛项采取团队竞赛的形式进行。每组三位参赛选手，本赛项要求参赛选手在规定的5小时竞赛时间内，连续完成赛项任务书给定的任务。

本赛项由三人组团参赛，各任务进行顺序及时间由各队参照表4-1自主规划。

表4-1　竞赛任务环节时间规划表

序号	任务/时间（min）	60	90	120	150	180	210	240	300
1	数控机床电气设计与安装								
2	数控机床机械部件装配与调整								
3	数控机床故障诊断与维修								
4	数控机床技术改造与功能开发								
5	数控机床精度检测								
6	试切件加工及测量								

任务一　数控机床电气设计与安装（10分）

1-1　参赛选手根据赛项任务书题目要求，针对外围辅助设备或检测设备，设计相应的控制电路。

1-2　选择适宜的器件，正确连接线路，并调试验证。

1-3　要求：正确绘制电路图，完成符合工艺要求的连接和赛项任务书中要求的验证测试。

任务二　数控机床机械部件装配与调整（10分）

2-1　参赛选手根据赛场提供的机械主轴单元，按照赛项任务书题目要求，进行主轴轴承的装配与调整。安装工艺应符合赛项提供的主轴安装工艺标准。

2-2　安装精度和检测项应符合赛题要求。

2-3　将机械主轴、联轴器、异步电动机安装到基座上，并应保证同轴度符合赛题中指标要求。

2-4　赛场提供量具、检具，参赛选手应正确使用量具、检具。

2-5　写出主轴安装过程、安装工艺，以及所用量具、检具等。

任务三　数控机床故障诊断与维修（15分）

3-1　在机床不通电情况下检查机床电气系统，排除目测隐患。

3-2　机床通电后参赛选手根据屏幕显示的报警信息，逐一解除系统及PLC报警。

3-3　按照赛项任务书机床功能检查表要求，按顺序进行机床功能检查，排除电气控制、数控系统、机械等软硬件故障。

3-4　系统及伺服参数应调整至最佳状态。

3-5　根据机床存在的故障，将故障现象、故障点、排除故障过程、调整过程填入指定表格。

任务四　数控机床技术改造与功能开发（30分）

本任务分为四个子任务：

4-1　加装智能制造所需工件测头、环规校准（8 分）。

（1）参赛选手根据指定测头技术要求，连接测头接收器（硬件连接）。

（2）能够正确安装和调整测头。

（3）能够正确调用测量程序进行环规校准。

4-2　开通模拟主轴功能、主轴单元通电空载测试（8 分）

（1）硬件连接：数控系统模拟接口—变频器—三相异步电动机的连接。

（2）数控系统模拟接口功能开通：数控系统参数设置、PLC 编辑。

（3）变频器参数设置。

（4）主轴旋转时测试机械主轴震动，考察主轴机械部分安装精度。

（5）绘制硬件连接图，写出功能实现步骤：开通第二主轴参数，并绘制开通第二主轴需要修改的 PLC 程序。

4-3　数控系统与计算机互联互通（4 分）。

（1）互联互通：参赛选手根据赛项任务书要求，通过赛场提供的软件，实现数控系统与 PC 的数据传送。

（2）通过传送任务五的 5-2 中球杆仪程序验证。

4-4　采用 PLC 或宏程序完成指定功能的开发（10 分）。

（1）参赛选手使用赛场提供的零部件，按要求实现赛项任务书指定的新增功能。参赛选手应正确使用系统接口，正确完成相应的硬件连接，正确编辑、完善相应的控制程序。

（2）按要求进行操作验证。

（3）绘制硬件连接图，书写功能实现步骤，写出修改或新增程序内容。

任务五　数控机床精度检测（10 分）

本任务分为两个子任务：

5-1　几何精度检测（5 分）。

几何精度检测：参赛选手根据题目要求，按照 GB/T 20957.2—2007《精密加工中心检验条件》第 2 部分的相关标准，及赛项任务书中指定的项目进行。

5-2　运动精度检测（5 分）。

参赛选手根据题目要求，按照 GB/T 17421.4—2003《数控机床的圆检验》的相关标准，及赛项任务书中指定的项目进行。

要求：

（1）参赛选手根据赛场提供的仪器（球杆仪），正确使用量仪和相应的软件。

（2）检测结果保留，并存入参赛选手文件夹。

（3）根据测试结果，写出分析报告。

（4）参赛选手需自备 ϕ12 刀具夹套及直径 ϕ30～ϕ100 规格中任意一款环规，自备百分表或千分表及表座。

任务六　试切件加工及测量（15 分）

6-1　参赛选手依据 GB/T 20957.7—2007《精加工试件精度检验》标准，按照赛项任务书的图样要求，进行试件加工：

（1）本环节不提供 CAD/CAM 软件，要求使用计算机 G 代码编程，通过企业提供的数控机床程序将加工程序传送至 CNC。请根据现场提供的加工图样，用 G 代码编程，完成相应的加工任务。

（2）参赛选手根据图样要求和赛场提供的毛坯图，自行设计试件切削试验工艺，完成试件切削试验的程序编制和加工。

（3）参赛选手自备刀具、刀柄和量具，合理安装、调整刀具，配合其他工具、量具使用，完成试件切削试验操作。

（4）试件毛坯要求：毛坯形状、尺寸及其技术要求参见样题，毛坯由承办院校准备，为每个参赛队提供两件毛坯，其中一件备用。

6-2　加工完成后，参赛选手清理工作台，安装任务四的4-1中完成的测头，根据赛项任务书要求，编制测量程序，测量试件的尺寸。

6-3　加工后的试件经赛场最终测量，结果由裁判将结果填入《赛卷记录表》，试切加工主要以考核经过伺服调整后的机床精度为目的，兼顾考核数控装调人员的基本操作技能。

任务七　过程中的职业素养与安全意识评价（10分）

7-1　团队分工合理，相互协调性好，工作效率高，书写规范，尊重裁判。

7-2　着装合格，操作规范，工具、量具摆放合理，没有违反安全操作规程的现象，保持赛位清洁卫生。

四、竞赛方式

（一）本赛项为团体赛

（二）参赛队结构

1. 参赛队结构

（1）每支参赛队由3名参赛选手组成。3名参赛选手须为同校在籍学生，由参赛队自行确定队长1名（确定后不能更换）。

（2）省、自治区、直辖市及新疆生产建设兵团可组建参赛队。

（3）同一学校相同项目的报名参赛队不超过1支，不得跨校组队。

（4）指导教师须为本校专/兼职教师，每队限报2名指导教师。指导教师负责参赛选手的报名、训练指导、服务、竞赛期间参赛选手的日常管理等。

（5）每个赛项由省级教育行政部门确定赛项领队1人，赛项领队应该由参赛院校中层以上管理人员或教育行政部门人员担任，熟悉赛项流程，主要负责参加赛前相关会议，组织本地区参赛队参加各项赛事活动，协调本地区参赛队与赛项组织机构，承办院校的对接，处理参赛队的投诉申请等事宜。

2. 裁判队伍结构

本赛项裁判队伍由17人组成。

（1）本赛项设置主裁判1名。

（2）本赛项一场竞赛设置8个赛位，每个赛位设置现场裁判1名，共8名。其中4名现场裁判具有数控机床机械装调专业背景，4名裁判具有数控机床电气装调专业背景。此外，为应对复杂的竞赛状况，另设置具有机械和震动专业背景的裁判1名，具有电盘接线操作和故障诊断专业背景的裁判1名。共10名裁判。数控机床、数控系统、主轴单元提供企业应提供技术支持人员若干名。

（3）本赛项设有检录、第一次加密、第二次加密、第三次加密等竞赛环节，本着各次加密裁判“不见面不交流”的原则，设置检录和第一次加密裁判 1 名，第二次加密裁判 1 名，第三次加密裁判 1 名，共 3 名裁判。

（4）针对本赛项工件检测评定环节，设置工件检测操作和测量裁判 1 名，检测结果核对裁判 1 名，评分裁判 1 名，共 3 名裁判。设备提供方提供设备操作和技术支持人员 1 名，协助裁判工作。

五、竞赛流程

（一）竞赛日程（见表 4-2）

表 4-2 竞赛日程表

序号	日期	时间 *	内容	备注
1	竞赛前 2 日	全天	报到	
2	竞赛前 1 日	8:00-14:00	报到	
3		14:00-15:00	赛前说明与答疑	
4		15:00-16:30	领队抽取抽签顺序号，工具检验	
5		16:30-18:00	参赛选手熟悉赛场	
6	竞赛第 1 日	7:00-7:30	开赛仪式	
7		7:30-7:50	按抽签顺序号抽取赛位号，检验参赛选手有关证件，进入赛位	
8		8:00-13:00	实际操作竞赛第一场	
9		13:00-14:00	设备恢复	
10		13:30-13:50	按抽签顺序号抽取赛位号，检验参赛选手有关证件，进入赛位	
11		14:00-19:00	实际操作竞赛第二场	
12	竞赛第 2 日	7:30-7:50	按抽签顺序号抽取赛位号，检验参赛选手有关证件，进入赛位	
13		8:00-13:00	实际操作竞赛第三场	
14		13:00-14:00	设备恢复	
15		13:30-13:50	按抽签顺序号抽取赛位号，检验参赛选手有关证件，进入赛位	
16		14:00-19:00	实际操作竞赛第四场	
17	竞赛后次日	9:00-11:30	闭赛与颁奖仪式	
18		11:30	结束	

*：竞赛最终的具体时间安排以承办院校赛事指南为准。

（二）竞赛流程

参赛队报到—组织参赛选手赛前熟悉场地、介绍竞赛规程—举办开赛仪式—正式竞赛（期间组织观摩、交流活动）—竞赛结束（参赛队上交竞赛成果）—专家评委进行评定—颁奖—召开赛项执委会总结会议。

六、竞赛赛卷

（1）本赛项使用赛卷公开的方式，在大赛官网公布正式赛卷。

（2）与赛项规程一起公布的样卷与实际赛题考核的知识点、技能点、答题形式完全相同。

（3）举行赛前说明会，对竞赛题型、结构、考点、评分、注意事项等进行说明和答疑。

（4）赛项竞赛结束后一周内，赛卷、评分标准等通过大赛官网公布。

七、竞赛规则

1. 参赛报名

（1）组织单位：全国职业院校技能大赛改革试点赛以省、自治区、直辖市及新疆生产建设兵团为单位组队参赛。

（2）参赛队设备选型：大赛办委托专门的招标小组，根据法律规定的程序和要求，依据本规程提供的技术平台相关参数，制作招标书，进行技术平台设备招标并确定设备选型或选型范围。

（3）报名资格：

① 参赛选手须为2020年度普通高等学校全日制在籍专科学生，或本科院校中高职类全日制在籍学生，或五年制高职学生中四、五年级的学生，年龄须不超过25周岁，年龄计算的截止时间以2020年11月1日为准。

② 凡在往届全国职业院校技能大赛中获本赛项一等奖的参赛选手，不能再参加同一项目同一组别的竞赛。

③ 各地区的省内选拔、名额分配和参赛师生资格审查工作由省级教育行政部门负责。大赛执委会办公室行使对参赛人员资格进行抽查的权利。原则上参赛选手需经过各级选拔产生。

（4）报名：各省教育行政部门按照大赛执委会确定的报名时间和名额，通过大赛官网报名系统组织完成本省的参赛报名工作。

（5）人员变更：参赛选手和指导教师报名获得确认后不得随意更换。如竞赛前参赛选手和指导教师因故无法参赛，须由省级教育行政部门于相应赛项开赛10个工作日之前出具书面说明，经大赛执委会办公室核实后予以更换；团体赛选手因特殊原因不能参加竞赛时，允许参赛选手缺席竞赛。

2. 赛前准备

（1）本次竞赛承办院校安排的开赛仪式结束后，各参赛队熟悉场地，参赛选手和指导教师可进赛工位体验（但不能开动机床）。同时发放竞赛程序手册，宣布竞赛纪律和有关规定。

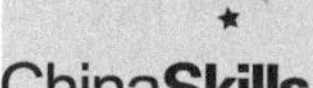

（2）赛前承办院校应组织赛前说明会和场次抽签，赛前说明会由裁判长、专家组长解答参赛队提出的问题。场次抽签方案由裁判长拟定、抽签过程须由监督员全程监督完成，抽签过程须有录像存档。

（3）参赛队熟悉场地后，认为所提供的设备、工具等不符合竞赛规定或有异议时，必须在2小时内由领队提出书面报告，送交仲裁工作组，提请承办院校安排整改，超过时效将不予受理。

（4）除赛项规定的量具、刀具或赛项指定的物品外，参赛选手不允许携带任何通信及存储设备、纸质材料等物品进入赛场，赛场内提供竞赛必备用品，赛场不提供网络环境。

3. 正式竞赛

（1）竞赛入场：各参赛队按照本队抽签场次竞赛时段，在正式竞赛开始前30分钟准时到达赛场集合地点，凭参赛证、身份证经检录后进入竞赛现场。正式竞赛前15分钟参赛队长抽取赛位号，参赛选手按赛位号进入赛位候赛，现场裁判员将对各参赛选手的身份进行核对。正式竞赛开始15分钟后到达的参赛选手不得入场。

参赛选手凭赛位号进入赛场，不得携带其他显示个人身份信息和违规的物品，现场裁判负责引导参赛队至赛位前等待竞赛指令。竞赛开始前，在没有裁判允许的情况下严禁随意触碰竞赛设施和赛题内容。竞赛中途不得离开赛场。

（2）竞赛过程：

① 参赛选手进入赛位后，应听从现场裁判员的统一布置和指挥，对竞赛设备、选配部件、工具、量具等物品要进行细致检查和测试，如有问题及时向裁判员报告。

② 对参赛选手进入赛场时携带的证件和其他物品，现场裁判员有权进行检验和核准。

③ 在参赛选手候赛时间内，裁判长将赛项任务书及赛卷记录表下发到参赛队。参赛队长根据赛项任务书自行安排参赛选手分工、工作流程和时间安排。

④ 各参赛队统一听从裁判长发布“竞赛开始”指令后开始正式竞赛操作，合理利用现场提供的所有条件，按照正确的操作步骤，高效、优质地完成竞赛任务。

⑤ 竞赛时间以现场各赛位能观看到的时钟为准。在5小时连续竞赛时间内，饮用水和食品由赛场统一提供，参赛选手休息、饮食等时间都算在竞赛时间内。

⑥ 竞赛过程中，参赛选手须严格遵守安全操作规程，并接受裁判员的监督和警示，以确保参赛选手人身及设备安全。参赛选手因个人误操作造成人身安全事故和设备故障时，裁判长有权中止该队竞赛；如非参赛选手个人因素出现设备故障而无法竞赛，由裁判长视具体情况做出裁决（调换到备用赛位或调整至最后一场次参加竞赛）；如裁判长确定设备故障可由技术支持人员排除故障后继续竞赛，对于超过15分钟的将由赛位裁判或裁判长根据实际情况酌情给参赛队延时（因3人多任务赛，设备局部故障不一定影响所有操作）。

⑦ 参赛队在竞赛过程中遇到排除故障部分的内容不能自行完成，可以在竞赛开始60分钟后选择放弃，放弃后由裁判通知工作人员进行故障排除，本环节参赛选手已经查出故障的按规定给分，参赛选手放弃后未查出的故障不给分（每一个故障扣2分）。如果工作人员排除故障的时间超过15分钟，由裁判记录时间并酌情加时，每场次赛项放弃项最多不超过三次。

⑧ 竞赛过程中参赛选手不得随意离开赛位，不得与其他队参赛选手交流或擅自离开场地，如遇问题时须举手向裁判员示意询问后处理，否则按作弊行为处理。

⑨ 在竞赛过程中除参赛选手外，只允许裁判员、工作人员进入场地，其余人员（包

括领队、指导教师和其他参赛选手）未经工作人员同意不得进入场地。

（3）参赛选手竞赛自备物品

① 刀具类：根据任务六的图样要求，选择适宜的刀具、刀柄、等高块等。

② 量具类：根据任务六的图样要求，选择参赛选手适用的量具、检具、寻边器等。

③ 根据任务四的 4-1 加装智能制造测头，以及任务五的 5-2 运动精度检测，参赛选手应自备直径 30～100mm 尺寸范围内任意一款环规；ϕ12 刀具夹套；千分表（0.002mm）及适配的表座；固定环规用的磁铁或橡皮泥。

④ 参赛选手可自带常用电工工具和钳工工具，经裁判组检查、允许，可带入赛场。

4. 竞赛结束

（1）裁判长在竞赛结束前 15 分钟提醒参赛选手，裁判长发布“竞赛结束”指令后所有未完成任务的参赛队立即停止操作，竞赛正式结束，参赛队按要求清理赛位。

（2）参赛队竞赛结束时需按照竞赛要求立即提交竞赛结果（赛卷记录表），裁判员与参赛选手要在相应签字处签字确认。赛卷留在赛位上，不得带出场。

（3）竞赛结束后，做好竞赛设备的整理工作，包括设备移动部位的复位，整理工具及个人物品。经工作人员现场清点，检查数控机床和工具、量具后，参赛队方可离开赛位，配合工件加密裁判将试件送到测量区，并按要求在试件上做标记，提请测量员进行试件的测量。

（4）竞赛结束前 60 分钟允许参赛队放弃竞赛或提前离场，离场前参赛队按要求清理赛位。参赛队若提前结束竞赛，应由参赛选手向裁判员举手示意，竞赛终止时间由裁判员记录。根据成绩管理中的成绩评定的规则④，在最终两队（或多队）分数相同时，以竞赛时间短的参赛队为优先排序。所以裁判应公正准确记录各参赛队竞赛时间，竞赛时间以场为单位，不计各任务单元时间。参赛队结束竞赛后不得再进行任何操作。

（5）参赛选手不得将赛项任务书、图纸、草稿纸和赛场工具等与竞赛有关的物品带离赛场，参赛选手必须经现场裁判员检查许可后方能离开赛场。

5. 成绩管理

为贯彻全国职业院校技能大赛公开、公平、公正的原则，促进成绩管理的规范化和科学化，特制订此成绩管理办法。

（1）组织分工

① 参与赛项成绩管理的组织机构包括检录组、裁判组、监督组和仲裁组等。

② 检录组负责对参赛队伍（选手）进行点名登记、身份核对等工作。检录工作由赛项承办院校工作人员承担。

③ 裁判组实行“裁判长负责制”，设裁判长 1 名，全面负责赛项的裁判与管理工作。

④ 裁判员根据竞赛工作需要分为加密裁判、现场裁判和评分裁判，具体工作职责见《全国职业院校技能大赛专家和裁判工作手册》。

⑤ 监督组负责对裁判组的工作进行全程监督，并对竞赛成绩抽检复核。

⑥ 仲裁组负责接受由参赛队领队提出的对裁判结果的书面申诉，组织复议并及时反馈复议结果。

（2）成绩管理基本流程

严禁参赛选手、赛项裁判、工作人员私自携带通信、摄录设备进入赛场。如有需要，由赛场统一配置、统一管理。赛场根据需要配置安检设备，对进入赛场重要场地的人员进

行安检，赛场相关区域安置无线信息屏蔽设备。评分裁判应在检录前与参赛选手隔离。

（3）检录加密

① 检录：由检录工作人员依照检录表进行点名核对，并检查确定无误后向裁判长递交检录单。

② 加密：所有竞赛项目在竞赛的当天进行两次加密，加密后参赛选手中途不得擅自离开赛场。分别由两组加密裁判组织实施加密工作，管理加密结果。监督员全程监督加密过程。

第一组加密裁判，组织参赛选手进行第一次抽签，产生参赛编号，替换参赛选手的参赛证等个人身份信息，填写一次加密记录表后，连同参赛选手参赛证等个人身份信息证件，当即装入一次加密结果密封袋单独保管。

第二组加密裁判，组织参赛选手进行第二次抽签，确定赛位号，替换参赛选手参赛编号，填写二次加密记录表后，连同参赛选手参赛编号，当即装入二次加密结果密封袋单独保管。

由裁判长负责抽签流程设计并组织抽签，承办院校应协同完成抽签组织工作。抽签过程须由监督裁判监督，全程录像。

竞赛过程中若有竞赛作品提交，须由第三组加密裁判对竞赛作品进行加密，可以用二维码加密。如使用人工加密，方式同上，并当即将三次加密记录表装入三次加密结果密封袋。

所有加密结果密封袋的封条均需相应的加密裁判和监督人员签字。密封袋在监督人员监督下由加密裁判放置于保密室的保险柜中保存。

③ 引导：参赛选手凭赛位号进入赛场，不得携带其他显示个人身份信息或违规的物品。现场裁判负责引导参赛队伍（选手）至赛位前等待竞赛指令。竞赛开始前，在没有裁判允许的情况下，严禁随意触碰竞赛设施或阅读试题内容。竞赛中途不得离开赛场。

（4）成绩评定

根据竞赛考核目标、内容和要求对参赛队伍（选手）的竞赛表现和最终作品进行成绩评定。本赛项评分方法为现场评分，成绩评定过程中的所有评分材料须由相应评分裁判签字确认，更正成绩需经裁判本人、裁判长及监督组长在更正处签字。

① 参赛队按赛项任务书要求进行操作，评分裁判对照评分表即时判分，评分裁判不少于 2 人。

② 对于有主观项的过程评分，由两名记分员对参赛队的评分结果进行分步汇总并计算平均分，所有步骤成绩的加权汇总值作为该参赛队的最后得分。

③ 裁判长当天提交赛位号评分结果，经复核无误，由裁判长、监督人员和仲裁人员签字确认。

④ 最终成绩出现两队（或多队）分数相同的情况，以竞赛时间短的参赛队为优先排序；如分数和竞赛时间均相同情况下，以任务六中加工件的工件质量分数为优先排序。如果成绩仍然相同则再依据任务二的得分数排序。

（5）抽检复核

① 为保障成绩评判的准确性，监督组对赛项总成绩排名前 30% 的所有参赛队伍（选手）的成绩进行复核；对其余成绩进行抽检复核，抽检覆盖率不得低于 15%。

② 监督组需将复检中发现的错误以书面方式及时告知裁判长，由裁判长更正成绩并

签字确认。

③ 复核、抽检错误率超过 5% 的，则认定为非小概率事件，裁判组需对所有成绩进行复核。

（6）解密

裁判长正式提交赛位（竞赛作品）评分结果并复核无误后，加密裁判在监督人员监督下对加密结果进行逐层解密。各赛项可根据需要采取正向解密或逆向解密。

以逆向解密为例：无竞赛作品的，先根据二次加密记录表，以赛位号从小到大为序，确定其对应的参赛编号，再根据一次加密记录表，确定对应的参赛队伍（选手）。

有竞赛作品的，先根据三次加密记录表，以竞赛作品号从小到大为序，确定其对应的赛位号，再根据二次加密记录表，确定对应的参赛编号，最后根据一次加密记录表，确定对应的参赛队伍（选手）。

解密结束，对参赛选手的身份信息核对无误后，由第一名加密裁判将参赛选手参赛证等个人身份信息证件归还给参赛选手。

（7）成绩公布

记分员将解密后的各参赛队伍（选手）成绩汇总成最终成绩单，经裁判长、监督组签字后公布竞赛结果（赛项指南中明确成绩公布方式）。公布 2 小时无异议后，将赛项总成绩的最终结果录入赛务管理系统，经裁判长、监督组长和仲裁长在系统导出成绩单上审核签字后，在闭赛式上宣布并颁发证书。

（8）成绩报送

① 录入：由承办院校信息员将赛项总成绩的最终结果录入赛务管理系统。

② 审核：承办院校信息员对成绩数据审核后，将赛务系统中录入的成绩导出打印，经赛项裁判长审核无误后签字。

③ 报送：由承办院校信息员将裁判长确认的电子版赛项成绩信息上传赛务管理系统，同时将裁判长签字的纸质打印成绩单报送大赛执委会办公室。

（9）留档备案

① 成绩分析：为了做好赛项资源向教学资源转化的工作，专家工作组根据裁判判分情况，分析参赛选手在竞赛过程中对各个知识点、技术的掌握程度，将分析报告报备大赛执委会办公室适时公布。

② 留档备案：赛项每个竞赛环节裁判判分的原始材料和最终成绩等结果性材料都需经监督组人员和裁判长签字后装袋密封留档，并由赛项承办院校封存，委派专人妥善保管。

八、竞赛环境

（1）赛场设在规范的车间内，赛场符合防火安全规定，防火疏散标识清晰、齐全，疏散通道畅通；赛场采光、照明和通风良好，提供稳定的水、电、气源，并配有供电应急设备等。

（2）竞赛场地划分为检录区、加工区、收件区、检测区，现场服务与技术支持区、休息区、医疗区、观摩通道。

（3）竞赛场地的基本要求如下。

① 每个赛位使用场地面积约为 3m × 5m（约 $15m^2$），工作场地及安全（参观）通道宽

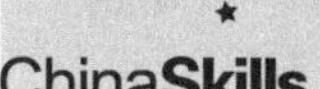

度和隔离要求，应符合新冠疫情防控要求、裁判工作场地等需要 800～1 000m^2，容纳的赛位数至少 8 个。

② 场地地面平整，能防风遮雨，地面与顶棚净高不小于 3.2m。

③ 由于有机械部件装调和机床机械几何精度检测，场地地基必须牢固稳定（地基应为混凝土结构，厚度大于 3m）。

（4）赛场提供立式数控铣床本体、电气柜、机械装调区、计算机操作台等组成的赛位，标明编号；每个赛位有保持相对独立的隔离护栏，确保参赛选手竞赛不受外界影响。

（5）每个赛位配有工作台，供参赛选手书写，摆放工具、量具、刀具。

（6）每个赛位配有计算机，预装 FANUC Series 0*i*-MODEL F 数控系统调试软件（PLC 软件）以及 FTP 软件，现场配备以太网线，但参赛选手需根据赛项任务书要求完成互联互通。

（7）每个赛位提供不包括电气图的电子版数控机床使用说明书、数控系统连接说明书、参数手册、数控系统编程操作说明书、交流伺服驱动器使用说明书、变频调速器说明书等（存放在赛位配备的计算机中）。针对不同场次机床辅助功能设计的内容，与赛题一起，提供不包括辅助功能设计内容的电气原理图。

（8）赛场设有保安、公安、消防、设备维修和电力抢险人员待命，以防突发事件。

（9）赛场配备维修服务、医疗、生活补给站等公共服务设施，为参赛选手和赛场人员提供服务。

（10）承办院校安排交通车辆接送各代表队从驻地至赛场往返参赛和参加会议等活动。

九、技术规范

（一）职业道德

1. 敬业爱岗，忠于职守，严于律己，刻苦钻研。
2. 勤于学习，善于思考，勇于探索，敏于创新。
3. 认真负责，吃苦耐劳，团结协作，精益求精。
4. 遵守操作规程，安全、文明生产。
5. 着装规范整洁，爱护设备，保持工作环境清洁有序。

（二）相关知识与技能

1. 数控机床电气原理。
2. 数控机床机械结构、安装、检测、调试。
3. 数控装置原理、结构，交流伺服驱动系统原理、结构。
4. 数控加工编程技术，数控加工工艺方法。
5. 数控机床故障诊断和排除。
6. 数控系统与服务器互联互通，FTP 协议推送程序。
7. 数控机床精度检验。
8. 球杆仪检测标准与仪器使用方法。
9. 数控机床 PLC 的修改调试。

（三）技术标准（见表 4-3）

表 4-3　技术标准

序号	标准号	标准名称
1	GB/T 26220—2010	工业自动化系统与集成　机床数值控制　数控系统通用技术条件
2	JB/T 8801—2017	加工中心　技术条件
3	GB/T 3168—1993	数字控制机床　操作指示形象化符号
4	GB/T 4728	电气简图用图形符号（所有部分）
5	JB/T 2740—2008	工业机械电气设备　电气图、图解和表的绘制
6	GB 50054—2001	低压配电设计规范
7	JB/T 10273—2013	数控机床交流主轴电动机　通用技术条件
8	JB/T 10274—2013	数控机床交流伺服电动机　通用技术条件
9	GB/T 20957.2—2007	精密加工中心检验条件　第 2 部分：立式或带垂直主回转轴的万能主轴头机床　几何精度检验（垂直 Z 轴）
10	GB/T 18400.2—2010 ISO10791-2：2001	加工中心检验条件　第 2 部分：立式或带垂直主回转轴的万能主轴头机床　几何精度检验（垂直 Z 轴）
11	GB/T 20957.4—2007	精密加工中心检验条件　第 4 部分：线性和回转轴线的定位精度和重复定位精度检验
12	GB/T 17421.4—2003 ISO 230-4：1996	机床检验通则　第 4 部分：数控机床的圆检验
13	GB/T 20957.7—2007	精密加工中心检验条件　第 7 部分：精加工试件精度检验
14	GB 5226. 1—2019	机械电气安全　机械电气设备　第 1 部分：通用技术条件

十、技术平台

本赛项技术平台之机床本体、电气装置、机械装调部件——主轴单元由技术平台中标单位，亚龙智能装备集团股份有限公司统一提供，以确保数控机床装调时的互联互通。为确保任务二主轴安装的评判标准统一，由主轴单元生产企业提供主轴装配工艺图。

（一）机床本体

本赛项机床本体为 YL-569 型 0i-MF 数控机床装调与技术改造实训装备，立式数控铣床主要规格参数范围见表 4-4。

表 4-4　立式数控铣床主要规格参数范围

序号	名称		单位	参数	备注
1	三轴行程	X 轴最大行程	mm	600	
2		Y 轴最大行程	mm	400	
3		主轴最前端面到工作面台（最小）	mm	170	

续表

序号	名称		单位	参数	备注
4	三轴行程	主轴最前端面到工作面台（最大）	mm	590	
5		主轴中心线到立柱前面距离	mm	456	
6	工作台	T 形槽（槽数 × 槽宽 × 槽距）	mm	3 × 18 × 125	
7		工作台最大载重	kg	300	
8		工作台尺寸	mm	700 × 420	
9	主轴	主轴最高转速	r/min	10 000	
10		主轴电动机功率	kW	7.5	
11		主轴锥口类型		BT40	
12	速度	切削进给速度（*X*/*Y*/*Z*）	mm/min	≥1～10 000	
13		快速移动速度（*X*/*Y*/*Z*）	m/min	48	
14	冷却			有气冷	
15	气压		MPa	0.5～0.8	
16	机床精度	定位精度（*X*/*Y*/*Z*）	mm	≤0.016	
17		重复定位精度（*X*/*Y*/*Z*）	mm	≤0.01	
18	机床重量		kg	2 500	
19	外形尺寸		mm	2 120 × 1 880 × 2 300	
20	刀库类型		斗笠式（BT40-12T）		

（二）电气装置

本赛项使用立式数控铣床配备的电气控制单元（电气控制柜、数控装置、伺服驱动系统等）满足赛项内容和相关国家标准。主要技术规格参数见表 4-5。

表 4-5 数控机床电气控制单元主要规格参数

序号	设备（配件）名称	型号（简要参数）
1	数控系统	FANUC O*i*-MF PLUS
2	电源驱动	AIPS 15（30I-B）
3	主轴驱动	AISP 15（30I-B）
4	*X*/*Y* 轴驱动	AISV 40/80（30I-B）
5	*Z* 轴驱动	AISV 80（30I-B）
6	主轴电动机	βII 8/12 000-B，法兰，后排气，AIMZ
7	*X*/*Y* 轴电动机	βISC 12/3 000，直轴

续表

序号	设备（配件）名称	型号（简要参数）
8	*Z* 轴电动机	βIS 22/3 000，直轴，带抱闸
9	I/O 模块	电气柜 I/O 单元
10	手摇	便携式手摇脉冲发生器 F

电气控制柜预留能满足任务一安装要求的电气操作区；该操作区的电源与系统电源隔离。预留外围辅助设备的输入、输出引出端，可实现通电测试功能。

数控系统能够开放功能调试过程中用到的所有参数，通过系统内置 PLC 或在线编辑 PLC 程序，参赛选手可以在现场提供的设备平台中完成竞赛内容要求的编辑、修改和调试。

（三）机械装调部件——主轴单元

1. 主轴单元主要构成（见表 4-6）

表 4-6　主轴单元主要构成

主轴锥孔	BT40
主轴单元主要构成	① 适配前后轴承 ② 松拉刀机构 ③ 联轴节

2. 主轴测试平台

主轴测试平台主要由变频器电气控制箱、三相异步电动机、主轴机械部件和主轴安装架组成。

3. 变频器

变频器选择欧姆龙 3G3MX2 多功能小型变频器，其主要规格参数见表 4-7。

表 4-7　欧姆龙 3G3MX2 多功能小型变频器主要规格参数

序号	名称	指标
1	功率	≥2.2kW
2	输入电压	AC 380V+/−15%
3	输出电压	AC 380V 三相
4	输入信号	0～10V 模拟接口输入
5	输出频率	0～500Hz

（四）其他说明

任务一中使用的电工工具和万用表等由承办院校和平台供应商联合提供，参赛选手可根据使用习惯自备工具，但自备工具进场时需经过裁判审核后方可带入赛场。

任务二及任务五的 5-1 中使用的量具由设备供应商和承办院校提供。

任务四的 4-1 中使用的千分表（0.002mm）、环规，由参赛选手自备。

任务六中的刀具、刀柄、千分表、表座、寻边器等由参赛选手自备，毛坯和台钳压板等由承办院校准备。

十一、成绩评定

（一）评分标准

项目评分依据参赛队完成工作任务的情况。

专家组制订评分体系，裁判组成员确定评分细则，本赛项参照相关技术文件要求，分数配比如下，按照全国职业院校技能大赛技术裁判组制订的考核标准进行评分。评价方式采用过程评价与结果评价相结合，工艺评价与功能评价相结合，能力评价与职业素养评价相结合的方式，赛项总成绩满分为100分。赛项各任务分数配比见表4-8，评分标准见4-9。

表4-8　赛项各任务分数配比

序号	评分项目	分数
1	数控机床电气设计与安装	10分
2	数控机床机械部件装配与调整	10分
3	数控机床故障诊断与维修	15分
4	数控机床技术改造与功能开发	30分
5	数控机床精度检测	10分
6	试切件加工及测量	15分
7	过程中的职业素养与安全意识	10分
总分		100分

表4-9　赛项评分标准

序号	评分项目	知识、技能点	评定方法	分数
1	数控机床电气设计与安装	数控铣床机械结构，数控铣床电气系统，电器与电路安装	根据参赛选手完成情况按照评分细则现场给分＋赛卷记录表分	10分
2	数控机床机械部件装配与调整	（1）数控机床主轴轴承安装工艺； （2）主轴预紧力调整与检测； （3）机械主轴与电动机轴同轴度调整与检测	根据参赛选手完成情况按照评分细则现场给分＋赛卷记录表分	10分
3	数控机床故障诊断与维修	（1）解除系统报警； （2）根据赛卷要求，完善恢复系统功能	根据参赛选手完成情况按照评分细则现场给分＋赛卷记录表分	15分
4	数控机床技术改造与功能开发	（1）数控系统功能开发之一，加装智能制造工件测头，参赛选手须完成在线检测接收器的安装与调试，并进行环规校准；	根据参赛选手完成情况按照评分细则现场给分＋成绩录入赛卷记录表	30分

续表

序号	评分项目	知识、技能点	评定方法	分数
4	数控机床技术改造与功能开发	（2）开通数控系统模拟接口（第二主轴）功能，连接主轴变频器、异步主轴电动机； （3）经过参数设置并通过系统内置或在线 PLC 编程软件，完成赛题要求的模拟主轴控制功能，实现数控系统与服务器的互联互通功能； （4）通过 PLC、宏程序等技术手段完成指定的功能开发	根据参赛选手完成情况按照评分细则现场给分 + 成绩录入赛卷记录表	30 分
5	数控机床精度检测	（1）几何精度检测（按照赛卷指定项进行）； （2）运动精度检测（球杆仪）； （3）检测标准、检测仪器的使用，依据国家标准 GB/T 17421[1].1—1998 中关于球杆仪使用标准及国家标准 GB/T 17421.4—2003 轮廓误差分析评价	根据参赛选手完成情况按照评分细则现场给分 + 成绩录入赛卷记录表	10 分
6	试切件加工及测量	（1）切削工艺合理，G 代码程序正确，团队精神强，分工合作，操作安全无事故； （2）清理台面，安装任务五中调试好的测头，检测加工件指定尺寸	（1）根据参赛选手试件切削情况经“几何形状精度测量和光洁度测量”按照评分细则给分 （2）观察参赛选手在线测量过程和在宏变量中的测量结果	15 分
7	过程中的职业素养与安全意识	文明生产、安全生产、团队合作、现场 5S 管理	根据参赛选手表现情况按照评分细则给分	10 分

（二）评分说明

本赛项的成绩评定以结果评分为主、过程评分为辅。

1. 结果评分

数据结果（机床精度测试数据、参数修改位等）和功能结果（PLC 程序完成功能，机床实现动作），依据现场操作结果和赛卷记录表，参照评分标准，裁判核算各个竞赛模块的分数。

2. 过程评分

以主观过程判断为辅（安装工艺手法、测量仪器、量具使用及测量方法）的评判，依据现场操作结果和赛卷记录表，参照评分标准，裁判核算各个竞赛模块的分数。

（三）扣违规分情况

参赛选手有下列情形，需从参赛成绩中扣分：

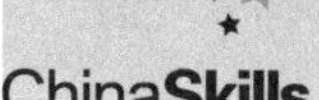

1. 在完成工作任务的过程中，因操作不当导致事故，扣 10～20 分，情况严重者取消竞赛资格。

2. 因违规操作损坏赛场提供的设备，污染赛场环境等不符合职业规范的行为，视情节扣 5～10 分。

3. 扰乱赛场秩序，干扰裁判员工作，视情节扣 5～10 分，情况严重者取消竞赛资格。

（四）名次排定及评分细则

按竞赛成绩从高分到低分排列参赛选手的名次，具体参见本规程“七、竞赛规则”中“5. 成绩管理”之“（4）成绩评定”之④。

1. 赛项裁判组负责赛项成绩评定工作。

2. 本次竞赛评分分为现场裁判打分及参赛选手填写赛卷记录表得分，在各环节的竞赛中，裁判详细记录赛场的参赛选手答题情况，例如故障排除情况、参赛选手电气连接的状态、机床几何精度测量的方法及测量结果。

3. 参赛选手根据赛项任务书的要求进行操作，注意操作要求，需要记录的位置要记录在赛卷记录表中，需要裁判确认的位置必须经过裁判的确认，否则不得分。

4. 参赛队分阶段提交的竞赛结果，即所填写的有关表格和加工好的试切件，经裁判员确认后交检测组检测，根据检测评分标准评分；现场裁判员在竞赛过程中对参赛队的文明生产、装配工艺情况进行观察和评价，在参赛队结束竞赛时完成评分。

5. 在故障排除环节，如果参赛选手有查不出的故障可以在竞赛开始 60 分钟后选择放弃，放弃次数不超过三次，放弃后由裁判通知工作人员进行故障排除，本环节参赛选手已经查出故障的按规定给分，参赛选手放弃后未查出的故障不给分（每一个故障扣 2 分）。如果工作人员排除故障的时间超过 15 分钟，由裁判记录时间并酌情加时。

6. 文明生产评价为扣分项，包括工作态度、安全意识、职业规范、环境保护等方面。

7. 赛项裁判组本着“公平、公正、公开、科学、规范”的原则，根据裁判的现场记录及参赛选手的赛卷记录表，通过多方面进行综合评价，最终按总评分得分高低，确定参赛队奖项归属。

8. 所有竞赛只计团体竞赛成绩，不计参赛选手个人成绩。竞赛名次按照得分高低排序，并遵循“七、竞赛规则”中“5. 成绩管理”之“（4）成绩评定”之④排序方法。竞赛时间为连续 5 小时，所有工作完成后，经裁判确定，记录结束时间。

十二、奖项设定

本赛项设团体一、二、三等奖。以赛项实际参赛队总数为基数，一、二、三等奖获奖比例分别为 10%、20%、30%（小数点后四舍五入）；获一等奖参赛队的指导教师获“优秀指导教师奖”。

十三、赛项预案

编制车辆安全措施应急预案、食品安全措施应急预案、火灾安全事故紧急处理预案、伤害事故紧急处理预案、设备事故紧急处理预案，电力供应事故紧急处理预案等。对处理各种可能出现的突发状况进行事先演练，确保赛项顺利进行。

特别是对参赛选手成绩产生影响的计算机卡顿等情况的应急处理措施如下：

（1）各赛位配置的计算机安装“冰点还原”或“极速还原”软件。

（2）赛场有能力的情况下提供不间断电源。

（3）数控系统备份数据至 U 盘，以备随时恢复数据。

（4）安全预案参照“十四、赛项安全”之“（四）应急处理”。

十四、赛项安全

赛事安全是技能竞赛一切工作顺利开展的先决条件，同时落实新冠肺炎疫情防控措施是赛事筹备和运行工作必须考虑的核心问题。采取切实有效措施保证大赛期间参赛选手、指导教师、裁判员、工作人员及观众的人身安全。

（一）竞赛安全管理要求

1. 承办院校为赛项第一安全责任人。

2. 须在赛前组织专人对竞赛现场、住宿场所和交通保障进行考察，并对安全工作提出明确要求。赛场的布置，赛场内的器材、设备，应符合国家有关安全规定。如有必要，也可进行赛场仿真模拟测试，以发现可能出现的问题。承办院校赛前须按照要求排除安全隐患。

3. 赛场周围要设立警戒线，要求所有参赛人员必须凭印发的有效证件进入场地，防止无关人员进入发生意外事件。竞赛现场应参照相关职业岗位的要求为参赛选手提供必要的劳动保护。在具有危险性的操作环节，裁判员要严防参赛选手出现错误操作。

4. 承办院校应提供保证应急预案实施的条件。对于竞赛内容涉及高空作业、可能有坠物、大用电量、易发生火灾等情况的赛项，必须明确制度和预案，并配备急救人员与设施。

5. 严格控制与参赛无关的易燃易爆以及各类危险品进入竞赛场地，不许随便携带书包进入赛场。

6. 承办院校制订开放赛场和体验区的人员疏导方案。赛场环境中存在人员密集、车流人流交错的区域，除了设置齐全的指示标志外，须增加引导人员，并开辟备用通道。

7. 大赛期间，承办院校须在赛场管理的关键岗位，增加力量，建立安全管理日志。

8. 参赛选手、赛项裁判、工作人员严禁携带通信、摄录设备和未经许可的记录用具进入竞赛区域；如确有需要，由赛项承办院校统一配置，统一管理。赛项可根据需要配置安检设备，对进入赛场重要区域的人员进行安检。

（二）生活条件

1. 竞赛期间，原则上由承办院校统一安排参赛选手和指导教师食宿。承办院校须尊重少数民族的信仰及文化，根据国家相关的民族政策，安排好少数民族参赛选手和指导教师的饮食起居。

2. 竞赛期间安排的住宿地应具有宾馆 / 住宿经营许可资质。以学校宿舍作为住宿地的，大赛期间的住宿、卫生、饮食安全等由提供宿舍的学校负责。

3. 大赛期间有组织的参观和观摩活动，交通安全由承办院校负责。承办院校须保证竞赛期间参赛选手、指导教师和裁判员、工作人员的交通安全。

4. 各赛项的安全管理，除了可以采取必要的安全隔离措施外，应严格遵守国家相关

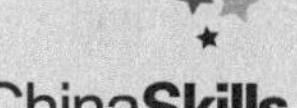

法律法规，保护个人隐私和人身自由。

（三）参赛队责任

1. 各学校组织代表队时，须安排为参赛选手购买大赛期间的人身意外伤害保险。

2. 各学校组织代表队后，须制订相关安全管理制度，落实安全责任制，确定安全责任人，签订安全承诺书，与赛项责任单位一起共同确保参赛期间参赛人员的人身财产安全。

3. 各参赛单位须加强对参赛人员的安全管理及教育，并与赛场安全管理对接。

（四）应急处理

1. 竞赛期间发生意外事故，发现者应第一时间报告，同时采取措施避免事态扩大。应立即启动预案予以解决并报告。赛项出现重大安全问题可以停赛，是否停赛由大赛执委会决定。事后，承办院校应报告详细情况。

2. 出现安全事故，首先追究赛项相关责任人的责任。赛事工作人员违规的，按照相应的制度追究责任。情节严重并造成重大安全事故的，报相关部门按相关政策法规追究责任。

（五）处罚措施

1. 因参赛队伍原因造成重大安全事故的，取消其获奖资格。

2. 参赛队伍有发生重大安全事故隐患，经赛场工作人员提示、警告无效的，可取消其继续竞赛的资格。

3. 赛事工作人员违规的，按照相应的制度追究责任。情节恶劣并造成重大安全事故的，由司法机关追究相应法律责任。

（六）安全操作规程

1. 参赛选手在排除电气故障时须遵守电工安全操作相关规定，注意操作安全。

2. 参赛选手必须按照规定穿戴防护装备。

3. 裁判员对违反安全与健康条例、违反操作规程的参赛选手和现象将提出警告并进行纠正。不听警告、不进行纠正的参赛选手会受到不允许进入赛场、罚去安全分、停止加工、取消竞赛资格等不同程度的惩罚。

4. 有毒有害物品的管理和限制，参赛选手禁止携带易燃易爆物品进入赛场。

5. 操作者必须全面掌握本赛项所用机床操作使用说明书的内容，熟悉本赛项所用机床的一般性能和结构，禁止超性能使用。

6. 正确使用各测量工具和仪器，特别是高精密测量仪器，防止碰摔事故的发生。

7. 组件或部件装好经检查合格后，必须加妥善防护措施，以防止水汽、污物及其他脏东西进入内部。

8. 各管路系统（如气压管路等），应按机床外形排列整齐，固定可靠，不允许有扭曲及损害外形美观的现象。

9. 必须熟悉了解机床的安全保护措施和安全操作规程，随时监控显示装置，发现报警信号时，停止加工并判断报警内容及排除故障。

10. 使用的工具、量具应排列放置整齐，竞赛过程中严格按照工艺要求使用。

（七）安全保卫

1. 为了确保本次大赛的顺利进行，承办院校建立大赛期间相应的安全保障制度，同时由安全保卫、校园环境及卫生医疗保障组执行。

2. 参赛车辆一律凭承办院校核发的证件出入校门，并按指定路线行驶，按指定地点停放。

3. 在竞赛开始前，参赛选手要认真阅读场地内张贴的《入场须知》和应急疏散图；参赛各队须在领队的带领下，佩戴统一的入场证，方可出入。

4. 各类人员须严格遵守赛场规则，严禁携带与参赛无关的物品入场，严禁携带易燃易爆等危险品入内。

5. 赛场内不得大声喧哗，说笑打闹，参赛选手要服从工作人员管理。

6. 赛场内严禁吸烟。

7. 安保人员发现安全隐患应及时通报赛场负责人员。

8. 参赛选手退场后，需按原路线返回。如果出现安全问题，在安保人员指挥下，迅速按紧急疏散路线撤离现场。

十五、竞赛须知

所有参赛选手应该树立正确的参赛观，严格遵守相关制度，熟悉赛项规程的相关要求，具体要求如下：

（一）参赛领队须知

1. 领队应按时参加赛前领队会议，不得无故缺席。

2. 领队负责组织本省参赛队参加各项赛事活动。

3. 领队应积极做好本省参赛队的服务工作，协调各参赛队与赛项组织机构、承办院校的对接。

4. 各参赛队领队和指导教师要坚决执行竞赛的各项规定，加强对参赛选手的管理，做好赛前准备工作，督促参赛选手带好证件和允许自带的工具。

5. 领队要组织参赛选手务必于赛前30分钟到赛场等候，迟到15分钟以上按弃权处理。

6. 参赛队认为存在不符合竞赛规定的设备、工具、软件，有失公正的评判、奖励，以及工作人员的违规行为等情况时，须由领队在该赛项竞赛结束后2小时内，向赛项仲裁组提交书面申诉材料，提交材料的程序及签字应遵守相关要求。各参赛队领队应带头服从和执行申诉的最终仲裁结果，并要求指导教师、参赛选手服从和执行。

（二）指导教师须知

1. 指导教师应该根据专业教学计划和赛项规程合理制订训练方案，认真指导参赛选手训练，培养参赛选手的综合职业能力和良好的职业素养，克服功利化思想，避免为赛而学、以赛代学。

2. 指导教师应该根据赛项规程要求做好参赛选手保险办理工作，并积极做好参赛选手的安全教育。

3. 指导教师参加赛项观摩等活动，不得违反赛项规定进入赛场，干扰竞赛正常进行。

（三）参赛选手须知

1. 参赛选手按照大赛赛程安排，凭参赛证和有效身份证件参加竞赛及相关活动。参赛选手不符合报名规定条件，或冒名顶替、弄虚作假的，经核准后，一律取消该参赛选手参赛资格。

2. 参赛选手须严格遵守竞赛规程规定的安全操作流程，防止发生安全事故。参赛队统一着装，须符合安全生产及竞赛要求，参赛选手安全帽、工作服、胸牌、工具箱，以及携带物品不得有参赛院校信息，学院身份证、学生证不得在赛场公开放置。

3. 参赛选手应自觉遵守赛场纪律，服从裁判、听从指挥、文明竞赛；须严格按照规定时间进入候考区和竞赛场地，持证进入赛场，禁止将通信工具、存储设备、自编电子或文字资料带入赛场。如参赛选手因对裁判不服从而停止竞赛，则以弃权处理。

4. 在每一个竞赛环节，参赛队都应该严格按照竞赛要求，根据实际测量数据和设置参数，如实填写赛卷记录表。严禁故意编造虚假数据。

5. 参赛选手应该爱护赛场使用的设备、仪器等，不得人为损坏竞赛所使用的仪器设备。

6. 参赛选手未能按规定正确使用仪器设备，由在场裁判员及时予以纠正，并按规定扣除竞赛成绩。

7. 参赛选手不得因申诉或对处理意见不服而停止竞赛，否则以弃权处理。

8. 参赛选手在竞赛过程中未经批准，谢绝其他单位和个人进行与竞赛内容相关的采访。

（四）工作人员须知

1. 服从领导，遵守职业道德，坚持原则，按章办事，切实做到严格认真，公正准确，文明执裁。

2. 以高度负责的精神、严肃认真的态度和严谨细致的作风做好工作。熟悉竞赛规则，认真执行竞赛规则，严格按照工作程序和有关规定办事。

3. 佩戴裁判员胸卡，着裁判员工装，仪表整洁，语言举止文明礼貌，接受仲裁工作组成员和参赛人员的监督。

4. 须参加赛前执裁培训。

5. 竞赛期间，保守竞赛秘密，不得向各参赛队领队、指导教师及参赛选手泄露、暗示大赛秘密。

6. 严格遵守竞赛时间，不得擅自提前或延长。

7. 严格执行竞赛纪律，除应向参赛选手交代的竞赛须知外，不得向参赛选手暗示解答与竞赛有关的问题，更不得向参赛选手提供指导或方便。

8. 实行回避制度，不得与参赛选手及相关人员接触或联系。

9. 坚守岗位，不迟到，不早退。

10. 监督参赛选手遵守竞赛规则和安全操作规程的情况，不得无故干扰参赛选手竞赛，正确处理竞赛中出现的问题。

11. 遵循公平、公正原则，维护赛场纪律，如实填写赛场记录。

（五）参赛相关管理规定

1. 参赛队应该参加赛项承办院校组织的闭赛式等各项赛事活动。

2. 在赛事期间，领队及参赛队其他成员不得私自接触裁判，凡发现有弄虚作假者，取消其参赛资格，成绩无效。

3. 所有参赛人员须按照赛项规程要求完成赛项评价工作。

4. 对于有碍竞赛公正或竞赛正常进行的参赛队，视其情节轻重，按照相关要求给予警告、取消竞赛成绩、通报批评等处理。其中，对于竞赛过程及有关活动造成重大影响的，以适当方式通告参赛院校或其所属地区的教育行政主管部门依据有关规定给予行政或纪律处分，同时停止该院校参加全国职业院校技能大赛 1 年。涉及刑事犯罪的移交司法机关处理。

十六、申诉与仲裁

（一）申诉

1. 本赛项在竞赛过程中若出现有失公正或有关人员违规等现象，参赛队领队可在竞赛结束后 2 小时内向仲裁组提出书面申诉，超过时效将不予受理。

2. 申诉时，应按照规定的程序由参赛队领队向赛项仲裁组递交书面申诉报告。报告应对申诉事件的现象、发生的时间、涉及的人员、申诉依据与理由等进行充分、实事求是的叙述。事实依据不充分、仅凭主观臆断的申诉将不予受理。申诉报告须有申诉的参赛选手、领队签名。非书面申诉不予受理。

3. 赛项仲裁组在接到申诉报告后的 2 小时内组织复议，并及时将复议结果以书面形式告知申诉方。申诉方对复议结果仍有异议，可由省（市）领队向赛区仲裁委员会提出申诉。赛区仲裁委员会的仲裁结果为最终结果。

4. 仲裁结果由申诉人签收，不能代收。如在约定时间和地点申诉人离开，视为自行放弃申诉。

5. 申诉方可随时提出放弃申诉。

6. 申诉方不得以任何理由采取过激行为扰乱赛场秩序。

（二）仲裁

本赛项采取两级仲裁机制。赛项设仲裁组，赛区设仲裁委员会。

仲裁组负责受理大赛中出现的申诉复议并进行仲裁，以保证竞赛的顺利进行和竞赛结果公平、公正。

赛区仲裁委员会的仲裁结果为最终结果。参赛队不得因对仲裁处理意见不服而停止竞赛或滋事，否则按弃权处理。

十七、竞赛观摩

1. 为了便于媒体、企业代表、院校师生以及家长等社会各界人士了解大赛，本赛场设置观摩区、休息区供代表们使用。

2. 在一切畅通的情况下，竞赛开始 1 小时后至结束前 1 小时，通过大赛观摩和体验，有限制地向社会公众开放。观摩人员应听从赛场工作人员指挥，不得跨越界线。

3. 参加观摩人员可在规定时间、地点集合，以小组为单位，在赛场引导员引导下按指定路线有序进入赛场观摩。观摩时不得大声喧哗，并严禁与参赛选手进行交谈，不得在赛位前长时间停留，以免影响参赛选手竞赛，不准向场内裁判员及工作人员提问，拍照时禁止用闪光灯。凡违反规定者，立即取消其参观资格。

4. 参加体验人员可在规定时间到体验区参加与数控技术有关的纪念品制作、装配。

5. 参加观摩人员应遵守赛场制订的安全守则和须知。对于不遵守赛场纪律影响赛项正常进行的观摩人员，赛场工作人员有义务劝离违规观摩人员出场。

十八、竞赛直播

1. 在承办院校的领导下，成立工作小组。

2. 利用现代网络传媒技术对赛场的全部竞赛过程直播，包括赛项的竞赛过程、开闭幕式，对现场优秀参赛选手、优秀指导教师采访，展示作品等环节。通过采访企业人士和裁判员点评视频资料，突出赛项的技能重点与优势特色。

3. 利用多媒体技术及设备录制视频资料，记录竞赛全过程，为宣传、仲裁、资源转化提供全面的信息资料，赛后制作课程流媒体资源。

十九、资源转化

（一）实施主体

赛项资源转化工作由赛项承办院校负责，根据赛项技能考核特点开展并推进资源转化工作。

（二）基本要求

赛项资源转化成果应符合行业标准，契合课程标准，突出技能特色，展现竞赛优势，形成满足职业教育教学需求、体现先进教学模式、反映职业教育先进水平的共享性资源成果。

（三）成果与形式

资源转化成果应包含基本资源和拓展资源，充分展现本赛项的竞赛过程、技能要素、赛项特色和专家建议等。

1. 基本资源

基本资源按照风采展示、技能概要、教学资源三大模块设置：

（1）风采展示：赛后即时制作时长 15 分钟左右的赛项宣传片，以及时长 10 分钟左右的获奖代表队（选手）的风采展示片，供专业媒体进行宣传播放。

（2）技能概要：包括技能介绍、训练大纲、技能要点、评价指标等。

（3）教学资源：包括教学方案、训练指导、作业 / 任务、实训 / 实习资源等。教学资源模块可单独列出，也可融入各教学单元。教学单元按任务模块或技能模块组织设置，包括演示文稿、图片、操作流程演示视频、动画及相关微课程、微资源等。

2. 拓展资源

拓展资源是指反映技能特色、可应用于各教学与训练环节、支持技能教学和学习过程的，较为成熟的多样性辅助资源，例如评点视频、访谈视频、赛题库、案例库、素材资源库等。

（四）技术标准

本赛项所有转化资源成果均符合各项技术标准。

（五）赛项资源转化时间节点

赛项资源转化方案于赛后 5 日内向大赛执委会办公室提交，赛后 2 周内向大赛执委会办公室提交风采展示视频资料，赛后 3 个月内完成资源转化基本工作，赛后 6 个月内完成资源转化网络上传。

（六）提交方式

制作完成的资源上传至大赛官网。

（七）使用与管理

赛项资源转化成果由大赛执委会统一推广实施，会同赛项申报单位、赛项有关专家、赛项承办院校，编辑出版有关赛项赛题库、岗位典型操作流程等精品资源。大赛资源成果转化方案（见表 4-10）。

表 4-10　大赛资源成果转化方案

赛项名称：数控机床装调与技术改造

承办院校：

<table>
<tr><th colspan="3">资源名称</th><th>表现形式</th><th>资源数量</th><th>资源要求</th><th>完成时间</th></tr>
<tr><td rowspan="9">基本资源</td><td rowspan="2">风采展示</td><td>赛项宣传片</td><td>视频</td><td>1</td><td>15min 以上</td><td rowspan="2">赛后 2 周</td></tr>
<tr><td>风采展示片</td><td>视频</td><td>1</td><td>10min 以上</td></tr>
<tr><td rowspan="2">技能概要</td><td>技能介绍
技能要点
评价指标</td><td>Word 文档</td><td>1</td><td></td><td>赛后 3 个月</td></tr>
<tr><td>……</td><td></td><td></td><td></td><td></td></tr>
<tr><td rowspan="5">教学资源</td><td>专业教材</td><td>Word 文档</td><td>1</td><td>电子教材</td><td rowspan="4">赛后 3 个月</td></tr>
<tr><td>技能训练指导书</td><td>Word 文档</td><td>1</td><td>电子教材</td></tr>
<tr><td>大赛作品集</td><td>Word 文档</td><td>1</td><td></td></tr>
<tr><td>技能操作规程</td><td>Word 文档</td><td>1</td><td></td></tr>
<tr><td>……</td><td></td><td></td><td></td><td></td></tr>
<tr><td rowspan="6">拓展资源</td><td colspan="2">案例库</td><td>Word 文档及 PPT</td><td>6</td><td></td><td rowspan="5">赛后 3 个月</td></tr>
<tr><td colspan="2">素材资源库</td><td>Word 文档及 PPT</td><td>4</td><td></td></tr>
<tr><td colspan="2">赛题库</td><td>Word 文档</td><td>1</td><td></td></tr>
<tr><td colspan="2">衍生成果</td><td>Word 文档</td><td>11</td><td></td></tr>
<tr><td colspan="2">优秀选手访谈</td><td>视频</td><td></td><td></td></tr>
<tr><td colspan="2">……</td><td></td><td></td><td></td><td></td></tr>
</table>

模块二　GZ-2020004　数控机床装调与技术改造赛项技术分析报告

2020 年 11 月 27 日—30 日，由教育部、天津市人民政府、山东省人民政府、国家发展和改革委员会等 36 个国家部委和行业协会、学会联合主办，山东省教育厅、济南市人民政府承办，济南工程职业技术学院和亚龙智能装备集团有限公司协办的 2020 年全国职业院校技能大赛（高职组）“数控机床装调与技术改造”赛项在济南工程职业技术学院成功举行。在承办院校、专家组、裁判组的共同努力下，实现了“无投诉、无质疑、无纠纷”，现就本次竞赛从技术层面分析如下：

一、综述

本次竞赛有来自全国各地 29 支队伍参赛，两天竞赛展示了高职院校学生昂扬的精神风貌、良好的职业素养、丰富的专业知识以及训练有素的专业技能。

参赛选手们赛场上自信从容、遵守纪律、尊重裁判。在很短的备赛时间内，掌握了新系统，适应了新平台。对新技术，如在线自动测量装置、球杆仪、数据交互等掌握较好，得分率高。重视安全和职业素养，没有出现任何安全事故，操作规范，竞赛场地整洁井然。

承办院校和设备供应商在很短的时间内积极谋划、认真准备、周到安排，从场地设备到接待服务，体现了较高的质量和水平，满足了本次大赛的要求，成就了一场比较精彩的赛事。

竞赛设备质量稳定、数量充足，保证了竞赛顺利、流畅地进行，竞赛中也没有因为设备问题而出现竞赛中断、更换设备等情况发生。

二、竞赛内容

竞赛内容均为以往同类竞赛有所涉及，基本没有新内容。但因为设备平台和采用的数控系统和往年不同，专家组以认真的态度，将竞赛内容与新的设备平台有机结合，基本上体现了本赛项应涵盖的核心技能。

三、现场情况

裁判组克服人手少、工作量大的困难，秉持公平公正的精神，树立服务意识，不辞辛劳，既明确分工，又主动补位，自觉遵守执裁纪律，大多数裁判具备精湛的专业水准和丰富的执裁经验，为竞赛过程中实现“零投诉、零质疑、零纠纷”起了关键作用。

四、成绩解析

纵观两天的竞赛，参赛选手们总体上正常发挥了水平，29 支参赛队均完成了竞赛。最高分 94.5，均分 47.6，90 分以上 2 支队，80～90 分有 2 支队，70～80 分为零，60～70 分有 6 支队，其余在 60 分以下。成绩的分布符合此类赛项的一般规律，均分略低，70～80 分为空白略有遗憾。反映了参赛选手之间的差距较大，这与更换系统和平台，参赛选手训练时间较短有关。

竞赛得分点的得分率也不均衡，电气设计与安装、在线自动的头、互联互通、几何精度检测、运动精度检测、职业素养等得分率较高；而故障排除、试件的编程加工得分率偏低。反映了指导老师对竞赛要点、核心技能的把控不够准确，竞赛的策略研究不足。

五、几点建议

1. 每队 3 名参赛选手，竞赛中每人任务存在不均衡的现象，场地也显得拥挤。建议将 3 人改为 2 人，删除一些不重要、不能体现技能水平的内容，使得赛项更加精练。

2. 赛题还需要进一步打磨，竞赛规程、设备平台、参赛选手任务书和裁判评分表应四位一体，统一、明确，不能有矛盾和冲突。

3. 裁判人数太少，裁判专业水平的参差不齐，客观上不可避免、或多或少会影响执裁的精准。

4. 三次加密方式不适合本赛项，会造成现场评分裁判与参赛选手来自同一省份，他们之间可能相互认识，而裁判长不能在裁判安排上对其进行回避。这对现场评分的赛项来说，保证公平公正存在明显漏洞。

建议将第二次加密取消，一次加密直接确定赛位，由一次加密裁判安排裁判的执裁赛位，裁判必须回避本省份参赛选手；而一次加密裁判不得进入赛场，不得与当场裁判交流。

5. 来自同一省份的裁判数量不能过多，最好各省份基本均衡；可根据裁判数量，按一定比例设上限。这样使裁判长能更好地保证竞赛的公平公正。

模块三　GZ-2020004　数控机床装调与技术改造赛项工作总结

2020 年 11 月 30 日，为期 2 天的“2020 年全国职业院校技能大赛改革试点赛（高职组）数控机床装调与技术改造赛项”于山东济南工程职业技术学院顺利闭幕。本届试点赛在公平、公正、严格、精准的基础上，促进了全国职业院校指导教师、参赛选手的技能知识水平以及技能实操水平的提升，实现了“零投诉、零质疑、零纠纷”。总结如下：

一、竞赛内容

数控机床装调与技术改造赛项，每个参赛队由 3 位参赛选手组成，要求在规定的 5 小时时间内相互配合并完成竞赛。专家组于竞赛前 2 个月在大赛官网上发布 1 部竞赛规程和 5 套样卷；在赛项设备招标完成后，于竞赛前 1 个月，结合赛项设备，在大赛官网上发布了与赛项设备对接的 1 部竞赛规程和 5 套样卷，为尽量降低新设备对各参赛队的影响，便于参赛队更好地训练和竞赛，在大赛官网上，同时公布了所有新设备的技术图纸、操作说明书、软件等资料。

根据本赛项赛卷与样卷间允许调整 30% 的规定，竞赛赛卷在竞赛前 2 天由专家组组卷为 5 套赛卷，竞赛前 1 天由裁判长从赛题库中随机抽取 2 套，分别用于第 1 天和第 2 天的竞赛中。

本次竞赛内容及要求具体如下：

任务一：数控机床电气设计与安装（10 分）

任务二：数控机床机械部件装配与调整（10 分）

任务三：数控机床故障诊断与维修（15 分）

任务四：数控机床技术改造与功能开发（30 分）

任务五：数控机床精度检测（10 分）

任务六：试切件加工及测量（15 分）

任务七：过程中的职业素养与安全意识评价（10 分）

二、改革试点赛与 2019 年国赛项目的不同之处

1. 赛项设备

上届竞赛所用数控铣床由四家企业提供，各自的技术参数不同；配套的数控系统为 3 种。本次竞赛，数控铣床由 1 家企业提供，配套的数控系统为 1 种。

2. 参赛队伍

参赛省份共 29 个，由 1 省份多支代表队变为 1 省份 1 支代表队。

三、改革试点赛的创新与突出特点

1. 赛项设备统一

赛项设备的统一，消除了因不同赛项设备形成的不公平因素，消除了不同设备供应商之间的不必要纠纷。

2. 增加了赛前熟悉设备环节

鉴于赛项设备与上届竞赛有所不同，专家组和承办院校临时为每个参赛队安排了在赛前 1 天，每队 1.5 小时的设备熟悉时间，在不影响第 2 天竞赛的相关规定内，各队可以操作设备。

3. 改进了故障设置规则

本赛项故障设备是竞赛的核心环节之一，对最终的竞赛成绩较为敏感。本次竞赛专家组牢牢把握了故障设置赛题，由专家组出题，赛前由专家组统一设置故障的关键，从程序上杜绝了赛题泄露的风险。

4. 提高了各阶段监控水平

在接待、答疑、响应参赛队要求、竞赛、闭幕全过程，制订并落实了登记、视频监控记录、会议全程记录等可追溯措施。对于促进参与各方形成优良的理性、规范的行为和操守，起到了很好的引导作用。

四、试点赛的意义

1. 规避人为因素，实现了公正化、公平化

统一赛项设备和配套的数控系统，专家组牢牢把握故障排除命题并统一设备故障，保证了竞赛公开透明，公平、公正。实现了本赛项历史上不多见的“零投诉、零质疑、零纠纷”。

2. 本赛项试点强化了复合型人才培养

本赛项训练内容涉及电气线路设计与安装、机床精度检测、机床故障诊断与排除，机床新功能开发、PC 与 CNC 互联互通，试切件加工等多种技术复合，是培养机电控制复合型人才的有力载体。

五、试点赛的建议

1. 统一赛项设备

今年开创了在同一种数控机床、同一种配套数控系统上训练和竞赛的模式，实践证明，为实现各方满意，达成“零投诉、零质疑、零纠纷”起到了关键性作用，建议今后坚持。

2. 对接国家智能制造战略

本赛项的功能开发是机床主轴装配和控制的实现，是一个实施了多年的“明题”，“明题”降低了赛项的难度，建议从下一届起改为“暗题”以增加竞赛难度，“暗题”要从企业一线寻找真实的，面向智能制造的技术改造案例，使本赛项更好地与国家战略对接。

3. 减少参赛选手数量

本赛项不应盲目对接世赛个人赛的特点，而应保持团队赛的特色。但本赛项 1 队 3 名参赛选手的数量过多，赛场较为拥挤，不符合企业真实工作现场中 2 人小团队的配置习惯，建议今后改为 1 队 2 名参赛选手。

4. 加强裁判队伍建设

本赛项今后要从裁判的视角，对规程、样卷、评分表进行进一步完善，使裁判判定更为客观、具体、清晰、可操作。建议今后删除参赛选手绘制 PLC 程序图、填写装配工艺、填写加工程序等不必要的赛后评分内容，改为以竞赛中的作业结果认定成绩。同时要加强赛前对裁判的技术培训。

项目五
云计算赛项

模块一 GZ-2020005 云计算赛项规程

一、赛项名称

赛项编号：GZ-2020005
赛项名称：云计算
英文名称：Cloud Computing
赛项组别：高职组
赛项归属产业：电子信息大类

二、竞赛目的

（一）以大赛检验教育教学成果

本赛项全面考察高职学生的云平台规划设计、云平台部署、虚拟桌面、云存储、云网络、云安全、容器、自动化运维、公有云服务申请使用、云服务部署运维等前沿的知识、技术技能以及职业素养能力；全面检验学生的云计算技术应用开发的工程实践能力和创新能力，展现云计算人才的培养成果。

（二）以大赛促进教育教学改革

本赛项按照行业企业云计算相关岗位真实的工作过程设计竞赛内容，竞赛内容源自企业真实的项目和工作任务，通过大赛，培养学生的云计算实践技能创新能力，进而提升学生的职业素养和就业能力，促进"双师型"师资队伍建设，推动云计算技术与应用专业人才培养模式与课程体系改革，提升学生从事云计算相关岗位的适岗性，从而提高人才培养的针对性、有效性和专业建设水平。

（三）以大赛看齐世界技能标准

本赛项紧跟云计算主流技术发展趋势，赛项标准对接国际标准，借鉴世界技能大赛办赛机制，参考世界技能大赛云计算赛项技术文件，瞄准世界最高技能水平，选拔具有大国工匠素质的技术技能人才。

（四）以大赛营造崇尚技能氛围

通过本赛项，在信息产业大力弘扬工匠精神，引导全社会尊重、重视、关心技能人才的培养和成长，宣传技能人才的重要贡献和重大作用，在全社会倡导“崇实尚业”之风，营造尊敬技能人才的社会氛围，让尊重劳动、尊重技术、尊重创造成为社会共识，激励广大青年走技能成才、技能报国之路。

三、竞赛内容

根据业务需求和实际的工程应用环境，要求参赛选手实现私有云平台架构的规划设计，完成私有云、容器云平台搭建与运维，公有云服务申请与使用，企业项目应用迁移上云规划设计与实施，企业项目应用架构调优等。竞赛涵盖如下内容。

（一）OpenStack 平台搭建

1. 根据要求，进行物理主机操作系统设置与管理，包括网络、存储、虚拟化和安全等，确保操作系统正常；检查交换机、服务器之间的连线，测试网络的连通性。

2. 准备工作，包括安装和配置 yum 源、FTP、NTP、HTTP、RabbitMQ、MariaDB 数据库、MemCached、Etcd 等服务。

3. 编写（或利用提供的）安装脚本完成私有云平台的搭建，之后检查各个组件的运行状态，能正确地使用私有云平台。

（二）OpenStack 平台运维

1. 能够对云主机、云存储、云网络、云数据库、负载均衡等的运维管理。

2. 完成私有云组件的运维，包括 Keystone、Glance、Nova、Neutron、Cinder、Swift、Ceph 等组件，并编写 Shell 脚本完成对 OpenStack 的运维。

3. 编写 Python 脚本调用 OpenStack API 完成对 OpenStack 的运维管理。

4. 完成私有云上的应用项目部署，如搭建私有博客系统、搭建应用商城网站等。

5. 掌握私有云上各项服务的依赖关系与对应关系，能排除在使用过程中遇到的问题，确保私有云环境稳定、顺畅地运行。

（三）容器云平台搭建

1. 安装 Docker 服务，部署私有容器仓库，能熟练使用 Docker 的各项命令。

2. Kubernetes（简称 K8S）平台的架构设计，容器环境的准备，编写正确的模板文件，搭建 K8S 容器云平台。

3. 容器云平台的各项命令使用，能够检查容器云平台的运行状态，监控容器云平台的运行情况。

（四）容器云平台运维

1. 容器基础的运维操作，包括镜像、容器、仓库、网络等。

2. 编写 Dockerfile 和使用 Commit 等方式制作容器私有镜像。

3. 容器云 K8S 平台的运维操作，包括 Pod、编写 YAML 模板文件部署编排应用、开发运维（DevOps）一体化等。

（五）云平台自动化运维

1. 脚本开发任务：编写 Shell 脚本完成运维任务，如数据库备份、应用的一键部署，检测服务状态等。

2. 基于微服务应用系统部署任务：编写 Ansible 脚本完成运维任务，如多节点集群部署、集群运维、批量运行命令等；编写 Python 脚本完成应用系统部署任务。

（六）公有云应用部署

1. 公有云基础服务的申请操作与使用，包括云主机服务、云数据库服务、对象存储服务等。

2. 企业网站迁移上云，包括云主机、云数据库、对象存储与块存储服务、缓存服务、负载均衡等资源的申请；企业应用系统迁移到公有云。

（七）公有云应用运维

1. 利用负载均衡、弹性伸缩服务等对应用系统的架构进行升级，提升应用系统的性能。

2. 对基于混合云模式下企业级架构的应用系统，排查问题、提供高可用服务，并根据并发请求数扩展服务，提升应用系统的安全性、可靠性、可维护性等。

竞赛共分为 3 天进行，每天 7 小时，每天竞赛时间为 9:00—16:00，共计 21 小时，本赛项总分为 100 分。

四、竞赛方式

本赛项为个人赛，以院校为单位参赛，每支参赛队由 1 名参赛选手和不超过 1 名指导教师组成（指导教师为本校专兼职教师）。

竞赛设有 3 个场次，每天 1 个场次，每个场次 7 小时（包含 1 小时用餐和休息时间），所有参赛队按照竞赛时间完成竞赛。

竞赛形式以实践操作为主，采用个人的形式完成赛项任务，竞赛成绩由竞赛系统自动评分和结果评分，并通过场外大屏实时跟踪竞赛进度。

抽签时间：每天上午 8:00。

抽签原则：抽签按照相关要求进行，赛项当天进行两次加密，加密后参赛选手中途不得擅自离开赛场，由两组加密裁判分别组织实施加密工作，管理加密结果，监督人员全程监督加密过程。

1. 第一组加密裁判，组织参赛队进行第一次抽签，将抽签产生的参赛编号替换参赛队个人身份信息，填写一次加密记录表后，连同参赛选手参赛证等个人身份信息证件，当即装入一次加密结果密封袋中单独保管。

2. 第二组加密裁判，组织参赛队进行第二次抽签，抽签产生的确定赛位号替换参赛队参赛编号，填写二次加密记录表后，连同参赛选手参赛编号，当即装入二次加密结果密封袋中单独保管。

3. 所有加密结果密封袋的封条均需相应的加密裁判和监督人员签字。密封袋在监督人员的监督下由加密裁判放置于保密室的保险柜中进行保存。

4. 参赛选手凭赛位号进入赛场，不得携带其他显示个人身份信息和违规的物品。现场裁判负责引导参赛队至赛位前等待竞赛指令。竞赛开始前，在没有裁判允许的情况下，严禁随意触碰竞赛设施和阅读试题内容。竞赛中途不得离开赛场。

五、竞赛流程

竞赛流程见表5-1。

表5-1　竞赛流程

日期	时间	事项	参加人员
竞赛前2日	20:00前	裁判、仲裁、监督报到	工作人员
竞赛前1日	9:00—14:00	参赛队报到，安排住宿，领取资料	工作人员、参赛队
	9:00—12:00	裁判培训会议	裁判长、裁判员、监督组、专家组
	13:00—14:00	裁判工作会议	裁判长、裁判员、监督组
	14:00—15:00	领队会	各参赛队领队、裁判长
	15:00—16:00	开赛式	领导、各参赛队领队、参赛选手、裁判长、裁判、监督、仲裁
	16:00—17:00	熟悉赛场	各参赛队领队、参赛选手
	17:15	检查封闭赛场	裁判长、监督组
	17:30	参赛领队返回酒店	各参赛队领队
竞赛第1日	07:30	参赛队到达竞赛场地前集合	各参赛队、工作人员
	7:30—8:00	大赛检录	参赛选手、检录工作人员
	8:00—8:20	第一次抽签加密（参赛编号）	参赛选手、第一次加密裁判、监督
	8:20—8:40	第二次抽签加密（抽赛位号）	参赛选手、第二次加密裁判、监督
	8:40—9:00	设备工具检查确认、题目发放	参赛选手、裁判、监督、仲裁
	9:00—16:00	参赛队竞赛（包含1 h用餐和休息时间）	参赛选手、裁判、监督、仲裁
	16:00—18:00	申诉受理	参赛选手、裁判、监督、仲裁
	18:00—20:00	第1日评分核分	裁判、监督
	20:00—21:00	抽检复核	裁判、监督
竞赛第2日	7:30	参赛队到达竞赛场地前集合	各参赛队、工作人员
	7:30—8:00	大赛检录	参赛选手、检录工作人员
	8:00—8:20	第一次抽签加密（参赛编号）	参赛选手、第一次加密裁判、监督
	8:20—8:40	第二次抽签加密（抽赛位号）	参赛选手、第二次加密裁判、监督

续表

日期	时间	事项	参加人员
竞赛第2日	8:40—9:00	设备工具检查确认、题目发放	参赛选手、裁判、监督、仲裁
	9:00—16:00	参赛队竞赛（包含1h用餐和休息时间）	参赛选手、裁判、监督、仲裁
	16:00—18:00	申诉受理	参赛选手、裁判、监督、仲裁
	18:00—20:00	竞赛第2日评分核分	裁判、监督
	20:00—21:00	抽检复核	裁判、监督
竞赛第3日	7:30	参赛队到达竞赛场地前集合	各参赛队、工作人员
	7:30—8:00	大赛检录	参赛选手、检录工作人员
	8:00—8:20	第一次抽签加密（参赛编号）	参赛选手、第一次加密裁判、监督
	8:20—8:40	第二次抽签加密（抽赛位号）	参赛选手、第二次加密裁判、监督
	8:40—9:00	设备工具检查确认、题目发放	参赛选手、裁判、监督、仲裁
	9:00—16:00	参赛队竞赛（包含1h用餐和休息时间）	参赛选手、裁判、监督、仲裁
	16:00—18:00	申诉受理	参赛选手、裁判、监督、仲裁
	18:00—20:00	竞赛第3日评分核分	裁判、监督
	20:00—21:00	抽检复核	裁判、监督
	21:00—21:30	解密	裁判、监督
	21:30—23:30	成绩公布	各参赛队、裁判、监督
赛后第1日	9:00—12:00	闭赛式（宣布成绩、颁奖）	领导、嘉宾、裁判、各参赛队、专家组

六、竞赛赛卷

按照《2020年全国职业院校技能大赛改革试点赛实施方案》要求，本赛项建立竞赛赛题库，竞赛赛题库可组成5套以上正式竞赛赛卷，且每套竞赛赛卷内容重复率不高于50%。在竞赛开始日的前3天内，将竞赛赛题库中的竞赛赛题随机排序后，在监督组的监督下，由裁判长指定相关人员抽取正式竞赛赛卷与备用竞赛赛卷。

根据遵从公开、公平、公正原则，竞赛赛题距大赛开始日前一个月公开。竞赛样卷随竞赛规程同时公布。

七、竞赛规则

1. 参赛选手须为普通高等学校全日制在籍专科学生、本科院校中高职类全日制在籍学生，五年制高职四、五年级学生也可报名参赛。参赛选手年龄一般不超过25周岁，年龄计算的截止时间以2020年11月1日为准。凡在往届全国职业院校技能大赛中获本赛项高职组一等奖的参赛选手，不得参赛。参赛选手的资格审查工作按照《2020年全国职业院校技能大赛改革试点赛实施方案》要求执行。

2. 竞赛前 1 日安排各参赛队领队、参赛选手熟悉赛场。

3. 严禁参赛选手、赛项裁判、工作人员私自携带通信设备、摄录设备进入竞赛场地。

4. 参赛选手所需的硬件、软件和辅助工具统一由竞赛主办方提供，参赛队不得使用自带的任何具有存储功能的设备，如移动硬盘、光盘、U 盘、手机、随身听等。

5. 所有参赛选手都必须携带参赛证件进行检录。

6. 参赛队在赛前 20 分钟领取竞赛任务并进入赛位，竞赛正式开始后方可进行相关操作。

7. 在竞赛过程中，参赛选手须严格遵守操作规程，确保人身及设备安全，并接受裁判员的监督和指示。因参赛选手的原因造成设备故障或损坏而无法继续竞赛的，裁判长有权决定中止该队竞赛；非因参赛选手个人原因造成设备故障或损坏而无法继续竞赛的，由裁判长视具体情况作出裁决。

8. 成绩评定评分方法分为竞赛系统评分和结果评分。竞赛系统评分是裁判不参与评分，而是通过参赛选手提交的结果，由后台竞赛系统进行评分；结果评分是对于不能使用竞赛系统进行评分的赛题，通过参赛选手提交的文档，由裁判进行评分。

9. 每场次竞赛开始时，统一发放本场次赛卷；每场次竞赛结束后，参赛选手要确认已成功提交竞赛要求的配置文件和文档，裁判员与参赛选手一起签字确认，参赛选手在确认后不得再进行任何操作。

10. 赛项成绩解密后，在指定地点，以纸质形式向全体参赛队进行公布。成绩无异议后，在闭赛式上予以宣布。

八、竞赛环境

竞赛场地中的每个赛位内设有操作平台。

每个赛位内，配有单独带漏电保护空气开关的 220V 交流电源，赛位内的电缆线应符合安全要求。每个赛位按照 2 000W 的用电负荷来规划准备。

每个赛位面积为 9～10m^2，赛位之间由隔板隔开，以确保参赛队之间互不干扰。赛位标明赛位号，并配备竞赛平台和技术工作要求的软件、硬件。

环境标准要求保证赛场采光（大于 500lx）、照明和通风良好，为每支参赛队提供笔、纸张等工具，提供饮用水，提供一个垃圾箱。

第一天和第二天使用内网进行竞赛，第三天开放公有云环境进行竞赛。

赛场应具有 2 条互联网出口专线，每条专线带宽不小于 200M（确保赛场专用）。

九、技术规范

参赛代表队在实施竞赛项目时要求遵循的规范见表 5-2。

表 5-2 要求遵循的规范

序号	标准号	规范名称
1	ISO/IEC 17788：2014	信息技术 云计算 概述和词汇
2	ISO/IEC 17789：2014	信息技术 云计算 参考架构
3	GB/T 31167—2014	信息安全技术 云计算服务安全指南

续表

序号	标准号	规范名称
4	GB/T 31168—2014	信息安全技术 云计算服务安全能力要求
5	GB/T 32400—2015	信息技术 云计算 概览与词汇
6	YD/T 2542—2013	电信互联网数据中心（IDC）总体技术要求
7	YD/T 2441—2013	互联网数据中心技术及分级分类标准
8	YD/T 2442—2013	互联网数据中心资源占用、能效及排放技术要求和评测方法
9	YD/T 2543—2013	电信互联网数据中心（IDC）的能耗测评方法
10	ISO/IEC JTC1/SC32	数据管理与交换
11	GB/T 28821—2012	关系数据管理系统技术要求
12	LD/T81.1—2006	职业技能实训和鉴定设备通用技术规范

十、技术平台

单个赛位软件、硬件配置见表 5-3（按照 40 个参赛队配置）。

表 5-3 单个赛位软件、硬件配置

类别	名称	数量	备注	总数
硬件设备	计算节点服务器	1	通用 2U 服务器，建议 Intel Xeon E5 系列处理器以上，内存 16GB 以上，硬盘 300GB 以上	40
	存储节点服务器	1	通用 2U 服务器，建议 Intel Xeon E5 系列处理器，内存 16GB 以上，硬盘 2TB 以上	40
	路由交换模块	1	通用网络设备，三层交换机，千兆 RJ-45 接口 16 个以上	40
	PC	1	通用设备，建议 i5 以上 CPU 或同性能其他 CPU，内存 8GB 以上，SSD 硬盘 128GB 以上	40
云平台软件	华为云、阿里云、腾讯云任一公有云		提供账号	40
	OpenStack 云平台软件包	1	包含 OpenStack Queens 离线安装包、安装脚本、Qcow2 镜像文件等	40
	容器云平台软件包	1	包含 Docker CE、Docker Compose、Kubernates 等离线安装包，Nginx、MySQL、CentOS 7.5、Apache、LNMP、Wordpress 等容器镜像，竞赛所需应用软件包	40
	公有云竞赛软件包	1	包含公有云平台部署的应用软件包	40
竞赛平台	云计算竞赛管理平台	1	支持自动评分	1

通用软件和工具清单见表 5-4。

表 5-4　通用软件和工具清单

序号	软件	介绍
1	Windows	操作系统 Windows 7 或 Windows 10
2	Microsoft Office 软件	试用版包括 Word、PowerPoint、Excel、Visio
3	SecureCRT v7.0 试用版	SSH（SSH1 和 SSH2）的终端仿真程序
4	Python 3.6	云平台开发编程环境
5	Anaconda 3	Python 的发行版本和库管理工具
6	MongoDB 3.6	MongoDB 数据库
7	PyCharm 2018.3.5	Python 开发工具
8	Java SDK 1.8	服务端 Java 开发工具包
9	MySQL 5.0	MySQL 数据库
10	Tomcat 7.0	JavaEE Web 服务器

十一、成绩评定

（一）评分标准（总分 100 分，见表 5-5）

表 5-5　评 分 标 准

模块	任务	主要知识及技能点	分值
场次一 OpenStack 平台部署与运维	任务 1　基础运维任务	服务器 IP 地址设置，主机名设置，磁盘分区，文件系统挂载，Web、FTP、DNS、NTP 等常用 Linux 服务器的安装与配置	3 分
	任务 2　OpenStack 搭建任务	对 OpenStack 云平台搭建基本变量进行配置，使用部署安装脚本快速部署数据库、Keystone 服务、Glance 服务、Nova 服务、Neutron 服务、Dashboard 服务、Cinder 服务、Swift 服务、Heat 服务、Ceph 服务、Ceilometer 和报警 Alarm 服务等 OpenStack 相关组件，完成私有云平台的搭建部署	10 分
	任务 3　OpenStack 云平台运维	对 OpenStack 云平台的 Keystone 服务、Glance 服务、Nova 服务、Neutron 服务、Dashboard 服务、Cinder 服务、Swift 服务、Heat 服务、Ceph 服务、Ceilometer 和报警 Alarm 服务等相关组件的使用与运维，通过命令及编写 Shell 脚本对云平台的各项资源进行管理和运维	12 分
	任务 4　OpenStack 云平台运维开发	编写 Shell 脚本或者 Python 代码调用 OpenStack API 接口对 OpenStack 云平台资源进行管理和运维，使用自动化运维工具 Ansible 对服务器或虚拟机进行批量部署和管理	10 分
	小计		35 分

续表

模块	任务	主要知识及技能点	分值
场次二 容器云平台 部署与运维	任务1　容器基本环境配置	Docker CE的安装与配置，Docker Compose的安装、配置与使用，私有仓库的搭建、配置、管理和使用，Docker镜像管理及容器管理运维	3分
	任务2　Kubernetes容器云平台部署与运维	Kubernetes集群的安装、配置、管理与运维，基于Kubernetes集群应用部署及容器编排	15分
	任务3　基于Docker容器的Web应用系统部署	使用容器实现系统打包，微服务系统搭建，消息中间件系统搭建，负载均衡应用，数据库访问与管理，容器编排，访问控制	10分
	任务4　基于Kubernetes构建持续集成	实现容器持续集成工具安装，典型工具链搭建，项目持续集成环境部署	7分
	小计		35分
场次三 公有云部署 与运维	任务1　公有云基础设施构建	实现公有云网络规划与配置，云主机配置、云数据库配置、云存储配置、云安全配置、系统上云搭建	10分
	任务2　系统管理与维护	针对上云系统实现公有云弹性伸缩、高可用、数据迁移、服务迁移、实时监控运维	10分
	任务3　自动化运维	使用Python编程调用公有云接口，实现公有云自动化运维	10分
	小计		30分
总分			100分

（二）组织分工

1. 本竞赛参与赛项成绩管理的组织机构包括裁判组、监督组和仲裁组。裁判组设置裁判共11人，包括裁判长1名、检录裁判2名、加密裁判2名、现场及评分裁判6名。

2. 监督组对裁判组的工作进行全程监督，并对竞赛成绩抽检复核。

3. 仲裁组负责接受由参赛队领队提出的对裁判结果的申诉，组织复议并及时反馈复议结果。

4. 竞赛将制订裁判遴选管理办法、赛事保密细则和预案、命题管理办法等制度，保证竞赛的公平、公正。赞助企业、参赛院校不得安排人员进入裁判团队。

（三）评分方法

1. 本赛项采用竞赛系统评分和结果评分。

竞赛系统评分：由竞赛系统自动评分，提供每组参赛队一个账号和一个密码，竞赛结束前保存成果并提交。

结果评分：对于不能使用竞赛系统进行评分的客观题，根据评分标准设计评分表，采用结果评分。

2. 每个裁判小组汇总本组所有的评分表，计算成绩，本组裁判成员签字确认，成绩汇总表备案以供核查。

3. 为保障成绩评判的准确性，监督组将对赛项总成绩排名前 30% 的所有参赛队伍（选手）的成绩进行复核；对其余成绩进行抽检复核，抽检覆盖率不得低于 15%。如发现成绩错误，应以书面方式及时告知裁判长，由裁判长更正成绩并签字确认。对于复核、抽检错误率超过 5% 的，裁判组将对所有成绩进行复核。

4. 裁判长正式提交赛位评分结果并复核无误后，由加密裁判在监督人员的监督下对加密结果进行逐层解密，应严格按照相关文件的方法和模板进行。

5. 竞赛成绩经复核无误后，经裁判长、监督人员审核签字后公布。

十二、奖项设定

本赛项为个人赛。竞赛奖以实际参赛队数为基数，设定为：一等奖占比 10%，二等奖占比 20%，三等奖占比 30%，小数点后四舍五入。

获得一等奖的参赛队指导教师获“优秀指导教师奖”。

十三、赛场预案

赛场备用赛位：赛场提供占总参赛队伍 10% 的备用赛位。

竞赛系统可靠性：大赛竞赛系统使用的服务器应进行冗余设置，数据库、存储应使用高可用架构。赛前一周开始运行，需经过多次压力测试，由学校组织的真实竞赛环境进行测试。

竞赛备用服务器：竞赛现场提供占总参赛队伍 10% 的备用服务器。

大赛现场应急预案详情如下：

（一）服务器问题预案

若服务器在竞赛过程中出现卡顿、死机等情况，参赛选手应举手示意裁判，在裁判与技术支持人员确定情况后，可更换服务器。更换服务器的等待时间，可在竞赛结束后延时。

（二）交换机问题预案

若交换机在竞赛过程中出现传输速度慢或无故中断等情况，参赛选手应举手示意裁判，在裁判与技术支持人员确定情况后，可更换交换机。更换交换机的等待时间，可在竞赛结束后延时。

（三）PC 问题预案

若 PC 在竞赛过程中出现死机、蓝屏等现象（重启后无法解决），参赛选手应举手示意裁判，在裁判与技术支持人员确定情况后，可更换备用赛位或更换 PC 进行答题。

十四、赛项安全

赛场严格按照国家防疫措施执行，以对应突发情况发生。

赛事安全是技能竞赛一切工作顺利开展的先决条件，是赛事筹备和运行工作必须考虑的核心问题。应采取切实有效的措施保证大赛期间参赛选手、指导教师、裁判员、工作人员及观众的人身安全。

（一）竞赛环境

1. 须在赛前组织专人对竞赛现场、住宿场所和交通保障进行考察，并对安全工作提出明确要求。赛场的布置，赛场内的器材、设备，均应符合国家有关安全规定。如有必要，也可进行赛场仿真模拟测试，以发现可能出现的问题。承办院校赛前须按照要求排除安全隐患。

2. 赛场周围要设立警戒线，要求所有参赛人员必须凭有效证件进入场地，防止无关人员进入场地发生意外事件。竞赛现场内应参照相关职业岗位的要求为参赛选手提供必要的劳动保护。在具有危险性的操作环节中，裁判员要严防参赛选手出现错误操作。

3. 承办院校应提供保证应急预案实施的条件。对于竞赛内容涉及高空作业、可能有坠物、大用电量、易发生火灾等情况的赛项，必须明确应急制度和预案，并配备急救人员与设施。

4. 严格控制与参赛无关的易燃易爆以及各类危险品进入竞赛场地，不允许随意携带书包进入赛场。

5. 配备先进的仪器，防止有人利用电磁波干扰竞赛秩序。大赛现场需对赛场进行网络安全控制，以免场内外信息交互，充分体现大赛的严肃、公平和公正性。

6. 承办院校制订开放赛场和体验区的人员疏导方案。赛场环境中存在人员密集、车流人流交错的区域，除了设置齐全的指示标志外，须增加引导人员，并开辟备用通道。

7. 大赛期间，承办院校须在赛场管理的关键岗位上增加人力，并建立安全管理日志。

（二）生活条件

1. 竞赛期间，原则上由赛项承办院校统一安排参赛选手和指导教师食宿。承办院校须尊重少数民族的信仰及文化，根据国家相关的民族政策，安排好少数民族选手和教师的饮食起居。

2. 竞赛期间安排的住宿地应具有宾馆 / 住宿经营许可资质。以学校宿舍作为住宿地的，大赛期间的住宿、卫生、饮食安全等由学校负责。

3. 大赛期间有组织的参观和观摩活动的交通安全由承办院校负责。承办院校须保证竞赛期间参赛选手、指导教师、裁判员、工作人员的交通安全。

4. 各赛项的安全管理，除了可以采取必要的安全隔离措施外，还应严格遵守国家相关法律法规，保护个人隐私和人身自由。

（三）组队责任

1. 各学校组织代表队时，须安排为参赛选手购买大赛期间的人身意外伤害保险。

2. 各学校代表队组成后，须制订相关管理制度，并对所有参赛选手、指导教师进行安全教育。

3. 各参赛队伍须加强对参与竞赛人员的安全管理，实现与赛场安全管理的对接。

（四）应急处理

当竞赛期间发生意外事故时，发现者应在第一时间报告，同时采取措施，避免事态扩大，立即启动预案予以解决。出现重大安全问题的赛项可以停赛，是否停赛由大赛执委会决定。事后，承办院校应向大赛执委会报告详细情况。

（五）处罚措施

1. 因参赛队伍原因造成重大安全事故的，取消其获奖资格。

2. 参赛队伍如有发生重大安全事故的隐患，经赛场工作人员提示、警告无效的，可取消其继续竞赛的资格。

3. 赛事工作人员如有违规，将按照相应的制度追究责任。情节恶劣并造成重大安全事故的，由司法机关追究其相应的法律责任。

十五、竞赛须知

（一）参赛队须知

1. 参赛队应参加赛项承办院校组织的闭赛式等各项赛事活动。

2. 在赛事期间，领队及参赛队其他成员不得私自接触裁判，凡发现有弄虚作假者，取消其参赛资格，成绩无效。

3. 所有参赛人员须按照赛项规程要求完成赛项评价工作。

4. 对于有碍竞赛公正和竞赛正常进行的参赛队，视其情节轻重，按照《全国职业院校技能大赛奖惩办法》给予警告、取消竞赛成绩、通报批评等处理。其中，对于竞赛过程及有关活动造成重大影响的，以适当方式通告参赛院校或其所属地区的教育行政主管部门依据有关规定给予行政或纪律处分，同时停止该院校参加全国职业院校技能大赛 1 年（届）。涉及刑事犯罪的移交司法机关处理。

（二）指导教师须知

1. 各参赛代表队要发扬良好的道德风尚，听从指挥，服从裁判，不弄虚作假。如发现弄虚作假者，取消其参赛资格，名次无效。

2. 各代表队领队要坚决执行竞赛的各项规定，加强对参赛人员的管理，做好赛前的准备工作，督促参赛选手带好证件等竞赛相关材料。

3. 竞赛过程中，除参加当场次竞赛的参赛选手、执行裁判员、现场工作人员和经批准的人员外，领队、指导教师及其他人员一律不得进入竞赛现场。

4. 参赛代表队若对竞赛过程有异议，可在规定时间内由领队向赛项仲裁工作组提出书面报告。

5. 对申诉的仲裁结果，领队要带头服从和执行，并做好参赛选手的工作。参赛选手不得因申诉或对处理意见不服而停止竞赛，否则以弃权处理。

6. 指导老师应及时查看大赛官网有关赛项的通知和内容，认真研究和掌握本赛项竞赛的规程、技术规范和赛场要求，指导参赛选手做好赛前的一切技术准备和竞赛准备。

（三）参赛选手须知

1. 参赛选手在报名获得确认后，原则上不再更换。如在筹备过程中，参赛选手因故不能参赛，所在省份教育主管部门需出具书面说明并按相关参赛选手资格要求补充人员并接受审核。在竞赛开始后，参赛队不得更换参赛选手，允许队员缺席；不允许更换新的指导教师，允许指导教师缺席。

2. 参赛选手严格遵守赛场规章、操作规程和工艺准则，保证人身及设备安全，接受裁判员的监督和警示，文明竞赛。

3. 参赛选手凭证件进入赛场，在赛场内操作期间应当始终佩戴参赛凭证以备检查。

4. 参赛选手进入赛场，不允许携带任何书籍和其他纸质资料（相关技术资料的电子文档由工作人员提供），不允许携带通信工具和存储设备（如U盘、移动硬盘等）。由赛场统一提供计算机以及应用软件。

5. 各参赛队应在竞赛开始前一天规定的时间段进入赛场熟悉环境。入场后，赛场工作人员与参赛选手共同确认操作条件及设备状况，参赛队员必须确认材料、工具等。

6. 竞赛准备开始时，在收到开赛信号前不得启动操作设备。在指定赛位上完成竞赛项目，严禁作弊行为。

7. 竞赛过程中，因严重操作失误或安全事故不能进行竞赛的，现场裁判员有权中止该队竞赛。

8. 在本场次的竞赛期间，参赛选手不能离场，食品、饮水等由赛场统一提供。参赛选手休息、饮食或如厕时间均计算在竞赛时间内。

9. 凡在竞赛期间提前离开赛场的参赛选手，当天不得返回赛场。

10. 为培养技术技能人才的工作作风，在参赛期间，参赛选手应当注意保持工作环境及设备摆放符合企业生产“5S”（即整理、整顿、清扫、清洁和素养）的原则，如果过于脏乱，裁判员有权酌情扣分。

11. 在竞赛中如遇非人为因素造成的设备故障，经裁判员确认后，可向裁判长申请补足排除故障的时间。

12. 参赛选手欲提前结束竞赛，应向裁判员举手示意，由裁判员记录竞赛终止时间。竞赛终止后，不得再进行任何与竞赛有关的操作。

13. 各竞赛队按照大赛要求和赛题要求提交竞赛结果，禁止在竞赛结果上做任何与竞赛无关的记号。

14. 竞赛操作结束后，参赛队要确认成功提交竞赛要求的文件，裁判员在竞赛结果的规定位置做标记，并与参赛队一起签字确认。

（四）工作人员须知

1. 赛项全体工作人员必须服从统一指挥，要以高度负责的态度做好竞赛服务工作。

2. 全体工作人员要按照工作分区准时到岗，尽职尽责，做好职责工作并做好临时性工作，保证竞赛顺利进行。

3. 全体工作人员必须佩戴标志，认真检查证件，经核对无误后方可允许相关人员进入指定地点。

4. 如遇突发事件要及时报告，同时做好疏导工作，避免重大事故发生，确保大赛圆满成功。

5. 各工作组负责人，要坚守岗位，组织落实本组成员高效率地完成各自工作任务，做好监督协调工作。

6. 全体工作人员不得在赛场内接打电话，以保证赛场设施的正常工作。

十六、申诉与仲裁

1. 各参赛队对不符合大赛和赛项规程规定的仪器、设备、工装、材料、物件、计算机软硬件、竞赛使用工具、用品，竞赛执裁、赛场管理，以及工作人员的不规范行为等，可向赛项仲裁组提出申诉。申诉主体为参赛队领队。参赛队领队可在竞赛结束后（参赛选手赛场竞赛内容全部完成）2 小时之内向赛项仲裁组提出书面申诉。

2. 书面申诉应对申诉事件的现象、发生时间、涉及人员、申诉依据等进行充分、实事求是的叙述，并由参赛队领队亲笔签名。非书面申诉不予受理。

3. 赛项仲裁工作组在接到申诉报告后的 2 小时内组织复议，并及时将复议结果以书面形式告知申诉方。申诉方如对复议结果仍有异议，可由省份领队向赛区仲裁委员会提出申诉。赛区仲裁委员会的仲裁结果为最终结果。

4. 仲裁结果由申诉人签收，不能代收，如在约定时间和地点申诉人离开，视为自行放弃申诉。

5. 申诉方可随时提出放弃申诉。

6. 申诉方不得以任何理由采取过激的行为扰乱赛场秩序。

十七、竞赛观摩

（一）视频观摩

为预防控制新冠肺炎疫情，观众不得进入赛场进行公开观摩，采用视频观看方式。

赛场外设置开放式观摩区，向媒体、企业代表、院校师生等社会公众开放，通过室外大屏幕对赛场进行直播，同时还可以通过竞赛系统进度监控图实时观看参赛选手答题进度。赛场外还设立展览展示区域，展示“云计算”赛项、专业及行业的发展成果，将云计算在人们生活中的应用对公众进行展现和传播。

（二）组织安排

每天在竞赛开始 1 小时之后，由承办院校组织并派人带领媒体、专家、企业代表、院校师生等进入赛场外的开放式观摩区，按照指定路线进行观摩。

（三）纪律要求

为保证大赛顺利进行，在观摩期间应遵循以下纪律要求。

（1）除与竞赛直接有关的工作人员、裁判员、参赛选手外，其余人员均为观摩观众。

（2）不得违反全国职业院校技能大赛规定的各项纪律。

（3）观摩人员需经批准，佩戴观摩证件，遵循观摩区工作人员的指挥。

（4）文明观摩，保持观摩区清洁，不得大声喧哗，杜绝各种违反观摩秩序的不文明行为。

十八、竞赛直播

（一）直播方式

1. 赛场内部署无盲点录像设备，能实时录制并播送赛场情况。

2. 赛场外有大屏幕或投影，同步显示赛场内竞赛状况。

3. 赛场外通过大屏幕或投影，实时展示竞赛系统参赛选手答题进度。

（二）直播安排

1. 对赛项赛场准备、开赛式和闭赛式、竞赛期间进行录像。

2. 从参赛选手进入赛场开始，全程进行赛场实时录像直播。

3. 从竞赛开始到结束，全程进行竞赛系统的进度监控直播。

（三）直播内容

1. 赛项执行委员会安排专人对赛项开、闭赛式及竞赛过程进行全程直播和录像。

2. 制作参赛选手、指导教师采访实录，裁判专家点评和企业人士采访视频资料，突出赛项的技能重点与优势特色，为宣传、仲裁、资源转化提供全面的信息资料。

以上内容通过赛项网站进行公开，经审核后提交至技能大赛官网。

十九、资源转化

承办院校是资源转化的第一责任单位，全面负责资源转化工作。

（一）资源内容

资源转化成果包括基本资源和拓展资源，充分体现本赛项技能考核特点。

1. 基本资源

风采展示：制作赛项宣传片、获奖代表队（参赛选手）风采展示片。

技能概要：制作赛项技术介绍、技能操作要点、评价指标等材料，按竞赛任务模块制作相关文本文档、操作演示视频。

教学资源：开发和制作云计算技术与应用专业教学资源库，开发专业教材、教学课件PPT、技能实训指导书、实训操作视频等数字化专业教学资源。

2. 拓展资源

制作反映本赛项技能特色，可应用于各教学与训练环节，支持技能教学和学习过程，较为成熟的多样性辅助资源，具体包括专家和指导老师点评视频、优秀参赛选手访谈视频、试题库、案例库、素材资源库等资源。

学习实训平台：课程资源存放在学习实训平台上，面向高职院校进行开放注册。

制作完成的赛项资源经审核后上传至大赛官网。

（二）预期成果

1. 风采展示：赛项宣传片、参赛选手采访、指导老师和专家采访等宣传视频。

2. 技能概要：赛项技术介绍 PPT、技能要点 PPT、评价指标 PPT、赛项赛题库、赛项平台实操录屏和讲解视频、赛项正式赛题和判分标准。

3. 教学资源：配合云计算技术与应用专业国家资源库建设项目，完成相关系列教材和资源的开发。

4. 拓展资源：包括赛项 5 名专家和指导老师点评视频、优秀参赛选手访谈视频、案例库、素材资源库、赛题库等资源。

5. 升级学习实训平台：面向高职院校开放，系统组建院校联盟和企业联盟，为学生的学习和就业提供“云计算”教育服务，形成院校人才培养和企业人才需求的良性互动智慧平台。

（三）完成时间

资源转化及开发计划见表 5-6。

表 5-6 资源转化及开发计划

资源名称			表现形式	资源数量	资源要求	完成时间
基本资源	风采展示	赛项宣传片	视频	1	15 min 以上	竞赛结束 2 周内
		风采展示片	视频	1	10 min 以上	竞赛结束 2 周内
	技能概要	赛项技术介绍 PPT 技能要点 PPT 评价指标 PPT 赛项赛题库 赛项平台实操录屏和讲解视频 赛项正式赛题和判分标准	文本文档、演示文档、视频	5	每个 PPT 不少于 20 页； 实操录屏总长度不少于 1 h； 公布试题判分完整的标准	竞赛结束 1 个月内
	教学资源	相关专业教材	文本文档	5	电子教材	竞赛结束 1 个月内
		技能实训指导书	文本文档	2	电子教材	竞赛结束 1 个月内
拓展资源	案例库		文本文档	5	总页数不少于 100 页	竞赛结束 1 个月内
	素材资源库		演示文档	5	每个 PPT 不少于 20 页	竞赛结束 1 个月内
	试题库		文本文档	20	每套试卷不少于 50 个题目	竞赛结束 1 个月内
	专家和指导老师点评视频		视频	5	总长度不少于 1 h	竞赛结束 1 个月内
	优秀参赛选手访谈视频		视频	5	总长度不少于 1 h	竞赛结束 1 个月内

模块二 GZ-2020005 云计算赛项技术分析报告

一、综述

1. 竞赛情况

云计算赛项（编号 GZ-2020005），于 2020 年 11 月 28—30 日在山东商业职业技术学院成功举办，云计算赛项参赛队伍来自全国 31 个省、直辖市、自治区，共 31 支代表队。每支代表队由 1 名领队、1 名指导教师、1 名参赛选手组成。

2. 竞赛内容

2020 年 9 月 16—26 日在北京国开会议中心，专家组 5 名成员进行编写赛程和赛题工作。共编制赛程 1 份、赛题 5 套，2020 年 9 月 30 日在大赛官网公布。

云计算赛项（编号 GZ-2020005）与世界技能大赛云计算赛项充分对接，并保留原赛项特色，形成新赛项、新特色。

竞赛分为三个阶段完成，共 21 个小时。第一阶段为 OpenStack 平台部署与运维，包含基础运维任务、OpenStack 搭建任务、OpenStack 云平台运维、OpenStack 云平台运维开发四个竞赛任务，竞赛时间为 7 小时。第二阶段为容器云平台部署与运维，主要完成容器基础环境配置、Kubernetes 容器云平台部署与运维基于 Docker 容器的 Web 应用系统部署、基于 Kubernetes 构建持续集成四项任务，竞赛时间为 7 小时。第三阶段为公有云部署与运维、主要完成公有云基础设施构建、系统管理与维护、自动化运维三个竞赛任务，竞赛时间为 7 小时。

结合竞赛过程，考核学生职业素养、规范操作、实操技能、系统建设等职业素养。

二、赛项设计解读

1. 赛项的整体设计

本届试点赛在总结和分析前几届云计算赛项的成功经验和不足之处的基础上，进行了一些改革，力求与世界技能大赛云计算赛项接轨。试点赛在多方面进行了创新，深入贯彻“以赛促教、以赛促训、以赛促技、以赛促改”的理念，在竞赛名称、参赛队人数、竞赛时长、竞赛内容等多个方面发生了较大的变化，注重结合我国高职云计算专业的教学实际，通过竞赛引导高职云计算专业教学以培养适应社会需求的技能型人才，同时在竞赛的公开、公平、公正等方面进行了探索，在合作企业的努力下，开发出具有智能实时评分的竞赛系统，实践效果良好，试点赛实现了零投诉。大赛宗旨为促进我国职业院校教师、学生对云计算平台实操水平的提升，促进我国职业院校的交流、教学改革，对推动国内云计算产业高速、高质量发展储备高素质的技能型人才产生了积极作用。

云计算赛项面向产业主流技术，借鉴世界技能大赛办赛机制，参考世界技能大赛云计算赛项文件，弘扬工匠精神，引导全社会尊重、重视、关心技能人才的培养和成长，宣传技能人才的重要贡献和重大作用，营造尊敬技能人才的社会氛围，让尊重劳动、尊重技术、尊重创造成为社会共识。

参赛选手通过竞赛，能够获得前沿制造业企业的先进技术、工艺和经营理念，培育技术全能型创新人才，激发对本专业岗位工作的热爱。待到学成毕业后，能选择其喜欢的岗位，努力工作，实现自己的人生价值，为社会做出更大的贡献。

2. 命题依据

今年的竞赛内容进行了比较大的改革，结合国内高职云计算人才培养的实际情况，同时借鉴世界技能大赛的一些成功经验和做法，确定了竞赛内容、竞赛模式、竞赛平台等。专家组命题时，充分考虑高职教育装备制造大类专业现状，赛题注重基础知识和基础技能考核，围绕专业教学标准中课程通用部分展开。赛项设计紧跟世界云计算技术发展趋势和社会对技能型云计算人才的需求，竞赛内容根据业务需求和实际的工程应用环境，考核参赛选手在私有云平台架构规划设计，私有云、容器云平台搭建与运维，公有云服务申请与使用，企业项目应用迁移上云规划设计与实施，企业项目应用架构调优等方面的能力和技能。

赛题贴近先进产业实际，参赛选手初接触，感觉不是很难，但想顺利完成竞赛则需要运用课堂所学知识、技能训练知识和平时对周围事物的观察所积累的经验。

3. 赛题解读

竞赛涵盖如下内容。

（1）OpenStack 平台搭建

① 根据要求，进行物理主机操作系统设置与管理，包括网络、存储、虚拟化和安全等，确保操作系统正常；检查交换机、服务器之间的连线，测试网络的连通性。

② 准备工作，包括安装和配置 yum 源、FTP、NTP、HTTP、RabbitMQ、MariaDB 数据库、MemCached、Etcd 等服务。

③ 编写（或利用提供的）安装脚本完成私有云平台的搭建，之后检查各个组件的运行状态，能正确地使用私有云平台。

（2）OpenStack 平台运维

① 能够对云主机、云存储、云网络、云数据库、负载均衡和高可用等的运维管理。

② 完成私有云组件的运维，包括 Keystone、Glance、Nova、Neutron、Cinder、Swift、Ceph 等组件，并编写 Shell 脚本完成对 OpenStack 的运维。

③ 编写 Python 脚本调用 OpenStack API 完成对 OpenStack 的运维管理。

④ 完成私有云上的应用项目部署，如搭建私有博客系统、搭建应用商城网站等。

⑤ 掌握私有云上各项服务的依赖关系与对应关系，能排除在使用过程中遇到的问题，确保私有云环境稳定、顺畅运行。

（3）容器云平台搭建

① 安装 Docker 服务，部署私有容器仓库，能熟练使用 Docker 的各项命令。

② K8S 平台的架构设计，容器环境的准备，编写正确的模板文件，搭建 K8S 容器云平台。

③ 容器云平台的各项命令使用，能够检查容器云平台的运行状态，监控容器云平台的运行情况。

（4）容器云平台运维

① 容器基础的运维操作，包括镜像、容器、仓库、网络等。

② 编写 Dockerfile 和使用 Commit 等方式制作容器私有镜像。

③ 容器云 K8S 平台的运维操作，包括 Pod、编写 YAML 模板文件部署编排应用、开发运维（DevOps）一体化等。

（5）云平台自动化运维

① 脚本开发任务：编写 Shell 脚本完成运维任务，如数据库备份、应用的一键部署，检测服务状态等。

② 基于微服务应用系统部署任务：编写 Ansible 脚本完成运维任务，如多节点集群部署、集群运维、批量运行命令等；编写 Python 脚本完成应用系统部署任务。

（6）公有云应用部署

① 公有云基础服务的申请操作与使用，包括云主机服务、云数据库服务、对象存储服务等。

② 企业网站迁移上云，包括云主机、云数据库、对象存储与块存储服务、缓存服务、

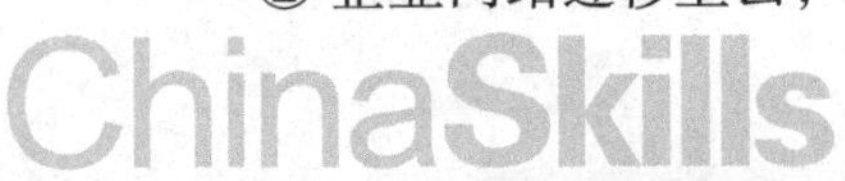

负载均衡等资源的申请，企业应用系统迁移到公有云。

（7）公有云应用运维

① 利用负载均衡、弹性伸缩服务等对应用系统的架构进行升级，提升应用系统的性能。

② 对基于混合云模式下企业级架构的应用系统，排查问题、提供高可用服务，并根据并发请求数扩展服务，提升应用系统的安全性、可靠性、可维护性等。

三、成绩解析

从赛项成绩看，符合专家组命题思路，达到命题设定的结果。本次竞赛，最高分为93.28，90分以上有2位，80～90分有2位，60～80分有5位。40～60分有12位，40分以下有10位。成绩优异的第一集团有9支队伍，符合一、二等奖设置。三等奖队伍或是创新任务部分失误，或是运维开发任务部分失误，说明参赛选手有偏项，掌握知识、技能不全面，还不是全能型参赛选手。这与原赛项3名参赛选手，指导教师侧重培养有关。毋庸置疑，分工协作对学生来说很重要，与人合作、与人交流是职业教育应该着力培养的能力。这也是一名参赛选手和两名以上参赛选手的异同所在，既要有特长，又要有全面能力，职业教育也要多角度适应用人市场的需求。同时，也要为学生未来留有可持续发展的空间。

本次竞赛内容难度高、内容广，因赛项公布时间与竞赛时间间隔短，导致大多数参赛院校准备时间不足，所以普遍分数并不是很高。

下面针对3个考核模块，进行得失分点评。

私有云：大部分院校对前面的基础环境搭建、云平台搭建、云平台运维题目得分还可以，失分的重点主要集中在Python对接OpenStack API和Ansible自动化运维脚本开发上，这也是各参赛选手拉开差距的地方。

容器云：容器云是变化最大的地方，由往年考核的Rancher内容升级为当下应用更加广泛的K8S容器云平台。对于新的平台环境，参赛选手都不是很熟悉，所以容器云这块的内容得分都没有特别高。主要的失分点集中在编写Dockerfile构建镜像，编写Compose文件编排容器，触发持续集成CI/CD和K8S运维编写YAML模板文件。尽管这一块内容在平时教学中涉及并不多，但更接近企业的真实应用场景。

公有云：公有云的考核相对这3场考试来说，是最简单的，所以将高分的人数也较多，公有云的失分点主要集中在公有云高级服务的申请和Python对接公有云API。因为在平时的教学过程中，很少使用公有云的高级服务，所以参赛选手对这一块的接触比较少，失分也情有可原。

从地域分布看，职业教育发达地区的成绩好于欠发达地区。

本次竞赛共有31支队伍参加，竞赛设一等奖3名，二等奖6名，三等奖9名，有13支代表队未得奖。

从成绩分布看，原赛项传统强队依然实力强劲，例如，一等奖有两支是2019年的一等奖队伍，二等奖中有3支为一等奖队伍。其中，中西部地区代表队成绩仍有很大的上升空间，需要引起专家组重视，赛后专家组已经与代表队领队联系，以便有针对性把脉，帮助他们提高竞赛水平，提高专业建设和课程建设水平。

四、典型实例评析

今年的云计算赛项采用计算机直接评分，参赛选手在竞赛过程中随时可以了解到自己的得分和排名情况，每道题目有 3 次提交的机会，进入下一道题目后，上一道题目直接计分，保障了竞赛计分的客观性。参赛选手普遍答题的水平较高，超出专家组预设的参赛选手作品数量，显示出我国高等职业教育云计算专业建设的高水平。在本次大赛中，第一阶段参赛选手最高分为 34.88 分，第二阶段参赛选手最高分为 23.68 分，第三阶段参赛选手最高分为 28.33 分。

此次大赛获得一等奖的参赛选手，基础知识掌握牢固，动手操作能力强，在竞赛中提交的答案又快、又准，说明在平时练习中，这几位参赛选手已经对操作命令烂熟于心了。

实操类的竞赛，就是要多练习、多做、多实操，做得多了，自然就懂得多了。

典型的失分点如下。

（1）审题不仔细：参赛选手不注意看题目，如要求提交的是主机的用户名、密码，却提交了 AK 和 SK 密钥；又如要求创建 192.168.1.0 的网段，却创建了 192.168.0.0；再如要求提交计算节点的 IP 地址，却习惯性地提交了控制节点的 IP。

（2）粗心：有些参赛选手提交完答案，却发现没有得分，对考试系统的提出质疑，经后台查看发现，提交的用户名密码有错误，记错了密码。因为此次竞赛的考试系统，是提交完一题才能看见下一题，所以因为粗心和审题导致扣分的参赛选手，没有办法进行补救，粗心的扣分也会导致参赛选手心态变化从而影响发挥。

整个竞赛过程裁判组执行专家组意图准确，公平、公正。

由于改革试点赛，每省出一支队伍参赛。有些省份水平高，发挥有加，有些省份属于混场，基本不得竞赛要领，没有分析价值，对有些队伍来说，参与更重要。给他们机会，参与其中，找差距，谋求进步与发展，符合改革试点赛的大局观。这也正是专家组在赛后需要考虑重点帮扶的，先了解情况，再有针对性地组织活动，鼓励他们参与，帮助他们提高。

五、行业要求对比

云计算赛项有两个展示成果的手段：一个是容器云搭建，一个是公有云建设，需要有私有云等知识作为基础，软件应用是关键。云计算软件平台种类很多，不同厂商使用的软件也不一样。赛项使用软件种类有限，为适应行业需要，软件的多样化和学校的教学是矛盾的。专家组考虑，对下一年度的赛项规程所涉及的软硬件，需要广泛征询学校的意见，尤其是来自参赛学校的建议。

从信息技术的长远发展来看，围绕云计算赛项展开的工作是重要的，是企业的实际需求。对比企业和职业教育，先进企业在理念、技术等方面都走在前面，是职业教育需要吸纳的养分。

赛项与 1+X 证书制度对接，也是专家组考虑赛项对专业教学的引领。大赛不要完全成为教学的指挥棒，但“以赛促学、以赛促教、以赛促改、以赛促建、以赛促发展”的精髓要发扬光大。

云计算专业教育教学与技能培养方面，与新时代云计算技术的发展要求还存在较大差距，大赛要精彩、要专业，职业教育水平提升是必须的，指导教师培训、交流也是必须

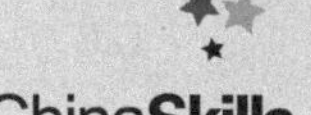

的。需要有专业的平台，要靠大赛办高瞻远瞩，顶层设计的引领。

赛后资源转化：对专业教材、培训教材的开发，对三教改革都能发挥很好的作用。

六、总结、意见与建议

专家组命题目标是一等奖作品占参赛队伍提交总作品的10%左右，二等奖作品占参赛队伍提交总作品的20%左右，三等奖作品占参赛队伍提交总作品的30%左右。从竞赛结果看，规程中规定的获奖数量与竞赛成绩吻合。从竞赛成绩看，吻合度非常高。

建议赛后，在大赛办的指导下，召开多种形式的赛项总结会、经验交流会，赏析优秀作品。让指导教师和参赛选手知道，好在哪里？差在哪里？以帮助后续的云计算技能大赛越办越好，助力我国职业技能型人才的培养。具体建议如下。

1. 完善竞赛赛题库建设

本次竞赛因疫情原因，竞赛内容调整与正式竞赛之间时间间隔不到两个月，为保障竞赛顺利进行，在赛题库有限的情况下，对部分赛题进行了公开，由此在准备新竞赛内容时部分参赛选手以记忆方式准备赛题，对参赛选手的灵活应变能力考核有一定影响。后续为了选拔优秀的云计算技能型人才，应加强赛题库建设，尤其是考核参赛选手综合能力、贴近实战的赛题。

2. 提前明确公有云平台

针对公有云部分，建议在发布赛项规程时明确公有云平台，以方便参赛选手备赛和赛题库建设。

模块三　GZ-2020005　云计算赛项工作总结

2020年12月1日，为期3天的“2020年全国职业院校技能大赛改革试点赛（高职组）云计算赛项”在山东济南顺利闭幕。本届试点赛在总结和分析前几届云计算技术与应用赛项的成功经验和不足之处的基础上，进行了一些改革，力求与世界技能大赛云计算项目接轨。试点赛在多方面进行了创新，深入贯彻“以赛促教、以赛促训、以赛促技、以赛促改”的理念，在竞赛名称、参赛队人数、竞赛时长、竞赛内容等多个方面发生了较大的变化，注重结合我国高职云计算专业的教学实际，通过竞赛引导高职云计算教学培养出适应社会需求的技能型人才，同时在竞赛的公开、公平、公正等方面进行了探索。在合作企业的努力下，开发出具有智能实时评分的竞赛系统，实践效果良好，试点赛实现了零投诉。本次大赛促进了我国职业院校教师、学生对云计算平台实操水平的提升，促进了全国职业院校交流、教学改革等，对推动国内云计算产业高速、高质量发展储备高素质的技能型人才具有积极的作用。

一、试点赛云计算赛项竞赛内容

今年竞赛内容进行比较大的改革，结合国内高职云计算人才培养的实际情况，同时借鉴世界技能大赛的一些成功经验和做法，确定了竞赛内容、竞赛模式、竞赛平台等。赛项设计紧跟世界云计算技术发展趋势和社会对技能型云计算人才的需求，竞赛内容根据业务需求和实际的工程应用环境，考核参赛选手在私有云平台架构规划设计，私有云、容器云平台搭建与运维，公有云服务申请与使用，企业项目应用迁移上云规划设计与实施，企业项目应用架构调优等方面的能力和技能。

竞赛分 3 天进行，每天 7 小时，每天竞赛时间为 9:00—16:00，共计 21 小时，本赛项总分 100 分。

二、改革试点赛与 2019 年全国职业技能大赛项目的不同之处

1. 赛项名称

竞赛名称由“全国职业院校技能大赛（高职组）云计算技术与应用”变为“全国职业院校技能大赛改革试点赛（高职组）云计算赛项”，实现赛项名称与世界技能大赛云计算项目接轨。

2. 参赛队构成与竞赛时间

原每支参赛队由两名指导教师和 3 位参赛选手构成，竞赛时间共计 4 小时。现每支参赛队由一名指导教师和一位参赛选手组成，竞赛时长调整为 3 天，每天 7 小时，共计 21 小时。

3. 竞赛评分方式

原竞赛评分方式采用 70 分自动判分，30 分人工判分方式完成。现竞赛评分方式采取全部自动判分，参赛选手提交阶段性成果后可以看到自身得分以及出错信息，指导教师和竞赛监督也可在场外查看分数的实时变化。

4. 参赛队伍

原竞赛参赛队伍共 103 支，本次竞赛受疫情影响，每省只选派一支队伍参加，共计 31 支队伍。

三、改革试点赛的创新与突出特点

1. 前沿技术融入

为对接世界技能大赛引入公有云模块；为紧跟云计算前沿技术发展引入容器云模块，提升了竞赛的技术水平和难度。其中，容器云技术考核内容包括：容器基础的运维操作，镜像、容器、仓库、网络等；编写 Dockerfile，使用 Commit 等方式制作容器私有镜像；容器云 K8S 平台的运维操作，开发运维（DevOps）一体化等。公有云技术涉及公有云资源调度、负载均衡、弹性伸缩，应用系统架构优化，自动化运维等。对参赛选手知识面和相关技能提出了更高的要求，能更精准地选拔出知识型、技能型、创新型的云计算复合型人才。

2. 全面技能考核

个人赛的形式对参赛选手提出了更为全面的技能要求。竞赛方式由原来团队赛改为个人赛，竞赛内容由原有私有云 OpenStack、容器、大数据应用开发、移动应用开发，改为私有云、容器云、公有云搭建与运维考核。参赛选手需要同时全面掌握私有云、容器云、公有云 3 个方面的知识，对参赛选手的知识面、知识掌握深度及综合运用能力提出了更为全面的要求。

3. 公平竞赛方式

竞赛组织及实施过程充分体现出了公平竞赛的原则。竞赛采用专家组命题，招标企业支持的方式实施，在流程上体现了大赛组织方公开、公平、公正的原则，使得竞赛筹备过程更加透明。另外，竞赛阶段全程使用自动评分系统，参赛选手、指导教师及竞赛监督均

可实时了解竞赛过程中参赛选手的得分情况，尤其是参赛选手在提交阶段对自身操作结果具有阶段性的认知，增强了竞赛的对抗性和竞赛过程中的透明性，在一定程度上避免了竞赛争议的发生。

4. 赛后技术点评全面，促进交流学习

赛后专家组进行了技术点评，指出参赛选手对相关知识的掌握情况，对部分参赛选手专项进行点评说明失分点的原因，要求参赛队伍进行总结，促进全国职业院校教师及参赛选手技能提升。

赛中学，学中赛。由于疫情原因，不少院校推迟返校时间，参赛选手训练时长不足，个别参赛选手训练时间甚至不足 1 个月。本次试点赛 31 个省队同台竞技，展现了 31 个省不同的技能水平、训练成果，较好地促进了各省份参赛选手、指导老师之间的交流，通过相互交流、相互学习，实现共同提高，促进我国高职云计算教育的发展。

四、试点赛的意义

1. 世赛模式融入

本次竞赛借鉴世界技能大赛云计算赛项的好的理念、竞赛模式、知识点技能要求，在执委会的领导下，本赛项尝试在赛制方面进行改革，力求为国家选拔出参加云计算世界技能大赛的优秀人才。

2. 以赛促教、以赛促训、以赛促技、以赛促改

本次竞赛本着对接世界技能大赛、融入前沿技术、以赛促教为宗旨，增加了公有云、容器云模块，取消了以前竞赛内容中大数据应用、移动应用开发等内容，竞赛内容发生了较大的改变。

（1）以赛促教

本次竞赛引入公有云、容器云模块，对接世界技能大赛竞赛模式和当今前沿云计算技术。以竞赛带动高职云计算专业建设，明确人才培养方向，通过竞赛为教学过程中高端人才提供了竞技平台、培养平台和检验平台。试点赛云计算赛项涵盖公有云、私有云、容器云等内容，可以促进全国云计算类职业院校教学内容改革，让学校的人才培育更加贴近行业需求，促进校企人才供需接轨，助力行业可持续、高质量发展。

（2）以赛促训

本次竞赛全程使用自动评分系统，全面对接世界技能大赛。竞赛模式和竞赛资源形成完善的云计算专业教学资源，方便在参赛院校中进一步推广。随着这种竞赛模式的推进，参赛队伍的扩充，让更多的学生在这类平台上开展实训，促进专业技能的培养。

（3）以赛促技

本次竞赛对容器云和公有云模块的引入，强调了容器技术和公有云应用技术的重要性。以竞赛内容为指导，明确了专业技能培养的深度和广度，使参赛院校在学生技能培养方面有了明确的参考指标。

（4）以赛促改

本次竞赛的竞赛内容调整、竞赛方式、自动评分系统均对专业教学有着比较明确的促进作用。通过在新平台上的摸索，可形成一整套完善的高级技能型人才培养方案。通过大赛的推广，这套培养方案可作为各参赛院校推进教学改革的依据，进一步优化教学理念、培养体系、训练方法，最终实现专业教学的提升。

五、试点赛的建议

1. 完善竞赛试题库建设

本次竞赛因疫情原因，竞赛内容调整与正式竞赛之间的时间间隔不到两个月，为了保障竞赛顺利进行，在赛题库有限的情况下对部分赛题进行了公开，由此在准备新竞赛内容时部分参赛选手以记忆方式准备赛题，对参赛选手的灵活应变能力考核有一定影响。后续为了选拔优秀的云计算技能型人才，应加强赛题库建设，尤其是考核参赛选手综合能力、贴近实战的试题。

2. 扩大参赛群体

因疫情原因，使得本次竞赛在参赛队伍、参赛选手、指导教师等 3 个维度均较大幅度减少。为提升学校参赛热情，应适当鼓励更多的学生参赛，建议各省可以指派 2 到 3 支队伍参赛，激发教师、学生的参赛积极性。

ChinaSkills

项目六
移动应用开发赛项

模块一　GZ-2020006　移动应用开发赛项规程

一、赛项名称

赛项编号：GZ-2020006
赛项名称：移动应用开发
英文名称：Mobile Applications Development
赛项组别：高职组
赛项归属产业：电子信息大类

二、竞赛目的

本赛项面向产业主流技术，对接国际标准，旨在通过融合世界技能大赛的技术标准和规则要求，引领和促进教学改革，提升职业教育的国际化水平；通过完成一个完整的工作过程，使参赛选手、教师、裁判等相关人员，熟悉并掌握世界技能大赛的技术规范和技术标准，检验教学质量，达到“以赛促学、以赛促教、以赛促改”的目的。

本赛项重点考查参赛选手在移动应用开发实际工程项目中的综合分析能力、架构设计能力、编码能力、文档编写能力、数据分析能力、创意创新能力、产品测试和交付能力；展现移动应用开发专业学生的技能与风采，使教师和学生更全面地了解行业中企业岗位对学生职业技能的最新要求，提升移动应用开发专业人才的培养质量和就业质量。同时培养参赛选手的沟通与交流能力、抗压能力、6S 规范等职业素质；激发学生的求知欲和爱岗敬业的工匠精神，带动广大青年学生钻研技术、苦练技能，走技能成才、技能报国之路。

通过大赛搭建校企合作平台，引导更多行业、企业参与校企合作，深化产教融合，推进产教融合人才培养，使职业院校能更深入地了解产业的发展趋势以及产业对 IT 人才的需求标准，引领移动应用开发及相关专业的改革与建设，以适应互联网 +、移动互联、云计算、大数据、人工智能技术的发展，促进我国信息产业技术的改进与升级。

通过竞赛培养和锻炼一批“实践能力强、教学水平高、敬业精神佳”的双师型“种子教师”师资队伍；通过竞赛转化，建设一批高质量的专业、立体化的项目教学资源等，在实训条件、课程内容、专业建设、人才培养等方面为职业院校提供指导。

三、竞赛内容

（一）相关文件

本赛项技术文件只包含该竞赛项目中和技术工作有关的信息。除阅读本文件外，还须配合其他相关文件一同使用。

（二）参赛选手需具备的能力

移动应用开发赛项基于企业真实项目与工作任务，结合移动应用开发专业教学标准，融合了世界技能大赛移动应用开发项目的技术要求，结合企业岗位技能需求，在规定时间内完成指定任务的移动应用软件项目开发，包括：工作组织与管理；客户沟通和人际关系技巧；初步计划、设计和测试框架；系统架构规划；项目实施和产品开发；最终产品测试、故障排除和优化等。重点考核参赛选手在综合分析能力、架构设计能力、编码能力、数据分析能力、创意创新能力、产品测试与交付能力、掌握赛场规范和撰写文档规范等方面的技能。

本赛项竞赛内容通过对技能实操表现来评估对知识的理解，将不再另外举行知识及理解性质的理论测试。参加本项目竞赛的参赛选手应具备的知识和技能见表 6-1，大赛允许 5% 偏差。以下知识和技能描述分为 6 个部分，每部分使用百分比来表示重要性。

表 6-1　参赛选手应具备的知识和技能

<table>
<tr><th colspan="2">知识和技能项</th><th>相关重要性（%）</th></tr>
<tr><td>1</td><td>工作组织与管理</td><td>8</td></tr>
<tr><td rowspan="2">知识和技能</td><td>个人需要了解和理解：
○ 有关安全工作的原则、法规和标准
○ 个人职业素养和道德标准的重要性
○ 对于工作过程进行自我评估
○ 填补与工作相关的个人专业知识空白
○ 合同和协议的性质及其附带的权利和义务
○ 满足客户需求所需资源的可用性
○ 设备、材料的购置、使用、存储和维护方面的良好做法
○ 工作计划、日程安排和优先级处理的方法
○ 有条理工作的重要性，包括对细节、准确性和检查的重视
○ 进行专业发展规划对个人成长的重要性</td><td></td></tr>
<tr><td>个人应具备技能：
○ 组织并维护安全高效的工作空间
○ 始终保持系统、数据、信息和文档的完整性和机密性
○ 采购、使用、维护和存储所有设备和材料，以确保最佳和持续的性能
○ 掌握协议文件相关的权利和义务
○ 规划个人专业发展，不断提高个人专业能力
○ 按照“优先顺序”制订工作计划，确保工作有条不紊地进行
○ 提供让客户满意的专业的解决方案</td><td></td></tr>
</table>

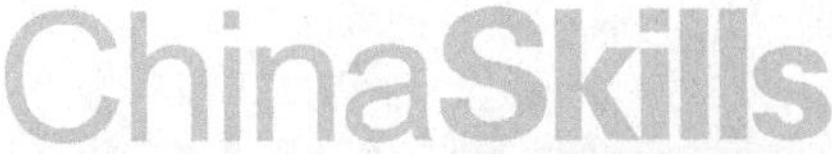

续表

知识和技能项		相关重要性（%）
2	客户沟通和人际关系技巧	8
知识和技能	个人需要了解和理解： ○ 软件开发成本构成及估算方法 ○ 与客户进行有效沟通、在项目实践中表达自己的观点、加强团队合作 ○ 遵循软件开发保密协议 ○ 从收到需求分析到交付软件的整个记录过程	
	个人应具备技能： ○ 准备与客户和同事的会议 ○ 收集、分析和确认客户需求 ○ 提供并讨论项目方案 ○ 与客户讨论时间、成本和费用，以达到共识 ○ 使用项目管理技能和技巧解决问题 ○ 遵循软件开发规范 ○ 记录项目开发的每个阶段 ○ 定期和客户沟通项目进度	
3	初步计划、设计和测试框架	16
知识和技能	个人需要了解和理解： ○ 各种开发平台（如 iOS、Android 等）的特征和优势 ○ 软件设计的原理和应用 ○ 用户界面（UI）的设计方法 ○ 用户体验（UE/UX）的设计方法 ○ 框架设计的原理与应用 ○ 最优解决方案的选择 ○ 流程图的原理和应用 ○ 测试计划和程序的设计 ○ 测试方法和工具（如单元测试、功能测试、性能测试等） ○ 规范编写代码	
	个人应具备技能： ○ 根据软件系统详细设计报告进行软件设计 ○ 使用 UI 设计软件（如 Adobe XD、Sketch 和 Sigma）进行 UI 界面设计 ○ 用 iOS 或 Android 系统进行软件开发 ○ 遵循客户的品牌准则进行软件使用说明书的编写 ○ 规划和设计移动应用产品的营销解决方案	

续表

知识和技能项		相关重要性（%）
4	系统架构规划	15
知识和技能	个人需要了解和理解： ○ 系统架构的原理和应用 ○ 移动应用开发平台的原理、机制、特点（如 Android 或 iOS） ○ 移动应用开发平台与系统架构的交互 ○ Native 开发原理 ○ Web 服务提供的模块 ○ SDK 架构及其用法 ○ 应用程序代码框架 ○ 常用的基础库 ○ Web 服务、Socket、HTTP（s）协议 ○ 数据库设计、SQL ○ RESTful API 设计、XML 和 JSON 数据格式 ○ 面向对象设计的基本原理和常见设计模式 ○ 行业趋势和技术发展情况	
	个人应具备技能： ○ 根据用户需求完成架构图设计 ○ 审查、选择和使用开源库和框架 ○ 使用不同的 SDK 开发工具 ○ 使用和设计数据库 ○ 使用不同的存储方式	
5	项目实施和产品开发	35
知识和技能	个人需要了解和理解： ○ 移动应用程序代码的编码规范和重要移动平台系统机制（如 Android 或 iOS） ○ 各种终端设备上的程序兼容性 ○ 摄像头、GPS、陀螺仪、蓝牙等智能终端的功能 ○ 开发、测试、优化以及相关工具的使用 ○ 可视化的数据表现技能（如饼图、直方图、折线图等） ○ 进行频繁的测试以确保有效的开发方法 ○ 系统和智能终端提示的问题 ○ 移动应用程序的故障查找方法	
	个人应具备技能： ○ 选择最合适的开发平台 ○ 从移动应用程序获取移动终端设备的性能参数	

续表

知识和技能项		相关重要性（%）
5	项目实施和产品开发	35
知识和技能	◦ 在移动应用程序中实现可视化数据统计分析和筛选 ◦ 处理由服务器、数据库等引起的常见问题 ◦ 根据不同移动设备的功能开发相应的功能 ◦ 使用 API（应用程序编程接口）与现有代码进行集成开发 ◦ 通过编程实现用户交互效果、动画和数据交互 ◦ 创建模块化和可重用的开发代码 ◦ 开发 Android 或 iOS 界面，并完成兼容性测试 ◦ 使用 Android 或 iOS 开发语言以通用设计模式实施应用程序开发 ◦ Android 或 iOS 平台上的程序和性能调整	
6	最终产品测试、故障排除和优化	18
知识与技能	个人需要了解和理解： ◦ 使用一系列专门措施和程序进行产品审查的原则和流程 ◦ 评估效率和效果的原理和应用 ◦ 持续改进和优化的原理和技术	
	个人应具备技能： ◦ 完成所有测试以验证功能 ◦ 分析和评估项目开发的每个阶段 ◦ 完成用户使用说明书 ◦ 用户体验情况记录 ◦ 应用测试用例 ◦ 记录测试结果并解决问题 ◦ 在不同平台和屏幕分辨率上进行完整的界面和功能兼容性测试 ◦ 模拟不同设备上传感器的测试和故障排除 ◦ 实施标准化应用程序编程接口的自动化测试	
合计		100

（三）竞赛模块

本赛项的竞赛内容由“需求分析”“初步设计”“功能模块开发”及“测试与交付”这4个模块组成。重点考查：客户业务的理解和沟通，需求梳理和设计；产品初步规划和UI交互设计；应用系统架构设计，产品开发和实现；产品测试、故障排除和优化，上线交付等技能。

竞赛内容、时间及各模块权重分配见表6-2。

模块A：需求分析（3小时）

此模块重点考查参赛选手依据给定的需求规格说明书模板，进行需求分析设计的能力。此模块包括以下两部分。

表 6-2　竞赛内容、时间及各模块权重分配表

模块编号	模块名称	竞赛时间 /h	分数		
			评价分	测量分	合计
A	需求分析	3	4	12	16
B	初步设计	3	4	12	16
C	功能模块开发	6	8	42	50
D	测试与交付	3	4	14	18
总计					100

第一部分：结合特定功能需求编制对应业务流程图、类图、时序图和对应模块概要设计说明。

第二部分：通过给定主题，结合业务要求，进行开放式需求设计，自定义需求内容；对需求进行分析，编写需求规格说明，编制业务流程图、类图、时序图和概要设计。

模块 B：初步设计（3 小时）

此模块重点考查参赛选手依据给定的功能描述，使用原型设计工具进行高保真原型设计的能力，使之符合移动应用 UI 设计规范，同时实现原型界面之间交互的功能。

模块 C：功能模块开发（6 小时）

此模块重点考查参赛选手的代码编写能力。参赛选手须根据要求进行项目创建，构建通信等基本应用架构。此模块包括以下两部分。

第一部分：遵循移动应用开发流程和规范，依照模块的功能具体要求进行每个模块的代码编写，使用已提供的标准化后端服务接口（RESTful API）进行业务数据获取。

第二部分：基于特定主题，结合业务要求，进行模块的自主设计与开发。

注意：应用需要自适应手机和 Pad 用户界面，优先适配手机界面。

模块 D：测试与交付（3 小时）

此模块重点考查测试用例编制、测试执行以及产品使用手册编制能力。此模块包括以下两部分。

第一部分：参赛选手根据提供的待测应用，为待测应用编写完善的测试用例，依照测试用例进行完整的功能测试，记录测试中出现的 Bug，并对 Bug 进行分析。

第二部分：分析待测应用的功能与业务流程，编写产品使用手册。

四、竞赛方式

（一）参赛队构成

本赛项为个人技能赛，每支参赛队由 1 名参赛选手组成。参赛选手须为高等职业院校全日制在籍学生，本科院校中高职类全日制在籍学生，以及五年制高职的四、五年级在籍学生。参赛选手年龄须不超过 25 周岁（年龄计算的截止时间以 2020 年 11 月 1 日为准），性别不限。指导教师须为本校专、兼职教师，个人赛每名参赛选手限报 1 名指导教师。

（二）竞赛时间安排

本赛项分 A、B、C、D 共 4 个模块。参赛选手在现场根据给定的项目任务，在指定设备上完成“需求分析”“初步设计”“功能模块开发”和“测试与交付”4 个竞赛模块。

所有参赛队按照指定时间完成竞赛任务。4 个模块安排在 3 天内完成，累计竞赛时间为 15 小时。

（三）竞赛评分

本赛项由评分裁判对各参赛队伍提交的作品采取测量性结果评分和评价性结果评分相结合的方式进行评分。

各参赛队总成绩 = 需求分析模块得分 + 初步设计模块得分 + 功能模块开发模块得分 + 测试与交付模块得分。

五、竞赛流程

赛项的竞赛流程时间表见表 6-3。

表 6-3 竞赛流程时间表

日期	时间	内容
竞赛前 1 天	12:00 之前	各参赛队报到
	10:00—11:00	工作人员（含监考）培训会
	12:00—17:00	竞赛设备运行烤机
	15:30—16:00	领队会
	16:00—16:30	参赛队熟悉竞赛场地
	17:00—18:00	现场裁判赛前检查，封闭赛场
竞赛第 1 天	7:30—8:00	开赛式
	8:00—8:10	赛场检录
	8:10—8:20	参赛队抽取参赛编号
	8:20—8:40	参赛队抽取赛位号
	8:40—9:00	参赛队进入竞赛赛位，进行赛前设备、材料检查
	9:00—12:00	参赛选手竞赛（模块 A：需求分析）
	12:00—13:30	午休
	12:00—14:00	申诉受理
	13:30—16:30	参赛选手竞赛（模块 B：初步设计） 裁判评分（模块 A：需求分析）
	16:30—18:30	申诉受理
竞赛第 2 天	8:30—9:00	赛场检录
	8:30—12:00	裁判评分（模块 B：初步设计）
	9:00—12:00	参赛选手竞赛（模块 C：功能模块开发）
	12:00—13:30	午休

续表

日期	时间	内容
竞赛第 2 天	12:00—14:00	申诉受理
	13:30—16:30	参赛选手竞赛（模块 C：功能模块开发）
	16:30—18:30	申诉受理
竞赛第 3 天	8:30—9:00	赛场检录
	8:30—12:00	裁判评分（模块 C：功能模块开发）
	9:00—12:00	参赛选手竞赛（模块 D：测试与交付）
	12:00—13:00	午休
	12:00—14:00	申诉受理
	13:00—16:00	裁判评分（模块 D：测试与交付）
	16:00—17:00	成绩核定和解密
	17:00—18:00	成绩报送及公布
竞赛第 4 天	8:00—9:00	闭赛式
	9:00—9:30	采访获奖参赛队
	9:30—10:00	参赛队返回酒店

六、竞赛赛卷

（一）竞赛命题方案

竞赛试题设计要求如下。

1. 每一份赛卷都是一个完整的移动应用开发工程项目。

2. 赛卷包含“需求分析”“初步设计”“功能模块开发”和“测试与交付”4 个模块。

3. 各模块分别计算得分，错误不传递。

4. 大赛使用的所有操作系统及软件版本均为通用版本。

（二）专家组建立赛题库

本赛项建立赛题库，样题由大赛执委会组织专家组完成，赛题内容基于“2020 年全国职业院校技能大赛改革试点赛实施方案”及第 45 届世界技能大赛“移动应用开发”赛项的技术要求完成赛题库建设。赛卷数量不少于 5 套，每套赛卷的重复率不得超过 50%。融合世界技能大赛试题机制，专家组对已公布的赛题可进行不超过 30% 的修改。赛题库于开赛前一个月在大赛官网公布。

关于赛项命题方向和命题难度，以教育部发布的职业院校相关课程标准和相关行业组织颁布的软件行业职业标准为依据，结合移动应用开发专业技能人才培养标准和职业岗位需要，参照行业规范，融合世界技能大赛要求，设计技能操作赛题。

此外，本赛项还将提供样题及评分要点，竞赛样卷与竞赛规程同步发布。

（三）裁判长确定赛题

专家工作组负责本赛项赛题的编制工作。本赛项竞赛前 3 天内，将修改后的赛卷随机排序，在监督组的监督下，由裁判长指定相关人员抽取正式赛卷与备用赛卷。

竞赛完成后，参赛选手不得将赛题带离赛场，由现场裁判对赛题进行回收。

（四）正式赛题公开

竞赛结束一周内，正式赛卷（包括评分标准）通过大赛官网公布。

七、竞赛规则

1. 参赛队及参赛选手资格。参赛选手须为高等职业院校全日制在籍学生，本科院校中高职类全日制在籍学生，以及五年制高职的四、五年级在籍学生。参赛选手年龄须不超过 25 周岁（年龄计算的截止时间以 2020 年 11 月 1 日为准）。凡在往届全国职业院校技能大赛中获本赛项高职组一等奖的选手，不能再报名参赛。

2. 竞赛赛位通过抽签决定，竞赛期间参赛选手原则上不得离开竞赛场地。

3. 竞赛所需的硬件、软件和辅助工具统一提供，参赛队不得使用自带的任何具有存储和通信功能的设备，如硬盘、光盘、U 盘、手机、随身听、智能手表、PDA 等。

4. 参赛选手在赛前 10 分钟领取竞赛任务，并进入竞赛赛位。竞赛正式开始后方可进行相关操作。

5. 在竞赛过程中，参赛选手如有疑问，应举手示意，现场裁判应按要求及时予以答疑。如遇设备或软件等故障，参赛选手应举手示意，现场裁判、技术人员等应及时予以解决。确因计算机软件或硬件故障致使操作无法继续，经赛场裁判长确认，予以启用备用设备。

6. 竞赛时间结束，参赛选手应全体起立，结束操作。经工作人员查收清点所有文档后方可离开赛场，离开赛场时不得带走任何资料。

7. 赛项裁判应严格遵守赛项各项规章制度，确保竞赛公平、公正、公开。竞赛当天 8:00 起，赛项裁判应上交所有通信设备，由赛项执委会统一保管，并安排赛项裁判在指定区域休息或工作，直至赛项成绩评定结束。

8. 竞赛结束，经加密裁判对各参赛选手提交的竞赛结果进行第 3 次加密后，评分裁判方可入场进行成绩评判。

最终竞赛成绩经复核无误，由裁判长、监督仲裁组长签字确认后，以纸质形式向全体参赛队进行公布，并在闭赛式上予以宣布。

9. 本赛项各参赛队的最终成绩，由承办院校信息员录入赛务管理系统。承办院校信息员对成绩数据审核后，将赛务系统中录入的成绩导出打印，经裁判长审核无误后签字。

承办院校信息员将裁判长确认的电子版赛项成绩上传赛务管理系统，同时将裁判长签字的纸质打印成绩单报送大赛执委会。

10. 赛项结束后，专家工作组根据裁判评分情况，分析参赛选手在竞赛过程中对各知识点及技能的掌握程度，并将分析报告报备大赛办，大赛办根据实际情况适时公布。

11. 赛项中每个竞赛环节裁判评分的原始材料和最终成绩等结果性材料，经监督组人员和裁判长签字后，装袋密封留档并由赛项承办院校封存，委派专人妥善保管。

八、竞赛环境

（一）赛场布局要求

竞赛场地包括参赛选手竞赛区域、展示平台区域、裁判区域、设备耗材区、技术支持区和服务区。

1. 参赛选手竞赛区域。在 2 000 m^2 的面积上，按照 U 形布置竞赛赛位。考虑疫情因素，各赛位间距大于 1.5 m，每个赛位面积约 8 m^2，并标有醒目的赛位编号，每个赛位保证独立用电单元（安装漏电保护开关），确保参赛队之间互不干扰。赛场要求竞赛过程全程无死角视频监控，监控录像保存 3 个月。环境标准要求保证赛场采光（大于 500 lx）、照明和通风良好；提供稳定的水、电，并提供应急的备用电源；提供足够的干粉灭火器材，每个赛位提供一个垃圾箱。每个赛位配备两台计算机（其中一台作为服务器，另外一台作为竞赛机，普通计算机和 iMAC 二选一作为竞赛机），现场提供无线或有线网络（接入 Internet，访问特定网站）。

2. 展示平台区域。需要与竞赛场地分开的隔离带，供参赛队领队、指导教师及工作人员休息，并开展其他相关活动。

3. 裁判区域。供裁判休息及工作的场地，共配有服务器 1 台，计算机 10 台，A4 激光打印机 2 台，桌椅 10 套，饮水机、纸杯、文具用品若干。

4. 技术支持区。为技术支持人员的工作场地。

5. 服务区。提供医疗等服务保障，并用隔离带隔离。

（二）赛场参赛选手安全防护要求

1. 参赛选手应严格遵守设备安全操作规程。

2. 参赛选手停止操作时，应保证设备的正常运行，竞赛结束后，所有设备保持运行状态，不要拆、动硬件连接，确保设备正常运行和正常评分。

3. 参赛选手应遵守安全规范操作，如 ESD（静电放电），静电放电无害环境下的设备用途，安全使用及存储。

4. 参赛选手应保证设备和信息完整及安全。

（三）赛事安全要求

1. 禁止参赛选手及所有参加赛事的人员携带任何有毒、有害物品进入竞赛现场。

2. 承办院校应设置专门的安全防卫组，负责竞赛期间健康和安全事务。主要包括检查竞赛场地、与会人员居住地、车辆交通及其周围环境的安全防卫，制订紧急应对方案，监督与会人员食品安全与卫生，分析和处理安全突发事件等工作。

3. 赛场须配备相应医疗人员和急救人员，并备有相应急救设施。

（四）赛事开放要求

1. 赛场内除指定的裁判、工作人员外，其他与会人员须经组委会同意或在组委会负责人陪同下，佩带相应的标志方可进入赛场内。

2. 允许进入赛场的人员，只可在安全区内观摩竞赛，不得使用录像设备长时间拍摄参赛选手赛位、屏幕。

3. 允许进入赛场的人员，应遵守赛场规则，不得与参赛选手交谈，不得妨碍、干扰参赛选手竞赛。

4. 允许进入赛场的人员，不得在场内吸烟、喧哗。

此外，经赛区组委会允许的赞助商和负责宣传的媒体记者，按竞赛规则的要求进入赛场相关区域。上述相关人员不得妨碍、干扰参赛选手竞赛，不得有任何影响竞赛公平、公正的行为。

（五）赛事绿色环保要求

1. 赛场严格遵守我国环境保护法。
2. 赛场所有废弃物应有效分类并处理，尽可能回收利用。
3. 赛场设置排烟除尘系统，尽可能减少和控制烟尘。

九、技术规范

技术规范按照《全国职业院校技能大赛赛项规程编制要求》，结合企业职业岗位对人才培养的需求，并参照相关国家职业标准制定。参赛队在实施竞赛项目中要求遵循如下规范，见表 6-4。

表 6-4　移动应用开发赛项技术规范

序号	标准号	中文标准名称
1	GB/T 32421—2015	软件工程 软件评审与审核
2	GB/T 30999—2014	系统和软件工程 生存周期管理 过程描述指南
3	GB/T 19769.2—2015	功能块 第 2 部分：软件工具要求
4	GB/T 19668.5—2018	信息技术服务 监理 第 5 部分：软件工程监理规范
5	GB/T 35281—2017	信息安全技术 移动互联网 应用服务器安全技术要求
6	GB/T 25000.51—2016	系统与软件工程 系统与软件质量要求和评价（SQuaRE） 第 51 部分：就绪可用软件产品（RUSP）的质量要求和测试细则
7	GB/T 25000.23—2019	系统与软件工程 系统与软件质量要求与评价（SQuaRE） 第 23 部分：系统与软件产品质量测量
8	IEEE 1517—2010	信息技术 系统和软件生命周期过程 重用过程
9	IEEE 1074—2006	开发软件项目生命周期过程
10	教育部职业教育与成人教育司	2019 年高等职业学校移动应用开发专业教学标准

十、技术平台

（一）硬件平台

移动应用开发赛项硬件平台见表 6-5。

表 6-5 移动应用开发赛项硬件平台

<table>
<tr><th>序号</th><th>设备名称</th><th>型号</th><th>单位</th><th>数量</th></tr>
<tr><td rowspan="2">1</td><td rowspan="2">普通计算机或者 iMAC（二选一作为开发机）</td><td>普通计算机
○ 操作系统：Windows 10
○ CPU：Intel i5 及以上
○ 内存：8GB 及以上
○ 硬盘：500GB 及以上
○ 网卡：百兆及以上网卡
○ 显示器：19 英寸及以上</td><td>台</td><td>1</td></tr>
<tr><td>iMAC
○ 操作系统：Mac OS 11 及以上
○ CPU：Intel i5 及以上
○ 内存：8GB 及以上
○ 硬盘：256GB 及以上
○ 网卡：百兆及以上网卡
○ 显示器：21.5 英寸及以上</td><td>台</td><td>1</td></tr>
<tr><td rowspan="2">2</td><td rowspan="2">手持设备（Android 和 iOS 系列二选一）</td><td>Android 手机
○ 屏幕 6.1 英寸及以上
○ 分辨率 2340 像素 ×1080 像素及以上
○ 多点触控触摸屏
○ 支持 Wi-Fi 标准 802.11
○ Android OS7.1 及以上
Android Pad
○ 屏幕 10.8 英寸及以上
○ 分辨率 2560 像素 ×1600 像素及以上
○ 支持 Wi-Fi 标准 802.11</td><td>套</td><td>1</td></tr>
<tr><td>iPhone 11
iPad（屏幕 10.2 英寸）</td><td>套</td><td>1</td></tr>
</table>

（二）软件平台

软件平台见表 6-6。

表 6-6 移动应用开发赛项软件平台

序号	软件名称	版本	单位	数量
1	Adobe XD	Version 30.1.X	套	1
2	Postman	Version 7.32	套	1
3	Office Word	Version 2016	套	1

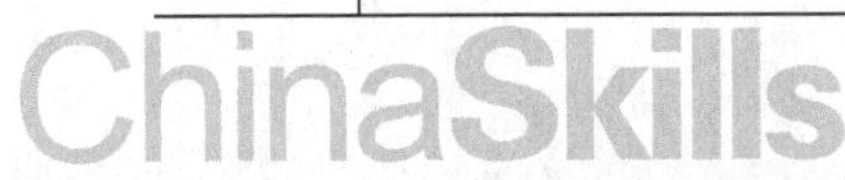

续表

序号	软件名称	版本	单位	数量
4	Office Visio	Version 2016	套	1
5	Navicat Premium	Version 11	套	1
6	Android Studio	Version 4.0	套	1
7	Android 模拟器（手机和 Pad）	Version 7.1.X	套	1
8	Xcode	Version 12 及以上版本	套	1
9	Apple 模拟器（手机和 Pad）	iPhone11 和 iPad	套	1

（三）场地禁止自带使用的设备和材料

禁用的设备和材料包括：电子设备（如平板、手机、多媒体播放器、录音器）、照相机、摄影机等。

十一、成绩评定

（一）评分原则

1. 独立评分原则

根据裁判分工，负责相同模块评分工作的不同裁判，采取随机抽签方式对参赛选手提交的竞赛作品，依据赛项评价标准独立评分，确保成绩评定严谨、客观、准确。

（1）裁判每次评分前须进行随机抽签分组，杜绝主观意愿组队，各自完全独立评分，裁判员间互不干涉。

（2）加密裁判加密当前评判模块赛位号后，由评分裁判统一在工作区内评分，竞赛监督人员可随机监督。

（3）评分裁判核定当前模块成绩后将成绩录入系统。

2. 错误不传递原则

各环节分别计算得分，错误不传递，按规定比例计入团队总分。

3. 结果评分原则

竞赛名次按照成绩总分从高到低排序。相同成绩的依次按功能模块开发、初步设计、测试与交付、需求分析部分得分高低决定排名次序。

4. 三层加密原则

竞赛过程采取三层加密，通过抽取参赛编号、赛位号和竞赛成果号，屏蔽参赛队信息，每个环节设置一名独立裁判，每个环节结束后，数据立即封存于裁判长处，加密裁判直接隔离，确保成绩评定公平、公正。

5. 抽查复核原则

（1）为保障成绩评判的准确性，监督组对赛项总成绩排名前 30% 的所有参赛队伍（选手）的成绩进行复核；对其余成绩进行抽检复核，抽检覆盖率不得低于 15%。

（2）监督组须将复核中发现的错误以书面方式及时告知裁判长，由裁判长更正成绩并签字确认。

（3）复核、抽检错误率如果超过 5%，则认定为非小概率事件，裁判组须对所有成绩进行复核。

（二）评分细则

本次评分规则融合世界技能大赛评分规则执行。本赛项评分标准分为评价和测量两类。

1. 评价分

评价分（Judgement）打分方式：5 名裁判为一组，各自单独评分，填写权重分，去掉最高分和最低分，计算出平均权重分，除以 3 后再乘以该子项的分值计算出实际得分。裁判相互间分差必须小于等于 1 分，否则需要给出确切理由，并在裁判长的监督下进行调分。权重见表 6-7。

表 6-7　权　重　表

权重分值	要求描述
0 分	作品低于行业标准
1 分	作品基本符合行业标准
2 分	作品符合行业标准，但在某些方面略有不足
3 分	作品全方位符合行业标准，接近完美

2. 测量分

测量分（Measurement）打分方式：3 名裁判为一组，各自单独评分。裁判打分一致时有效，否则需要给出确切理由，并在裁判长的监督下重新评分。

（三）评分考核点

评分考核点见表 6-8。

表 6-8　评分考核点

模块编号	考试模块	考查点	描述	权重	评分标准
A	需求分析	客户需求整理	能够熟练收集和分析客户需求 能够精准整理和归纳客户需求	2%	结果评分（测量 + 评价）（裁判随机抽取分组独立评分）
		产品规格化	能够清晰梳理业务流程 能够规范业务流程并产品化 能够进行产品概要设计	2%	
		产品可视化	能够利用 Visio 或 Word 绘制业务原型草图	4%	
		UML 建模	能够绘制规范的业务流程图 能够绘制 UML 用例图、类图、时序图	8%	

续表

模块编号	考试模块	考查点	描述	权重	评分标准
B	初步设计	移动设备 UI 设计标准	掌握软件设计思维过程技巧和应用 熟悉各种移动开发平台（如 iOS 或 Android）的特征和优势	2%	结果评分（测量 + 评价）（裁判随机抽取分组独立评分）
		UI 设计工具操作	熟练使用 UI 设计工具软件，如 Adobe XD 或 Sketch 了解工具设计、原型、共享、工具面板的使用	4%	
		UI 平面设计	熟练使用用户界面（UI）的设计方法 掌握组件布局方法 熟练掌握正确的 UI 配色方案	6%	
		UI 交互设计	熟练使用用户体验（UE/UX）的设计方法 熟练掌握软件交互设计	4%	
C	功能模块开发	UI 还原设计	能够基于产品原型还原产品 UI 设计 熟练使用 Android 下常用的布局设计，新版本 Material Design 的布局和设计，掌握自定义控件和一些主流的第三方控件的使用等 掌握 Android 四大组件 掌握 RecyclerView、ListView 等重要控件的使用 熟悉 Activity、Fragment 和 ViewPage 的配合使用 熟悉 Android 中动画、选择器、样式和主题的使用	8%	结果评分（测量 + 评价）（裁判随机抽取分组独立评分）
		产品架构设计	熟悉 Android 常用的开发模式，如 MVC、MVP 等 掌握面向对象（OOP）的思想 掌握模块化封装能力	4%	
		语言基础编程能力	掌握 Java 或 OC、Swift 语言基础编程 掌握集合、IO 流及多线程断点上传下载和线程池的使用 掌握异步数据加载编程能力	5%	
		业务逻辑实现	理解产品需求描述及功能设计 掌握软件产品化能力 熟练处理 Activity 和 Fragment 以及 Fragment 和 Fragment 之间的通信	5%	

续表

模块编号	考试模块	考查点	描述	权重	评分标准
C	功能模块开发	数据存储	掌握 Shared Preferences、文件存储等方式的使用 掌握 Android 下 SQLite 数据库存储方式（如 GreenDao、ORMLite）	5%	结果评分（测量 + 评价）（裁判随机抽取分组独立评分）
		网络编程，网络请求框架，数据封装和解析	熟练使用 Android 中常用的网络请求框架（如 HttpURLConnection、Volley、OkHtttp 等） 掌握 XML/JSON 数据解析和封装	9%	
		触控及手势识别	掌握 Android 中的多点触控（手势识别器） 熟悉 Android 下 View 的事件分发机制，并能处理滑动事件冲突	6%	
		多媒体等资源使用	熟悉 Android 图像处理中的 Bitmap 类等 掌握音频和视频等资源的使用	8%	
D	测试与交付	测试用例编写及执行	掌握测试计划制订的能力 能够编写测试用例 能够按照计划和用例执行测试	6%	结果评分（测量 + 评价）（裁判随机抽取分组独立评分）
		缺陷分析	能够记录测试结果并解决问题 熟练进行测试过程分析和评估 能够汇总测试结果以生成最终报告	6%	
		产品交付	能够遵循客户的品牌准则进行软件使用说明书的编写	6%	

（四）评分方法

1. 竞赛满分为 100 分。

2. 各参赛队总成绩 = 需求分析模块得分 + 初步设计模块得分 + 功能模块开发模块得分 + 测试与交付模块得分。

3. 竞赛设置裁判 20 人，包括裁判长 1 名、裁判 19 名。裁判分为现场裁判 6 人、评分裁判 10 人、加密裁判 3 人。

4. 裁判对参赛队伍提交的作品采取评价分和测量分结合评分。采取分步得分、累计总分的计分方式。各环节分别计算得分，错误不传递，按规定比例计入个人总分。根据赛题模块情况进行任务划分，每 3 名评分裁判负责一个任务（评价分 5 名裁判）进行独立评分。

5. 裁判长正式提交全部模块评分结果并复核无误后，在监督人员监督下进行评分，加密赛位号到参赛队名称解密。

6. 为保障成绩评判的准确性，监督组对赛项总成绩排名前 30% 的所有参赛队伍的成

绩进行复核；其余成绩进行抽检复核，抽检覆盖率不低于 15%。

7. 监督组在复核中发现错误，需要以书面形式及时告知裁判长，由裁判长更正成绩并签字确认。如复核、抽检错误率超过 5%，裁判组需要对所有成绩进行复核。

8. 在竞赛过程中，参赛选手如有不服从裁判裁决、扰乱赛场秩序、舞弊等行为，由裁判长按照规定扣减相应分数，情节严重的将取消竞赛资格，竞赛成绩计 0 分。

9. 赛项成绩解密后，经裁判长、监督组签字后，在赛项执委会指定的地点，以纸质形式向全体参赛队进行公布。成绩公布 2 小时无异议后，将赛项总成绩的最终结果录入赛务管理系统，经裁判长、监督组长和仲裁长在系统导出的成绩单上签字，在闭赛式上宣布并颁发证书。

十二、奖项设定

本赛项的奖项设个人奖。

设奖比例：以赛项实际参赛队总数为基数，一、二、三等奖获奖比例分别为 10%、20%、30%（小数点后四舍五入）。

如出现参赛队总分相同情况，按照 C、D、B、A 模块顺序的得分高低排定名次顺序，即总成绩相同的情况下优先比较 C 模块的成绩，C 模块成绩高的排名优先，其次按照 D、B、A 模块的成绩以此类推完成相同成绩的排序。如果 C、D、B、A 各模块分值均相同，则比较 C 模块各任务分值，按照任务编号从大到小的得分值排序。

获得一等奖的参赛队指导教师获“优秀指导教师”荣誉。

十三、赛场预案

（一）应急安全预案

竞赛期间发生意外事故，发现者应第一时间报告赛项执委会，同时采取措施避免事态扩大。赛项执委会应立即启动预案予以解决并报告赛区执委会。赛项出现重大安全问题可以停赛，是否停赛由赛区执委会决定。事后，赛区执委会应向大赛执委会报告详细情况。

相关应急预案见表 6-9。

表 6-9 相关应急预案

突发事件	预防措施	事件发生后应对措施
参赛选手发病或受伤	在各赛位张贴安全操作说明	医务人员应采取紧急救护措施，及时进行救治，如病情或伤势严重，应及时送往最近医院进行救治
人员发生食物中毒	竞赛期间指定的住宿 / 餐饮场地符合国家相关资质要求，并协调地方卫生部门做好检查工作	立即组织对中毒人员进行救治，必要时送往最近医院进行检查治疗。同时对可疑的食品、饮水及其有关原料、工具设备和场所，以及可能受污染的区域采取保留、控制措施，组织开展现场调查，迅速查明原因，并及时向大赛执委会报告

续表

突发事件	预防措施	事件发生后应对措施
设备损坏（如不能启动、反复重启等）	提前一天烤机，所有设备开机运行，现场放置备机	参赛选手举手示意后，监考人员计时，裁判确认后更换备机，并由主裁判确定应计入延时的时间
设备掉电	竞赛前技术人员及监考人员检查所有电源插头，确保牢固；电源线尽量绑扎在参赛选手碰不到的地方，如桌子后面等；竞赛前提醒参赛选手注意尽量不要碰到电源，配置文件要随时保存	参赛选手举手示意后，监考人员计时，裁判确认后重启机器，并由主裁判确定应计入延时的时间
现场网络线缆故障	现场走线要规范，尽量走暗槽或现场人员接触不到的地方，对主要线路要在走线槽内留有备线	启用备线

（二）处罚措施

1. 因参赛队伍原因造成重大安全事故的，取消其获奖资格。

2. 参赛队伍有发生重大安全事故隐患，经赛场工作人员提示、警告无效的，可取消其继续竞赛的资格。

3. 赛事工作人员违规的，按照相应制度追究责任。情节恶劣并造成重大安全事故的，由司法机关追究相应法律责任。

十四、赛项安全

赛事安全是技能竞赛一切工作顺利开展的先决条件，是赛事筹备和运行工作必须考虑的核心问题。赛项执委会采取切实有效措施保证大赛期间参赛选手、指导教师、裁判员、工作人员及观众的人身安全。

（一）组织机构

1. 成立由赛项执委会主任为组长的赛项安全保障小组，成员包括承办院校主抓安全的校领导，学生工作处、后勤处、保卫处相关人员，以及合作企业技术工程师等。

2. 与地方行政、交通、司法、安全、消防、卫生、食品、质检等相关部门建立协调机制，制订应急预案，及时处置突发事件，保证竞赛安全进行。

（二）赛项安全管理要求

1. 赛项合作企业提供的器材、设备应符合国家有关安全规定，并在竞赛现场安排技术支持人员，保障赛项设备安全稳定。

2. 在竞赛赛位张贴安全操作说明，并由裁判长在竞赛开始前 10 分钟宣读安全操作说明。

3. 命题期间，对所有命题相关人员进行封闭管理，直至赛项竞赛结束。所有涉及竞赛赛题的人员必须签署保密协议。

4. 赛题在具有相关印刷资质的印刷企业进行印刷，并第一时间由安保人员送往承办院校具有双锁保密室的保密铁柜内，由赛项执委会指定专人和保密室负责人共同负责保管。

5. 赛题领取人必须由专人在赛项监督人员的监督下于考前30分钟内到保密室领取赛卷，并核对好数量，查验赛卷的密封是否完整，做好移交工作。

6. 竞赛用的所有赛题、成绩评定过程材料等都要回收，并妥善保存在赛项承办院校。

7. 赛项所有裁判与参赛队住宿须在不同酒店。在竞赛一次加密前30分钟，由赛项执委会工作人员收缴裁判所有通信设备，直至竞赛成绩发布后再归还裁判。

8. 竞赛期间，除现场裁判外，其余裁判由赛项执委会统一安排休息场所。在此期间，裁判人员不得随意出入，避免与参赛队代表取得联系。

（三）竞赛环境安全管理要求

1. 保证各通道口畅通，并配备专门人员看守，控制无关人员进入场地，控制人员流量和赛场观众饱和度，张贴安全指示标识。

2. 赛场周围设立警戒线，防止无关人员进入，以免发生意外事件。所有参赛人员必须凭大赛执委会印发的有效证件进入场地。

3. 对社会观众，安全保障小组适当进行合法、合理的询问检查，对携带可疑物品包裹又拒绝询问检查的观众，安全保障小组将禁止其入内。

4. 安全保障小组随时对赛场进行巡查、监督，确保安全。

5. 配备必要的医护人员和医疗药品，备好应急抢救预案。

6. 未经赛项执委会允许批准，严禁任何人在赛场私拉各种电源线。

7. 设置突发事件应急疏散示意图。如遇特殊情况，则服从大赛统一指挥。

（四）生活条件保障

1. 竞赛期间，原则上由赛项执委会统一安排参赛选手和指导教师食宿。承办院校须尊重少数民族的信仰及文化，根据国家相关的民族政策，安排好少数民族参赛选手和教师的饮食起居。

2. 竞赛期间安排的住宿地应具有宾馆 / 住宿经营许可资质。以学校宿舍作为住宿地的，大赛期间的住宿、卫生、饮食安全等由赛项执委会和提供宿舍的学校共同负责。

3. 竞赛期间有组织的参观和观摩活动的交通安全由赛区执委会负责。赛项执委会和承办院校须保证竞赛期间参赛选手、指导教师、裁判员和工作人员的交通安全。

4. 各赛项的安全管理，除了可以采取必要的安全隔离措施外，应严格遵守国家相关法律法规，保护个人隐私和人身自由。

（五）组队责任

1. 各学校组织代表队时，须安排为参赛选手购买大赛期间的人身意外伤害保险。

2. 各学校代表队组成后，须制订相关管理制度，并对所有参赛选手、指导教师进行安全教育。

3. 各参赛队伍须加强对参与竞赛人员的安全管理，实现与赛场安全管理的对接。

（六）防疫安全

根据具体情况，按国家及属地防疫要求，严格执行。

十五、竞赛须知

（一）参赛队须知

1. 参赛队名称。统一使用规定的地区代表队名称，不使用学校或其他组织、团体的名称；不接受跨校组队，同一学校相同项目报名参赛队不超过 1 支。

2. 参赛队组成。每支参赛队由 1 名符合参赛资格学生组成，性别不限。

3. 指导教师。每支参赛队最多可配指导教师 1 名，指导教师经报名并通过资格审查后确定。

4. 参赛选手及指导教师在报名获得确认后，原则上不再更换。如在筹备过程中，参赛选手因故不能参赛，须由所在省级教育行政部门于赛项开赛 10 个工作日之前出具书面说明，经大赛执委会办公室核实后予以更换。竞赛开始后，参赛队不得更换参赛选手，允许参赛选手缺员竞赛；不允许更换新的指导教师，允许指导教师缺席。

5. 各学校组织代表队时，须安排为参赛选手购买大赛期间的人身意外伤害保险。

（二）指导教师须知

1. 指导教师应该根据专业教学计划和赛项规程合理制订训练方案，认真指导参赛选手训练，培养参赛选手的综合职业能力和良好的职业素养，克服功利化思想，避免为赛而学、以赛代学。

2. 指导教师应及时查看大赛官网网页有关赛项的通知和内容，认真研究和掌握本赛项竞赛的规程、技术规范和赛场要求，指导参赛选手做好赛前的一切技术准备和竞赛准备。

3. 指导教师应该根据赛项规程要求做好参赛选手保险办理工作，并积极做好参赛选手的安全教育。

4. 指导教师参加赛项观摩等活动，不得违反赛项规定进入赛场及干扰竞赛正常进行。

（三）参赛选手须知

1. 参赛选手严格遵守赛场规章、操作规程和工艺准则，保证人身及设备安全，接受裁判员的监督和警示，文明竞赛。

2. 参赛选手在检录时须将身份证、学生证、参赛证等证件交由检录人员统一保管，不得带入场内。

3. 参赛选手进入赛场，不允许携带任何书籍和其他纸质资料（相关技术资料的电子文档由赛项执委会提供），不允许携带通信工具和存储设备（如 U 盘）。竞赛统一提供计算机以及应用软件。

4. 各参赛队应在竞赛开始前一天规定的时间段进入赛场熟悉环境，但不得触碰任何竞赛设备及材料。

5. 竞赛时，在收到开赛信号前不得启动操作，各参赛队自行决定分工、工作程序和时间安排，在指定赛位上完成竞赛项目，严禁作弊行为。

6. 竞赛过程中，因严重操作失误或安全事故不能进行竞赛的（如因综合布线发生短路导致赛场断电的、造成设备不能正常工作的），现场裁判员有权中止该队竞赛。

7. 竞赛分为 4 个场次，参赛选手在每场竞赛中连续工作，食品、饮水等由赛场统一提供。每场竞赛期间，参赛选手休息、饮食或如厕时间均计算在竞赛时间内。

8. 凡在竞赛期间提前离开的参赛选手，当天不得返回赛场。

9. 为培养技能型人才的工作风格，在参赛期间，参赛选手应当注意保持工作环境及设备摆放符合企业生产“6S”（即整理、整顿、清扫、清洁、素养和安全）的原则，如果过于脏乱，裁判员有权酌情扣分。

10. 在竞赛中如遇非人为因素造成的设备故障，经裁判确认后，可向裁判长申请补足排除故障的时间。

11. 参赛队欲提前结束竞赛，应向现场裁判员举手示意，记录竞赛终止时间。竞赛终止后，不得再进行任何与竞赛有关的操作。

12. 各竞赛队按照大赛要求和赛题要求提交竞赛成果，禁止在竞赛成果上做任何与竞赛无关的记号。

竞赛操作结束后，参赛队要确认成功提交竞赛要求的文件，裁判员在竞赛结果的规定位置做标记，并与参赛队一起签字确认。

（四）工作人员须知

1. 熟悉竞赛规则，服从管理，严格按照工作程序和有关规定办事。

2. 树立服务观念，本着一切为参赛选手着想的原则，以高度负责的精神、严肃认真的态度和严谨细致的作风，积极完成大赛工作任务。

3. 按规定统一着装、佩戴胸卡，文明礼貌，保持良好形象。

4. 坚守工作岗位，不迟到、不早退、不无故离岗，遇特殊情况向组长请假。

5. 遇安全突发事件，按照工作预案及时组织疏散，确保人员安全。

6. 未经同意不得擅自发布关于竞赛的言论，不得私自接受采访。

十六、申诉与仲裁

对不符合大赛和赛项规程规定的仪器、设备、工装、材料、物件、计算机软硬件、竞赛使用工具及用品，竞赛执裁、赛场管理，以及工作人员的不规范行为等，各参赛队可向赛项仲裁工作组提出申诉，申诉主体为参赛队领队。参赛队领队可在竞赛结束后（参赛选手赛场竞赛内容全部完成）2 小时之内向赛项仲裁工作组提出书面申诉。

书面申诉应对申诉事件的现象、发生时间、涉及人员、申诉依据等进行充分、实事求是的叙述，并由领队亲笔签名。非书面申诉不予受理。

赛项仲裁工作组在接到申诉报告后 2 小时内组织复议，并及时将复议结果以书面形式告知申诉方。申诉方对复议结果仍有异议，可由省份领队向赛区仲裁委员会提出申诉。赛区仲裁委员会的仲裁结果为最终结果。

仲裁结果由申诉人签收，不能代收，如在约定时间和地点申诉人离开，视为自行放弃申诉。

申诉方可随时提出放弃申诉，不得以任何理由采取过激行为扰乱赛场秩序。

十七、竞赛观摩

本赛项将设计观摩区，使用大屏幕实时转播现场实况。

竞赛环境依据竞赛需求和职业特点设计，在竞赛不被干扰的前提下安全开放部分赛场。现场观摩应遵守如下纪律。

1. 观摩人员须由赛项执委会批准，佩戴观摩证件，在工作人员带领下沿指定路线在指定区域内到现场观赛。

2. 文明观赛，不得大声喧哗，服从赛场工作人员的指挥，杜绝各种违反赛场秩序的不文明行为。

3. 观摩人员不得同参赛选手、裁判交流，不得传递信息，不得采录竞赛现场数据资料，不得影响竞赛的正常进行。

4. 对于各种违反赛场秩序的不文明行为，工作人员有权予以提醒、制止。

十八、竞赛直播

本赛项竞赛时组织专人进行摄像，记录竞赛全过程。竞赛时采用全过程录像与同步大屏直播。赛后邀请媒体采访优秀参赛选手、优秀指导教师、裁判专家或企业人士，并留档作为赛事成果之一。

十九、资源转化

2020 年全国职业院校技能大赛改革试点赛项移动应用开发资源转化工作由赛项执委会负责，主要聚焦完善、升级已经开发完成的专业核心课程教学资源包，更进一步开展师资培养，创新培训课程内容，建设计算机网络及其相关专业的生产实际教学案例库等工作，以及对产教融合校企合作案例进行总结。具体见表 6-10。

表 6-10　移动应用开发资源转化工作

<table>
<tr><th colspan="3">资源名称</th><th>表现形式</th><th>资源数量</th><th>资源要求</th><th>完成时间</th></tr>
<tr><td rowspan="10">基本资源</td><td rowspan="2">风采展示</td><td>赛项宣传片</td><td>视频</td><td>1</td><td>15 min 以上</td><td>2020 年 12 月 30 日</td></tr>
<tr><td>风采展示片</td><td>视频</td><td>1</td><td>10 min 以上</td><td>2020 年 12 月 30 日</td></tr>
<tr><td>技能概要</td><td>技能介绍
技能要点
评价指标</td><td>文档</td><td>1</td><td>电子教材</td><td>2021 年 1 月 20 日</td></tr>
<tr><td rowspan="2">教学资源</td><td>专业教材</td><td>文档</td><td>6</td><td>电子教材</td><td>2021 年 1 月 20 日</td></tr>
<tr><td>微课</td><td>视频</td><td>100</td><td>1 000 min 以上</td><td>2021 年 1 月 20 日</td></tr>
<tr><td rowspan="4">世赛实训资源</td><td>模块 A 需求分析资源</td><td>文档</td><td>5</td><td>需求分析文档</td><td>2021 年 1 月 20 日</td></tr>
<tr><td>模块 B 初步设计资源</td><td>文档</td><td>5</td><td>XD 交互设计原型</td><td>2021 年 1 月 20 日</td></tr>
<tr><td>模块 C 功能模块开发资源</td><td>案例</td><td>5</td><td>实训项目</td><td>2021 年 1 月 20 日</td></tr>
<tr><td>模块 C 测试与交付资源</td><td>文档</td><td>5</td><td>测试用例和产品手册</td><td>2021 年 1 月 20 日</td></tr>
<tr></tr>
<tr><td rowspan="3">拓展资源</td><td colspan="2">案例库</td><td>文档</td><td>1</td><td>涵盖 10 个以上的工程项目案例</td><td>2021 年 1 月 20 日</td></tr>
<tr><td colspan="2">优秀参赛选手访谈</td><td>视频</td><td>1</td><td>15 min 以上</td><td>2020 年 12 月 30 日</td></tr>
<tr><td colspan="2">师资培养</td><td>–</td><td>4</td><td>培养 200 名以上</td><td>2021 年 3 月 20 日</td></tr>
</table>

模块二 GZ-2020006 移动应用开发赛项技术分析报告

一、综述

1. 竞赛情况

移动应用开发赛项（编号 GZ-2020006）于 2020 年 11 月 8—10 日在山东科技职业学院成功举办，经过 3 天紧张有序的竞赛和裁判员细致认真的评判，赛项零投诉、零差错、零事故，取得了圆满成功。

移动应用开发赛项参赛队伍来自全国 30 个省、自治区、直辖市及新疆生产建设兵团，共 30 支代表队。每支代表队由 1 名领队、1 名指导教师、1 名参赛选手组成。

2. 竞赛内容

2020 年 9 月 16—26 日在北京国开会议中心，专家组 5 名成员进行了赛程和赛题的编写工作，共编制赛程一份、赛题 5 套，并于 9 月 30 日在大赛官网公布。

移动应用开发赛项（编号 GZ-2020006）与世界技能大赛移动应用开发赛项充分对接，在保留原赛项（移动互联网应用软件开发）特色的基础上，形成了新赛项、新特色。

竞赛分 4 个阶段完成，共 15 个小时。第一阶段为需求分析，基于智慧城市主题，设计固定主题和限选主题需求任务，竞赛时间为 3 小时。第二阶段为初步设计，主要基于需求分析完成移动 App UI 设计任务，竞赛时间为 3 小时。第三阶段为功能模块开发，利用 Android 技术还原 UI 设计，编码设计实现 App，竞赛时间为 6 小时。第四阶段为测试与交付，基于已提供智慧城市 App，撰写测试用例，进行产品测试并撰写产品手册，实现产品交付，竞赛时间为 3 小时。

二、赛项设计解读

1. 赛项的整体设计

移动应用开发赛项面向产业主流技术，对接国际标准，旨在通过融合世界技能大赛的技术标准和规则要求，引领和促进教学改革，提升职业教育的国际化水平；通过完成一个完整的工作过程，使参赛选手、教师、裁判等相关人员熟悉并掌握世界技能大赛的技术规范和技术标准，检验教学质量，达到“以赛促学、以赛促教、以赛促改、以赛促建”的目的。

本赛项重点考查参赛选手在移动应用开发实际工程项目中的综合分析能力、架构设计能力、编码能力、文档编写能力、数据分析能力、创意创新能力、产品测试和交付能力；展现移动应用开发专业学生的技能与风采，使教师和学生更全面地了解行业中企业岗位对学生职业技能的最新要求，提升移动应用开发专业人才的培养质量和就业质量。同时，培养参赛选手的沟通与交流能力、抗压能力、6S 规范等职业素质；激发学生的求知欲和爱岗敬业的工匠精神，带动广大青年学生钻研技术、苦练技能，走技能成才、技能报国之路。

2. 命题依据

专家组命题时，充分考虑行业标准与教育专业标准相结合的特色，赛题注重基础知识和基础技能考核，围绕专业教学标准中课程通用部分展开，重点放在移动 App 产品需求分析、原型设计、功能编码实现和产品测试与交付方面，使教师和学生更全面地了解行业中企业岗位对学生职业技能的最新要求，提升移动应用开发专业人才的培养质量和就业质量。

移动应用开发赛项基于企业真实项目及工作任务，结合高职移动应用开发专业教学标准，融合世界技能大赛移动应用开发项目的技术要求，结合企业岗位技能需求，在规定的时间内完成指定任务的移动应用软件项目开发。

3. 赛题解读

模块 A：需求分析（3 小时，共 16 分）

此模块重点考查参赛选手依据给定的需求规格说明书模板，进行需求分析设计的能力。此模块包括以下两部分。

第一部分：结合特定功能需求编制对应业务流程图、类图、时序图和对应模块概要设计说明。

第二部分：通过给定主题，结合业务要求，进行开放式需求设计，自定义需求内容，并对需求进行分析，编写需求规格说明，编制业务流程图、类图、时序图和概要设计。

模块 B：初步设计（3 小时，共 16 分）

此模块重点考查参赛选手依据给定的功能描述，使用原型设计工具进行高保真原型设计的能力，使之符合移动应用 UI 设计规范，同时实现原型界面之间交互的功能。

模块 C：功能模块开发（6 小时，共 50 分）

此模块重点考查参赛选手的代码编写能力，选手根据要求进行项目创建，构建通信等基本应用架构。此模块包括以下两部分。

第一部分：遵循移动应用开发流程和规范，依照模块的功能具体要求进行每个模块的代码编写，使用已提供的标准化后端服务接口（RESTful API）进行业务数据获取（后端服务接口文档随样题公开）。

第二部分：基于特定主题，结合业务要求，进行模块的自主设计与开发。

应用需要自适应手机和 Pad 用户界面，优先适配手机界面。

模块 D：测试与交付（3 小时，共 18 分）

此模块重点考查测试用例编制、测试执行以及产品使用手册编制能力。此模块包括以下两部分。

第一部分：参赛选手根据提供的待测应用，为待测应用编写完善的测试用例，依照测试用例进行完整的功能测试，记录测试中出现的 Bug，并对 Bug 进行分析。

第二部分：分析待测应用的功能与业务流程，编写产品使用手册。

基于企业移动产品开发流程，通过 4 个模块的任务竞赛，让参赛选手了解和深入参与真实项目的开发流程。对比往届赛项，本届软件工程流程化明显增强，加大了工作量，精细化各个流程，更加考验选手的综合技能。

三、成绩解析

1. 赛项分项任务成绩

从赛项成绩看，符合专家组命题思路，达到命题设定的效果。赛项分为 4 个模块，每个模块竞赛完后，裁判随机分组流水线评分出 4 个模块分值。

模块 A，有 11 支队伍成绩良好，良好率为 36.7%；模块 B，有 7 支队伍成绩良好，良好率为 23.3%；模块 C，有 2 支队伍成绩良好，良好率为 6.7%；模块 D，有 8 支队伍成绩良好，良好率为 26.7%。

良好率由高到低分别为模块 A、模块 D、模块 B、模块 C，符合技能难度分布。模块 C 为功能模块开发，考核参赛选手功能编码，技术难度高，成绩普遍略低，整体符合正太分布，后 4 位参赛选手为 0 分，产品 App 没有发布成功，没有掌握基础的 APK 发布技术。

成绩解密后，可以看到，获得一等奖队伍的分项（模块）成绩普遍都在分项的良好梯队中，说明优秀参赛选手掌握知识和技能全面、综合素质高，与指导教师集训和日常的课程体系有直接关系。同时也要求以后的参赛队伍既要有特长，又要有全面的能力，职业教育也要多角度适应用人市场的需求，也需要为学生未来留有可持续发展的空间。

2. 总竞赛成绩

竞赛设一等奖 3 名，二等奖 6 名，三等奖 9 名，有 12 支代表队未得奖。

从成绩分布看，原赛项传统强队依然实力强劲，但也涌现出新的强队，如获一等奖的河北省代表队和获二等奖第一名的湖南省代表队，成绩上升快，可喜可贺。尤其是湖南省代表队的模块 B 初步设计，设计非常规范，专业性较强，突出体现了传媒院校的特色。

四、典型实例评析

专家组今年对打分表细化：测量分由 3 名裁判统一打分，评价分由 5 名裁判独立打分，准确体现裁判组执行专家组的意图，打分公平、公正。

在获奖作品中，涌现了一些优秀的作品，如模块 B 初步设计，参赛选手设计规范、布局合理、美观大方，完全达到了企业 UI 设计师的技术等级，受到裁判组的一致好评。

五、行业要求对比

移动应用开发赛项，通过 4 个模块测评参赛选手的综合能力，这 4 个模块对应 IT 企业项目开发的需求分析、原型设计、详细设计以及系统测试 4 个环节，每个环节都有对应的工作岗位，即产品经理、UI 设计师、Android 开发工程师以及软件工程师。但是在原型设计工具上，企业对于移动开发人员一般采用 Axure 等工具，XD 工具主要面向美工人员，由于世赛采用 XD 工具，所以本次赛项采用 XD 工具进行原型设计，这部分需要广泛征询学校的意见，尤其参赛校的建议。

最近公布的第 4 批 1+X 证书中，移动应用开发方面证书有“安卓应用开发”“移动应用软件测试”“移动应用开发”“工业 App 设计与开发”“工业互联网 App 应用开发”“移动互联网应用开发”与本赛项密切相关，赛项与 1+X 证书制度对接，也是专家组考虑到赛项对专业教学的引领。全国职业院校技能大赛不仅要成为教学的指挥棒，更要成为检验教学质量的标准，达到“以赛促学、以赛促教、以赛促改、以赛促建”的目的。

六、总结、意见与建议

专家组命题目标是优秀作品占参赛队伍提交总作品的 10% 左右，良好作品占参赛队伍提交总作品的 20% 左右，合格作品占参赛队伍提交总作品的 30% 左右。从竞赛成绩看，规程中规定的获奖质量和数量与竞赛成绩相吻合。

由于改革试点赛，每省份出一支队伍参赛，限制了同省份的强队，为提供院校的参赛积极性，建议每省份增加参赛队名额，形成普惠性。

赛后应加快实现竞赛向学历教育的资源转换工作，即由部分学生参与发展为全体师生参与，使技能大赛逐步成为师生成长的重要平台和重要经历，构建良好的学校学习氛围，为推进全国职业教育的发展贡献力量。

模块三　GZ-2020006　移动应用开发赛项工作总结

2020 年 10 月 8—10 日，2020 年全国职业院校技能大赛高职组“移动应用开发”赛项在山东科技职业学院举办，共有来自全国 30 个省、自治区、直辖市及新疆生产建设兵团的 30 所高职院校代表队参加。经过 3 天的比拼，山东科技职业学院等 3 所院校获得一等奖，湖南大众传媒职业技术学院等 6 所院校获得二等奖，陕西工业职业技术学院等 9 所院校获得三等奖。本届试点赛面向产业主流技术，对接国际标准，对接世界技能大赛移动应用开发项目的技术标准和规则要求，在竞赛内容、竞赛形式、评价方式、竞赛技术平台等方面进行了改革试点。通过完成一个完整的移动应用开发项目，使参赛选手、教师熟悉和掌握行业的技术规范和技术标准，引领高职院校移动应用开发等相关专业的建设与人才培养，达到了“以赛促学、以赛促教、以赛促改、以赛促建”的目的。竞赛严格遵循全国职业院校技能大赛改革试点赛相关规章制度，做到了“零质疑、零事故、零申诉、零仲裁”。

一、赛项竞赛内容

移动应用开发赛项基于企业真实项目和高职移动应用开发专业教学标准，融合世界技能大赛移动应用开发赛项的技术要求，结合企业岗位的技能需求，在 3 天时间内（累计 15 小时）完成指定任务的完整移动应用开发工程项目。

本赛项的竞赛内容以智慧城市应用场景为主题，面向移动应用开发产业主流技术，根据企业真实项目要求，由“需求分析”“初步设计”“功能模块开发”及“测试与交付”4 个模块组成。通过完成“需求分析→详细设计→功能开发→测试交付”的完整软件开发流程，重点考查参赛选手在移动应用开发实际工程项目中的综合分析、需求分析、架构设计、功能编码、产品测试和交付等技能，以及工作组织与管理、客户沟通和人际关系等方面的职业素养。

二、改革试点赛与 2019 年全国职业院校技能大赛项目的不同之处

与以往相比，移动应用开发赛项主要从以下几方面开展改革试点。

1. 对接移动应用开发岗位需求，从典型工作任务出发，设计赛项竞赛模块

移动应用开发的典型工作任务包括“项目需求分析→详细设计→功能开发→系统测试”。赛项在内容设计上包含了以上 4 个模块。在分值设计上，也参考实际项目各模块的工作量比例进行划分，4 个模块分别为 16 ∶ 16 ∶ 50 ∶ 18，考核内容更加科学、均衡。

2. 从完成完整工程项目角度出发，延长竞赛时间，更加全面、真实地考查参赛选手的工程能力，也能更好地引领院校的教学改革

以往竞赛时间为 4 个小时，因此在设计竞赛内容时，只能有侧重地考查部分内容。本次竞赛时间延长到 15 个小时（2.5 天），参赛选手可以完成一个完整的 App，因此可以更

全面、真实地考查参赛选手的工程能力。另外，从工程角度出发设计的竞赛内容，反馈到教学上，就可以更好地引领职业院校的教育教学改革。例如，目前有相当一部分职业院校的软件技术、移动应用开发专业，考虑到师资、学生接受度等因素，不再开设“软件工程”这门课程。但是，无论从实际工程项目需求出发，还是从学生未来职业发展的角度出发，这门课程都相当重要，属于该专业的核心课程。通过大赛的引领，广大职业院校会重新重视这门课程。当然，如何建好相关课程资源，提升师资队伍能力，这是后期赛项教学成果转化要做的一项重要工作。

3. 采用企业真实的移动应用开发环境与平台，取消仿真设备与平台，降低院校参赛成本，扩大赛项覆盖面

该赛项是试点赛中为数不多的没有指定合作企业、指定技术平台的赛项，最大程度降低院校的参赛成本和门槛，提高大赛的覆盖面和普惠性。从企业真实开发场景与平台的需求出发，本次竞赛采用了企业真实的软件开发平台，以及真实的手机、Pad，取消了原有的仿真设备与平台。一方面，可以大幅度降低院校的参赛成本与门槛，扩大赛项的覆盖面，这也是大赛设置的初衷之一；另一方面，可以引领职业院校对接企业真实开发场景建设实训环境。

4. 严格遵循大赛规章制度，严格竞赛流程，优化评价方式，保障竞赛公平、公正、公开

按照大赛办的要求，移动应用开发赛项对接世界技能大赛相关要求，同时严格遵守全国职业院校技能大赛规章制度，改革竞赛内容、形式与评价方式等。

提前公开赛题库。赛项开发了 5 套赛题，每套赛题重复率不超过 50%。提前一个月在大赛官网面向各参赛队与职业院校公开。

专家组封闭命题。竞赛前 5 天，将赛项专家组集中到潍坊市进行封闭命题，直至竞赛结束。对已经公开的 5 套赛题，进行二次修改，每套赛题增加或修改了大约 30% 的内容。

竞赛当天抽取赛题。在竞赛当天（2020 年 10 月 8 日）上午 8:00，由赛项裁判长从 5 套赛题中抽取竞赛正式赛卷和备用赛卷，最大限度确保赛题的保密性和安全性。

严格 3 次加密。在竞赛流程上，4 个模块独立进行检录、3 次加密环节，确保参赛队信息对评分裁判屏蔽。

优化评分方式。参照世界技能大赛相关要求，赛项评分分为评价分和测量分。评价分（Judgement）打分方式：5 名裁判为一组，各自单独评分，填写权重分，去掉最高分和最低分，计算出平均权重分，除以 3 后再乘以该子项的分值计算出实际得分。裁判相互间分差必须小于等于 1 分，否则需要给出确切理由并在裁判长的监督下进行调分。测量分（Measurement）打分方式：3 名裁判为一组，各自单独评分。裁判打分一致时有效，否则需要给出确切理由并在裁判长的监督下重新评分。

5. 夯实赛项资源转化，引领高职院校计算机类相关专业建设

移动应用开发赛项对应高职院校移动应用开发、软件技术、计算机应用技术等专业，有 1 000 余所高职院校开设上述专业。本次试点赛有 30 所院校参加，但通过赛项资源转化，可以将资源更多地应用到高职院校人才培养过程中，真正发挥全国职业院校技能大赛的引领作用。

本次竞赛结束后，在承办院校和专家组的组织下，已经于 2020 年 11 月 25 日确定了大赛资源转化方案，计划在 2020 年 12 月中旬组建由赛项专家组、裁判以及部分高职院校一线教师组成的资源转化工作组，开展资源转化工作。计划形成以下成果。

专业标准体系：参照国家相关标准，输出移动应用开发人才培养方案（建议）、5门课程标准以及项目标准。

工作手册式教材5部：参照国家教学标准以及相关职业技能等级证书标准，开发工作手册式教材5部，包括软件工程、UI设计、Android移动应用开发以及软件测试技术等。

精品在线开放课程5门：依托移动应用开发国家教学资源库，开发5门精品在线开放课程，包括软件工程、UI设计、Android移动应用开发以及软件测试技术等。

综合实训项目2个：将全国职业院校技能大赛赛题进行教学化改造，开发适用于院校综合实训教学的项目案例。

三、赛项成绩分析

1. 整体情况

本次共有30所院校参加2020年全国职业院校技能大赛改革试点赛高职组移动应用开发赛项。总成绩最高分为85.34分，最低分为14.06分，平均分为42.44分，中位数为35.33分，具体见表6-11。

表6-11　总成绩分析

最高分	最低分	平均分	中位数
85.34分	14.06分	42.44分	35.33分

80～100分段有1所院校，60～80分段有5所院校，40～60分段有7所院校，20～40分段有14所院校，0～20分段有3所院校，具体见表6-12。

表6-12　总成绩分段

80～100分段	60～80分段	40～60分段	20～40分段	0～20分段
1所	5所	7所	14所	3所

本次30所参赛院校中有15所“双高校”，平均分为44.39分，获一等奖的有3所，获二等奖的有4所，获三等奖的有3所，获奖率为67%；15所非“双高校”，平均分为38.62分，获二等奖的有2所，获三等奖的有4所，获奖率为53%。从平均分来看，“双高校”整体成绩高于非“双高校”，且前10名中，有8所“双高校”；从获奖情况来看，“双高校”包揽了所有一等奖，且获奖率高达67%，高于非“双高校”的53%。具体见表6-13。

表6-13　获奖情况

学校类别	平均分	一等奖	二等奖	三等奖	获奖率
“双高校”	44.39分	3所	4所	3所	67%
非“双高校”	38.62分	0所	2所	6所	53%

2. 各模块成绩分析

（1）模块A（需求分析）成绩

模块 A（需求分析）满分为 16 分，最高分为 15.54 分，最低分为 2.31 分，平均分为 8.91 分，中位数为 8.26 分，具体见表 6-14。

表 6-14 模块 A 成绩分析

最高分	最低分	平均分	中位数
15.54 分	2.31 分	8.91 分	8.26 分

参赛选手能正确理解大赛业务需求，能清晰梳理业务并进行产品概要设计，能熟练运用 Visio 或 Word 工具绘制业务原型草图、业务流程、用例图、类图和时序图，竞赛成绩良好。个别参赛选手在今后的备赛中，还须按照相关行业标准、国家标准规范完成相关的作品。

大部分高职院校未开设“软件工程”课程（即 UML 语言），故对类图、时序图、用例图等知识理解还有待加强。软件工程在企业软件开发过程中占据重要地位，希望高职院校能针对大赛反映的问题，改进和优化课程体系。

（2）模块 B（初步设计）成绩

模块 B（初步设计）满分为 16 分，最高分为 13.34 分，最低分为 3 分，平均分为 8.68 分，中位数为 8.45 分，具体见表 6-15。

表 6-15 模块 B 成绩分析

最高分	最低分	平均分	中位数
13.34 分	3 分	8.68 分	8.45 分

该模块整体成绩中等，重点考查参赛选手依据给定的功能描述，使用原型设计工具进行高保真原型设计的能力，使之符合移动应用 UI 设计规范，同时实现原型界面之间交互的功能。

优点：参赛选手能够熟练使用原型设计工具；能够将 A 模块的需求分析转化为 UI 设计，完成基本设计要求。

不足之处：应用界面整体布局设计需要精心优化，有进一步提升空间；UI 设计与业务逻辑拟合度和可操作性需要进一步提高。

（3）模块 C（功能模块开发）成绩

模块 C（功能模块开发）满分为 50 分，最高分为 39.65 分，最低分为 0 分，平均分为 13.73 分，中位数为 10.18 分，具体见表 6-16。

表 6-16 模块 C 成绩分析

最高分	最低分	平均分	中位数
39.65 分	0 分	13.73 分	10.18 分

该模块主要考核参赛选手基于产品原型还原产品 UI 设计的能力。该模块整体成绩较差，通过评阅，参赛选手表现较好的方面有：能在规定时间内熟练使用主流移动开发工具，完成指定项目任务的开发；能基本按照设计要求，还原 UI 产品的图形化设计，实现模块功能。

不足之处：审题不仔细，例如，试题要求项目App显示名称为“智慧城市”，很多参赛选手没有按要求命名，UI实现界面布局没按要求实现；产品开发过程中对数据库访问的功能没有按要求实现，产品功能设计实现上有待加强；需要整体评估任务，按项目优先级规划任务，合理分配资源，完成整体任务目标；个别参赛选手没能按要求发布产品。

（4）模块D（测试与交付）成绩

模块D（测试与交付）满分为18分，最高分为18分，最低分为4.67分，平均分为11.12分，中位数为11.45分，具体见表6-17。

表6-17 模块C成绩分析

最高分	最低分	平均分	中位数
18分	4.67分	11.12分	11.45分

该模块主要考查产品测试以及交付工作，考查测试用例设计编写能力，参赛选手须了解被测系统的功能设计，掌握测试流程和测试规范，具备撰写产品交付操作手册文档的综合能力。

优点：参赛选手能根据提供的待测应用，熟练编写测试用例，并按计划和用例执行测试；能熟练记录测试结果并解决问题，并能进行测试过程分析、评估与汇总；能遵循客户的品牌准则进行软件使用说明书的编写。

不足之处：须进一步提高问题分析的精准度；须进一步提高竞赛现场应变能力、抗压能力与耐力。

四、改革试点赛的创新与突出特点

1. 竞赛服务国家战略，对接互联网＋产业数字化典型应用场景

竞赛对接“互联网＋”行动战略，全面实施《中国制造2025》，落实和完善“双创”政策措施。以数字中国战略思想为指导，推动我国数字经济进入快车道。竞赛内容包括智慧城市、智慧党建、精准扶贫、智慧养老、智慧社区、智慧环保等产业数字化主题背景，进一步推动数字经济向高级阶段发展注入新动力。

2. 竞赛内容涵盖移动应用开发全流程典型工作任务，紧密对接行业主流技术领域

赛项在模块设计上，依据岗位技能需求，通过“需求分析—原型设计—功能开发—测试与交付”等移动应用开发全流程典型工作任务，考查参赛选手移动App软件设计、开发、测试、运维全周期核心技能。通过技能大赛，使学生获得极大的职业技能锻炼和提升，具备职业创新意识，这些经验积累将为参赛选手就业后能够迅速投入到实际岗位工作中奠定坚实的职业技能基础。

五、试点赛的意义

1. 深化竞赛“放管服”改革，强化职业院校办赛主体作用

在大赛执委会的指导下，在承办院校以及专家组、裁判组、监督组的努力下，移动应用开发赛项顺利、圆满完成，赛项规程科学合理，赛题内容接轨行业前沿，技术平台开放安全，赛项服务细致周密，做到了“零质疑、零事故、零申诉、零仲裁”。通过赛项的举

办，验证了教育部“强化职业院校办赛主体作用”改革的可行性。

2. 降低院校参赛成本，扩大赛项覆盖面与普适性

移动应用开发赛项是改革试点赛中为数不多没有指定合作企业、技术平台的赛项之一。赛项结合软件开发的行业特点，采用企业真实的开发环境与技术平台，取消仿真竞赛设备。院校不必为参加大赛而专门采购设备，一方面降低了大赛的门槛，扩大了赛项的覆盖面与普适性，真正践行了教育部节俭办赛的要求；另一方面院校可将经费更多地投入到内涵建设中。

3. 对接移动应用开发主流技术与典型生产任务，引领院校专业教学改革

移动应用开发赛项按照企业移动应用开发“项目需求分析→详细设计→功能开发→系统测试”的典型生产任务设计竞赛模块。与以往相比，赛题设计更加全面，内容接轨行业主流技术和岗位需求，也更加符合企业生产实际，可以进一步引领相关专业的课程建设与人才培养。

六、试点赛改革建议

1. 提高赛项院校覆盖面

希望未来的大赛，能进一步扩大竞赛规模，提高院校覆盖面，调动院校参与技能大赛的积极性。

2. 进一步降低院校参赛成本

结合赛项实际，科学评价赛项是否有必要采用指定技术平台，进一步降低院校参赛成本。

3. 提升技能大赛国际影响力

建议将赛项国际化水平作为遴选赛项的重要标准。建立奖补机制，遴选国际化办赛水平高的赛项，并给予一定经费支持。

4. 夯实赛项资源转化

（1）加强标准体系建设。将赛项资源转化与国家专业教学标准、实训装备标准等标准体系建设对接。同时，加强课程标准、项目标准体系建设。

（2）加强师资队伍培养。通过师资培训、企业顶岗实践等方式，提升师资队伍工程实践能力。

（3）加强教学资源建设。开发系列活页式、工作手册式教材，开发一体化的数字化教学资源。对接国家教学资源库建设与内容更新，提升赛项资源转化成果的覆盖面。

项目七
网络系统管理赛项

模块一　GZ-2020007　网络系统管理赛项规程

一、赛项名称

赛项编号：GZ-2020007
赛项名称：网络系统管理
英文名称：Network System Administration
赛项组别：高职
赛项归属产业：电子信息大类

二、竞赛目的

本赛项旨在融合世界技能大赛的技术标准和规则要求，通过大赛让参赛选手经历一个基于完整工作过程的检测，使参赛选手、裁判等相关人员熟悉并掌握世界技能大赛的技术规范和行业技术标准。通过竞赛来检测教学水平，引领和促进职业教育教学改革，促进与世界最高水平接轨，营造崇尚技能的社会氛围。

网络系统管理岗位从业人员主要工作在商业和组织机构中，包括网络运营中心、互联网服务提供商、数据中心等工作场所；为用户提供日常 IT 业务运营支持，提供包括用户业务支持、故障排除、设计安装与升级操作系统、规划网络应用、配置网络设备等广泛的 IT 信息服务。此外，网络系统管理人员有责任与用户进行专业的工作互动，以满足用户的信息化需求，确保 IT 系统和网络服务的连续性，并对 IT 系统的运营和网络服务的开发提供建议和指导，以提升 IT 网络信息系统的管理效能，服务组织发展。

通过大赛培养参赛选手在企业真实项目环境下进行网络规划与实施、配置网络设备的基础信息、搭建网络与部署信息化系统的方案、搭建移动互联网与实现无线网络优化、实施出口安全防护与远程接入、搭建网络服务与配置企业应用、完成网络设计与规划等信息化全网融合领域的核心技能；同时培养参赛选手的沟通能力、抗压能力、6S 规范等职业素质；展现职业院校计算机网络技术及其相关专业学生的技能与风采，激发学生的求知欲和参赛热情，以达到“以赛促学、以赛促教、以赛促改”的目的。

通过大赛搭建校企合作平台，引导更多的行业、企业参与校企合作，深化产教融合，推进产教融合人才培养，使职业院校能更深入地了解产业的发展趋势以及产业对 IT 人才的需求标准；引领计算机网络技术及相关专业改革与发展，适应互联网 +、移动互联、云

计算、大数据、智慧城市等新一代网络技术及应用发展的需求，从而推动专业新模式、新业态、新应用的发展。

通过大赛培养一批"实践能力强、教学水平高、敬业精神佳"的双师型"种子教师"师资队伍，建设一批高质量、立体化的专业课程资源包、项目教学资源等。

三、竞赛内容

（一）参赛选手需具备能力

本赛项基于企业真实项目和工作任务，结合企业岗位对学生职业技能的最新需求，要求参赛选手在规定时间内完成指定任务的网络工程规划和信息化系统部署。其中，主要考核参赛选手在无线网络规划与实施、设备基础信息配置与验证、网络搭建与信息化系统的方案部署、移动互联网搭建与无线网络优化、出口安全防护与远程接入、网络服务搭建与企业应用、网络设计与规划、掌握赛场规范和撰写文档规范等方面的技能。同时，竞赛也考核参赛选手工作组织和自我管理能力、沟通和人际交往能力、解决问题能力以及致力于紧跟行业发展步伐的自我学习能力。

本项目竞赛内容通过对技能实操表现来评估知识理解以及技能掌握的熟练程度，将不再另外举行知识及理解方面的理论测试。

参加本项目竞赛的参赛选手应具备的知识和技能见表 7-1，大赛允许 5% 偏差。相关知识和技能描述从多个能力维度出发分为七个部分，每部分使用百分比来表示所占赛题的权重。

表 7-1 知识和技能要求

	知识和技能要求	权重（%）
1	工作组织及管理	5
	参赛选手需知道并了解： • 健康与安全相关的规程、义务、条例及文件 • 需使用个人防护装备的情况，如 ESD（静电放电） • 当在因缺少某些领域经验或知识时，能向同伴提出援助请求 • 保证用户网络设备和信息完整及安全的重要性 • 废物处置及循环利用安全等 6S 标准的重要性 • 规划、调度及设置优先等级的技术 • 精确度、校验以及细节对所有实践工作的重要性 • 系统性地进行实操工作的重要性 • 沟通及研究的方法和技巧 • 管理自身专业发展的价值 • IT 系统变更的速度以及保持信息和时代同步的需求	
	参赛选手应能： • 遵守健康及安全标准，快速理解规则及掌握规章 • 保持一个安全的工作环境 • 确定及使用合适的个人静电放电防护装备 • 安全地选择、使用、清洁、维持并存放网络工具及网络设备	

续表

	知识和技能要求	权重（%）
1	工作组织及管理	5
	• 把工作区域规划好，使其发挥最大作用，做好定期整理工作 • 根据优先顺序表，定期制订计划，重新修订计划及多任务组织能力 • 有效地工作并定期检查工作的过程和成果 • 能参加各种认证考试，实现至少在一个领域有专长 • 密切关注最新“实操执照”要求 • 始终运用周密而有效的研究方法来保持个人最新知识的完善 • 保持对新方法、新技术的学习热情，并致力于改进工作 • 能与同伴有效地合作，提升工作效率和学习能力 • 以项目团队成员的身份，有效地开展工作	
2	沟通及交际技巧	10
	参赛选手需做到： • 了解聆听在有效沟通中的重要性 • 了解同伴的角色和要求，并选择有效的沟通方式 • 了解构建和维持与同事及管理者之间富有成效的工作关系的重要性 • 有效地掌握团队成员之间的工作技巧和沟通技巧 • 有效地掌握消除团队成员之间的误会和争执的技巧 • 掌握在紧张和愤怒的气氛中及时解决困难的技巧	
	参赛选手应能： • 通过聆听及提问技巧来加深对复杂环境的理解 • 管理与团队成员间持续有效的口头和书面交流 • 认识及适应同伴不断变更的需求 • 积极主动地为团队做出贡献 • 与团队成员分享知识及专业资料，从而营造相互支持的学习环境 • 通过有效地管理紧张 / 愤怒情绪，给予团队成员解决问题的信心	
3	用户支持及咨询工作	10
	参赛选手需知道并理解： • 以 IT 系统既定范围的特性，来增加业务支持范围 • 以计划及调度技术，促进提高服务水平以满足用户及机构需求 • 区分不同的认证和演示技术，支持用户技术及知识的发展 • 使用不同方法评估用户能力，支持紧急需求，鼓励个人发展 • 为满足个人学习风格而进行技术指导 • 可向用户介绍行业趋势和发展以及改进形态 • 不同情境下的谈判技巧，如项目投标	
	参赛选手应能： • 主动积极地保持对 IT 系统知识以及网络信息服务的学习能力 • 在目标时间内，适当地对公司用户及远程客户进行技术支持，以提供适当水平的 IT 服务支持	

续表

	知识和技能要求	权重（%）
3	用户支持及咨询工作	10
	• 对 IT 支持服务进行计划、安排、排列优先顺序，能定期重新排列优先顺序，以满足并平衡个人和公司的需求 • 精确无误地确定用户的需求并有效地管理其预期值 • 为完成工作而评估成本和时间 • 选择合适的示范技术，与具有不同水平的经验 / 能力的对象进行沟通 • 向个人及团队有效地展示 IT 系统，促进团队成员提升专业技术和水平 • 成功地“面对面”指导个人用户，能远程解决 IT 问题，介绍新产品，促进用户的技术和知识发展 • 抓住为提升产品及用户满意度贡献意见的机会 • 提供准确、及时的升级服务，搜索新的 IT 产品及服务用于决策制定支持 • 需求转换，提出满足需求的建议，如提出预算 • 为项目投标竞价做出贡献	
4	故障排除	25
	参赛选手需知道并理解： • 冷静及专心的问题解决方式的重要性 • IT 系统的意义，个人的依赖性及公司的持续可用性 • 常见的硬件 / 软件错误类型 • 诊断式和分析式的问题解决方法 • 个人知识 / 技能 / 职权的界限，以及支持 / 程序升级的依据 • 常见问题的标准解决时限	
	参赛选手应能： • 在解决问题时，具有能使用户冷静下来的信心 • 定期检查工作以减少后期阶段的问题 • 质疑不正确的信息以预防 / 减少问题 • 在处理问题时表现出顺应力及毅力 • 快速地认识并理解问题，能自己解决问题及管理过程 • 对于复杂的问题 / 情况能进行彻底地研究及分析，并进行故障探测 • 选择并使用诊断软件和工具以发现问题 • 通过简易、指引及指导的方式引导用户解决问题 • 必要时寻求专家帮助，防止问题引发严重后果 • 当问题解决后检查用户满意程度 • 准确地记录问题并提供解决报告	
5	设计	5
	参赛选手需知道并理解： • 网络环境及拓扑结构 • 逻辑图和功能图 • 激活网络设备的种类及位置要求，如路由器及交换机	

续表

<table>
<tr><th colspan="2">知识和技能要求</th><th>权重（%）</th></tr>
<tr><td>5</td><td>设计</td><td>5</td></tr>
<tr><td></td><td>• 安全选项及其效果
• IP 地址划分
• 配置所需文件，如安装指令</td><td></td></tr>
<tr><td></td><td>参赛选手应能：
• 在客户内部问责制内以适当的水平，讨论操作系统和网络设备的技术设计要求
• 为客户提供专业、优质及可行的解决方法，以满足技术性及安全性需求
• 把预算、资源限制与最优客户解决方案相结合
• 准确地把客户意愿转化为逻辑图
• 准备配置文件
• 进行预验收测试
• 准备相应规范文档并签名</td><td></td></tr>
<tr><td>6</td><td>安装、升级及配置操作系统</td><td>25</td></tr>
<tr><td></td><td>参赛选手需知道并理解：
• 操作系统使用范围及满足用户特殊需求的能力，给予客户预算指引
• 为不同种类的硬件选择合适驱动器的过程
• 硬件的基础功能及组装的过程
• 听从指令的重要性及不听从指令的后果 / 代价
• 预防措施的重要性，安装及升级前的注意事项
• 安装完成后或升级后文件编制的目的</td><td></td></tr>
<tr><td></td><td>参赛选手应能：
• 仔细倾听，准确地认识用户的需求以达到用户期望
• 选择操作系统（专用 / 开源），参照客户成本预估购买的总成本
• 为满足用户 / 生产商的需求，确定合适的硬件及软件驱动
• 为了获得最新的“工作流程”，不断地核实生产厂商的指引
• 选择操作系统 / 服务器系统的角色及 / 或特性，如活动目录域服务（角色）及 Windows 服务器备份（特性）
• 与相关人员讨论并确定角色 / 特性初步概念，如用户、同事及管理者
• 准备一份能反映该解决方案细则的技术文档，签名以示同意
• 根据生产商的指引或者组织的最佳实践结果，配置合适的角色 / 特性
• 测试并改正所有的问题，若有需要，重新进行测试
• 获得用户的认可</td><td></td></tr>
<tr><td>7</td><td>配置网络设备</td><td>20</td></tr>
<tr><td></td><td>参赛选手需知道并理解：
• 网络环境
• 网络协议，如 IPv6
• 根据客户要求完成网络服务
• 构建网络的过程以及如何配置能增加有效交流的网络设备的方法</td><td></td></tr>
</table>

续表

	知识和技能要求	权重（%）
7	配置网络设备	20
	• 网络设备的作用范围，如路由器、各种场合中应用的交换机类型、无线 AP、无线控制器、出口网关、内部网络连接等 • 预防在操作设备上增添服务后，因改变网络配置而引起的问题 • 对最终的配置设置进行归档的重要性	
	参赛选手应能： • 根据行业认证要求，解释用户需求及设计要求 • 根据客户所要求的流程进行工作，以成功完成配置 • 为达到客户要求，选择合适的服务 • 在所有可能在网络环境中出现的网络设备上进行设计，如各种场合中应用的交换机应用场景、路由器协议、网络安全、网络出口网关、Wi-Fi 设备、VoIP 设备等，并执行灾难恢复流程 • 与相关人员（用户、同伴及经理）讨论解决方案，并达成一致 • 保留配置记录	
合计		100

（二）竞赛模块

网络系统管理赛项基于企业真实项目，结合企业岗位技能需求，参赛选手在 3 天时间（每天 4 小时，累计 12 小时）内，完成指定任务的网络系统规划和网络服务业务部署。

1. 竞赛内容

本竞赛结合国内行业、企业的实际业务和世赛标准来组织命题，只考核技能部分，不涉及理论。本竞赛进行的技能实操考核，涉及 Linux 环境模块、Windows 环境模块、网络构建模块 3 个模块，详细内容见表 7-2。

表 7-2　竞 赛 模 块

模块编号	模块名称	竞赛时间（h）	分数		
			评价分	测量分（%）	合计（%）
A	Linux 环境	4	/	30	30
B	Windows 环境	4	/	30	30
C	网络构建	4	/	40	40
总计					100

注：① 职业规范与赛场纪律由现场裁判评分，权重 2%，作为额外加分累计。
② 文档制作规范性由评分裁判评分，权重 3%，作为额外加分累计。
③ 最终赛题难度将由专家组讨论决定。

参赛选手需要根据赛项要求，对赛场环境中部署的网络服务项目进行分析、设计、连接、配置、调试和排障，对网络中的服务器和客户端进行相应配置，实现全网的互联互通，并保障网络安全。

2. 模块介绍

本次竞赛中各模块的基本内容见表 7-3。

表 7-3 竞赛模块基本内容

日期	模块编号	模块名称	工作任务
C1	C	网络构建	连接、配置及调试网络
C2	B	Windows 环境	安装、配置及测试服务
C3	A	Linux 环境	安装、配置及测试服务

各模块的详细内容描述如下。

（1）Linux 环境（竞赛时间 4 小时）

依据设计图纸要求，配置系统网络连接；依据信息系统构建要求，完成基于 Linux 系统的企业信息化系统的构建；在符合 LPI2 技术水平规范要求的情况下，对多台 Linux 服务器的网络资源、存储资源、计算资源进行分配与管理，提供安全有效的信息化系统平台服务。

（2）Windows 环境（竞赛时间 4 小时）

依据设计图纸要求，配置和管理 Windows 用户及应用服务器；在活动目录环境中实现用户、组和计算机账户统一管理，配置对共享文件夹的安全访问；为 Windows 远程管理安装和配置终端服务；创建控制用户桌面的设置等安全性策略。

（3）网络构建 (竞赛时间 4 小时)

依据网络构建的服务需求，构建复杂的网络及服务，完成各类网络设备的配置与管理；根据行业认证要求，用户需求及设计要求，在所有可能在网络环境中出现的网络设备上，如路由器、数据中心交换机、出口网关、无线设备等，应用各种类型的服务配置，包括软件及硬件升级，设计并执行灾难恢复流程等。

3. 其他要求

参赛选手在竞赛过程中，还需要具有有序组织与安排工作、注意赛场安全、保持环境整洁、个人着装规范、注意安全保护（如戴安全帽等）、遵守赛场纪律以及自我管理等职业能力。此外，对提交的文件有效、命名的文件名称符合赛题要求、文件内容排版规范等符合撰写文档规范的评价，都会作为额外加分项累加予以鼓励。

四、竞赛方式

（一）参赛选手构成

本赛项为单人技能赛，每支参赛队由 1 名参赛选手组成，必须为在籍高职院校学生。其中，参赛选手年龄须不超过 25 周岁（年龄计算的截止时间以 2020 年 11 月 1 日为准），其性别和年级不限。指导教师须为本校专兼职教师，个人赛每名参赛选手限报 1 名指导教师。

（二）竞赛时间安排

本赛项分 A、B、C 共 3 个模块。所有参赛选手在指定时间、按照竞赛要求完成竞赛任务。3 个模块分别安排在 3 天（每天上午 8:40～12:40）时间内完成，累计竞赛时间为 12 小时。

五、竞赛流程

竞赛时间见表 7-4。

表 7-4 竞赛时间表

日期	时间	内容
竞赛前 2 天	18:00 之前	裁判报到
	19:00—20:00	裁判工作会议
竞赛前 1 天	12:00 之前	各参赛队报到
	10:00—11:00	工作人员（含现场裁判）培训会议
	12:00—17:00	竞赛设备运行、稳定性检测
	15:30—16:00	领队会议
	16:00—16:30	参赛队熟悉竞赛场地
	17:00—18:00	现场裁判赛前检查，封闭赛场
竞赛第 1 天	6:00—7:00	参赛队早餐
	7:00—7:30	参赛队集合前往竞赛现场
		现场裁判开启赛场及竞赛设备
	7:30—8:00	开赛式
	8:00—8:10	赛场检录
	8:10—8:20	一次加密：参赛队抽取参赛编号
	8:20—8:30	二次加密：参赛队抽取赛位号
	8:30—8:40	参赛队进入赛位，进行赛前设备、材料检查
	8:40-12:40	竞赛时间
	12:40—13:00	收取各参赛队赛题及竞赛结果文档
	12:40—14:40	申诉受理
	12:00—12:30	评分裁判培训
	13:00—13:40	参赛队午餐
	13:40—14:10	参赛队返回酒店
	13:00—13:30	三次加密：竞赛结果等文件加密
	13:30—21:00	成绩评定与复核
	21:00—22:00	加密信息解密
	22:00—23:00	第一模块成绩汇总，裁判签字确认
竞赛第 2 天	6:30—7:30	参赛队早餐
	7:30—8:00	参赛队集合前往竞赛现场
		现场裁判开启赛场及竞赛设备

续表

日期	时间	内容
竞赛第 2 天	8:00—8:10	赛场检录
	8:10—8:20	一次加密：参赛队抽取参赛编号
	8:20—8:30	二次加密：参赛队抽取赛位号
	8:30—8:40	参赛队进入赛位，进行赛前设备、材料检查
	8:40—12:40	竞赛时间
	12:40—13:00	收取各参赛队赛题及竞赛结果文档
	12:40—14:40	申诉受理
	12:00—12:30	评分裁判培训
	13:00—13:40	参赛队午餐
	13:40—14:10	参赛队返回酒店
	13:00—13:30	三次加密：竞赛结果等文件加密
	13:30—21:00	成绩评定与复核
	21:00—22:00	加密信息解密
	22:00—23:00	第二模块成绩汇总，裁判签字确认
竞赛第 3 天	6:30—7:30	参赛队早餐
	7:30—8:00	参赛队集合前往竞赛现场
	7:30—8:00	现场裁判开启赛场及竞赛设备
	8:00—8:10	赛场检录
	8:10—8:20	一次加密：参赛队抽取参赛编号
	8:20—8:30	二次加密：参赛队抽取赛位号
	8:30—8:40	参赛队进入赛位，进行赛前设备、材料检查
	8:40-12:40	竞赛时间
	12:40—13:00	收取各参赛队赛题及竞赛结果文档
	12:40—14:40	申诉受理
	12:00—12:30	评分裁判培训
	13:00—13:40	参赛队午餐
	13:40—14:10	参赛队返回酒店
	13:00—13:30	三次加密：竞赛结果等文件加密
	13:30—21:00	成绩评定与复核
	21:00—22:00	加密信息解密
	22:00—23:00	第三模块成绩汇总，裁判签字确认
	23:00—23:30	全部成绩汇总登录，竞赛执委会对外公布
竞赛第 4 天	8:00—9:00	公布成绩，闭幕式
	9:00—10:00	参赛队返回酒店

六、竞赛赛卷

（一）竞赛命题方案

竞赛赛题设计要求如下。

1. 每一份赛题都含有一份详细物理拓扑图或一份详细逻辑图。
2. 完成 A、B、C 模块评分点设计，每个模块的评分点在 30～60 分之间。
3. 大赛使用的所有操作系统均为英文版本。

（二）专家组建立赛题库

本赛项建立赛题库，样题由大赛执委会组织专家组完成，样题基于全国职业院校技能大赛相关文件及世界技能大赛相关技术文件要求编制。关于赛题库的命题方向和命题难度，以教育部颁布的职业院校对应的课程标准和相关行业组织颁布的行业标准为依据，结合计算机网络技术专业技能人才培养标准和职业岗位需要，参照行业规范设计。

于开赛前 1 个月，通过大赛官网公开赛题库以及评分要点，竞赛样卷与竞赛规程同步发布。

（三）裁判长确定赛题

根据赛题库，赛前由专家组编制出 2 套正式赛卷，组建赛卷库，由裁判长最终审核确认、打印、封存。赛卷库存放在承办院校保密室中。保密室须全程监控，并安排专人看管。

正式赛卷在竞赛当天前 1 小时，由 2 名裁判及竞赛监督员将赛卷从保密室监护运往赛场。由裁判长在监督长的监督下，从赛卷中随机抽取赛题。

竞赛完成后，包括参赛选手在内的任何人都不得将赛卷带离赛场，由现场裁判对赛卷进行回收。

赛卷具体参考样卷见附件。

七、竞赛规则

1. 参赛队及参赛选手资格。参赛选手须为高职院校全日制在籍注册学生、本科院校中高职类全日制在籍注册学生、五年制高职四 / 五年级在籍注册学生。参赛选手年龄须不超过 25 周岁（年龄计算的截止时间以 2020 年 11 月 1 日为准）。凡在往届全国职业院校技能大赛中获本赛项高职组一等奖的参赛选手，不能再报名参赛。

2. 赛位通过抽签决定，竞赛期间参赛选手原则上不得离开竞赛场地。

3. 竞赛所需的硬件、软件和辅助工具统一提供，参赛队不得使用自带的任何具有存储或通信功能的设备，如硬盘、光盘、U 盘、手机、随身听、智能手表、PDA 等。

4. 参赛选手在赛前 20 分钟，领取竞赛任务，并进入赛位。竞赛正式开始后方可进行相关操作。

5. 在竞赛过程中，参赛选手如有疑问，应举手示意，现场裁判应按要求及时予以答疑。如遇设备或软件等故障，参赛选手应举手示意，现场裁判、技术人员等应及时予以解决。确因计算机软件或硬件故障，致使操作无法继续，经裁判长确认，予以启用备用设备。

6. 竞赛时间结束，参赛选手应全体起立，结束操作。经工作人员查收清点所有文档后参赛选手方可离开赛场，离开赛场时不得带走任何资料。

7. 赛项裁判应严格遵守赛项各项规章制度，确保竞赛公平、公正、公开。竞赛当天 8:00 起，赛项裁判应上交所有通信设备，由赛项执委会统一保管。赛项裁判应在指定区域休息或工作，直至赛项成绩评定结束。

8. 竞赛结束，经加密裁判对各参赛选手提交的竞赛结果进行第 3 次加密后，评分裁判方可入场进行成绩评判。最终竞赛成绩经复核无误，由裁判长、监督长签字确认后，以纸质形式向全体参赛队进行公布，并在闭赛式上予以宣布。

9. 本赛项各参赛队最终成绩，由承办院校信息员录入赛务管理系统。承办院校信息员对成绩数据审核后，将赛务系统中录入的成绩导出打印，赛项裁判长审核无误后须签字。承办院校信息员将经裁判长确认的电子版赛项成绩上传赛务管理系统，同时，将裁判长签字的纸质打印成绩单报送大赛执委会。

10. 赛项结束后，专家工作组根据裁判评分情况，分析参赛选手在竞赛过程中对各知识点、技术的掌握程度，并将分析报告上报至大赛执委会办公室，大赛执委会办公室根据实际情况适时公布。

11. 赛项中每个竞赛环节裁判评分的原始材料和最终成绩等结果性材料，经监督组人员和裁判长签字后，装袋密封留档，由赛项承办院校封存，并委派专人妥善保管。

八、竞赛环境

（一）赛场布局要求

竞赛场地包括参赛选手竞赛区域、展示平台区域、裁判区域、设备耗材区、技术支持区、服务区。

1. 参赛选手竞赛区域。面积在 600 m^2 以上，按照 U 形布置赛位。每个赛位标有醒目的赛位编号，每个赛位面积在 7 m^2 左右，确保各参赛队之间互不干扰。要求对竞赛过程进行全程无死角视频监控，监控录像保存 3 个月。要求保证赛场采光（光照强度大于 500 lx），通风良好；提供稳定的水、电，并提供应急的备用电源；提供足够的干粉灭火器；每个赛位提供 1 个垃圾箱。

2. 展示平台区域。需要与竞赛场地分开，供参赛队领队、指导教师及工作人员休息，并开展其他相关活动。

3. 裁判区域。供裁判休息及工作使用。要求配有计算机 10 台，A4 激光打印机 1 台，桌椅 10 套，饮水机、纸杯、文具用品若干。

4. 技术支持区。是技术支持人员的工作场地，为参赛选手竞赛提供技术支持。

5. 服务区。提供医疗等服务保障，并用隔离带与其他区域分隔开。

（二）赛场参赛选手安全防护要求

1. 参赛选手应严格遵守设备安全操作规程。

2. 参赛选手停止操作时，应保证设备正常运行。竞赛结束后，所有设备保持运行状态，不要拆、触碰硬件连接，确保设备正常运行，以实现正常评分。

3. 参赛选手应遵从安全规范操作，如 ESD（静电放电）设备安全使用及储存。

4. 参赛选手应保证设备和信息的完整及安全。

（三）赛事安全要求

1. 禁止参赛选手及所有参加赛事的人员携带任何有毒、有害物品进入赛场。

2. 承办院校应设置专门的安全防卫组，负责竞赛期间安全事务，主要包括检查竞赛场地、与会人员居住地，确保车辆交通及其周围环境的安全；确保与会人员食品安全与卫生；分析和处理安全突发事件，制订紧急情况应对方案等工作。

3. 赛场须配备医疗和急救人员，并备有相应急救设施。

（四）赛事开放要求

1. 赛场内除指定的裁判等工作人员外，其他与会人员须经组委会同意或在组委会相关人员陪同下，佩戴相应的证件方可进入赛场。

2. 允许进入赛场的人员只可在指定区内观摩竞赛，不得使用录像设备长时间拍摄参赛选手赛位、屏幕。

3. 允许进入赛场的人员应遵守赛场规则，不得与参赛选手交谈，不得妨碍、干扰参赛选手竞赛。

4. 允许进入赛场的人员不得在场内吸烟、喧哗。

5. 经组委会允许的赞助商和负责宣传的媒体记者，须按竞赛规则的要求进入赛场相关区域。

以上人员均不得妨碍、干扰参赛选手竞赛，不得有任何影响竞赛公平、公正的行为。

（五）赛事绿色环保要求

1. 赛场须严格遵守我国环境保护有关法律法规。

2. 赛场所有废弃物应有效分类并处理，并尽可能地回收利用。

3. 赛场设置排烟除尘系统，尽可能地减少和控制烟尘。

九、技术规范

参赛代表队在实施竞赛项目中要求遵循如下规范，详见表 7-5。

表 7-5　竞赛技术规范

序号	标准号	中文标准名称
1	GB 50174—2008	电子信息系统机房设计规范
2	GB/T 21671—2018	基于以太网技术的局域网（LAN）系统验收测评方法
3	GB/T 22239—2019	信息安全技术　网络安全等级保护基本要求
4	教育部职业教育与成人教育司	高等职业学校专业教学标准——电子信息大类

十、技术平台

（一）设备清单

竞赛设备清单见表 7-6。

表 7-6　竞赛设备清单

序号	设备名称	型号	单位	数量
1	Standard PC	CPU：Intel i7 及以上 内存：32 GB 及以上 硬盘：512 GB 的 SSD 固态硬盘及以上 网卡：千兆网卡（1 块）、无线网络适配器（1 块） 自带串口用于连接调试线缆	台	1
2	High Performance PC	CPU：Intel i9（或 E5-2600）及以上 内存：64 GB 及以上 硬盘：1 TB 的 SSD 固态硬盘及以上 网卡：千兆网卡（至少提供 1 个网口）	台	1
3	显示器	19 英寸及以上	台	2
4	路由器	模块路由器	台	3
5	交换机（1）	数据中心交换机	台	2
6	交换机（2）	三层可控交换机	台	3
7	交换机（3）	二层可控交换机	台	2
8	出口网关	网络安全设备	台	2
9	无线控制器	无线控制器	台	2
10	无线接入设备	胖、瘦一体 AP	台	3
11	配件（1）	电源适配器	块	3
	配件（2）	串口接口模块（SIC-1HS/SIC-2HS）	块	6
	配件（3）	串口线缆（CAB-V.35 DTE/V.35 DCE）	条	3
	配件（4）	万兆模块（XG-SFP）	块	2
	配件（5）	配置线缆	条	1

（二）材料及软件清单

竞赛材料及软件清单见表 7-7。

表 7-7　材料及软件清单

序号	软件名称	版本	单位	数量
1	VMware ESXi	Version 6.5 及以上	套	1
2	VMware Workstation	Version 15 及以上	套	1
3	Debian Linux	Version 10 及以上（BLBD 版）	套	1
4	Windows Server 2019	Datacenter 版	套	1
5	Windows 10	Enterprise	套	1

续表

序号	软件名称	版本	单位	数量
6	VPNClient	OPENVPN 2.4 及以上	套	1
7	Zabbix-Agent	Zabbix-Agent 3.4 及以上	套	1
8	Office	Version 2013 及以上	套	1
9	Putty	Version 0.7 及以上	套	1
10	Folder2iso	Version 3.1 及以上	套	1
11	Tftpd	Version 4.6 及以上	套	1
12	无线地勘系统	无线地勘系统	套	1
13	解压缩软件	Win RAR4.0 及以上	套	1
14	PDF 阅读器	Adobe Reader X1 及以上	套	1
15	网络调试工具	SercureCRT 8.1 及以上	套	1
16	截图工具	FSCapture 6.5 及以上	套	1
17	FTP 客户端	FlashFXP 5.4 及以上	套	1

（三）场地禁止自带设备和材料

禁止参赛选手携带电子设备入场，如平板电脑、手机、多媒体播放器、录音器材、照相机、摄影机等。

十一、成绩评定

（一）评分原则

1. 客观性结果评分原则

采用与行业真实项目相对接评分原则，不仅检查命令和过程配置，还需要检测功能点是否实现。客观性结果评分依据目标功能实现的 Show 状态信息、Web 截图状态以及功能性的状态测试进行。通过对结果进行客观性评分，深入考查参赛选手对重要功能的理解是否深入，规避死记硬背，以此凸显赛项过程与真实工作接轨的目的。

2. 参照评分表样例及评分原则

评分表按照参赛选手对应题目功能配置的实现过程的截图进行评分，具体评分样表见表 7-8。

表 7-8　ServerA 的配置要求（26 分）

序号	评分内容及要求	分值
1	ServerA 使用 mount | grep mnt 命令查看 iso 文件挂载状况，并截图	3 分
2	ServerA 使用 cat /etc/yum.repos.d/local.repo 查看本地 yum 源配置，并截图	3 分
3	ServerA使用 vgdisplay datastore 和 lvdisplay/dev/mapper/datastore-database 查看lvm 信息，并截图	10 分

续表

序号	评分内容及要求	分值
4	ServerA 使用 blkid /dev/mapper/datastore-database 命令获取 UUID 值，并截图；使用 cat 命令查看 /etc/fstab 文件内容，并截图	4 分
5	ServerA 使用 openssl x509 -in http.crt -noout -text 命令查看 Web 证书的发布者和主题，并截图	6 分

3. 三次加密原则

竞赛过程采取三次加密办法，通过抽取参赛编号、赛位号和竞赛成果号，屏蔽参赛队信息。每个环节设置 1 名独立裁判，环节结束后，数据立即封存于裁判长处，加密裁判直接隔离，确保成绩评定公平、公正。

4. 独立评分原则

根据裁判分工，负责相同模块评分工作的不同裁判，采取随机抽签独立评分办法，确保成绩评定严谨、客观、准确。负责不同模块的裁判进行随机抽签分组，杜绝凭主观意愿组队。裁判各自完全独立评分，裁判间互不干涉，竞赛监督人员进行随机监督。

5. 错误不传递原则

各环节分别计算得分，按规定比例计入参赛选手总分，错误不传递。

6. 抽查复核原则

（1）为保障成绩评判的准确性，监督组对赛项总成绩排名前 30% 的所有参赛队伍（选手）的成绩进行复核，对其余成绩进行抽检复核，抽检覆盖率不得低于 15%。

（2）监督组须将复检中发现的错误以书面方式及时报告裁判长，由裁判长更正成绩并签字确认。

（3）复核、抽检错误率超过 5% 的，则认定为非小概率事件，裁判组需对所有成绩进行复核。

（二）评分方法

1. 竞赛满分为 1 000 分，最终成绩换算为 100 分制进行排名。

2. 评分成绩 = 设备基础信息配置 + 网络搭建与信息化系统的方案部署 + 移动互联网搭建与无线网络优化 + 出口安全防护与远程接入 + 无线网络规划与实施 + 网络服务搭建与企业应用 + 赛场规范和文档规范。

3. 竞赛设置裁判 18 人，包括裁判长 1 名、裁判 17 名。其中加密裁判 3 人，现场裁判 5 人，评分裁判 9 人。

4. 竞赛采取三次加密。第一次加密由裁判组织参赛选手第一次抽签，抽取参赛编号，替代参赛选手参赛证等个人信息。第二次加密由裁判组织参赛选手进行第二次抽签，确定赛位号，替换参赛选手参赛编号。第三次加密由裁判对各参赛选手竞赛结果进行加密，替换赛位号。三次加密信息由不同加密裁判密封后保管，在评分结束后进行解密并统计成绩。

5. 竞赛对参赛选手提交的结果采取客观性结果评分。采取分步得分、累计总分的计分方式。各环节分别计算得分，错误不传递，按规定得分计入总分。根据赛题情况划分模块，每 3 名裁判负责一个模块进行独立评分。裁判长在竞赛结束 18 小时内提交评分结果，

经复核无误，由裁判长、监督组签字确认后公布。

6. 裁判长正式提交评分结果并复核无误后，加密裁判在监督人员的监督下进行三层解密：竞赛结果编号到赛位号解密，赛位号到参赛编号解密，参赛编号到参赛选手名解密。

7. 在竞赛过程中，参赛选手如有不服从裁判判决、扰乱赛场秩序、舞弊等行为，由裁判长按照规定扣减相应分数，情节严重的将取消竞赛资格，竞赛成绩计 0 分。

十二、奖项设定

木赛项的奖项为个人奖。

设奖比例为：以赛项实际参赛队总数为基数，一、二、三等奖获奖比例分别为 10%、20%、30%（每个奖项具体数量按小数点后四舍五入确定）。

如出现参赛队总分相同情况，按照 A、B、C 模块顺序的得分高低排序，即总成绩相同的情况下比较 A 模块的成绩，A 模块成绩高的排名优先；如果 A 模块成绩也相同，则按 B 模块的成绩进行排名；以此类推完成排序。如果 A、B、C 各模块分值相同，则查看文档撰写规范、职业素养的分值进行排序。

获得一等奖的参赛队指导教师获"优秀指导教师"荣誉。

十三、赛场预案

（一）应急安全预案

竞赛期间发生意外事故，发现者应第一时间报告赛项执委会，同时应采取合理措施避免事态扩大。赛项执委会应立即启动预案予以解决并报告赛区执委会。赛项出现重大安全问题可以停赛，是否停赛由赛区执委会决定。事后，赛区执委会应向大赛执委会报告详细情况。

相关应急预案见表 7-9。

表 7-9　竞赛应急安全预案

突发事件	预防措施	事件发生后应对措施
参赛选手发病或受伤	在各赛位张贴安全操作说明	医务人员应采取紧急救护措施，及时进行救治，如病情或伤势严重，应及时送往最近医院进行救治
人员发生食物中毒	竞赛期间指定的住宿 / 餐饮场地符合国家相关资质要求，并协调地方卫生部门做好检查工作	立即组织对中毒人员进行救治，必要时送往最近医院进行检查治疗。同时对可疑的食品、饮水及其有关原料、工具设备和场所以及可能受污染的区域采取保留、控制措施，组织开展现场调查，迅速查明原因，并及时向大赛执委会报告
设备损坏（如不能启动、反复重启等）	提前一天稳定性检测，所有设备开机运行，现场放置备机	参赛选手举手示意后，监督人员计时，裁判确认后更换备机，并由裁判长确定应计入的延时时长

续表

突发事件	预防措施	事件发生后应对措施
设备掉电	竞赛前技术人员及监督人员检查所有电源插头，确保牢固；电源线尽量绑扎在参赛选手碰不到的地方，如桌子后面等；竞赛前提醒参赛选手注意不要触碰电源，配置文件要随时保存	参赛选手举手示意后，监督人员计时，裁判确认后重启机器，并由裁判长确定应计入的延时时长
现场网络线缆故障	现场走线要规范，尽量走暗槽或现场人员接触不到的地方；对主要线路要在走线槽内留有备线	启用备线

（二）处罚措施

1. 因参赛队伍原因造成重大安全事故的，取消其获奖资格。

2. 如有参赛队伍存在重大安全事故隐患，经赛场工作人员提示、警告无效的，可取消其继续竞赛的资格。

3. 赛事工作人员违规的，按照相应的规定追究其责任。情节恶劣并造成重大安全事故的，由司法机关追究其相应法律责任。

十四、赛项安全

赛项安全是全国职业院校技能大赛一切工作顺利开展的先决条件，是本赛项筹备和运行工作必须考虑的核心问题。

（一）组织机构

1. 成立赛项安全保障小组，由承办院校主抓安全的校领导、学生工作处、后勤处、保卫处、合作企业技术工程师等相关人员组成。

2. 与地方交通、司法、安全、消防、卫生、食品、质检等相关部门建立协调机制，制订应急预案，及时处置突发事件，保证竞赛安全进行。

（二）赛项安全管理要求

1. 赛项合作企业提供的器材、设备应符合国家有关安全规定，并在竞赛现场安排技术支持人员，保障赛项设备安全稳定。

2. 在赛位张贴安全操作说明，并由裁判长在竞赛开始前 10 分钟宣读安全操作说明。

3. 命题期间，对所有命题相关人员进行封闭管理，直至赛项竞赛结束。所有涉及竞赛赛题的人员必须签署保密协议。

4. 赛题在具有相关印刷资质的印刷企业进行印制，并第一时间由安保人员送往承办院校存放于具有双锁保密室的保密铁柜内，由赛项执委会指定专人和保密室负责人共同负责保管。

5. 赛题领取人必须由专人在赛项监督人员的监督下于竞赛开始前 30 分钟内到保密室领取赛卷，并核对好数量，查验赛卷的密封是否完整，做好移交工作。

6. 竞赛用的所有赛题、成绩评定过程材料等都要回收，并妥善保存在赛项承办院校。

7. 赛项所有裁判与参赛队住宿须在不同酒店。在竞赛一次加密前 30 分钟，由赛项执委会工作人员收缴裁判所有通信设备，直至竞赛成绩发布后再归还。

8. 竞赛期间，除现场裁判外，其余裁判由赛项执委会统一安排休息场所。在此期间，裁判员不得随意出入，不得与参赛队联系。

（三）竞赛环境安全管理要求

1. 保证赛场各通道口畅通，并配备专门人员，禁止无关人员进入场地，控制人员流量和赛场观众数量，张贴好安全指示标识等。

2. 赛场周围设立警戒线，防止无关人员进入，发生意外事故。所有参赛人员必须凭赛项执委会印发的有效证件进入场地。

3. 对社会观众，安全保障小组适当进行合法、合理地询问检查，对携带可疑物品、包裹，又拒绝接受询问检查的，安全保障小组须禁止其入内。

4. 安全保障小组随时对赛场进行巡查、监督，确保安全。

5. 未经赛项执委会批准，严禁任何人在竞赛场地私拉各种电源线。

6. 张贴突发事件应急疏散示意图。如遇特殊情况，服从大赛执委会统一指挥。

（四）生活条件保障

1. 竞赛期间，原则上由承办院校统一安排参赛选手和指导教师食宿。承办院校须尊重少数民族的信仰及文化，根据国家相关的民族政策安排好少数民族参赛选手和教师的饮食起居。

2. 竞赛期间安排的住宿地应具有宾馆 / 住宿经营许可资质。以学校宿舍作为住宿地的，大赛期间的住宿、卫生、饮食安全等由赛项执委会和提供宿舍的学校共同负责。

3. 大赛期间组织的参观和观摩活动，其交通安全由赛项执委会负责，赛项执委会和承办院校须保证竞赛期间参赛选手、指导教师、裁判员和其他工作人员的交通安全。

4. 各赛项的安全管理，除了可以采取必要的安全隔离措施外，应严格遵守国家相关法律法规，保护个人隐私和人身自由。

（五）组队责任

1. 各学校组织代表队时，须安排为参赛选手购买大赛期间的人身意外伤害保险。

2. 各学校代表队组成后，须制订相关管理制度，并对所有参赛选手、指导教师进行安全教育。

3. 各参赛队伍须加强对参与竞赛人员的安全管理，做好与赛场安全管理的对接。

十五、竞赛须知

（一）参赛队须知

1. 参赛队名称。统一使用规定的地区代表队名称，不使用学校或其他组织、团体的名称；不接受跨校组队，同一学校相同项目报名参赛队不超过 1 支。

2. 参赛队组成。每支参赛队由 1 名符合参赛资格的学生组成，性别不限。

3. 指导教师。每支参赛队可配指导教师 1 名，指导教师经报名并通过资格审查后确定。

4. 参赛选手及指导教师在报名获得确认后，原则上不得更换。如在筹备过程中，参赛选手因故不能参赛，须由其所在省级教育行政部门于参与赛项开赛 10 个工作日之前出具书面说明，并经大赛执委会办公室核实后予以更换。竞赛开始后，参赛队不得更换参赛选手，但允许参赛选手缺席竞赛；不允许更换新的指导教师，但允许指导教师缺席。

（二）指导教师须知

1. 指导教师应该根据专业教学计划和赛项规程合理制订训练方案，认真指导参赛选手训练，培养参赛选手的综合职业能力和良好的职业素养，克服功利化思想，避免为赛而学、以赛代学。

2. 指导教师应及时查看大赛官网，关注有关赛项的通知和内容，认真研究和掌握本赛项竞赛的规程、技术规范和赛场要求，指导参赛选手做好赛前的技术准备和竞赛准备。

3. 指导教师应该根据赛项规程要求做好参赛选手保险办理工作，并积极做好参赛选手的安全教育工作。

4. 指导教师参加赛项观摩等活动时，不得违反赛项规定进入赛场，不得干扰竞赛正常进行。

（三）参赛选手须知

1. 参赛选手须严格遵守赛场规章、操作规程和工艺准则，保证人身及设备安全，接受裁判员的监督和警示，文明竞赛。

2. 参赛选手在检录时须将身份证、学生证、参赛证等证件交由检录人员统一保管，不得带入场内。

3. 参赛选手进入赛场，不允许携带任何书籍和其他纸质资料，不允许携带通信工具和存储设备（如 U 盘）。相关技术资料的电子文档、计算机及应用软件由竞赛组委会统一提供。

4. 各参赛队应在竞赛开始前一天规定的时间段内进入赛场熟悉环境，但不得触碰任何竞赛设备及材料。

5. 竞赛时，在收到开赛信号前不得启动操作，各参赛队自行决定分工、工作程序和时间安排，在指定赛位上完成竞赛项目，严禁作弊。

6. 竞赛过程中，因严重操作失误或安全事故不能进行竞赛的（如因综合布线发生短路导致赛场断电、造成设备不能正常工作），现场裁判员有权中止该队继续参赛。

7. 在一天的竞赛期间，参赛选手在 8:40—12:40 连续工作，食品、饮水等由赛场统一提供。参赛选手休息、饮食或如厕时间均计算在竞赛时间内。

8. 凡在竞赛期间提前离开赛场的参赛选手，当天不得返回赛场。

9. 为培养技能型人才的严谨工作作风，在参赛期间，参赛选手应当注意保持工作环境及设备摆放符合企业生产 6S（即整理、整顿、清扫、清洁、素养和安全）原则，如果赛位过于脏乱，裁判员有权酌情扣分。在竞赛中如遇非人为因素造成的设备故障，经裁判确认后，可向裁判长申请补足排除故障的时间。

10. 参赛队如欲提前结束竞赛，应向现场裁判举手示意，并记录竞赛终止时间。竞赛终止后，不得再进行任何与竞赛有关的操作。

11. 各参赛队按照大赛要求和赛题要求提交竞赛成果，禁止在竞赛成果上做任何与竞赛无关的记号。

12. 竞赛操作结束后，参赛队要确认已成功提交竞赛要求的文件，裁判在竞赛结果的规定位置做标记，并与参赛队一起签字确认。

（四）工作人员须知

1. 熟悉竞赛规则，服从管理，严格按照工作程序和有关规定办事。
2. 树立服务观念，本着一切为参赛选手着想的原则，以高度负责的精神、严肃认真的态度和严谨细致的作风，积极完成大赛工作任务。
3. 按规定统一着装、佩戴胸卡，文明礼貌，保持良好形象。
4. 坚守工作岗位，不迟到，不早退，不无故离岗，如遇特殊情况向组长请假。
5. 遇安全突发事件，按照工作预案及时组织疏散，确保人员安全。
6. 未经同意不得擅自发布关于竞赛的言论，不得私自接受采访。

十六、申诉与仲裁

各参赛队对不符合大赛和赛项规程规定的仪器、设备、工装、材料、物件、计算机软硬件、竞赛使用工具等用品，对竞赛执裁、赛场管理以及工作人员的不规范行为等，可向赛项仲裁组提出申诉。申诉主体为参赛队领队，参赛队领队可在竞赛结束后（参赛选手赛场竞赛内容全部完成）2 小时之内，向仲裁组提出书面申诉。

书面申诉应对申诉事件的现象、发生时间、涉及人员、申诉依据等进行充分、实事求是的叙述，并由领队亲笔签名。非书面申诉不予受理。

赛项仲裁组在接到申诉报告后的 2 小时内组织复议，并及时将复议结果以书面形式告知申诉方。申诉方对复议结果仍有异议，可由省（市）领队向赛区仲裁委员会提出申诉。赛区仲裁委员会的仲裁结果为最终结果。

仲裁结果由申诉人签收，不能代收，如在约定时间和地点申诉人离开，视为自行放弃申诉。

申诉方可随时提出放弃申诉，不得以任何理由采取过激行为扰乱赛场秩序。

十七、竞赛观摩

本赛项将提供公开观摩区，使用大屏幕实时转播现场实况。

竞赛环境依据竞赛需求和职业特点设计，在竞赛不被干扰的前提下，开放部分赛场。现场观摩应遵守如下纪律。

1. 观摩人员需由赛项执委会批准，佩戴观摩证件在工作人员带领下沿指定路线、在指定区域内到现场观赛。
2. 文明观赛。服从赛场工作人员的指挥，不得大声喧哗，杜绝各种违反赛场秩序的不文明行为。
3. 观摩人员不得同参赛选手、裁判交流，不得传递信息，不得采录竞赛现场数据资料，不得影响竞赛的正常进行。
4. 对于各种违反赛场秩序的不文明行为，工作人员有权予以提醒、制止。

十八、竞赛直播

本赛项竞赛时将组织专人进行摄像，记录竞赛全过程。竞赛时采用全过程录像与同步大屏直播。赛后邀请媒体采访优秀参赛选手、优秀指导教师、裁判专家或企业人士，并留档作为一项赛事成果。

十九、资源转化

2020 年全国职业院校技能大赛改革试点赛网络系统管理赛项资源转化工作主要聚焦完善、升级已经开发完成的专业核心课程教学资源包，进一步开展师资培养，创新培训课程内容，建设计算机网络技术及其相关专业的生产实际教学案例库等工作，同时对产教融合、校企合作案例进行总结。

模块二　GZ-2020007　网络系统管理赛项技术分析报告

一、综述

网络系统管理赛项基于企业真实项目，结合企业岗位技能需求，参赛选手在 3 天时间（每天 4 小时，累计 12 小时）内，完成指定任务的网络系统规划和网络服务业务部署。本赛项为个人技能赛，每支参赛队由 1 名参赛选手组成，必须为在籍高职院校学生。其中，参赛选手年龄须不超过 25 周岁（年龄计算的截止时间以 2020 年 11 月 1 日为准），其性别和年级不限。指导教师须为本校专兼职教师，个人赛每名参赛选手限报 1 名指导教师。本次大赛是接轨世界技能大赛（WorldSkills Competition）的试点赛，融合了世界技能大赛的技术标准和规则要求，执行了一个完整的世界技能大赛过程。

在互联网时代，网络系统管理是商业企业信息系统的核心岗位，是保障企业信息化高效运营的关键，本次竞赛包含了网络组建和服务器配置两大核心功能，贴近企业的真实应用，考查了参赛选手的专业知识和技术水平。

二、赛项设计解读

1. 赛项的整体设计

网络系统管理岗位从业人员主要工作在商业和组织机构中，包括网络运营中心、互联网服务提供商、数据中心等工作场所；为用户提供日常 IT 业务运营支持，提供包括用户业务支持、故障排除、设计安装与升级操作系统、规划网络应用、配置网络设备等广泛的 IT 信息服务。此外，网络系统管理人员有责任与用户进行专业的工作互动，以满足用户的信息化需求，确保 IT 系统和网络服务的连续性，并对 IT 系统的运营和网络服务的开发提供建议和指导，以提升 IT 网络信息系统的管理效能，服务组织发展。

通过大赛培养参赛选手在企业真实项目环境下进行网络规划与实施、配置网络设备的基础信息、搭建网络与部署信息化系统的方案、搭建移动互联网与实现无线网络优化、实施出口安全防护与远程接入、搭建网络服务与配置企业应用、完成网络设计与规划等信息化全网融合领域的核心技能；同时培养参赛选手的沟通能力、抗压能力、6S 规范等职业

素质；展现职业院校计算机网络技术及其相关专业学生的技能与风采，激发学生的求知欲和参赛热情，以达到“以赛促学、以赛促教、以赛促改”的目的。

通过大赛搭建校企合作平台，引导更多的行业、企业参与校企合作，深化产教融合，推进产教融合人才培养，使职业院校能更深入地了解产业的发展趋势以及产业对 IT 人才的需求标准；引领计算机网络技术及相关专业改革与发展，适应互联网 +、移动互联、云计算、大数据、智慧城市等新一代网络技术及应用发展的需求；从而推动专业新模式、新业态、新应用的发展。

通过大赛可以培养一批“实践能力强、教学水平高、敬业精神佳”的双师型“种子教师”师资队伍，建设一批高质量、立体化的专业课程资源包、项目教学资源等。本竞赛结合国内行业、企业的实际业务和世赛标准来组织命题。关于赛题库的命题方向和命题难度，以教育部颁布的职业院校对应的课程标准和相关行业组织颁布的行业标准为依据，结合计算机网络技术专业技能人才培养标准和职业岗位需要，参照行业规范，设计技能操作赛题。本竞赛只考核技能部分，不涉及理论。评分原则与行业真实项目相对接，不仅检查命令和过程配置，还需要检测功能点是否实现。通过对结果进行客观性评分，深入考查参赛选手对重要功能的理解是否深入，规避死记硬背，以此凸显赛项过程与真实工作接轨的目的。

2. 赛题内容设计

本竞赛进行的技能实操考核，设计了 Linux 环境模块、Windows 环境模块、网络构建模块 3 个模块，参赛选手需要根据赛项的要求，对竞赛现场环境中部署的网络服务项目进行分析、设计、连接、配置、调试和排障；对网络中的服务器和客户端进行相应配置，实现全网的互联互通，并保障网络安全。参赛选手在竞赛过程中，还需要具有有序组织与安排工作、注意赛场安全、保持环境整洁、个人着装规范、注意安全保护（如戴安全帽等）、遵守赛场纪律以及自我管理等职业能力。此外，提交的文件有效、命名的文件名称符合赛题要求、文件内容排版规范等符合撰写文档规范的评价，都会作为额外加分项累加予以鼓励。

三、赛项成绩分析

从成绩来看，交换机路由器等网络设备调试项目成绩差异较大。最高分 260 分，但高分的参赛选手较少，130 分以上的只有 5 人，也说明参赛选手们准备不够充分。Windows 服务器部分成绩不错，最高分 217 分，平均分约 150 分。而 Linux 服务器配置成绩出乎意料，最高分达 225 分，有 14 位参赛选手超过 150 分，可能是因为第一次利用 Debian Linux 来竞赛，考得比较基础。参赛选手们之前一直学习的是 CentOS，大赛为接轨世界技能大赛换成了 Debian 系统，提示参赛选手们今后需要加强 Debian Linux 的学习和训练。

四、典型实例评析

本次大赛从确定竞赛到举办竞赛的时间比较短，全国参赛队都没有充分的时间准备，但整体情况还是比较好的，可见我国高等职业教育确实把应用落到了实处，参赛选手比较出色。虽然整体情况良好，但是也存在不少需要改进的地方。

大赛时间紧，可以看出来有些参赛选手训练时间短，准备不够充分，一些基本的操作不熟练，Word 排版不熟练。

一些参赛选手审题不够认真仔细，未能正确理解题意，没有认真阅读赛场提供的说明材料，导致浪费大量时间。反映的核心问题就是没有形成良好的操作习惯，答题过程不规范，有的参赛选手提交的答案还是练习题库中的参数，而非竞赛赛题要求的参数。

部分参赛选手参赛经验较少，紧张得连密码都无法正确输入，在大赛压力下分析问题和解决问题的能力有待提高。

在文档制作方面，存在不少参赛选手截图不完整、截图内容缺失问题，还有的提供的是过程截图而非题目所需的最终截图，答非所问，导致丢分。

总的来说，所有参赛选手都存在训练时间过短，训练强度不够的问题，和世赛要求的技术水平还存在很大的差距。根据教育部以赛促教、以赛促改的要求，也为了适应社会对网络人才的真实需求，推进计算机网络技术专业对接最新行业标准和岗位规范，促进专业改革与发展。

五、赛项总结和建议

模块 A：Linux 服务器配置成绩一般。因为考虑到参赛选手们初次采用 Debian 来竞赛，赛题在这个模块设计得非常基础，但总体成绩并不是非常理想，这也敲响了一个警钟。均衡发展、全面发展已经是社会企业用人的标准，社会竞争如此激烈的今天，全面发展的高技术人才将更加具有竞争力，而 Linux 服务器配置具备稳定和开源的特点，越来越被社会企业所采用，相应的人才需求也越来越大。

模块 B：Windows 服务器部分成绩最好，300 分的内容平均分达到了约 150 分，说明各校对 Windows 服务器的教学普及得非常好。

模块 C：交换机、路由器等网络设备调试项目，成绩普遍比较好，这也是题量和难度占比较大的部分，说明大多数学校比较重视网络设备的配置与调试项目，也都拥有较好的训练条件。但高分的参赛选手较少，也说明还有较大的提高空间。

主办院校和设备提供商（锐捷网络有限公司）对现场的支持非常仔细认真，一丝不苟，达到了历年最好的效果。

对赛项设计，需要改进的小细节如下：

其一，答题模板的 Word 版本做题时容易产生表格错乱和因为贴图后排版不整齐问题，给参赛选手和评分裁判带来麻烦。需要在设计答题模板时，充分考虑固定好格式的问题。

其二，现场的网络跳线都装在塑料袋包装里，参赛选手缺少打开包装袋的工具，下次同类型竞赛要注意避免这个问题。

模块三　GZ-2020007　网络系统管理赛项工作总结

2020 年 11 月 29 日，为期 3 天的“2020 年全国职业院校技能大赛改革试点赛（高职组）网络系统管理赛项”于山东淄博顺利闭幕。本届试点赛为实现与世界技能大赛网络系统管理项目接轨，在名称、参赛队人员数量要求、竞赛时长、竞赛内容及形式等方面发生巨大变化，实现试点赛多方位创新，具有鲜明的网络系统管理实际工作岗位特点。同时试点赛在公平、公正、严格、精准的基础上，促进了全国职业技术院校教师、参赛选手的技

能知识水平以及技能实操水平提升，有效地促进了全国职业院校技能交流、教学模式改革等，为建设知识型、技能型、创新型高技能人才队伍，推动国内网络运维、系统运维等多个岗位高速高质量发展打下坚实基础。具体总结如下。

一、试点赛网络系统管理赛项竞赛内容

网络系统管理赛项是考查的技术人员在为政府部门及大中小型商业组织提供广泛的 IT 服务时，有效保证系统连续稳定运行的技能。网络系统管理人员需在多种环境下，包括网络操作中心、互联网服务供应商、数据中心，对各类型网络项目进行分析、设计、连接、配置、调试、升级，对服务器和客户端进行相应配置并能实现各类服务的互联互通及保障网络安全，提供包括技术支持、建议指导等广泛的服务。

网络系统管理赛项为个人技能赛，每支参赛队由 1 名参赛选手组成，参赛选手年龄须不超过 25 周岁。

网络系统管理赛项试题结合国内外行业、企业的实际业务和世赛标准来组织命题，主要分为 Linux 环境、Windows 环境、网络构建 3 个模块。所有参赛选手需要在规定时间内、按照竞赛要求完成竞赛任务，累计竞赛时间为 12 小时。

网络系统管理赛项建立赛题库，赛题由大赛执委会组织专家组完成，赛题基于大赛相关文件及世赛相关技术文件要求建设。关于赛题库的命题方向和命题难度，以教育部颁布的职业院校对应的课程标准和相关行业组织颁布的行业标准为依据，结合计算机网络技术专业技能人才培养标准和职业岗位需要，参照行业规范，设计技能操作赛题。

制作完成的赛题库及评分要点于开赛前 1 个月，通过大赛官网公开发布。其中，竞赛赛卷与竞赛规程同步发布。

二、改革试点赛与 2019 年全国职业技能大赛项目的不同之处

1. 赛项名称

竞赛名称由“全国职业院校技能大赛（高职组）计算机网络应用赛项”变为“全国职业院校技能大赛改革试点赛（高职组）网络系统管理赛项”，实现赛项名称与世赛网络系统项目接轨。

2. 参赛选手数量与竞赛时间

每队参赛人员要求数量由 3 名参赛选手（根据模块进行分配，一位参赛选手负责一个模块）变为 1 名参赛选手，由其完成所有模块的内容。竞赛时长由往届的 4 小时调整为 12 小时。

3. 竞赛内容

竞赛内容原来有 8 个模块，分别是无线网络规划与实施、设备基础信息配置与验证、网络搭建与网络冗余备份方案部署、移动互联网搭建与网络优化、出口安全防护与远程接入、云平台维护与企业服务应用、综合布线规划与设计、赛场规范和文档规范。现更改为 3 个综合模块，分别是 Linux 环境、Windows 环境、网络构建，对标世赛、对标企业岗位技能进行分类。同时，调整竞赛软件的版本，以 Windows Server 为例，将 Windows Server 2008 调整为最新发布的稳定版 Windows Server 2019 系统，与世赛保持一致，与最新的技术保持一致。

4. 命题

本次大赛，专家团队提前 3 天到现场，完成赛题修订、制作、测试，完成评分标准的修订、验证工作，提高了大赛赛题的保密性、公平性和有效性，也为确保大赛顺利进行提供了技术保障。

5. 参赛队伍

参赛的省、直辖市、自治区共 31 个，由原来 1 个省份 4 支代表队变为 1 个省份 1 支代表队，每个代表队由 3 人变为 1 人，对于参赛选手的技能要求更高、更全面。

三、改革试点赛的创新与突出特点

1. 培养全能复合型运维人才

网络系统管理赛项为个人技能赛，竞赛内容主要由网络运维、系统运维两大核心组成，涉及网络规划与实施、配置网络设备的基础信息、搭建网络与部署信息化系统的方案、搭建移动互联网与实现无线网络优化、实施出口安全防护与远程接入、搭建网络服务与配置企业应用、完成网络设计与规划等信息化全网融合领域的核心技能。培养参赛选手适应互联网 +、移动互联、云计算、大数据、智慧城市等新一代网络技术及应用发展的需求，推动专业新模式、新业态、新应用的发展。同时，对参赛选手的综合能力和技能水平要求非常高、非常严格，这样能更精准地选拔知识型、技能型、创新型高质量复合型的网络系统运维人才。

2. 竞赛内容

网络系统管理赛项基于企业真实项目，结合企业岗位技能需求，竞赛由 Linux 环境、Windows 环境、网络构建 3 个模块组成，参赛选手在 3 天时间（每天 4 小时，累计 12 小时）内，要独立完成指定任务的网络系统规划和网络服务业务部署。

3. 功能性截图为主，配置文件截图为辅

世赛网络系统管理项目的评判方式以功能性测试为主，相对于国内竞赛的截图评判方式会更加符合技能人才的培养。本次试点赛，在评判方式上以功能性截图为主，配置文件截图为辅的方式进行组合打分。

4. 赛题、评分标准制定

专家要比裁判提前 3 天到现场，完成赛题修订、制作、测试，完成评分标准的修订、验证工作，有效地提高了大赛赛题的保密性和公平性。

四、试点赛的意义

1. 世赛模式助力实现人才培养综合化

参考世赛网络系统管理赛项竞赛评价标准体系，竞赛内容不只局限于某一职业能力，而是涵盖了 Linux 环境、Windows 环境、网络构建 3 个模块，需要参赛选手具备对各类型网络项目进行分析、设计、连接、配置、调试、升级的能力，能对服务器和客户端进行相应配置并能实现各类服务的互联互通及保障网络安全。同时，要求网络系统管理项目技术人员应具备表达、书写、沟通、协调等综合能力。

2. 世赛模式助力实现人才培养标准化

参考世赛网络系统管理项目技术规范，对人才的综合能力有较为明确的要求，参赛选手不仅要有良好的技术水平，同时需要有较强的职业能力、职业素养、综合素质。竞赛虽

然不涉及理论测试，但所有竞赛的内容都需要良好的理论体系知识作为基础。参赛选手如想取得优异的成绩，需要掌握较为规范的操作流程、操作步骤。

3. 与行业规范、标准接轨，提高人才培养质量

试点赛竞赛内容主要涵盖了网络系统管理职业工种所有职业岗位的能力、技术内容，具体来说是 Linux 系统管理、Windows 系统管理、网络设备配置与管理，包含了系统、网络、安全等各项技术内容。竞赛赛题与企业行业一线技术内容对接，评分要求直接与行业规范、行业标准一致，为人才的培养和质量提高指明了方向。试点赛能有效推动信息技术行业知识型、技能型、创新型高技能复合型人才建设，促进信息技术行业规范、有序、健康、可持续、高质量发展。

4. 规避人为因素，实现人才选拔公正化、公平化

赛前 1 个月公布样题，赛前 3 天由专家组现场完成赛题的制作、测试、验证，确保赛题的有效性和安全性。同时第三方裁判组、监督仲裁组以及专家组三组并行，实现竞赛公开透明，确保竞赛公平、公正、严格、精准。

5. 以赛促教、以赛促训、以赛促技、以赛促改

通过竞赛促进全国计算机网络应用职业类院校完成实训环节，有效提高参赛选手实操技能、提升教师教学能力。网络系统管理赛项涵盖网络、系统、安全等方面的设计、架构、配置、管理等方向的专业内容，这也极大促进了全国计算机网络应用类职业院校教学内容的改革，让教学内容贴近试点赛赛项内容，推动院校人才培育贴近行业需求，促进校企人才供需接轨，助力行业可持续、高质量发展。

五、试点赛的建议

1. 加强赛前培训

建议在赛前对所有执裁工作的裁判、监督、仲裁、专家等进行统一培训，以明确各自的职责、工作流程、注意事项等，提升执裁能力。

加强赛前安全培训，加强参赛选手设备操作和技术规范培训，保障大赛顺利、公平进行。

对于竞赛中通用的技术，需要在赛前加强培训，以提高整体竞赛水平。同时，应加大竞赛训练资源的建设，将资源统一提供给各参赛院校，以提高参赛选手培养的有效性和效能。

2. 增加竞赛时长

为确保竞赛赛题任务的完成，需要适当延长每天的竞赛时长，在有效确保赛题任务完整性的前提下，留有足够的时间给参赛选手完成赛题内容。建议由现在的每天 4 小时延长到每天 5 小时。

3. 功能性评分

建议把截图评分调整为现场功能评分，符合实际用户功能需求和用户体验需求，培养参赛选手认真负责的能力和态度。

4. 进行轮循竞赛

大赛的规模都比较大，基本都超过 100 支队伍参加，建议可以采取轮循的方式进行考核，能够有效地控制设备的数量及对设备的依赖度。

项目八
集成电路开发及应用赛项

模块一　GZ-2020008　集成电路开发及应用赛项规程

一、赛项名称

赛项编号：GZ-2020008
赛项名称：集成电路开发及应用
英文名称：IC Development and Application
赛项组别：高职组
赛项归属：电子信息大类

二、竞赛目的

集成电路产业作为现代信息技术产业的基础和核心，已成为关系国民经济和社会发展全局的基础性、先导性和战略性产业，在推动国家经济发展、社会进步、提高人们生活水平以及保障国家安全等方面发挥着广泛而重要的作用，是当前国际竞争的焦点和衡量一个国家或地区现代化程度以及综合国力的重要标志之一。

基于集成电路产业的特殊性，光靠资金的支持还不能解决我国集成电路发展的瓶颈，最主要的还是人才培养与储备。目前已有越来越多的高校开设了相关的课程为集成电路产业输送人才，但由于集成电路门槛高、设备复杂且昂贵，学生只能从书本上或者仿真软件上去学习，真正的实践机会比较少。

赛项内容设计紧扣集成电路职业岗位典型工作任务的能力要求，在强化集成电路及其相关专业核心技能与核心知识点的同时，能够提升学生的自主创新能力、实践动手能力、协作能力和职业素养，提高学生的就业质量和就业水平。通过对参赛选手的指导，不仅能够提升参赛学生处理综合事件的能力，而且还能培养一批熟练掌握集成电路开发及应用相关专业技术的教师，使其掌握集成电路设计、集成电路工艺及集成电路应用方面的技术技能，拓展其专业实践事业，使其成为高职院校电子信息类相关专业建设及人才培养的骨干力量。

三、竞赛内容

（一）竞赛时间

（1）竞赛总时长为 5 小时。各竞赛队在规定的时间内，独立完成“竞赛内容”中规定

的竞赛任务。

（2）竞赛起止时间为竞赛日当天 9:00—14:00（具体时间以竞赛指南的发布为准），14:00 各参赛队停止竞赛，递交竞赛文档。

（二）竞赛内容

本赛项主要考察高职电子信息大类专业学生集成电路设计、集成电路工艺、集成电路测试、集成电路分选、集成电路应用（包含电子电路设计、程序设计及电路装调等）等方面的综合技能。

赛项要求参赛选手在规定时间内进行集成电路设计与仿真、集成电路工艺仿真、测试方案设计、测试工装制作及调试，使用集成电路综合检测平台对执委会提供的芯片及测试要求进行上位机程序编写、芯片测试、芯片分选编程及调试，完成芯片测试后将芯片装入相关电路中，接着进行功能程序代码编写及功能验证，从而完成赛题要求的各项规定任务。具体竞赛任务及考核内容见表 8-1。

表 8-1 竞赛任务及考核内容

序号	竞赛任务	占比	考核内容
1	集成电路设计与仿真	20%	参赛选手利用指定 PMOS 和 NMOS 管作为基本元件设计逻辑单元，在此基础上根据要求设计指定功能数字电路并完成功能仿真验证
2	集成电路工艺仿真	20%	参赛选手完成集成电路制造相关工艺的仿真操作
3	集成电路测试	35%	① 参赛选手完成集成电路测试所需工装的设计及制作 ② 参赛选手完成常见数字电路基本参数、功能及应用电路测试；模拟集成电路基本参数、应用电路测试；模拟和数字集成电路综合应用电路测试
4	集成电路分选	5%	参赛选手从现场下发无型号标注的集成电路中分选出指定型号的集成电路，装配功能测试电路验证分选的正确性
5	集成电路应用	15%	参赛选手完成典型电子产品的装调，编写功能程序代码，实现指定功能
6	职业素养与安全生产	5%	考核参赛选手在职业规范、团队协作、组织管理、工作计划、团队风貌等方面的职业素养

四、竞赛方式

（1）本赛项采用团体赛方式组队报名参赛，每个参赛队由 3 名参赛选手组成，其中设队长 1 名。3 名参赛选手须为同校在籍学生，性别和年级不限。

（2）竞赛由 2020 年全国职业院校技能大赛执委会统一组织。各省、自治区、直辖市以及新疆建设兵团等有关部门根据 2020 年全国职业院校技能大赛执委会要求推荐本地区 1 支队伍参赛。

（3）因新型冠状病毒肺炎疫情（以下简称新冠疫情），2020 年本试点赛项暂不邀请境外代表队到场参赛、观摩。

五、竞赛流程

竞赛时间安排（见表 8-2）

表 8-2　集成电路开发及应用赛项竞赛时间安排

日期	时间	事项
竞赛前 1 日	7:00—14:00	参赛队报到注册
	14:30—15:30	召开赛项说明会，抽取检录序号
	16:00—16:30	参赛选手熟悉场地
	16:30—17:00	开赛式
竞赛日	7:30	参赛选手到指定地点集合检录
	7:30—8:10	自带设备、工具检查，参赛选手一次加密，抽取参赛号
	8:10—8:30	参赛选手二次加密，抽取赛位号
	8:30—8:50	竞赛设备、工具检查并签字确认
	8:50—8:55	发放赛题与元器件
	8:55—9:00	裁判长讲解竞赛注意事项
	9:00—14:00	竞赛
	14:00—16:00	申诉受理
	14:00—19:30	裁判评分，成绩复核确认
	19:30—21:30	公布竞赛结果
	—	竞赛成绩确认，录入上报
竞赛后第 1 日	9:00—11:00	闭赛式（宣布竞赛结果并颁奖，赛项点评）

注：以上流程为暂定，最终流程可能会根据竞赛的组织需要进行适当微调，具体流程以正式发布的竞赛指南为准。

六、竞赛赛卷

赛项专家工作组负责本赛项赛题的编制工作，遵从公开、公平、公正原则。竞赛试题采用赛题库公开形式，于开赛前一个月在大赛官网上公布。

本赛项竞赛时需指定相关技术参数，技术参数方案不少于 5 套，重复率不超过 50%。竞赛前三天内，在监督组的监督下，由裁判长指定相关人员抽取正式竞赛技术参数方案。

赛项竞赛结束后一周内，正式赛卷（包括评分标准）通过大赛官网公布。

七、竞赛规则

（一）报名资格

（1）参赛选手须为 3 名普通高等学校全日制在籍高职学生。本科院校中高职类全日制在籍学生可报名参加高职组竞赛。五年制高职学生报名参赛的，四、五年级学生参加高职组竞赛。参赛选手年龄须不超过 25 周岁（当年），年龄计算的截止时间以 2020 年 11 月 1

日为准。凡在往届全国职业院校技能大赛中获一等奖的参赛选手，不能再参加同一项目同一组别的竞赛。

（2）每个参赛队限报 2 名指导教师，指导教师须为本校专兼职教师。

（3）每个地区只能推荐 1 支队伍参赛。团体赛不得跨校组队。

（二）熟悉场地

（1）正式竞赛前 1 天，统一安排各参赛队有序地熟悉场地，限定在观摩区活动，不允许进入竞赛区。

（2）熟悉场地时严禁与现场工作人员进行交流，不发表没有根据以及有损大赛整体形象的言论。

（3）熟悉场地期间严格遵守大赛各种制度，严禁拥挤、喧哗，以免发生意外事故。

（三）竞赛要求

（1）参赛选手在竞赛开始前 90 分钟到达指定地点报到，接受工作人员对参赛选手防疫信息、身份、资格和有关证件的检查。竞赛计时开始后，参赛选手未到，视为自动放弃。

（2）赛位由两次加密确定，不得擅自变更、调整。

（3）参赛选手在竞赛过程中不得擅自离开赛场，如有特殊情况，须经裁判人员同意。参赛选手休息、饮水、上洗手间等，不安排专门用时，统一计在竞赛时间内，竞赛计时工具以赛场设置的时钟为准。

（4）参赛队仪器设备、工具等在竞赛当天经监考人员检查后带入竞赛场地。

（5）为保障公平、公正，竞赛现场实施网络安全管制，防止场内外信息交互。不得将手机等通信工具带入竞赛场地，否则按作弊处理。

（6）所有人员在赛场内不得喧哗，不得有影响其他参赛选手完成工作任务的行为。

（7）竞赛队提交竞赛作品及技术文件。

竞赛作品及技术文件于竞赛当天下午 14:00 同时上交执委会进行评审。

各队完成的全部文件存放在“2020JC××”（××为 2 位数字，即竞赛队赛位号）文件夹中，提交的电子文件采用统一命名规则（类型名 + 赛位号），不得以其他名称命名电子文件。因保密要求，在全部文件中不得出现学校名称、参赛选手姓名、参赛号等信息；电子文件名称如不符合命名规则，体现参赛队信息的，该队该项竞赛成绩将被取消。

竞赛操作结束后，参赛队要确认成功提交竞赛要求的文件，监考人员在监考记录单的情况记录栏中做记录，并与参赛队一起签字确认。

（8）遇事应先举手示意，经裁判人员协商，按裁判人员的意见办理。

（9）竞赛过程中，参赛选手须严格遵守安全操作规程，接受裁判员的监督和警示，以确保人身及设备安全。参赛选手因个人误操作造成人身安全事故和设备故障时，裁判长有权中止该队竞赛；如非参赛选手个人原因出现设备故障而无法竞赛的，由裁判长视具体情况做出裁决。

（10）参赛队若要提前结束竞赛，应举手向裁判员示意，竞赛结束时间由裁判员记录，参赛队结束竞赛后不得再进行任何操作。

（11）参赛选手须按照程序提交竞赛结果（文件），配合裁判做好赛场情况记录，与裁判一起签字确认，裁判要求签名时不得拒绝。

（12）完成工作任务及交接事宜或竞赛时间结束，应到指定地点，待工作人员宣布竞赛结束，方可离开。

（四）成绩评定及公布

（1）竞赛结束后由裁判组对各参赛队的竞赛任务逐项评分，裁判严格按照大赛制度要求和评分工作程序进行评定。记分员将解密后的各参赛队伍（选手）成绩汇总成竞赛成绩，经裁判长、监督组签字后，向全体参赛队公布竞赛结果。公布 2 小时无异议后，在闭赛式上进行宣布。具体评分详见评分标准和评分方法。

（2）所有有关专家和裁判以及相关人员将签订保密协议，严守保密纪律，不得私自透露竞赛相关需保密的内容和竞赛结果。

八、竞赛环境

（1）竞赛环境总面积约为 600 m^2，具体将根据能够容纳所有报名参加本赛项的参赛队数量以及每个参赛队的工作区面积确定。

每个参赛队的工作区面积不小于 9 m^2（3m × 3m），确保参赛队之间互不干扰。工作区内放置有 2 张工作台、3 把工作椅（凳），其中 1 张工作台作为焊接调试操作平台使用，工作台上面摆放电子仪器仪表和电子制作工具等，工作台内提供 220V 电源。

（2）竞赛在室内进行，场地应通风良好。净高不少于 4 m，采光照明良好，赛位标明编号，赛位内粘贴安全操作须知。每个赛位采用 220V/50Hz 交流供电，供电负荷不小于 2kW，配备 220V/50Hz 交流电源插座不少于 4 个，具有电源保护装置和安全保护措施。

（3）竞赛场地划分为防疫检测区、检录区、候考区、竞赛区、现场服务与技术支持区、休息区及医疗区。应设有临时隔离区，配备医务人员及防疫物资。

（4）竞赛场地内部消防设施齐全，应有不少于 2 处的人员疏散大门。疏散通道畅通，防火疏散标识清晰、齐全；场地旁边应有能进入医疗、消防等急救车辆的通道。

（5）赛场设有保安、公安、消防、医疗、设备维修和电力抢险等人员，以防突发事件。

（6）赛位配备有竞赛设备、单相交流电源、操作台及座椅等，参赛队在赛位内完成全部竞赛任务。

九、技术规范

（一）赛项涉及的专业教学要求

（1）集成电路辅助设计能力。

（2）集成电路制造工艺设计能力。

（3）电子电路焊接、装配、调试能力。

（4）电子电路设计与工艺应用能力。

（5）芯片检测与测试技术应用能力。

（6）电子测量技术与仪器应用能力。

（7）嵌入式应用程序编写能力、传感器应用能力。

（8）C 语言应用开发能力。

（9）计算机通信应用能力。

（二）赛项遵循的国家标准和行业标准（见表 8-3）

表 8-3　赛项遵循的国家标准和行业标准

序号	标准号	标准名称
1	SJ/Z 11355—2006	集成电路 IP/SoC 功能验证规范
2	SJ 20961—2006	集成电路 A/D 和 D/A 转换器测试方法的基本原理
3	JJG 1015—2006	通用数字集成电路测试系统检定规程
4	SJ/T 10805—2018	半导体集成电路　电压比较器测试方法
5	GB/T 15651.3—2003	半导体分立器件和集成电路　第 5-3 部分：光电子器件测试方法
6	职业编码 6-26-01-33	电子元器件检验员国家职业标准
7	职业编码 6-21-04-01	电子专用设备装调工国家职业标准
8	职业编码 X2-02-13-06	计算机程序设计员国家职业标准
9	ISO9000：2008	质量管理体系

十、技术平台

（一）技术平台（见表 8-4）

表 8-4　技 术 平 台

序号	设备名称	技术参数
1	集成电路测试平台	**一、接口与参考电压参数** （1）驱动电压范围：0～10V，精度：0.05% （2）驱动电流范围：0～20mA **二、电源与测量参数** （1）电压、电流测量范围：±20V/±100mA （2）驱动 / 测量电压：10V/20V 两挡电压量程自动设定，精度：0.05% （3）驱动 / 测量电流：1μA、10μA、100μA、1mA、10mA、100mA，精度：0.5% **三、数字功能管脚配置** （1）用户时钟信号：8kHz～1MHz （2）驱动及比较电平范围：±10V，精度：±10mV （3）16 路功能测试管脚通道 （4）4 路用户继电器 **四、模拟信号通道** （1）正弦波频率范围：10Hz～200kHz

续表

序号	设备名称	技术参数
1	集成电路测试平台	（2）测量精度：±0.20% （3）测量电压范围：±5V （4）2 路失真度测量及频率测量通道 **五、专用测试与模拟开关** （1）8×16 光继电器矩阵开关 （2）20MHz 单片机编程功能，扩展 128KB RAM（8bit），RAM 数据可由 PC 或 CPU 读 / 写 （3）控制 16 只继电器，提供继电器空触点
2	集成电路应用开发资源	**一、系统规格** （1）主机尺寸：80cm×60cm×20cm （2）测试接口：2 个 （3）测试区：1 个 （4）练习面包板面积：180mm×190mm （5）虚拟万用表接口：4 个 （6）虚拟示波器接口：5 个 （7）测试模块：6 块 （8）应用开发模块：8 块 （9）SCSI100P 连接线：1.5m （10）杜邦线：若干 / 接口：HDMI **二、虚拟万用表** （1）直流电压测量：60mV～800V，精度：±1% ±3 digit （2）交流电压测量：60mV～600V，精度：±1% ±3 digit （3）直流电流测量：60mA～10A，精度：±1.5%±5 digit （4）交流电流测量：60mA～10A，精度：±1.5%±5 digit （5）电阻测量：600Ω～60MΩ，精度：±1%±5 digit （6）电容测量：40nF～400μF，精度：±2%±5 digit **三、虚拟示波器** （1）模拟带宽：70MHz （2）通道数：4 通道 （3）实时取样率：1GSa/s （4）存储深度：64K （5）时基精度：$\pm 50\times 10^{-6}$ （6）时基范围：2ns/div～1000s/div（以 1-2-4 方式步进） （7）输入阻抗：1MΩ/25pF （8）输入灵敏度范围：2mV/div～10V/div （9）垂直分辨率：8bit

续表

序号	设备名称	技术参数
3	集成电路制造工艺虚拟仿真训练平台	（1）提供多种集成电路工艺，如晶圆制造工艺、流片工艺、封装工艺的教学资源等 （2）提供晶圆制造、流片生产、芯片封装等集成电路制造工艺流程的交互式虚拟仿真模型，用户可进行典型集成电路制造工艺流程的学习和模拟测试，真实体会行业设备的运作细节

（二）赛项通用仪器仪表设备

（1）万用表、恒温烙铁、热风焊台。

（2）常用工具箱（带漏电保护的国标电源插线板、螺丝刀套件、防静电镊子、吸锡枪、剥线钳、放大镜、扁嘴钳、防静电刷子、芯片盒、酒精壶、助焊剂、刀片、飞线、导热硅胶、吸锡线等）。

（3）计算机主机［双核以上处理器，4GB 以上内存，300GB 以上硬盘，百兆网络接口，USB 接口，Windows 7 操作系统（32 位）］，51 单片机下载器。所有竞赛用计算机由承办院校统一提供，每个参赛队不得携带计算机。

（4）计算机须预装操作系统［Windows7 操作系统（32 位）］、2007 及以上版本 Office 软件、PDF 文档阅读软件、单片机下载器驱动、5.20 及以上版本 Keil-μVision、Multisim 12.0 及以上试用版编程软件等。

（5）以上软件由技术保障人员在赛项执委会专家组指导下于竞赛计算机中预装并完成调试。

十一、成绩评定

本赛项评分本着公平、公正、公开的原则。评分标准在注重考察参赛选手综合能力的同时，也能客观反映参赛选手的技能水平及职业素养。

（一）评分标准（见表 8-5）

表 8-5　评 分 标 准

评分项目	评分细则	分值	评分方式
集成电路设计与仿真（20%）	电路设计符合赛题要求	8	结果评分（客观）
	电路仿真功能正确	8	
	电路精简，元件数量少	4	
集成电路工艺仿真（20%）	集成电路工艺流程	5	结果评分（客观）
	数字集成电路晶圆 MAP 图标定	7	
	模拟集成电路晶圆 MAP 图标定	8	

续表

评分项目	评分细则	分值	评分方式
集成电路测试（35%）	（1）测量的数字电路基本参数、功能及应用电路参数的正确性； （2）测量的模拟集成电路基本参数、应用电路参数的正确性； （3）模拟和数字集成电路综合应用电路参数及功能的正确性	35	结果评分（客观）
集成电路分选（5%）	测试平台的应用及分选芯片的正确性	5	结果评分（客观）
集成电路应用（15%）	应用电路的功能实现	15	结果评分（客观）
职业素养与安全生产（5%）	安全用电	2	过程评分（主观）
	环境清洁	1	
	操作规范	2	
扣分项	超过规定时间补领元器件（每个）	1	过程评分（客观）（由评分裁判根据测试记录的结果进行评判）
	更换测试及装配芯片（限 1 次）	4	
	更换电路板套件（限 1 次）	10	
	更换竞赛设备配件（限 1 次）	10	
	违纪扣分	视情节而定	裁判长
总计	100%		

（二）评分方法

1. 组织与分工

（1）参与大赛赛项成绩管理的组织机构包括检录组、裁判组、监督组、仲裁组等。

（2）裁判组实行“裁判长负责制”，本赛项裁判组成员预计 22 人，其中裁判长 1 名，加密裁判 2 名，现场裁判 7 名，评分裁判 12 名。

（3）检录工作人员负责对参赛队伍（选手）进行点名登记、身份核对等工作；加密裁判负责组织参赛队伍（选手）抽签，对参赛队信息、抽签代码等进行加密、解密工作；现场裁判按规定做好赛场记录，维护赛场纪律；评分裁判负责对参赛队伍（选手）的竞赛作品、竞赛表现按赛项评分标准进行评定。

（4）监督组对赛项筹备与组织实施以及裁判组的工作进行全程监督，并对竞赛成绩抽检复核。

（5）仲裁组负责接受由参赛队领队提出的对不符合大赛和赛项规程规定的仪器、设备、工装、材料、物件、计算机软硬件、竞赛使用工具、用品，竞赛执裁、赛场管理，以及工作人员的不规范行为等的申诉，组织复议并及时反馈复议结果。

2. 成绩评定方法

（1）成绩评定是根据竞赛考核目标、内容对参赛队或参赛选手在竞赛过程中的表现和最终成果做出评价。

（2）赛项总成绩满分 100 分，只对参赛队团体评分，不计个人成绩。

（3）参赛队成绩由赛项裁判组统一评定。采用分步得分、错误不传递、累计总分的计分方式。竞赛用时不计入成绩。

（4）集成电路设计与仿真模块由裁判到参赛选手赛位上查看参赛选手的仿真演示及软件操作进行评判。

集成电路工艺仿真模块由裁判到参赛选手赛位上运行工艺仿真软件进行评判。

集成电路测试模块和集成电路应用模块，由裁判到参赛选手赛位上，观看参赛选手演示进行评判。

集成电路分选模块由参赛选手将分选出来的集成电路装接在转接板上，插入裁判携带的测试装置测试后，裁判根据测试结果进行评判。

（5）职业素养评分由裁判逐个对参赛队分轮次评分。

（6）裁判长正式提交赛位号评分结果并复核无误后，加密裁判在监督人员的监督下对加密结果进行逐层解密。

（7）为保障成绩评判的准确性，监督组将对赛项总成绩排名前 30% 的所有参赛队伍（选手）的成绩进行复核；对其余成绩进行抽检复核，抽检覆盖率不得低于 15%。如发现成绩错误，以书面方式及时告知裁判长，由裁判长更正成绩并签字确认。复核、抽检错误率超过 5% 的，裁判组将对所有成绩进行复核。

3. 成绩公布方法

将解密后的各参赛队伍（选手）成绩汇总成竞赛成绩，由赛项裁判长、监督组签字确认，公布竞赛结果，公布 2 小时无异议后，将赛项总成绩的最终结果录入赛务管理系统，经裁判长、监督组长和仲裁长在系统导出成绩单上审核签字后，在闭赛式上宣布并颁发证书。

大赛最终成绩由大赛组委会秘书处公布。

十二、奖项设定

本赛项以实际参赛队数量确定奖项：一等奖占比 10%，二等奖占比 20%，三等奖占比 30%，小数点后四舍五入。总成绩相同时，依序按照集成电路测试、集成电路设计与仿真、集成电路工艺仿真、集成电路应用、集成电路分选各模块的得分高低进行排名，在前序模块得分相同的情况下，按照后续模块得分排名。

本赛项获得一等奖的参赛队的指导教师获“优秀指导教师奖”。

十三、赛场预案

赛场提供占总参赛队伍 5% 的备用赛位，并预留充足备用计算机和设备。当出现意外或设备掉电、故障等情况时，经现场裁判和裁判长确认后由赛场技术支持人员予以更换。

竞赛期间发生意外伤害、意外疾病等重大事故，裁判长立即中止相关人员竞赛，第一时间由承办院校医疗站校医抢救，严重时立即呼叫 120 送往医院。若出现参赛选手在赛场内发热的情况，将根据赛项执委会疫情防控预案进行处置。

（一）竞赛现场，竞赛用计算机在竞赛过程中出现故障应急预案

（1）若因参赛选手个人主观原因误操作引起的竞赛用计算机故障，经裁判长、技术人员及仲裁现场判定后，予以更换备用计算机，做好相应现场情况记录（参赛选手签字确认）。在竞赛时间结束后，不予以时间延迟补偿。

（2）若竞赛计算机自身软硬件故障或者外部因素导致竞赛用计算机无法正常工作，经裁判长、技术人员及仲裁现场判定后，予以更换备用计算机，做好相应现场情况记录（参赛选手签字确认）。紧急情况处理过程（设备出现故障开始到处理完毕）造成的时间损失，在竞赛时间结束后，酌情对该参赛队进行适量时间延迟补偿。

（二）竞赛过程中出现断电应急预案

（1）竞赛现场交流供电使用双路供电，确保其中一路出现问题时，可以启用备用线路供电。组织技术人员排除故障，确保双路供电恢复正常。

（2）各赛位均设置独立的漏电保护器，使因参赛选手个人操作不当引起的交流供电故障仅影响本赛位供电，避免影响其他赛位。

（3）竞赛过程中出现断电后，经裁判长、技术人员及竞赛仲裁判定后：① 若由于供电线路故障原因导致，对于受到影响的赛位，紧急情况处理过程（设备出现故障开始到处理完毕）造成的时间损失，在竞赛时间结束后，酌情对该参赛队进行适量时间延迟补偿，做好相应现场情况记录（参赛选手签字确认）；② 若由于参赛选手个人误操作导致，在竞赛时间结束后，不予以时间延迟补偿，根据竞赛规程，酌情扣分，做好相应现场情况记录（参赛选手签字确认）。对于受到影响的其他赛位，紧急情况处理过程（设备出现故障开始到处理完毕）造成的时间损失，在竞赛时间结束后，酌情对受到影响的参赛队进行适量时间延迟补偿，做好相应现场情况记录（参赛选手签字确认）。

十四、赛事安全

赛事安全是技能竞赛一切工作顺利开展的先决条件，是赛事筹备和运行工作必须考虑的核心问题。赛项执委会将采取切实有效的措施保证大赛期间参赛选手、指导教师、裁判员、工作人员及观众的人身安全。

竞赛期间发生意外事故，发现者应第一时间报告赛项执委会，同时采取措施，避免事态扩大。赛项执委会应立即启动预案予以解决并向赛区执委会报告。赛项出现重大安全问题可以停赛，是否停赛由赛区组委会决定。事后，赛区执委会应向大赛执委会报告详细情况。

（一）竞赛环境

（1）执委会在赛前组织专人对竞赛现场、住宿场所和交通保障进行考察，并对安全工作提出明确要求。赛场的布置，赛场内的器材、设备，符合国家有关安全规定。承办院校赛前将按照执委会要求排除安全隐患。

（2）赛场周围设立警戒线，防止无关人员进入而发生意外事件。竞赛现场内的每个赛位均粘贴安全操作规范，参赛选手进场后，裁判长将在开赛前统一告知。设备通电前应向现场裁判举手示意，在现场裁判检查并同意后方可通电。

（3）承办院校将制订赛场用电预案。现场提供医疗和消防安全保障。

（4）执委会将会同承办院校制订开放赛场和体验区的人员疏导方案。赛场环境中除了设置齐全的指示标志外，还将增加引导人员，并开辟备用通道。

（5）大赛期间，承办院校将按照执委会要求在赛场管理的关键岗位增加人员，建立安全管理日志。

（6）参赛选手进入赛位，赛事裁判、工作人员进入工作场所，严禁携带通信、照相摄录设备，禁止携带记录用具。如确有需要，由赛场统一配置、统一管理。赛项将根据需要配置安检设备，对进入赛场重要区域的人员进行安检。

（二）生活条件

（1）竞赛期间，由执委会统一安排参赛选手和指导教师食宿。承办院校须尊重少数民族的信仰及文化，根据国家相关的民族政策，安排好少数民族参赛选手和教师的饮食起居。

（2）大赛期间的住宿、卫生、饮食安全等由赛项执委会、承办院校和提供住宿酒店共同协调组织。参赛队选手、指导教师和领队必须提前提供承办院校所在地新冠疫情防控要求证明材料，由参赛校、承办院校和住宿酒店共同审核后确认是否可以参赛，根据疫情的发展，参赛队需根据承办院校要求准备相关防疫保护用品。

（3）大赛期间有组织的参观和观摩活动的交通安全由执委会负责。执委会和承办院校须保证竞赛期间参赛选手、指导教师和裁判员、工作人员的交通安全。

（4）各赛项的安全管理，除了可以采取必要的安全隔离措施外，应严格遵守国家相关法律、法规，保护个人隐私和人身自由。

（三）组队责任

（1）各学校组织代表队时，须为参赛选手购买大赛期间的人身意外伤害保险，有效期必须为大赛举行期间，不得以其他长期保险代替。参赛选手必须按照赛项承办院校所在地新冠疫情防控要求提供相关材料，未通过审核的参赛选手不得参加竞赛。根据疫情需要，各学校须提前准备符合承办院校所在地抗疫防护要求的防护用品。

（2）各学校代表队组成后，须制定相关管理制度，并对所有参赛选手、指导教师进行安全教育。

（3）各参赛队伍须加强对参与竞赛人员的安全管理，实现与赛场安全管理的对接。

（四）处罚措施

（1）因参赛队伍原因造成重大安全事故的，取消其获奖资格。

（2）参赛队有重大安全事故隐患，经赛场工作人员提示、警告无效的，可取消其继续竞赛的资格。

（3）参赛队参赛选手和指导教师不按照要求提供承办院校所在地新冠疫情防控要求证明材料，报到后不服从赛项统一组织要求，未按照要求提前准备并随身携带抗疫防护用品的，可取消其竞赛资格。

（4）赛事工作人员违规的，按照相应的制度追究责任。情节严重并造成重大安全事故的，报相关部门按相关政策法规追究相应责任。

十五、竞赛须知

（一）参赛队须知

（1）参赛队名称统一使用规定的地区代表队名称，不使用学校或其他组织、团体名称。

（2）参赛队参赛选手在报名获得确认后，原则上不再更换，如筹备过程中，参赛选手因故不能参赛或者不符合承办院校所在地疫情防控要求，所在地区省一级教育主管部门需出具书面说明并按相关参赛选手资格补充人员并接受审核。根据疫情的发展，参赛队需根据承办院校要求准备相关防疫保护用品。竞赛开始后，参赛队不得更换参赛选手，允许队员缺席竞赛。

（3）参赛队按照大赛赛程安排凭大赛组委会颁发的参赛证和有效身份证件参加竞赛及相关活动。

（4）各参赛队按赛项执委会统一安排参加竞赛前熟悉场地环境的活动。

（5）各参赛队按赛项执委会统一要求，准时参加赛前领队会和抽签仪式。

（6）各参赛队在竞赛期间应保证所有参赛选手的安全，防止交通事故和其他意外事故的发生，为参赛选手购买人身意外保险。

（7）各参赛队要发扬良好道德风尚，听从指挥，服从裁判，不弄虚作假。

（二）指导教师须知

（1）各指导教师要发扬良好道德风尚，听从指挥，服从裁判，不弄虚作假。按照赛项承办院校所在地新冠疫情防控要求，提供参赛选手、指导教师及领队的相关证明材料供承办院校及住宿酒店共同审核。根据疫情的发展，参赛队需根据承办院校要求准备相关防疫保护用品。

（2）指导教师应认真研究和掌握本赛项竞赛的技术规则和赛场要求，指导参赛选手做好赛前的一切准备工作。

（3）指导教师应在赛后做好技术总结和工作总结。

（三）参赛选手须知

（1）任务书如出现缺页、字迹不清等问题，请及时向裁判示意，并进行更换；竞赛结束后，所提供的所有纸质材料均须留在赛场，不得带离赛场，否则视为作弊处理。

（2）在完成工作任务的过程中，出现交流220V电源短路故障扣5分。

（3）在完成工作任务的过程中，因操作不当导致人身或设备安全事故的，扣10～20分；情况严重者，取消竞赛资格。

（4）参赛选手有不服从裁判及监考人员、扰乱赛场秩序等行为的，扣10分；情节严重的，取消参赛队竞赛成绩。有作弊行为的，取消参赛队参赛资格。

（5）违反赛场纪律的，依据情节轻重，扣1～5分。情节特别严重，并产生不良后果的，则报赛项执委会批准，由裁判长宣布终止该参赛选手的竞赛。

（6）现场裁判宣布竞赛时间结束，参赛选手仍继续操作的，由现场裁判负责记录，扣1～5分；情节严重，警告无效的，取消参赛资格。

（7）参赛团队应在规定时间内完成任务书要求的内容，任务实现过程中形成的文件资

料必须存储到任务书中指定的位置，未存储到指定位置造成裁判组无法检查结果的，相应部分不得分。

（8）竞赛过程中，参赛选手认定设备或器件有故障时，可向裁判员提出更换；如器件或设备经测定完好属误判时，器件或设备的认定时间计入竞赛时间；如器件或设备经测定确有故障时，则当场更换设备，此过程中（设备测定开始到更换完成）造成的时间损失，在竞赛时间结束后，酌情对该小组进行适当的时间延迟补偿。

（四）工作人员须知

（1）工作人员必须服从赛项执委会统一指挥，佩戴工作人员标识，认真履行职责，做好竞赛服务工作。工作人员需根据承办院校所在地防疫要求，提供相关证明材料。

（2）工作人员按照分工准时上岗，不得擅自离岗，应认真履行各自的工作职责，保证竞赛工作的顺利进行。

（3）工作人员应在规定的区域内工作，未经许可，不得擅自进入竞赛场地。如需进场，需经过裁判长同意，核准证件，由裁判跟随入场。

（4）如遇突发事件，须及时向裁判员报告，同时做好疏导工作，避免重大事故发生，确保竞赛圆满成功。

（5）竞赛期间，工作人员不得干涉职责之外的事宜，不得利用工作之便，弄虚作假、徇私舞弊。如有上述现象或因工作不负责任的情况，造成竞赛程序无法继续进行的，由赛项执委会视情节轻重，给予通报批评或停止工作，并通知其所在单位做出相应处理。

十六、申诉与仲裁

针对竞赛过程中出现的问题和不当，各参赛队对竞赛执裁、赛场管理，以及工作人员的不规范行为等，可向赛项仲裁组提出申诉。申诉主体为参赛队领队。参赛队领队可在竞赛结束后（参赛选手赛场竞赛内容全部完成）2 小时之内向仲裁组提出书面申诉。

书面申诉应对申诉事件的现象、发生时间、涉及人员、申诉依据等进行充分、实事求是的叙述，并由领队亲笔签名。非书面申诉不予受理。

赛项仲裁工作组在接到申诉报告后的 2 小时内组织复议，并及时将复议结果以书面形式告知申诉方。申诉方对复议结果仍有异议，可由省（市）领队向赛区仲裁委员会提出申诉。赛区仲裁委员会的仲裁结果为最终结果。

仲裁结果由申诉人签收，不能代收，如在约定时间和地点申诉人离开，视为自行放弃申诉。

申诉方可随时提出放弃申诉。

申诉方必须提供真实的申诉信息并严格遵守申诉程序，不得以任何理由采取过激行为扰乱赛场秩序。

十七、竞赛观摩

竞赛期间设置相关技术展示角，展示职业教育教学改革成果。

（一）观摩对象

与赛项相关的企业、院校、行业协会等专家、技术人员、指导教师等。

（二）观摩方法

观摩人员可在规定时间，以小组为单位，在赛场引导员的引导下，有序进入赛场观摩。

（三）观摩纪律

（1）观摩人员必须佩戴观摩证。

（2）观摩时不得议论、交谈，并严禁与参赛选手进行交流。

（3）观摩时不得在赛位前停留，以免影响考生竞赛。

（4）观摩时不准向场内裁判及工作人员提问。

（5）观摩时禁止拍照。

（6）凡违反以上规定者，立即取消观摩资格。

注：此方案为预案，具体实施根据承办院校所在地防疫要求执行。

十八、竞赛直播

（1）在大赛执委会统一安排下，利用现代网络传媒技术对赛场的全部竞赛过程直播。

（2）利用多媒体技术及设备录制视频资料，记录竞赛全过程，为宣传、仲裁、资源转化提供全面的信息资料，赛后制作课程流媒体资源。

（3）制作优秀参赛选手、指导教师采访，制作裁判、专家点评，在规定的网站公布，突出赛项的技能重点和优势特色，扩大赛项的影响力。

十九、资源转化

在大赛执委会的领导与监督下，赛后 30 日内向大赛执委会办公室提交资源转化方案，半年内完成资源转化工作。

（一）资源转化方案及时间安排（见表 8-6）

表 8-6　资源转化方案及时间安排

<table>
<tr><th colspan="2">资源名称</th><th>表现形式</th><th>资源要求</th><th>完成时间</th></tr>
<tr><td rowspan="3">基本资源</td><td>技能概要</td><td>文本文档</td><td>（1）微电子专业技能介绍；
（2）集成电路开发及应用教学训练大纲；
（3）集成电路开发及应用竞赛技能要点</td><td>赛后 60 天内完成</td></tr>
<tr><td>训练单元</td><td>演示文稿
视频</td><td>（1）IC 测试系统课件：完善相关电子课件、图片等；
（2）IC 测试云平台：教学资源由视频、PPT、文本、图片、VR 视频等素材资源组成</td><td>赛后 60 天内完成</td></tr>
<tr><td>训练资源</td><td>文本文档</td><td>微电子技术专业教学资源库建设：
（1）完善集成电路版图设计教学案例；
（2）完善集成电路制造工艺教学案例；
（3）完善集成电路封装测试教学案例</td><td>赛后 90 天内完成</td></tr>
<tr><td>拓展资源</td><td>赛项宣传片</td><td>视频</td><td>10 min 视频文件，涵盖产业发展、赛项背景、组织过程、参赛选手竞技风采、专家访谈等内容</td><td>赛后 5 天内完成</td></tr>
</table>

续表

资源名称		表现形式	资源要求	完成时间
拓展资源	试题库	文本文档	集成电路开发及应用试题，不少于5套	赛后60天内完成
	案例库	文本文档	集成电路开发及应用实验案例，不少于5套	赛后60天内完成

（二）资源转化形式

1. 文档及视频

根据表8-5中的要求，经大赛中相关内容优化整合，完成相关文本文档、演示文稿及视频等。

2. 完善微电子技术专业教学资源库建设

落实推进微电子技术专业教学资源库建设，内容涵盖集成电路版图设计教学案例、集成电路制造工艺教学案例、集成电路封装测试教学案例，建成一个切实发挥“能学、辅教”基本功能，应用广泛，具有可持续性发展的优质专业教学资源库，为提高相关专业人才培养质量、推动我国集成电路产业发展服务。

3. 双师型教师培训

通过竞赛资源向教学资源转化，开展专业教师的国培，开设面向教师的相关培训，有利于学校培养更多的双师型骨干教师，并提高教师自身的教学水平和实践技能。

4. 总结推广培养模式

大赛前后组织参赛学校领导及师生进行座谈，总结推广优秀的培养模式及经验，帮助各参赛院校师生提高教学指导和技能训练水平。

模块二　GZ-2020008　集成电路开发及应用赛项技术分析报告

2020年11月29日，2020年全国职业院校技能大赛改革试点赛高职组集成电路开发及应用赛项在山东商业职业技术学院圆满结束。经过赛项执委会、各参赛单位以及各级赛项组织多日准备，在经历了5个小时的紧张竞技后，大多数代表队取得了优异的成绩，现将相关情况分析如下。

一、赛项综述

（一）赛项组织

2020年是全国职业院校技能大赛改革试点赛举办之年，竞赛的申报主体有了变化，同时，2020年也是大赛改革的尝试和探索之年。在大赛办的统一领导下，本赛项执委会精心安排，统筹考虑，专家组精心设计，裁判组认真准备，监督、仲裁组全程监督保障，按照大赛制度规定顺利完成了此次竞赛的组织、实施、评判、监督和仲裁工作。指挥系统的有力保障、承办院校和杭州朗迅科技有限公司的辛勤付出，以及全体参赛队的配合、理解为评判、监督和仲裁工作提供了良好的平台。特别是承办院校积极配合杭州朗迅科技有限公司提前布置场地，完成设备的安装、调试及压力测试，为整个竞赛的成功举办提供了保障。

（二）参赛情况

本次竞赛实际抵达赛场的参赛队伍为 28 支，参赛选手都是充满朝气的高职电子信息类专业的学生，更有不同年龄层次的指导教师队伍和学生，他们的参与为大赛增光添色。全体参赛选手能够严格按照裁判组的组织，服从统一指挥，积极主动配合检录、一二次加密工作，入场和退场秩序井然，确保了全体参赛选手能够按照预案圆满顺利地完成竞赛。

本次大赛的参赛队伍自 11 月 27 日起陆续抵达济南，所有执裁人员、监督人员、仲裁人员及部分专家组成员、执委会成员都于 11 月 28 日抵达。11 月 28 日下午，按照大赛流程安排，组织了赛前领队及指导教师说明会、检录顺序抽签、参赛选手熟悉赛场、裁判员培训、裁判工作会议及赛前检查等工作。

11 月 29 日早上 7:20 起开始检录及进行一、二次加密工作，8:20 前所有参赛选手进入赛场，在完成赛位设备、工具检查并签字确认，发放赛题与元器件，裁判讲解竞赛注意事项等环节后，9:00 竞赛正式开始。9:00—14:00 各参赛队按照赛项任务书要求进行任务方案设计与实施，期间，现场裁判对各参赛队进行了职业素养与安全生产评分。14:00 各参赛队停止竞赛任务作答，提交竞赛文档。14:30 评分裁判入场，按照评分标准对各参赛队任务完成情况进行评分，约在 17:00 完成所有参赛队全部评分项目，约在 18:30 完成成绩统计、解密及成绩核查工作，并形成成绩汇总表，在各参赛队所在宾馆公示。

（三）获奖情况

本次大赛按照大赛制度规定，设置获一等奖、二等奖及三等奖的参赛队比例分别为 10%、20%、30%，依据各参赛队各个环节总成绩最终评选出一等奖 3 个，二等奖 6 个，三等奖 8 个。

获一等奖的 3 所学校分别是山东商业职业技术学院、重庆城市管理职业学院、深圳信息职业技术学院。

获二等奖的 6 所学校分别是江苏信息职业技术学院、郑州铁路职业技术学院、江西机电职业技术学院、上海电子信息职业技术学院、河北交通职业技术学院、天津电子信息职业技术学院。

获三等奖的 8 所学校分别是北京电子科技职业学院、陕西工业职业技术学院、武汉职业技术学院、成都职业技术学院、福建信息职业技术学院、山西工程职业学院、六安职业技术学院、金华职业技术学院。

（四）取得的主要成果及问题

本次大赛整个过程组织到位，全体裁判都能在各个环节秉公执裁，在申诉期及成绩公示阶段未出现任何仲裁及投诉事件，充分体现出这次大赛组办之成功。通过大赛，培养了一大批参赛选手，锻炼了指导教师队伍，更重要的是此赛项对高职院校集成电路相关专业及课程建设产生了更大的促进作用。

不足之处在于：本次大赛在时间安排上借鉴了往年竞赛的时间安排，设定的完成检录、一二次加密的时间是 7:20—8:50。但由于本次大赛的参赛队伍少（28 支），再加上组织准备工作到位，实际在 8:20 便完成了所有参赛选手的检录及加密工作，比原定时间提前了 30 分钟。在征求参赛选手意见是否提前开始竞赛时，有个别队伍没有举手赞成，于是赛项按原计划 9:00 开始，故此，参赛选手多出了 30 分钟的等待时间。此外，在竞赛测试环节，部分

参赛选手未能理解测试任务要求，不积极配合裁判评测，在一定程度上影响了评测速度。

二、赛项设计

（一）整体思路与命题依据

本赛项紧跟集成电路技术领域的最新发展和集成电路设计及制造行业的人才需求，重点考核微电子技术、应用电子技术、电子信息工程技术等电子信息类专业群学生在集成电路设计、集成电路工艺、集成电路测试、集成电路分选、集成电路应用（包含电子电路设计、程序设计及电路装调等）等方面的综合技能，贴合上述专业的核心技术技能培养要求。

赛项旨在提升技能大赛与产业发展相同步的水平，进一步强化技能大赛连接、传递产业需求和院校教学的桥梁功能，满足电子信息行业对集成电路人才的快速增长需求，促进社会对集成电路技术相关职业岗位的了解，通过赛项引领教学实践、促进产教融合。设计赛项时借鉴了世界技能大赛的理念以及世界技能大赛电子技术项目的相关做法，将竞赛内容设计为不同模块，全面考核参赛选手在集成电路设计、集成电路制造工艺、集成电路应用方面的技术技能。制定评分标准时，能采取客观评价的均采取客观评价方式，至少两位裁判参与评判；须采取主观评价的也由多位裁判参与评判，采用多轮次评判取平均值的方法，尽量降低主观因素的影响。

通过赛项的举办，助力全国微电子技术、应用电子技术及电子信息工程技术等专业的发展，推动相关专业的教学资源、教学平台及教材建设，为相关专业的人才培养储备师资力量，为全面提升相关专业的人才培养质量和内涵搭建平台。同时，赛项的举办有助于让更多的学生了解大赛，参与大赛，提升其技能，在职业院校中扩大技能大赛的影响，营造崇尚技能、重视技能的良好氛围。此外，赛项的举办还可以搭建院校和企业之间的沟通桥梁，在赛项设计中将更多行业企业所需技术技能纳入考核要点，将企业所需技能的培养前移，降低企业人力资源成本，扩大技能大赛在行业企业中的社会影响力。

（二）难度设定

竞赛的难度设定合理，主要体现在：集成电路设计及仿真部分考核参赛选手使用最基本的集成电路构成器件（PMOS 和 NMOS 管）实现给定要求的时序逻辑电路的能力；集成电路工艺仿真部分考核参赛选手对集成电路制造相关工艺的掌握情况；集成电路测试部分考核参赛选手在集成电路测试工装设计、制作及装调，数字及模拟集成电路基本参数、功能应用测试及综合应用电路测试方面的能力；集成电路分选部分考核参赛选手从下发的无型号标注的集成电路中分选出指定型号的集成电路，并按照任务书要求装配至其他竞赛任务电路板中的能力；集成电路应用部分考核参赛选手完成典型电子产品的装调，编写程序代码，实现指定功能的能力。总体而言，赛题设计让参赛选手们在每个任务中都能够完成一定的工作，但要想取得好成绩，必须在赛前有充分的训练，也必须具备一定的创新能力。考虑到参赛选手都是来自全国的精英，要让参赛选手能充分展示自身优势，让那些精英中的精英能继续拔高、脱颖而出，因此赛题总体难度呈阶梯分布，既考核基本技术技能，又考核参赛选手的创新能力，符合大赛引领教学改革和人才培养的需求。

（三）考核关键点

本次竞赛包括五项竞赛任务，分别为集成电路设计与仿真、集成电路工艺仿真、集成电路测试、集成电路分选、集成电路应用。各部分考核点如下。

集成电路设计与仿真：考核参赛选手对于使用基本元器件完成基本逻辑电路设计及仿真验证的能力。

集成电路工艺仿真：考核参赛选手对于集成电路制造工艺流程的掌握程度，考核参赛选手对于数字和模拟芯片 MAP 图的标定能力。

集成电路测试：考核参赛选手对于数字电路、模拟电路及综合应用电路的基本性能参数及典型应用该电路的性能参数测试能力，考核参赛选手对于集成电路功能的理解和掌握。

集成电路分选：考核参赛选手对于重新标注芯片的分选和辨识能力。

集成电路应用：考核参赛选手对于典型 MCU 芯片的使用，常见传感器及典型外围电路的调理电路装调，功能代码的编写及调试能力。

（四）配分原则和评分标准

本赛项采用实际操作形式，现场制订测试用例，完成集成电路开发及应用工作。在注重考察参赛选手综合能力的同时，也能客观反映参赛选手的技能水平及职业能力。评分细则见表 8-7，竞赛评分本着公平、公正、公开的原则进行。

表8-7　评分标准

<table>
<tr><th>评分项目</th><th>评分细则</th><th>分值</th><th>评分方式</th></tr>
<tr><td rowspan="3">集成电路设计与仿真（20%）</td><td>电路设计符合赛题要求</td><td>8</td><td rowspan="3">结果评分（客观）</td></tr>
<tr><td>电路仿真功能正确</td><td>8</td></tr>
<tr><td>电路精简，元件数量少</td><td>4</td></tr>
<tr><td rowspan="3">集成电路工艺仿真（20%）</td><td>集成电路工艺流程</td><td>5</td><td rowspan="3">结果评分（客观）</td></tr>
<tr><td>数字集成电路晶圆 MAP 图标定</td><td>7</td></tr>
<tr><td>模拟集成电路晶圆 MAP 图标定</td><td>8</td></tr>
<tr><td>集成电路测试（35%）</td><td>（1）测量的数字电路基本参数、功能及应用电路参数的正确性；
（2）测量的模拟集成电路基本参数、应用电路参数的正确性；
（3）模拟和数字集成电路综合应用电路参数及功能的正确性</td><td>35</td><td>结果评分（客观）</td></tr>
<tr><td>集成电路分选（5%）</td><td>测试平台的应用及分选芯片的正确性</td><td>5</td><td>结果评分（客观）</td></tr>
<tr><td>集成电路应用（15%）</td><td>应用电路的功能实现</td><td>15</td><td>结果评分（客观）</td></tr>
<tr><td rowspan="3">职业素养与安全生产（5%）</td><td>安全用电</td><td>2</td><td rowspan="3">过程评分（主观）</td></tr>
<tr><td>环境清洁</td><td>1</td></tr>
<tr><td>操作规范</td><td>2</td></tr>
<tr><td rowspan="4">扣分项</td><td>超过规定时间补领元器件（每个）</td><td>1</td><td rowspan="4">过程评分（客观）（由评分裁判根据测试记录的结果进行评判）</td></tr>
<tr><td>更换测试及装配芯片（限 1 次）</td><td>4</td></tr>
<tr><td>更换电路板套件（限 1 次）</td><td>10</td></tr>
<tr><td>更换竞赛设备配件（限 1 次）</td><td>10</td></tr>
</table>

续表

评分项目	评分细则	分值	评分方式
扣份项	违纪扣分（视情节而定）		裁判长
总计	100%		

三、成绩解析

（一）赛项成绩总评

竞赛的分数段与队伍数分布总体呈现正态分布，达到了赛项设计的整体要求。

（二）各分项成绩分析

1. 职业素养与安全生产

作为竞赛考核模块之一的职业素养与安全生产，主要考核参赛选手职业信念、职业知识技能和职业行为习惯。本模块打分由 5 名现场裁判在竞赛过程中各评分 2 次计算而得到。整个竞赛过程中，参赛队操作平台因任务实施需要，工具设备存放难免有些零乱，但整体上操作规范，故此项整体得分较高。因为此次大赛为试点赛，各省参赛队伍只有 1 支，是最优秀的代表队，职业素养与安全生产得分较高也充分体现出参赛队的整体素质。

2. 集成电路设计与仿真

此部分考核参赛选手利用基本元器件实现指定状态的组合函数输出的能力，与 2019 年竞赛相比，增加了输出变量，为三个输出变量，其中一个变量与另外两个变量存在逻辑运算关系。此部分还考核参赛选手对于基本逻辑电路的掌握及工具软件的使用能力。与 2019 年相比，此部分的总分由 10 分增加到 20 分，参赛选手平均得分达到 13.91 分，参赛选手总体完成度较好。

3. 集成电路工艺仿真

此部分考核参赛选手对于集成电路制造工艺流程的掌握情况及 MAP 图的标定能力，考核内容较 2019 年有所增加，比如选择题型的变化、考核内容的变化等。此部分总分为 20 分，参赛选手平均得分达到 13.88 分，部分参赛选手在相关方面的能力还有待进一步提升。

4. 集成电路测试

此部分总分为 35 分，参赛选手平均得分为 12.88 分，总体表现一般。参赛选手在数字电路基本参数方面的测试尚好，但是对于典型应用的测试还有待提高。对于模拟电路的测试，参赛选手们的总体表现不高，部分参赛选手没有完成相关任务。该子任务总分为 10 分，参赛选手平均得分为 1.61 分，表明参赛选手在模拟电路的应用方面存在明显短板。综合应用电路重点考核参赛选手对于模拟数控放大器的性能测试能力，需通过程序编写完成其性能参数测试。该子任务总分为 15 分，参赛选手平均得分为 5.42 分，表明参赛选手对于该部分考核内容的掌握还有欠缺。

5. 集成电路分选

此部分考核参赛选手对于集成电路成品的辨识能力。此部分总分为 5 分，参赛选手平均得分为 3.68 分，表明参赛选手对于集成电路分选的掌握情况较 2019 年已经有了大幅度提升，但是部分参赛队的表现仍有欠缺，存在部分参赛选手误选、漏选的情形。参赛选手分选出来的芯片需要用于综合应用电路及集成电路应用部分，考核参赛选手分选芯片的正确性。

6. 集成电路应用

此部分考核参赛选手对于典型 MCU 及其外围电路的掌握程度。此部分总分为 15 分，参赛选手最高得分为 14.33 分，平均得分为 5.61 分，与 2019 年相同。集成电路应用依然是各参赛队伍的难点。

四、典型实例评析

（1）部分参赛队对于竞赛任务要求的理解不够，特别是对于综合应用电路，在竞赛任务书中明确提出此部分任务仅提供装配图与元器件清单，但部分参赛选手在竞赛过程中还提出需要原理图。

（2）部分参赛队竞赛分工不明确，时间安排不够合理。部分参赛选手以省赛的竞赛策略进行竞赛，不认真审题，导致竞赛成绩不够理想。参赛选手对竞赛平台不够熟悉，在竞赛过程中，部分参赛选手甚至因为误操作导致其竞赛过程不畅，如相关操作模块均有参赛选手得分为 0 分。

（3）部分参赛队参赛选手欠缺应变能力，竞赛中部分芯片在省赛中已经进行过测试或者分拣，在国赛任务书中考核要求有了变化，但是部分参赛队依然按照省赛的理解去完成任务，导致竞赛结果不够理想。这说明参赛选手在应变能力方面有待加强和提升。

以上实例说明指导教师在训练计划制订、训练任务量安排、竞赛策略、竞赛模拟、竞赛任务理解等环节仍需要进一步加强和提升，以满足大赛的要求。

五、行业要求对比

（一）集成电路设计与仿真

该部分考核参赛选手使用最基本的集成电路构成器件 PMOS 和 NMOS 管作为基本器件，实现给定要求的时序逻辑电路的能力。正式竞赛时，要求参赛选手根据现场下发的任务书要求，实现现场抽取的函数组合。该部分主要对接集成电路产业中设计岗位的基本技术技能。竞赛中使用 Multisim 14.1 Education Edition 或 Proteus 8 Demonstration 设计集成电路，并进行功能仿真，让参赛选手体验集成电路的设计过程，了解集成电路的设计流程，通过仿真验证功能，让参赛选手能够了解其所设计电路的正确性。

（二）集成电路工艺仿真

该部分要求参赛选手在虚拟软件环境下，选择正确的工艺步骤，在晶圆 MAP 图上完成人工标定。该部分需要参赛选手完成如下任务。

（1）测试环境设定：选择标定所需的探针台；根据芯片的尺寸图选择探针台的工作步进值；选择正确的测试运行程序。

（2）指定芯片的电参数。

（3）进行芯片外观检测，标定 MAP 图。

该部分选取集成电路制造工艺流程中的典型工艺进行设计，体现了与生产岗位的对接。要求参赛选手通过虚拟软件进行仿真，手工完成 MAP 图标定。部分参赛队未能熟悉竞赛用软件的操作，导致竞赛成绩不够理想。行业企业对集成电路制造工艺的了解相对较

高，竞赛设计的任务选取的也是典型生产工艺，在一定层面上体现了集成电路设计、制造过程中的工艺要求，体现了赛项与行业企业要求紧密结合的要求。

（三）集成电路测试

该部分要求参赛选手完成现场抽取型号的模拟集成电路、数字集成电路及综合应用电路的参数测试。该部分的设计符合集成电路制造企业对于测试技术技能的要求。同时要求选手自行设计相关测试工装电路，完成测试工装的组装及调试。从竞赛的结果来看，参赛选手在模拟集成电路方面的基本技术技能有待进一步提升。在实际岗位中，要求工作人员根据给定的芯片资料和芯片，设计测试工装，编写测试程序代码，测试验证基本参数及芯片的基本功能。

（四）集成电路分选

该部分现场下发的集成电路芯片包含模拟集成电路与数字集成电路，参赛选手需将芯片安装在分选测试工装基板及测试工装DUT板中，根据待分选芯片的相关资料，编写分选程序，完成芯片分选，在测试报告中填写分选出的指定型号芯片的编号等信息。赛题命制参照集成电路制造企业在芯片封装后，需要通过测试平台分选出功能正常的芯片供其余竞赛任务使用，并剔除不符合要求的芯片。该部分的设计贴合企业岗位的实际需要，既考核参赛选手的分选程序编写能力，又考核参赛选手操作测试的熟练度。

（五）集成电路应用

该部分重点考核参赛选手掌握合作企业自主知识产权MCU的典型应用能力、程序代码编写调试能力、传感器综合应用能力，以及典型电子产品的装调能力。该部分按照典型电子产品开发岗位的任务进行设计，能够充分体现参赛选手的集成电路应用能力，同时也能够综合考察参赛选手的电子线路综合应用能力。

（六）职业素养与安全生产

该部分主要考核参赛选手的职业信念、职业知识技能和职业行为习惯。从竞赛过程及竞赛结果看，所有参赛选手的职业素养表现较好，现场未发生明显的违反职业素养要求的行为。裁判评判标准依据集成电路岗位的职业素养要求制订，贴合岗位的真实要求。

六、总结、意见与建议

结合前面的分析，就电子信息类专业人才培养和技能大赛提出建议如下。

（1）认真研究领会赛项规程的内涵要求，制订切实可行的具有针对性的训练计划。

（2）将对参赛选手的能力训练落到实处，在训练过程中要严格操作流程和规范，各项训练任务要落实。

（3）既要训练参赛选手的实践能力，也要兼顾参赛选手的心理素质，模拟现场的场景，让参赛选手提前体验，做好各种突发情况的预案。

（4）在日常教学中，注重职业规范和素养的训练，竞赛中反映出的问题都是在日常教学和赛前训练中存在不足的体现，只有从平时点滴做起，才能够养成良好的职业习惯。

（5）在日常教学中，要加强学生分析问题和解决实际问题的能力训练。重视文档的撰写能力，这不仅是参加大赛的需要，更是参加工作后沟通的需要。

（6）竞赛正式开始后，参赛选手们应认真阅读下发的任务书，仔细分析赛题的要求，切忌先入为主，不认真审题，避免失分。

（7）在训练中需要关注细节，竞赛时必须认真研读任务书，认真领会任务书的要求，按照竞赛任务书的要求进行操作，才能够避免因为误操作影响发挥，进而影响最终的成绩。

2020 年全国职业院校技能大赛改革试点赛高职组集成电路开发及应用赛项已经落下帷幕，参赛选手们通过大赛，技术技能得到了验证和提升，但是大赛反映出来的问题还需要指导教师在日常教学中引起重视，需要落实以赛促教、以赛促改的大赛宗旨。如何将大赛资源有机融入课堂教学，真正落实大赛对于人才培养和教学改革的示范引领作用，需要指导教师、合作企业的共同努力，这样才能将大赛的红利让更多学生得到分享，真正体现赛教融合的要求。

模块三　GZ-2020008　集成电路开发及应用赛项工作总结

2020 年 11 月 29 日，2020 年全国职业院校技能大赛改革试点赛高职组集成电路开发及应用赛项在山东商业职业技术学院顺利举行，在各方共同努力下，竞赛圆满结束。本次竞赛为试点赛，在竞赛整体组织协调等方面与以往的全国职业院校技能大赛相比有较大变化。本次竞赛在确保公平、公正的基础上，促进了全国职业技术院校指导教师、参赛选手的技能知识水平以及技能实操水平的提升，同时更有效地促进了全国职业院校技能交流、教学模式改革等，更为建设知识型、技能型、创新型高技能人才队伍，推动国内微电子技术等专业的高质量发展打下坚实基础。

一、试点赛集成电路开发及应用赛项竞赛内容

本赛项主要考察高职电子信息大类专业学生集成电路设计、集成电路工艺、集成电路测试、集成电路分选、集成电路应用（包含电子电路设计、程序设计及电路装调等）等方面的综合技能。

赛项要求参赛选手在规定时间内进行集成电路设计与仿真、集成电路工艺仿真、测试方案设计、测试工装制作及调试、使用集成电路综合检测平台对执委会提供的芯片及测试要求进行上位机程序编写、芯片测试、芯片分选编程及调试，完成芯片测试后将芯片装入相关电路中，接着进行功能程序代码编写及功能验证，从而完成赛题要求的各项规定任务。

赛题库于竞赛前 1 个月在大赛官网上发布，根据赛题库的内容，专家组前期完成竞赛硬件的设计及制作，于竞赛前三天完成赛题的命制，制订了竞赛参数泄露的预案，竞赛当天开赛前由裁判长现场抽取竞赛参数。

二、试点赛与 2019 年全国职业院校技能大赛项目的不同之处

（一）任务模块分值占比

在 2019 年大赛成功举办的基础上，结合集成电路产业岗位人才的实际需求，此次试

点赛对任务模块分值占比进行了优化。

（1）职业素养与安全生产：与 2019 年持平，未做优化。

（2）集成电路设计与仿真：从 2019 年的 10% 调整为 20%，主要为了引导微电子技术专业的发展方向，凸显集成电路设计岗位对人才的需求。

（3）集成电路工艺仿真：从 2019 年的 10% 调整为 20%，主要为了体现在集成电路产业岗位需求中，从事集成电路工艺的岗位需求激增，而高职院校对于这部分技术技能的培养需要加强。

（4）集成电路测试：从 2019 年的 45% 调整为 35%，主要是考虑到参赛选手的专业背景，希望能够体现对于不同专业的参赛选手所掌握技术技能考核要求的平衡。

（5）集成电路分选：从 2019 年的 15% 调整为 5%，主要是考虑到这部分技能在集成电路测试及集成电路应用模块均有所体现，但是保留该模块主要是考虑到分选岗位对于集成电路产业岗位而言仍然有需求。

（6）集成电路应用：维持 2019 年的 15%，但是在考核内容中增加了功能电路板装配及调试，主要是考虑到有一定比例的参赛选手来自应用电子技术、电子信息工程技术等专业，这部分考核内容能够发挥这些专业学生的专业优势，体现考核内容的全面性。

（二）竞赛赛位

结合 2019 年国赛的情况，此次试点赛在竞赛赛位内增加了等候区，用于参赛选手检录后的候考和竞赛结束后的等候测试，保证竞赛的组织工作周到有序。因今年参赛队数量下降，承办院校场地充足，因此适当增加了赛位的面积，更方便参赛选手竞赛。

（三）参赛队伍

28 支参赛队伍，保持 1 省 1 支代表队，覆盖面广，人才选拔更精准，要求更高。

三、试点赛的创新与突出特点

（一）考核内容与实际应用对接，技能考核更加全面

集成电路设计与仿真部分的考核要求与 2019 年相比，增加了设计输出端，从 2019 年的一个输出变量调整为三个输出变量，三个输出变量之间存在逻辑关系，这就要求参赛选手必须正确设计其中两个输出变量，才能保证第三个输出变量的正确性。该部分考核参赛选手的严谨和细致，增加了参赛选手竞赛的难度，体现了课程思政元素。集成电路工艺仿真部分增加了集成电路制造工艺相关内容的考核，采用选择题的方式呈现。集成电路测试部分在考核基本参数测试的基础上，还会考核参赛选手对于集成电路芯片的基本功能和典型应用的掌握情况，设计的考核内容难度中等，主要涉及常见模拟和数字集成电路芯片。结合 2020 年新冠疫情，温度成为人们日常生活中最为关注的话题，因此集成电路应用部分就选择常见的集成式温度传感器与热电偶传感器之间测温结果的差异比较作为考点，既融入了时事热点，也让参赛选手们在竞赛过程中体验了集成电路与分立器件之间的差异性。集成电路应用部分使用国产 MCU 及电机驱动芯片，符合当前国家支持国产芯片的要求。

（二）团结协作，确保公平、公正

赛中专家组、监督组、仲裁组、裁判组互相配合，共同完成工作。其中，专家组负责

赛题命制及竞赛现场的技术问题，监督组和仲裁组负责监督竞赛以及执裁过程是否公平、公正，裁判组负责现场执裁。竞赛采用多位裁判共同测试、客观结果记录、参赛选手签字确认，裁判依据客观标准评判、独立打分后取平均值的方法计算参赛队的最终得分。在专家组、监督组、仲裁组以及裁判长的监督下由第三方人员完成分值核算及录入，确保竞赛结果高效无误，实现竞赛零投诉。

（三）赛后技术点评全面，促进交流学习

赛后根据各部分参赛选手的得分情况对竞赛进行详细剖析，有助于发现参赛选手存在的不足。由于疫情原因，不少院校推迟返校时间，参赛选手训练时长不足，个别参赛选手训练时间甚至不足 1 个月。本次试点赛有 28 个省队同台竞技，展现了 28 个省不同的技能水平、训练成果，极大地促进了我国各省之间的技能交流，各参赛队相互交流、相互学习，实现了共同提高。

四、试点赛的意义

（一）规避人为因素，实现人才选拔公平化、公正化

多措并举，确保公平、公正。赛前公开赛题库，竞赛开始前裁判长在竞赛监督的监督下现场抽取竞赛参数，专家组长打印后下发。监督组全程监督竞赛各项工作，实现竞赛公开透明，公平、公正。

（二）模块化任务设计提高竞赛任务完成度

将竞赛分为不同的模块，同时各模块之间存在内在的联系，确保了不同专业的参赛选手可以混编组队参加竞赛。这一点主要是为了提高不同专业参赛选手参赛的适应性，同时有助于本赛项的推广和普及。

（三）以赛促教、以赛促训、以赛促技、以赛促改

竞赛主要考察高职电子信息大类专业学生集成电路设计、集成电路工艺、集成电路测试、集成电路分选、集成电路应用（包含电子电路设计、程序设计及电路装调等）等方面的综合技能。通过竞赛促进全国电子信息类院校微电子技术专业的人才培养，实现院校人才培育贴近行业需求，促进校企人才供需接轨，助力行业可持续、高质量发展。

（四）试点赛为大赛改革进行了尝试

本次竞赛采取专家组前期负责规程制定、赛题库命制、赛场设计等工作，承办院校与合作企业确定后成立赛项执委会的运行体系。这种运行体系为大赛的改革进行了有力的探索尝试，试点赛的顺利举行证明这种运行体系可以确保竞赛的正常进行。

五、试点赛的建议

（一）完善运行体系

因为新冠疫情影响，今年赛项执委会在承办院校确定后才组建，导致一些工作的沟通协调存在一定的困难。虽然各方齐心合力，圆满完成了任务，但是从体系规范的角度，建议提前成立执委会，明确承办院校、合作企业、专家组、监督组、仲裁组的各自职责。参

与各方均需增强补位意识、提醒意识，这样有助于使大赛顺利圆满完成。

（二）执裁、监督人员构成

专家组、监督组、仲裁组、裁判组的成员组成要来自不同省份。目前各成员大多来自院校，但可能会存在成员为非相关专业教师的情况。建议在选拔各类成员时能够尽可能选择相关专业的一线教师参与，在做好相关工作的同时，也有助于赛项的推广。

（三）赛事流程标准化

制订赛事标准化流程，细化细则等过程性环节，让赛事做到公平、公正、严格、精准、可复制，更好地育高能人才，塑大国工匠，实现“人人出彩，技能强国”。

（四）加强培训，提高工作成效

赛前建议组织专家、裁判、监督、仲裁、承办单位及合作企业参与的培训，明确各自职责。监督的作用一方面是监督，另一方面则是提醒，建议提前让竞赛监督方面的专家讲解竞赛监督工作的具体要求，提前做好各种预案，确保竞赛的顺利举行。

项目九
园艺赛项

模块一　GZ-2020009　园艺赛项规程

一、赛项名称

赛项编号：GZ-2020009

赛项名称：园艺

英文名称：Landscape Garden

赛项组别：高职组

赛项归属产业：园林

二、竞赛目的

依据高素质技术技能人才培养要求，对接园艺师的职业标准，结合园林施工岗位对人才的知识、技能、素养要求，设置本次技能大赛。通过本赛项检验教学成果，促进教学改革；瞄准世界高水平，营造崇尚技能氛围。

三、竞赛内容

园艺赛项是指在规定的时间和空间里，按设计好的赛题，使用工具对指定造景材料进行制作、安装、布置和维护的竞赛项目。

园艺赛项是一个团队项目，每个参赛组由 2 位参赛选手组成，要求在规定的时间内相互配合并完成赛题的施工。赛题包含砌筑与铺装、木作、水景营造、植物造景等模块，各模块有机结合组成一件园艺作品。竞赛过程中，要求参赛选手合理安排工作流程，注意个人防护，施工动作符合人体工程学，同时要合理安排工时，在完成每天测评模块的前提下可以提前进行次日考核模块的制作。

四、竞赛方式

（一）报名资格

1. 参赛选手须为普通高等学校全日制高职在籍学生，本科院校中高职类全日制在籍学生，五年制高职四、五年级学生。

参赛选手所学专业为园林技术、园林工程技术、风景园林设计、建筑工程技术、环境

艺术设计、园艺技术等相关专业。

2. 参赛选手年龄一般不超过25周岁，年龄计算的截止时间为2020年11月1日。

3. 凡在往届全国职业院校技能大赛中获得过一等奖的参赛选手，不能再参加同一赛项同一组别的竞赛。

4. 各地区的省份内选拔、名额分配和参赛师生资格审查工作由省级教育行政部门负责。大赛执委会办公室行使对参赛人员资格进行抽查的权力。

（二）组队要求

1. 省、自治区、直辖市可组织报名参赛，不邀请境外代表队参赛。

2. 竞赛以团队方式进行，每个代表队限报1组，每组参赛学生2名，不得跨校组队，同一学校相同赛项报名参赛队不超过1组。参赛选手名单以PDF格式上报后不得更换。

3. 每队限报2名指导教师，指导教师须为本校专兼职教师。

五、竞赛流程

所有参赛代表队在规定时间内同时进行竞赛。

竞赛时间：22小时。

具体安排见表9-1：

表9-1 竞赛时间安排

时间		内容
竞赛前1天下午		参赛选手抽签决定竞赛赛位号，裁判长抽取赛卷并公布；工作人员核验选手自带工具后，参赛选手将工具放置到赛位并核验提供的材料、器具
第1—3天	8:15—8:30	检查参赛选手证件，参赛选手进入施工竞赛场地并就位； 裁判组成员进入赛场
	8:30—11:30	竞赛时间
	11:30～13:15	午餐、休息
	13:15—13:30	检查参赛选手证件，参赛选手进入施工竞赛场地并就位； 裁判组成员进入赛场
	13:30—16:30	竞赛时间
	16:30—	裁判打分
第4天	7:45—8:00	检查参赛选手证件，参赛选手进入施工竞赛场地并就位； 裁判组成员进入赛场
	8:00—12:00	竞赛时间
	12:00—	裁判打分

六、竞赛赛卷

试题库于竞赛前1个月在大赛信息发布平台上发布，竞赛赛卷在竞赛前1天由裁判长从试题库中随机抽取。

赛卷由图纸及施工说明组成，图纸包括总平面图、尺寸定位图、竖向标高图等，硬景部分要求参赛选手按图施工，软景部分由参赛选手根据提供的材料及施工说明自主设计并施工。竞赛内容主要包括以下模块：

1. 砌筑与铺装

正确使用工具切割砖材、石材、预制混凝土砌块，力求切割面平顺，按正确的尺寸、标高精准砌筑花池、景墙、铺筑园路和场地。

2. 木作

正确使用工具切割木料，按正确的尺寸、标高精准制作木平台、木桥、花架、凉亭、木座凳、栅栏等，并安装稳固。

3. 水景营造

利用给定的防水材料、给排水材料、卵石、景石等营造水池、喷泉、叠水等，无渗漏，正确安装潜水泵、给排水管线。

4. 植物造景

严格按规范种植植物，定点植物种植无误，草皮铺设平整、紧实、接缝严密。提供的植物除草皮外全部用完。

七、竞赛规则

1. 参赛选手必须持本人身份证与参赛证参加竞赛。

2. 参赛选手和指导教师报名获得确认后不得随意更换。如竞赛前参赛选手和指导教师因故无法参赛，须由省级教育行政部门于本赛项开赛 10 个工作日之前出具书面说明，经大赛执委会办公室核实后予以更换。竞赛开始后，参赛队不得更换参赛队员，允许队员缺席竞赛。

3. 参赛选手出场顺序、位置、竞赛所用工具等均由抽签决定，不得擅自变更、调整。

4. 参赛选手提前 15 分钟检录进入赛场，并按照指定赛位号参加竞赛。迟到超过 15 分钟者，取消竞赛资格；竞赛开始 15 分钟后，参赛选手方可离开赛场。

5. 参赛选手进入赛场后须检查竞赛工具、设备和材料是否齐全，如有疑问向裁判询问。

6. 参赛选手在竞赛过程中不得擅自离开赛场，如有特殊情况，需经裁判同意；选手若需休息、饮水或去洗手间等，耗用时间计算在竞赛时间内。

7. 竞赛在规定时间结束时，参赛选手应立即停止操作，不得以任何理由拖延竞赛时间。参赛选手操作完成后，在由主办方提供的《实际操作现场记录表》上签名确认，方可离开赛场。

八、竞赛环境

1. 每个赛位包含 49m^2（7m × 7m）的施工区和至少 30m^2 的准备区。

2. 每个赛位铺设 0.3m 厚细沙。

3. 每个赛位需配备 220V 和 24V 的电源插座各一只，且每个插座不少于 2 个多功能插孔。

4. 每个赛位要有自来水接口、照明设施、通风设施及电子监控设备。

5. 场地内配有公共道路，竞赛环境安全安静无干扰。

九、技术规范

（1）按照教育部高职园林技术、风景园林设计、环境艺术设计、建筑工程技术、园林工程技术、园艺技术等相关专业教学基本要求和2019年世界技能大赛园艺赛项规程等规定的知识和技能要求。

（2）技术标准（见表9-2）

表9-2 技术标准

序号	标准号	标准名称
1	GB/T 50326—2017	建设工程项目管理规范
2	GB/T 8239—2014	普通混凝土小型砌块
3	GB 50924—2014	砌体结构工程施工规范
4	GB 50203—2011	砌体结构工程施工质量验收规范
5	GB 50500—2013	建设工程工程量清单计价规范
6	CJJ/T 82—2012	园林绿化工程施工及验收规范
7	CJJ/T 222—2015	喷泉水景工程技术规程
8	JGJ 146—2013	建设工程施工现场环境与卫生标准

十、技术平台

承办院校统一提供的设备与工具有台式石材切割机、拉杆式木工斜切锯（配架子）、手持式石材切割机、搅拌机、角磨机等。

按照各团队需求，参赛选手还可以携带自备辅助的其他工具，但电动工具和物料类一律不得带入竞赛场地（如自喷漆、万能胶、装饰品等）。

可携带工具箱1个，长宽高之和不超过2.8m，最长边不超过1.2m，不包括测量设备和个人防护设备，超过上述尺寸的工具箱不得带入竞赛场地。

竞赛承办院校统一提供园林植物、石材等施工材料。为便于拆除，铺装过程不使用水泥。

十一、成绩评定

（一）裁判组成

裁判员共10人，其中裁判长1名，加密裁判员1名，裁判长和加密裁判员不打分。裁判员分工由裁判长统一安排。

（二）评分办法

总分100分，包含主观评价30分和现场测量70分两部分。

1. 主观评价分

主观评价由裁判员在竞赛过程中对参赛选手进行现场考评，并对完成的施工作品进行总体评价，每位裁判员独立评分，提交后由裁判长组织裁判员进行成绩汇总。

2. 现场测量分

现场测量由裁判员利用激光水平仪、直尺等工具对参赛选手的施工作品进行检测，并给出评判结果。

现场测量采用分项打分，由 2 组裁判分别独立测评，分项成绩提交后，若 2 组分值不一致，由裁判长组织复核。

在竞赛过程中，裁判员按照分工，依据评判标准和相关要求公平、公正评判，并对每位参赛选手各竞赛阶段的评判结果签字确认。

（三）评分标准

评分标准见表 9-3。

表 9-3 园艺赛项评分标准

项目	类型（J 为评价，M 为测量）	评分项描述	评分项具体描述	参考分	标准值	测量值	最高分值
A	工作流程（6 分）；每半天测 1 次，取平均分						
	J1	工作区域整洁度					1
			工具到处散落，工作区域杂乱无章	0～0.2			
			使用必需的材料和工具，没有使用的边角料	0.3～0.5			
			使用必需的材料和工具，利用了边角料（废料）	0.6～0.8			
			操作过程中使用必需材料和工具并摆放整齐，所有边角料都使用	0.9～1.0			
	J2	施工组织是否科学					1
			参赛选手实施过程中毫无秩序（没有条理）	0～0.2			
			操作过程中有一定的逻辑秩序	0.3～0.5			
			有选择性的操作，目标显而易见，部分步骤有逻辑性	0.6～0.8			
			操作流程逻辑性强，步骤清晰，未出现无故停顿现象	0.9～1.0			
	J3	团队合作					1
			团队合作不充分	0～0.2			
			团队成员能相互协作	0.3～0.5			
			每个成员完成自己负责的部分，团队成员能相互协作	0.6～0.8			

续表

项目	类型（J为评价，M为测量）	评分项描述	评分项具体描述	参考分	标准值	测量值	最高分值
			团队成员分工明确，能够很好地完成各自负责的部分，互相协作默契	0.9～1.0			
	J4	工具设备及材料使用					1
			工具和设备使用不专业，未按图纸的要求使用材料，材料加工及安装不符合规范	0～0.2			
			工具和设备使用正确，按图纸的要求使用材料，材料加工及安装基本符合规范	0.3～0.5			
			工具和设备使用正确、熟练，材料与图纸规定相一致，材料加工及安装符合规范	0.6～0.8			
			工具和设备使用非常专业，材料与图纸规定完全一致，材料加工及安装非常专业	0.9～1.0			
	J5	工效					1
			操作不符合人体工程学，安装、搬运方式不正确，存在跑、跳、投掷物品行为，导致受伤	0～0.2			
			操作基本符合人体工程学	0.3～0.5			
			操作符合人体工程学，注意力集中	0.6～0.8			
			操作准确无误，灵活应对，注意力集中，无跳跃、奔跑、忙乱的行为	0.9～1.0			
	J6	健康与安全			是\否		1
B1	花池砌筑（11分=客观9+主观2）						
	M1	花池盖板完成面高度1	容差±0～2mm，1；容差±>2～4mm，0.5；容差>4mm，0				1
	M2	花池盖板完成面高度2	容差±0～2mm，1；±>2～4mm，0.5；>4mm，0				1
	M3	花池盖板尺寸1	容差±0～2mm，1；±>2～4mm，0.5；>4mm，0				1

续表

项目	类型（J 为评价，M 为测量）	评分项描述	评分项具体描述	参考分	标准值	测量值	最高分值
	M4	花池盖板尺寸 2	容差 ±0～2mm，1；±＞2～4mm，0.5；＞4mm，0				1
	M5	花池墙体尺寸 1	容差 ±0～2mm，0.5；±＞2～4mm，0.25；＞4mm，0				1
	M6	花池墙体尺寸 2	容差 ±0～2mm，0.5；±＞2～4mm，0.25；＞4mm，0				1
	M7	压顶板外沿在一条线上	2mm 以内为“是”		是 \ 否		0.5
	M8	压顶石板水平			是 \ 否		0.5
	M9	压顶板缝隙	容差 ±0～2mm，0.5；＞2mm，发现一条缝隙超过容许误差，则为 0 分				0.5
	M10	花池的基础经过了开挖、夯实等流程且按图纸要求施工合理			是 \ 否		0.5
	M11	错缝砌筑且灰缝均匀			是 \ 否		0.5
	M12	无游丁走缝			是 \ 否		0.5
	J7	墙体外观					1
			灰缝不明显，墙面污染面积达 50%	0～0.2			
			灰缝明显，墙面污染面积达 25%～50%	0.3～0.5			
			平缝水平，丁缝竖直，污染面积不到 25%	0.6～0.8			
			平缝水平，丁缝竖直，灰缝填浆饱满，无污染	0.9～1.0			
	J8	压顶面板外观					1
			对于面板中的拼接部分，有超过 50% 的角或边使用了小于 1/3 面板长度的材料	0～0.2			

续表

项目	类型（J为评价，M为测量）	评分项描述	评分项具体描述	参考分	标准值	测量值	最高分值
			对于面板中的拼接部分，有25%～50%的角或边使用了小于1/3面板长度的材料	0.3～0.5			
			对于面板中的拼接部分，有小于25%的角或边使用了小于1/3面板长度的材料	0.6～0.8			
			面板拼接部分没有使用小于1/3面板长的面板，面板平整美观	0.9～1.0			
B2	水池砌筑（9分＝客观8.5+主观0.5）						
	M13	池壁高度1	容差±0～2mm，1；±>2～4mm，0.5；>4mm，0				1
	M14	池壁高度2	容差±0～2mm，1；±>2～4mm，0.5；>4mm，0				1
	M15	水池尺寸1	容差±0～2mm，0.5；±>2～4mm，0.25；>4mm，0				1
	M16	水池尺寸2	容差±0～2mm，0.5；±>2～4mm，0.25；>4mm，0				1
	M17	水池与黄木纹石墙全部密接			是\否		1
	M18	水池外延在一条线上			是\否		0.5
	M19	完成面水平			是\否		0.5
	M20	水池的基础经过了开挖、夯实等流程且按图纸要求施工			是\否		0.5
	M21	错缝砌筑且均匀			是\否		0.5
	M22	无游丁走缝			是\否		0.5
	M23	墙体砌筑顺丁结合			是\否		1
	J9	墙体外观					0.5

续表

项目	类型（J 为评价，M 为测量）	评分项描述	评分项具体描述	参考分	标准值	测量值	最高分值
			缝隙不明显，墙面污染面积达 50%	0～0.1			
			缝隙明显，墙面污染面积达 25%～49%	0.2～0.3			
			平缝水平，丁缝竖直，污染面积不到 25%	0.4			
			平缝水平，丁缝竖直，缝隙填浆饱满，无污染	0.5			
C	水景营造（5.5= 客观 4.5+ 主观 1）						
	M24	水面上没有垃圾			是 \ 否		0.5
	M25	防水膜安装正确，不漏水			是 \ 否		1
	M26	水景中水能正常循环			是 \ 否		1
	M27	水泵安装及设置合理			是 \ 否		1
	M28	防水膜未露出地表			是 \ 否		1
	J10	水口水平，出水均匀					1
			水流未布满出水口宽度的 30%	0～0.2			
			水流布满出水口宽度的 31%～60%	0.3～0.5			
			水流布满出水口宽度的 61% 以上，但未满	0.6～0.8			
			水流均匀布满水口	0.9～1.0			
D	砌筑（12= 客观 10+ 主观 2）						
	M29	石墙的高度 1	容差 ±0～2mm，1；±>2～4mm，0.5；>4mm，0				1
	M30	石墙的高度 2	容差 ±0～2mm，1；±>2～4mm，0.5；>4mm，0				1

续表

项目	类型（J为评价，M为测量）	评分项描述	评分项具体描述	参考分	标准值	测量值	最高分值
	M31	石墙的高度3	容差 ±0～2mm，1；±>2～4mm，0.5；>4mm，0				1
	M32	石墙的高度4	容差 ±0～2mm，1；±>2～4mm，0.5；>4mm，0				1
	M33	石墙的高度5	容差 ±0～2mm，1；±>2～4mm，0.5；>4mm，0				1
	M34	石墙的高度6	容差 ±0～2mm，1；±>2～4mm，0.5；>4mm，0				1
	M35	出水口高度	容差 ±0～2mm，1；±>2～4mm，0.5；>4mm，0				1
	M36	墙体是否放坡（墙身下部稍大于上部，以保持稳定）			是\否		1
	M37	石墙的地基经过了开挖、夯实、回填沙砾等流程且按图纸要求施工（若地基下有防水垫则回填沙砾层取消）			是\否		0.5
	M38	墙体宽度	完成面宽度不小于图示尺寸		是\否		1
	M39	横向搭接	每层均有不少于3块的横向连接		是\否		0.5
	J11	错缝干垒					1
			错缝干垒，直缝（2层黄木纹通缝视为一条直缝、接头重合部分小于5cm视为直缝）数大于5条	0～0.2			
			错缝干垒，直缝数有3～4条	0.3～0.5			
			错缝干垒，直缝数≤2条	0.6～0.8			
			全部错缝干垒	0.9～1.0			
	J12	墙体外观					1
			墙体不稳固	0～0.2			

续表

项目	类型（J 为评价，M 为测量）	评分项描述	评分项具体描述	参考分	标准值	测量值	最高分值
			墙体稳固，50% 的墙体面积外观整齐，放坡不自然	0.3～0.5			
			墙体稳固，超过 50% 的墙体外观整齐，放坡自然	0.6～0.8			
			墙体稳固、整齐、完美	0.9～1.0			
E1	座凳（6.5= 客观 5+ 主观 1.5）						
	M40	尺寸 1	容差 ±0～2mm，1；±>2～4mm，0.5；>4mm，0				1
	M41	尺寸 2	容差 ±0～2mm，1；±>2～4mm，0.5；>4mm，0				1
	M42	高度 1	容差 ±0～2mm，1；±>3～4mm，0.5；>5mm，0				1
	M43	凳面水平			是 \ 否		1
	M44	封板倒角			是 \ 否		1
	J13	面板的缝隙均匀					1
			大部分木板间的缝隙不均匀	0～0.2			
			50% 的木板间的缝隙均匀一致	0.3～0.5			
			超过 50% 的木板间缝隙均匀一致	0.6～0.8			
			所有木板间缝隙都均匀一致	0.9～1.0			
	J14	凳面切割面全部打磨					0.5
			切割面打磨不超过 50%	0～0.1			
			切割面 60%～70%，顶端打磨	0.2～0.3			
			切割面 70%～85%，顶端打磨	0.4			
			切割面超过 85%，顶端打磨	0.5			
E2	木平台（16.5= 客观 12.5+ 主观 4）						
	M45	尺寸 1	容差 ±0～2mm，1；±>2～4mm，0.5；>4mm，0				1

续表

项目	类型（J 为评价，M 为测量）	评分项描述	评分项具体描述	参考分	标准值	测量值	最高分值
	M46	尺寸 2	容差 ±0～2mm，1；±>2～4mm，0.5；>4mm，0				1
	M47	尺寸 3	容差 ±0～2mm，1；±>2～4mm，0.5；>4mm，0				1
	M48	尺寸 4	容差 ±0～2mm，1；±>2～4mm，0.5；>4mm，0				1
	M49	尺寸 5	容差 ±0～2mm，1；±>2～4mm，0.5；>4mm，0				1
	M50	尺寸 6	容差 ±0～2mm，1；±>2～4mm，0.5；>4mm，0				1
	M51	高度 1	容差 ±0～2mm，1；±>2～4mm，0.5；>4mm，0				1
	M52	高度 2	容差 ±0～2mm，1；±>2～4mm，0.5；>4mm，0				1
	M53	高度 3	容差 ±0～2mm，1；±>2～4mm，0.5；>4mm，0				1
	M54	高度 4	容差 ±0～2mm，1；±>2～4mm，0.5；>4mm，0				1
	M55	封板倒角			是\否		0.5
	M56	是否水平			是\否		1
	M57	每一个柱基础均经过了开挖、夯实、垫砖块等流程且按图纸要求施工			是\否		1
	J15	面板的缝隙均匀					1
			大部分木板间的缝隙不均匀	0～0.2			
			50% 的木板间缝隙均匀一致	0.3～0.5			
			超过 50% 的木板间缝隙均匀一致	0.6～0.8			
			所有木板间缝隙都均匀一致	0.9～1.0			
	J16	龙骨上的螺钉均位于一条直线上					1
			螺钉安装未经思考，杂乱	0～0.2			

续表

项目	类型（J为评价，M为测量）	评分项描述	评分项具体描述	参考分	标准值	测量值	最高分值
			大于50%的龙骨上的螺钉位于一条直线上	0.3～0.5			
			所有龙骨上的螺钉位于一条直线上	0.6～0.8			
			所有龙骨上的螺钉位于一条直线上且不高于木板表面	0.9～1.0			
	J17	木作的整体表现					1
			整体没有完成（没做完）	0～0.2			
			整体完成且看起来一般	0.3～0.5			
			整体完成且看起来很好	0.6～0.8			
			整体完成且看起来非常美观	0.9～1.0			
	J18	木作所有切割部分均打磨过					1
			切割面打磨不超过50%	0～0.2			
			60%～70%，切割面打磨	0.3～0.5			
			70%～85%，切割面打磨	0.6～0.8			
			超过85%切割面打磨	0.9～1.0			
F1	黄木纹碎拼（4=客观3+主观1）						
	M58	基础经经过了开挖、夯实、等流程			是\否		1
	M59	铺装标高1	容差±0～2mm，1；±>2～4mm，0.50；>4mm，0				1
	M60	铺装标高2	容差±0～2mm，1；±>2～4mm，0.50；>4mm，0				1
	J19	铺装的缝隙均匀					1
			大部分的缝隙不均匀	0～0.2			
			50%的缝隙均匀一致	0.3～0.5			
			超过50%（大部分）的缝隙均匀一致	0.6～0.8			
			所有的缝隙都均匀一致	0.9～1.0			

续表

项目	类型（J为评价，M为测量）	评分项描述	评分项具体描述	参考分	标准值	测量值	最高分值
F2	花岗岩铺装1（客观4分）						
	M61	尺寸1	容差 ±0～2mm，0.5；±>2～4mm，0.25；>4mm，0				0.5
	M62	尺寸2	容差 ±0～2mm，0.5；±>2～4mm，0.25；>4mm，0				0.5
	M63	是否全部错缝铺设			是\否		0.5
	M64	标高1	容差 ±0～2mm，1；±>2～4mm，0.5；>4mm，0				1
	M65	标高2	容差 ±0～2mm，1；±>2～4mm，0.5；>4mm，0				1
	M66	水平			是\否		0.5
F3	花岗岩铺装2（客观3.5分）						
	M67	尺寸1	容差 ±0～2mm，1；±>2～4mm；3～4mm，0.5；>4mm，0				0.5
	M68	尺寸2	容差 ±0～2mm，1；±>2～4mm；3～4mm，0.5；>4mm，0				0.5
	M69	标高1	容差 ±0～2mm，1；±>2～4mm；3～4mm，0.5；>4mm，0				1
	M70	标高2	容差 ±0～2mm，1；±>2～4mm；3～4mm，0.5；>4mm，0				1
	M71	水平			是\否		0.5
F4	小料石铺装（3=客观1+主观2）						
	M72	是否全部扫缝			是\否		0.5
	M73	尺寸	容差 ±0～2mm，0.5；±>2～4mm，0.25；>4mm，0				0.5
	J20	小料石的缝隙均匀					1
			大部分的缝隙不均匀	0～0.2			
			50%的缝隙均匀一致	0.3～0.5			
			超过50%的缝隙均匀一致	0.6～0.8			
			所有的缝隙都均匀一致	0.9～1.0			

续表

项目	类型（J为评价，M为测量）	评分项描述	评分项具体描述	参考分	标准值	测量值	最高分值
	J21	小料石的整体外观					1
			少于50%面积的小料石坡度自然，路面整洁美观	0～0.2			
			超过50%面积的小料石坡度自然，路面整洁美观	0.3～0.5			
			75%面积的小料石坡度自然，路面整洁美观	0.6～0.8			
			所有小料石坡度自然，路面整洁美观	0.9～1.0			
F5	道牙（6=客观5+主观1）						
	M74	标高1	容差±0～2mm，1；±>2～4mm，0.5；>4mm，0				1
	M75	标高2	容差±0～2mm，1；±>2～4mm，0.5；>4mm，0				1
	M76	标高3	容差±0～2mm，1；±>2～4mm，0.5；>4mm，0				1
	M77	道牙交接处全部倒角且合理			是\否		1
	M78	水平			是\否		1
	J22	道牙的整体外观					1
			少于50%的道牙密缝铺设、切口整齐均匀，整体观感较差	0～0.2			
			多于50%的道牙密缝铺设、切口整齐均匀，整体观感一般	0.3～0.5			
			25%的道牙密缝铺设、切口整齐均匀，整体观感较好	0.6～0.8			
			所有的道牙密缝铺设、切口整齐均匀，整体观感很好	0.9～1.0			
G	植物造景（9=客观4+主观5）						
	M79	乔木A	容差±0～2cm，0.5；±>2～3cm，0.25；>3cm，0				0.5

续表

项目	类型（J 为评价，M 为测量）	评分项描述	评分项具体描述	参考分	标准值	测量值	最高分值
	M80	乔木 A	容差 ±0～2cm，0.5；±>2～3cm，0.25；>3cm，0				0.5
	M81	乔木 B	容差 ±0～2cm，0.5；±>2～3cm，0.25；>3cm，0				0.5
	M82		容差 ±0～2cm，0.5；±>2～3cm，0.25；>3cm，0				0.5
	M83	提供的植物（草坪除外）全部被使用			是\否		1
	M84	将植物全部从容器中取出或除去土球包裹及标签			是\否		1
	J23	种植技术					1
			不符合行业标准——栽种深度失误，种植过程中没有分层捣实、浇水定根，标签及包扎物没有去除	0～0.2			
			符合行业标准	0.3～0.5			
			符合行业标准，植物垂直并适度修剪	0.6～0.8			
			符合行业标准，植物垂直并适度修剪，植物最具美感的那面朝向花园入口	0.9～1.0			
	J24	绿地的植物布局					2
			植被布置很随机，没有层次感	0～0.5			
			植物布置有一定的层次感	0.6～1.0			
			植物布置有层次感，各层次过渡比较自然	1.1～1.5			
			植物布局合理，层次分明，过渡自然	1.6～2			
	J25	草皮铺设					2
			坪床不密实，表面不平整	0～0.5			
			坪床密实，表面平整	0.6～1.0			

续表

项目	类型（J为评价，M为测量）	评分项描述	评分项具体描述	参考分	标准值	测量值	最高分值
			坪床密实，表面平整且坡度均匀一致	1.1～1.5			
			坪床密实，表面平整且坡度均匀一致，草皮铺设整齐，不漏缝不重叠	1.6～2			
H	整体印象（主观4分）						
	J26	花园整体印象					4
			园区没有完成	0～1			
			园区完成并且看起来可以，所有部分均按照图纸施工	1.1～2			
			所有部分均按照图纸施工，园区完成并且看起来非常好	2.1～3			
			园区非常优质的完成，所有部分完成得都很优秀，很大程度上加强了花园的视觉美感	3.1～4			
合计							100

（四）成绩审核

为保障成绩评判的准确性，监督组将对赛项总成绩排名前30%的所有参赛队伍的成绩进行复核；对其余成绩进行抽检复核，抽检覆盖率不得低于15%。如发现成绩错误，要以书面方式及时告知裁判长，由裁判长更正成绩并签字确认。复核、抽检错误率超过5%的，裁判组将对所有成绩进行复核。

（五）成绩公布

记分员将解密后的各参赛队成绩汇总成竞赛成绩，经裁判长、监督组签字后，在指定地点、以纸质形式公布竞赛结果。公布2小时无异议后，将赛项总成绩的最终结果录入赛务管理系统，经裁判长、监督组长和仲裁长在成绩单上审核签字后，在闭赛式上宣布。

十二、奖项设定

赛项名称：2020年全国职业院校技能大赛改革试点赛园艺赛项

奖项比例：本赛项设一、二、三等奖。以赛项实际参赛队总数为基数，一、二、三等奖获奖比例分别为10%、20%、30%（小数点后四舍五入）。

获奖参赛选手由全国职业院校技能大赛组委会颁发证书。

优秀指导教师奖：获得一等奖选手的指导教师获优秀指导教师奖，由全国职业院校技能大赛组委会颁发证书。

十三、赛场预案

（一）电源保障预案

1. 承办院校事先协调当地供电部门，保证竞赛当天的正常供电；备用应急发电机组，以保证赛场的正常供电。

2. 竞赛过程中赛场出现设备断电、故障等意外时，现场裁判需及时确认情况，安排技术人员进行处理，现场裁判登记详细情况，填写补时登记表，报裁判长批准后，可安排延长补足相应参赛选手的竞赛时间。

（二）医疗及安全预案

1. 120急救车和供电车场馆外等候。

2. 赛场内设置医疗救护区，竞赛期间，配备专业医务人员和设备，做好医疗应急准备。

3. 赛场内预留安全疏散通道，配备完备的消防等应急处理设施，张贴安全操作及健康要求方面的规定，以及现场紧急疏散指示图，赛场安排专人负责现场紧急疏导工作。

4. 竞赛期间发生大规模意外事故和安全问题，发现者应第一时间报告赛项执委会，赛项执委会应采取中止竞赛、快速疏散人群等措施避免事态扩大，并第一时间报告赛区执委会。赛项出现重大安全问题可以停赛，是否停赛由赛区执委会决定。事后，赛区执委会应向大赛执委会报告详细情况。

十四、赛项安全

（一）竞赛环境

1. 承办院校应按照大赛执委会要求，在赛前组织专人对竞赛现场、住宿场所和交通保障进行检查，及时排除安全隐患。赛场的布置，赛场内的器材、设备，应符合国家有关安全规定。如有必要，也可进行赛场仿真模拟测试，以发现可能出现的问题。

2. 赛场周围要设立警戒线，防止无关人员进入发生意外事件。赛场设置警戒线及联网的监控体系，可对赛场进行24小时监控。竞赛现场内应参照相关职业岗位的要求为参赛选手提供必要的劳动保护。在具有危险性的操作环节，裁判员要严防参赛选手出现错误操作。

3. 承办院校应提供保证应急预案实施的条件。对于竞赛内容涉及高空作业、可能有坠物、大用电量、易发生火灾等情况的赛项，必须明确制度和预案，并配备急救人员与设施。

4. 承办院校须在赛场管理的关键岗位增加力量，建立安全管理日志。应制订开放赛场和体验区的人员疏导方案。在赛场环境中人员密集、车流人流交错的区域，除了设置齐全的指示标志外，须增加引导人员，并开辟备用通道。

5. 参赛选手进入赛场、赛事裁判工作人员进入工作场所时，严禁携带通信、照相摄录设备，禁止携带记录用具。如确有需要，由赛场统一配置、统一管理。赛项可根据需要配置安检设备，对进入赛场重要部位的人员进行安检。

（二）生活条件

1. 竞赛期间，原则上由执委会统一安排参赛选手和指导教师食宿。承办院校须尊重少数民族的信仰及文化，根据国家相关的民族政策，安排好少数民族参赛选手和教师的饮食起居。

2. 竞赛期间安排的住宿地应具有宾馆/住宿经营许可资质。以学校宿舍作为住宿地的，大赛期间的住宿、卫生、饮食安全等由执委会和提供宿舍的学校共同负责。

3. 大赛期间有组织的参观和观摩活动的交通安全由执委会负责。执委会和承办院校须保证竞赛期间参赛选手、指导教师和裁判员、工作人员的交通安全。

4. 各赛项的安全管理，除了可以采取必要的安全隔离措施外，应严格遵守国家相关法律法规，保护个人隐私和人身自由。

（三）组队责任

1. 各学校组织代表队时，须为参赛选手购买大赛期间的人身意外伤害保险。

2. 各学校代表队组成后，须制定相关管理制度，并对所有参赛选手、指导教师进行安全教育。

3. 各参赛队伍须加强对参赛人员的安全管理，实现与赛场安全管理的对接。

（四）应急处理

竞赛期间发生意外事故，发现者应第一时间报告执委会，同时采取措施避免事态扩大。执委会应立即启动预案予以解决并报告组委会。赛项出现重大安全问题可以停赛，是否停赛由执委会决定。事后，执委会应向组委会报告详细情况。

（五）处罚措施

1. 因参赛队伍原因造成重大安全事故的，取消其获奖资格。

2. 参赛队伍有发生重大安全事故隐患，经赛场工作人员提示、警告无效的，可取消其继续竞赛的资格。

3. 赛事工作人员违规的，按照相应的制度追究其责任。情节恶劣并造成重大安全事故的，由司法机关追究其相应的法律责任。

十五、竞赛须知

（一）参赛队须知

1. 参赛队名称统一使用规定的地区代表队名称，不使用学校或其他组织和团体的名称。

2. 参赛队员在报名获得审核确认后，原则上不再更换，如筹备过程中，队员因故不能参赛，所在省教育主管部门需出具书面说明并按相关规定补充人员并接受审核；竞赛开始后，参赛队不得更换参赛队员，允许队员缺席竞赛。

3. 参赛队按照大赛赛程安排，凭大赛组委会颁发的参赛证和有效身份证件参加竞赛及相关活动。

（二）指导教师须知

1. 各参赛代表队要发扬良好道德风尚，听从指挥，服从裁判，不弄虚作假。如发现弄虚作假者，取消参赛资格，名次无效。

2. 各代表队领队要坚决执行竞赛的各项规定，加强对参赛人员的管理，做好赛前准备工作，督促参赛选手带好证件等竞赛相关材料。

3. 竞赛过程中，除参加当场次竞赛的参赛选手、执行裁判员、现场工作人员和经批准的人员外，领队、指导教师及其他人员一律不得进入竞赛区域。

4. 参赛代表队若对竞赛过程有异议，在规定的时间内由领队向赛项仲裁工作组提出书面报告。

5. 对申诉的仲裁结果，领队要带头服从和执行，并做好参赛选手的思想工作。参赛选手不得因申诉或对处理意见不服而停止竞赛，否则以弃权处理。

6. 指导老师应及时查看大赛专用网页有关赛项的通知和内容，认真研究和掌握本赛项竞赛的规程、技术规范和赛场要求，指导参赛选手做好赛前的一切技术准备和竞赛准备。

（三）参赛选手须知

1. 参赛选手必须持本人身份证和参赛证参加操作技能竞赛。参赛选手应认真学习领会本次竞赛相关文件，自觉遵守大赛纪律，服从指挥，听从安排，文明参赛。

2. 参赛选手出场顺序、位置等均由抽签决定，不得擅自变更、调整。

3. 参赛选手提前 15 分钟检录进入赛场，按照抽签赛位号参加竞赛。迟到 15 分钟以上者取消竞赛资格；开赛 15 分钟后，参赛选手方可离开赛场。

4. 参赛选手作品中不得出现任何暗示参赛选手身份的标记，否则取消竞赛资格。

5. 参赛选手在竞赛过程中不得擅自离开赛场，如有特殊情况，须经工作人员同意。若同组参赛选手同时离开赛场视为放弃竞赛。

6. 竞赛一旦结束，参赛选手均应立即停止操作，不得以任何理由拖延竞赛时间。

（四）工作人员须知

1. 大赛全体工作人员必须服从组委会统一指挥，认真履行职责，做好竞赛服务工作。

2. 全体工作人员要按分工准时到岗，尽职尽责做好分内各项工作，保证竞赛顺利进行。

3. 认真检查、核准证件，非参赛选手不准进入赛场。同时，要安排好领队、指导教师休息。

4. 竞赛出现技术问题（包括设备、器材等）时，应及时联系各项技术负责人，妥善处理；如需重新竞赛，须得到组委会同意后方可进行。

5. 如遇突发事件，要及时向组委会报告，同时做好疏导工作，避免重大事故发生，确保大赛圆满成功。

6. 要认真组织好参赛选手的赛前准备工作，如遇有重大问题要及时与组委会联系协商解决办法。

7. 各项竞赛的技术负责人，一定要坚守岗位，要对竞赛技术操作的全过程负责。

8. 工作人员不要在赛场内接听或拨打电话，负责现场的人员在竞赛期间一律关闭手机。

十六、申诉与仲裁

本赛项在竞赛过程中若出现有失公正或有关人员违规等现象，代表队领队可在成绩公布后2小时之内向仲裁组提出书面申诉。书面申诉应对申诉事件的现象、发生时间、涉及人员、申诉依据等进行充分、实事求是的叙述，并由领队亲笔签名。非书面申诉不予受理。

赛项仲裁工作组在接到申诉后的2小时内组织复议，并及时反馈复议结果。申诉方对复议结果仍有异议，可由省（市）领队向赛区仲裁委员会提出申诉。赛区仲裁委员会的仲裁结果为最终结果。

十七、竞赛观摩

赛场内设定观摩区域，向媒体、企业代表、院校师生等社会公众开放，不允许有大声喧哗等影响参赛选手竞赛的行为发生。指导教师不能进入赛场内指导，但可以观摩。赛场外设立展览展示区域，设专人接待讲解。为保证大赛顺利进行，在观摩期间应遵循以下规则：

1. 除与竞赛直接有关的工作人员、裁判员、参赛选手外，其余人员均为观摩人员。

2. 请勿在参赛选手准备或竞赛中交谈或欢呼；请勿对参赛选手打手势，包括哑语沟通等明示、暗示行为，禁止鼓掌喝彩等发出声音的行为。

3. 请勿在观摩场地内使用相机、摄影机等一切对竞赛正常进行造成干扰的带有闪光灯及快门音的设备。

4. 不得违反全国职业院校技能大赛规定的各项纪律。请在规划的观摩席或者安全线以外观看竞赛，并遵循赛场内工作人员和竞赛裁判人员的指挥，不得有围攻裁判员、参赛选手或者其他工作人员的行为。

5. 请务必保持赛场清洁，将饮料食品包装、烟头及其他杂物扔进垃圾箱。

6. 观摩期间，严重违纪者除本人被逐出观摩场地外，还将视情况严重程度对所在代表队的参赛选手的成绩进行扣分直至取消竞赛资格。

7. 如果对裁判裁决产生质疑的，请通过各参赛队领队向赛项仲裁组提出，不得在竞赛现场发言。

十八、竞赛直播

1. 赛场内部署无盲点录像设备，能实时录制并播送赛场情况。

2. 赛场外有大屏幕或投影，同步显示赛场内竞赛状况。

3. 条件允许时，可以进行网上直播。

4. 多机位拍摄开闭幕式，制作优秀参赛选手采访、优秀指导教师采访、裁判专家点评和企业人士采访视频资料，突出赛项的技能重点与优势特色，为宣传、仲裁、资源转化提供全面的信息资料。

十九、资源转化

按计划完成相关资源转化。

1. 基本资源

整理园艺赛项图文材料，介绍庭院设计方法和施工的主要程序、技巧等。制作园艺赛项视频，包括庭院设计的方法要点、施工的具体步骤等。

2. 拓展资源

制订大赛设施与设备利用方案。邀请裁判和园艺赛项规程制定专家阐述赛项设计的整体思路与命题依据，竞赛的难度设定、考核关键点和分配原则等，完成试题库、素材资源库的制作。对优秀参赛选手和优秀指导教师进行采访，介绍对竞赛的总体认识情况、实训过程中的任务分工、具体措施、协调安排情况等内容。

资源转化方案见表 9-4。

表 9-4 资源转化方案

<table>
<tr><th colspan="3">资源名称</th><th>表现形式</th><th>资源数量</th><th>资源要求</th><th>完成时间</th></tr>
<tr><td rowspan="8">基本资源</td><td rowspan="2">风采展示</td><td>赛项宣传片</td><td>视频</td><td>1</td><td>15min 以上</td><td>2021 年 1 月</td></tr>
<tr><td>风采展示片</td><td>视频</td><td>1</td><td>10min 以上</td><td>2021 年 1 月</td></tr>
<tr><td rowspan="3">技能概要</td><td>技能介绍</td><td>演示文稿</td><td>1</td><td></td><td>2020 年 11 月</td></tr>
<tr><td>评价指标</td><td>演示文稿</td><td>1</td><td></td><td>2020 年 11 月</td></tr>
<tr><td>技能要点</td><td>视频</td><td>1</td><td>5min 以上</td><td>2021 年 1 月</td></tr>
<tr><td rowspan="3">教学资源</td><td>技能训练指导书</td><td>文本文档</td><td>1</td><td>电子教材</td><td>2021 年 3 月</td></tr>
<tr><td>大赛作品集</td><td>网页型资源</td><td>1</td><td>电子教材</td><td>2021 年 3 月</td></tr>
<tr><td>技能操作规程</td><td>文本文档</td><td>1</td><td>电子教材</td><td>2021 年 3 月</td></tr>
<tr><td rowspan="4">拓展资源</td><td colspan="2">案例库</td><td>文本文档</td><td>1</td><td>电子教材</td><td>2021 年 3 月</td></tr>
<tr><td colspan="2">素材资源库</td><td>图形 / 图像素材</td><td>3 类</td><td>200 种</td><td>2021 年 3 月</td></tr>
<tr><td colspan="2">试题库</td><td>文本文档</td><td>10</td><td>明确设计要求</td><td>2020 年 11 月</td></tr>
<tr><td colspan="2">优秀参赛选手访谈</td><td>视频</td><td>3</td><td>5min 以上</td><td>2021 年 1 月</td></tr>
</table>

模块二 GZ-2020009 园艺赛项技术分析报告

一、综述

2020 年全国职业院校技能大赛改革试点赛（高职组）园艺赛项于 2020 年 11 月 10 日在山东潍坊圆满结束。本赛项是 2020 年全国职业院校技能大赛改革试点赛中的一项，由教育部、天津市人民政府、山东省人民政府、国家发展和改革委员会等 36 个单位联合主办。

本赛项赛期共 4 天，所有参赛代表队在规定时间内同时进行竞赛，共有来自全国 28 个省、自治区、直辖市代表队伍参加了本赛项。赛项只评价施工技术技能，不包括设计部分，要求 2 名参赛选手 22 小时内按照统一题库抽取图纸完成包括砌筑、铺装、木作、水景营造、植物造景 5 大模块的花园景观建造。与以往园艺赛项不同，各赛队应用的材料、工具、设备以及命题图纸完全相同，避免由于设计图纸难度不同、施工难度不同造成的竞赛不公平现象发生。

参考世界技能大赛园艺赛项，结合国内园林园艺行业实际情况，试点赛园艺赛项从培养复合型技术技能人才出发，不仅评价参赛选手的技术技能水平，还对参赛选手的项目管理能力提出了更高要求。因此试点赛为园林园艺行业高质量发展提供了切实可行的人才培养新模式，具有培养模式标准化、人才培养标准化、快速可复制特点。同时通过高规格竞赛极大促进了园林园艺行业职业教育课程建设、人才培养、校企合作，推动园林园艺行业职业教育成果转化和技术应用，培育更多技能“苗子”，孵化出更好成果。

二、赛项设计解读

“精益求精、安全健康、节能环保”是世界技能大赛办赛理念。2020 年全国职业院校技能大赛改革试点赛（高职组）园艺赛项遵循世赛理念，围绕全面性和可操作性两方面进行评价指标设计。

1. 全面性

大赛旨在培养园林园艺行业复合型技术技能人才，评价指标需全面并具有代表性。大赛设置模块评价、项目管理评价和整体效果评价三方面，涉及 15 大项 110 小项评价指标，其中模块评价以测量方式评价，共 94 项；项目管理和整体效果以主观方式评价 26 项。

模块评价：大赛设计砌筑、铺装、木作、水景营造、植物造景五大砌块，主要对施工过程和结果进行评价，即工艺流程和成品品质。结合行业标准，各模块施工过程中需要参赛选手严格按照行业工艺流程标准操作，让标准成为习惯，让习惯符合标准。品质方面主要从成品的长度、宽度、标高、水平、定位方面进行评价，重点评价参赛选手的精度控制能力。评价过程中长度、宽度、标高以毫米计算，误差超出 ±2mm 不能得满分。

项目管理评价：重点从工期、进度、健康与安全、工具设备及材料使用、工作区域整洁度、施工组织、团队合作、工效等方面进行评价。工期进度方面，竞赛规定在既定时间内完成既定施工项目，要求参赛选手合理进行施工组织，做好时间规划，精准把握整体工期和施工进度。健康与安全方面，要求参赛选手全面做好安全防护工作，施工时根据不同作业内容合理穿戴护目镜、防尘口罩、防护手套、安全鞋、工作服（长裤及护袖）、耳罩、护膝（跪地作业时）等防护用具。施工过程中工具使用和存放规范、安全，不能出现安全隐患。材料使用方面，本着节能环保办赛理念，要求参赛选手充分利用材料、不存在浪费情况。同时要求参赛选手做到工作区域干净整洁、施工组织合理、正确使用工具、团队协作流畅以及文明施工。

整体效果评价：主要评价花园整体的景观效果，考查参赛选手植物习性和生理特性的熟悉程度、植物搭配和景观营造效果，对参赛选手的创新能力有较高要求。

2. 可操作性

为有效评价参赛选手的综合能力，图纸设计要考虑整体施工量、施工难度以及模块间施工量的均衡性。评价过程中评价指标做到可视、可测，评价标准和方法科学合理。

按照以上原则，评价模块及分值设计见表 9-5。

表 9-5　园艺赛项评价模块及分值

模块	评分项	主观	客观	合计
工作流程		6		6
砌筑	黄木纹干垒	2	10	12
	花池砌筑	2	9	11

续表

模块	评分项	主观	客观	合计
砌筑	水池砌筑	0.5	8.5	9
小计		4.5	27.5	32
木作	座凳	1.5	5	6.5
	木平台	4	12.5	16.5
小计		5.5	17.5	23
铺装	黄木纹碎拼	1	3	4
	花岗岩铺装 1		4	4
	花岗岩铺装 2		3.5	3.5
	小料石铺装	2	1	3
	道牙	1	5	6
小计		4	16.5	20.5
水景营造		1	4.5	5.5
植物造景		5	4	9
整体印象		4		4
合计		30	70	100

三、成绩解析

园艺赛项成绩统计表见表 9-6。

表 9-6 园艺赛项成绩统计表

成绩段位	队伍数量（支）	占比	平均分
80（含 80）分以上	3	10.7%	86.7
70（含 70）-80 分	5	17.9%	73.6
60（含 60）-70 分	7	25.0%	64.4
60 分以下	13	46.4%	42
合计	28	100%	58

本次大赛参赛队伍 28 支，整体看成绩差距较大，平均分值 58 分，60 分以下近半数。

除工作流程、水景营造和植物造景成绩相近外，差距主要体现在砌筑、铺装和木作三大模块。

砌筑分为黄木纹干垒、花池和水池砌筑三部分。

黄木纹干垒满分 12 分，最低成绩 1.9 分，最高成绩 11.2 分。失分点主在集中在出水口高度（1 分）、墙体宽度（1 分）、横向搭接（0.5 分）、错缝干垒（1 分）和墙体外观（1 分）等 5 方面。

花池砌筑满分 11 分，最低成绩 0 分，最高成绩 8.5 分。失分点主在集中在标高（2 分）、墙体长度和宽度（4 分）、游丁走缝（0.5 分）以及墙体外观（1 分）等方面。墙体外观主要体现在平缝不水平、灰缝填浆不饱满、墙体污染面严重等方面。

水池砌筑满分9分，最低成绩1分，最高成绩7.5分。失分点主在集中在标高（2分）、墙体长度和宽度（2分）、游丁走缝（0.5分）以及墙体外观（0.5分）等方面。墙体外观主要体现在平缝不水平、灰缝填浆不饱满、墙体污染面严重等方面。

铺装满分20.5分，最低成绩0分，最高成绩14.5分。铺装分黄木纹碎拼、花岗岩铺装、小料石铺装以及道牙安装。失分点主在集中在标高【黄木纹标高（2分）、碎拼标高（2分）、花岗岩标高（4分）、道牙石标高（3分）】、长度和宽度【小料石（0.5分）、花岗岩标高（2分）】、以及外观（4分）等方面。

木作满分23分，最低成绩0分，最高成绩16.5分。木作分为木坐凳和木平台两部分。失分点主在集中在长度和宽度（8分）、标高（5分）、主观评价（6分），主观评价包括面板缝隙均匀度、封板是否倒角、割面是否打磨、螺钉线是否平直以及整体表现等指标。

成绩差距较大的原因主要有以下两方面：一是工艺流程不规范或不熟练，成品完成后没有复测环节，导致成品数据与标准差距过大，测量无法得到高分，同时影响外观观赏效果，主观分偏低。二是工期和进度安排不合理，导致部分模块未完成，不能参与评分。

四、典型实例评析

（一）砌筑

1. 黄木纹干垒

图9-1 黄木纹干垒

评价标准：错缝干垒，无通缝，且每层均有不少于3块的横向连接，墙体外观整体整齐（如图9-1所示）。

赛项作品点评：观赏面参差不齐，观赏效果差；有的无横向搭接。

2. 标砖砌筑

图9-2 标砖砌筑

评价标准：错缝砌筑，平缝水平，丁缝竖直，且无游丁走缝，灰缝饱满均匀，无污染。面板拼接部分没有使用小于 1/3 面板长的面板，压顶板缝隙小于 2 毫米且均匀，面板水平、美观且外沿在一条线上（如图 9-2 所示。）。

赛项作品点评：拐角通缝，灰缝宽窄不一，平缝不平，丁缝不垂，游丁走缝。勾缝不匀，污染面较严重，面板不平且外沿没有在一条线上（如图 9-3 所示）。

图 9-3　标砖砌筑（拐角）

（二）铺装

1. 黄木纹碎拼

评价标准：整体美观、简洁，所有的缝隙均匀一致，并且标注标高测量点。

赛项作品点评：表面不整洁，有浮土，缝隙宽窄不一，用料大小不一，整体美观度偏差（如图 9-4 所示）。

图 9-4　黄木纹碎拼

2. 花岗岩铺装

评价标准：全部密缝铺装，表面干净整洁，切口整齐均匀。

存在问题的赛项作品点评：缝隙不均匀，石材切割尺寸大小不一，两板岩之间高低不平。

3. 小料石铺装

评价标准：坡度自然，缝隙均匀，路面整洁美观。

赛项作品点评：缝隙不均匀，表层有浮土，整体脏乱，不美观。

（三）木作

评价标准：面板间缝隙均匀一致，切割面超过 85% 打磨，封板有倒角，龙骨上的螺钉位于一条直线上且不高于木板表面，整体漂亮美观（如图 9-5 所示）。

图 9-5　木作

赛项作品点评：面板间缝隙不均匀，封板没有密接，切割面没有打磨。

（四）水景营造

评价标准：水面上没有垃圾，池水清澈；防水膜安装正确，防水膜不外露，不漏水；水泵安装及设置合理，能正常循环，水流均匀布满水口。

图 9-6　水景营造

赛项作品点评：水流不均匀，池水浑浊；防水膜外露，漏水（如图 9-6 所示）。

（五）植物造景

评价标准：草皮铺设整齐，不漏缝、不重叠；植物布局合理，层次分明，过渡自然（如图 9-7 所示）。

图 9-7　植物造景

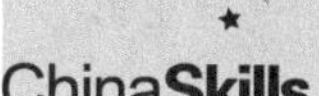

赛项作品点评：植物布局凌乱，层次不分明。

（六）整体效果

评价标准：非常优质地完成园区布置，局部完成得都很优秀，很大程度上加强了花园的视觉美感（如图 9-8 所示）。

图 9-8 整体效果

五、行业要求对比

由于场地和材料限制，秉持节约环保办赛理念，大赛省略了部分操作环节，如基础和垫层环节。就整体看，大赛评价标准高于国家标准及行业标准。

大赛砌筑模块竞赛标准高于行业标准。《砌体结构工程施工规范》（GB 50924—2014）和《砌体结构工程施工质量验收规范》（GB 50203—2011）中规定：砖砌体和毛石砌体标高误差为 ±15mm，清水墙水平用 2m 靠尺测量，误差在 ±5mm 以内为验收合格，对尺寸没有具体验收标准。而大赛要求相对严格，标高和尺寸误差为 ±2mm 以内得全分，2～4mm 得一半分，4mm 以外不得分。

铺装模块行业内无尺寸验收标准，大赛涉及尺寸和水平，高于行业标准。标高和尺寸误差为 ±2mm 以内，±2mm 以内得全分，2～4mm 得一半分，4mm 以外不得分。

植物造景大赛验收标准与行业标准持平。

行业内水景营造验收主要针对设备安装与调试进行，大赛验收涉及部分尺寸和观赏效果，高于行业水平。

六、总结、意见和建议

对本次大赛在技术方面做分析如下：

1. 图纸缺少细部施工图结构

施工图仅有总图，无细部结构图，导致大部分参赛队伍自由发挥、做法各异，部分队伍存在简化隐蔽工程、偷工减料的现象，影响大赛的公平性。

2. 说明中缺少行业工艺流程和工法标准说明

应引入行业的施工标准，如砌筑类施工工艺流程：测量→放线→开挖→夯实→找平→垫层→砌筑墙体→砌筑压顶→勾缝→清洁，向全国职业院校贯彻行业标准规范、施工工艺流程和工法，同时统一评判标准，实现技能人才与行业接轨。

3. 评价指标不能全部涵盖被抽中的图纸评价内容，缺少不同图纸差异化评价

评分标准的评分细项应该覆盖所抽取施工图纸的全部施工内容，均衡设置施工模块各部分的打分点以及分值，避免出现参赛队伍投机取巧的问题。

4. 整体印象分值偏小

大赛旨在培养参赛选手创新和创造能力，但评价招标中缺少对参赛选手的植物造景创新与综合能力的评价，且设定的评价指标过于笼统，不能更好地评价参赛选手的创新与综合能力。

5. 部分专家组、监督仲裁组、裁判组成员来份同一省份，存在不公平性隐患

专家组、监督仲裁组、裁判组成员不同省份不能出现 2 人或 2 人以上来自同一省份，避免人为不公平因素，影响大赛的公平公正性。

6. 裁判数量少，缺少数据校正过程

客观评分测量评价中，由 2 组裁判分别独立测评，大赛规定的 10 个裁判中裁判长、加密裁判不参与评分，仅 8 人参与评分，裁判成员人数不足。需增加裁判人数快速完成执裁测量的情况下，通过两组数据校正人为读数误差，实现大赛的公平、公正、严格、精准与快速。

核分、统分、录分环节没有指定专项人员完成相关工作，打分裁判参与核分、统分、录分会出现泄密的风险。增加设置核分组、统分组、录分组人员，能有效避免裁判参与成绩核算录入环节，在分工高效完成赛事工作的同时，确保成绩保密性、客观性。

7. 部分参赛队大型机械操作不熟练或不规范，存在安全隐患

竞赛期间发现个别参赛队大型机械设备使用不熟练，而本赛项大型机械设备正是安全隐患问题最重的部分。为避免此类情况再次发生，建议安排工具设备的赛前培训和考核，考核通过后方有资格参加大赛，有效降低安全事故的发生概率，确保赛事安全进行。

8. 增加全员参与的赛后点评环节

赛后点评时，出现部分参赛队伍由于返程时间与现场增加的赛后点评时间相互冲突无法参与的情况。增加赛后点评环节到赛项规程中，提前通知能让参赛队伍提前预留时间参与，实现赛后总结相互交流学习，提高全国职业院校园艺技能教学水平、技能实操水平。

9. 赛后缺少全员参与的互动环节

如园艺赛项加入最美花园现场评选，让参赛队伍领队、指导老师、教练、志愿者以及其他观众从观赏、审美的角度进行评选，在增强赛事互动性的同时，能让参赛省份、院校更好地相互学习，共同提高，有利于进一步提升全国职业院校园艺赛项的花园印象审美能力、花园造景能力及创新能力等。

模块三　GZ-2020009　园艺赛项工作总结

2020 年 11 月 10 日，为期 4 天的“2020 年全国职业院校技能大赛改革试点赛（高职组）园艺赛项”于山东潍坊顺利闭幕。本届试点赛实现与世界技能大赛园艺赛项接轨，竞

赛在名称、参赛队人员数量要求、竞赛时长、竞赛内容以及多个方面发生巨大变化，实现试点赛多方位创新，具有鲜明的园艺赛项特点。同时试点赛在公平、公正、严格、精准的基础上，促进了全国职业技术院校教师、参赛选手的技能知识水平以及技能实操水平的提升，同时更有效的促进了全国职业院校技能交流、教学模式改革等，为建设知识型、技能型、创新型高技能人才队伍，推动国内园艺行业高速高质量发展打下了坚实基础。具体内容如下。

一、试点赛园艺赛项竞赛内容

园艺赛项是指在规定的时间和空间里，按设计好的赛题，使用工具对指定造园材料进行制作、安装、布置和维护的竞赛项目。

园艺赛项是一个团队项目，每个参赛队由 2 位参赛选手组成，要求在规定的时间（22 小时）内相互配合并完成赛题的施工。赛题包含砌筑、铺装、木作、水景营造、植物造景等模块，各模块有机结合组成一件园艺作品。竞赛过程中，要求参赛选手合理安排工作流程，注意个人防护，施工工效符合人体工程学，同时要合理安排工时，在完成每天测评模块的前提下可以提前进行次日考核模块的制作。

竞赛试题库于竞赛前 1 个月在大赛信息平台上发布，竞赛赛卷在竞赛前 1 天由裁判长从试题库中随机抽取 1 套进行竞赛。

赛卷由图纸及施工说明组成，图纸包括总平面图、尺寸定位图、竖向标高图等，硬景部分要求参赛选手按图施工，软景部分除了定位植物外由参赛选手根据提供的材料及施工说明自主设计施工进行植物造景。本次竞赛内容及要求具体如下：

1. 砌筑

正确使用工具凿或切割砖、石材，要求切割面平顺、角度正确，按正确的尺寸、标高精准砌筑黄木纹景墙、花池、圆形水池。

2. 铺装

正确使用工具凿或切割砖、石材，要求切割面平顺、角度正确，按正确的尺寸、标高精准铺筑花岗岩石材、路缘石道牙、小料石广场、黄木纹碎拼广场以及弧形汀步。

3. 木作

正确使用工具切割木料，按正确的角度、尺寸、标高精准制作、安装木平台、木座凳等，并安装稳固。

4. 水景

利用给定的防水材料、给排水材料、卵石、景石正确安装水池的潜水泵、给排水管线，确保水池无渗漏且能正常的循环。

5. 植物造景

严格按标准、规范进行种植，定点植物种植无误，草皮铺设平整、紧实、接缝严密，提供的植物除草皮外全部用完。

二、改革试点赛与 2019 年国赛项目的不同之处

1. 赛项名称

竞赛名称由“全国职业院校技能大赛（高职组）园林景观设计与施工赛项”变为“全国职业院校技能大赛改革试点赛（高职组）园艺赛项”，实现赛项名称与世界技能大赛园

艺赛项接轨。

2. 参赛选手数量与竞赛时间

每队参赛人员数量要求由 4 名参赛选手（含 2 名设计选手、2 名施工选手）变为 2 名施工选手参赛。竞赛时长由往届的 16 小时（含图纸设计 4 小时、图纸施工 12 小时）调整为 22 小时（施工）。

3. 竞赛施工赛位

竞赛场地施工赛位面积由 5m × 6m 调整为 7m × 7m，施工面积增大 $19m^2$，施工强度也提升很多，参赛选手仅搬运的材料重量总计可达到 10 吨以上，不仅是对参赛选手智力的考核，更有体力的考核，是手脑并用的大赛。竞赛在材料、工具、设备相同的条件下，统一施工赛命题图纸，极大地保证了竞赛公平性，避免由于参赛选手设计图纸难度不同、施工难度高低不等，出现无法统一人才选拔标准的情况发生。

4. 参赛队伍

参赛省份共 28 个，覆盖范围广；并由 1 省份 2 支代表队变为 1 省份 1 支代表队，人才选拔更精准，要求更高。

三、改革试点赛的创新与突出特点

1. 设计施工合二为一

竞赛要求参赛选手懂设计会施工。园艺赛项由砌筑、铺装、木作、水景、植物造景 5 大模块组成，涉及设计、测量、土木工程、水电、给排水、林业、花卉、草坪、土壤、美学、整形修剪、植物保护等 13 个专业，覆盖绿化工、草坪建植工、花卉工、植保工、景观设计师、测量放线工、砌筑工、防水工、木工、电工等 10 个以上职业（工种），涉及园林行业全元素、全产业链工艺流程；对参赛选手要求非常严格，能更精准的选拔知识型、技能型、创新型高质量复合型园林人才。

2. 全程直播、增加教练指导环节

即“过程全公开，赛场半开放”，通过全程的现场转播以及中场入场观摩指导的形式，在确保公平竞争的基础上，促进参赛队伍相互学习、相互进步，提高中国园艺赛项选手的技能水平。

在每天上午、下午竞赛间休的 15 分钟，增加参赛队教练进场指导，有效的提升教练以及参赛选手的赛事应变能力，同时也给予参赛队教练现场观摩的机会，促进教练、参赛选手共同进步。进一步促进双师型教师提升专业技能，能有效提高教师的教学能力，促进教学模式的改进。

3. 与行业无缝接轨

试点赛考核中参赛选手除了需要掌握施工技术之外，还需掌握施工质量、工期、进度、安全、文明施工、成本控制、施工组织等方面的规范标准等知识。试点赛评价共有 110 个评价指标，主观评价指标 26 个，主要从安全、效率管理、观赏效果方面进行评价，包括健康安全、施工组织、团队合作、工具与材料应用、外观干净 / 整齐 / 美观等内容。客观评价指标 76 个，主要从操作的精确度方面进行评价，包括长度、宽度、高度、坡度、缝隙等，精确度要求达到毫米级。考核内容涵盖参赛选手基本实操技能以及接轨行业的施工管理知识，更贴合实际也更贴合行业，为行业校企人才对接打下坚实基础，有助于打通人才培养的“最后一公里”。

4. 三组并行，共同执裁，公平、公正、严格、精准

第三方执裁。大赛采用随机抽取第三方裁判执裁，执裁裁判与参赛队伍无关联，更能保证裁判工作公平、公正、严格、精准。

三组并行。由专家组、监督仲裁组、裁判组配合共同完成工作。其中专家组负责图纸等技术方面，监督仲裁组负责监督竞赛及执裁过程公平公正，裁判组负责现场执裁。统分采用“园林国手赛事计分系统”，在专家组、监督仲裁组以及裁判长的监督下由第三方人员完成分值核算及录入，确保竞赛结果高效无误，实现竞赛零投诉。

主观评价客观化。细化工作区域整洁、施工规范（操作）制度及逻辑性、工具设备及材料的使用、团队合作、工效、健康与安全 6 大评价项目的评分细则，让主观评价更加客观化。

5. 赛后技术点评全面，促进交流学习

赛后现场技术点评。闭幕式结束后开放赛场，参赛选手、领队及教练可进入赛场观摩并拍摄学习资料。同时由裁判长现场点评讲解，指出参赛选手施工时的普遍操作规范问题，分享竞赛技巧、方法，对部分赛位专项进行点评说明失分点与施工问题，要求参赛队伍进行总结，促进全国职业院校教师及参赛选手技能提升。

赛中学，学中赛。由于疫情原因，不少院校推迟返校时间，参赛选手训练时长不足，个别参赛选手训练时间甚至不足 1 个月。本次试点赛 28 个队同台竞技，展现出了不同的竞技水平、训练成果，极大地促进了各省份之间的相互交流和相互学习，实现共同提高。

四、试点赛的意义

1. 规避人为因素，实现人才选拔公正化、公平化

统一命题考核相对往届参赛队伍自己设计施工图纸更具公平性。同时第三方裁判组、监督仲裁组以及专家组三组并行，实现竞赛公开透明，公平、公正、严格、精准。

2. 世赛模式实现人才培养标准化

参考世界技能大赛园艺赛项评价标准体系，培训内容不只局限于某一职业（工种），涵盖了 5 大模块，对于园林砌筑、园林铺装、园林木作、园林水景、植物景观等工作模块均有涉及。同时内容也不只局限于纯粹意义上的技能提升，还包括质量、工期、进度、安全、文明施工、成本控制、施工组织等管理模块。通过技能和管理能力双提升，培养一专多能复合型技能人才，为园林行业“人人皆可成才、人人尽展其才”创造基础条件，助力建设技能型社会、建设技能中国，为美丽中国的建设做出应有的贡献。

3. 与园林行业接轨，培养高质量人才，完成高质量就业，加速行业高质量发展

试点赛竞赛内容主要包括砌筑、铺装、木作、水景、植物造景五大模块，五大模块相辅相成，完全体现了行业中的园林园艺元素，竞赛中对施工内容精确到毫米，对施工时间严格把控，对工具摆放及工具防护严格要求正是相对了实际工程施工中对质量、施工进度、文明施工、安全的要求，大赛除了提高参赛选手在技能技术上的能力，也能提升对施工项目管理方面的认知概念，对参赛选手毕业进入行业打下扎实的基础。同时参赛选手有多年技能实操经验，在企业中更能做到“会管理，懂施工，控成本，出精品”。试点赛能有效推动园林园艺行业知识型、技能型、创新型、高技能复合型人才建设，促进园林园艺行业规范、有序、健康、可持续、高质量发展，助力美丽中国、美丽乡村和中国生态文明建设。

4. “以赛促教”“以赛促训”“以赛促技”“以赛促改”

通过竞赛促进全国园林职业类院校完成实训环节，有效提高参赛选手实操技能、教练教师教学能力。园艺项目涵盖砌筑、铺装、木作、水景、植物造景5大模块的专业内容，这也极大促进全国园林类职业院校改革教学内容，让教学内容贴近试点赛赛项内容，实现院校人才培育贴近行业需求，促进校企人才供需接轨，助力行业可持续、高质量发展。

5. 推崇匠人精神，传播“人人出彩、技能强国”的概念，赋予园林人更多自豪感

身为新时代的园林人，要“不忘初心，牢记使命”，增强“行业意识、人才意识、质量意识、发展意识”；坚定园林行业的“方向自信、专业自信、管理自信、文化自信”，做到维护园林行业在生态中国建设中的核心地位，维护园林人才在园林行业的核心地位；通过教育、人社、院校、行业、工会、企业等多方联动，运用好国家建设知识型、技能型、创新型劳动者大军的战略部署，为技能人才培养与提升“提质增效”，确保园林行业技能人才培养的可持续，园林企业发展的可持续，园林行业发展的可持续，为推动美丽中国、美丽乡村的发展，建设可持续发展的生态中国做出我们园林人应有的贡献。

五、试点赛的建议

1. 加强赛前培训

加强赛前安全培训、施工工艺流程培训，加强参赛队伍施工规范化、标准化作业的同时，确保竞赛安全有序地进行。

2. 融入企业

鼓励企业以参赛形式加入试点赛，尝试推广校企联合队，扩大人才培养范围，从单一的学生培养拓宽到培育院校学生及行业企业职工，让校企人才对接更流畅、人才培养更精准，实现学生高质量就业。

3. 增加竞赛材料、设备赞助环节

让行业企业以赞助形式加入，在解决部分费用为组织单位减轻负担的同时，将职业教育、赛训活动转化为拉动园林园艺行业经济的新型内生动力，构成产业链、产品链、供应链、资金链、信息链有机融合，扩大职业教育活动的影响面，推动校企发展、行业的发展。

4. 执裁、监督人员构成

专家组、监督仲裁组、裁判组成员组成要来自不同省份且不能出现2或2人以上来自同一省份，避免人为不公平因素，影响大赛的公平公正性。

5. 赛事流程标准化

制订赛事标准化流程，细化细则、施工工艺流程等，让赛事做到公平、公正、严格、精准、可复制；更好地育高能人才，塑大国工匠，实现“人人出彩，技能强国”。

项目十
花艺赛项

模块一　GZ-2020010　花艺赛项规程

一、赛项名称

赛项编号：GZ-2020010
赛项名称：花艺
英文名称：Floristry
赛项组别：高职组
赛项归属产业：农林牧渔大类

二、竞赛目的

通过花艺赛项，全面反映高职学生掌握中国传统插花与现代花艺相关的设计创意、立体结构、色彩组合、植物搭配的认知能力、审美鉴赏能力和动手制作的技术技能水平。以赛促教、以赛促学，引领农林类高职院校适应我国花店行业发展新趋势，进行课程建设与教学改革；推进高职院校与相关企业深度合作，更好地践行工学结合、德艺并重的人才培养模式。将世界技能大赛标准引入国赛，借鉴现代花艺设计制作经验和评审标准，让我国传统插花与现代花艺并行发展，相得益彰。让竞赛成为宣传花艺的重要窗口，引导我国花艺产业健康发展，营造花艺工匠人才、创作精英人才培养的良好氛围，传承和弘扬中华文化，更高水平地满足和促进我国花艺产业的发展需要。

三、竞赛内容

（一）赛项涵盖知识点、技能点

本赛项涵盖中国传统插花与现代花艺两个方向，考核内容涵盖插花艺术风格、花型结构、造型设计、色彩配置、花材整理与加工、花材保鲜等知识与技能。要求考生了解花艺行业最前沿的设计思想和理念，具备创新发展的思路和创造能力，掌握插花创作的各种要素及各要素之间的配置方法，能熟练运用给定花材与辅材进行作品的设计和制作。应具备的基本知识和工作能力相关要求见表 10-1。

表 10-1 基本知识和工作能力相关要求表

1	工作组织与管理
基本知识	➢ 了解花艺行业的范围和特点，以及其他职业和花艺行业的相互影响 ➢ 掌握花艺设计的原则和要素 ➢ 了解健康和安全法规文件及在行业中的应用 ➢ 深谙行业工作组织程序并明白轻重缓急的重要性 ➢ 学会时间管理 ➢ 能在工作实践中最大限度地减少浪费和降低成本 ➢ 了解花艺行业前沿设计思想
工作能力	➢ 具有艺术性和创新性，并善用资源 ➢ 工作积极主动 ➢ 积极灵活地应对变化的环境 ➢ 拥有足够的行业技术和理论知识 ➢ 保持持续的专业发展，了解当前行业的发展趋势、新的理念、风格和新材料 ➢ 具有尝试新方法并直面变革的意愿 ➢ 有效地规划和组织工作，充分利用现有资源 ➢ 能策划不同规模和复杂程度的项目 ➢ 能遵循健康、安全和环境相关法规开展工作 ➢ 能在规定时间内按时完成工作，达到预期目标 ➢ 能高效开展工作，在工作方法上表现出高度的自主性
2	材料和工具
基本知识	➢ 参赛选手需要掌握以下知识： （1）了解植物材料的特性 （2）掌握所有花艺材料的正确名称 （3）掌握花艺材料的保存要求 （4）能选用并正确处理与题目相关的最适宜的材料 （5）拥有植物材料的采后保鲜知识，了解保存鲜切花和植物的方法 （6）了解植物和植物材料的季节性 ➢ 了解花艺使用的工具和设备 ➢ 了解每项技术采用的工具并知道工具的应用方法
工作能力	➢ 用相应的采后保鲜措施处理所有植物材料 ➢ 能调整植物材料状况并准备用于设计工作中 ➢ 保持植物材料的状态 ➢ 保持植物材料的适宜温度 ➢ 妥善保管与作品有关的所有材料，包括容器、辅材等及设计中用到的其他材料，选择与使用和作品相关的工具和设备

续表

3	业务沟通
基本知识	➢ 通过解读项目简介，明确维护客户信心的重要性 ➢ 建立并保持工作成效的重要性 ➢ 妥善处理与同事及工作相关的各种关系 ➢ 能够通过诠释项目简介向客户表达自己对客户诉求的充分理解 ➢ 了解中国传统插花文化
工作能力	➢ 根据需要利用家具、货架、花瓶、容器和各种配件，使用植物材料进行门店设计 ➢ 选择并使用具有伦理内涵关系的材料 ➢ 选择并使用用于作品的材料 ➢ 解释与作品相关的环境要求 ➢ 重视通过介绍反映出的作品个性和特性要求 ➢ 进行实际展示 ➢ 确保遵守时间表 ➢ 做好相应花材处理工作，以确保安全可靠地运输作品
4	插花与花艺设计基础
基本知识	➢ 构图、色彩、设计和技术方面的理论 ➢ 花艺主题的理念诠释 ➢ 花艺设计目前的流行趋势和时尚要求 ➢ 花艺设计与实际环境相得益彰的重要性 ➢ 文化差异对花艺的重要影响，各种礼仪活动的文化背景
工作能力	➢ 解析花艺项目 ➢ 设计中应用花艺作品的要素与原则 ➢ 确保植物材料在设计中占主导地位 ➢ 有计划地为作品选择植物材料、容器、技术工具、材料和装饰件 ➢ 创作体现某个主题的花艺设计作品 ➢ 创作适合不同场合的花艺设计作品 ➢ 创作适合不同摆放环境的花艺设计作品 ➢ 创作传统和 / 或现代应用花艺设计 ➢ 通过设计传达感情和讯息
5	插花基本技能
基本知识	➢ 如何处理和使用植物材料 ➢ 如何准备植物材料用于插花设计 ➢ 明确清洁干净的重要性，保持工作区整洁有序 ➢ 掌握有条不紊地开展高效工作的方法
工作能力	➢ 工作干净利落，井井有条 ➢ 根据实际情况有效地确定工作优先顺序 ➢ 创作并完成与作品相关的花艺设计工作 ➢ 创作花艺设计作品并展示植物材料（用于销售）

续表

5	插花基本技能
工作能力	➢ 根据赛题创作不同的花艺作品 ➢ 围绕主题创作花艺设计作品并能点评作品 ➢ 选择采用适当的方法，对与任务相关的物件进行装饰
6	中国传统插花
基本知识	➢ 中国传统插花的艺术风格、构图原理、创作方法，实现意境美的创作特色 ➢ 中国传统插花类型：瓶花、盘花、筒花、碗花、篮花、缸花 ➢ 中国传统插花的花型：直立型、倾斜型、下垂型、水平型等 ➢ 中国传统插花的制作花器、几架、工具等 ➢ 中国传统用花礼仪与花文化
工作能力	➢ 制作中国传统插花瓶花、盘花、筒花、碗花、篮花、缸花 ➢ 符合节气、节日、植物、宗教等主题的中国传统插花作品装饰与布置要求 ➢ 创作中式婚礼场合的中国传统插花作品装饰与布置 ➢ 掌握中国传统插花植物材料的造型、固定、保鲜方法
7	房间装饰
基本知识	➢ 房间装饰的方法，包括挂式、立式、隔间架、隔板和墙壁设计 ➢ 房间花艺设计目标，温度、通风和照明对房间花艺设计的影响
工作能力	➢ 使用适当的方法进行房间花艺设计 ➢ 创作节日花艺设计或公司庆典活动等场合的大型花艺设计作品 ➢ 创作花艺作品来烘托活动和各种环境的氛围 ➢ 运用各种房间装饰方法，如挂式、隔板、壁式设计等，围绕主题创作花艺作品并给予设计说明
8	植物设计
基本知识	➢ 适用于室内和室外展示的植物种类 ➢ 掌握植物的以下知识： （1）正确的学名 （2）植物存放及使用要点 （3）植物养护知识 （4）植物的季节性 （5）各种植物对环境的要求 ➢ 植物如何用于设计（微景观） ➢ 盆栽植物的各种培养基质的用途 ➢ 植物设计使用的容器的类型 ➢ 与植物设计相关的健康和安全要求
工作能力	➢ 针对各种主题、场合和活动，使用适当的植物设计作品 ➢ 在植物使用前和使用过程中进行养护，最大限度地延长其寿命 ➢ 采取相应的健康和安全措施制作植物设计作品

续表

8	植物设计
工作能力	➢ 使用适当的容器来展示和维护植物 ➢ 为植物设计作品选择适当的培养基质种植盆栽植物
9	婚礼花艺
基本知识	➢ 婚礼的范围和种类 ➢ 婚礼庆典的文化和宗教影响 ➢ 可能举行婚礼的地点 ➢ 与婚礼相关的主题
工作能力	➢ 设计适合婚礼风格、规模及特性的花艺设计作品 ➢ 准备和创作婚礼上使用的全部类型花艺设计作品，包括大型复杂的花艺设计作品 ➢ 创作新娘花艺作品，使花艺设计与新娘的性格、个性、礼服和打扮相得益彰
10	特别委托制作的花艺作品
基本知识	➢ 特别委托制作花艺作品的相关知识
工作能力	➢ 理解委托项目的基本情况，确定委托项目的要求、主题和花艺设计 ➢ 根据项目简介来创作花艺设计作品 ➢ 创作并监督委托制作花艺作品的布置，保证作品质量达到卓越标准 ➢ 确保特别委托制作的花艺作品在特殊和高端环境的压力下能正常实施

（二）赛项主要内容

花艺赛项包括中国传统插花作品创作与现代花艺作品创作两项竞赛内容。

中国传统插花部分竞赛时长为6小时，共四个模块，瓶花和盘花为必赛模块，筒花、篮花、碗花、缸花模块为惊喜盒，筒花和篮花二选一，碗花和缸花二选一，现场抽取。

现代花艺部分竞赛时长为11小时，共五个模块，花束、新娘花饰、切花装饰、植物设计为必赛模块，房间装饰、物件装饰、花首饰、花环、桌花五个模块为惊喜盒，现场抽取1项。

竞赛花材、容器、辅材由组委会统一提供，参赛选手不得自带。

成绩以百分制计分，其中中国传统插花作品创作分值占比为40%，现代花艺作品创作分值占比为60%。

花艺赛项设置模块时间分配见表10-2。

表10-2 赛项设置模块时间分配

模块编号	模块名称	竞赛时间 /min
A	花束	120
B	瓶花	90
C	新娘花饰	180
D	切花装饰	120

续表

模块编号	模块名称	竞赛时间 /min
E	盘花	60
F	惊喜盒 1（现代花艺，房间装饰、物件装饰、花首饰、花环、桌花）	90～120
G	惊喜盒 2（传统插花，筒花、篮花）	90
H	惊喜盒 3（传统插花，碗花、缸花）	60～120
I	植物设计	120

四、竞赛方式

本赛项为个人赛。

每位参赛选手限 1 名指导教师，指导教师须为本校专兼职教师。本赛项不邀请境外代表队参赛。

五、竞赛流程

（一）竞赛安排

本赛项竞赛内容见表 10-3。

表 10-3　竞 赛 安 排

日期	竞赛时间	竞赛内容	地点
竞赛第 1 天	8:30—10:30	模块 A 技能竞赛	赛场
	10:40—12:10	模块 B 技能竞赛	
	13:30—16:30	模块 C 技能竞赛	
竞赛第 2 天	8:30—10:30	模块 D 技能竞赛	
	10:40—11:40	模块 E 技能竞赛	
	13:00—15:00	模块 F 技能竞赛	
	15:10—16:40	模块 G 技能竞赛	
竞赛第 3 天	8:30—10:30	模块 H 技能竞赛	
	10:40—12:40	模块 I 技能竞赛	

（二）裁判员工作内容

本赛项裁判员工作内容见表 10-4。

表 10-4　裁判员工作内容

日期	工作时间	工作内容	地点
竞赛前 2 天	9:00—18:00	裁判报到	承办院校
竞赛前 1 天	9:00—12:00	赛前培训、签责任书、检查赛场	赛场
	15:30—17:30	检查工具箱、监督参赛选手整理花材	

续表

日期	工作时间	工作内容	地点
竞赛前1天	17:30	封闭竞赛场地	赛场
竞赛第1天	7:15	到达赛场	
	8:00—8:15	讨论	
	8:15—8:30	检查工具、过程监督整理花材	
	8:30—10:30	过程监督模块A技能竞赛	
	10:40—12:25	评判模块A、过程监督模块B技能竞赛	
	12:25—13:30	就餐	
	13:30—13:45	赛前讨论	
	13:45—16:45	评判模块B、过程监督模块C技能竞赛	
	16:45—	评判模块C	
竞赛第2天	7:15	到达赛场	
	8:00—8:15	讨论	
	8:15—8:30	检查工具、过程监督整理花材	
	8:30—10:30	过程监督模块D技能竞赛	
	10:40—11:40	评判模块D、过程监督模块E技能竞赛	
	11:40—13:00	就餐	
	13:00—15:00	评判模块E、过程监督模块F技能竞赛	
	15:10—16:40	评判模块F、过程监督模块G技能竞赛	
	16:40—	评判模块G	
竞赛第3天	7:15	到达赛场	
	8:00—8:15	讨论	
	8:15—8:30	检查工具、过程监督整理花材	
	8:30—10:30	过程监督模块H技能竞赛	
	10:40—12:40	评判模块H、过程监督模块I技能竞赛	
	14:00—	评判模块I	

（三）参赛选手竞赛流程内容

参赛选手竞赛流程内容见表10-5。

表10-5　参赛选手竞赛流程内容

日期	时间	竞赛流程内容	地点
竞赛前1天	8:00—13:00	领队、教练、参赛选手等报到	赛场
	14:00—15:00	开幕式	
	15:00—15:30	抽签确定赛位号、熟悉赛场	

续表

日期	时间	竞赛流程内容	地点
竞赛前1天	15:30—17:30	检查工具箱、参赛选手整理花材	赛场
	17:30	封闭赛场	
竞赛第1天	7:30	到达赛场、检录	
	8:00—8:15	赛前讨论	
	8:15—8:30	检查工具、整理花材	
	8:30—10:30	模块A技能竞赛	
	10:30—10:40	休息	
	10:40—12:10	模块B技能竞赛	
	12:10—12:25	清洁	
	12:25—13:30	就餐	
	13:30—13:45	赛前讨论	
	13:45—16:45	模块C技能竞赛	
	16:45—17:00	清洁	
	17:00	封闭竞赛场地	
竞赛第2天	7:30	到达赛场、检录	
	8:00—8:15	赛前讨论	
	8:15—8:30	整理花材	
	8:30—10:30	模块D技能竞赛	
	10:30—10:40	休息	
	10:40—11:40	模块E技能竞赛	
	11:40—11:55	清洁	
	11:55—13:00	就餐	
	13:00—15:00	模块F技能竞赛	
	15:00—15:10	休息	
	15:10—16:40	模块G技能竞赛	
	16:40—16:55	清洁	
	16:55	封闭竞赛场地	
竞赛第3天	7:30	到达赛场、检录	
	8:00—8:15	赛前讨论	
	8:15—8:30	整理花材	
	8:30—10:30	模块H技能竞赛	
	10:30—10:40	休息	
	10:40—12:40	模块I技能竞赛	
	12:40—12:55	清洁	

六、竞赛样卷

模块 A：花束设计与制作

要求：绑在一个点的螺旋状花束，使用绑缚设计，放置在水盘中保鲜。

材料：必须使用指定材料，其他材料自选。

技巧：自由选择。

设计：自由选择。

模块 B：瓶花作品创作

要求：依据作品主题，使用指定容器，创作中国传统瓶花作品。

主题：秋。

材料：指定瓶花容器。

技巧：撒固定。

模块 C：新娘花饰设计与制作

要求：根据所给材料、图片设计和制作一个新娘花饰。新娘花饰必须在新娘的手或者小臂上进行（肘部以下部分）。

材料：在所提供的材料中自由选择。

技巧：自由选择。

设计：自由选择。

模块 D：切花装饰设计与制作

要求：根据所给的图片设计和制作一个切花装饰作品。

材料：自由选择。

技巧：自由选择。

容器：指定容器。

模块 E：盘花作品创作

要求：依据作品主题，使用指定容器，创作中国传统盘花插花作品。

主题：秋。

材料：指定盘花容器。

技巧：剑山固定。

模块 F：惊喜盒 1（现代花艺，房间装饰、物件装饰、花首饰、花环、桌花）作品创作

要求：赛题在现代花艺惊喜盒中随机抽取 1 个。

模块 G：惊喜盒 2（传统插花，筒花、篮花）作品创作

要求：随机抽取中国传统插花筒花或篮花作品 1 件。

主题：秋。

花器：按惊喜盒指定容器。

技巧：筒花撒固定、篮花剑山固定。

模块 H：惊喜盒 3（传统插花，碗花、缸花）作品创作

要求：随机抽取中国传统插花缸花或碗花作品 1 件。

主题：秋。

材料：按惊喜盒指定容器。

技巧：缸花撒固定、碗花剑山固定。

模块 I：植物设计与制作

要求：必须使用 5 种以上盆栽植物材料，其他辅助材料自选。

技巧：自由选择。

容器：指定容器。

七、竞赛规则

（一）裁判组成

裁判组 10 人，裁判长 1 名，打分裁判 9 名，其中加密裁判 2 名。

（二）参赛选手要求

1. 参赛选手须为高职院校全日制在籍学生；本科院校中高职类全日制在籍学生；五年制高职四、五年级学生，参赛选手年龄须不超过 25 周岁，年龄计算的截止时间以 2020 年 11 月 1 日为准。

2. 参赛选手报名获得确认后不得随意更换。如竞赛前参赛选手因故无法参赛，须由省级教育行政部门于本赛项开赛 10 个工作日之前出具书面说明，经大赛执委会办公室核实后予以更换。竞赛开始后，参赛队不得更换参赛队员。

3. 参赛选手应遵守赛场纪律，服从赛项执委会的指挥和安排，爱护赛场的设备和器材。

4. 凡在往届全国职业院校技能大赛中获一等奖的选手，不再参加同一项目同一组别的竞赛。

5. 各省教育行政部门负责本地区参赛学生的资格审查工作。

八、竞赛环境

（一）场地及周边环境

1. 场地环境应按照花艺赛项技术要求进行布置，整个赛场应保持通畅和开放，配套提供稳定的水、电、气源和供电应急设备，并配备防火防爆及其他安全设施，以防突发事件。

2. 赛场周边设有卫生间、维修服务站、医疗站等公共服务区和紧急疏散通道，并在赛场周围设置隔离带。

（二）场内设施及布局

1. 总竞赛场地约 1 900m^2。

2. 每竞赛赛位不小于 4m × 4m 的操作面积和展示面积，需 32 个赛位。赛位采用中性色隔断，三面隔墙，一面展示，竞赛过程中所有参赛选手互不可见。

3. 赛场内应设置花材储藏间、裁判工作间（至少每人一个工作椅和供所有裁判开会工作的会议桌）、裁判选手讨论区（至少每人一个工作椅及配备计算机和投影仪）、录分室和统分室。

九、技术规范

以教育部颁布的职业学校相关专业教学指导方案，以国家职业技能培训鉴定规定（插花员高级）的知识和技能要求为基础。

引用职业标准：

第 45 届世界技能大赛花艺项目技能标准规范；

插花员职业标准；

花艺环境设计师职业标准。

十、技术平台

若由于季节或市场原因部分花材有所变动，调整幅度小于 15%，变动花材在竞赛前三天公布。插花花器与辅材以图片形式于赛前一个月在大赛官网上公布。

赛场禁止携带的设备和材料见表 10-6。

表 10-6　赛场禁止携带的设备和材料

序号	名称
1	各种植物材料
2	各种干花
3	各种仿真花
4	各种装饰物
5	各种喷胶、喷漆
6	不得拆卸和重复使用上一竞赛模块中的任何材料

十一、成绩评定

本次竞赛评分按照世界技能大赛评分标准设计，专家打分后计算和汇总分值。

（一）评分标准

本赛项各模块评分标准见表 10-7。

表 10-7　赛项模块评分标准

模块编号	模块名称	竞赛时间 /min	分数		
			评价分	测量分	合计
A	花束	120	7.7	3.3	11.0
B	瓶花	90	7.7	3.3	11.0
C	新娘花饰	180	9.1	3.9	13.0
D	切花装饰	120	7.7	3.3	11.0
E	盘花	60	7.0	3.0	10.0
F	惊喜盒 1（现代花艺）	90～120	8.4	3.6	12.0
G	惊喜盒 2（传统花艺）	90	7.7	3.3	11.0

续表

模块编号	模块名称	竞赛时间 /min	分数		
			评价分	测量分	合计
H	惊喜盒 3（传统花艺）	60～120	7.0	3.0	10.0
I	植物设计	120	7.7	3.3	11.0
	合计				100

（二）评价分（主观）

评价分打分方式：3 名裁判为一组，各自单独评分，计算出平均权重分，除以 3 后再乘以该子项的分值计算出实际得分，裁判相互间所评分值差异必须≤1 分，否则需要给出确切理由并在裁判长的监督下进行调分。

评价分标准见表 10-8。

表 10-8　评价分标准

分值	要求描述
0 分	各方面均低于行业标准，或未做尝试
1 分	达到行业标准
2 分	达到行业标准且某些方面超过标准
3 分	达到行业所期待的优秀标准

评价分样例见表 10-9。

表 10-9　评价分样例

分值	要求描述
0 分	没有明确的线条构成，视觉不平衡
1 分	明确的线条造型、视觉平衡
2 分	明确的线条造型，复杂的使用形式，达到正确的比例关系
3 分	明确和整洁的线条造型，不同形式的复杂使用，合理并好看的比例关系，运用较多设计元素和完美的视觉平衡体现

（三）测量分（客观）

测量分打分方式：9 名裁判一起商议，对该参赛选手在该项中的实际得分达成一致后，最终只出一个分值，按评分细则给出“是”或“否”，或者固定值见表 10-10。

表 10-10　测量分打分方式

类型	示例	最高分值	正确分值	不正确分值
满分或零分	技法得当，不恰当技术暴露超过 3 处	2.00	2.00	0
	稳定度：当抬起或触摸时保证原有形态	2.00	2.00	0
	平衡度：整体平衡	2.00	2.00	0

续表

类型	示例	最高分值	正确分值	不正确分值
满分或零分	固定技术正确	2.00	2.00	0
	保水，3 枝以上未保水	1.00	1.00	0
固定值	无难度 0，有点难度 0.3，有难度 0.5，非常有难度 0.8	0.8	根据具体情况给予固定值	

（四）评判方法

1. 赛前由设施设备检查组和材料检查组检查赛场及参赛选手工作间的所有材料是否按照要求到位。

2. 检查工具：裁判组指定 2 名裁判为 1 组，逐一检查参赛选手所带工具，如有不符将取走不符合规定的工具。

3. 控制竞赛时间：由裁判长宣布竞赛开始，时间管理组指定 2 名裁判为 1 组负责每隔 1 小时提醒参赛选手，每个竞赛项进行到最后一小时、半小时、15 分钟、5 分钟时提醒，当裁判长宣布竞赛结束时，参赛选手应停止制作。

4. 裁判在赛前必须签订承诺书，如有违规，裁判长有权对违规裁判（串通打分、恶意打分等）作出停止裁判工作的决定。

5. 裁判长在赛前客观、公正、合理地分配各裁判评分任务。

6. 每个裁判在完成每个模块后根据分工对每个作品依据评分标准进行评分。

具体如下：

（1）3 名裁判对评价分进行打分；9 个裁判对测量分进行打分，取得一致意见后打“是”或“否”或固定值。

（2）3 名裁判对评价分打分结果（0、1、2、3），其中最高和最低不能大于 1 分，若大于 1 分，裁判需各自陈述理由，由裁判长判定最终得分。

（3）使用计算机直接按规则统分。

7. 在评判过程中，裁判长有权抽查评判完成的作品，发现由于违规而造成作品与评判标准结果有较大差异时，可要求重新评定。

8. 裁判组指定 3 名裁判为 1 组，分多组复核评判成绩输入是否正确，最终结果经全体裁判签字确认后交裁判长最后签字确认。

（五）成绩并列

如出现三等奖总分一致，则按照以下顺序模块得分高低决定排序：惊喜盒总分、惊喜盒 1（现代花艺）、惊喜盒 2（传统插花）、惊喜盒 3（传统插花）。

十二、奖项设定

学生奖：花艺赛项只设个人奖。奖项分为一等奖、二等奖、三等奖，以赛项实际参赛选手总数为基数，获奖比例分别约为参赛人数的 10%、20%、30%。

获奖的参赛选手由全国职业院校技能大赛组委会颁发证书。

优秀指导教师奖：获得一等奖选手的指导教师获优秀指导教师奖，由全国职业院校技能大赛组委会颁发证书。

十三、赛场预案

为防范竞赛时发生安全事故、花材准备事故等，维护正常的竞赛秩序，保证大赛按时、安全、有序完成，制订以下赛场应急预案。

（一）花材保鲜环境调控应急预案

赛项承办院校对花材采购货源与采购时机应准备充分，鲜花贮存于保鲜室内，保障竞赛用花新鲜，开放程度适宜。承办院校应至少增加 20% 的备货，以便在竞赛流程“整理花材”环节为参赛选手更换破损、萎蔫、自然折断等影响竞赛公平的花材。

（二）设备工具毁坏事件应急预案

赛场依据“场地设备”与“选手可自备的工具”清单配备 3 套完整的工具与 2 个赛位备用，应对临时赛位与设备出现意外，同时，在专家室备用一套完整的工具设备。

（三）电源保障预案

1. 承办院校事先协调当地供电部门，保证竞赛当天的正常供电；赛场双路供电。备用 UPS，双保障，以保证赛场正常供电。

2. 竞赛过程中出现设备掉电、故障等意外时，现场裁判需及时确认情况，安排技术支持人员进行处理，现场裁判登记详细情况，填写补时登记表，报裁判长批准后，可安排延长补足相应参赛选手的竞赛时间。

（四）计算机保障预案

计算机设备在本赛项中用于统分、材料打印。需预留 1 套备用设备，当出现设备断电、故障等意外时，由赛场技术支持人员及时处理或更换。

（五）突发受伤医疗服务应急预案

由于竞赛需要使用剪刀、小刀等工具，加上竞赛紧张，竞赛中可能出现头晕、恶心、呕吐、出血等各种意外，配备现场医疗服务队，轻者在现场进行处理，重者转移至医疗服务区进行处理，严重者送往医院救治。

（六）疫情防控预案

竞赛期间所有参赛选手和工作人员要求配戴口罩，若发现发烧、咳嗽等症状的参赛选手，经评估符合参赛条件的，该参赛选手应在隔离赛区进行竞赛。不符合参赛条件的参赛选手，不得参加竞赛。

竞赛期间，如发现新冠肺炎疑似病例，应立即向校防疫指挥部汇报，协助疾控机构做好疑似者隔离、送院，密接者判定及实施隔离等工作，同时在疾控机构指导下对相关环境实施消毒。竞赛按大赛防疫指挥小组意见采取更换竞赛场地、延期或取消竞赛的措施。

（七）其他重大事故预案

竞赛期间发生大规模意外事故和安全问题，发现者应第一时间报告赛项执委会，赛项执委会应采取中止竞赛、快速疏散人群等措施避免事态扩大，并第一时间报告赛区执委

会。赛项出现重大安全问题可以停赛，是否停赛由赛区执委会决定。事后，赛区执委会应向大赛执委会报告详细情况。

十四、赛项安全

（一）参赛选手安全防护要求

1. 参赛选手应佩戴工作围裙，选择佩戴乳胶手套。
2. 参赛选手应严格遵守安全操作规程。
3. 参赛选手停止操作时，应拔掉插座上的所有用电设施。
4. 各学校组织代表队时，须安排为参赛选手购买大赛期间的人身意外伤害保险。

（二）赛事安全要求

1. 成立健康安全管理组，负责竞赛过程中参赛选手的安全健康，如对参赛选手进行安全教育、处理参赛选手受伤、关心选手健康等。

2. 承办院校应设置专门的安全防卫组，负责竞赛期间健康和安全事务。主要包括检查赛场、与会人员居住地、车辆交通及其周围环境的安全防卫；制订紧急应对方案；督导赛场用电、用气等相关安全问题；监督与会人员食品安全与卫生分析和处理安全突发事件等工作。在每天结束赛程后要有安全检查程序。

3. 赛场周围要设立警戒线，防止无关人员进入发生意外事件。赛场设置警戒线及联网的监控体系，可对赛场进行 24 小时监控。赛场内应参照相关职业岗位的要求为参赛选手提供必要的劳动保护。在具有危险性的操作环节，裁判员要严防参赛选手出现错误操作。

4. 参赛选手进入赛场、裁判进入工作场所时，严禁携带通信、照相摄录设备，禁止携带记录用具。如确有需要，由赛场统一配置、统一管理。赛项可根据需要配置安检设备对进入赛场重要部位的人员进行安检。

5. 需配备相应医务人员和心理指导教师，并备有相应医务箱。

（三）绿色环保

1. 赛场严格遵守我国环境保护法。
2. 赛场所有废弃物应有效分类并处理，尽可能地回收利用。

十五、竞赛须知

（一）参赛队须知

1. 参赛队名称统一使用规定的地区代表队名称，不使用学校或其他组织、团体名称。

2. 参赛队员在报名获得审核确认后，原则上不再更换，如筹备过程中，队员因故不能参赛，由所在省级教育行政部门需出具书面说明并按相关规定补充人员并接受审核；竞赛开始后，参赛队不得更换参赛队员，允许队员缺席竞赛。

3. 参赛队按照大赛赛程安排，凭大赛组委会颁发的参赛证和有效身份证件参加竞赛及相关活动。

4. 参赛院校须为参赛队员购买保险。

（二）指导教师须知

1. 各参赛队要发扬良好道德风尚，听从指挥，服从裁判，不弄虚作假。如发现弄虚作假者，取消参赛资格，名次无效。

2. 各参赛队领队要坚决执行竞赛的各项规定，加强对参赛选手的管理，做好赛前准备工作，督促参赛选手带好证件等竞赛相关材料。

3. 竞赛过程中，除参加当场次竞赛的参赛选手、执行裁判员、现场工作人员和经批准的人员外，领队、指导教师及其他人员一律不得进入竞赛区域。

4. 参赛队若对竞赛过程有异议，在规定的时间内由领队向赛项仲裁工作组提出书面报告。

5. 对申诉的仲裁结果，领队要带头服从和执行，并做好参赛选手工作。参赛选手不得因申诉或对处理意见不服而停止竞赛，否则以弃权处理。

6. 指导教师应及时查看大赛专用网页有关赛项的通知和内容，认真研究和掌握本赛项竞赛的规程、技术规范和赛场要求，指导参赛选手做好赛前的一切技术准备和竞赛准备。

（三）参赛选手须知

1. 参赛选手应按有关要求如实填报个人信息，否则取消竞赛资格。

2. 参赛选手凭统一印制的参赛证和有效身份证件参加竞赛。

3. 参赛选手应认真学习领会本次竞赛相关文件，自觉遵守大赛纪律，服从指挥，听从安排，文明参赛。

4. 参赛选手不得携带电子设备、通信设备及其他资料与用品。

5. 参赛选手应提前 30 分钟抵达赛场，凭参赛证、身份证件检录，按要求入场，不得迟到早退。

6. 参赛选手应按抽签结果在指定位置就位。

7. 参赛选手在确认竞赛内容和现场设备等无误后开始竞赛。在竞赛过程中，如有疑问，参赛选手应举手示意，技术人员、现场裁判、裁判长等应及时予以解决。

8. 各参赛选手必须按安全规范要求操作竞赛设备。一旦出现较严重的安全事故，经裁判长批准后将立即取消其参赛资格。

9. 竞赛时间到了，参赛选手应全体起立，结束操作。经现场指挥人员发出指令后，方可离开赛场。

10. 在竞赛期间，未经执委会的批准，参赛选手不得接受其他单位和个人进行的与竞赛内容相关的采访。参赛选手不得私自公布竞赛的相关信息。

（四）工作人员须知

1. 大赛全体工作人员必须服从组委会统一指挥，认真履行职责，做好竞赛服务工作。

2. 全体工作人员要按分工准时到岗，尽职尽责做好分内各项工作，保证竞赛顺利进行。

3. 认真检查、核准证件，非参赛选手不准进入赛场。同时，要安排好领队、指导教师休息。

4. 竞赛出现技术问题（包括设备、器材等）时，应及时联系各技术负责人，妥善处

理；如需重新竞赛，得到裁判组同意后方可进行。

5. 如遇突发事件，要及时向组委会报告，同时做好疏导工作，避免重大事故发生，确保大赛圆满成功。

6. 要认真组织好参赛选手的赛前准备工作，遇有重大问题及时与组委会联系，协商解决办法。

7. 各项竞赛的技术负责人，一定要坚守岗位，要对竞赛技术操作的全过程负责。

8. 工作人员不得在赛场内接听或打电话，负责现场的人员在竞赛期间一律关闭手机。

十六、申诉与仲裁

本赛项在竞赛过程中若出现有失公正或有关人员违规等现象，参赛队领队可在竞赛结束后 2 小时内向仲裁组提出书面申诉。书面申诉应对申诉事件的现象、发生时间、涉及人员、申诉依据等进行充分、实事求是的叙述，并由领队亲笔签名。非书面申诉不予受理。

赛项仲裁工作组在接到申诉后的 2 小时内组织复议，并及时反馈复议结果。申诉方对复议结果仍有异议，可由省（市）领队向赛区仲裁委员会提出申诉。赛区仲裁委员会的仲裁结果为最终结果。

十七、竞赛观摩

竞赛结束后设定观摩时间，向媒体、企业代表、院校师生等社会公众开放。

在观摩期间应遵循以下规则。

1. 除与竞赛直接有关的工作人员、裁判员、参赛选手外，其余人员均为观摩观众。

2. 不得违反全国职业院校技能大赛规定的各项纪律。请站在安全线以外观看作品，并遵循赛场内工作人员和裁判员的指挥，不得有围攻裁判员、参赛选手或者其他工作人员的行为。

3. 请务必保持赛场清洁，将饮料食品包装、烟头及其他杂物扔进垃圾箱。

十八、竞赛录播

1. 赛场内部署无盲点录像设备，能全程录制赛场情况。

2. 多机位拍摄开闭幕式，制作优秀参赛选手采访、优秀指导教师采访、裁判专家点评和企业人士采访视频资料，突出赛项的技能重点与优势特色。为宣传、仲裁、资源转化提供全面的信息资料。

十九、资源转化

（一）促进各院校的专业教学改革，以赛促学，以赛促教。

将中国传统插花教学体系引进课堂，宣扬中国传统插花非遗文化；对接国际花艺大赛标准，将国际标准引进课堂，建立适合中国职业教学特点的现代花艺教学体系。

（二）按计划完成花艺赛项的相关资源转化

1. 基本资源

制作花艺赛项宣传片、风采展示片视频各 1 个。

形成一套中国传统插花评分标准体系，现代花艺评分标准体系。

完成大赛作品集的制作。

2. 拓展资源

完成案例库、素材资源库、试题库、专家点评、优秀选手访谈相关资源制作，资源转化方案见表10-11。

表10-11　资源转化方案

资源名称			表现形式	资源数量	资源要求	完成时间
基本资源	风采展示	赛项宣传片	视频	1个	15min	2020年10月
		风采展示片	视频	1个	10min	2020年11月
	技能概要	中国传统插花评分体系	演示文稿	1个		2020年10月
		现代花艺评分体系	演示文稿	1个		2020年10月
	教学资源	实训项目	文本	2个	电子教材	2021年3月
		中国传统插花实训教学体系	文本文档	1个	电子教材	2021年3月
		现代花艺实训教学体系	文本文档	1个	电子教材	2021年3月
		大赛作品集	图形/图像	1个	电子教材	2021年3月
拓展资源	案例库		文本文档	1个	电子教材	2021年3月
	素材资源库		图形/图像	100个	电子教材	2021年3月
	试题库		文本文档	24个	电子教材	2021年3月
	专家点评		视频	1个	30min	2020年12月
	优秀参赛选手访谈		视频	2～3	15min	2020年12月

模块二　GZ-2020010　花艺赛项技术分析报告

2020年全国职业院校技能大赛改革试点赛花艺赛项于2020年11月26—28日在山东城建学院举办，裁判组11位裁判对本次花艺赛项的整个过程九个模块的竞赛，按照赛项技术规程进行了严格、认真、细致的执裁，在专家组的指导下顺利地完成了整个赛事的裁判工作，并在监督组监督下力求做到公平、公正、严肃、认真。

一、综述

本次大赛竞赛时间共计17小时，竞赛项目包括中国传统插花作品创作与现代花艺作品创作两大重要组成部分，这两部分的赛项设定非常符合我国的国情，反映了我国花艺体系的现状，为我国花艺学科建设奠定了基础。

中国传统插花部分竞赛时长6小时，共四个模块，瓶花、盘花为必赛模块，筒花、篮花、碗花、缸花四个模块作为惊喜盒，现场抽取。

现代花艺部分竞赛时长11小时，共五个模块，花束、新娘花饰、切花装饰、植物设计为必赛模块，房间装饰、物件装饰、花首饰、花环、桌花五个模块作为惊喜盒，现场抽取1项。

大赛承办院校为大赛的成功举办付出了很大的努力，克服各种困难，从设施设备、办赛条件、接待、服务团队、交通、后勤保障等诸方面给予裁判组及所有参赛选手尽可能大的帮助和支持，为大赛的顺利进行提供了保障。

竞赛前一天，召开了裁判培训会，专家组为所有裁判进行了培训，将本次试点赛的竞赛规则、评分方法、执裁标准进行了技术交底；会上，监督组也将相关裁判工作纪律和要求进行了深入的解读，所有裁判签署了《承诺书》，对保密裁判单独进行了相关培训，所有裁判做到了赛前了然于心，保证了大赛的顺利进行。

同一天，裁判长与专家组、监督组成员一起巡查赛场，检查设施设备，组织召开了赛前赛项说明会，针对参赛选手、领队、指导教练提出的相关问题进行了耐心细致的答疑，做到不留疑点，为大赛顺利开展奠定了基础。

二、赛项设计解读

本次大赛，从专家组技术交底的过程中，裁判组能了解到教育部职业教育改革的力度，和对全国职业院校技能大赛赛事大力进行改革的决心；也能感受到赛项专家组为本次赛事改革所付出的极大努力。本次大赛赛制及评分方法参照世界技能大赛的赛制和评分方法，从一定程度上保证了我国职业教育与世界接轨，用世界技能人才培养的视角去规划和设置赛事赛制，保证了本次大赛的时尚性和前卫性，将我国职业教育的步伐与世界同步，这种国际性视野的建树，为今后我国职业教育的发展拓展了空间。

本赛项采用模块化设置，共计 9 个模块，采用世界技能大赛的通行方法，预知模块和惊喜盒相结合，其中惊喜盒占有 3 个模块，从一定程度上保证大赛对参赛选手临场发挥能力的考量，对大赛选拔真正技能水平高、具备设计能力、有创新思想和能力的参赛选手提供了制度性条件，也为今后的大赛提供了范例。

赛制中对评分裁判的设置和聘用做了规定，极大程度上避免了裁判个人喜好对参赛选手选拔的影响，也从一定程度上避免了裁判工作中的不利因素，为选拔真正高水准技能人才提供了制度性保障。

本赛项采用世界技能大赛的评分方法，这种国际通行的评判方法能有效地测量参赛选手创作的现代花艺作品的水准，有利于抓到高职院校日常教学中学生作品创作和技能训练的重点，也能有效地反映参赛选手的技能水平，是国内相关赛事的典范；对中国传统插花作品创作水平及文化内涵表现的测量效果尚有待商榷，本次大赛由于缺少更多有效的优秀作品，测量结果优劣尚不是很明显，有待进一步修正提升。

本次大赛设置九个模块，目前共有赛题五套，从赛制规模上看，略显不足，希望日后相关赛题能成建制开发，一方面更有利于专业院校教学参考，对培养高技能、高素质人才有很大帮助，另一方面能让以后的赛事有更多的选择机会，让赛事所体现的测量方法更显其优越性，促进赛事成果的转化。

三、成绩解析

本次大赛共计 30 位选手参赛，总分最高分 78.09，最低分 44.35，平均分数 62.14，从一个侧面反映出我国高职类院校教学工作的成绩，对行业需求处于一个中等水平的层次，离社会和行业需求还有一个层次需要跨越，期待我国本科、高职、中职类院校为社会培养更多高水平、高技能、高素质人才，也希望各类院校培养出的人才在社会实践中具有独特的建树。社会呼唤更多高水准人才的加入，花艺职业短期内是无法被智能技术所取代的；相反，随着我国社会经济的发展、国力水平的提高和人民生活对精神层次的更高追求，高素质花艺人才一定会被社会和行业所渴求，花艺职业一定是一个热门的职业，所以，提高此类学科的教学水平及学生的技能水准势在必行，也是当务之急。

1. 现代花艺部分，所有参赛选手取得的总分合计 1055.86，平均分数 35.20，占总平均分的 56.64%，充分体现了现代花艺的教学成果，作品的呈现无论是设计还是制作技术、技能水平较之以往，都有极大提升，体现出赛事对教学的导向作用。

2. 传统插花部分，可能是因为过往赛事中传统插花形式的模块不多，或者所占比例不高，总分合计 808.39，平均分数 26.95，占总平均分的 43.36%。传统插花的教学依然处于一个低水平徘徊的状态，整个赛场 30 位参赛选手的作品中，符合传统插花特点的、手法正确的、形式丰富的作品不多，更不用说中国传统插花的文化内涵在作品创作中的体现了，这从一个侧面反映出高职院校日常教学活动的痛点；也应该为今后高职院校学科设置、课时安排、训练时间、方式的调整起到导向作用。

从赛场裁判评分结果来看，各位裁判对参赛选手的打分是科学的、客观的，反映了此次试点赛参赛选手的真实水平，期待日后各高职类院校对学生的技能训练能全面兼顾、平衡发展，同时，加强高职类院校师资水平的提升，为我国花艺行业高水准人才的培养提供保障。

四、典型事例分析

1. 某参赛选手在插作缸花作品时将花器置于地面，坐在椅子上插作，这种插花方法是不合适的，既不雅观，也不能找准插作缸花作品的主视面，这是学生在日常训练中教师教学不到位的体现，希望各院校教师多做基本知识、基本技能、基础素养的教育。

2. 某参赛选手创作植物设计模块作品时在操作台上铺设材料，将操作台作为作品的一部分，如此作品的可移动性就没有了，这说明学生对竞赛模块的赛题理解存在问题，希望教师多帮助学生读懂赛题，根据赛题要求去创作，以体现参赛选手的高水准。

3. 某参赛选手可能是语言不通的原因，对切花装饰模块的赛题要求没有理解清楚，创作了一个小黑板样挂饰作品，“花”不对题，所以，只能按评分规则给予部分评分子模块零分的评分结果，现场裁判在了解到参赛选手语言沟通上的障碍后，后面几个模块的赛题每次都会单独给予确认，这在一定程度上帮助参赛选手克服了语言障碍，加深了对赛题的理解。

4. 某参赛选手在植物设计模块创作的作品中，采用鲜切花插作作品，这体现了参赛选手对赛题要求的不理解，对赛项模块的训练知识掌握不到位，希望各院校加强对学生基础知识的教育，多做有效的训练。

5. 在传统插花模块中，较多参赛选手在公开选题瓶花创作中采用了“撒”固定技法，说明各院校在参赛学生基本技能训练时注意到“撒”固定技法的训练了，相对来说，“撒”制作的牢固度都还不错，这说明，学生能按照训练的要求去做，训练也是有成果的；但在瓶花基本花型的安置及比例尺度的把握上存在严重的不足，在插作花材前有花器中不加水等不良习惯，这说明在日常训练中存在重技巧轻基础的问题。传统插花需要更多训练机会和训练时间，日久弥新的训练结果能保证学生对基本知识、基本技能和基础素养的把握，这一点在后面的几个传统插花模块中皆有体现，参赛选手们对传统插花基本花型的把握能

力显得十分薄弱，三大主枝及三主枝形成的空间感不明显，三大主枝的比例失调等现象比较普遍，这些皆有待各院校在日后教学中予以调整。

五、行业要求对比

对照我国花艺行业对花艺人才的需求，本次大赛表现出参赛选手适应能力强，对事物或者行为现象的接受能力强；赛项前两个模块的竞赛中，部分参赛选手使用的操作台显得脏、乱、无序，工具、作品、材料的摆放位置较乱，第三模块开始后，这种现象基本得到好转，这说明这些参赛选手注意到上述不良习惯带来的影响。

在培养专业人才的教育教学过程中，有的放矢地导入中华传统文化精髓，着力造就行业高技能、高素质的专业型人才，为行业发展建功立业是职业院校教育的发展方向。社会和行业对这部分人才的需求量大，行业专业需求也很明显，这部分高技能、高素质的专业型人才是行业急需的人才，也是短期内不会被智能科技取代的行业人才，真正技能型人才是不会被行业淘汰的，所以，花艺行业对高技能型人才的需求会是持续的、长效的，各类高职院校可以适度加大对此类专业型人才的培养。

模块三　GZ-2020010　花艺赛项工作总结

2020 年 11 月 29 日，为期 3 天的“2020 年全国职业院校技能大赛改革试点赛（高职组）花艺赛项”于山东济南顺利闭幕。本届试点赛实现与世界技能大赛花艺赛项接轨，同时增加了中国传统插花的比例，本次试点赛在竞赛名称、竞赛时长、竞赛内容、评分标准等多个方面发生了巨大变化，实现试点赛多方位创新，具有鲜明的花艺赛项特点。同时试点赛在公平、公正、严格、精准的基础上，促进了全国职业院校教师、参赛选手技能知识水平及技能实操水平的提升，同时更有效地促进了全国职业院校技能交流、教学模式改革等，更为建设知识型、技能型、创新型高技能人才队伍，推动国内花艺行业高速、高质量发展打下坚实的基础。具体内容如下。

一、试点赛花艺赛项竞赛内容

花艺赛项包括中国传统插花作品创作与现代花艺作品创作两项竞赛内容。

中国传统插花部分竞赛时长 6 小时，共四个模块，瓶花、盘花为必赛模块，筒花、篮花、碗花、缸花四个模块作为随机抽取，筒花和篮花二选一，碗花和缸花二选一，现场抽取。

现代花艺部分竞赛时长 11 小时，共五个模块，花束、新娘花饰、切花装饰、植物设计为必赛模块，房间装饰、物件装饰、花首饰、花环、桌花五个模块作为随机抽取，现场抽取 1 项。

竞赛花材、容器、辅材由组委会统一提供，参赛选手不得自带。成绩以百分制计分，其中中国传统插花作品创作分值占比为 44%，现代花艺作品创作分值占比为 56%。

二、改革试点赛与 2019 年国赛项目的不同之处

1. 赛项名称

赛项名称由“全国职业院校技能大赛（高职组）插花艺术”变为“全国职业院校技能

大赛改革试点赛（高职组）花艺赛项”，实现赛项名称与世界技能大赛花艺项目接轨。

2. 竞赛时间

竞赛时长由往届的 6 小时、一天赛程，调整为 15.5 小时（两天半的赛程）。

3. 竞赛内容

竞赛赛位（操作与展示）由面积 3m × 3m 调整为 4m × 4m，竞赛内容极大地增加，强度也提升很多，竞赛在材料、工具、设备相同的条件下，统一竞赛试卷，增加了随机抽取的项目，参赛选手利用相同的材料创作出各式的作品，极大地保证了竞赛的公平性。

4. 参赛队伍

参赛省、自治区、直辖市共 30 个，覆盖范围广；并由 1 省份 2 支代表队变为 1 省份 1 支代表队，人才选拔更精准，要求更高。

三、改革试点赛的创新与突出特点

1. 竞赛内容与世界技能大赛接轨，更符合市场要求

现代花艺部分增加了新娘花饰、切花装饰、植物设计模块，中国传统插花部分增加了篮花、缸花两个模块。

2. 全程直播，增加教练指导环节

全程直播即“过程全公开”，通过全程现场直播的形式，在确保公平竞争的基础上，促进参赛队伍相互学习、相互进步，提高中国花艺赛项参赛选手的技能水平。

3. 与行业无缝接轨

试点赛考核中，参赛选手除了需要掌握花艺的基础知识外，还需具备行业的工作能力。竞赛内容涵盖花艺行业基本实操技术及接轨行业的工作组织与管理、材料和工具、业务沟通等内容，更贴合实际也更贴合行业，为行业校企人才对接打下坚实基础，有助于打通人才培养的“最后一公里”。

4. 三组并行，共同执裁，公平、公正、严格、精准

第三方执裁。大赛采用随机抽取第三方裁判执裁，执裁裁判与参赛队伍无关联，更能保证裁判工作的公平、公正、严格、精准。

三组并行。由专家组、监督仲裁组、裁判组配合共同完成工作。其中专家组负责规程、赛题、评分标准等技术方面，监督仲裁组负责监督竞赛及执裁过程公平公正，裁判组负责现场执裁。统分采用专家组创建的与世界技能大赛接轨的计分系统，在专家组、监督仲裁组及裁判长的监督下由第三方人员完成分值核算及录入，确保竞赛结果高效无误，实现竞赛零投诉。

评分标准与世界技能大赛接轨，细化与量化，使主观评价客观化。评价分分为构成、色彩、意境。每个模块都细化对应相应的分值。使裁判的打分依据清晰明了。

5. 赛后技术点评全面，促进交流学习

闭幕式结束后开放赛场，参赛选手、领队及教练可进入赛场观摩并拍摄学习资料。同时由裁判长现场点评讲解，指出参赛选手作品及操作时的规范与创新问题，分享竞赛技巧、方法，更对部分赛位专项进行点评，说明失分点与插制问题，要求参赛选手进行总结，促进全国职业院校教师及参赛选手技能的提升。

赛中学，学中赛。由于疫情原因，不少院校推迟返校时间，参赛选手训练时长不足，个别参赛选手训练时间甚至不足 1 个月。本次试点赛 30 个省队同台竞技，展现了 30 个省

不同的技能水平、训练成果，极大地促进了我国各省之间的技能交流，相互交流、相互学习，实现共同提高。

四、试点赛的意义

1. 规避人为因素，实现人才选拔的公平与公正

评分标准细化，同时第三方裁判组、监督仲裁组及专家组三组并行，实现竞赛公开透明，公平、公正、严格、精准。

2. 世赛模式实现人才培养标准化

参考世界技能大赛花艺赛项评价标准体系，花艺环境设计师的培训内容不只局限于某一职业（工种），涵盖了现代花艺、中国古典插花艺术、植物设计技术3大模块。同时内容也不只局限于纯粹意义上的插花技能提升，还包括作品的设计、客户的要求以及与环境的协调等模块。通过技能和管理能力双提升，培养一专多能复合型技能人才，为农林行业“人人皆可成才、人人尽展其才”创造基础条件，助力建设技能型社会，为美丽中国的建设做出应有的贡献。

3. 以赛促教、以赛促训、以赛促技、以赛促改

通过竞赛促进全国园林类职业院校完成实训环节，有效提高参赛选手实操技能、提升教师教学能力。花艺赛项涵盖现代花艺的花束、新娘花饰、切花装饰、植物设计、房间装饰、物件装饰、花首饰、花环、桌花，以及中国传统插花中的瓶花、盘花、筒花、篮花、碗花和缸花的专业内容，极大促进全国园林类职业院校改革教学内容，让教学内容贴近试点赛赛项内容，实现院校人才培育贴近行业需求，促进校企人才供需接轨，助力行业可持续、高质量发展。

4. 推崇匠人精神，传播“人人出彩、技能强国”的概念，赋予花艺设计师更多自豪感

身为新时代花艺设计师，要“不忘初心，牢记使命”，增强“行业意识、人才意识、质量意识、发展意识”；坚定花艺行业的“方向自信、专业自信、管理自信、文化自信”，实现花艺人才在培养过程中通过行政、院校、行业、工会、企业等的多方联动，运用好国家建设知识型、技能型、创新型劳动者大军的战略部署，为技能人才培养与提升“提质增效”，确保花艺行业技能人才培养的可持续、花艺企业发展的可持续，为推动美丽中国、美丽乡村的发展，建设可持续发展的文明中国、美丽中国做出花艺人应有的贡献。

五、试点赛的建议

1. 加强赛前培训

加强赛前裁判员培训，使裁判员掌握新的打分标准。

2. 融入企业

鼓励企业以参赛形式加入试点赛，尝试推广校企联合队，扩大人才培养范围，从单一的在校学生培养拓宽到院校学生及行业企业职工培育，让校企人才对接更流畅、人才培养更精准，实现学生高质量就业。

3. 增加竞赛材料、设备赞助环节

让行业、企业以赞助形式加入，解决部分费用为组织单位减轻负担的同时，将职业教育、赛训活动转化为拉动园林花艺行业经济的新型内生动力，构成产业链、产品链、供应链、资金链、信息链有机融合，扩大职业教育活动的影响面，推动校企发展、行业发展。

4. 专家、执裁、监督人员构成

专家组、裁判组、监督仲裁组成员要来自不同省（自治区、直辖市）且不能出现两人或两人以上来自同一省（自治区、直辖市），避免人为不公平因素，影响大赛的公平公正性。

5. 赛事流程标准化

制订赛事标准化流程，细化细则、施工工艺流程等，让赛事做到公平、公正、严格、精准、可复制；更好地育高能人才，塑大国工匠，实现“人人出彩，技能强国”。

6. 二次加密

赛项增加，打分标准明确，二次加密失去意义。

7. 技术规范

技术规范及时更新。

ChinaSkills

项目十一
货运代理赛项

模块一　GZ-2020011　货运代理赛项规程

一、赛项名称

赛项编号：GZ-2020011
赛项名称：货运代理
英文名称：Freight Forwarding Skills Competition
赛项组别：高职组
赛项归属产业：财经商贸大类

二、竞赛目的

本赛项以世界技能大赛技术文件为参考标准，借鉴世界技能大赛理念，模拟国际货运代理企业真实工作场景，竞赛内容贴近货运代理从业人员工作中须解决的实际问题，考查参赛选手的货运代理实际工作能力。通过本次大赛，一是检验教学成果，选拔“德技并修”的优秀高素质技术技能型人才；二是瞄准世界高水平职业技能人才培养方式，引领和促进高职院校“三教”改革，提高职业院校人才培养质量；三是营造崇尚技能报国的社会氛围，进一步促进产教融合、校企合作，为我国国际货运代理行业智慧转型发展提供支撑。

三、竞赛内容

根据国际货运代理行业前沿发展和职业标准，对接世界技能大赛技术标准要求，本赛项重点考查参赛选手货运代理核心职业技能以及逻辑思维能力、时间管理能力和基本的职业素养。

本赛项内容包括客户沟通、运输路径设计、合同与业务、操作处理、保险、报关、成本与效益、索赔、投诉处理等。货运代理竞赛内容见表 11-1。

表 11-1　货运代理竞赛内容一览表

一级指标	二级指标	三级指标	三级指标说明
海运 （占比 70%）	客户获取	客户咨询	关于主要港口、航线、贸易术语、可能的交通方式、优缺点、运输时间、交通条件等的客户咨询

续表

一级指标	二级指标	三级指标	三级指标说明
海运（占比 70%）	客户获取	客户会面	制作英文 PPT，分析客户需求，有针对性地介绍公司的业务与优势，并与客户通过英语开展交流
	海运报价	选择集装箱	根据货物特点选择集装箱类型和数量
		费用计算	计算运费及相关费用，选择合适的船公司
		海运报价	根据客户需求，为客户提供报价方案
	海运操作	集港作业	选择合适的运输工具，计算运费，编制集港运输计划
		单证制作	根据业务要求及相关信息，缮制提单等海运单据
	异常情况处理	海运投诉	处理海运业务中出现的投诉
		海运索赔	处理海运业务中出现的索赔事宜
空运（占比 30%）	空运报价	空运报价	根据实际业务计算空运运费，并提供报价方案
	空运操作	单证制作	根据业务要求及相关单据缮制航空运单；组织空运、文件签发，完成空运操作实务
	异常处理	空运投诉	处理空运业务中出现的投诉事宜
		空运索赔	处理空运业务中出现的索赔事宜

四、竞赛方式

本赛项为个人赛。本赛项赛题语言形式为全英文，提交成果（含书面表达和口语表达）也必须为全英文版，如提交中文版则判定提交成果无效。

五、竞赛流程

竞赛时间为 720 分钟，安排在 2 天内完成。赛前组织抽签确定竞赛赛位。竞赛模块及时间见表 11-2，竞赛日程表见表 11-3。

表 11-2　竞赛模块及时间

模块编号	模块名称	竞赛时间 /min
1	海运	540
2	空运	180

表 11-3　竞赛日程表

日期	时间	具体安排
竞赛前 1 天	14:00—16:00	参赛选手报到、抽取赛位、体验赛场
竞赛第 1 天	8:00—8:30	参赛选手报到、入座赛位准备
	8:30—11:30	第一场竞赛
	11:30—13:30	休息
	13:30—16:30	第二场竞赛

续表

日期	时间	具体安排
竞赛第 2 天	8:00—8:30	参赛选手报到、入座赛位准备
	8:30—11:30	第三场竞赛
	11:30—13:30	休息
	13:30—16:30	第四场竞赛

六、竞赛赛卷

根据大赛组委会要求，提前 1 个月在全国职业院校技能大赛官网上公布赛题。样题详见附件 1。

七、竞赛规则

（一）参赛选手资格

参赛选手须为普通高等学校全日制在籍高职学生。本科院校中高职类全日制在籍学生可报名参加本赛项竞赛。五年制高职学生报名参赛的，须为四、五年级学生。参赛选手性别不限，参赛选手年龄一般不超过 25 周岁，年龄计算的截止时间以 2020 年 11 月 1 日为准。

（二）参赛名额

本赛项报名以省（自治区、直辖市和新疆生产建设兵团）为单位，各地限额推荐 1 人参赛。个人赛每名参赛选手限报 1 名指导教师，指导教师须为本校专兼职教师。

（三）赛前准备

1. 领队会议

竞赛日前一天召开领队会议，由各参赛队伍的领队和指导教师参加，会议讲解竞赛注意事项并进行赛前答疑。

2. 熟悉场地

竞赛日前一天向参赛队开放赛场。

3. 抽签仪式

抽签秉承“公开、公平、公正”的原则，由监督组全程监督。因特殊原因无法到场的参赛队，需提前告知赛项执委会。缺席参赛队若需委托代理人代为抽签的，需出具由本人亲笔签名的书面委托书并声明认可代理人的抽签结果。没有授权他人代为抽签且未按时到场抽签的参赛队，或无故缺席抽签环节的参赛队，将视为自动放弃竞赛。

4. 参赛选手入场

参赛选手应按照赛项执委会的时间要求提前到达赛场，凭选手证、身份证检录，进行加密检录后进入赛场并根据抽签结果在对应的座位入座，裁判负责核对参赛队员信息；严禁参赛选手携带任何电子设备、通信设备及其他相关资料与用品入场。参赛选手未按规定时间抵达赛场且错过加密检录的，以弃权论。

（四）竞赛日赛场要求

1. 竞赛期间，赛场实行封闭管理，赛场内除指定的裁判、工作人员外，其他人员须凭赛项执委会配发的证件和标识进出赛场。允许进入赛场的人员，应遵守赛场规则，只可在规定区域内观摩竞赛，不得与参赛选手交谈，不得妨碍、干扰参赛选手竞赛。

2. 参赛选手不得携带任何可能透露参赛队及个人信息的服装、标识或信息入场参赛，参赛选手不允许携带任何通信及存储设备、纸质材料等物品进入赛场，赛项执委会将提供竞赛所需工具书、笔、纸张等必需品。

3. 参赛选手进入赛场必须听从现场裁判人员的统一布置和安排，竞赛期间必须严格遵守安全操作规程，确保人身和设备安全。

4. 每场竞赛结束前 10 分钟，裁判长提醒竞赛即将结束，当宣布竞赛结束后，参赛选手必须马上停止一切操作，按要求位置站立等候撤离竞赛赛位指令。

5. 参赛队提交的所有文件、单据等，凡是要求参赛选手签字确认的，均签参赛选手参赛赛位序号。

（五）成绩公布

1. 各阶段竞赛结束后，成绩经复核无误后，由裁判长、监督员签字确认。

2. 竞赛最终成绩经复核无误并由裁判长、监督员签字确认后，进行公示。

3. 参赛队对竞赛成绩若有异议，应由领队按规程提出书面申诉。

4. 赛项获奖名单以公布的书面文件为准。

八、竞赛环境

（一）硬件设备

1. 每名参赛选手计算机硬件配置

双核 1.8 GHz 以上处理器，8GB 以上内存，200GB 以上硬盘，USB 接口，22 寸以上液晶显示器两台。备用机两台。

2. 服务器硬件配置

两套双核 1.8 GHz 以上处理器，8GB 以上内存，500 GB 以上硬盘，USB 接口，22 寸以上液晶显示器，WIN10 64 位操作系统，具有声卡配置。

3. 打印机配置

普通激光或喷墨打印机。每名参赛选手一台，备用机两台。

4. 投影仪或其他视频展示设备

根据参赛选手数量合理设置 PPT 展示区域，配备投影仪或其他视频展示设备，供参赛选手 PPT 展示环节使用。

（二）通用软件配置

- Win10 64 位操作系统；
- Microsoft Office 2013；
- Adobe Reader；
- 解压缩软件；

- 视频播放器；
- 中文、英文输入法若干

（三）软硬件环境

赛场中参赛选手计算机不连接 Internet 或其他公共网络，只连接现场设置的服务器，存储参赛选手的成果。

（四）竞赛耗材

1. 每名参赛选手必备耗材（见表 11-4）

表 11-4 每名参赛选手必备耗材

序号	设备名称	型号	单位	数量
1	打印纸	A4 纸张	张	若干
2	移动存储设备	不指定	个	1
3	签字笔	不指定	支	若干

2. 竞赛场地禁止自带使用的设备和材料（见表 11-5）

表 11-5 禁止自带使用的设备和材料

序号	设备和材料名称
1	手机
2	蓝牙设备
3	无线接收器
4	其他电子设备
5	其他竞赛禁止的物品

（五）场地布局

设置裁判室两间，储物室一间，登分室一间，技术设备一间，根据参赛选手数量设置赛位数，其中含备用赛位两个。

九、技术规范

（一）技术标准（见表 11-6）

表 11-6 技 术 标 准

序号	标准号	标准名称
1	GB/T 22152—2008	国际货运代理业务统计导则
2	GB/T 22153—2008	国际货运代理通用交易条件
3	GB/T 22154—2008	国际货运代理服务质量要求
4	GB/T 22155—2008	国际货运代理企业资质和等级评价指标
5	GB/T 22151—2008	国际货运代理作业规范

续表

序号	标准号	标准名称
6	GB/T 17295—2008	国际贸易计量单位代码
7	GB/T 18156—2000	海上国际集装箱货物交付单证
8	GB/T 18354—2006	物流术语

（二）其他规范

1. 国际商会《国际贸易术语解释通则 2020》
2.《中华人民共和国知识产权海关保护条例》
3.《中华人民共和国海关进出口货物报关单填制规范》
4.《关于跨境电子商务零售进出口商品有关监管事宜的公告》
5. 世界海关组织《商品名称及编码协调制度》
6. 海关总署《进出口税则商品及品目注释》
7. 世界海关组织《全球贸易安全与便利标准框架》

十、技术平台

无。

十一、成绩评定

（一）评分标准制定原则

采用过程评价与结果评价相结合、行业技能评价与职业素养评价相结合的评价方式，评分标准以“公开、公平、公正”为原则。为了保证评分原则，采取以下措施：

1. 赛项考核内容、样题、部分题库和评分标准提前公开，使各参赛队处于公平备赛状态。

2. 赛项执委会统一提供竞赛用品，提前开放竞赛赛场，使各参赛队所在赛场条件一致。

3. 赛项执委会通过赛项说明会、大赛官网等发布官方信息，使各参赛队获取赛项信息渠道一致。

4. 整个竞赛全程录像和监控，保证无人为因素影响成绩，使各参赛队处于公开、公平、公正、独立和透明的竞赛环境。

（二）评分标准

本项目评分标准分为测量和评价两类。凡是可采用客观数据表述的评判称为测量；凡是需要采用主观描述进行的评判称为评价。

1. 测量分（客观）

测量分（Measurement）打分方式：按工作设置若干个评分组，测量评分准则大致参考以下样表：

测量评分准则样例表见表 11-7。

表 11-7　测量评分准则样例表

类型	示例	最高分值	正确分值	不正确分值
满分或零分	集装箱的数量	1.0	1.0	0
从满分中扣除规定分数	按规定要求缮制货代单据（每个错误扣除 0.1 分）	1.0	1.0	0～0.9
按渐进标准从零分加起	方案与参考答案对比（每对一处加 0.1 分）	1.0	1.0	0～0.9

2. 评价分（主观）

评价分（Judgement）打分方式：按工作任务设置评分组，裁判评分分差必须小于等于 1 分为有效评分。

分数区间大致按照以下标准划分，见表 11-8。

表 11-8　评价分值标准表

权重分值	要求描述
0 分	表现不符合行业要求
1 分	表现可以被行业接受
2 分	表现可以被行业接受，而且还展现出一些高质量的特点
3 分	表现十分优秀

（三）分值构成（见表 11-9）

表 11-9　货运代理赛项评分分值构成表

模块	项目	任务	分值
海运（70 分）	客户获取	客户咨询	5
		客户会面	10
	海运报价	选择集装箱	5
		费用计算	10
		海运报价	10
	海运操作	集港作业	10
		缮制单证	10
	异常情况处理	海运投诉或索赔	10
空运（30 分）	空运报价	空运报价	10
	空运操作	缮制单证	10
	异常情况处理	空运投诉或索赔	10
总分			100

（四）裁判组成

本赛项设裁判长1名。参赛选手不足20人的，设裁判6人（不含裁判长）；参赛选手20人及以上的，设裁判9人（不含裁判长）。

十二、奖项设定

（一）参赛选手奖项

本赛项设个人一、二、三等奖。以实际参赛队总数为基数，一、二、三等奖获奖比例分别为10%、20%、30%（小数点后四舍五入）。授予获奖参赛选手相应荣誉证书。

（二）指导教师奖项

本赛项获得一等奖参赛选手的指导教师获“优秀指导教师奖”及相应荣誉证书。

十三、赛场预案

（1）竞赛开赛前，承办院校提前调试好设施设备、计算机、系统软硬件，保证与考核应具备的条件一致，将故障率降到最低点。参赛选手确认竞赛赛位、现场设备等处于正常状态。

（2）竞赛过程中，参赛选手如遇设备或软件等故障应举手示意，项目裁判长、技术人员等应及时予以解决。确因非参赛选手因素致使操作无法继续的，经项目裁判长确认，予以启动备用设备，由此所造成的时间延误，经报请裁判长批准予以延长竞赛时间。

（3）竞赛过程中，参赛选手如遇身体不适，可求助现场医务人员予以救治，由此所造成的时间延误，不予延时。

（4）竞赛过程中，如遇突发不可抗力事件，全体人员应立即停止竞赛，撤离至安全场所。由赛项执委会报请大赛执委会再做后续处理。

十四、赛项安全

赛项安全是技能竞赛一切工作顺利开展的先决条件，是赛项筹备和运行工作必须考虑的核心问题。赛项执委会采取切实有效措施保证大赛期间参赛选手、指导教师、工作人员及观众的人身安全。

（一）竞赛环境

1. 赛项执委会须在赛前组织专人对竞赛现场、住宿场所和交通保障、防疫条件进行考察，并对安全工作提出明确要求。赛场的布置，赛场内的器材、设备，应符合国家有关安全规定。如有必要，也可进行赛场仿真模拟测试，以发现可能出现的问题。承办院校赛前须按照执委会要求排除安全隐患。

2. 赛场周围要设立警戒线，防止无关人员进入发生意外事件。竞赛现场内应参照相关职业岗位的要求为参赛选手提供必要的劳动保护。

3. 赛项执委会须会同承办院校制订开放赛场和体验区的人员疏导方案。赛场环境中存在人员密集的区域，除了设置齐全的指示标志外，须增加引导人员，并开辟备用通道。

4. 参赛选手进入赛位，赛事裁判及工作人员进入竞赛场所，严禁携带通信、照相摄

录设备，禁止携带记录工具。如确有需要，由赛场统一配置、统一管理。赛项可根据需要配置安检设备对进入赛场重要部位的人员进行安检。

5. 大赛期间，承办院校须在赛场管理的关键岗位，增加力量，建立安全管理日志。

6. 大赛期间，所有竞赛相关人员均须遵守赛项承办院校所在地疫情防控的相关规定。

（二）生活条件

1. 竞赛期间，原则上由赛项执委会统一安排参赛选手和指导教师食宿。承办院校须尊重少数民族的信仰及文化，根据国家相关的民族政策，安排好少数民族参赛选手和教师的饮食起居。

2. 竞赛期间安排的住宿地应具有宾馆 / 住宿经营许可资质。以学校宿舍作为住宿地的，大赛期间的住宿、卫生、饮食安全等由执委会和提供宿舍的学校共同负责。

3. 承办院校须保证竞赛期间参赛选手、指导教师和裁判员、工作人员的交通安全。

4. 各赛项的安全管理，除了可以采取必要的安全隔离措施外，应严格遵守国家相关法律法规，保护个人隐私和人身自由。

（三）组队责任

1. 各学校组织代表队时，须安排为参赛选手购买大赛期间的人身意外伤害保险。

2. 各学校代表队组成后，须制定相关管理制度，并对所有参赛选手、指导教师进行安全教育。

3. 各参赛队伍须加强对参与竞赛人员的安全管理，实现与赛场安全管理的对接。

（四）应急处理

竞赛期间发生意外事故，发现者应第一时间报告赛项执委会，同时采取措施避免事态扩大。赛项执委会应立即启动预案予以解决并上报大赛执委会。赛项出现重大安全问题可以停赛，是否停赛由赛项执委会决定。事后，赛项执委会应向大赛执委会报告详细情况。

（五）处罚措施

1. 因参赛队伍原因造成重大安全事故的，取消其获奖资格。

2. 参赛队伍有发生重大安全事故隐患，经赛场工作人员提示、警告无效的，可取消其继续竞赛的资格。

3. 赛事工作人员违规的，按照相应的制度追究责任。情节恶劣并造成重大安全事故的，由司法机关追究相应法律责任。

十五、竞赛须知

（一）参赛队须知

1. 参赛队名称统一使用规定的地区代表队名称，不使用学校或其他组织、团体名称。

2. 参赛队员在报名获得审核确认后，原则上不再更换，报名结束后，如参赛队员因故不能参赛，须由省级教育行政部门于赛项开赛 10 个工作日之前出具书面说明，经大赛执委会办公室核实后予以更换；竞赛开始后，参赛队不得更换参赛队员，允许队员缺席竞赛。

3. 参赛队按照大赛赛程安排，凭颁发的参赛证及标识和有效身份证件参加竞赛及相关活动。

4. 参赛队员需要购买保险。

（二）指导教师须知

1. 各参赛代表队要发扬良好道德风尚，听从指挥，服从裁判，不弄虚作假。如发现弄虚作假者，取消参赛资格，名次无效。

2. 各代表队领队要坚决执行竞赛的各项规定，加强对参赛人员的管理，做好赛前准备工作，督促参赛选手带好证件等竞赛相关材料。

3. 竞赛过程中，除参加当场次竞赛的参赛选手、执行裁判员、现场工作人员和经批准的人员外，领队、指导教师及其他人员一律不得进入竞赛场地。

4. 参赛代表队若对竞赛过程有异议，在规定的时间内由领队向赛项仲裁工作组提出书面报告。

5. 对申诉的仲裁结果，领队要带头服从和执行，并做好参赛选手工作。参赛选手不得因申诉或对处理意见不服而停止竞赛，否则以弃权处理。

6. 指导老师应及时查看全国职业院校技能大赛官网有关赛项的通知和内容，认真研究和掌握本赛项竞赛的规程、技术规范和赛场要求，指导参赛选手做好赛前的一切技术准备和竞赛准备。

（三）参赛选手须知

1. 参赛选手应按有关要求如实填报个人信息，否则取消竞赛资格。

2. 参赛选手凭统一印制的参赛证和有效身份证件参加竞赛。

3. 参赛选手应认真学习领会本次竞赛相关文件，自觉遵守大赛纪律，服从指挥，听从安排，文明参赛。

4. 参赛选手请勿携带与竞赛无关的电子设备、通信设备及其他资料与用品。

5. 参赛选手应按照规定时间抵达赛场，凭参赛证、身份证件检录，按要求入场，不得迟到早退。

6. 参赛选手应按抽签结果在指定位置就座。

7. 参赛选手须在确认竞赛内容和现场设备等无误后开始竞赛。在竞赛过程中，如有疑问，参赛选手可举手示意，项目裁判长应按照有关要求及时予以答疑。如遇设备或软件等故障，参赛选手应举手示意，项目裁判长、技术人员等应及时予以解决。确因计算机软件或硬件故障，致使操作无法继续的，经项目裁判长确认，予以启动备用计算机。

8. 各参赛选手必须按规范要求操作竞赛设备。一旦出现较严重的安全事故，经裁判长批准后将立即取消其参赛资格。

9. 竞赛期间，如遇身体不适，参赛选手可求助现场医务人员予以救治。

10. 竞赛时间终了，参赛选手应全体起立，结束操作。

11. 在竞赛期间，参赛选手不得接受其他单位和个人进行的与竞赛内容相关的采访。参赛选手不得将竞赛的相关信息私自公布。

（四）工作人员须知

1. 工作人员必须统一佩戴由大赛组委会签发的相应证件，着装整齐。

2. 工作人员不得影响参赛选手竞赛，不允许有影响竞赛公平的行为。

3. 服从领导，听从指挥，以高度负责的精神、严肃认真的态度做好各项工作。

4. 熟悉竞赛规程，认真遵守各项竞赛规则和工作要求。

5. 坚守岗位，如有急事需要离开岗位，应经领导同意，并做好工作衔接。

6. 严格遵守竞赛纪律，如发现其他人员有违反竞赛纪律的行为，应予以制止。情节严重的，应向竞赛执委会反映。

7. 发扬无私奉献和团结协作的精神，提供热情、优质的服务。

十六、申诉与仲裁

本赛项在竞赛过程中若出现有失公正或违规现象，代表队领队可在竞赛成绩公示后 2 小时内向赛项仲裁组提出书面申诉。大赛采取两级仲裁机制，赛项设仲裁工作组，赛区设仲裁委员会。赛项仲裁组在接到申诉后的 2 小时内会组织审议，并及时反馈裁定结果。申诉方对复议结果如仍有异议，可由领队向赛区仲裁委员会提出书面申诉。赛区仲裁委员会的仲裁结果为最终结果。

十七、竞赛观摩

赛项安排各参赛队进入赛场观摩，也欢迎社会各界进入赛场观摩，特别是企业员工和大专院校货运代理相关专业的学生持工作证或学生证优先安排观摩。

观摩人员必须服从工作人员的指挥，进场后必须在工作人员的引导下，按照规定的时间，持观摩证，有序观摩。观摩期间不得进食与吸烟，不得大声喧哗，不得拥挤推搡。若出现安全隐患，大赛工作人员有权临时清场以保证观摩人员的安全。

十八、竞赛直播

赛项全程摄像，并将竞赛现场直播到赛场指定的演播大厅，提供给参赛队进行观摩。

十九、资源转化

为了推动货运代理赛项资源转化工作，将资源成果运用到实际教育中，以全国职业院校技能大赛组委会为主导，建立由赛项专家组成员、国际货运代理企业专家等组成的资源转化团队，用 2 年左右时间，将货运代理赛项资源转化为货运代理职业教育的重要组成部分。

（一）竞赛资源直接转化为教学资源方案

成立竞赛资源转化小组，搜集整理竞赛资源，转换形成的教学资源包括：

1. 通过对裁判、优秀指导教师、获奖参赛选手的访谈，将竞赛过程中的经验和缺失进行总结，并将此转换为教学案例，以完善教学内容。

2. 通过综合分析竞赛成绩，查找学生学习与训练中的薄弱点和缺陷，形成案例库，编撰教师教学指导书和学生训练指导书。

3. 通过校企合作，把企业岗位标准、操作规范等融入竞赛，通过比较、提炼，固化相关业务流程处理的操作标准与规范，供相关专业学生学习。

（二）相关资源后期转化拓展

1. 建立数字化国际货运代理教学资源库，供参赛院校在教学中免费使用。

2. 组建全国货运代理赛项专家资源库，优化货运代理行业“国际货运代理从业人员岗位操作规范”，使院校专业教学紧密对接企业一线实际工作。

模块二 GZ-2020011 货运代理赛项技术分析报告

一、综述

本次赛项以世界技能大赛技术文件为参考，借鉴世界技能大赛理念，设计国际海运货运代理企业、空运货运代理企业两大真实工作情境，M1—M4 四大工作模块，全流程模拟国际货运代理从业人员工作中须解决的实际问题，着重考核参赛选手的客户沟通、工作方案设计、业务与操作、成本与效益、保险与投诉等职业技能，以新赛项、新特色的崭新姿态呈现。

二、赛项设计解读

1. 赛项的整体设计

国际货运赛项借鉴世界技能大赛理念，模拟国际货运代理企业真实工作场景设计竞赛内容。海运货运代理企业、空运货运代理企业两大真实工作情境，客户获取、海运报价、海运操作与空运业务四大模块，全流程模拟国际货运代理从业人员实际工作任务。

参赛选手通过竞赛，能够获得前货运代理企业的先进工艺和经营理念，培育技术技能型创新人才，激发参赛选手热爱本专业岗位工作。待到学成毕业后，选择其喜欢的岗位，努力工作，实现自己的人生价值，为社会做出更大贡献。

货运代理赛项面向产业主流技术，借鉴世界技能大赛办赛机制，参考世界技能大赛货运代理赛项文件，“以赛促学、以赛促教、以赛促改”，弘扬工匠精神，引导全社会尊重、重视、关心技能人才的培养和成长，宣传技能人才的重要贡献和重大作用，营造尊敬技能人才的社会氛围，让尊重劳动、尊重技术、尊重创造成为社会共识。

2. 命题依据

货运代理赛项命题依据《国际贸易术语解释通则 2020》《国际货运代理服务质量要求》《国际货运代理作业规范》等国际惯例、国家标准与行业规范。

专家组命题时，充分考虑高职教育现代服务大类专业现状，赛题注重基础知识和基础技能考核，围绕专业教学标准中课程通用部分展开，重点考察货运代理核心职业技能以及逻辑思维能力、时间管理能力和基本的职业素养。

命题范围包括客户获取、海运报价、海运操作与空运业务，理论考试与实操同卷，海运业务分值占比 70%，空运业务分值占比 30%。

3. 评分解读

本项目评分标准分为测量和评价两类。

（1）评价分（主观）

评价分（Judgement）打分方式：按工作任务设置评分组，裁判评分分差必须小于等于 1 分为有效评分，评价分描述见表 11-10。

表 11-10 评价分描述

权重分值	要求描述
0 分	表现不符合行业要求
1 分	表现可以被行业接受
2 分	表现可以被行业接受，而且还展现出一些高质量的特点
3 分	表现十分优秀

（2）测量分（客观）

测量分（Measurement）打分方式：按工作设置若干个评分组，测量评分准则大致参考表 11-11。

表 11-11 测量评分准则

类型	示例	最高分值	正确分值	不正确分值
满分或零分	集装箱的数量	1.0	1.0	0
从满分中扣除规定分数	按规定要求缮制货代单据（每个错误扣除 0.1 分）	1.0	1.0	0～0.9
按渐进标准从零分加起	方案与参考答案对比（每对一处加 0.1 分）	1.0	1.0	0～0.9

（3）分值构成（见表 11-12）

表 11-12 分值构成

模块	项目	任务	分值
海运（70 分）	客户获取	客户咨询	5
		客户会面	10
	海运报价	选择集装箱	5
		费用计算	10
		海运报价	10
	海运操作	集港作业	10
		缮制单证	10
	异常情况处理	海运投诉或索赔	10
空运（30 分）	空运报价	空运报价	10
	空运操作	缮制单证	10
	异常情况处理	空运投诉或索赔	10
总分			100

三、成绩解析

1. 赛项分项任务成绩

从赛项成绩看，符合专家组命题思路，达到命题设定的结果。本次竞赛赛题较难，参赛队平均分为52.6分，标准差达到20.29，说明竞赛成绩离散程度较高，两极分化严重，各分数段情况为：80分以上3个队，60～80分6个队，40～60分12个队，40分以下9个队，其中三等奖最后一名得分51.07分。

在获奖的队伍中，大部分较早关注了世界技能大赛货运代理赛项，并进行了有针对性的学习与培训，譬如冠军重庆城市管理职业学院，不仅承办过3次借鉴世界技能大赛货运代理赛项的竞赛，而且其参赛选手进行了长达1年多的专项培训，故其成绩遥遥领先；在最后10个代表队中，除了辽宁省外，均为内陆省份，其进出口贸易额亦相对较小，海运操作在当地既不熟悉，也不必要。

从地域分布看，职业教育发达地区和货运代理行业发达地区的成绩好于欠发达地区。

2. 总竞赛成绩

竞赛设一等奖三名，二等奖六名，三等奖九名，有十八支代表队获奖。

四、典型实例评析

竞赛分差最小的子任务是提单填制，优秀的比例超过50%，不合格比例只有25%。该任务目标明确，是传统国际贸易实务、国际货物运输、国际货运代理课程的经典内容，说明在平时教学中得到了有效满足。

竞赛分差最大的子任务是货物集港，有7位参赛选手获得了满分，4位参赛选手0分，两极分化非常严重，其原因在于公路运输的教学规范性有待统一。该部分内容属于国内运输，部分院校在国内物流课程中讲授，而国际货运代理课程主要针对涉外部分，故相当多的院校人才培养未能有效覆盖国际货运的全流程。

在两个竞赛的四个模块中，每个模块都涉及邮件的处理，任务的发布通过邮件，调查过程可能有邮件回复，参赛选手的成果以邮件提交，而邮件的处理是一种形式，其内容涉及多门课程的综合。例如，在“国际贸易实务”中讲授贸易术语，在“物流地理”“经济地理”等课程中讲授地理知识，在“国际货物运输”“集装箱运输”等课程中讲授航线、船期，在“物流英语”“英语函电”等课程中讲授函电的写作，而回答客户咨询需将这些课程融会贯通，并综合应用，故邮件模块的分值差异较大，其本质是综合能力的差别体现。

空运模块也表现出同样的趋势。空运模块的运价计算、空运单填制与空运索赔是较传统的考核方式，但是部分院校得分较低，有可能是偏向国内物流的相关专业选手参赛，且培训不到位；对于其他代表队而言，空运单填制分差较小，反映出目前职业教育的特点，目标明确的任务能较好完成，而综合性岗位要求则有较大差距，离真实岗位需求有较大距离。

五、行业要求对比

尽管面临国际单边主义、贸易保护主义的抬头，面临新冠肺炎疫情全球大流行导致的世界经济不稳定、不确定因素，我国国际货运代理企业的发展也遇到了前所未有的困难，

但是随着我国继续致力于全面深化改革开放，推动建设更高水平开放型经济新体制；致力于推进合作共赢、合作共担、合作共治的共同开放，推动建设开放型世界经济，国际货运代理行业和企业必将大有作为。

国际货运代理行业范围广袤，涵盖国际贸易的所有货运环节，但是国际货运代理企业往往有其业务重心与核心竞争力。譬如，有些企业侧重于集装箱订舱，有些企业侧重于散货租船，有些企业侧重于铁路发运，有些企业侧重于空运服务，有些企业侧重于港口接货与装卸船，甚至有些企业只从事某一专门领域，如报关、仓储、公路短运等，在公司内部其岗位分工往往更细，职责更为明确。本次竞赛涉及国际货运代理海运与空运的销售、单证、商务、现场等岗位，考察范围广，难度大，甚于企业的日常操作与管理。

本次竞赛赛题的语言形式为全英文，书面成果与口头表达也必须为全英文，这既是参考世界技能大赛的要求，也是国际货运代理行业的要求。从竞赛结果来看，大部分参赛选手能够较好地使用英文表达，能够了解任务，明白要求，并有效作答，反映出高职院校的学生具备国际货运代理行业的语言要求；同时也应该明了，在国际货运代理企业的各岗位要求或职责中，其语言要求是不一样的，指定货物的营销与操作需要流利的英文，而单证员、操作员次之，具备英语读、写的能力即可，而对于现场业务员、报关员等岗位要求更低。因此，在职业院校的人才培养中，应该分层教学，因材施教，培养不同类型的基层人才。

六、总结、意见与建议

1. 赛项总结

本次赛项在大赛执委会的领导下，在山东交通职业学院及全国高职院校的大力支持下，以立德树人为根本，坚持“工学结合、知行合一”，秉承“公平、公正、公开”原则，借鉴世界技能大赛的先进理念，选取贴近货代从业人员真实工作场景作为竞赛内容。大赛全过程总结如下：

（1）赛项执委会及专家工作组赛前统筹安排裁判工作，解读赛项相关制度要求、赛项竞赛规程、评分方式及标准、成绩管理及安全应急预案等。确保“疫情”常态化管理期间，赛项高质量、高水平顺利进行。

（2）客户获取模块要求参赛选手能够全面分析客户需求，充分剖析公司业务优势等完成赛事内容，大部分参赛选手能够用规范、新颖的 PPT 设计，流利的外语完成赛项任务，部分参赛选手对客户需求分析不够透彻、全面。

（3）海运报价模块重点考核参赛选手是否能够依据货物特点正确选择集装箱类型及数量，正确计算相关费用，选择合适的船公司。根据客户要求，通过成本对比分析，为客户提供有效、合理的报价方案。部分参赛选手由于箱型及数量计算、选择错误导致运费计算及报价出现偏差。

（4）海运操作模块考查参赛选手集港作业管理及单证缮制能力。要求参赛选手能够正确选择运输工具，合理制订、编制集港运输计划；规范缮制海运提单；正确处理海运业务中出现的投诉与索赔事宜。大部分参赛选手能够依据背景资料任务要求完成，部分参赛选手知识、技能掌握较好，但解决问题的能力有待提高。

（5）空运模块赛项内容主要考查参赛选手空运报价、空运业务操作、异常情况处理等能力。各参赛选手利用所学技能，根据实际空运业务情况科学合理计算运费，向客户提供报价方案；完成航空运单的缮制、业务组织、文件签发及异常处理等实务操作。

本次赛项以赛促教、以赛促改，为全国职业院校师生提供学习、交流的共享平台，全力推进“德技并修”高素质技能型人才培养模式，汇聚校企资源，深度融合和推动高职院校“三教”改革，实现高职院校内涵式发展。赛项为我国国际货运代理行业智慧转型发展提供技能人才支撑，实现国际货运代理职业人才培养供给侧与需求侧的无缝衔接。

2. 意见和建议

（1）货运代理赛项是一个全新的赛项，竞赛内容、形式、赛题与智慧物流、关务技能、互联网 + 国际贸易等赛项完全不同。为配合世界技能大赛货运代理赛项在我国的举办，借鉴世界技能大赛的理念，辐射带动国际物流、国际贸易、报关与国际货运、商务英语等专业的发展，建议货运代理赛项独立，长期举办。

（2）在赛项规程编制、赛题设计与审核等环节应进行更多研讨，邀请有代表性的企业专家，譬如中远物流、中外运等国际货运代理行业龙头企业专家，会同职业院校专家，付出更多时间与精力，只有长期的探索、准备与不断积累，赛项才能逐渐优化与完善。

（3）由于赛项全部用英文完成，裁判员队伍的语言水平尤显重要，唯有精通英文，熟悉货运代理业务，才能准确判分，实现专家组的意图。建议大赛执委会专门建立货运代理赛项的专家与裁判员库，以更好地实现大赛引领教学与行业的作用。

（4）充实赛项执委会，充分发挥赛项执委会的作用，协调专家组、裁判组与监督仲裁组的工作，召开协调会让各分工人员了解自己的职责，相关人员权责分明，各工作环节规范有序。

模块三　GZ-2020011　货运代理赛项工作总结

2020 年全国职业院校技能大赛改革试点赛货运代理赛项于 11 月 17—18 日在山东交通职业学院顺利完成，为总结经验，继续提高，特总结如下：

一、试点赛货运代理赛项竞赛内容

货运代理赛项贴近货运代理从业人员须解决的实际问题，考察参赛选手的货运代理实际工作能力，赛项为个人赛，竞赛时间 720 分钟，其中海运模块 540 分钟，空运模块 180 分钟，分两天完成。

本赛项重点考察参赛选手国际货运代理核心职业技能，包括逻辑思维能力、时间管理能力和基本的职业素养。具体内容包括客户获取、海运报价、海运操作与空运业务四大模块：

1. 客户获取

考查客户咨询和客户会面，关于主要港口、航线贸易术语、可能的交通方式与优缺点、运输时间、交通条件等的咨询，获得会面机会后，能够制作英文 PPT，分析客户需求，有针对性地介绍公司的业务与优势，与客户进行英语口语交流。

2. 海运报价

给定具体货物出运要求、船期情况与相关报价，根据货物特点选择集装箱类型和数量；计算运费及相关费用，选择合适的船公司；根据客户需求，为客户提供报价方案。

3. 海运操作

对于进出口货物的陆路运输，选择合适的运输工具，计算运费，编制集港运输计划；

根据业务要求及相关信息，缮制提单等海运单据，处理海运业务过程中出现的异常与投诉；若有货损货差事故，能有效处理索赔事宜。

4. 空运业务

根据实际业务计算空运费，提供报价方案；根据业务要求及相关单据缮制航空运单；组织空运、文件签发，完成空运操作实务；处理空运业务中出现的投诉与索赔事宜。

二、改革试点赛与2019年全国职业院校技能大赛项目的不同之处

1. 相关国赛项目

国际货运代理是现代物流企业的重要组成部分，也是生产性服务业和服务贸易的重要组成部分，国际货运代理在服务对外贸易、扩大就业、发展现代物流业等方面发挥了积极作用，是高职院校物流管理、国际物流、国际贸易、港口与航运、报关等专业的必修内容。就行业与专业相关性而言，在以往国赛项目的设计中，相关赛项主要有智慧物流作业方案设计与实施、关务技能与互联网 + 国际贸易综合技能等赛项。

2. 竞赛内容差异

智慧物流作业方案设计与实施赛项由物流作业方案设计赛段、物流作业方案实施赛段与物流职业能力测评段三部分组成，其二级指标主要包括运输作业、入库作业、出库作业与配送作业的计划与执行。

互联网 + 国际贸易综合技能赛项分为外贸业务能力 B2B 模块、外贸跟单能力模块、外贸业务能力 B2C 模块和外贸英语沟通能力模块四项内容。

关务技能竞赛的内容包括进出口商品归类技能、报关单填制技能、报关单证质量监控技能、关务操作技能与综合职业素养五个部分。

智慧物流作业方案设计与实施赛项面向国内物流业务，关务技能赛项考查报关职业素养，此二者与货运代理赛项没有交集；互联网 + 国际贸易综合技能赛项的外贸跟单能力模块考察参赛选手在不同贸易术语和结算方式下的外贸单证制作能力和外贸跟单能力，但货运单证只是其中很小的部分，并没有较多涉及国际货运代理的核心能力。

3. 竞赛形式差异

智慧物流作业方案设计与实施赛项以团队方式进行，每支参赛队由 4 名参赛选手组成，竞赛持续进行 3 天，其中物流作业方案设计及物流职业能力测评赛段占比半天，物流作业方案实施赛段分组实施，占比 2 天，竞赛利用指定的技术平台和软件平台。

互联网 + 国际贸易综合技能赛项为团体赛，每支参赛队由 4 名学生以自由组合方式自行分为两组，其中，一组参加外贸英语沟通能力模块竞赛，另一组参加外贸业务能力 B2C 模块竞赛，外贸业务能力 B2B 模块及外贸跟单能力模块的竞赛须两组同时参加，竞赛持续时间 2 天，竞赛使用世格互联网 + 国际贸易综合技能实训与竞赛平台软件。

关务技能赛项为团体赛，每支参赛队由 4 名参赛选手组成，参赛选手角色分别为：商品归类师、关务操作师、单证处理师和质量监控师，参赛选手角色在开赛前 1 天抽签确定，参赛选手角色确定后不得更改，竞赛时间 1 天，竞赛使用智欣联创归类达人实训系统、智欣联创通关现场作业技术平台与汇知思行关务技能大赛单证处理与质量监控软件。

而改革试点赛的货运代理赛项为个人赛，涵盖货运代理全流程的运作，对参赛选手要求高，难度大。

综上所述，货运代理是一个全新的赛项，面向国际物流，以业务流程、海运地理、供

应链管理等专业知识为基础，以实际工作中解决问题、服务客户为根本思路，契合世界技能大赛的技术要求，紧密对接行业标准，产教融合得以很好体现。

三、改革试点赛的创新与突出特点

1. 具有鲜明的国际通用特色

当全球化遭到质疑，部分国家愈发孤立封闭的今天，我国旗帜鲜明地提出“构建国内国际双循环相互促进的新发展格局”，将扩大开放，共同发展，而国际货运代理行业就是为国际贸易、国际商务提供服务支撑，其行业惯例全球通用，故本次竞赛命题依据《国际贸易术语解释通则 2020》《国际货运代理服务质量要求》《国际货运代理作业规范》等国际惯例、国家标准与行业规范，其单据、交易条件与规则符合国际货运代理协会联合会（FIATA）的要求，具有鲜明的国际通用特色。

2. 借鉴世界技能大赛理念

世界技能大赛是具有全球影响力的职业技能竞赛，其竞技水平代表了职业技能发展的世界先进水平，货运代理项目是 2017 年第 44 届世界技能大赛新增展示项目，在第 45 届世界技能大赛上第一次作为正式竞赛项目，第 46 届世界技能大赛将在我国举行。本次竞赛参考世界技能大赛货运代理赛项的技术标准和行业规范，基本涵盖世界技能大赛货运代理项目竞赛的内容，全英文赛题，全英文作答，既考查货运代理行业的核心业务内容，也注重考核参赛选手的实际业务操作能力。

3. 兼具实战性与综合性

本次竞赛得到了货运代理行业企业的大力支持，所模拟的情境、进出口货物、交易条件与数据、单据都来源于行业实际，故竞赛项目并不是单一技能的考核，而是依据货运代理工作流程，侧重于综合业务的完成，竞赛内容未超标，其难度在于各项技能的融会理解与应用。

四、改革试点赛的意义

1. 人才培养以岗位需求为导向

但作为职业教育，人才培养应明确岗位需求，引航行业发展，分层教学，培养不同类型的基层人才。

2. 课程设置考虑综合素质的养成

综合素质的培养无法靠单一课程完成，必须在课程体系中注重知识、技能与素养的综合，打造核心课程，结合企业实际工作流程，将综合能力的培养渗透到每一门课程。

3. 产教融合加强双师队伍建设

在一定程度上，竞赛的成绩与其说是学生水平的体现，不如说是指导教师水平的体现，本次竞赛的实践性、实战性特点，对于只有专业理论背景的教师来说是难以把控的。高职院校专业教师的专业能力和专业素养可从工学结合、产教融合中实现，唯有通过产教融合，建设双师队伍，重构工学结合的行动体系，完成货运代理教学内容的重新选取和序化，将货运代理职业岗位所需的关键能力培养融入专业教学体系，将企业案例、行业标准转化成为教学案例、教学内容，方能更好实施寓工于学的有效教学。

五、试点赛的意见与建议

本次竞赛为个人赛，全国共有30支代表队参赛，重庆城市管理职业学院、浙江经济职业技术学院和山东交通职业学院获得一等奖，安徽财贸职业学院等6支代表队获得二等奖，佛山职业技术学院等9支代表队获得了三等奖。

通过本次竞赛，检验了各省份及学校的货运代理教学成果，选拔、培养了货运优秀高素质技术技能型人才，引航和促进高职院校三教改革，有助于提高职业院校人才培养质量，营造了崇尚技能的社会氛围，进一步促进校企合作、产教融合，为我国国际货运代理行业发展提供智力支持。

竞赛形式虽然尽量贴近现实，其资料来源于行业实际，但受制于竞赛的规范性与评分标准的一致性，竞赛的交互性未能有效体现。

首先，货运代理赛项是一个全新的赛项，为配合世界技能大赛货运代理赛项在我国的举办，借鉴世界技能大赛的理念，辐射带动国际物流、国际贸易、报关与国际货运、商务英语、港航等专业的发展，建议货运代理赛项独立、长期举办。

其次，在赛项规程编制、赛题设计与审核等环节应进行更多研讨，邀请具有代表性的企业专家，譬如中远物流、中外运等国际货运代理行业龙头企业专家，会同职业院校专家，付出更多时间与精力，只有长期的探索、准备与不断积累，赛项才能逐渐优化与完善。

再次，由于赛项全部用英文完成，裁判员队伍的语言水平尤显重要，唯有精通英文，熟悉货运代理业务，才能准确判分，实现专家组的意图。建议大赛执委会专门建立货运代理赛项的专家与裁判员库，以更好地实现大赛引领教学与行业的作用。

最后，充实赛项执委会，充分发挥赛项执委会的作用，协调专家组、裁判组与监督仲裁组的工作，齐心协力，办好大赛。

项目十二
互联网 + 国际贸易综合技能赛项

模块一　GZ-2020012　互联网 + 国际贸易综合技能赛项规程

一、赛项名称

赛项编号：GZ-2020012

赛项名称：互联网 + 国际贸易综合技能

英文名称：Internet Plus Integrated Skills in International Trade

赛项组别：高职组

赛项归属产业：财经商贸大类

二、竞赛目的

本赛项以服务“构建以国内大循环为主体、国内国际双循环相互促进的新发展格局”为目标，以助力“一带一路”建设为核心，以国际贸易最新业态发展为驱动，瞄准世界高水平的国际贸易行业技能，在检验教学成果的同时，搭建专业、课程、培养机制改革平台，促进专业建设、教学改革的深入进行，切实提高教学质量和人才培养水平。

赛项设计充分发挥技能大赛对高校专业建设的促进和引领作用，以高难度的竞赛内容为要求，实现对学生的团队协同创新能力、沟通能力、尽责抗压能力及专业岗位能力的综合检验；以高水平的技能竞赛质量为杠杆，努力营造全社会崇尚技能的氛围；以高标准的竞赛模式为抓手，全面推行“教、学、做、练、赛”一体化教学模式，提高全国高校学生的参与度，为“互联网 +”背景下国际贸易教育教学改革提供了新的思路与方向。以此为基础，探索建立适应国际贸易新形势下的世界高水平职业岗位标准，为院校教学课程设置及岗位职业能力培养提供有效依据，从而实现产教深度融合，在高校和行业中营造尊重技能、崇尚技能的浓厚氛围。

三、竞赛内容

（一）竞赛内容

本竞赛分为外贸 B2B 模块和外贸 B2C 模块两项内容。

外贸 B2B 模块：各参赛院校参赛选手通过外贸 B2B 平台推广公司和产品，带来业务

机会，并与模拟其他国家（或地区）公司的参赛选手磋商交易，业务操作至合同签订为止。参赛选手需在规定时间内争取尽量多的业务机会，体现业务多样性，同时还必须做好每笔业务的成本核算，实现利润最大化。

外贸 B2C 模块：各参赛院校参赛选手通过外贸 B2C 数据运营推广公司和产品，以努力提升公司的投资回报率（ROI）为目标，以回合制竞争博弈为形式，对国际市场环境数据和公司运营结果数据进行挖掘与分析，完成外销产品开发、国内采购、产品上下架、国际市场定价、引流、国际物流配送、国际支付、财务管理等各个运营环节的决策实施，并且在逐次展开的回合中不断优化本公司的数据运营战略与决策。考查选手外贸 B2C 数据运营的需求意识、成本意识、风险意识、利润意识、竞争意识及数据挖掘分析能力和运营决策能力。

互联网＋国际贸易综合技能：竞赛内容与时长见表 12-1。

表 12-1　“互联网＋国际贸易综合技能”竞赛内容与时长

竞赛内容	比重	时长 /h
外贸 B2B 模块：基于外贸 B2B 平台的产品展示、营销推广、进出口价格核算、成本控制、贸易磋商和合同签订	50%	4
外贸 B2C 模块：基于外贸 B2C 数据挖掘及分析，开展商品开发及采购、营销推广、价格核算、国际物流管理、财务管理等运营活动	50%	5

（二）竞赛方案

1. 外贸 B2B 模块

（1）竞赛方式为上机竞赛；

（2）竞赛总时长为 4 小时；

（3）竞赛形式为模拟不同国家间进行进出口贸易。每个参赛队的 2 组参赛选手通过组内 2 名选手的团队合作，与其他参赛队伍开展进出口贸易；

（4）参赛选手需完成外贸 B2B 平台推广、进出口交易磋商、进出口业务成本核算、进出口合同的缮制与审核等贸易流程；

（5）同一学校、同一参赛队、同一国家的参赛选手无法进行交易；

（6）每笔业务进行至合同签订确认即告完成，无须完成后续履约过程。业务盈亏情况以相应预算表中实际发生额数字为准；

（7）所有业务采用统一的保险条款及投保加成，海运方式下按照“协会货物（A）险条款（ICC Clause A）＋战争险（War Risks）＋罢工险（Strike）”进行投保，空运方式下按照“航空运输一切险（Air Transportation All Risks）＋战争险（War Risks）＋罢工险（Strike）”进行投保，且投保加成统一为 110%；

（8）单笔业务成交金额不能超过公司当前资金，且不允许贷款；

（9）每组参赛选手可完成的业务笔数不超过 16 笔。

2. 外贸 B2C 模块

（1）竞赛方式为上机竞赛；

（2）竞赛共计 8 回合，竞赛总时长为 5 小时；

（3）每个参赛队的 2 组参赛选手通过组内 2 名参赛选手的团队合作，开展外贸 B2C

数据运营，与其他参赛队模拟的同质企业在同一市场环境中展开竞争；

（4）每回合开始后，参赛队可根据当前市场快讯、汇率、税收政策、仓储物流及海外仓信息、外贸 B2C 平台政策、竞品信息等，结合企业运营产生的财务、订单、利润、库存等数据，进行数据挖掘与分析，制定企业运营战略及决策，并在系统中实施；

（5）每回合结束后，系统将根据当前所有参赛队所做的决策，结合当前市场环境进行运算，给出各参赛队运营结果与成绩。参赛队可根据运营结果对运营战略及决策进行优化，并付诸实施，直至竞赛结束；

（6）参赛队如出现资金链断裂等情况，可导致经营的公司破产。参赛队在公司破产后可重新创建公司继续经营，直至竞赛结束。

四、竞赛方式

（1）本竞赛为团体赛，团体赛不得跨校组队。每队 4 名参赛选手（鼓励有条件的院校选派在籍留学生参与组队），限报 2 名指导教师，指导教师须为本校专兼职教师。每支队伍的 4 名学生以自由组合方式自行分为 2 组，共同参加外贸 B2B 模块及外贸 B2C 模块的竞赛，分组一旦确定不可更改。曾获得该赛项国赛团体一等奖的选手不允许重复参赛。

（2）外贸 B2B 模块、外贸 B2C 模块采用同样的竞赛场地。竞赛场地设在体育馆或计算机机房，场地内设置满足参赛队伍数量的竞赛环境，场地将根据报名参赛队伍数量分隔成多个区域，每个区域内设置多个赛位。一个参赛队的每个小组的 2 名参赛选手一个机位，每个机位两台计算机，其中一台计算机备用，桌椅备足。竞赛期间，每个参赛队的 2 组参赛选手被分配在不同的区域。竞赛连续进行，竞赛过程中不同组参赛选手不允许进行接触和交流。

五、竞赛流程

竞赛流程见表 12-2。

表 12-2　竞 赛 流 程

日期	时间	事项	参加人员	地点	备注
11 月 15 日	13:00-18:00	参赛队报到，安排住宿，领取资料	工作人员、参赛队	双林宾馆	报到时请提交核酸检测证明，出示健康码，并接受体温检测
11 月 16 日	08:30-12:00	参赛队报到，安排住宿，领取资料	工作人员、参赛队	双林宾馆	
	15:00-15:30	领队会	各参赛队领队、裁判长	校内学术报告厅	
	15:30-16:00	开赛式	领导、嘉宾、裁判、各参赛队领队及 1 位参赛选手	校内学术报告厅	出示健康码，并接受体温检测请全程佩戴口罩
	16:00-16:30	熟悉场地	各参赛队领队及 1 位参赛选手	竞赛场地	
	16:30-16:50	检查封闭赛场	裁判长、监督组	竞赛场地	
	16:50	返回住宿宾馆	参赛队领队、参赛选手	竞赛场地	

续表

日期	时间	事项	参加人员	地点	备注
11 月 17 日	7:30	参赛队住宿宾馆门口集合，集体乘车前往赛场	各参赛队	双林宾馆	出示健康码，并接受体温检测
	7:50	竞赛场地前整队	各参赛队、工作人员	竞赛场地前	
	8:00–8:30	检录进场 第一次加密抽签（抽序号）	参赛选手、抽签加密裁判	抽签区域	按照竞赛指南参赛队伍名单顺序抽签
		第二次加密抽签（抽赛位号）	参赛选手、抽签加密裁判	抽签区域	参赛选手进入赛场按照赛位号就座
	8:15	领队、指导教师入场		观摩休息区	
	8:30–9:10	外贸 B2C 模块（R1）	参赛选手、裁判	竞赛场地	第一回合
	9:10–9:50	外贸 B2C 模块（R2）			第二回合
	9:50–10:30	外贸 B2C 模块（R3）			第三回合
	10:30–11:10	外贸 B2C 模块（R4）			第四回合
	11:10–11:50	外贸 B2C 模块（R5）			第五回合
	12:00–13:00	午餐	参赛选手、裁判	竞赛场地	参赛选手不允许离开竞赛场地
	13:00–13:40	外贸 B2C 模块（R6）	参赛选手、裁判	竞赛场地	第六回合
	13:40–14:20	外贸 B2C 模块（R7）			第七回合
	14:20–14:40	外贸 B2C 模块（R8）			第八回合
	14:40–15:40	检查设备、封闭赛场	裁判、技术人员	竞赛场地	
	15:00	返回住宿宾馆	参赛选手、领队	竞赛场地	
11 月 18 日	7:30	参赛队住宿宾馆门口集合，集体乘车前往赛场	各参赛队	双林宾馆	出示健康码，并接受体温检测
	7:50	竞赛场地前整队	各参赛队、工作人员	竞赛场地前	
	8:00–8:30	检录进场 第一次加密抽签（抽序号）	参赛选手、抽签加密裁判	抽签区域	按照竞赛指南参赛队伍名单顺序抽签
		第二次加密抽签（抽赛位号）	参赛选手、抽签加密裁判	抽签区域	参赛选手进入赛场按照赛位号就座
	8:15	领队、指导教师入场		观摩休息区	
	8:30–12:30	外贸 B2B 模块	参赛选手、裁判	竞赛场地	

续表

日期	时间	事项	参加人员	地点	备注
11月18日	12:40—13:40	午餐	参赛选手、裁判、工作人员	餐厅	
	16:30—17:30	闭赛式	领导嘉宾、各工作组、各参赛队	竞赛场地	
返程日		所有参赛队返程			

六、竞赛赛卷

本赛项包括外贸 B2B 和外贸 B2C 两个模块。竞赛赛题库于赛前一个月在大赛信息发布平台上公开。

（一）外贸 B2B 模块

考查内容包括外贸 B2B 平台推广及外贸业务操作两部分。参赛选手通过外贸 B2B 平台推广公司和产品，为公司带来业务机会。

背景资料

贸易国家：中国、日本

1. 注册公司

公司已完成注册，无须参赛选手自行填写。

2. 业务推广

通过外贸 B2B 电子商务平台进行公司和产品的推广和宣传，获得进出口业务机会。

（1）建站管理

① 管理公司信息。完善自己的公司信息，需填写公司的主营业务、更多的经营产品、公司详细信息、设置公司标志、公司形象展示图。管理及查看公司的营业执照、管理体系证书、产品检测报告、荣誉证书、专利证书等。具体填写要求：

A 主营业务。填写公司的主营业务，文字要求为英文，尽量完整，至少填写 1 项，最多可填写 5 项 。

B 更多的经营产品。填写公司的其他经营产品，文字要求为英文，尽量完整，最多可填写 10 项。

C 公司详细信息。描述公司的详细信息，文字要求为英文，尽量填写完整。

D 设置公司标志。从系统给定的图片中任意选择一个作为公司标识。

E 公司形象展示图。从系统中选择图片，最多 3 张。

② 公司认证（A&V）。完成公司认证，获得认证标识。

③ 管理能力评估。加入金品诚企，查看管理能力评估报告（企业能力评估报告、主营产品认证报告）。

④ 店铺装修。从系统中选择店铺主题及设置 Banner，注意店铺整体风格。

（2）管理产品

① 发布产品。选择产品类别，填写产品详情，发布产品供进口客户搜索、查看。具

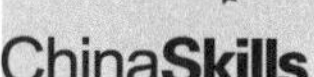

体填写内容为：

A 产品名称。填写英文，不超过 128 个字符。产品名称应包含商品的英文名全称、产品特征（属性）等，避免罗列和堆砌。

B 产品关键词。填写英文，至少填写 1 个关键词，最多可填写 3 个。

C 产品图片。从图片银行中选择 1～6 张对应商品的图片。

D 产品属性。包括原产地、3 个产品属性、毛净重、体积，根据系统中的商品资料填写。

E 交易信息。包括 FOB 价、最小起订量、结算方式，根据自己的实际需求填写。

F 物流信息。包括发货时间、港口、供货能力，根据自己的实际需求填写。

G 产品详情。使用英文进行详细描述。可包含产品标题、产品描述（具体为产品规格型号、属性等）、产品展示图、包装和运输、公司信息等内容。

② 管理产品。管理已发布的产品，可对产品进行编辑、下架等操作。

③ 管理认证产品。加入金品诚企后，即可设置主营认证产品，最多 10 个。

④ 管理橱窗产品。加入金品诚企后，即可设置橱窗产品，最多 40 个。

⑤ 产品分组与排序。创建店铺内产品分组，并设置组内商品排序，使店铺内的商品排序更合理。

（3）采购直达

发布和管理采购需求。发布的采购需求要求将产品关键词、订单需求数量和单位、采购需求详细信息、期望单价、目的港、支付方式等要素填写完整。

（4）公司广告推广

标题和内容均要求为英文，内容尽量完整清晰。

3. 寻找客户

（1）寻找目标客户

途径一：通过在外贸 B2B 平台中主动搜索与查看产品、店铺、采购需求等信息，筛选目标客户，并与其建立业务关系，获得进出口业务机会。

途径二：通过发布公司广告、发布产品，推销自己的公司和产品，吸引进口商联系和询盘，获得出口业务机会。

途径三：通过发布采购需求，吸引出口商前来联系和报价，获得进口业务机会。

（2）与客户建立业务关系

开始一笔新业务，输入对方账号，选择业务类型（出口业务或进口业务），给对方发送建立业务关系的函电，待对方回复后即可进入业务磋商环节。

4. 业务磋商

（1）流程

① 进口商发送询盘邮件。

② 出口商计算出口报价。

③ 出口商发送报价邮件。

④ 进口商收取出口商报价邮件，填写进口成本预算表，核算出成本与利润，确定还盘还是接受。

⑤ 进口商发送还盘或接收邮件。

（2）要求

① 一笔业务的磋商过程，询盘、发盘、接受这 3 个环节必不可少，可以没有还盘。

② 所有函电的标题和正文必须为英文，写作格式要规范。

③“发盘”函电的正文中需写全以下要素，错写漏写均不得分：产品编号、产品名称、数量、单价（完整的表达）、总金额、结算方式、运输方式、装运港、目的港、保险条款等。

注意：发盘要素标题的语言形式必须为英文，且与下表中“发盘要素标题（英文）”完全一致（必须包含英文半角冒号），具体内容必须与最终签订合同中的条款吻合（具体参考下表中的“内容”），否则无法得分。

发盘要素及要求见表 12-3。

表 12-3 发盘要素及要求

发盘要素	发盘要素标题（英文）	内容
产品编号	Product No.:	与合同中商品编号完全一致
产品名称	Product Name:	与商品资料中的商品名称完全一致
数量	Quantity:	与合同中商品数量完全一致 格式：数字 + 单位（注意单复数） 例如：200 PCS
单价	Unit Price:	与合同中商品单价完全一致，并要求表达完整 例如：USD 20.5 PER CARTON CIF NEWYORK，AMERICA
总金额	Amount:	与合同总金额完全一致 格式：币别 + 数字 例如：GBP 35000
结算方式	Payment:	与合同中结算方式完全一致，必须完整表达 例如：T/T 30% IN ADVANCE AND 70% WITHIN 30 DAYS AFTER SHIPMENT DATE
运输方式	Means of Transport:	与合同中运输方式完全一致，具体为 BY VESSEL 或 BY AIR
装运港	Port of Shipment:	与合同中装运港完全一致 格式：港口，国家 例如：HAMBURG，GERMANY
目的港	Port of Destination:	与合同中目的港完全一致，格式同装运港
保险条款	Insurance:	与合同中保险条款完全一致 例如 FOB 方式下保险条款如下： TO BE COVERED BY THE BUYER

参考范例：

Product No.：01005

Product Name：CANNED SWEET CORN

Quantity：10 000 CARTONS

Unit Price: USD 5.3 PER CARTON CIF NEW YORK, AMERICA

Amount: USD53 000

Payment: L/C AT 30 DAYS AFTER SIGHT

Means of Transport: BY VESSEL

Port of Shipment: SHANGHAI, CHINA

Port of Destination: NEW YORK, AMERICA

Insurance: FOR 110 PERCENT OF THE INVOICE VALUE COVERING INSTITUTE CARGO CLAUSES (A), INSTITUTE WAR CLAUSES, INSTITUTE STRIKES CLAUSES.

④ 交易磋商的结果必须与正式签订的合同一致。

⑤ “接受”函电的正文中包含关键词“accept”或“accepted”。

5. 填写进出口成本预算表

进出口双方都必须严格依照双方最终商定的各项条款在系统中填写最终的成本预算表。合同签订完成后，进出口成本预算表会显示“实际发生额”，即为正确答案。出口成本预算表见表 12-4，进口成本预算表见表 12-5。

表 12-4 出口商填写出口成本预算表

有关项目	预算费用（RMB）	实际发生金额
汇率	RMB 1=USD 0	
	RMB 1= [▾] 0	
成本栏	收购价（含税进货价款）RMB 0.00	0.00
	出口退税收入： RMB 0.00	0.00
	A. 实际采购成本： RMB 0.00	0.00
费用	商 检 费： RMB 0.00	0.00
	报 关 费： RMB 0.00	0.00
	出 口 税： RMB 0.00	0.00
	银 行 费 用： RMB 0.00	0.00
	其 他： RMB 0.00	0.00
	B. 国 内 费 用： RMB 0.00	0.00
	出口总成本 C（FOB/FCA 成本）：RMB 0.00	0.00
	C=A+B 0.00	0.00
	出口运费 F： USD 0.00	0.00
	RMB 0.00	0.00
	CFR/CPT 成本：（=C+F） RMB 0.00	0.00
	0.00	0.00
	出口保费 I： RMB 0.00	0.00
	总保费率： 0.00 ‰	0.00
	投保加成： 0.00 %	0.00
	投保金额： 0.00	0.00
	CIF/CIP 成本：（=C+F+I） RMB 0.00	0.00
	0.00	0.00

续表

有关项目	预算费用（RMB）	实际发生金额
报价栏	预期盈亏率：0.00 %	0.00
	预期盈利额或亏损额 P：0.00	0.00
	对外报价（FOB/FCA）：（=C+P）0.00	0.00
	对外报价（CFR/CPT）：（=C+F+P）0.00	0.00
	对外报价（CIF/CIP）：（=C+F+I+P）0.00	0.00

表 12-5　进口商填写进口成本预算表

标号	预算项目（JPY）	实际发生金额
汇率	JPY 1=USD 0 JPY 1=［　▾］0	
1	FOB/FCA 成交价　0.00 JPY 0.00	0.00 0.00
2	国外运费：USD 0.00 JPY 0.00	0.00 0.00
3	CFR/CPT 成交价：（=1+2）0.00 JPY 0.00	0.00 0.00
4	国外保费：JPY 0.00 总保费率：0.00 ‰ 投保加成：0.00 % 投保金额：0.00	0.00 0.00 0.00 0.00
5	CIF/CIP 成交价：（=3+4）0.00 JPY 0.00	0.00 0.00
6	进口关税：JPY 0.00	0.00
7	完税成本：（=5+6）JPY 0.00	0.00
8	商 检 费：JPY 0.00 报 关 费：JPY 0.00 消 费 税：JPY 0.00 增 值 税：JPY 0.00 其　　他：JPY 0.00 国内费用：JPY 0.00	0.00 0.00 0.00 0.00 0.00 0.00
9	银行费用：JPY 0.00 信用证费用：JPY 0.00 信用证付款手续费：JPY 0.00 D/A、D/P 付款手续费：JPY 0.00 T/T 付款手续费：JPY 0.00	0.00 0.00 0.00 0.00 0.00

续表

标号	预算项目（JPY）	实际发生金额
10	总成本：（=7+8+9） JPY 0.00 0.00	0.00 0.00
11	国内市场销货收入：JPY 0.00	0.00
12	（预期）盈亏额：（=11−10）JPY 0.00 预期盈亏率： 0.00 %	0.00 0.00

6. 签订合同

根据进出口双方的磋商结果，由出口商起草合同，检查无误后签字盖章并发送进口商确认。进口商须仔细检查合同各项条款，如有异议，应拒绝合同，并联系出口商要求其尽快修改；如无异议，即可确认合同，则该笔业务会进入“历史业务”，标志着该业务全部完成。

（二）外贸 B2C 模块

参赛选手以努力提升公司的投资回报率（ROI）为目标，以回合制竞争博弈为形式开展外贸 B2C 数据运营，在不断发展变化的市场环境中，对相关市场数据和公司运营结果数据进行挖掘与分析，完成产品开发、采购、产品上下架、定价、引流、物流配送、财务管理等各个运营环节的决策制定与实施，并且在逐次展开的回合中不断优化本公司的数据运营战略与决策。

背景资料：

销售平台：A 平台（亚马逊），B 平台（速卖通）

销售品类：围巾、皮带、太阳镜、男士外套

回合数量：8 个回合

初始资金：20 万元

1. 创建公司

公司已完成注册，无须参赛选手自己创建。

2. 市场调研

分析不同国家的消费者需求、汇率、外贸 B2C 平台政策、物流政策、竞品等各种市场环境，掌握市场需求和市场方向，制定经营策略。

（1）环境数据

了解市场环境、货币、税收以及融资等情况。

① 市场环境。分析市场快讯，了解外贸 B2C 的市场环境以及未来可能的变化趋势，捕捉商机，合理筹划运营决策，并把握不同国家市场规模和市场需求。

② 货币。了解外汇牌价与汇率走势。

③ 税收。了解各项税收的征收标准、缴纳时间。

④ 贷款。了解中小企业信用贷款和应收账款质押贷款两种贷款方式的要求、发放时间、利率、还贷周期等信息。

（2）市场前期调研

访问外贸 B2C 平台的前端页面，调研在线平台所有在售商品的信息，包括商品标题、定价、好评分以及销售额排名等，改进销售策略。

（3）外贸 B2C 平台

了解各外贸 B2C 平台特点与政策，包括市场渗透率、热搜词排行榜、销售方案和费用、账期以及备货周期。

① 市场渗透率。了解各外贸 B2C 平台在不同国家的市场渗透率，分析不同国家消费者对不同平台的偏好程度。

② 热搜词排行榜。了解各外贸 B2C 平台中不同品类的热搜关键词排行榜，分析不同商品的需求情况。

③ 销售方案和费用。了解各外贸 B2C 平台的销售方案和费用明细，销售费用包含佣金和订阅费。了解费用金额、扣除的时间以及扣除的方式。分析不同平台之间的销售费用差异。

④ 账期以及备货周期。了解各外贸 B2C 平台与卖家结算销售账款的周期和备货周期。如果卖家没有能够在备货周期内及时完成发货，订单将自动取消，并对卖家评级产生不良影响。

（4）仓储物流

了解不同物流服务的时效与价格，国内仓与海外仓的收费计算方法。根据所售产品的特点以及物流服务的价格和时效性来选择合适的物流方式。

① 物流服务。了解物品计费重量（实际重量和体积重量）的计算方法，以及不同物流方式运送到不同国家的运费情况。可使用服务查询估算国际物流的运费。

② 国内仓库。了解国内仓库的仓储费率以及库存商品清仓抛售价格的计算方法。

③ 海外仓库和平台自建物流配送。了解不同国家的海外仓库和平台自建物流的政策，仓储费用、配送服务费用的计算方法。了解海外仓库存商品清仓抛售价格的计算方法。

3. 采购管理

国内商品采购平台提供不少于 500 种商品，每款商品包括图片、价格、起订量、物流成本、包装、货描、品级等信息。在不同回合，商品的采购价格与供应量可能会发生动态变化。参赛选手可综合各种数据测算性价比、进行选品，并制订采购计划。

4. 仓储管理

查看库存商品清单，通过调仓计划将库存商品在不同的仓库之间进行调拨（包括本地仓与海外仓），调仓需要花费一定的时间周期来完成。可对库存商品进行清仓抛售以盘活资金。

（1）库存清单

查看商品在各个仓库详细的库存数量等信息。

（2）清仓抛售计划

制订清仓抛售计划。

（3）调仓计划

建立海外仓，制订调仓计划，填写相关的调仓信息，对各商品在各个仓库的备货数量进行调拨。

5. 店铺运营

（1）创建店铺

参赛选手可创建一个或者多个店铺。店铺一经创建，不予撤销。

（2）商品管理

对商品进行管理操作，包括商品上下架、商品标题价格等编辑修改操作。进行商品上架操作时，撰写产品标题、核算产品成本、确定产品价格及折扣、设置产品上架量、选择物流方式及出库地点。

① 发布商品（每回合发布新商品数量上限为 50 个，店铺在售商品数量上限为 100 个）。

A 商品标题：撰写英文标题，包含商品的英文名称、产品特征（属性）等，展现商品特点，避免罗列和堆砌。

B 商品价格：确定商品价格，设置折扣，折扣后的价格即为商品的销售价格。

C 库存：选择发货仓库，并确定上架量。

D 物流：针对不同地区买家选择合适的物流方式，制订相应的运费策略。

② 管理商品。管理已发布的商品，对产品进行编辑、下架等操作。

（3）营销推广

① 平台营销工具。通过平台营销工具制订商品引流决策，可对每一个上架商品设定单次点击价格和预算限额，并且充值店铺账户。

② 社交网络营销工具。通过社交网络营销工具制订商品引流决策，可为每一个上架商品选择软文广告或网红直播方式，选择对应地区和套餐。

（4）展示设计

通过展示设计提升商品的视觉吸引力，不同套餐对应不同成本和效果。

（5）订单

查看历史订单的不同状态以及发货情况。

订单的状态包括等待发货、已发货、已完成、未履行和退货。订单需要在备货期内完成发货，否则会形成未履行订单，已经产生的未履行订单在一段时间内都将影响该店铺商品的销售。

6. 财务管理

（1）资金

查询当前回合所有支出和收入的项目明细及可使用资金。

（2）贷款

可通过中小企业信用贷款、应收账款质押贷款两种方式进行融资。

7. 运营结果分析

运营结果数据在每回合末动态产生，反映该回合的决策质量和成果，参赛选手需要通过挖掘财务、订单、利润、库存四大类运营结果的关键数据，结合市场快讯、汇率、税收政策、仓储物流及海外仓信息、外贸 B2C 平台的政策、竞品信息等进行深入分析，制订企业运营战略及决策。

（1）财务分析

① 资产负债表。分析资产负债表，了解企业在某个时间点的财务状况。主要包含了“资产”部分和“负债及所有者权益”部分。最终的投资回报率即取决于资产负债表中的“未分配利润”与“实收资本”的比值。

② 利润表。分析利润表，了解企业在一定期间的经营成果和盈利状况。通过对一定阶段的收入、费用、支出进行归类，深入分析企业的盈利状况。

利润表中的“净利润”金额即为对应时间内资产负债表中的“未分配利润”金额。

③ 现金流量表。分析现金流量表，了解公司在一定时期实际的现金流入和现金流出的情况，保证公司健康经营。如果在回合结束计算时现金余额小于 0，那么公司会破产。

④ 企业所得税纳税申报表。查看企业所得税缴纳情况，包括营业收入、营业外收入、营业支出、营业利润、应纳所得税额、税率、实际应缴纳所得税额以及实际已缴纳所得税额等。

⑤ 店铺应收账款结算计划表。查看店铺应收账款结算计划表，了解公司所有经营店铺的应收账款结算情况。对照不同的结算周期查看具体的结算信息。在每个结算日期的明细中，查看该结算日期下结算订单的相关信息。

⑥ 贷款还款计划表。查看贷款还款计划表，了解公司在各个还款周期的贷款与还款情况，包括当期本金、当期利息、管理费、当期应还款总额、剩余应还款总额以及还款状态等信息，合理规划资金使用。

⑦ 物流服务费用结算计划表。查看物流服务费用结算计划表，了解各物流服务在不同回合周期的费用情况，估算公司需要缴纳的物流费用，做好资金管理。

（2）订单分析

从订单层面分析外贸 B2C 公司的运营成果。

① 订单收入。订单收入包括订单总收入、地区订单收入、店铺订单收入和商品订单收入。从公司、地区、店铺和商品这四个方面统计分析外贸 B2C 公司的订单收入情况。具体包括每个回合的订单数量、销售商品的收入、买家支付的运费以及订单总额，统计并分析公司在外贸 B2C 平台的总体销售业绩。

② 商品订单量排名。分析商品在外贸 B2C 平台中的订单量和对应排名，了解商品在该平台的销售和竞争情况。

③ 商品流量和订单。对比分析商品的曝光量、浏览量、转化率和订单等关键数据，寻找商品运营中存在的具体问题，从商品选品、标题、定价、营销等方面不断优化运营策略。

④ 商品流量来源。对比分析商品的不同流量来源，包括站内流量、平台营销工具流量、社交网络营销工具流量和店内流量，思考如何增加商品的流量，带动销售业绩。

⑤ 店铺广告业绩。通过分析广告业绩报表，了解商品广告的使用情况，优化广告投入决策，增加广告的精准度以及影响力，提高广告投入的回报率，提升销售业绩。

（3）利润分析

从利润层面分析外贸 B2C 公司的运营情况，包括营业收入、地区销售利润、店铺销售利润和单个商品销售利润。通过运营过程中的具体收入、成本、毛利润以及毛利率，分析盈利或亏损的原因。

（4）库存分析

① 库存清单。查询过往回合的商品库存情况，包括国内仓和海外仓的库存明细。

② 发货信息。分析各个平台的商品发货情况，包括订单的产生时间、最迟发货时间、订单数量、对应的出库地点、物流方式和实际发货时间等。查看订单的履行情况。

③ 库存动销率。通过库存动销率分析和优化商品库存管理策略。

8. 日程表

查看日程表，明确具体费用的缴纳时间，规避破产的风险。在某回合结束时，如果可

用现金低于 0，公司将会立即破产且无法进入下一回合。在某回合开始时，如果可用现金低于 0，公司将会濒临破产，在该回合结束之前，使资金转负为正，可避免公司破产。

七、竞赛规则

（一）报名资格

为确保大赛改革试点工作安全平稳进行，报名以省（自治区、直辖市、新疆生产建设兵团）为单位组队，每省（自治区、直辖市、新疆生产建设兵团）限额推荐 1 支队伍参赛。参赛选手须为高等职业院校全日制在籍学生；本科院校中高职类全日制在籍学生可报名参加高职组竞赛。五年制高职学生报名参赛的，四、五年级学生参加高职组竞赛。高职组参赛选手年龄须不超过 25 周岁，年龄截止时间为 2020 年 11 月 1 日。

（二）报名要求

参赛选手和指导教师报名获得确认后不得随意更换。如备赛过程中参赛选手和指导教师因故无法参赛，须由省级教育行政部门于相应赛项开赛 10 个工作日之前出具书面说明，经大赛执委会办公室核实后予以更换。竞赛开始后，参赛队不得更换参赛队员，允许队员缺席竞赛。

（三）赛前准备

1. 领队会议：竞赛日前一天下午召开领队会议，由各参赛队伍的领队和指导教师参加，会议讲解竞赛注意事项并进行赛前答疑。

2. 熟悉场地：竞赛日前一天下午开放赛场，熟悉场地。

3. 抽签仪式：竞赛前一小时内举行抽签仪式，由各参赛队自行确定一名参赛选手抽签，通过抽签确定各参赛队伍的赛场座次。

4. 参赛队员入场：参赛选手应提前 15 分钟到达赛场，凭参赛证、身份证检录，经体温检测后，按要求入场，不得迟到早退。并根据抽签结果在对应的赛位入座，裁判负责核对参赛队员信息；严禁参赛选手携带任何电子设备、通信设备及其他相关资料与用品入场。整个竞赛过程中，请全程佩戴口罩。

（四）竞赛期间

1. 各参赛队伍打开计算机，根据对应的账号密码进入竞赛平台，由裁判长宣布竞赛开始，各参赛队伍开始竞赛。

2. 竞赛过程中，如有疑问，参赛选手应持“咨询”示意牌示意，项目裁判长应按照有关要求及时予以答疑。如遇设备或软件等故障，参赛选手应持“故障”示意牌示意。项目裁判长、技术人员等应及时予以解决。确因计算机软件或硬件故障，致使操作无法继续的，经项目裁判长确认，予以启用备用计算机。如遇身体不适，参赛选手应持“医务”示意牌示意，现场医务人员按应急预案救治。

3. 竞赛过程中不得在任何地方出现与参赛者身份信息相关的内容，一经发现，以作弊论处，取消竞赛成绩并通报。

（五）成绩公布

1. 竞赛结束后，经公示程序后，裁判公布竞赛结果，并将成绩登录在竞赛成绩单上。

2. 裁判等相关人员签字后，裁判长签字。赛场裁判将数据进行备份和保存，成绩单提交大赛组委会备案。

3. 参赛代表队若对赛事有异议，可由领队按规程提出书面申诉。

八、竞赛环境

1. 外贸 B2B 模块、外贸 B2C 模块竞赛场地设在体育馆或计算机机房，场地内设置满足参赛团队数量的竞赛环境，场地将根据报名参赛队伍数量分隔成多个区域，每个区域内设置多个赛位。一个参赛队的每个小组的两名参赛选手一个机位，每个机位两台计算机，其中一台计算机备用，桌椅备足。

2. 竞赛场地（内 / 外）设置主席台、观众席，便于竞赛全程的观摩和监督。

3. 竞赛场地内设置背景板、宣传横幅及壁挂图，营造竞赛氛围。

4. 局域网络

采用星形网络拓扑结构，安装千兆交换机。网线与电源线隐蔽铺设。采用独立网络环境，不连接 INTERNET，禁止外部计算机接入。

5. 安全保障

采用统一的杀毒软件对服务器进行防毒保护。屏蔽竞赛现场使用的计算机 USB 接口。部署具有网络管理、账号管理和日志管理功能的综合监控系统。

6. 采用双路供电；利用 UPS 防止现场因突然断电导致的系统数据丢失，额定功率为 3KVA，后备时间为 2 小时，输出电压为 230V±5%V。

九、技术规范

（一）依据国际规范

《联合国国际货物销售合同公约》

（the United Nations Convention on Contracts for the International Sale of Goods, CISG）

国际商会《跟单信用证统一惯例（UCP600）》

（Uniform Customs and Practice for Documentary Credits）

《国际贸易术语解释通则 2020》

（Incoterms International Rules for the Interpretation of Trade Terms）

国际商会《托收统一规则（URC522）》

（Uniform Rules for Collections，ICC Publication No.522）

（二）依据国家标准

《电子商务业务术语》（GB/T 38652—2020）

（三）依据职业教育国家教学资源库

国家职业教育国际贸易专业教学资源库

十、技术平台

竞赛场地设备规格要求见表 12-6。

表 12-6 竞赛场地设备规格要求

品名	规格要求说明
参赛选手计算机	CPU：酷睿I3 双核3.0以上；内存：4G（含）以上；硬盘：100G以上；网卡：百兆网卡；操作系统：Microsoft Windows7操作系统，Office 2010，Internet Explorer9.0、Google Chrome浏览器，预装五笔、微软拼音、搜狗拼音等中文输入法和英文输入法，屏蔽USB等外接存储设备接口
网络连接设备	提供网络布线、交换机
竞赛服务器	CPU：Xeon 2.0G（双核）以上；内存：16GB（含）以上；硬盘：2T（含）以上，有C盘，D盘两个以上硬盘分区；网卡：千兆网卡；操作系统：Windows Server 2008 R2 SP1（或Windows Server 2008 Service Pack 2、Windows Server 2012、Windows Server 2012 R2），安装IIS 7.0以上；数据库：Microsoft SQL Server 2008 R2
竞赛平台	世格数字国际贸易综合技能实训平台软件V3.0

十一、成绩评定

（一）评分标准

竞赛各模块评分标准如下：

1. 外贸B2B模块

外贸B2B模块评分细则见表12-7。

表 12-7 外贸B2B模块评分细则

项目	要素	评分细则	分值
业务推广（共5分）	建站管理	管理公司信息： 须完善公司信息，全部填写完整则得满分0.4分，具体包括5个主营业务（每个0.02分）、10个更多经营产品（每个0.008分）、设置公司标识（0.044分）、设置3个公司形象展示图（每个0.044分）及公司详细信息的填写（0.044分）	0.4
		完成A&V认证得0.1分	0.1
		加入金品诚企并完成管理能力评估得0.1分	0.1
		完成店铺装修，包括更换主题和Banner，各0.1分	0.2
	管理产品	发布产品的数量，发布1个产品得0.2分，5个满分	1
		发布产品的质量，包括产品标题、关键词、产品图片、原产地等产品属性、物流信息（包括发货期、港口等）、产品详情等，此项得分取所有产品页面的平均分	1
		认证商品个数，每个0.04分，5个得满分	0.2
		橱窗产品个数，每个0.04分，5个得满分	0.2
		创建产品分组的个数，每创建一个一级分组得0.04分，5个得满分	0.2

续表

项目	要素	评分细则	分值
业务推广 （共 5 分）	采购直达	发布采购需求数量，每个 0.04 分，5 个得满分	0.2
		采购需求的内容，主要考察填写的完整性和正确性，此项得分取所有采购需求的平均分	0.8
	公司广告推广	发布公司广告的数量，每条 0.1 分，3 条得满分	0.3
		发布公司广告的质量，标题和内容要求均为英文，能较好地展示公司，突出公司的主营产品等。此项得分取所有公司广告的平均分	0.3
寻找客户 （共 16 分）	客户群的多样化	考核“历史业务”中交易的客户数，每个客户 1 分，16 个不同的客户得满分	16
业务磋商 （共 6 分）	出口业务磋商	此项得分为“历史业务”中的每笔出口业务的“出口业务磋商”得分的平均分。具体每笔业务的评分如下： 1. 发出的函电中须有类型为“发盘”的函电，有则得 0.5 分，否则不得分； 2. 发出的“发盘”函电的正文中须包含以下要素：产品编号、产品名称、数量、单价（完整的表达）、总金额、结算方式、运输方式、装运港、目的港、保险条款（每个要素 0.15 分，共 1.5 分），错写或漏写则该要素不得分。 注意： （1）发盘要素的标题必须与范例（详见“竞赛赛题”）完全一致，否则不得分； （2）如有多次“发盘”，无须每封函电都写全所有要素，这些要素可分布在不同的函电中； 3. 所有函电的标题和正文必须为英文，符合要求得 0.5 分，否则不得分； 4. 所有发出的函电正文平均字数（包括标点）达到 400 个字符则得 0.5 分，不达标不得分	3
	进口业务磋商	此项得分为“历史业务”中的每笔进口业务的“进口业务磋商”得分的平均分。具体每笔业务的评分如下： 1. 发出的函电中须有“询盘”和“接受”两种类型的函电，每个类型各 0.5 分，有则得分，否则不得分，共 1 分； 2. 发出的“询盘”函电的正文中包含产品名称则得 0.5 分，否则不得分； 3. 发出的“接受”函电的正文中包含关键词“accept”或“accepted”，包含 2 个关键词中的任意 1 个则得 0.5 分，否则不得分； 4. 所有函电的标题和正文必须为英文，符合要求得 0.5 分，否则不得分；	3

续表

项目	要素	评分细则	分值
业务磋商（共 6 分）	进口业务磋商	5. 所有发出的函电正文平均字数（包括标点）达到 400 个字符则得 0.5 分，不达标不得分	3
进出口价格核算（共 15 分）	出口成本预算	此项得分为：“历史业务”中出口成本预算表的平均得分 ×7.5%	7.5
	进口成本预算	此项得分为：“历史业务”中进口成本预算表的平均得分 ×7.5%	7.5
签订合同（共 3.5 分）	进出口合同订立	“历史业务”中每笔进出口业务得 0.25 分，14 笔得满分	3.5
业务多样性（共 34.5 分）	成交产品数	“历史业务”中出口产品应多样化，每个不同的产品（按产品编号）得 1 分，8 个得满分	8
		“历史业务”中进口产品应多样化，每个不同的产品（按产品编号）得 1 分，8 个得满分	8
	主要贸易术语的掌握和运用	“历史业务”中出口业务贸易术语使用种类数量，使用一种得 0.5 分，6 种得满分	3
		“历史业务”中进口业务贸易术语使用种类数量，使用一种得 0.5 分，6 种得满分	3
	主要结算方式的掌握和运用	“历史业务”中出口业务结算方式使用种类数量，使用一种得 0.5 分，5 种得满分	2.5
		“历史业务”中进口业务结算方式使用种类数量，使用一种得 0.5 分，5 种得满分	2.5
	海运、空运两种运输方式的合理运用	“历史业务”中海运业务的数量，每笔 0.5 分，9 笔得满分	4.5
		“历史业务”中空运业务的数量，每笔 0.6 分，5 笔得满分	3
盈利能力（共 20 分）	公司盈利能力	公司盈利率 =（当前资金 − 初始资金）/ 初始资金 = 每笔业务盈亏额之和 / 初始资金 每笔业务盈亏额为“历史业务”中预算表实际发生额一栏的“预期盈亏额”； 公司盈利率小于等于 0 则此项得分为 0； 公司盈利率越高，此项得分越高，达到 450% 得满分 评分结果举例： 公司盈利率为 50%，得 1.11 分 公司盈利率为 100%，得 2.07 分 公司盈利率为 150%，得 2.98 分 公司盈利率为 200%，得 3.86 分 公司盈利率为 300%，得 5.55 分	8

续表

项目	要素	评分细则	分值
盈利能力（共 20 分）	公司盈利能力	公司盈利率为 350%，得 6.38 分 公司盈利率为 400%，得 7.20 分 公司盈利率为 450%，得 8 分	8
	业务利润率	此项得分为“历史业务”中的每笔进出口业务的“业务利润率”得分的平均分； 每笔业务的“业务利润率”得分根据该业务预算表实际发生额一栏中“预期盈亏率”来评分，数值越大则分数越高，达到 40% 得满分 每笔业务的评分结果举例： 业务利润率为 5%，得 1.85 分 业务利润率为 10%，得 3.45 分 业务利润率为 15%，得 4.96 分 业务利润率为 20%，得 6.43 分 业务利润率为 25%，得 7.86 分 业务利润率为 30%，得 9.26 分 业务利润率为 35%，得 10.64 分 业务利润率为 40%，得 12 分 例如：某同学一共完成 3 笔业务，业务一盈亏率为 15%，业务二盈亏率为 20%，业务三盈亏率为 30%，则： 业务利润率得分 =（4.96+6.43+9.26）/3=6.88 分	12

6 种贸易术语为：CIF、FOB、CFR、CIP、FCA、CPT

5 种结算方式为：100%T/T、T/T（定金 + 尾款）、L/C、D/P、D/A

2. 外贸 B2C 模块

外贸 B2C 模块成绩由参赛队在系统中运营的公司分数构成。如果团队经营过多家公司（如破产后重建新公司），则取这些公司分数的最高值。具体计算方法如下：

（1）公司分数。公司分数受多种因素影响，这些因素包括“投资回报率分数”和“破产影响系数”。

公司分数计算公式：

$$S_c = S_r \times \begin{cases} F_b, & \text{公司破产} \\ 1, & \text{公司健康} \end{cases}$$

式中：

S_c = 公司分数

S_r = 投资回报率分数

F_b = 破产影响系数

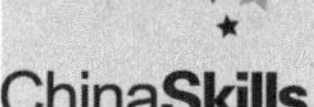

设置：

$$F_{\mathrm{b}}=0.5$$

（2）投资回报率分数。投资回报率分数受多种因素影响，这些因素包括“投资回报率数值分数”和“投资回报率排名分数”。

投资回报率分数计算公式：

$$S_{\mathrm{r}}=\frac{S_{\mathrm{rr}}\times w_{\mathrm{rr}}+S_{\mathrm{rv}}\times w_{\mathrm{rv}}}{w_{\mathrm{rr}}+w_{\mathrm{rv}}}$$

式中：

S_{r}= 投资回报率分数

S_{rr}= 投资回报率排名分数

w_{rr}= 投资回报率排名分数权值

S_{rv}= 投资回报率数值分数

w_{rv}= 投资回报率数值分数权值

设置：

$$w_{\mathrm{rr}}=70$$

$$w_{\mathrm{rv}}=30$$

① 投资回报率数值分数。只有当投资回报率大于等于预先设定的阈值时才会应用下列公式计算此项分数，小于该阈值时则此项分数直接赋为预设的投资回报率数值分数最小值。

投资回报率数值分数计算公式：

$$S_{\mathrm{rv}}=\begin{cases}s_{\mathrm{rv}}^{\min}+\dfrac{\mathrm{ROI}-r_{\mathrm{t}}}{\mathrm{ROI}^{\max}-r_{\mathrm{t}}}\times\left(s_{\mathrm{rv}}^{\max}-s_{\mathrm{rv}}^{\min}\right), & \mathrm{ROI}^{\max}>r_{\mathrm{t}}\\ s_{\mathrm{rv}}^{\max}, & \mathrm{ROI}^{\max}=r_{\mathrm{t}}\end{cases}$$

式中：

s_{rv}= 投资回报率数值分数

$s_{\mathrm{rv}}^{\min}$ = 投资回报率数值分数最小值

$s_{\mathrm{rv}}^{\max}$ = 投资回报率数值分数最大值

ROI = 当前投资回报率

$\mathrm{ROI}^{\max}$= 大于等于数值分数计算阈值的投资回报率集合中的最大值

r_{t}= 投资回报率数值分数计算阈值

设置：

$$s_{\mathrm{rv}}^{\min}=58$$

$$s_{\mathrm{rv}}^{\max}=100$$

$$r_{\mathrm{t}}=0$$

② 投资回报率排名分数。将投资回报率按照从高到低的顺序进行排名（最高的排名为 1），然后根据排名将其划归到不同档次，不同档次对应不同的分数。

投资回报率排名分数计算公式：

$$S_{\mathrm{rr}}=s_{\mathrm{rr}}^{\max}-\left[\frac{N-1}{\left[\frac{C}{g}\right]}\right]\times\frac{s_{\mathrm{rr}}^{\max}-s_{\mathrm{rr}}^{\min}}{g-1}$$

式中：

S_{rr}= 投资回报率排名分数

$s_{\mathrm{rr}}^{\min}$ = 投资回报率排名分数最小值

$s_{\mathrm{rr}}^{\max}$ = 投资回报率排名分数最大值

N= 投资回报率排名

C= 团队总数量

g= 投资回报率排名分档数量

设置：

$$s_{\mathrm{rr}}^{\min}=58$$
$$s_{\mathrm{rr}}^{\max}=100$$
$$g=10$$

（二）评分方法

1. 裁判员选聘

按照《2019 年全国职业院校技能大赛专家和裁判工作管理办法》建立全国职业院校技能大赛赛项裁判库。由全国职业院校技能大赛执委会在赛项裁判库中抽取赛项裁判人员。裁判长 1 名，由赛项执委会向大赛执委会推荐，由大赛执委会聘任。共安排 10 名中级及以上国际贸易专业技术职务的裁判，其中加密裁判 2 名，现场裁判 8 名。

2. 评分方法

外贸 B2B 模块、外贸 B2C 模块竞赛均为机考评分。记分员负责在监督人员监督下完成统分工作，统分表需由记分员、监督员、裁判长共同签字确认。统分后，记分员负责在监督人员监督下完成汇总计分工作，汇总计分表。成绩汇总结束后，由加密裁判对汇总成绩进行还原，形成竞赛队最终成绩单。在正式公布竞赛成绩之前，任何人员不得随意泄露评分结果。

参赛队竞赛总分计算公式：

参赛队的竞赛总分 = 外贸 B2B 模块得分 ×50%+ 外贸 B2C 模块得分 ×50%

注：参赛队的竞赛总分四舍五入保留两位小数。

参赛队各模块得分公式如下：

外贸 B2B 模块得分 = 参赛队 2 组参赛选手得分的平均分（四舍五入保留两位小数）

外贸 B2C 模块得分 = 参赛队 2 组参赛选手得分的平均分（四舍五入保留两位小数）

3. 成绩复核

为保障成绩评判的准确性，监督组将对赛项总成绩排名前 30% 的所有参赛队伍（选手）的成绩进行复核；对其余成绩进行抽检复核，抽检覆盖率不得低于 15%。如发现成绩错误则以书面方式及时告知裁判长，由裁判长更正成绩并签字确认。复核、抽检错误率超过 5% 的，裁判组将对所有成绩进行复核。

4. 赛项最终得分按 100 分制计分

赛项最终成绩复核后经裁判长、监督组签字后进行公示。公示时间为 2 小时。成绩公示无异议后，由仲裁长和监督组长在成绩单上签字，并在闭赛式上公布竞赛成绩。

十二、奖项设定

1. 本赛项设团体一、二、三等奖，以赛项实际参赛队总数为基数，一、二、三等奖获奖比例分别为 10%、20%、30%（小数点后四舍五入）。

2. 获得一等奖的参赛队指导教师由组委会颁发优秀指导教师证书。

十三、赛场预案

针对竞赛过程中可能出现的不可控因素，制订以下预案。

（1）竞赛场地计算机故障的处理办法和程序

① 竞赛场地个别计算机出现故障时，参赛选手举示意牌示意裁判员，经裁判员或技术人员确认非人为因素造成故障，予以启动备用计算机（如需将原计算机中的文件转移至备用计算机上，需由裁判员或技术人员负责处理，如果文件不能恢复，视为不可抗力因素），继续完成答题，裁判员应安抚学生情绪并做好情况记录工作。

② 竞赛场地计算机全部出现故障

裁判长应立即报告赛项执委会，现场技术人员查找原因，尽快排除故障。裁判员安抚学生，维持赛场秩序。故障排除后，赛项执委会根据实际情况决定是否对延误的竞赛时间给予补时。

（2）针对不同模块的竞赛特点，制订参赛选手须知，赛前 15 分钟宣读。在竞赛所用计算机屏幕桌面重点提示竞赛模块应注意的事项，做好防范工作。

十四、赛项安全

赛项安全是技能竞赛一切工作顺利开展的先决条件，是赛事筹备和运行工作必须考虑的核心问题。赛项执委会采取切实有效的措施保证大赛期间参赛选手、指导教师、工作人员及观众的人身安全。

（一）竞赛环境

1. 执委会须在赛前组织专人对竞赛现场、住宿场所和交通保障进行考察，并对疫情防控及安全工作提出明确要求。赛场的布置，赛场内的器材、设备，应符合国家防疫要求及有关安全规定。如有必要，也可进行赛场仿真模拟测试，以发现可能出现的问题。承办单位赛前须按照组委会要求排除安全隐患。

2. 赛场周围要设立警戒线，防止无关人员进入发生意外事件。竞赛现场内应参照相关职业岗位的要求为参赛选手提供必要的劳动保护。在具有危险性的操作环节，裁判员要严防参赛选手出现错误操作。

3. 承办院校应提供保证应急预案实施的条件。对于竞赛内容涉及高空作业、可能有坠物、大用电量、易发生火灾等情况的赛项，必须明确制度和预案，并配备急救人员与急救设施。

4. 执委会须会同承办院校制订开放赛场和体验区的防疫工作及人员疏导方案。赛场环境中存在人员密集的区域，要提前做好体温检测工作，并佩戴口罩。另外还须设置齐全的指示标志，增加引导人员，并开辟备用通道。

5. 大赛期间，承办院校须在赛场管理的关键岗位，增加力量，建立安全管理日志。

6. 参赛选手进入赛位，赛事裁判及工作人员进入竞赛场所，严禁携带通信、照相摄录设备，禁止携带记录用具。如确有需要，由赛场统一配置、统一管理。赛项可根据需要配置安检设备对进入赛场重要部位的人员进行安检。

（二）生活条件

1. 竞赛期间，原则上由大赛执委会统一安排参赛选手和指导教师食宿。承办院校须尊重少数民族的信仰及文化，根据国家相关的民族政策，安排好少数民族参赛选手和教师的饮食起居。

2. 竞赛期间安排的住宿地应具有宾馆 / 住宿经营许可资质。以学校宿舍作为住宿地的，大赛期间的住宿、卫生、饮食安全等由大赛执委会和提供宿舍的学校共同负责。

3. 大赛期间有组织的参观和观摩活动的交通安全由执委会负责。大赛执委会和承办单位须保证竞赛期间参赛选手、指导教师和裁判员、工作人员的交通安全。

4. 各赛项的安全管理，除了可以采取必要的安全隔离措施外，应严格遵守国家相关法律法规，保护个人隐私和人身自由。

（三）组队责任

1. 各学校组织代表队时，须为参赛选手购买大赛期间的人身意外伤害保险。

2. 各学校代表队组成后，须制订相关管理制度，并对所有参赛选手、指导教师进行防疫及安全教育。

3. 各参赛队伍须加强对参与竞赛人员的安全管理，实现与赛场安全管理的对接。

（四）应急处理

竞赛期间若发生意外事故，发现者应第一时间报告赛项执委会，同时采取措施避免事态扩大。赛项执委会应立即启动预案予以解决并上报大赛执委会。赛项出现重大安全问题后可以停赛，是否停赛由赛项执委会决定。事后，赛项执委会应向大赛执委会报告详细情况。

（五）处罚措施

1. 因参赛队伍原因造成重大安全事故的，取消其获奖资格。

2. 参赛队伍有发生重大安全事故隐患，经赛场工作人员提示、警告无效的，可取消其继续竞赛的资格。

3. 赛事工作人员违规的，按照相应的制度追究责任。情节恶劣并造成重大安全事故的，由司法机关追究相应法律责任。

十五、竞赛须知

（一）参赛队须知

1. 参赛队名称统一使用规定的地区代表队名称，不得使用学校或其他组织、团体名称；不接受跨校组队报名。

2. 参赛队员在报名获得审核确认后，原则上不再更换，如筹备过程中，队员因故不能参赛，须由省级教育行政部门于相应赛项开赛 10 个工作日之前出具书面说明，经大赛执委会办公室核实后予以更换；竞赛开始后，参赛队不得更换参赛队员，允许队员缺席竞赛。

3. 参赛队按照大赛赛程安排，凭大赛组委会颁发的参赛证和有效身份证件参加竞赛及相关活动。

4. 参赛队员须购买人身意外伤害保险。

（二）指导教师须知

1. 各参赛代表队要发扬良好道德风尚，听从指挥，服从裁判，不弄虚作假。如发现弄虚作假者，取消参赛资格，名次无效。

2. 各代表队领队要坚决执行竞赛的各项规定，加强对参赛人员的管理，做好赛前准备工作，督促参赛选手带好证件等竞赛相关材料，并做好防疫措施。

3. 竞赛过程中，除参加当场次竞赛的参赛选手、裁判员、现场工作人员和经批准的人员外，领队、指导教师及其他人员一律不得进入竞赛场地。

4. 参赛代表队若发现竞赛过程中有失公正或有关人员违规等现象，可在竞赛结束后 2 小时之内由领队向赛项仲裁工作组提出书面申诉。

5. 对申诉的仲裁结果，领队要带头服从和执行，并做好参赛选手工作。参赛选手不得因申诉或对处理意见不服而停止竞赛，否则以弃权处理。

6. 指导老师应及时查看大赛专用网页有关赛项的通知和内容，认真研究和掌握本赛项竞赛的规程、技术规范和赛场要求，指导参赛选手做好赛前的一切技术准备和竞赛准备。

（三）参赛选手须知

1. 参赛选手应按有关要求如实填报个人信息，否则取消竞赛资格。

2. 参赛选手凭赛项执委会统一印制的参赛证和有效身份证件参加竞赛。

3. 参赛选手应认真学习领会本次竞赛相关文件，自觉遵守大赛纪律，服从指挥，听从安排，文明参赛。

4. 参赛选手请勿携带与竞赛无关的电子设备、通信设备及其他资料与用品。

5. 参赛选手应提前 15 分钟抵达赛场，凭参赛证、身份证件检录，按要求入场，不得迟到早退。

6. 参赛选手应按抽签结果在指定位置就座。

7. 参赛选手须在确认竞赛内容和现场设备等无误后开始竞赛。

8. 各参赛选手必须按规范要求操作竞赛设备。一旦出现较严重的安全事故，经裁判长批准后将立即取消其参赛资格。

9. 竞赛时间终止，参赛选手应全体起立，结束操作。

10. 在竞赛期间，未经执委会的批准，参赛选手不得接受其他单位和个人进行的与竞赛内容相关的采访。参赛选手不得将竞赛的相关信息私自公布。

（四）工作人员须知

1. 工作人员必须统一佩戴由大赛组委会签发的相应证件，着装整齐。

2. 工作人员不得影响参赛选手竞赛，不允许有影响竞赛公平的行为。

3. 服从领导，听从指挥，以高度负责的精神、严肃认真的态度做好各项工作。

4. 熟悉竞赛规程，认真遵守各项竞赛规则和工作要求。

5. 坚守岗位，如有急事需要离开岗位的，应经领导同意，并做好工作衔接。

6. 严格遵守竞赛纪律，如发现其他人员有违反竞赛纪律的行为，应予以制止。情节严重的，应向大赛组委会报告。

7. 发扬无私奉献和团结协作的精神，提供热情、优质的服务。

十六、申诉与仲裁

本赛项在竞赛过程中若出现有失公正或有关人员违规等现象，代表队领队可在竞赛结束后 2 小时内向仲裁组提出书面申诉。大赛采取两级仲裁机制。赛项设仲裁工作组，赛区设仲裁委员会。赛项仲裁工作组在接到申诉后的 2 小时内组织复议，并及时反馈复议结果。若申诉方对复议结果仍有异议，可由所属省（市）领队向赛区仲裁委员会提出申诉。赛区仲裁委员会的仲裁结果为最终结果。

十七、竞赛观摩

竞赛设置观摩区域和参观路线，向媒体、企业代表、院校师生及家长等社会公众开放，不允许有大声喧哗等影响参赛选手竞赛的行为发生。指导教师不能进入赛场内指导，可以观摩。赛场外设立展览展示区域，设专人接待讲解。

为保证大赛顺利进行，在观摩期间应遵循以下规则：

1. 除与竞赛直接有关的工作人员、裁判员、参赛选手外，其余人员均为观摩观众。

2. 请勿在参赛选手备赛或竞赛中交谈或欢呼；请勿对参赛选手打手势，包括哑语沟通等明示、暗示行为，禁止鼓掌喝彩等发出声音的行为。

3. 请勿在观摩竞赛时使用相机、摄影机等一切对竞赛正常进行造成干扰的带有闪光灯及快门音的设备。

4. 不得违反全国职业院校技能大赛规定的各项纪律。请站在规划的观摩席或者安全线以外观看竞赛，并遵循赛场内工作人员和竞赛裁判人员的指挥，不得有围攻裁判员、选手或者其他工作人员的行为。

5. 请务必保持赛场清洁，禁止将无盖饮料带入室内，请勿随手乱扔垃圾等杂物。

6. 为确保参赛选手正常竞赛，观众席内严禁携带手机及其他任何通信工具，违者除将本人驱逐出观摩场地外，还将视情况严重程度对所在代表队的参赛选手的成绩进行扣分直至取消竞赛资格。

7. 如果对成绩产生质疑的，请通过各参赛队领队向组委会仲裁委员会提出，不得在竞赛现场发言。

十八、竞赛直播

1. 赛场内部署无盲点录像设备，能全程实时录制并播送赛场情况。

2. 在赛场外设置大屏幕或投影，同步显示赛场内竞赛状况。

3. 有条件的可使用网上直播系统。

4. 多机位拍摄开闭幕式，制作优秀参赛选手采访、优秀指导教师采访、裁判专家点评和企业人士采访视频资料，突出赛项的技能重点与优势特色。为宣传、仲裁、资源转化

提供全面的信息资料。

十九、资源转化

1. 本赛项资源转化工作由本赛项执委会与赛项承办院校负责，于赛后 60 日内向大赛执委会办公室提交资源转化方案，半年内完成资源转化工作。

2. 通过竞赛，立足于学生实践能力的培养需求，以大赛为框架，深入挖掘典型案例，积极扩大赛事影响，形成实训教学指导书、教学实训任务、赛题库等系列教学资源，同时继续在全国范围内举办配套行业赛事，扩大赛事参与面，提高学生参与度，让更多的学生从大赛中受益。联合行业协会、企业专家，结合专业教学标准和核心课程标准，建立“互联网 + 国际贸易”职业岗位标准，开发职业技能等级证书，积极推进 1+X 证书制度，使院校专业教学紧密对接企业一线实际情况，降低企业人力培训成本。

教学资源转化方案见表 12-8。

表 12-8　教学资源转化方案

资源名称			表现形式	资源数量	资源要求	完成时间
基本资源	风采展示	赛项宣传片	视频	1	15min 以上	竞赛结束后 3～4 个月
		风采展示片	视频	1	10min 以上	
	技能概要	技能介绍 技能要点 评价指标	文本文档	1		
	教学资源	实训案例库	文本文档	4		
		外贸 B2B 模块试题集	文本文档	5		
		外贸 B2C 模块试题集	文本文档	5		
拓展资源	优秀指导教师访谈		视频	2		
	优秀参赛选手访谈		视频	3		
	举办配套行业赛事，提高学生参与度		网络赛			2021.4

模块二　GZ-2020012　互联网 + 国际贸易综合技能赛项技术分析报告

一、综述

2020 年全国职业院校技能大赛改革试点赛高职组互联网 + 国际贸易综合技能赛项于 2020 年 11 月 17—18 日在山东商业职业技术学院举行，共有来自全国 29 个省、自治区、直辖市的 29 所职业院校的 116 名参赛选手参加，其中东部地区代表队 12 支，中部地区代表队 9 支，西部地区代表队 8 支。

赛项分为外贸 B2B 模块和外贸 B2C 模块两项内容，具体内容及时间安排见表 12-9。

表 12-9 “互联网 + 国际贸易综合技能”赛项具体内容与时长

竞赛内容	比重	时长 /h
外贸 B2B 模块：基于外贸 B2B 平台的产品展示、营销推广、进出口价格核算、成本控制、贸易磋商和合同签订	50%	4
外贸 B2C 模块：基于外贸 B2C 数据挖掘及分析，开展商品开发及采购、营销推广、价格核算、国际物流管理、财务管理等运营活动	50%	5

经过 2 天的激烈争夺，湖南汽车工程职业学院等 3 支代表队获得一等奖，陕西工业职业技术学院等 6 支代表队获得二等奖，北京电子科技职业学院等 9 支代表队获得三等奖。

本次竞赛以服务“构建以国内大循环为主体、国内国际双循环相互促进的新发展格局”为目标，以助力“一带一路”建设为核心，以国际贸易最新业态发展为驱动，瞄准世界高水平的国际贸易行业技能，在检验教学成果的同时，搭建专业、课程、培养机制改革平台，促进专业建设、教学改革的深入进行，对于增强高职国际贸易专业学生就业的竞争力，进一步推动高等职业教育办学体制机制改革具有重要意义。

二、赛项设计解读

互联网 + 国际贸易综合技能赛项以行业岗位设置及职业能力需求为导向，对接世界技能大赛，体现职业劳动强度，分为外贸 B2B 模块和外贸 B2C 模块两项内容。

（一）外贸 B2B 模块

1. 考核关键点：基于外贸 B2B 平台的产品展示、营销推广、进出口价格核算、成本控制、贸易磋商、合同签订等内容。

2. 配分比重：50%

3. 竞赛时间：240 分钟

4. 考查能力：主要考查参赛选手基于 B2B 平台外贸业务磋商与合同签订能力。

（二）外贸 B2C 模块

1. 考核关键点：基于外贸 B2C 数据挖掘及分析，开展商品开发及采购、营销推广、价格核算、国际物流管理、财务管理等运营活动。

2. 配分比重：50%

3. 竞赛时间：300 分钟

4. 考查能力：主要考查参赛选手外贸 B2C 数据运营的需求意识、成本意识、风险意识、利润意识、竞争意识及数据挖掘分析能力和运营决策能力。

与 2019 年相比，赛项整体设计重点突出了基于互联网 + 国际贸易的两大业务类型，即外贸 B2B 和外贸 B2C。外贸 B2B 模块难度进一步提升，在限定业务笔数的情况下，对进出口预算的准确度及交易产品的多样化提出更高的要求。外贸 B2C 模块以回合制竞争博弈为形式，以努力提升公司的投资回报率（ROI）为目标，通过外贸 B2C 数据运营推广公司和产品，对国际市场环境数据和公司运营结果数据进行挖掘与分析，完成外销产品开发、国内采购、产品上下架、国际市场定价、引流、国际物流配送、国际支付、财务管理等各个运营环节的决策实施，并且在逐次展开的回合中不断优化本公司的数据运营战略与

决策。

本次赛项内容的更新是在“构建国内国际双循环相互促进的新发展格局”背景下，助力“一带一路”建设，紧跟国际贸易最新业态发展，与时俱进。赛项各模块内容相对独立，但又是一个有机整体。通过对竞赛机制的设计，除了考查参赛选手的分析能力外，还兼顾考查参赛选手的团队合作能力。

三、成绩解析

（一）总成绩

1. 最高分、最低分、平均分

2020 年互联网 + 国际贸易综合技能赛项总成绩最高分 96.64 分，最低分 37.59 分，平均分 76.48 分。

与 2019 年相比，总成绩最高分、最低分、平均分均有所上升，说明在竞赛内容变化及难度增加的情况下，参赛队伍的整体实力水平有所提高，体现了大赛对专业建设及教学改革的引领作用。

2. 总成绩各分数段参赛队的数量分布

2020 年本赛项总成绩高于 80 分的参赛队伍有 15 支，低于 60 分的参赛队伍有 4 支，达到 60 分及以上的队伍占总参赛队伍的 86.21%，较 2019 年提高了 8 个百分点，见表 12-10。

表 12-10 总成绩各分数段参赛队数量分布统计

60 分以下		60～70 分		70～80 分		80～90 分		90 分以上	
数量	百分比	数量	百分比	数量	百分比	数量	百分比	数量	百分比
4	13.79%	2	6.90%	8	27.59%	12	41.38%	3	10.34%

3. 总成绩平均分地区差异分析

本次参与赛项的东部地区代表队 12 支，中部地区代表队 9 支，西部地区代表队 8 支。因今年是改革试点赛，与 2019 年相比，参赛省份增加了一个。

总成绩平均分呈阶梯式分布，东部地区优于中部地区，中部地区优于西部地区。2020 年竞赛内容及难度均有所变化，与 2019 年相比，各地区成绩均有所提高，尤其是西部地区成绩提高幅度较大，表明在大赛引领的作用下，相关专业建设及教学改革卓有成效。

（二）赛项分项成绩

1. 外贸 B2B 模块

（1）最高分、最低分、平均分

2020 年外贸 B2B 模块赛项最高分 95.75 分，最低分 4.03 分，平均分 76.25 分。与 2019 年相比，最高分与平均分在竞赛内容及难度变化的情况下基本保持稳定。

（2）外贸 B2B 模块各分数段参赛队（组）数量分布

2020 年外贸 B2B 模块赛项成绩高于 80 分的有 37 组，低于 60 分的有 9 组，达到 60 分及以上的组占总参赛组数的 84.48%，见表 12-11。

（3）外贸 B2B 模块平均分地区差异分析

2020 年外贸 B2B 模块赛项平均分也呈阶梯式分布，东部地区优于中部地区，中部地区优于西部地区。较 2019 年相比，平均分有所上升。

表 12-11　外贸 B2B 模块各分数段参赛队（组）数量分布统计

60 分以下		60～70 分		70～80 分		80～90 分		90 分以上	
数量	百分比	数量	百分比	数量	百分比	数量	百分比	数量	百分比
9	15.52%	6	10.34%	6	10.34%	23	39.66%	14	24.14%

（4）外贸 B2B 模块分项得分分析

2020 年外贸 B2B 模块赛项增加了业务笔数上限，调整了部分考核点的分值，其中进出口成本预算、寻找客户、成交产品种类考核点分值相应提高，业务推广考核点分值有所降低，从而增加了模块难度。2020 年赛项外贸 B2B 模块考核点得分情况分析及对比结果见表 12-12。

表 12-12　外贸 B2B 模块考核点得分情况分析

项目	业务推广	寻找客户	业务磋商	出口成本预算	进口成本预算	签订合同	成交产品种类	贸易术语的掌握和运用	结算方式的掌握和运用	海运空运两种运输方式的合理运用	公司盈利能力	业务利润率
分值	5	16	6	7.5	7.5	3.5	16	6	5	7.5	8	12
平均分	4.399	12.241	4.146	6.513	6.395	2.993	12.241	4.769	4.069	6.326	4.773	6.803
得分率	87.99%	76.51%	69.09%	86.84%	85.27%	85.51%	76.51%	79.48%	81.38%	84.35%	59.67%	56.69%

与 2019 年相比，业务推广、寻找客户、业务磋商这三个考核点的得分率有所降低，表明在参赛队伍较少、竞赛难度增加的情况下，参赛选手的临场应变能力还有待加强。而其他考核点的得分率均高于 2019 年，表明技能大赛的影响已深入日常教学的每一个环节。

2. 外贸 B2C 模块

（1）最高分、最低分、平均分

2020 年外贸 B2C 模块赛项最高分 100 分，最低分 58 分，平均分 76.7 分。

（2）外贸 B2C 模块各分数段参赛队（组）数量分布

2020 年外贸 B2C 模块赛项成绩高于 80 分的有 24 组，低于 60 分的有 4 组，达到 60 分及以上的队伍占总参赛组数的 93.1%，具体分布见表 12-13。

表 12-13　外贸 B2C 模块各分数段参赛队（组）数量分布统计

60 分以下		60～70 分		70～80 分		80～90 分		90 分以上	
数量	百分比	数量	百分比	数量	百分比	数量	百分比	数量	百分比
4	6.90%	18	31.03%	12	20.69%	14	24.14%	10	17.24%

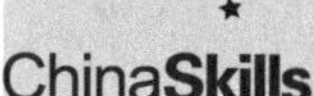

（3）外贸 B2C 模块平均分地区差异分析

2020 年外贸 B2C 模块赛项平均分也呈阶梯式分布，东部地区优于中部地区，中部地区优于西部地区。

外贸 B2C 模块与 2019 年相比，竞赛内容有较大改变，从以往考查参赛选手在外贸 B2C 方面的业务知识与基本操作技能转变为考查参赛选手外贸 B2C 数据运营的需求意识、成本意识、风险意识、利润意识、竞争意识及数据挖掘分析能力和运营决策能力。从地区分数分布来看，中西部地区院校在相关专业建设、教学及课程设置上还需要迎头赶上。

四、典型实例评析

（一）外贸 B2B 模块

1. 成绩好的典型实例

外贸 B2B 模块成绩最高的一组参赛选手（赛位号 B22，湖南汽车工程职业学院，B 组）本模块得分为 95.75 分，完成业务数为 16 笔，其中，出口业务 8 笔，进口业务 8 笔，签约客户 16 个，公司盈利 416.19%，出口成本预算得分 99.26 分，进口成本预算得分 99.5 分。

2. 本模块存在的主要问题

（1）参赛选手签约数量有待提高。本次竞赛平均签约业务数量为 13 笔，完成 16 笔业务的有 26 组，占比为 44.83%，完成 12 笔以下的有 17 组，占比为 29.31%，有 1 组参赛选手一笔业务都未成交。若想在有限的时间内获得更多的交易机会，参赛选手应主动出击寻找业务机会，不能被动等待业务机会。

（2）寻找客户能力有待提高。在历时 240 分钟的外贸 B2B 模块竞赛中，有 20 组参赛选手签约 16 个客户，占比为 34.48%。有 17 组参赛选手签约客户数低于 12 个，占比为 29.31%。选手不能一味追求业务笔数，重复与同一客户签约，应加大磋商力度，争取在有限的时间内开发更多客户。

（3）进出口成本预算准确度有待提高。本次竞赛中，出口成本预算平均得分 86.84 分，进口成本预算平均得分 85.27 分。进出口成本预算均为 100 分的仅有 3 组选手。大部分参赛选手在竞赛中使用 Excel 作为辅助工具计算，相对于使用计算器计算效率更高。

在竞赛过程中进出口成本预算错误的原因可能有：

① 部分参赛选手制作的 Excel 表公式输入有误，导致预算错误。因此，参赛选手制作完 Excel 表后需注意验算表格的正确性，以免造成不必要的错误。

② 如果进口商收到的合同中部分条款与磋商不符，却确认了合同，就会导致进口预算错误。因此，进口商收到合同后必须仔细核对，若有条款与磋商不符，需根据实际合同及时修改预算表数据或者拒绝合同并发邮件要求出口商修改。

③ 出口商发盘经进口商多次还盘后，如果未及时修改出口预算表中的数据就发送了合同，则会导致出口预算错误。

（4）公司盈利能力较低。公司盈利能力最高为 416.19%，最低 0%，平均为 256.28%，仅有 8 组参赛选手公司盈利率大于 350%，占比为 13.79%。部分参赛选手公司盈利偏低的原因是进出口价格预算熟练度不够，导致实际利润率与预算不符。

（5）部分小组在竞赛全过程中只有一位参赛选手在操作，另一位参赛选手全程没有参与。在竞赛中参赛选手们应该加强团队合作，发挥出团队的力量。

（二）外贸 B2C 模块

1. 成绩好的典型实例

成绩最高的一组参赛选手（赛位号 B09，湖南汽车工程职业学院，B 组）本模块得分为 100 分，最终投资回报率为 727.49%，净利润为 ¥1 454 970.78 元，最终所有店铺在售商品数量合计为 184 个，单店铺单回合最高订单数量为 5 258 个，营业收入合计为 ¥5 182 291.04 元。

2. 本模块存在的主要问题

（1）产品订单少

订单形成包含以下几个因素，分别为曝光量、点击率、浏览量、转化率、订单量。

其中：

订单量 = 浏览量 × 转化率

浏览量 = 曝光量 × 点击率

在每回合计算结束后，可以先分析数据，在"运营结果—订单分析—商品流量和订单"里可以分析产品的曝光量、浏览量、订单情况。如果产品的曝光量较低，可以从以下几个方面进行分析：

① 产品选品。不同的品类，市场需求不同，如果选择的是市场需求较低的产品，那么曝光量相对较低。

② 标题。标题书写的相关性、规范性直接影响产品的曝光量。

③ 销售额。产品历史销售额对产品的曝光量具有一定的影响。

④ 转化率。产品历史转化率对产品的曝光量也会有一定的影响。

⑤ 品类竞争情况。在相同需求的情况下，品类竞争越大，曝光量会越小。

一些参赛小组产品的曝光量很高，但是订单量很低，这时需要分析这款产品的点击率和转化率情况。影响点击率和转化率的因素有很多方面，例如：

① 商品展示。商品的主页相关设计会直接影响商品的点击情况。

② 商品价格。买家购买商品的时候很重视价格，会有一个心理预期价，通常会寻找物美价廉的商品，越便宜的商品被浏览的可能性会越大。

③ 商品需求。例如在冬天，雪纺连衣裙往往不会有太高的点击量，因为此时雪纺连衣裙是低需求的商品；相反，冬天的毛呢连衣裙就是高需求的商品，会有更高的点击量。

④ 商品好评。买家在网上购物通常会参考商品的评价，商品的好评越多、评价越高，就越受欢迎。

⑤ 物流时效。产品的递送时效也会影响买家最终是否下单。

（2）公司经营利润低

利润 = 单位利润 × 订单量

　　 =（定价 − 成本 − 费用）× 订单量

有些参赛小组在竞赛过程中，订单不错，但是投资回报率很低，甚至为负数，出现这种情况通常有以下几种原因：

① 商品定价过低。参赛小组在定价中未充分考虑产品采购成本、物流成本、佣金、税费等各项成本，定价过低导致产品的毛利率很低甚至为负数。

② 营销成本过多。一些参赛小组产品的毛利率为正，但是店铺在运营过程中，市场营销费用花费过多，导致公司净利润较低。

对经营过程中出现投资回报率过低甚至为负数的情况，参赛小组应该分析利润报表，对收入和各项支出情况有充分的认识。

（3）破产

参赛小组在竞赛过程中未能把握资金流的使用，在每回合期末计算完毕后，如果可用现金低于 0，就会造成现金流断裂，公司将会立即破产并且无法进入下一回合。破产原因可以从以下几个方面进行分析：

① 定价不合理（以低于合理的市场价格售出）。造成卖得越多，亏得越多的情况。（需求意识与利润意识）

② 运费设置不合理（低于正常运费价格，比如较低价格包邮）。（成本意识）

③ 营销费用远超过可承受的推广成本，即广告支出的回报率过低。（成本意识）

④ 大量囤积库存，又以低价清仓，造成库存亏损。（节奏意识与风险意识）

⑤ 海外仓备货，且货物没有预期销售，运费、关税、增值税收取较多，且最后选择清仓处理，造成损失。（节奏意识与风险意识）

因此，要想获得较好的投资回报率，参赛小组可以在竞赛过程中通过增加订单量、提高定价、降低销售费用和采购成本这几种方式来实现利润最大化。

五、行业要求对比

从参赛选手的整体表现来看，超过 85% 的参赛选手所掌握的知识与技能已达到行业、企业对人才需求的基本标准，但仍需注重细节，加强训练，以强化职业岗位技能。

从分析结果看，东部沿海地区院校学生的整体水平优于中西部地区。与 2019 年相比，整体水平有所提升，但仍需进一步加强实践环节教学，提升职业素养。

大赛所检验的是院校在“互联网＋”环境下国际贸易相关专业建设及教学的成果，重点在于培养具备“互联网＋国际贸易”综合技能的高素质技术技能人才，因此在教育教学过程中需要大量的实践，做到知行合一、德技并修。与 2019 年相比，在竞赛内容及难度有所变化的情况下，虽然竞赛模块的平均成绩有所提升，但参赛选手的临场应变能力及团队合作能力还有待提高。因此，需要各院校进一步加强实践环节教学，有条件的院校可以建立校内外生产性实训基地，为广大学生提供实习实践岗位，提升职业素养。

六、总结、意见与建议

本赛项执委会严格按照教育部的规定进行准备，从赛题到裁判等各项工作，都一丝不苟地按照要求去做，保证了本次大赛的成功。本次竞赛充分展示了参赛选手在“互联网＋”环境下，开展国际贸易业务（含 B2B、B2C）所应具备的知识与技能，考验了参赛选手的心理素质、尽责抗压以及团队合作能力，全体参赛队都表现出了较高的业务水准、良好的职业素养和积极向上的精神风貌，赛项达到了既定的目标。

针对此次竞赛所反映出的问题，结合专业建设和教学改革工作，建议如下：

（一）深化产教融合、校企合作，加大双师型教师的培养力度

教学质量是教育的关键，而教师教学水平则是关键中的关键。相对于东部沿海地区而

言，中西部地区院校无论是教学资源，还是社会资源都相对薄弱，有从业经历后进入学校担任教师的更是少之又少。当前“互联网 +”背景下的国际贸易发展日新月异，教学必须紧跟行业、产业的发展步伐，要将理论与实践有机统一起来，这就需要建立健全师资队伍建设。一方面，注重双师型师资的培养，尽可能多地为专业教师创造企业实践机会，提升专业技能；另一方面，聘请企业一线业务能手或管理人员作为兼职导师，完善教师梯队。建议院校根据自身资源优势加大校企合作力度，与企业建立长期高效的合作机制。例如，引企入校、建立工作室等方式，既能同时满足教师、学生实践实训环节的需求，又能为企业进行人才储备。另外，鼓励教师走出去，深入企业进行脱产实践，增加实践经验，了解市场前沿动态，为教学改革打好基础。从本次大赛的情况来看，教师在新业态、新模式、新技术、新知识的学习、研究和探索上，还有很大的上升空间，要积极主动提升实践能力，真正成为具有国际化视野和跨文化交流能力的业务精湛的“双师型”教师。

（二）以赛促学、以赛促教、以赛促改，提升院校综合实力

大赛成绩是教师平时教育教学质量的一个结果，也是学生平时学习努力程度的一个呈现。优异的成绩是教与学高度契合的结果，暴露的问题应是教与学改进提高的抓手。有效的教育教学，能促进学生不断进步与发展，让学生获得学习的快乐和发展的喜悦。参赛指导教师应总结大赛经验，反思大赛带来的启示，在提高教学水平的同时，促进院校综合实力的不断提升。各院校应在大赛引领的作用下，结合行业企业实际用人需求，针对现有课程体系优化，不断创新实践课程与实践形式，培养学生在“互联网 +”背景下的创新意识，提升学生的职业综合素养。

竞赛旨在“以赛促教、以赛促学、以赛促改”，以竞赛促进和引领专业发展，提高人才培养质量，服务经济社会。我们要以大赛为契机，在国家深化改革开放的伟大进程中，在推动形成全面开放新格局的宏伟蓝图中，锐意改革，开拓进取，在教与学的不懈努力中，为我国的现代化建设做出应有的贡献。

模块三　GZ-2020012　互联网 + 国际贸易综合技能赛项工作总结

2020 年 11 月 17—18 日，为期 2 天的“2020 年全国职业院校技能大赛改革试点赛（高职组）互联网 + 国际贸易综合技能赛项”于山东济南顺利闭幕。本届试点赛以服务“构建以国内大循环为主体、国内国际双循环相互促进的新发展格局”为目标，以助力“一带一路”建设为核心，以国际贸易最新业态发展为驱动，瞄准世界高水平的国际贸易行业技能，在检验教学成果的同时，搭建专业、课程、培养机制改革平台，促进专业建设、教学改革的深入进行，切实提高教学质量和人才培养水平，也为下一步进军世界技能大赛积累经验。赛项设计充分发挥技能大赛对高校专业建设的促进和引领作用，以高难度的竞赛内容为要求，实现对学生的团队协同创新能力、沟通能力、尽责抗压能力及专业岗位能力的综合检验；以高水平的技能竞赛质量为杠杆，努力营造全社会崇尚技能的氛围；以高标准的竞赛模式为抓手，全面推行“教、学、做、练、赛”一体化教学模式，提高全国高校学生的参与度，为“互联网 +”背景下国际贸易教育教学改革提供了新的思路与方向。以此为基础，探索建立适应国际贸易新形势下的世界高水平职业岗位标准，为院校教

学课程设置及岗位职业能力培养提供有效依据，从而实现产教深度融合，在高校和行业中营造尊重技能、崇尚技能的浓厚氛围。

本次竞赛在竞赛时长、竞赛内容等方面发生了巨大变化。与2019年相比，赛项整体设计借鉴了世界技能大赛的做法和经验，重点突出了基于互联网和国际贸易的两大业务类型，即外贸B2B和外贸B2C。本次赛项内容多方位创新，紧跟国际贸易最新业态发展，与时俱进。赛项各模块内容相对独立，但又是一个有机的整体。通过对竞赛机制的设计，除了考查参赛选手的分项能力外，还兼顾考查参赛选手的团队合作能力。具体内容如下：

一、试点赛互联网＋国际贸易综合技能赛项竞赛内容

互联网＋国际贸易综合技能赛项以行业岗位设置及职业能力需求为导向，对接世界技能大赛，体现职业劳动强度，分为外贸B2B模块和外贸B2C模块两项内容。

互联网＋国际贸易综合技能项目是一个团队项目，每个参赛队由4位参赛选手组成，每个队伍的4名学生以自由组合方式自行分为2组，共同参加外贸B2B模块及外贸B2C模块的竞赛，要求在规定的时间内540分钟相互配合并完成竞赛模块内容。

竞赛赛题库于竞赛前1个月在大赛信息发布平台上发布，竞赛赛题在竞赛前1天由裁判长随机选取裁判员从赛题库中抽取1套进行竞赛。

赛卷提供了进行交易的背景资料及操作内容。本次竞赛内容及要求具体如下：

1. 外贸B2B模块

各参赛院校参赛选手通过外贸B2B平台推广公司和产品，带来业务机会，并与模拟其他国家（或地区）公司的选手磋商交易，业务操作至合同签订为止。参赛选手需在规定时间内争取尽量多的业务机会，体现业务多样性，同时还必须做好每笔业务的成本核算，实现利润最大化。

2. 外贸B2C模块

各参赛院校参赛选手通过外贸B2C数据运营推广公司和产品，以努力提升公司的投资回报率（ROI）为目标，以回合制竞争博弈为形式，对国际市场环境数据和公司运营结果数据进行挖掘与分析，完成外销产品开发、国内采购、产品上下架、国际市场定价、引流、国际物流配送、国际支付、财务管理等各个运营环节的决策实施，并且在逐次展开的回合中不断优化本公司的数据运营战略与决策。考查选手外贸B2C数据运营的需求意识、成本意识、风险意识、利润意识、竞争意识及数据挖掘分析能力和运营决策能力。

二、改革试点赛与2019年国赛项目的不同之处

1. 竞赛内容

2019年国赛项目由外贸业务能力B2B模块、外贸跟单能力模块、外贸业务能力B2C模块、外贸英语沟通能力模块共4个部分组成。根据行业发展态势及竞赛强度的要求，2020年改革试点赛由外贸B2B模块和外贸B2C模块两部分组成。外贸B2B模块难度进一步提升，在限定业务笔数的情况下，对进出口预算的准确度及交易产品的多样化提出更高的要求。外贸B2C模块由原来考查参赛选手基于B2C平台的业务应用能力升级为突出考查选手基于B2C平台的数据挖掘分析能力和运营决策能力等专业核心能力。

2. 竞赛时间

外贸B2B模块的竞赛时间为4小时不变，外贸B2C模块竞赛时间由原来的1小时调

整为 5 小时。

3. 参赛队伍

参赛省份共 29 个，覆盖范围广，比 2019 年增加了 1 个省份；参赛队伍由原来的 1 省份 2～3 支代表队变为 1 省份 1 支代表队，人才选拔更精准，要求更高。

4. 成绩评定方式

成绩评定方式由原来的 80% 机考评分 +20% 人工评分变为 100% 机考评分，保证了竞赛的公平、公正。

三、改革试点赛的创新与突出特点

1. 在"构建以国内大循环为主体、国内国际双循环相互促进的新发展格局"背景下，助力"一带一路"建设，紧跟国际贸易最新业态发展

竞赛设计在"构建以国内大循环为主体、国内国际双循环相互促进的新发展格局"背景下，将连接、开放、协作、共享的互联网思维融入传统国际贸易中，以 B2B、B2C 跨境平台创新贸易方式为手段，积极挖掘贸易新增长点，巩固和扩大传统贸易，助力"一带一路"建设。全面检验参赛选手的成本意识、风险意识、竞争意识，团队精神、工匠精神、劳模精神，沟通能力、创新能力、抗压能力，突出考查参赛选手 B2B 跨境平台的产品发布能力、营销推广能力、成本核算能力、贸易措施能力、合同签订能力，以及 B2C 跨境平台的数据挖掘分析能力和运营决策能力等专业核心能力，对参赛选手要求非常严格，能够更精准地选拔知识型、技能型、创新型高质量复合型人才。

2. 竞赛形式真实还原工作岗位环境，竞赛过程体现团队合作和竞争对抗

竞赛组织流程及每个细节都真实再现了"互联网 + 国际贸易"活动中各个岗位所应具备的操作技能与职业素养，完全贴合企业一线岗位的实际工作需要。

竞赛过程真实反映互联网 + 国际贸易业务中不同国家企业间的合作与竞争，需要参赛选手用合作共赢的心态、坚实的理论、熟练的操作、稳定的心理素质、快速的应变能力和紧密的团队合作完成竞赛任务，提升参赛选手的团队合作精神与竞争意识。

3. 竞赛资源可实现快速转化，全方位服务专业建设，推进教学改革

依据竞赛赛题及竞赛规程编写实训教程，可面向全国高职院校发行，将竞赛任务转化为教学内容。同时将竞赛赛题库与竞赛平台相结合，形成专业教学软件，实现竞赛资源的快速转化，服务院校专业建设，推进专业教学改革。

竞赛基于互联网的应用平台，突破地域限制，可举办与国赛配套的行业赛事或校际赛事，充分发挥互联网的功效，提高学生的参与度，真正做到以赛促学、以赛促教、以赛促改。

4. 赛题库公开及评判过程体现公开、公平、公正

本赛项赛题库全部公开，竞赛将严格按照规定执行，所有模块成绩均由系统开展自动化评判。竞赛现场实时直播，保证整个竞赛过程及结果的客观、公平、公正，确保竞赛结果高效无误，实现竞赛零投诉。

5. 赛后技术点评全面，促进交流学习

赛后技术点评以翔实的数据，全面、深入地剖析了参赛选手在竞赛过程中所出现的问题，并提出了具体的解决办法供参赛队伍参考总结，以此促进全国职业院校教师及参赛选手技能提升。本次试点赛由 29 个省队同台竞技，展现了 29 个省不同的技能水平、训练成

果，参赛选手呈现了很高的竞技水平，也在一定程度上促进了我国各省之间的技能交流，实现共同提高。

四、试点赛的意义

1. 规避人为因素，实现竞赛公开透明

统一公开赛题库，100% 实现机考评价，由第三方裁判组、监督仲裁组以及专家组全程参与，实现竞赛公开透明、公平、公正。

2. 借鉴世赛模式，体现高难度、高强度、高水平

本次赛项内容设计借鉴了世界技能大赛的做法和经验，体现了高强度、高难度和高水平。竞赛时间从以往的 300 分钟增加到 540 分钟，其中外贸 B2B 模块为 240 分钟，外贸 B2C 模块为 300 分钟。竞赛内容不只局限于某一职业（工种），涵盖了两大模块，不只局限于纯粹意义上的操作技能提升，还包括数据运营、决策管理等内容，培养一专多能复合型技能人才。

3. 营造尊重技能、崇尚技能的良好氛围

赛项设计充分发挥技能大赛对高校专业建设的促进和引领作用，以高难度的竞赛内容为要求，实现对学生的团队协同创新能力、沟通能力、尽责抗压能力及专业岗位能力的综合检验；以高水平的技能竞赛质量为杠杆，努力营造全社会崇尚技能的氛围；以高标准的竞赛模式为抓手，全面推行“教、学、做、练、赛”一体化教学模式，提高全国高校学生的参与度，为“互联网 +”背景下国际贸易教育教学改革提供了新的思路与方向。以此为基础，探索建立适应国际贸易新形势下的世界高水平职业岗位标准，为院校教学课程设置及岗位职业能力培养提供有效依据，从而实现产教深度融合，在高校和行业中营造尊重技能、崇尚技能的浓厚氛围。

4. 以赛促教、以赛促学、以赛促改

通过竞赛促进院校教学改革，把竞赛成果转化到院校的国际贸易类专业建设、课程建设、队伍建设、课堂教学之中，让教学内容贴近试点赛赛项内容，实现院校人才培育贴近行业需求，促进校企人才供需对接，实现“以赛促教、以赛促学、以赛促改”，切实提高教学质量和人才培养水平，助力行业可持续、高质量发展。

5. 弘扬工匠精神，传播“人人出彩、技能强国”的概念

当前，我国正处于经济转型升级的关键时期，迫切需要大批技术技能人才。培养具有匠心匠才的大国工匠是职业教育的使命。如何担当新使命、展现新作为，唯有坚持奋斗，“天道酬勤”“业精于勤”。“功以才成，业由才广”，要弘扬“劳模精神”“工匠精神”，传播“人人出彩、技能强国”理念，不仅要让职业教育舞起来、亮起来、强起来，更要让高质量的国际贸易专业的毕业生成为职业教育的品牌和代言人。

五、试点赛的建议

1. 增加外贸 B2C 模块竞赛时长，提高竞赛强度

根据本次试点赛的整体情况，在充分考虑参赛选手精力和体力消耗的情况下，可适当增加外贸 B2C 模块竞赛时长，提高竞赛强度。

2. 增加外贸 B2B 模块难度，提升竞赛对抗性

随着近两年技能大赛的引领作用，参赛院校外贸 B2B 模块成绩保持稳定。根据本次试点赛成绩分析，可适当增加外贸 B2B 模块业务上限数量，调整业务多样化分值占比，进一步提升竞赛对抗性。

3. 依托技能大赛开展各级各类竞赛，推进技能竞赛普惠性

以全国职业院校技能大赛为依托，组织开展各级各类竞赛，发挥大赛引领作用，做到人人参与、全员参与，加快推进技能竞赛普惠性，凸显“人人出彩、技能强国”的理念。

ChinaSkills

项目十三
水处理技术赛项

模块一　GZ-2020013　水处理技术
赛项规程

一、赛项名称

赛项编号：GZ-2020013
赛项名称：水处理技术
英文名称：Water Treatment Technology
赛项组别：高职组
赛项归属产业：资源环境与安全大类

二、竞赛目的

水是生命之源，生产之要，生态之基。随着水污染问题对生态环境影响的加剧，人们日益意识到水污染对人类社会的危害，公众对水环境质量关注度和要求也不断提高。保护水资源，改善水生态，优化水环境，确保水安全，已上升为国家战略要求。社会迫切需要水质检测分析、水处理与泵站设施运行维护的复合型水处理技术人才。

赛项充分考虑现代水处理技术岗位需要给排水工程技术、环境工程技术、环境监测技术、自动控制技术、智能制造与智慧水务等多专业领域交叉复合，分为实验室工作、水处理工艺、泵站系统运行与维护三大模块。展现水处理技术员实际工作过程，突出检测与分析、安装与调试、运行与维护等综合应用能力。

全国职业院校技能大赛水处理技术改革试点赛，借鉴世界水处理技术职业技能培训考核体系和国际上先进职业教育经验，探索适合我国水处理技术职业教育教学特点的内在规律，在竞赛规程、标准、试题库、优秀参赛选手经典案例等大赛成果与日常教学、高职教育 1+X 职业技能等级证书的衔接等方面进行有益尝试，寻求校企合作培养评价新时代水处理技术人才模式，优化传统职业教育专业教学体系、课程设置与现代职业岗位复合型人才知识需求架构，凝练出校企共建、赛证融通、以赛促教、以赛促学对职业能力提升的成效和特色，引领我国水处理技术职业教育教学改革发展方向，营造出全社会崇尚技能的良好氛围，提升民生工程从业人员技术水平，培养和造就大批具有国际化视野和创新意识的一专多能水处理技术专门人才，促使全民参与，节水爱水，保护人民美好生活必需的水资源和水生态环境。

三、竞赛内容

竞赛分为 3 个模块、4 个时间段，在两天 12 小时内完成。通过水处理技术员在水处理厂站、泵站虚拟系统或真实场景的工作准备与计划，完成水处理厂站巡检与数据填报，并根据工作中出现的水质变化问题在实验室进行水质检测与分析，完成水质优化实验并形成报告；针对具体水质情况在教学实训平台上进行水处理工艺单元设计、施工、安装和运行调试，并对水处理系统出现的故障进行排除；对泵站系统水泵、管道、阀门进行拆卸、安装和运维。

1. 工作准备与计划

参赛选手接到指令后通过预定检录区域，将随身携带的禁止物品放入贮物柜，更换好工作必须防护服装和用具，到达竞赛赛位；仔细阅读任务书中各项内容，填写工作日志，做好工作准备，编写工作计划，合理安排时间。

2. 水处理厂站巡检与数据填报

根据任务书给定的操作系统和指令要求，进行水处理厂站巡检，做好巡检数据填报。

3. 实验室工作 / 水处理工艺 / 泵站系统运行与维护

根据任务书指令，在规定时间内完成实验室工作，水处理工艺，泵站系统运行与维护相关工作。

4. 工作小结与上报

工作任务完成后，及时整理各种记录表格，完成工作小结，填写工作日志，上报给过程裁判。经签字批准后退出工作区域，更换防护用具，带走个人物品，自行离开。

竞赛模块权重及占比见表 13-1。竞赛时间与内容见表 13-2。

表 13-1　竞赛模块权重及占比表

<table>
<tr><th colspan="2">模块</th><th>权重 /%</th><th colspan="2">子模块名称</th><th>占比 /%</th><th>评分方式</th></tr>
<tr><td rowspan="2">A</td><td rowspan="2">实验室工作</td><td rowspan="2">35</td><td>A1</td><td>水质检测分析</td><td>55</td><td rowspan="2">主观 + 客观评分</td></tr>
<tr><td>A2</td><td>实验室条件下混凝实验</td><td>45</td></tr>
<tr><td rowspan="4">B</td><td rowspan="4">水处理工艺</td><td rowspan="4">35</td><td>B1</td><td>工程图设计与设备安装</td><td>30</td><td rowspan="4">主观 + 客观评分</td></tr>
<tr><td>B2</td><td>自动化控制</td><td>30</td></tr>
<tr><td>B3</td><td>设施运维</td><td>30</td></tr>
<tr><td>B4</td><td>安全生产与应急处置</td><td>10</td></tr>
<tr><td rowspan="2">C</td><td rowspan="2">泵站系统运行与维护</td><td rowspan="2">30</td><td>C1</td><td>水泵拆装与故障排除</td><td>60</td><td rowspan="2">主观 + 客观评分</td></tr>
<tr><td>C2</td><td>阀门拆装与故障排除</td><td>40</td></tr>
<tr><td colspan="2">总计</td><td>100</td><td colspan="4">–</td></tr>
</table>

表 13-2　水处理技术赛项竞赛时间与内容

时间 /h	第一天	第二天
3	1. 工作准备与计划 2. 水处理厂站巡检与数据填报	1. 工作准备与计划 2. 水处理厂站巡检与数据填报

续表

时间 /h	第一天	第二天
3	3. A 实验室工作 A1 水质检测分析：化学需氧量 / 高锰酸盐指数 / 总磷 / 氨氮 / 碱度 / 硬度 / 浊度 / 活性污泥微生物 / 大肠杆菌 4. 工作小结与上报	3. B 水处理工艺 B1 工程图设计与设备安装：工程图识读与设计 / 设备与管线安装 B2 自动化控制：电机与电气控制 /PLC（可编程逻辑控制器）控制 / 组态控制 B3 设施运维：设施运行 / 故障处理 / 维护保养 B4 安全生产与应急处置：安全生产 / 应急处置 4. 工作小结与上报
1	评估时间	评估时间
3	1. 工作准备与计划 2. 水处理厂站巡检与数据填报 3. A 实验室工作 A2 实验室条件下混凝实验 4. 工作小结与上报	1. 工作准备与计划 2. 水处理厂站巡检与数据填报 3. C 泵站系统运行与维护 C1 水泵的拆装与故障排除 C2 阀门的拆装与故障排除 4. 工作小结与上报
1	评估时间	评估时间
持续时间	6h	6h
合计 12h		

（一）模块 A　实验室工作（权重 35%）

1. A1 水质检测分析（占比 55%）

（1）根据检测项目要求，对样品化学需氧量（或高锰酸盐指数 / 总磷 / 氨氮 / 碱度 / 硬度 / 浊度 / 活性污泥微生物 / 大肠杆菌）测定进行准备，并进行实验仪器和材料的验收；

（2）按照标准要求的步骤完成水质检测分析。

2. A2 实验室条件下混凝实验（占比 45%）

混凝实验是水处理工艺的基础性实验之一，通过条件性实验与浊度检测，能对 pH、不同种类混凝剂与助凝剂用量、搅拌速度等进行条件优化。

（1）根据工作要求制备混凝剂、助凝剂及相关试剂；

（2）测定和记录水样指标；

（3）探索混凝剂种类及用量、助凝剂用量、pH、搅拌速度和时间等因素对混凝的影响；

（4）根据实验结果确定最终水样混凝优化方案；

（5）进行成本核算，计算水样混凝优化条件下的药剂使用成本（元 / 吨）；

（6）完成任务后提交相关文档报告。

（二）模块 B 水处理工艺（权重 35%）

通过对水处理工艺图纸识读，完善设计计算，实施水处理设备部件的安装与调试、电气控制线路的连接、水处理设备自动控制程序编写与调试、故障的排除与维修，以及水、气、声、固废等污染因子在线监测技术的应用，实现设备自动运行与监控等工作任务。

1. B1 工程图设计与设备安装（占比 30%）

包括工程图识读与设计、设备与管线安装。

（1）水处理工艺图识读，完善设计计算；

（2）自动控制系统程序识读、完善和设计；

（3）水处理系统相应的管路连接和系统器件安装；

（4）水处理平台动力系统电气原理图设计。

2. B2 自动化控制（占比 30%）

包括电机与电气控制、PLC 控制、组态控制。

（1）根据 PLC 控制电路接线图或程序 I/O 点定义连接 PLC 及其外围线路；

（2）进行触摸屏画面的设计、变量定义和动画连接；

（3）使用组态软件实现在线监测仪器数值的实时监测。

3. B3 设施运维（占比 30%）

包括设施运行、故障处理、维护保养。

（1）完成通水调试、运行参数调节、过程数据记录等工作任务；

（2）pH、DO 在线监测仪标定，完成通电预热、仪表标定、参数设置、定点安装等任务；

（3）故障排除。

4. B4 安全生产与应急处置（占比 10%）

（1）识别危险源，识记安全防护器具使用要求；

（2）了解化验室危险品泄漏应急预案，能及时报告、报警、并实施个人防护。

（三）模块 C 泵站系统运行与维护（权重 30%）

1. C1 水泵拆装与故障排除（占比 60%）

（1）明确安全防护要求，正确佩戴个人安全防护物品；

（2）正确拆卸螺杆泵，检查机械密封并进行维护操作，正确安装、运行并记录相关参数；

（3）在水处理工艺中，根据原水中的浊度，计算混凝剂用量，人工添加混凝剂，投加到机械混凝池进行反应后，在泵站上实现泥水输送功能；

（4）完成任务后提交相关文档报告。

2. C2 阀门拆装与故障排除（占比 40%）

（1）明确安全防护要求，正确佩戴个人安全防护物品；

（2）正确实施断电、排水操作，正确拆卸刀闸阀，并检查密封圈进行维护操作，正确安装；

（3）根据安全通电要求独立启动系统，并按照螺杆泵运行要求，正常运行螺杆泵系统并记录相关参数；

（4）完成任务后提交相关文档报告。

（四）职业素养（权重 5%，分布在 A、B、C 模块中，不单独计算）

包括工作准备与计划，环境卫生，节约用水，文明礼貌等方面，例如，操作不当损坏工具，工作台面遗留工具、零件，操作结束工具未能整体摆放，不尊重考场裁判和工作人员，违反竞赛规则等。

四、竞赛方式

1. 个人赛。参赛选手在规定时间内完成水处理技术竞赛任务，1 名参赛选手为 1 队，限 1 名指导教师。

2. 按照《2020 年全国职业院校技能大赛改革试点赛实施方案》报名资格要求，具体报名及组队方式由大赛执委会另发通知。

五、竞赛流程

1. 竞赛场次

根据参赛队伍数量确定竞赛场次，若参赛队伍较多，竞赛分场完成。

2. 竞赛流程

参赛队报到—召开领队会、介绍竞赛规程—组织参赛选手赛前熟悉场地—加密、检录、正式竞赛（期间组织观摩、交流体验活动）—竞赛结束（参赛队上交竞赛成果）—成绩评定—成绩公布—闭赛式（赛项点评、颁奖）。

竞赛流程时间节点见表 13-3。

表 13-3　竞赛流程时间节点

<table>
<tr><th>日期</th><th colspan="2">时间</th><th>内容</th><th>地点</th></tr>
<tr><td rowspan="3">第 1 天</td><td rowspan="3">下午</td><td>12:00 前</td><td>报到</td><td>驻地</td></tr>
<tr><td>14:00-15:00</td><td>领队会（分批抽签、赛前说明）</td><td>报告厅</td></tr>
<tr><td>16:30-17:00</td><td>参赛选手熟悉赛场
（限定在观摩区，不进入竞赛区）</td><td>赛场</td></tr>
<tr><td rowspan="12">第 2 天</td><td rowspan="6">上午</td><td colspan="3">模块 A1</td></tr>
<tr><td>7:00</td><td>参赛选手集合上车</td><td>驻地</td></tr>
<tr><td>7:30</td><td>参赛选手赛场检录（一次加密）</td><td>实验室</td></tr>
<tr><td>7:40-8:00</td><td>参赛选手赛位抽签（二次加密）</td><td>实验室</td></tr>
<tr><td>8:00-11:00</td><td>参赛选手正式竞赛</td><td>实验室</td></tr>
<tr><td>11:00-12:00</td><td>竞赛成绩评定</td><td>实验室</td></tr>
<tr><td rowspan="6">下午</td><td colspan="3">模块 A2</td></tr>
<tr><td>12:50</td><td>参赛选手赛场检录（一次加密）</td><td>赛场</td></tr>
<tr><td>13:00-13:30</td><td>参赛选手赛位抽签（二次加密）</td><td>赛场</td></tr>
<tr><td>13:30-16:30</td><td>参赛选手正式竞赛</td><td>实验室</td></tr>
<tr><td>15:00-15:30</td><td>赛场观摩</td><td>赛场</td></tr>
<tr><td>16:30-17:30</td><td>竞赛成绩评定</td><td>赛场</td></tr>
</table>

续表

日期	时间		内容	地点
第3天	上午	模块B		
		7:00	参赛选手集合上车	驻地
		7:30	参赛选手赛场检录（一次加密）	赛场
		7:40–8:00	参赛选手赛位抽签（二次加密）	赛场
		8:00–11:00	参赛选手正式竞赛	B操作区
		11:00–12:00	竞赛成绩评定	赛场
	下午	模块C		
		13:50	参赛选手赛场检录（一次加密）	赛场
		14:00–14:30	参赛选手赛位抽签（二次加密）	赛场
		14:30–17:30	参赛选手正式竞赛	C操作区
		16:00–16:30	观摩	赛场
		17:30–18:30	竞赛成绩评定	赛场

注：竞赛时间和地点安排以赛前发布赛项指南为准。

六、竞赛赛卷

1. 竞赛专家组根据2020年全国职业院校技能大赛改革试点赛水处理技术赛项规程组织命题，提前一个月在大赛官网信息发布平台（www.chinaskills-jsw.org）公布试题库。

2. 竞赛前在已公布的试题库基础上修改不超过30%作为最终的竞赛试题。

3. 正式赛卷于竞赛前三天内，把赛卷随机排序后，在监督组的监督下，由裁判长指定相关人员抽取正式赛卷与备用赛卷。

4. 赛项竞赛结束后一周内，正式赛卷通过大赛网络信息发布平台公布。

七、竞赛规则

（一）报名资格

1. 以省、自治区、直辖市为单位组织报名通过全国职业院校技能大赛网络报名系统统一进行。

2. 每支参赛队由1名参赛选手组成，配备1名指导教师。

3. 参赛选手须为普通高等学校全日制在籍高职学生，包括本科院校中高职类全日制在籍学生以及五年制高职四、五年级在籍学生。高职组参赛选手年龄须不超过25周岁，年龄计算的截止时间以2020年11月1日为准。凡在往届全国职业院校技能大赛中获一等奖的选手，不能再参加同一项目同一组别的竞赛。

4. 参赛选手和指导教师报名获得确认后不得随意更换。如备赛过程中参赛选手和指导教师因故无法参赛，须由省级教育行政部门于相应赛项开赛10个工作日之前出具书面说明，经大赛执委会办公室核实后予以更换。竞赛开始后，参赛队不得更换参赛队员，参赛选手因特殊原因不能参加竞赛时，由大赛执委会办公室根据赛项特点决定是否允许缺员

竞赛。

（二）赛前准备

1. 熟悉场地

竞赛日前一天下午 16：30-17：00 开放赛场，参赛选手应在竞赛日程规定的时间内熟悉竞赛场地。

2. 领队会议

竞赛日前一天下午召开领队会议，由各参赛队伍的领队和指导教师参加，会议讲解竞赛注意事项并进行赛前答疑。

3. 抽签仪式

领队会议上确定分批抽签，竞赛前 20 分钟内参赛选手在赛位抽签，通过抽签确定各参赛队的赛次、赛位。

4. 参赛队入场

参赛选手应提前 30 分钟到达赛场，接受工作人员对参赛选手身份、资格和有关证件的核验，赛位由抽签确定，不得擅自变更、调整；参赛选手在竞赛过程中不得擅自离开赛场，如有特殊情况，须经裁判人员同意。参赛选手不得将手机、无线上网卡、移动存储设备、资料等与竞赛无关的物品带入赛场。

（三）正式竞赛

1. 所有人员在赛场内不得有影响其他参赛选手完成工作任务的行为，参赛选手不允许窜岗窜位，要文明用语，不得言语或肢体攻击裁判和赛场工作人员。

2. 参赛选手须严格遵守安全操作规程，并接受裁判员的监督和警示，以确保参赛人身及设备安全。参赛选手因个人误操作造成人身安全事故和设备故障时，裁判长有权中止该队竞赛；如非参赛选手个人因素出现设备故障而无法竞赛，由裁判长视具体情况做出裁决（调换到备份赛位或调整至最后一场次参加竞赛）；如裁判长确定设备故障可由技术支持人员排除故障后继续竞赛，将给参赛选手补足所耽误的竞赛时间。

3. 参赛选手进入赛场后，不得擅自离开赛场。因病或其他原因离开赛场或终止竞赛，应向裁判示意，须经赛场裁判长同意，并在赛场记录表上签字确认后，方可离开赛场并在赛场工作人员指引下到达指定地点。

4. 参赛选手须按照程序提交竞赛结果（任务书），在竞赛赛位的计算机规定文件夹内存储竞赛文档，配合裁判做好赛场情况记录，并签字确认，裁判提出签名要求时，不得无故拒绝。

5. 裁判长发布竞赛结束指令后所有未完成任务参赛选手立即停止操作，按要求清理赛位，不得以任何理由拖延竞赛时间。

（四）成绩评定

1. 过程评判，所有评分项要由过程裁判签字，同时参赛选手签写加密号确认，参赛选手不准签署自己的姓名。

2. 结果评判，结果裁判负责所有赛位的评判，过程裁判评分进行加权计算后作为选手最后得分，并有专人进行录像。

3. 评判结束后，记分员负责在监督人员监督下完成统分工作，统分表由记分员、裁判长、监督组和仲裁组成员共同签字确认，在监督组监督下由裁判长审核签字后封装。

（五）成绩公布

闭赛式前，竞赛成绩经工作人员统计、汇总、排序后交由执委会、裁判组共同检查，确认裁判工作无误后对应赛位号与参赛选手对应登记，并由监督组进行核对，无误后由裁判长、监督人员和仲裁人员签字确认后公布。

记分员将解密后的各参赛队伍成绩汇总成竞赛成绩，经裁判长、监督组签字后，公布竞赛结果。公布 2 小时无异议后，将赛项总成绩的最终结果录入赛务管理系统，经裁判长、监督组长和仲裁长在系统导出成绩单上审核签字后，在闭赛式上宣布并颁发证书。

（六）竞赛纪律

1. 所有参观人员的活动必须在参观通道内，不得进入竞赛区域；
2. 现场保持安静，不得大声交谈及喧哗；
3. 现场参观允许拍照，严禁使用闪光灯，赛场内部除裁判长指定人员外禁止拍照；
4. 竞赛开始前安排参赛选手熟悉自己的竞赛赛位和设备；
5. 在裁判宣布开始前禁止触碰竞赛设备、或开启电源、或开始实验，否则做扣分处理；
6. 竞赛期间参赛选手禁止携带移动存储及通信设备，如带到赛场，需要交给本单位场外人员保管或由赛场工作人员集中保管；
7. 参赛选手上交的电子文档由参赛选手自行用赛场指定 U 盘进行拷贝并上交给现场裁判；
8. 各参赛单位场外人员在竞赛过程中严禁与任何参赛选手交谈或做出任何提示、影响和干扰行为，如被发现将相应扣除当事人所在参赛队的成绩；
9. 任务下发后竞赛开始前，禁止裁判员与参赛选手做任何形式的交流与沟通，仅限于选手与裁判长指定人员的公开问答形式；
10. 竞赛期间，选手需要通过举手与现场裁判进行应答或交流；
11. 参赛选手如怀疑设备问题，可向裁判示意，并选择两种处理方式：

（1）技术工作人员检查设备时同时工作，不予补时；

（2）离开赛位让技术工作人员检查设备，如设备有问题给予相应补时，如设备无问题则不予补时；

12. 严禁在竞赛过程中向赛场内传递任何物品，如有需要必须经过现场裁判确认后由裁判转交；
13. 在相关操作过程中，参赛选手需要佩戴必要的防护用品，严禁违规操作；
14. 竞赛现场发布的试卷禁止带出场外，竞赛结束后由现场裁判统一收回存档；
15. 竞赛过程中除记者外，禁止定点长期摄像与逗留；
16. 竞赛现场任何位置严禁吸烟。

八、竞赛环境

根据《山东省人民代表大会常务委员会关于依法加强新型冠状病毒肺炎疫情防控工作的决定》《山东省新冠肺炎疫情常态化防控期间会议活动防控指南》等要求，合理布局竞

赛区域和环境，保证竞赛操作区和非操作区符合相关法规规范规定。

（一）竞赛操作区

1. 模块 A 要求在标准实验室进行，具备水、电、气等管线设施规范，实验设备及各种附件完好，实验室现场布局合理，安全标志齐全、醒目、直观，能同时容纳 30 队参赛选手同时进行竞赛。

2. 模块 B 要求在实操场地进行竞赛，场地面积不小于 $400m^2$。每个赛位占地不小于 $24m^2$，且标明赛位号，配置竞赛平台 1 套、计算机 1 台、操作台 1 张、凳子 1 张。每个赛位提供独立单相三线制电源两路，功率不小于 3kW。竞赛场地布线要采用扣线板。竞赛赛位有隔离标示或护栏，确保参赛选手不受外界影响参加竞赛。赛场提供稳定的照明、水、电、气源和供电应急设备等。

3. 模块 C 要求在实操场地进行竞赛，场地面积不小于 $300m^2$。每个赛位占地不小于 $16m^2$，且标明赛位号，配置竞赛平台 1 套、操作台 1 张、凳子 1 张。每个赛位提供三相 380V 电源一路，功率不小于 5kW；提供独立单相三线制电源 1 路，功率不小于 1kW。竞赛场地布线要采用扣线板。竞赛赛位有隔离标示或护栏，确保参赛选手不受外界影响参加竞赛。赛场提供稳定的照明、水、电、气源和供电应急设备等。

4. 竞赛场地要宽敞明亮，有空调或风扇降温措施，地面要干燥。赛场提供进水和排水口，赛场要通风。

5. 竞赛场地要有网络摄像机，能够摄录竞赛全过程。

6. 竞赛场地完全实现对外开放和观摩，在赛场内设置参观区域，允许观众和指导教师现场观摩大赛。

7. 赛场设有安保、消防、设备维修和电力抢险人员待命，以防突发事件。赛场配备维修服务、医疗、生活补给站等公共服务设施，为参赛选手和赛场人员提供服务。

（二）非操作区

1. 保密室：带锁四门储物柜，电脑桌，椅子，二、三插座（220V 电源）。

2. 裁判会议室：带锁四门储物柜、35 把椅子、8 张桌子（长 1.8m，宽 0.8m）、打印机和计算机、液晶显示屏、220V 电源，预留网口。

3. 参赛选手休息区：桌椅、带锁储物柜。

4. 备品备件区：设备、货架、备品备件、耗材、桌椅。

5. 技术支持区：桌椅、带锁储物柜。

6. 应急急救区：桌椅、急救箱。

九、技术规范

（一）专业教育教学要求

竞赛项目符合高职“给排水工程技术”“水环境监测与治理”“环境工程技术”“环境监测与控制技术”“环境信息技术”与“水务管理”等相关专业实训教学内容的需求。符合高职高专相关专业教学内容要求，涉及供水排水处理工艺的设计、设备安装与维护、系统连接、调试与运行、PLC 控制器的应用与维护、水质检测，仪器检测分析等方面的知识点和技能点。

（二）行业、职业技能标准（见表 13-4）

表 13-4　行业、职业技能标准

序号	标准号	标准名称
1	GB 3838—2002	地表水环境质量标准
2	GB 8978—1996	污水综合排放标准
3	GB 18918—2002	城镇污水处理厂污染物排放标准
4	GB 3095—2012	环境空气质量标准
5	HJ 91.1—2019	污水监测技术规范
6	GB/T 601—2016	化学试剂　标准滴定溶液的制备
7	GB/T 9736—2008	化学试剂酸度和碱度测定通用方法
8	HJ 828—2017	水质　化学需氧量的测定 重铬酸盐法
9	GB/T 11892—1989	水质　高锰酸盐指数的测定
10	HJ 535—2009	水质　氨氮的测定　纳氏试剂分光光度法
11	GB/T 7477—1987	水质　钙和镁总量的测定　EDTA 滴定法
12	GB 11893—1989	水质　总磷的测定　钼酸铵分光光度法
13	GB 13200—1991	水质　浊度的测定
14	GB 50013—2018	室外给水设计标准
15	GB 50014—2006	室外排水设计规范
16	GB 50335—2016	城镇污水再生利用工程设计规范
17	GB/T 50106—2010	建筑给水排水制图标准
18	GB 50318—2000	城市排水工程规划规范
19	CECS 97：1997	鼓风曝气系统设计规程
20	GB 50268—2008	给水排水管道工程施工及验收规范
21	HJ/T 378—2019	水污染治理设施运行记录仪技术要求及检测方法
22	HJ 355—2019	水污染源在线监测系统（COD_{Cr}、NH_3-N 等）运行技术规范
23	HJ 2038—2014	城镇污水处理厂运行监督管理技术规范
24	CJJ 60—2011	城镇污水处理厂运行、维护及安全技术规程
25	GB/T 5465.2—2008	电气设备用图形符号　第 2 部分：图形符号
26	GB/T 15969.1—2007	可编程序控制器　第 1 部分：通用信息
27	GB/T 15969.2—2008	可编程序控制器　第 2 部分：设备要求和测试
28	GB/T 15969.3—2017	可编程序控制器　第 3 部分：编程语言
29	GB 50169—2006	电气装置安装工程　接地装置施工及验收规范
30	GB 12348—2008	工业企业厂界环境噪声排放标准
31	HJ 2035—2013	固体废物处理处置工程技术导则
32	SL/T 317—2015	泵站设备安装及验收规范
33	SL 548—2012	泵站现场测试与安全检测规程
34	GB/T 30948—2014	泵站技术管理规程

续表

序号	标准号	标准名称
35	国家职业技能标准	水生产处理工
36	国家职业技能标准	工业废水处理工
37	国家职业技能标准	泵站运行工

（三）水处理技术职业技能标准

水处理技术职业技能标准，规定了水处理技术职业技能对应的工作领域、工作任务及职业技能要求。适用于水处理技术职业技能培训、考核与评价、职业技能大赛。见附件一。

十、技术平台

根据水处理技术赛项核心技能的要求，竞赛设备应包括实验室条件下混凝实验设备、水质检测分析设备、生物镜检设备、泵站系统设备、水处理系统调试与运行设备等内容。

赛场提供的设备内容清单

1. 模块 A　主要仪器设备与药品参考清单

模块 A1 水质检测分析主要仪器设备与药品参考清单见表 13-5、表 13-6、表 13-7、表 13-8、表 13-9、表 13-10、表 13-11、表 13-12、表 13-13，模块 A2 实验室条件下混凝实验主要仪器设备与药品参考清单见表 13-14。

表 13-5　A1-1　重铬酸盐法测定样品化学需氧量（HJ 828—2017）主要仪器设备与药品参考清单

序号	名称	规格	单位	数量
1	回流装置	磨口 250 mL 锥形瓶的全玻璃回流装置，可选用水冷或风冷全玻璃回流装置，其他等效冷凝回流装置亦可	个	1
2	加热装置	电炉或其他等效消解装置	个	1
3	分析天平	感量为 0.0001 g	台	1
4	酸式滴定管	25 mL 或 50 mL	支	2
5	刻度吸量管（需检定合格 A 级）	5 mL	支	2
6	刻度吸量管（需检定合格 A 级）	10 mL	支	2
7	量筒（需检定合格 A 级）	50 mL	个	2
8	锥形瓶（标定用）	250 mL	个	3
9	磨口锥形瓶（回流）	250 mL	个	5
10	防爆沸玻璃珠	6 mm	颗	若干
11	标准溶液温度补正值及计算公式（GB 601—88）附录	A4 打印、塑封	张	1

续表

序号	名称	规格	单位	数量
12	硫酸（H_2SO_4），ρ=1.84 g/mL；重铬酸钾（$K_2Cr_2O_7$）；硫酸银（Ag_2SO_4）；六水合硫酸亚铁铵[$(NH_4)_2Fe(SO_4)_2 \cdot 6H_2O$]；邻苯二甲酸氢钾（$KC_8H_5O_4$）；七水合硫酸亚铁 $FeSO_4 \cdot 7H_2O$	除非另有说明，实验时所用试剂均为符合国家标准的分析纯试剂，实验用水均为新制备的超纯水、蒸馏水或同等纯度的水		
13	一般实验室常用仪器和设备			

表 13-6　A1-2　高锰酸盐指数的测定（GB 11892—1989）
主要仪器设备与药品参考清单

序号	名称	规格	单位	数量
1	水浴或相当的加热装置	有足够的容积和功率	个	1
2	酸式滴定管	25 mL 或 50 mL	支	2
3	分析天平	感量为 0.0001 g	台	1
4	大肚移液管（单标线吸管）	100 mL	支	2
5	刻度吸量管（需检定合格 A 级）	10 mL	支	2
6	容量瓶（需检定合格 A 级）	100 mL	只	2
7	量筒（需检定合格 A 级）	10 mL	个	2
8	量筒（需检定合格 A 级）	50 mL	个	2
9	锥形瓶	250 mL	个	6
10	不含还原性物质的水			
11	硫酸（H_2SO_4），ρ=1.84 g/mL；氢氧化钠；草酸钠；高锰酸钾			
12	一般实验室常用仪器和设备			

表 13-7　A1-3　分光光度法测定样品中正磷酸盐（GB 11893—1989）
主要仪器设备与药品参考清单

序号	名称	规格	单位	数量
1	可见分光光度计	具 10 mm 比色皿	台	1
2	具塞（磨口）刻度管	50 mL	个	15
3	刻度吸量管（需检定合格 A 级）	1 mL	支	2

续表

序号	名称	规格	单位	数量
4	刻度吸量管（需检定合格 A 级）	2 mL	支	2
5	刻度吸量管（需检定合格 A 级）	10 mL	支	2
6	烧杯	500 mL	个	2
7	容量瓶（需检定合格 A 级）	250 mL	只	2
8	硫酸（H_2SO_4），ρ=1.84 g/mL；氢氧化钠；抗坏血酸；钼酸铵；酒石酸锑钾			
9	计算机安装 Office、Adobe reader 软件			
10	打印机			
11	一般实验室常用仪器和设备			

表 13-8　A1-4　纳氏试剂光度法测定样品中氨氮（HJ 535—2009）主要仪器设备与药品参考清单

序号	名称	规格	单位	数量
1	可见分光光度计	具 20 mm 比色皿 或 10 mm 比色皿	台	1
2	具塞（磨口）刻度管	50 mL	个	12
3	刻度吸量管（需检定合格 A 级）	1 mL	支	2
4	刻度吸量管（需检定合格 A 级）	2 mL	支	2
5	刻度吸量管（需检定合格 A 级）	10 mL	支	2
6	大肚移液管（单标线吸管）	50 mL	支	2
7	容量瓶（需检定合格 A 级）	250 mL	只	2
8	无氨水			
9	氯化铵（NH_4Cl）； 四水合酒石酸钾钠（$KNaC_4H_6O_6\cdot 4H_2O$）			
10	纳氏试剂：二氯化汞 - 碘化钾 - 氢氧化钾（$HgCl_2$-KI-KOH）溶液或碘化汞 - 碘化钾 - 氢氧化钠（HgI_2-KI-NaOH）溶液	二氯化汞（$HgCl_2$）和碘化汞（HgI_2）为剧毒物质		
11	一般实验室常用仪器和设备			
12	计算机安装 Office 软件			

表 13-9　A1-5　碱度的测定（GB/T 9736—2008）

主要仪器设备与药品参考清单

序号	名称	规格	单位	数量
1	分析天平	感量为 0.0001 g	台	1
2	酸式滴定管	25 mL 或 50 mL	支	1
3	锥形瓶	250 mL	个	6
4	大肚移液管（单标线吸管）	25 mL	支	2
5	大肚移液管（单标线吸管）	100 mL	支	2
6	无二氧化碳水			
7	酚酞；甲基橙；碳酸钠；浓盐酸			
8	一般实验室常用仪器和设备			

表 13-10　A1-6　硬度的测定（GB/T 7477—1989）

主要仪器设备与药品参考清单

序号	名称	规格	单位	数量
1	酸式滴定管	50 mL	支	1
2	刻度吸量管（需检定合格 A 级）	5 mL	支	2
3	锥形瓶	250 mL	个	7
4	量筒（需检定合格 A 级）	10 mL	个	2
5	量筒（需检定合格 A 级）	50 mL	个	2
6	大肚移液管（单标线吸管）	25 mL	支	2
7	大肚移液管（单标线吸管）	100 mL	支	2
8	乙二胺四乙酸二钠；氯化铵；氨水；铬黑 T；氯化钠；三乙醇胺			
9	一般实验室常用仪器和设备			

表 13-11　A1-7　分光光度法测定样品浊度（GB/T 13200—1991）

主要仪器设备与药品参考清单

序号	名称	规格	单位	数量
1	可见分光光度计	具 10 mm 比色皿	台	1
2	具塞比色管	50 mL	支	11

续表

序号	名称	规格	单位	数量
3	大肚移液管（单标线吸管）	50 mL	支	2
4	刻度吸量管（需检定合格 A 级）	10 mL	支	2
5	硫酸肼 [$(N_2H_4)H_2SO_4$]	硫酸肼有毒、致癌		
6	无浊度水；六亚甲基四胺 [$(CH_2)_6N_4$]			
7	一般实验室常用仪器和设备			

表 13-12 A1-8 活性污泥微生物镜检实验主要仪器设备与药品参考清单

序号	名称	规格	单位	数量
1	光学显微镜	＞100 倍	台	1
2	载玻片	符合显微镜使用要求	片	6
3	盖玻片	符合显微镜使用要求	片	6
4	一般实验室常用仪器和设备			

表 13-13 A1-9 大肠杆菌检测试剂盒对检测大肠杆菌主要仪器设备与药品参考清单

序号	名称	规格	数量	单位
1	试纸条	测定时间 <15min	4	条
2	反应管	能放入试纸条即可	3	个
3	裂解液	裂解液具有刺激性		
4	一般实验室常用仪器和设备			

表 13-14 模块 A2 实验室条件下混凝实验主要仪器设备与药剂清单

序号	名称	规格	单位	数量
1	六联混凝搅拌仪	搅拌容量：1L，且杯体含取样口	台	1
2	分析天平	感量：0.1 mg	台	1
3	浊度仪	测量范围：0～200 NTU	台	1
4	容量瓶	500 mL	个	3
5	容量瓶	1 000 mL	个	1
6	试剂瓶	500 mL	个	3
7	试剂瓶	250 mL	个	2

续表

序号	名称	规格	单位	数量
8	烧杯	1 000 mL	只	1
9	烧杯	500 mL	只	4
10	烧杯	150 mL	只	6
11	烧杯	100 mL	只	6
12	量筒	1 000 mL	支	1
13	量筒	100 mL	支	2
14	大肚移液管	100 mL	支	1
15	吸量管	10 mL	支	4
16	吸量管	5 mL	支	2
17	pH 试纸		本	1
18	聚合硫酸铁			
19	聚合氯化铝			
20	三氯化铁			
21	聚丙烯酰胺			
22	氢氧化钠			
23	硫酸			
24	一般实验室常用仪器和设备			

2. 模块 B 竞赛技术平台配置

模块 B 竞赛技术平台采用浙江天煌科技实业有限公司研发生产的“THEMJZ-1A 型水环境监测与治理技术综合实训平台”。

该竞赛技术平台由给水系统、污水处理系统、在线监测系统、控制系统四部分组成。控制系统采用国际知名品牌 PLC、监控软件与主机配套，采用现场总线的传感器，利用开放的现场总线和工业以太网实现现场数据采集和信息通信，以灵活多样的分布式 IO 接收现场传感检测信号，大大增强了系统的准确性和灵活性。

（1）控制系统

由电气控制柜、漏电保护器、触摸屏、旋钮开关、按钮、工作状态指示灯、PLC 可编程控制器、继电器、组态监控软件等组成，可以根据导线插拔连接的不同，形成多种工艺控制系统电路。

（2）给水系统

由不锈钢水箱、不锈钢支架、水箱液位指示和进水阀等组成，用于水源水贮存、配置及供给。

（3）水处理系统

采用不锈钢框架整体式平台设计，主要动力系统器件安装在钢架底座上，底座上部焊接有不锈钢封板，封板上开有若干小孔，便于排积水，主要有机玻璃反应器合理的布置安

装在不锈钢钢架的上下层。通过不锈钢复合管和PU管可连接成多种水处理工艺系统。

动力系统主要由水泵、风机、电磁阀、搅拌机组成。

水处理系统为有机玻璃制品，由格栅调节池、平流式沉砂池、A2/O生物反应器、SBR池、竖流式沉淀池、砂滤柱、加药池组成。

曝气系统由风机、曝气盘、搅拌机、流量计和管道组成。

（4）在线监测系统

由DO在线仪表及传感器、pH在线仪表及传感器、浮球液位开关等组成，可实现对搅拌机、水泵、风机、阀门等的控制。

模块B水处理工艺竞赛技术平台配置见表13-15，水处理工艺竞赛配套电气控制柜基本配置见表13-16，配套工具、耗材见表13-17。

表13-15　模块B　水处理工艺竞赛技术平台配置

序号	器材名称	器材规格或型号	数量	单位	备注
1	不锈钢钢架	尺寸：221cm×80cm×137cm； 材料：50×50不锈钢管材制作； 功能：对反应器的固定和摆放	1	套	
2	不锈钢水箱	配液位标识； 尺寸：ϕ75cm×118cm； 材料：2mm不锈钢板制作，底座采用不锈钢管材制作； 功能：带有液位指示功能，提供实训水源； 水箱固定座采用不锈钢方管焊接，为棱台状	1	个	
3	A2/O系统部件	尺寸：78cm×40cm×58cm； 材料：10mm有机玻璃板制作； 功能：主要由厌氧池、缺氧池、好氧池组成，按照1∶1∶3比例进行设计； 池体下部支撑结构与池体大身为一体化设计，并设有四个弧型人工操作口	1	台	
4	SBR1系统部件	尺寸：43cm×37cm×52cm； 材料：10mm有机玻璃板制作； 功能：完成污水处理中对污水的搅拌、曝气、静置沉淀、滗水过程	1	台	
5	SBR2系统部件	尺寸：43cm×37cm×52cm； 材料：10mm有机玻璃板制作； 功能：完成污水处理中对污水的搅拌、曝气、静置沉淀、滗水过程	1	台	
6	格栅调节池	一体式； 尺寸：74cm×26cm×39 cm； 材料：10mm有机玻璃板制作； 功能：格栅主要是去除污水处理中较大的悬浮物，调节池主要调节污水水质，使出水水质比较均匀	1	台	

续表

序号	器材名称	器材规格或型号	数量	单位	备注
7	沉砂池	平流式； 尺寸：60cm×35cm×34cm； 材料：10mm 有机玻璃板制作； 功能：系统采用的是平流式结构，主要是分离污水中相对密度较大的无机颗粒	1	台	
8	砂滤柱	内置鹅卵石与石英砂； 尺寸：ϕ25cm×30cm； 材料：6mm 厚度有机玻璃圆筒制作，带有封盖； 功能：截留污水中的悬浮物和胶体	1	台	
9	二沉池	竖流式； 尺寸：ϕ25cm×52cm； 材料：6mm 厚度有机玻璃圆筒制； 功能：系统采用的是竖流式结构，主要是分离污水中相对密度较大的无机颗粒	1	台	
10	加药池	尺寸：26cm×26cm×30cm； 材料：10mm 有机玻璃板制作，带有封盖； 功能：主要是对污水处理过程中一些药剂的配置和添加到污水中	1	台	
11	水泵	单相 AC220V； 功率：90W； 扬程：8m； 流量：8L/min； 配有泵性能测试仿真软件，通过 MATLAB 设计仿真模型，运行仿真计算即可自动生成水泵的特性曲线，同时可开放部分 MATLAB 源代码供学生自己研究和设计	4	个	
12	电磁隔膜计量泵	单相 AC220V； 功率：16W； 扬程：2m； 流量：15L/h； 功能：对药水的添加和计量	1	个	
13	搅拌调速系统	单相 AC220V； 功率：25W/40W； 功能：对污水、药剂的搅拌均匀，搅拌曝气，其中位于底层的两个搅拌电机配有电机防水保护罩	6	套	
14	曝气盘	微孔曝气盘； 直径 ϕ8cm； 功能：把风机的气均匀地释放到污水中	10	只	

续表

序号	器材名称	器材规格或型号	数量	单位	备注
15	风机	电磁式； 单相 AC220V； 功率：185W； 最大风量：150L/min； 功能：对好氧池的曝气	3	台	
16	滗水器	空气堰式； 尺寸：ϕ16 cm×25cm； 材料：2mm 厚不锈钢材料制作； 功能：作为 SBR 系统的关水和排水的功能以及对浮渣、污泥的截留	2	只	
17	DO 传感器	量程：0～20mg/L，6 分外螺纹接口； 功能：对调节池、好氧池、SBR1\SBR2 池等中溶解氧的含量实时监测，监测时安装于池体 45° 扩展接头处，具有 4～20mA 反馈信号输出，总线通信功能	4	个	
18	pH 传感器	量程：0～14，6 分外螺纹接口； 功能：对调节池中 pH 值的实时在线监测，监测时安装于池体 45° 扩展接头处	1	个	
19	气体流量计	面板式； 量程：0.5～8L/min； 功能：计量风机的进气流量，控制反应器中溶解氧含量	3	只	
20	液体流量计	管道式； 量程：1～7L/min； 功能：计量水流的进水流量	3	只	
21	浮球液位开关	24V 输入； 功能：对反应器中水位、水泵以及电磁阀的控制，主要是防止反应器中污水溢出	6	套	
22	组合填料	尺寸：ϕ15cm	1	套	
23	卡套式弯头	L16	46	个	
24		L16-1/2F	20	个	
25		L20-16	1	个	
26		L20	4	个	
27		L20-1/2F	3	个	
28	卡套式三通接头	T16	10	个	
29		T16-1/2F	11	个	
30		T20	1	个	

续表

序号	器材名称	器材规格或型号	数量	单位	备注
31	卡套式直通接头	S16-1/2F	10	个	
32		S16-1/2M	40	个	
33		S20-1/2M	5	个	
34	声级计	用于监测泵房和风机房的噪声	1	套	
35	电导率仪	用于检测污泥渗滤液中的电导率	1	套	
36	PM2.5 监测仪	用于监测厂房空气质量 PM2.5 含量	1	套	

表 13-16 模块 B 水处理工艺竞赛配套电气控制柜基本配置

序号	器材名称	器材规格或型号	数量	单位	备注
1	电器控制柜	尺寸：70cm×60cm×180cm； 材料：钢板静电喷塑工艺，柜架国际灰喷塑，柜门乳白色喷塑； 结构特征：四面开门，柜顶装有带有腰型散热孔的梯形顶，前柜门装有 46cm×92cm 玻璃门与 10 英寸触摸屏	1	个	
2	PLC 控制器	CPU SR30 AC/DC/RLY	1	个	
3	数字量输出模块	EM DR08，输出点数：8 点继电器输出	1	个	
4	模拟量输入模块	EM AE04，输入路数：4	2	个	
5	模拟量输出模块	EM AQ04，输出路数：4	1	个	
6	彩色触摸屏	10 英寸	1	台	
7	低压电气	小继电器	1	套	
8	空气开关	带漏电保护器	1	个	
9	交流接触器	220V	1	个	
10	操作开关	2 位	2	个	
11	开关电源	输出：DC24V	1	个	
12	工作状态指示灯		32	只	
13	DO 仪	单相 AC220V 输入，输出信号：4～20mA	4	只	
14	PH 仪	单相 AC220V 输入，输出信号：4～20mA	1	只	
15	监控软件	采用 MCGS 组态软件设计，包括系统工艺流程演示，数据显示采集处理，设备运行控制	1	套	
16	VR 虚拟仿真	配合水环境监测与治理工程实践作业使用，包含 VR 仿真软件、VR 硬件等	1	套	

续表

序号	器材名称	器材规格或型号	数量	单位	备注
17	欧式导线架	用于悬挂和放置实训专用连接导线，外形尺寸为530mm×430mm×1200mm，设有五个万向轮，造型美观大方	1	个	
18	实训操作台	尺寸：1500mm×800mm×820 mm	1	台	

表 13-17　模块 B　水处理工艺竞赛配套工具、耗材

名称	主要组成器件	数量
配套工具、耗材	包含不锈钢衬塑复合管、PU 管、复合管割刀、卷尺、扳手、尖嘴钳、生料带、内六角扳手、记号笔、十字螺丝刀、一字螺丝刀、插线板、万用表、剥线钳、斜口钳、焊锡丝、电烙铁、烙铁架、剪刀、PPR 管剪刀等	1 套

注：竞赛平台、计算机、软件、工量具、耗材统一由竞赛现场提供。

3. 模块 C　竞赛技术平台配置

模块 C 竞赛技术平台采用浙江天煌科技实业有限公司研发生产的“THEMBF-2 型泵站系统运行与维护平台”。

该平台由供水系统、泵管阀系统和电气控制系统三部分组成。控制系统采用国际知名品牌 PLC、触摸屏和编程组态软件，利用开放的工业以太网实现现场数据采集和信息通信，以灵活多样的输入接口接收现场传感检测信号，大大增强了系统的准确性和灵活性。

（1）供水系统

供水系统是泵站系统集配水的场所，为液体输送提供水源。主体位于型材框架的顶端，主要由集水池、药剂池、稳流筒、搅拌机、计量泵、物位仪和蝶阀等组成。

（2）泵管阀系统

泵管阀系统是泵站系统的主体单元，通过水泵、管道和阀门的操控，实现液体输送。主要由螺杆泵、空压机、储气罐、气动刀闸阀、气动蝶阀、过滤器、安全阀、隔膜阀、球阀、电动调节阀、压力传感器、电磁流量计、气源处理元件等组成。

（3）控制系统

控制系统用于现场信号采集显示、运行状态指示、执行器控制和系统动力控制。主要由电气控制柜、通断开关、空气开关、触摸屏、急停开关、电流互感器、多功能电力表、PLC 可编程控制器、继电器、交流接触器、变频器、调速器、警示牌和监控软件等组成。

泵站系统运行与维护竞赛技术平台配置见表 13-18，配套控制系统见表 13-19，配套工具见表 13-20。

表 13-18　模块 C　泵站系统运行与维护竞赛技术平台配置

序号	器材名称	器材规格说明	数量	单位	备注
1	不锈钢钢架	尺寸：180cm×85cm×120cm	1	套	
2	集水池	尺寸：75cm×45cm×42cm，刻有液位标尺	1	套	

续表

序号	器材名称	器材规格说明	数量	单位	备注
3	药剂池	尺寸：30cm×30cm×29cm； 材料：8mm 厚淡蓝色有机玻璃板制作	1	套	
4	稳流筒	尺寸：ϕ8cm×47cm； 材料：淡蓝色有机玻璃管制作	1	套	
5	螺杆泵	分体式（定子分瓣成型）； 电源：AC380V 50Hz； 功率：0.75kW； 流量：800L/h	1	台	
6	计量泵	电磁隔膜式； 电源：AC220V 50Hz； 功率：16W； 流量：15L/h	1	台	
7	空压机	电源：AC220V 50Hz； 功率：0.55kW； 排气量：118L/min	1	台	
8	搅拌机	电源：AC220V 50Hz； 功率：60W 和 25W，由电机、联轴器和搅拌杆组成	2	台	
9	气动刀闸阀	规格：DN50； 材质：不锈钢； 气源压力：0.4～0.7MPa； 配电磁阀和磁性开关，可反馈阀门启闭状态	1	台	
10	气动蝶阀	对夹式； 规格：DN40； 材质：不锈钢； 气源压力：0.4～0.7MPa； 配电磁阀和回信器，可反馈阀门启闭状态	1	台	
11	电动调节阀	规格：DN40； 材质：不锈钢； 输入信号：4～20mA	1	台	
12	安全阀	双由令； 规格：DN15； 材质：PVC； 耐压：1MPa	1	个	
13	过滤器	双由令； 规格：DN40； 材质：透明 PVC	1	个	
14	隔膜阀	双由令； 规格：DN15； 材质：PVC	1	个	

续表

序号	器材名称	器材规格说明	数量	单位	备注
15	球阀	双由令； 规格：DN40； 材质：PVC	1	个	
16	蝶阀	对夹式； 规格：DN40； 材质：PVC	1	个	
17	球阀	双由令； 规格：DN40； 材质：PVC	1	个	
18	压力传感器	数显式； 电源：DC24V； 测量范围：−1～10Bar； 输出信号：0～10V	2	个	
19	电磁流量计	分体式； 电源：AC220V 50Hz； 测量范围：0.15～1.5m³/h； 输出信号：4～20mA	1	台	
20	超声波物位仪	电源：DC24V； 测量范围：0～1m； 输出信号：0～10V	1	台	
21	储气罐	材质：不锈钢； 容积：0.5L； 耐压：1.2MPa	1	个	
22	气源处理元件	调压范围：0.15～0.9MPa； 自动排水	1	套	

表 13-19　模块 C　泵站系统运行与维护竞赛技术平台配套控制系统

序号	器材名称	器材规格说明	数量	单位	备注
1	电气控制柜	尺寸：80cm×60cm×180cm； 材料：钢板静电喷塑工艺，柜架国际灰，柜门乳白色	1	套	
2	通断开关	LW42B32-1017/LF	1	个	
3	急停按钮	LAY16 系列，红色	1	个	
4	多功能电力表	HXDZ-E-9SY，三相	1	个	
5	触摸屏	KTP700	1	个	
6	空开	3P 20A	1	个	

续表

序号	器材名称	器材规格说明	数量	单位	备注
7	空开	2P 10A	2	个	
8	电流互感器	CT3D-400，三相组合式	1	个	
9	交换机	SCALANCE XB005	1	个	
10	交流接触器	LC1E0610M5N	1	个	
11	开关电源	HDR-120-24	1	个	
12	CPU1215C	6ES7 215-1BG40-0XB0	1	个	
13	SM1234	6ES7 234-4HE32-0XB0	1	个	
14	G120C 变频器	6SL3210-1KE15-8AF1	1	个	
15	BOP 面板	6SL3255-0AA00-4CA1	1	个	
16	内置调速器	SK200E； 输入信号：0～10V	1	个	
17	继电器	TRS 24VDC 1CO	3	个	
18	电容器	CBB61 系列，聚丙烯薄膜	2	个	
19	插座	DEP2-125，工业明装	1	个	
20	工业用插头	DEP2-025	1	个	
21	警示牌	悬挂式； 尺寸：160mm×200mm×1.5mm	1	套	
22	监控软件	采用 TIA V15 组态软件设计，包括泵阀操作、数据处理显示、趋势曲线、报警处理等	1	套	
23	VR 虚拟仿真	配合泵站运行与维护工程实践作业使用，包含 VR 仿真软件、VR 硬件等	1	套	

表 13-20　模块 C　泵站系统运行与维护竞赛技术平台配套工具

名称	主要组成器件	数量
配套工具	包含卷尺、梅花开口两用扳手套装、活口扳手、生料带、内六角扳手组合套装、电工工具组合套装、插线板、万用表、烙铁架、电工胶带、盘根取出器、管钳、电脑桌、工具箱、可移动工具柜、操作台、移动式小吊机和吊带等	1 套

注：竞赛平台、计算机、软件、工量具、耗材统一由竞赛现场提供。

十一、成绩评定

（一）评分标准的制订原则

按照“水处理技术”相关行业职业能力要求，结合国家及行业的相关标准、规范要求进行评分，全面评价参赛选手职业能力的要求，本着“科学严谨、公开、公正、公平、可

操作性强”的原则制定评分标准，竞赛项目满分为 100 分。

（二）评分方法

1. 裁判组实行“裁判长负责制”，设裁判长 1 名，全面负责赛项的裁判与管理工作。

2. 裁判员根据竞赛工作需要分为检录裁判、加密裁判、现场裁判和评分裁判，检录裁判、加密裁判、现场裁判不得参与评分工作。

（1）检录裁判负责对参赛队伍（选手）进行点名登记、身份核对等工作；

（2）加密裁判负责组织参赛队伍（选手）抽签并对参赛队伍（选手）的信息、产品、现场记录数据进行加密、解密；

（3）现场裁判按规定做好赛场记录，维护赛场纪律；

（4）评分裁判负责对参赛队伍（选手）的技能展示、现场记录数据、操作规范和竞赛作品等按赛项评分标准进行评定。

3. 赛项裁判组负责赛项成绩评定工作，现场裁判由 3 位裁判员组成并设组长 1 名，负责 4～6 个赛位，组长协调，组员互助，现场裁判对检测数据、操作行为进行记录，不予以评判；评分裁判员按 3 人一组负责裁判 10～15 个赛位设置，对现场裁判的记录、设计的参数、程序、产品质量进行流水线评判；赛前对裁判进行一定的培训，统一执裁标准。

4. 参赛选手根据赛项任务书的要求进行操作，注意操作要求，需要记录的内容要记录在竞赛试题中，需要裁判确认的内容必须经过裁判员的签字确认，否则不得分；评价项目主要有工量具的规范使用、装配工艺、装配质量、电气连接、参数设置、设备联调等。

5. 文明生产评价为扣分项，包括工作态度、安全意识、职业规范、环境保护等方面。参赛选手有下列情形，需从参赛成绩中扣分：

（1）在完成竞赛任务的过程中，因操作不当导致事故，扣 10～20 分，情况严重者取消竞赛资格。

（2）因违规操作损坏赛场提供的设备，污染赛场环境等不符合职业规范的行为，视情节扣 5～10 分。

（3）扰乱赛场秩序，干扰裁判员工作，视情节扣 5～10 分，情况严重者取消竞赛资格。

6. 赛项裁判组本着“公平、公正、公开、科学、规范、透明、无异议”的原则，按照模块 A、B、C 顺序分别加权求和得出最终成绩，模块的权重由 A 至 C 的顺序，分别为 35%，35%，30%；最终按总评分得分高低，确定参赛队奖项归属。

7. 按竞赛成绩从高到低排列参赛队的名次。竞赛成绩相同，完成竞赛任务 B 所用时间少的名次在前；竞赛成绩和完成竞赛任务用时均相同，按职业素养成绩较高的名次在前；竞赛成绩、完成竞赛任务用时、职业素养成绩相同，名次并列。

8. 评分方式以小组为单位，裁判相互监督，对检测、评分结果进行一查、二审、三复核。确保评分环节准确、公正。成绩经工作人员统计，组委会、裁判组、仲裁组分别核准后，在闭赛式上公布。

9. 成绩复核。为保障成绩评判的准确性，监督组将对赛项总成绩排名前 30% 的所有参赛选手的成绩进行复核；对其余成绩进行抽检复核，抽检覆盖率不得低于 15%。如发现成绩错误以书面方式及时告知裁判长，由裁判长更正成绩并签字确认。复核、抽检错误率超过 5% 的，裁判组将对所有成绩进行复核。

10. 赛项最终得分按 100 分制计分。最终成绩经复核无误，由裁判长、监督组长、仲裁长签字确认后公布。

（三）评分标准

本项目评分标准分为测量和评价两类。凡可采用客观数据表述的评判称为测量；凡需要采用主观描述进行的评判称为评价。

（1）评价分（主观）

评价分打分方式：3 名裁判为一组，各自单独对每一评分项评分，3 名裁判员的平均分为该评分项的实际得分。裁判相互间分差必须小于等于 1 分，否则需要给出确切理由并在小组长或裁判长的监督下进行调分。每个模块的评价评分必须先于测量分评分进行。

评价分准则样例见表 13-21。

表 13-21　评价分准则样例

分值	要求描述
0 分	低于行业标准，包括“未做尝试”
1 分	达到行业基本标准
2 分	达到行业标准，且在某些方面高于行业标准
3 分	全方位超过行业标准

（2）测量分（客观）

测量分打分方式：按模块设置若干个评分组，每组由 3 名裁判构成。每个组所有裁判一起商议，在对该参赛选手在该项中的实际得分达成一致后最终只给出一个分值，见表 13-22。

表 13-22　测量分评分准则样例

类型	示例	最高分值	正确分值	不正确分值
满分或零分	传感器安装尺寸正确	1	1	0

十二、奖项设定

本赛项按总成绩由高到低排序，设个人一、二、三等奖，比例分别为实际参赛对总数的 10%、20%、30%（小数点后四舍五入）。

获得一等奖参赛选手的指导教师由组委会颁发优秀指导教师证书。

十三、赛场预案

1. 在大赛之前，由安全保卫处对安保队员组织培训，提前进行安全教育，明确具体职责和具体分工。

2. 赛场安全区域管理，大赛前严格检查各部位消防设施，做好安全保卫工作，控制闲杂人员进入，防止火灾、盗窃现象发生，确保大赛期间赛场区域的安全与稳定。

3. 如发生安全事故，应立即报告现场总指挥，各类人员按照分工各尽其责，立即进行现场抢救和组织人员疏散，最大限度地减少人员伤亡和财产损失。

4. 电力供应如存在不稳定的因素，配备应急发电车，保证大赛顺利进行，如中途断电等现象，启用电力应急车并对停电赛位进行补时，确保公平公正。

5. 设备和计算机等配置备用机，如计算机出现卡顿等现象立即进行更换，对参赛选手进行适当时间的补时。

6. 设备运行调试时，应对每个系统分别调试，规范操作，避免设备短路故障出现。参赛选手在进行计算机编程操作时现场裁判要及时提醒存盘，避免数据丢失。

7. 竞赛过程中，技术保障组全程待命，如果出现设备或器件故障，及时给予维修或更换备用设备，裁判人员记录时间并报告裁判长，所产生的时间，经裁判长同意给予补时。

十四、赛项安全

赛事安全是技能竞赛一切工作顺利开展的先决条件，是赛事筹备和运行工作必须考虑的核心问题。赛项执委会采取切实有效措施保证大赛期间参赛选手、指导教师、裁判员、工作人员及观众的人身安全。

（一）竞赛环境

1. 执委会须在赛前组织专人对竞赛现场、住宿场所和交通保障进行考察，并对安全工作提出明确要求。赛场的布置，赛场内的器材、设备，应符合国家有关安全规定。如有必要，也可进行赛场仿真模拟测试，以发现可能出现的问题。承办院校赛前须按照执委会要求排除安全隐患。

2. 赛场周围要设立警戒线，防止无关人员进入发生意外事件。竞赛现场内应参照相关职业岗位的要求为参赛选手提供必要的劳动保护。在具有危险性的操作环节，裁判员要严防参赛选手出现错误操作。

3. 承办院校应提供保证应急预案实施的条件。对于竞赛内容涉及高空作业、可能有坠物、大用电量、易发生火灾等情况的赛项，必须明确制度和预案，并配备急救人员与设施。

4. 执委会须会同承办院校制订开放赛场和体验区的人员疏导方案。赛场环境中存在人员密集、车流人流交错的区域，除了设置齐全的指示标志外，须增加引导人员，并开辟备用通道。

5. 大赛期间，承办院校须在赛场管理的关键岗位，增加力量，建立安全管理日志。

6. 参赛选手进入赛位、赛事裁判工作人员进入工作场所，严禁携带通信、照相摄录设备，禁止携带记录用具。如确有需要，由赛场统一配置、统一管理。赛项可根据需要配置安检设备对进入赛场重要部位的人员进行安检。

7. 大赛期间，承办院校须在赛场管理的关键岗位增加力量，建立安全管理日志。

（二）生活条件

1. 竞赛期间，原则上由执委会统一安排参赛选手和指导教师食宿。承办院校须尊重少数民族的宗教信仰及民族习惯，根据国家相关的民族政策，安排好少数民族参赛选手和教师的饮食起居。

2. 竞赛期间安排的住宿地应具有宾馆 / 住宿经营许可资质。以学校宿舍作为住宿地的，大赛期间的住宿、卫生、饮食安全等由执委会和提供宿舍的学校共同负责。

3. 大赛期间有组织的参观和观摩活动的交通安全由执委会负责。执委会和承办院校须保证竞赛期间参赛选手、指导教师和裁判员、工作人员的交通安全。

4. 各赛项的安全管理，除了可以采取必要的安全隔离措施外，应严格遵守国家相关法律法规，保护个人隐私和人身自由。

（三）组队责任

1. 组织代表队时，须安排为参赛选手购买大赛期间的人身意外伤害保险。

2. 代表队组成后，须制定相关管理制度，并对所有参赛选手、指导教师进行安全教育。

3. 各参赛队伍须加强对参赛人员的安全管理，实现与赛场安全管理的对接。

（四）应急预案与处理

竞赛期间发生意外事故，发现者应第一时间报告执委会，同时采取措施避免事态扩大。执委会应立即启动应急预案予以解决并报告组委会。赛项出现重大安全问题可以停赛，是否停赛由执委会决定。事后，执委会应向组委会报告详细情况。

针对新型冠状病毒疫情，根据《山东省人民代表大会常务委员会关于依法加强新型冠状病毒肺炎疫情防控工作的决定》《山东省新冠肺炎疫情常态化防控期间会议活动防控指南》等法规规范规定，建立科学、规范、及时、有效的防控应急预案，安排专人在赛场入口测试体温，体温异常者禁止进入赛场。在赛事场地安排一个隔离的房间或空间作为“疫情隔离区”并设专用通道，让在现场发现的有症状人员在转移到医疗机构之前在此等候。一旦发现疫情，应立即报告单位疫情防控责任人，疫情防控责任人将及时向上级主管部门和属地社区报告备案，协助疾病预防控制机构、医疗机构做好就诊治疗和相关防控工作。

（五）处罚措施

1. 因参赛队伍原因造成重大安全事故的，取消其获奖资格。

2. 参赛队伍有发生重大安全事故隐患，经赛场工作人员提示、警告无效的，可取消其继续竞赛的资格。

3. 赛事工作人员违规的，按照相应的制度追究责任。情节恶劣并造成重大安全事故的，由司法机关追究相应法律责任。

十五、竞赛须知

（一）参赛队须知

1. 参赛队名称统一使用规定的地区代表队名称，不得使用学校或其他组织的名称。

2. 参赛队选手在报名获得确认后，原则上不再更换，如筹备过程中，参赛选手因故不能参赛，所在省教育主管部门需出具书面说明并按相关参赛选手资格补充人员并接受审核；竞赛开始后，参赛队不得更换参赛选手，若有参赛队员缺席，则视为自动放弃竞赛。

3. 各省、自治区、直辖市和计划单列市在组织参赛队时，须安排为参赛选手购买大赛期间的人身意外伤害保险。

4. 参赛队对大赛组委会以后发布的所有文件都要仔细阅读，确切了解大赛时间安排、

评判细节等，以保证顺利参加大赛。

5. 参赛队按照大赛赛程安排，凭大赛组委会颁发的参赛证和有效身份证件参加竞赛及相关活动。

6. 参赛队将通过抽签决定竞赛场地和竞赛顺序。

7. 本规则没有规定的行为，裁判组有权做出裁决。在有争议的情况下，仲裁工作组的裁决是最终裁决，任何媒体资料都不做参考。

（二）指导教师须知

1. 做好赛前抽签工作，确认竞赛出场顺序，协助大赛承办院校组织好本单位参赛选手的各项赛事相关事宜。

2. 做好本单位参赛选手的业务辅导、心理疏导和思想引导工作，对参赛选手及竞赛过程报以平和、包容的心态，共同维护竞赛秩序。

3. 自觉遵守竞赛规则，尊重和支持裁判工作，不随意进入竞赛现场及其他禁止入内的区域，确保竞赛进程的公平、公正、顺畅、高效。

4. 各参赛队要坚决执行竞赛的各项规定，加强对参赛人员的管理，做好赛前准备工作，督促参赛选手带好证件和要求自带的检测仪器等。

5. 当本单位参赛选手对竞赛进程中出现异常或疑问，应及时了解情况，客观做出判断，并做好参赛选手的安抚工作，经内部进行协商，认为有必要时可在规定时限内向赛项仲裁工作组反映情况或提出书面仲裁申请。

6. 参赛选手因申诉或对处理意见不服而停止竞赛，以弃权处理。

7. 指导教师应认真研究和掌握本赛项竞赛的技术规则和赛场要求，指导参赛选手做好赛前技术准备和应赛准备。

8. 指导教师应在赛后做好技术总结和工作总结。

（三）参赛选手须知

1. 参赛选手报到后，凭身份证领取参赛证，并核实参赛选手参赛资格。参赛证为参赛选手参赛的凭据。参赛选手一经确认，中途不得任意更换，否则以作弊论处，其个人不得参与个人名次排名。

2. 参赛选手应持参赛有效证件，按竞赛顺序、项目场次和竞赛时间，提前30分钟到各考核项目指定地点接受检录、抽签决定竞赛赛位号等。

3. 检录后的参赛选手，应在工作人员的引进下，提前15分钟到达竞赛现场，从竞赛计时开始，选手未到即取消该项目的参赛资格。

4. 参赛选手进入赛场，应佩戴参赛证，并根据竞赛项目要求统一着装，做到衣着整洁，符合安全生产及竞赛要求。

5. 参赛选手应认真阅读各项目竞赛操作须知，自觉遵守赛场纪律，按竞赛规则、项目与赛场要求进行竞赛，不得携带任何书面或电子资料、U盘、手机等电子或通信设备进入赛场，不得有任何舞弊行为，否则视情节轻重执行赛场纪律。

6. 竞赛期间，参赛选手应服从裁判评判，若对裁判评分产生异议，不得与裁判争执、顶撞，但可于规定时限内由领队向赛项仲裁工作组提出书面仲裁申请，由赛项仲裁工作委员会调查核实并处理。

7. 不服从裁判、工作人员、扰乱赛场秩序、干扰其他参赛选手竞赛情况，裁判组应提出警告。累计警告 2 次或情节特别严重，造成竞赛中止的，经裁判长裁定后中止竞赛，并取消参赛资格和竞赛成绩。

8. 竞赛过程中，产生重大安全事故、或有产生重大安全事故的隐患，经裁判员提示无效的，裁判员可停止其竞赛，并取消参赛资格和竞赛成绩。

9. 竞赛过程中，出现赛项规程所规定的取消竞赛资格的行为，裁判员可停止其竞赛，并取消参赛资格和竞赛成绩。

10. 参加技能操作竞赛的参赛选手如提前完成作业，参赛选手应在指定的区域等待，经裁判同意方可离开考场。

11. 竞赛过程中如因竞赛设备或检测仪器发生故障，应及时报告裁判，不得私自处理，否则取消本场次竞赛资格。

12. 竞赛时，替补队员不得进入竞赛现场参与竞赛。

（四）工作人员须知

1. 服从大赛组委会的领导，遵守职业道德、坚持原则、按章办事，切实做到严格认真，公正准确，文明执裁。

2. 必须佩带裁判员胸卡、着裁判员服装，仪表整洁，语言举止文明礼貌，接受仲裁组成员和参赛人员的监督。

3. 必须参加大赛组委会的赛前培训。

4. 竞赛期间，保守竞赛秘密，不得向各赛区领队、教练及参赛选手泄露、暗示大赛秘密。

5. 严格遵守竞赛时间，不得擅自提前或延长。

6. 严格执行竞赛纪律，除应向参赛选手交代的竞赛须知外，不得向参赛选手暗示解答与竞赛有关的问题，更不得向参赛选手进行指导或提供方便。

7. 裁判与工作人员要坚守岗位，不得私自串岗，不得迟到，不得早退。

8. 监督参赛选手遵守竞赛规则和安全操作规程的情况，不得无故干扰参赛选手竞赛。正确处理竞赛中出现的问题。

9. 遵循公平、公正原则，维护赛场纪律，文明执裁，如实填写赛场记录。

10. 工作人员应在每轮竞赛中，对出现的设备故障应及时检查并抢修；对不能解决的设备问题，应及时汇报。

十六、申诉与仲裁

1. 根据《全国职业院校技能大赛赛项监督与仲裁管理办法》仲裁人员的条件和组成程序，成立水处理技术赛项仲裁工作组。仲裁工作组在赛项执委会领导下开展工作，并对赛项执委会负责。

2. 仲裁人员的职责

（1）熟悉赛项的竞赛规程和规则。

（2）掌握本赛项的竞赛进展情况。

（3）受理各参赛队的书面申诉。

（4）对受理的申诉进行深入调查，做出客观、公正的集体仲裁。

3. 申诉与仲裁的程序

（1）本赛项各参赛队对不符合赛项规程规定的仪器、设备、工装、材料、物件、计算机软硬件、竞赛使用工具、用品，竞赛执裁、赛场管理、竞赛成绩，以及工作人员的不规范行为等，可向赛项仲裁工作组提出申诉。

（2）申诉主体为参赛队领队。

（3）申诉启动时，以参赛队领队亲笔签字的书面报告的形式递交赛项仲裁工作组。报告应对申诉事件的现象、发生时间、涉及人员、申诉依据等进行充分、实事求是地叙述。非书面申诉不予受理。

（4）提出申诉应在赛项竞赛结束后 2 小时内提出。超过 2 小时不予受理。

（5）赛项仲裁工作组在接到申诉报告后的 2 小时内组织复议，并及时将复议结果以书面形式告知申诉方。申诉方对复议结果仍有异议，可由省（市）领队向赛区仲裁委员会提出申诉。赛区仲裁委员会的仲裁结果为最终结果。

（6）申诉方不得以任何理由拒绝接收仲裁结果；不得以任何理由采取过激行为扰乱赛场秩序；仲裁结果由申诉人签收，不能代收；如在约定时间和地点申诉人离开，视为自行放弃申诉。

十七、竞赛观摩

1. 大赛期间，允许各有关企业、单位、行业协会组织专家、技术人员团体、参赛队领队、指导教师在指定观摩区进行公开观摩。

2. 观摩人员可在下午场次的竞赛开赛后在规定的时间内，以小组为单位，在赛场引导员的引导下，有序进入赛场观摩，观摩时间为半个小时。

3. 观摩人员只能在观摩区行动，禁止携带通信工具进入赛场，观摩期间禁止大声喧哗，不能在参赛选手岗位前停留，不得与参赛选手有任何交流，不得干扰参赛选手竞赛，不准向场内裁判及工作人员打招呼、提问，未经允许禁止拍照和摄像。凡是违反规定者，立即取消其参观资格。

4. 新闻媒体等进入赛场必须经过大赛执委会允许，由专人陪同并听从现场工作人员的安排和管理，不能影响竞赛进行。

十八、竞赛录播

1. 在组委会的领导下，成立专业工作小组。

2. 利用现代网络传媒技术对赛场的全部竞赛过程录播，包括竞赛过程、开闭赛式，对现场优秀参赛选手、优秀指导教师采访，展示作品等环节。通过采访企业人士和裁判专家点评视频资料，突出赛项的技能重点与优势特色。

3. 利用多媒体技术及设备录制视频资料，记录竞赛全过程，为宣传、仲裁、资源转化提供全面的信息资料，赛后制作课程媒体资源。

十九、资源转化

在大赛执委会的领导与监督下，赛后 30 日内向大赛执委会办公室提交资源转化方案，在半年内完成资源转化工作。

1. 赛项资源转化的内容包括本赛项竞赛全过程的各类资源。做到赛项资源转化成果应符合行业标准、契合课程标准、突出技能特色、展现竞赛优势，形成满足职业教育教学需求、体现先进教学模式、反映职业教育先进水平的共享性职业教育教学资源。

2. 本赛项资源转化成果包含基本资源和拓展资源，充分体现本赛项技能考核特点。

（1）基本资源

向大赛执委会提供专家点评视频、优秀参赛选手、指导教师访谈视频；向大赛执委会提供竞赛过程的全套音视频素材。

（2）拓展资源

建立试题库、配分表、评分表，搜集各地竞赛试题、配分表、评分表，为各学校开展项目实训提供参考；搭建赛项教育云平台，主要包括资源共享、资源下载、技术交流、在线学习、题库建设等单元。

3. 本赛项所有转化资源做到均符合《全国职业院校技能大赛赛项资源转化工作办法》中规定的各项技术标准。

4. 资源的使用与管理。赛项资源转化成果由大赛执委会统一实施，成熟的资源转化成果发布于全国大赛网络信息发布平台，供职业院校师生借鉴学习。

模块二　GZ-2020013　水处理技术赛项
技术分析报告

一、综述

1. 竞赛情况

水处理技术赛项（编号GZ-2020013），于2020年11月27—29日在山东省潍坊市山东科技职业技术学院成功举办。水处理技术赛项参赛队伍来自全国29个省、自治区、直辖市，共29支代表队。每支代表队组成为1名领队、1名指导教师、1名参赛选手。

2. 竞赛内容

2020年9月16—26日在北京国开会议中心，专家组5名成员进行编写赛程和赛题工作。共编制赛程一份、赛题5套，9月30日在全国职业院校技能大赛官网公布。

水处理技术赛项（编号GZ-2020013）与世界技能大赛水处理技术赛项充分对接，并保留原赛项（水环境监测与治理技术）特色，形成新赛项、新特色。

赛项分A、B、C三个模块，4场竞赛，每场3小时，2天12小时内完成。A模块是实验室工作，分2场竞赛，其中A1子模块是水质检测分析，要求完成EDTA标准溶液浓度的标定、水样的硬度及正磷酸盐浓度的检测分析；A2子模块是实验室条件下的混凝实验，要求通过条件性实验与浊度检测，对pH、混凝剂与助凝剂用量、搅拌速度等进行条件优化，获得水样混凝优化方案，并进行成本核算。B模块是水处理工艺，包括识图绘图、设计计算、设备部件安装调试、PLC编程调试与连接、故障排除与维修、水气声等在线监测，实现设备自动运行与监控。C模块为泵站系统运行与维护，包括水泵、阀门的拆装与故障排除。

3. 赛场分布

A模块赛场在科研楼实训中心一楼，B、C模块赛场在工业中心C区。

二、赛项设计解读

1. 赛项的整体设计

水处理技术赛项按照行业企业水质检测分析、水处理与泵站设施运行维护等岗位真实工作过程设计竞赛内容。

参赛选手通过竞赛，能够获得给排水工程技术、环境工程技术、环境监测技术、自动控制技术、智能制造与智慧水务等领域的先进技术、工艺和经营理念，培育技术全能型创新人才，激发参赛选手热爱本专业岗位工作。待到学成毕业后，选择其喜欢的岗位，努力工作，实现自己的人生价值，为社会做出更大贡献。

水处理技术赛项面向行业主流技术，借鉴世界技能大赛办赛机制，参考世界技能大赛水处理技术赛项文件，“以赛促学、以赛促教、以赛促改”，弘扬工匠精神，引导全社会尊重、重视、关心技能人才的培养和成长，宣传技能人才的重要贡献和重大作用，营造尊敬技能人才的社会氛围，让尊重劳动、尊重技术、尊重创造成为社会共识。

2. 命题依据

专家组命题时，充分考虑高职教育水利大类专业现状，赛题注重基础知识和基本技能考核，围绕专业教学标准中通用部分展开，重点放在考核参赛选手的检测与分析、安装与调试、运行与维护等综合应用能力。

赛卷贴近水处理行业企业实际，通过水处理技术员在水处理厂站、泵站虚拟系统或真实场景的工作准备与计划，完成水处理厂站巡检与数据填报，并根据工作中出现的水质变化问题在实验室进行水质检测与分析，完成水质优化实验并形成报告；针对具体水质情况在教学实训平台上进行水处理工艺单元设计、施工、安装和运行调试，并对水处理系统出现的故障进行排除；对泵站系统水泵、管道、阀门进行拆卸、安装和运维。

要求参赛选手具有综合的专业技能，若想顺利完成竞赛，需要多个学科专业的知识、技能训练。

3. 赛题解读

（1）A 模块（在总分中权重 35%），是增加的赛项任务，主要是考核选手的实验室工作能力。部分要求比世界大赛都高了。

A 模块考核权重指标见表 13-23：

表 13-23　A 模块考核权重指标表

<table>
<tr><td rowspan="2">指标</td><td colspan="2">A1 模块——水质分析</td><td rowspan="3">A2 模块——混凝实验</td></tr>
<tr><td>水样的硬度测定</td><td>正磷酸盐浓度测定</td></tr>
<tr><td>占比 /%</td><td>40</td><td>60</td></tr>
<tr><td>占比 /%</td><td colspan="2">55</td><td>45</td></tr>
</table>

（2）B 模块（在总分中权重 35%），为原项目，维持了原赛项任务，主要是考核参赛选手运用所学知识和技能，进行单元设计、安装和运行调试的综合能力，注重参赛选手完成水处理设备自动运行与监控等工作，以赛促教。

权重指标也将重点放在设计与安装、自动化控制和设施运维上，要求大致与原赛项和世界技能大赛持平。

B 模块考核权重指标见表 13-24：

表 13-24　B 模块考核权重指标表

指标	工程图设计与设备安装	自动化控制	设施运维	安全生产与应急处置
占比 /%	30	30	30	10

（3）C 模块（在总分中权重 30%），这个是增加的项目。主要是考核参赛选手水泵、闸阀拆装与故障排除、浑浊水质的处理能力，同时包含对参赛选手的安全防护意识的考核。

C 模块考核权重指标分配见表 13-25：

表 13-25　C 模块考核权重指标表

指标	水泵拆装与故障排除	水泵拆装与故障排除
分值 /%	60	40

（4）职业素养（权重 5%，分布在 A、B、C 模块中，不单独计算），包括工作准备与计划，环境卫生，节约用水，文明礼貌等方面。

三、成绩解析

1. 赛项分项任务成绩

从赛项结果看。成绩呈正态分布，符合专家组命题思路，达到命题设定的结果。A1 和 C 模块得分率相对较高，完全完成竞赛的有三支队伍，完成竞赛的有六支队伍，非常符合一、二等奖设置。

三等奖队伍或是 A2 模块失误，或是 B 模块失误，说明参赛选手有偏项，掌握知识、技能不全面，还不是全能型参赛选手。这与原赛项两名参赛选手，指导教师侧重培养有关。

竞赛中发现参赛选手偏科较重，有的实验室分析化验比较好，有的安装运行动手能力强，比较全面的参赛选手还略微少了些。以往大赛为团体赛，两个参赛选手共同完成一项任务，某个环节需要相互搭配、商量，现在是独自一人参赛，因此参赛选手的日常训练就要各项全能。

2. 竞赛总成绩

竞赛设一等奖 3 名，二等奖 6 名，三等奖 9 名，有 11 支代表队未得奖。

从成绩分布看，原赛项传统强队依然实力强劲。比如一等奖的三支队伍都是 2019 年的一等奖队伍，二等奖中有一支为 2019 年的一等奖队伍。广东省、河北省、福建省、甘肃省四支代表队成绩上升快，可喜可贺。中西部地区代表队成绩仍有很大上升空间，需要引起专家组重视，赛后专家组已经与代表队领队联系，以便有针对性把脉，帮助他们提高竞赛水平，提高专业建设和课程建设水平。

四、典型实例评析

A1 模块最高分 86.9 分，为二等奖选手；A2 模块最高分 72.78 分，为一等奖选手；B

模块最高分 77.815 分，为一等奖选手；C 模块最高分 96.1 分，为一等奖选手。

从得奖学校分析，一等奖的学校均为原大赛多次获得一等奖的学校，而分数较低的学校，基本是第一次参赛，或者是边远地区的学校。

由于改革试点赛，每省出一支队伍参赛。有些省份水平高，发挥不错；有些省份只是重在参与，参赛选手为大一学生，赛场的仪器设备大多没有见过，有些基本操作都不会，参赛目的是来增长见识为明年做准备，没有分析价值。对这些队伍来说，给他们机会，参与其中，找差距，谋求进步与发展，符合改革试点赛的大局观。这也正是专家组在赛后需要考虑重点帮扶的，先了解情况，再有针对性组织活动，鼓励让他们参与，帮助他们提高。

五、行业要求对比

赛项归属产业为资源环境与安全大类，表明竞赛目的指向我国经济的稳步发展，需要的重要支撑就是水生态环境。

现代水处理技术岗位需要给排水工程技术、环境工程技术、环境监测技术、自动控制技术、智能制造与智慧水务等多专业领域交叉复合。从水处理行业看，水处理技术赛项展开的工作是重要的，是企业实际需求。对比企业和职业教育，先进企业在理念、技术、工艺等方方面面都走在前面，是职业教育需要吸纳的养分。

赛项与 1+X 证书制度对接，是赛项对专业教学的引领。通过技能大赛可促进校企共建、赛证融通，使以赛促教、以赛促学、以赛促改、以赛促建、以赛促发展的精髓能够得到发扬光大。

六、总结、意见与建议

1. 裁判队伍的业务能力需要加强，执裁水平需要提高。有些裁判对设备的熟悉程度低，业务水平需要加强。

2. 增加裁判库人员数量，将一线教师和企业技术人员纳入裁判库，充实裁判队伍。

3. 建议赛后，在大赛办的指导下，召开多种形式的赛项总结会、经验交流会，把赛项成熟的成果资源化转化，供职业院校师生借鉴学习，以提高整体技能水平。

模块三　GZ-2020013　水处理技术赛项工作总结

“高职组”水处理技术赛项于 2020 年 11 月 27 日至 28 日在山东科技职业学院举办，29 日举行闭赛式。来自全国 29 个省份的参赛选手参加了此项赛事，赛项产生一等奖 3 名，二等奖 6 名，三等奖 9 名。赛项整体运行平稳顺利，无投诉，达到了预期目标。现进行以下工作总结。

一、赛项前期准备工作情况

1. 赛项设置的现实意义

水是生命之源，生产之要，生态之基。随着水污染问题对生态环境影响的加剧，人们日益意识到水污染对人类社会的危害，公众对水环境质量关注度和要求也不断提高。保护水资源，改善水生态，优化水环境，确保水安全，已上升为国家战略要求。社会迫切需要水质检测分析、水处理与泵站设施运行维护的复合型水处理技术人才。

“高职组”水处理技术赛项充分考虑现代水处理技术岗位需要给排水工程技术、环境工程技术、环境监测技术、自动控制技术、智能制造与智慧水务等多专业领域交叉复合，分为实验室工作、水处理工艺、泵站系统运行与维护三大模块。展现水处理技术员实际工作过程，突出检测与分析、安装与调试、运行与维护等综合应用能力。

全国职业院校技能大赛水处理技术改革试点赛，借鉴世界水处理技术职业技能培训考核体系和国际上先进职业教育经验，探索适合我国水处理技术职业教育教学特点的内在规律，在竞赛规程、标准、试题库、优秀参赛选手经典案例等大赛成果与日常教学、高职教育 1+X 职业技能等级证书的衔接等方面进行有益尝试，寻求校企合作培养评价新时代水处理技术人才模式，优化传统职业教育专业教学体系、课程设置与现代职业岗位复合型人才知识需求架构，凝练出校企共建、赛证融通、以赛促教、以赛促学对职业能力提升的成效和特色，引领我国水处理技术职业教育教学改革发展方向，营造出全社会崇尚技能的良好氛围，提升民生工程从业人员技术水平，培养和造就大批具有国际化视野和创新意识的一专多能水处理技术专门人才，促使全民参与，节水爱水，保护人民美好生活必需的水资源和水生态环境。

2. 赛项规程的编制与赛题库设计

2020 年全国职业院校技能大赛执行委员会于 9 月 17 日至 26 日在北京组织召开了“2020 年全国职业院校技能大赛改革试点赛赛项规程与赛题编制会议”。本赛项与会的 5 位专家有全国职业院校技能大赛相关赛项专家、裁判，世界技能大赛水处理技术赛项一等奖获得者的指导教师以及水利大类职业院校专家。

专家认真听取了组委会领导所作的报告，仔细研读了世界技能大赛水处理技术赛项、全国职业院校技能大赛水环境监测与治理技术赛项以及相关世界先进职业技能评价理念与做法，分析讨论了改革试点赛的意义与整体要求，在形成赛项框架后进行了详细的规程编制和赛题库 5 套赛题的设计，经大赛执委会审定后对外公布。

模块 A 为实验室工作（权重 35%），包括水质检测分析和实验室条件下的混凝实验两个子模块。

水质检测分析要求参赛选手根据检测项目要求，对样品化学需氧量（或高锰酸盐指数 / 总磷 / 氨氮 / 碱度 / 硬度 / 浊度 / 活性污泥微生物 / 大肠杆菌）测定进行准备，并进行实验仪器和材料的验收；按照标准要求的步骤完成水质检测分析。

实验室条件下混凝实验是水处理工艺的基础性实验，通过条件性实验与浊度检测，能对 pH、不同种类混凝剂与助凝剂用量、搅拌速度等进行条件优化。要求参赛选手根据工作要求制备混凝剂、助凝剂及相关试剂；测定和记录水样指标；探索混凝剂种类及用量、助凝剂用量、pH、搅拌速度和时间等因素对混凝的影响；根据实验结果确定最终水样混凝优化方案；进行成本核算，计算水样混凝优化条件下的药剂使用成本（元 / 吨）；完成任务后提交相关文档报告。

模块 B 水处理工艺（权重 35%）通过对水处理工艺图纸识读，完善设计计算，实施水处理设备部件的安装与调试、电气控制线路的连接、水处理设备自动控制程序编写与调试、故障的排除与维修，以及水、气、声、固废等污染因子在线监测技术的应用，实现设备自动运行与监控等工作任务。

模块 C 泵站系统运行与维护（权重 30%）包括水泵和阀门的拆装与故障排除（占比 60%）要求参赛选手明确安全防护要求，正确佩戴个人安全防护物品；正确拆卸螺杆泵、阀门，检查机械密封并进行维护操作，正确安装、运行并记录相关参数；在水处理工艺中，根据原水中的浊度，计算混凝剂用量，人工添加混凝剂，投加到机械混凝池进行反应后，在泵站上实现泥水输送功能；完成任务后提交相关文档报告。

职业素养（权重 5%，分布在 A、B、C 模块中，不单独计算），包括工作准备与计划，环境卫生，节约用水，文明礼貌等方面，例如操作不当损坏工具，工作台面遗留工具、零件，操作结束工具未能整体摆放，不尊重考场裁判和工作人员，违反竞赛规则等。

竞赛专家组根据 2020 年全国职业院校技能大赛改革试点赛水处理技术赛项规程组织命题，提前一个月在大赛官网公布赛题库。竞赛前在已公布的试题库基础上修改不超过 30% 作为最终的竞赛试题。

3. 赛项说明会与赛场考察

根据大赛执委会整体工作布置，本赛项专家组与赛项承办院校（山东科技职业学院）、平台支持企业共同研究确定，于 11 月 11 日召开线上赛项说明会，报请大赛办批准后在大赛官网公布。

赛项说明会共分三个部分，一是承办院校介绍赛项准备情况及后勤保障工作，特别强调了疫情防控工作要求和具体做法；二是专家组长对高职组水处理技术赛项规程编制与赛题设计进行了解读；三是对本赛项涉及的平台进行系统的介绍。最后，由专家组长对各参赛学校提出的问题进行了逐一的答疑。在赛项说明会，承办院校通过参赛群又征集各参赛学校提出的问题，专家组均通过承办院校及时进行了会后线上答疑。

承办院校确定后，专家组 2 名成员在 11 月 14 日前往山东科技职业学院进行了赛场考察。山东科技职业学院领导对本赛项非常重视，各项准备工作有序进行，特别是学校投入了约 400 万元全新打造已有实验室布局和仪器设备购置，赛场为山东省级实训基地，内设中央空调系统，场地完全满足本赛项各项技术要求。

二、赛项实施过程与成绩分析

1. 赛项实施过程

（1）11 月 25 日下午和 26 日上午，为裁判工作培训会议，来自全国各地的 22 名裁判参加了培训。培训工作由专家组负责组织。

首先，专家组长对改革试点赛相关政策、本赛项规程、赛题库设计进行了解读，特别对参加培训的执裁人员进行了法规法纪、职业道德培训。然后，组织裁判进入各模块竞赛场地熟悉环境，进一步了解竞赛涉及的平台性能、实验仪器和设备，解答裁判提出的技术问题。

通过培训和熟悉现场竞赛平台，大家带着问题进行讨论、分析，由裁判长带领裁判进一步研究执裁过程中各种可能遇到的问题，最后形成统一意见。

（2）11 月 26 日中午，专家组根据大赛办授权，制作正式赛卷和评分标准，由监督仲裁组、专家组共同监视下，完成赛卷的打印封装，并护送至山东科技职业学院保密室封存。

正式赛卷由监督仲裁组长、裁判长、专家组长三人监视下通过抽签确定。

（3）11 月 26 日下午 14:30，召开领队会，通过抽签确定了 29 个参赛队的检录顺序号。

领队会上，监督仲裁组长、专家组长、裁判长分别讲话，特别强调了竞赛安全防范工作。

（4）11 月 26 日下午 16:00，所有参赛选手熟悉赛场。

（5）11 月 27 日上午 7:30 开始第一天上午场检录，第一组 15 名参赛选手进入 A1 模块赛场、第二组 14 名参赛选手进入 B 模块赛场。同一时间，监督仲裁组成员与裁判长指定的裁判一同前往保密室领取本场赛卷。8:00 正式开赛。

11 月 27 日下午 13:50 开始第一天下午场检录，第二组 14 名参赛选手进入 A1 模块赛场、第一组 15 名参赛选手进入 B 模块赛场。14:30 正式开赛。

（6）11 月 28 日上午 7:30 开始第二天上午场检录，第一组 15 名参赛选手进入 A2 模块赛场、第二组 14 名参赛选手进入 C 模块赛场。同一时间，监督仲裁组成员与裁判长指定的裁判一同前往保密室领取本场赛卷。8:00 正式开赛。

11 月 28 日下午 13:50 开始第二天下午场检录，第二组 14 名参赛选手进入 A2 模块赛场、第一组 15 名参赛选手进入 C 模块赛场。14:30 正式开赛。

两天的竞赛，共有 4 个模块。专家组采取先难后易的策略，在第一天的两场中，内容多，程序复杂。第二天则由于参赛选手体力已经消耗较多，无论体力还是精力都不如第一天，故在第二天的两场则安排相对较为简单的模块。

第二天的模块涉及起吊设备，如果参赛选手在赛前没有进行过专项训练，会出现安全隐患。专家组决定对 C 模块实施安全生产岗前专项培训，所有参赛选手在正式开赛前要认真观看起吊设备操作示范，平台厂家技术人员专门讲解，之后参赛选手亲自操作，合格之后填写安全生产岗前培训承诺书。在 C 模块竞赛全程，要求参赛选手只要动用起吊设备必须要有技术人员在场，以保证参赛选手的操作安全，不出现任何安全隐患。

2. 赛项评判过程

（1）在正式开赛前，裁判长宣布裁判分工，明确各种裁判责任及具体工作，避免出现违规现象发生。

（2）过程裁判在线旁站，观察参赛选手在竞赛过程中所有环节，并做好现场记录表，凡是扣分项均由参赛选手确认，并在现场记录表上由参赛选手写上“认可”二字。

（3）评分裁判三人一组，在竞赛结束后，根据参赛选手竞赛成果，对照评分标准，进行客观评判。

（4）计分裁判，根据评分裁判得出分数，进行统计汇总，得出总成绩。

（5）监督仲裁组成员对所有赛卷进行分数核对，避免统计错误。

专家组要求当日竞赛模块必须当日确定成绩，确保所有工作人员的通信设备封闭期内成绩固定住。值得一提的是，监督仲裁组成员在两天的竞赛过程中，每天核查分数到凌晨 5 点。工作强度大，责任心强，所有赛卷分值都进行了核对，确保无误。

3. 成绩分析

A1 模块最高分 86.9 分，为杭州职业技术学院参赛选手；最低分 11.1 分；A1 模块平均分 50.671 分；

A2 模块最高分 72.78 分，为湖北生态工程职业技术学院参赛选手；最低分 13.5 分；平均分 45.226 分；

B 模块最高分 77.815 分，为湖北生态工程职业技术学院参赛选手；最低分 5.4 分；平均分 36.619 分；

C 模块最高分 96.1 分，为黄河水利职业技术学院参赛选手；最低分 20.6 分；平均分

71.212 分；

4 个模块加权平均后最高分 80.255 分，为黄河水利职业技术学院参赛选手；最低分 22.950 分；平均分 51.057 分。

从整体分数分析，符合正态分布。但少数学校参赛选手分数极低，拉低了平均分数。

从得奖学校分析，一等奖的学校均为原国赛多次获得一等奖的学校，正所谓强者更强。

而分数较低的学校，基本是第一次参赛，或者是边远地区的学校。

4. 投诉与成绩最终确定

按规定在竞赛终止后 2 小时内，未接到书面投诉。

各模块成绩汇总，加权平均得出最终成绩，于 2020 年 11 月 29 日凌晨 5:30 公示，并在参赛学校群里告知，公示 2 小时后无任何投诉，该成绩即由承办院校上传大赛信息系统。

三、赛项特点、存在问题及今后的建议

1. 赛项特点

（1）赛项名称明确了社会对水处理人才的需求。

赛项名称为水处理技术（Water Treatment Technology），其英文名称与世界技能大赛完全相同，可以看出水处理技术赛项应该是在理念上借鉴和体现世界高水平技能赛事的重点赛项，或者说是改革试点赛中较为重要的赛项。赛项归属产业为资源环境与安全大类产业，表明竞赛目的指向我国经济的稳步发展，需要的重要支撑就是水生态环境。

（2）竞赛方式实现真正意义上的一岗多能复合型人才培养。

赛项充分考虑现代水处理技术岗位需要给排水工程技术、环境工程技术、环境监测技术、自动控制技术、智能制造与智慧水务等多专业领域交叉复合，与原有国赛项目“水环境监测与治理技术”竞赛目的不谋而合，或者说与世界技能大赛有着异曲同工之处。主要原因在于国赛项目“水环境监测与治理技术”设置之初就是借鉴世界高水平技能赛事理念，重在解决社会职业岗位必需的多专业复合技能。这种复合技能在改革试点赛中，会实现真正的突破，因为原有国赛项目是团队合作，往往是一名参赛选手进行水质分析和水处理管道和设备设计安装与运行操作，另一名参赛选手进行电气线路设计、自动控制系统的程序编写修改和运行调试，结果是负责水的不敢碰电，负责电的不知道水质检测分析，有悖于赛项设置的复合型人才培养初衷。改革试点赛明确了参赛选手为 1 人，与原来的团队作战完全不同，这才是真正意义上的复合型人才培养架构目标，可谓是“一个顶俩”，改革试点赛的 1 名参赛选手，要独自完成实验室水质分析检测工作、实验室条件下的水处理混凝实验、水处理工艺、泵站系统运行与维护。改革试点赛展现的是 1 名水处理技术员实际工作过程，突出检测与分析、安装与调试、运行与维护等综合应用能力。

（3）改革试点赛项势必成为职业教育教学改革的风向标。

全国职业院校技能大赛水处理技术改革试点赛，借鉴世界水处理技术职业技能培训考核体系和国际上先进职业教育经验，探索适合我国水处理技术职业教育教学特点的内在规律，注重竞赛规程、标准、试题库、优秀参赛选手经典案例等大赛成果与日常教学、高职教育 1+X 职业技能等级证书的衔接。水处理技术赛项规程附件，除了按要求附带的竞赛样卷外，还增加了过去历届国赛规程没有的职业教育职业技能标准。职业技能标准不仅涵

盖了世界先进技能赛事规定的内容，很多地方高于和多于世界赛事涉及的内容。这也反映了我国水处理技术以及职业教育在世界上的水平和定位。通过改革试点赛，凝练出校企共建、赛证融通、以赛促教、以赛促学对职业能力提升的成效和特色，寻求校企合作培养评价新时代水处理技术人才模式，优化传统职业教育专业教学体系、课程设置与现代职业岗位复合型人才知识需求架构，引领我国水处理技术职业教育教学改革发展方向，营造出全社会崇尚技能的良好氛围，提升民生工程从业人员技术水平，培养和造就大批具有国际化视野和创新意识的一岗多能水处理技术专门人才，促使全民参与，节水爱水，保护人民美好生活必需的水资源和水生态环境。

2. 存在问题

本次改革试点赛最突出的是监督仲裁组、专家组、裁判组、承办院校、合作企业都能各司其职，按照大赛执委会的要求去做，工作到位，但不越位。严格按照大赛执委会授权的时间点做每一件事情。但是在实际工作中难免出现不协调的问题发生。

（1）裁判队伍需要进一步加强。

本赛项裁判员 22 人，加上裁判长 1 人、加密裁判 2 人，共计 25 人，赛前根据裁判的个人专业与专长平分成 2 组，每组 11 人，一组负责 A 模块（即 A1 水质分析检验、A2 实验室条件下的混凝实验）的现场执裁与赛后评分，一组负责 B、C 模块（即水处理工艺设计安装运行调试、泵闸系统的拆装与维护）的现场执裁与赛后评分。

由于评分标准与参考答案属于非公开内容，在培训阶段一旦公开就会有泄密的可能。有些裁判不熟悉竞赛平台，业务水平需要加强，在开赛后的裁判要点培训难度加大。

（2）参赛选手全能素质需要进一步提高。

以往国赛为团体赛，两个参赛选手共同完成一项任务，某个环节需要相互能搭把手，商量一下。现在是一个人，完全靠自己。参赛选手的日常训练就要各项全能，而在竞赛中发现参赛选手偏科较重，有的实验室分析化验比较好，有的安装运行动手能力强，比较全面的参赛选手还是少了些。

（3）评分标准需要逐步放开。

由于部分新增裁判事前没有接触过评分标准，对评分把握不够，基本都是老带新。随着改革试点赛的不断深化，评分标准需要逐步放开，不仅裁判知道，让每一位指导老师也要知道，参赛选手更要知道。这样就给专家组提出更高的要求，建议赛项结束后，组织相关赛项专家研讨会，制订下一步工作计划，有步骤地开展工作。

3. 今后工作建议

（1）赛程设置需要进一步优化。

水处理技术赛项共分为 A1、A2、B、C 四个模块，涉及实验室分析检测、实验室混凝实验、水处理工艺设备操作及泵管阀设备拆装，实现了与世界技能大赛的对接。四个模块要求各不一样，A1 和 A2 模块在标准实验室完成，需要学生细致操作，B 和 C 模块需要在实训室进行，需要耗费学生较多的体力。

本次大赛第一天考核 A1 和 B 模块，第二天考核 A2 和 C 模块。赛程设置是第一组第一天上午考核 A1 块，下午考核 B 模块，第二天上午考核 A2 模块，下午考核 C 模块；第二组第一天上午考核 B 模块，下午考核 A1 模块，第二天上午考核 C 模块，下午考核 A2 模块。这就带来一个问题，因 B、C 模块需要消耗较多体力，即 B、C 在上午场考核的同学成绩要好于在下午场考核的，因为受限于中午休息的时间等，一般同学们上午的精力要

优于下午的精力。因此下一次在赛程设置上可以错开设置，如第一组第一天考核 A1，下午考核 B 模块，第二天上午考核 C 模块，下午考核 A2 模块。

（2）第三方裁判保证了赛事公平公正，但裁判多元化的专业背景需要进一步强化。

水处理技术赛项涉及实验室水质检测分析、实验室条件下的混凝实验、水处理设备安装及调试运行、泵管阀的拆装等方面，涉及环保、化学、微生物、电气、编程、单元操作等多个专业和课程。在如此多的技能要求及专业背景下，对于裁判执裁能力提出了更高的要求，以往水环境监测与治理技术大赛考核点主要集中在设备安装及调试运行方面，对裁判的专业要求相对单一，因此为适应新的水处理技术大赛的要求，本次加大了对裁判的培训力度，但是仅仅依靠几天的培训还是稍显不足，裁判自身的专业知识及职业素养也起着重要作用，因此建议下一步水处理技术大赛需要扩充裁判库，将更多不同专业背景的老师和企业工程技术人员纳入进来，以更好地执裁。

（3）赛事的变化对学校承办提出了更高要求，对承办院校师资、场地及竞赛设施等要求更高。

水处理技术赛项 4 个模块需要的场地不一样，其中 A1 和 A2 模块需要在标准实验室完成，承办院校在准备中需要有专业的实验室技术人员准确配制所有赛位相关实验所需的各种溶液及药品、调试准备好所有赛位需要的相关化学分析仪器，这不同于以往水环境监测与治理技术赛项，因此，对承办院校的承办能力提出了新的要求，不仅仅是场地要满足要求，而且必须要有这方面师资及技术人员做好赛前、赛中及赛后的保障。

（4）赛事的变化对参赛学校的教学提出了新的要求，引领了新的教育教学改革方向。

水处理技术赛项与世界技能大赛一样，为 1 名参赛选手完成整个过程，更看重考核学生的复合能力，考核点覆盖了水质检测、水处理设施的调试运行管理、水处理实验的设计、泵站设备的安装等技能，要求参赛选手不仅会承担实验室检测任务，还要能到现场承担工程技术任务，对参赛选手的要求更高了。学校为适应新的大赛，在课程设置、教学方法等方面需要做出改变，以培养高素质水处理技术技能型人才为出发点，加大课程设置的力度、加大实践教学的力度，加大综合能力培养的力度，这对各学校的专业发展及提升提出了新的要求。

项目十四
化学实验技术赛项

模块一　GZ-2020014　化学实验技术赛项规程

一、赛项名称

赛项编号：GZ-2020014
赛项名称：化学实验技术
英文名称：Chemical Experimental Technology
赛项组别：高职组
赛项归属产业：生物与化工大类

（一）赛项描述

化学实验技术是利用现代化学技术对各类天然或合成材料进行定性与定量分析、制备与合成，及其物理与化学性能测量的专门技术技能。

化学实验技术人员适于在企业质量控制、研究和开发部门的化学实验室，或在不同行业企业的环保部门工作，应能独立地进行合成、质量控制、分析任务，制订实验室的工作计划，记录工作过程和评价工作结果。在工作中必须遵守有关劳动安全、健康保护、环境保护以及质量保证等的条例和规定。

本赛项由三个模块组成，涉及物质的定性分析、定量分析、制备和质量控制。通过实际操作模块来评估参赛选手的知识理解和技能掌握，不再单独举行理论测试。

（二）参赛选手能力标准规范

本赛项涉及的与化学实验技术相关的职业，包括《中华人民共和国职业分类大典（2015 年版）》中“化工工程技术人员（GBM20206）”“环境保护工程技术人员（GBM20227）”“检验、检测和计量服务人员（GBM40805）”“环境监测服务人员（GBM40806）”“检验试验人员（GBM63103）”等职业小类。

本标准规范中参赛选手应具备的知识和技能参照世界技能大赛标准规范（表 14-1）制定，作为参赛选手训练及准备的指南。标准规范分为 7 个部分，每部分权重采用总分的百分比来表示。竞赛模块及评分标准设计应尽可能地反映标准规范中所列知识点、技能点。

表 14-1　化学实验技术大赛参赛选手能力标准规范

	能力标准规范	权重 /%
1	工作组织及管理	10
	参赛选手应了解和理解： ➢ 行业内部和外部监管的整体情况 ➢ 业务状况，包括个人岗位身份、职业道德、行为规范 ➢ 健康和安全法规及最佳防护措施 ➢ 实验室活动的科学原则 ➢ 工作计划、进程安排、组织和完成的原则 ➢ 无机化学、有机化学、分析化学及物理化学的基本知识及应用 ➢ 安全处置或回收化学品和化学相关物质的原则和方法	
	参赛选手应能够： ➢ 始终保持个人健康和安全，包括穿戴个人防护服和设备 ➢ 按照相关规定、规范、质量、安全和环境标准开展工作 ➢ 根据标准和要求：① 操作、维护和修理实验室设施、装置和设备；② 使用、管理和回收实验中的化学品 ➢ 维护良好的实验室卫生整洁 ➢ 检查材料的结构、状态和可用性 ➢ 根据工作角色，独立启动并完成任务 ➢ 预估完成某项工作所需的时间、资源和所需材料 ➢ 设定工作目标和指标，制订工作计划，优化、组织并完成工作 ➢ 找出滞后问题的解决方法或替代方法 ➢ 根据需求调整具体工作安排，并及时与其他相关人员沟通	
2	沟通及人际交往能力	10
	参赛选手应了解和理解： ➢ 沟通的原则 ➢ 人际交往的原则 ➢ 本人工作对他人的影响 ➢ 与工作角色和行业相关的专业术语及词汇 ➢ 数据分析采用的统计方法意图和目的 ➢ 报告结果的局限性 ➢ 信息技术、信息管理系统和数据库在化学环境中的应用	
	参赛选手应能够： ➢ 建立和维持人际关系 ➢ 与他人包括团队协同工作和互动 ➢ 为化学家或其他专家提供技术支持 ➢ 在正式和非正式场合正确使用语言、写作、主动倾听等技巧进行沟通 ➢ 使用专业术语，包括外文的专业术语 ➢ 查阅相关资源，获取信息，并根据需要引用来源资源	

续表

能力标准规范		权重 /%
2	沟通及人际交往能力	10
	➢ 阅读并应用与以下内容相关的技术文件：① 分析；② 公式表示；③ 程序说明；④ 规范；⑤ 图表 ➢ 主动倾听，适当提问以获得充分理解 ➢ 使用数字和纸质的实验室信息和实验室管理系统 ➢ 按照逻辑和特定规则对信息和步骤进行排序 ➢ 应用统计技术进行数据分析 ➢ 使用一系列的文本和图形方法进行汇报 ➢ 向他人适当地传递科学信息 ➢ 准备并进行正式和非正式的陈述 ➢ 寻求、接受并酌情利用反馈和建设性批评	
3	技术、程序和方法	35
	参赛选手应了解和理解： ➢ 与结构和化学键相关的无机化学基础 ➢ 重要元素及其化合物的基本知识 ➢ 有机化学原理和实验技术 ➢ 反应机理和官能团转化 ➢ 物理化学的概念和实验技术，包括热力学、反应动力学、传导率、电化学电池和电解 ➢ 实验室技术和科学实验的原则 ➢ 项目管理原则以及如何应用于实验室工作 ➢ 分析方法和仪器的开发、验证要求，包括合适的制样方法 ➢ 实验室常用设备、试剂和耗材的最新趋势和具体应用	
	参赛选手应能够： ➢ 使用适当的科学技术、程序和方法，进行实验任务的相关准备 ➢ 使用指定的仪器和实验设备，包括必要的校准 ➢ 评价所用材料或产品的质量 ➢ 设计或制作支持新产品或新工艺开发的实验仪器设备 ➢ 使用指定的方法、标准操作程序完成实验任务 ➢ 开展特定的制样任务，包括样品的准备和处理，以及从液体、固体混合物的分离过程 ➢ 实施纯化和浓缩工艺，如蒸发、蒸馏、萃取、色谱 ➢ 使用滴定法、重量法 ➢ 使用仪器分析方法，如光谱法、色谱法、电位分析法及电导分析法 ➢ 使用以下技术建立和进行实验、提取、试验和分析：① 色谱法；② 光谱法；③ 物理或化学分离技术 ➢ 确定无机或有机化合物的结构	

续表

	能力标准规范	权重 /%
3	技术、程序和方法	35
	➢ 运用合成技术合成无机物、有机物、聚合物 ➢ 根据标准配方或者创建配方，为产品制备或工艺实现准备化学试剂和溶液 ➢ 考虑所采用的分析方法、程序和仪器设备，包括使用的制样方法，是否需要验证	
4	数据处理和记录保存	10
	参赛选手应了解和理解： ➢ 与记录保存、可追溯性和保密性相关的规定 ➢ 保证实验室记录和数据安全性的程序 ➢ 用于记录和显示数据的软件功能 ➢ 确保信息准确性的流程 ➢ 误差和不确定性的含义 ➢ 引用和引证所需的方法	
	参赛选手应能够： ➢ 对实验工作进行记录并保留文档，包括使用给定的模板、计算机信息技术和统计方法 ➢ 处理和整理来自实验室软件 / 处理工作站的数字化信息，得到可靠的、准确的数据 ➢ 以书面和口头形式清晰简明地呈现实验工作和问题解决的结果 ➢ 适当地使用图表撰写技术报告 ➢ 检查自身工作，包括汇编整理、分类、计算、制作表格和完整性 ➢ 及时发现存在的错误、不准确和不足 ➢ 对信息或数据进行验证或审核 ➢ 存档文件	
5	分析、解释和评价	15
	参赛选手应了解和理解： ➢ 质量管理原则 ➢ 质量管理在生产过程中的应用 ➢ 科学数据分析中使用的数学和统计方法 ➢ 误差的性质、概率、来源和类型 ➢ 质量控制的原则和方法 ➢ 持续改进的原则和应用 ➢ 工作角色对身体健康的要求	
	参赛选手应能够： ➢ 保持工作角色所需的体能素质 ➢ 通过自我调节保持持续的注意力 ➢ 遵循程序以满足工作场所的质量标准 ➢ 分析、解释和评价数据，并确定需要进一步核查的结果 ➢ 评价信息以确定是否符合标准	

续表

	能力标准规范	权重 /%
5	分析、解释和评价	15
	➢ 在给定角色的工作范围内独立开展工作 ➢ 判断所使用分析方法获得的结果是否可靠，并评估其重要性 ➢ 使用正确的计算、统计和数学方法或公式来解决问题 ➢ 通过分析确定最终结果的基本原则、原因或事实	
6	应用科学方法解决问题	10
	参赛选手应了解和理解： ➢ 解决问题的科学规则和方法原理及应用 ➢ 批判性思维和复杂问题解决的原则 ➢ 个人角色的范围和局限，以及自身对解决问题的理解和专业知识	
	参赛选手应能够： ➢ 识别何时出现问题或出现问题的可能性 ➢ 识别和确定谱图中的明显干扰 ➢ 应用适当的科学方法，确定原因并获得解决方案 ➢ 使用逻辑和推理，识别问题的替代解决方案、结论和方法的优缺点，例如：①将一般规则应用于具体问题，得出合理结论；②组合信息片段，以形成合理的结论或规则 ➢ 应用创造性思维和问题求解来验证所提的假设与创新，并基于现有观点提出新的建议 ➢ 酌情向专家和同事寻求建议 ➢ 提出改进工作流程或科学解决方案的建议 ➢ 支持所有分析任务的新调查和后续实验 ➢ 承担自身发展的责任，确定学习和自我完善的目标	
7	应用化学发展趋势	10
	参赛选手应了解和理解： ➢ 跨学科科学性质 ➢ 应用化学在科学发展中的作用 ➢ 数字化的影响越来越大 ➢ 可持续发展越来越重要 ➢ 科学发展中可能出现的新道德问题	
	参赛选手应能够： ➢ 安装、调试和测试自动化实验室系统 ➢ 安装和配置程序 ➢ 开发简单的程序 ➢ 打开、关闭和操作自动化实验室系统 ➢ 优化和实施自动化实验室系统的调整和变更 ➢ 维护和保养自动化实验室系统	

续表

	能力标准规范	权重 /%
7	应用化学发展趋势	10
	➢ 系统地搜索、定位和消除自动化实验室系统的错误、缺陷和故障 ➢ 适当响应变更并改变管理流程	
	合计	100

二、竞赛目的

本赛项是根据《教育部关于举办 2020 年全国职业院校技能大赛改革试点赛的通知》(教职成函〔2020〕5 号)精神，以检验教学成果、体现世界技能大赛理念、促进职业教育高质量发展为指导思想，瞄准世界高水平，营造崇尚技能氛围，推动专业教学改革与发展，实现课程内容与职业标准对接，培育学生工匠精神，提升学生化学实验技术能力而设置。

通过技能竞赛考查参赛选手掌握物质制备和分析的基本理论知识；考查参赛选手执行国家及行业标准规范的能力、科学的实验工作方法和实验技巧；考查参赛选手实事求是的科学态度，严谨细致的工作作风，清洁整齐的良好工作习惯；考查参赛选手职业健康、安全、环保意识。

三、竞赛内容

(一)考核内容

考核内容将涵盖化学实验技术人员特定职能和整体角色的执行，包括：取样、样品制备、物性常数和化学参数识别、定性分析、定量分析、有机物合成、滴定分析、光度测定、气相色谱法、光谱法、数据记录和分析、质量控制、工作管理以及健康和安全、废弃物处置。

(二)考核项目

考核项目设计旨在提供全面、公平、真实的机会，结合评分标准对参赛选手能力要求进行评价。本赛项由 3 个独立的模块组成，每个模块的任务和评价重点均不同，各项目涉及的主要药品试剂标签以英文标识，同时提供专业英文词典。评价参赛选手解决问题的能力，准确、细致、创意和创新。

各模块名称、项目名称、考核内容、竞赛时间及赋分权重见表 14-2。参赛选手须按照竞赛项目表内规定的时间和工作模块进行竞赛，每个模块的竞赛时间不得超过规定时间。

表 14-2　各模块名称、项目名称、考核内容、竞赛时间及赋分权重

编号	模块名称	项目名称	考核内容	竞赛时间 /min	赋分权重 /%
A	化学分析法	样品中钴含量的测定	个人健康安全 药品称量 溶液配制 标准溶液标定 样品制备 含量测定	210	30

续表

编号	模块名称	项目名称	考核内容	竞赛时间 /min	赋分权重 /%
A	化学分析法	样品中钴含量的测定	文明操作 数据处理 结果报告	210	30
B	仪器分析法	样品中铁含量的测定	个人健康安全 药品称量 溶液配制 标准工作曲线制作 样品制备 含量测定 文明操作 数据处理 结果报告	210	30
C	产品合成及质量评价	乙酸乙酯的合成及质量评价	个人健康安全 实验装置搭建 反应物用量计算 有机物合成 产品分离提纯 产率计算 含量分析 文明操作 质量评价 结果报告	360	40
合计				780	100

四、竞赛方式

本竞赛项目为个人赛，要求参赛选手在 2 天时间内独立完成 3 个项目任务。

五、竞赛流程

（一）时间安排

1. 裁判员原则上提前 1 天报到，便于赛项执委会组织执裁培训、熟悉竞赛评分细则，具体安排另行通知。

2. 参赛队报到时间 1 天，竞赛时间为 2 天，裁判阅卷、成绩公布、开闭赛式 1 天。具体时间安排见表 14–3。

（二）竞赛安排

1. 赛场的赛位统一编制。参赛队竞赛前 45 分钟凭参赛证、身份证到指定地点检录，

表 14-3　竞赛日程安排

日期	时间	工作内容
第 1 天	全天	参赛队报到，安排住宿、发放参赛证
	下午	领队会议、参赛选手熟悉竞赛赛场
第 2 天	上午	模块 A 考核
	下午	模块 B 考核
第 3 天	全天	模块 C 考核
第 4 天	上午	裁判员阅卷、成绩录入
	下午	成绩公布、闭赛式

经一次加密抽签决定赛位号，抽签结束后，随即按照抽取的赛位号进场，然后在对应的赛位上完成竞赛规定的工作任务。如赛位号为 GZ-A-01，表示本赛项 A 模块的第 1 号赛位。

2. 赛位号不对外公布，抽签结果密封后统一保管。实操结束后，参赛选手的现场试卷进行密封，在评分结束后开封解密并统计成绩。

六、竞赛赛卷

竞赛样题具体内容详见大赛官网。

七、竞赛规则

（一）参赛规则

1. 参赛队名额确定：以省（自治区、直辖市、新疆生产建设兵团）为单位推荐选手参赛，各地限报 1 名参赛选手和 1 名指导教师。

2. 参赛选手资格：参赛选手须为高等职业学校全日制在籍学生；本科院校中高职类全日制在籍学生；五年制高职四、五年级学生可报名参加高职组竞赛。高职组参赛选手年龄须不超过 25 周岁（当年）。

3. 人员变更：参赛选手和指导教师报名获得确认后不得随意更换，如备赛过程中参赛选手和指导教师因故无法参赛，须由当地教育行政部门于本赛项开赛 10 个工作日之前出具书面说明，经大赛执委会办公室核实后予以更换；参赛选手因特殊原因不能参加竞赛时，则视为自动放弃竞赛。

4. 各地教育行政部门负责本地区参赛学生的资格审查工作，并保存相关证明材料的复印件，以备查验。

5. 凡在往届全国职业院校技能大赛高职组工业分析检验赛项中获一等奖的选手，不再参加本项目竞赛。

（二）熟悉场地规则

1. 赛项执委会安排抽取抽签顺序号后，各参赛队统一有序地熟悉场地，熟悉场地时限定在指定区域，不允许进入竞赛区。

2. 熟悉场地时严禁与现场工作人员进行交流，不发表没有根据以及有损大赛整体形象的言论。

3. 熟悉场地严格遵守大赛各种制度，严禁拥挤、喧哗，以免发生意外事故。

（三）入场规则

1. 参赛选手按赛区规定的时间准时到达赛场集合，按抽取的抽签顺序号抽取赛位号。抽得赛位号的参赛选手，在指定区域等待。所有参赛选手抽取赛位号后，统一时间进入赛场，按抽取的赛位号入座。

2. 检录裁判将对各参赛选手的身份进行核对。参赛选手提供参赛证、身份证，指导教师提供指导教师证和身份证。身份证上的姓名、年龄、相貌特征应与参赛证一致。

3. 在竞赛开始 30 分钟后不得入场，迟到的参赛选手必须在赛场记录表相关栏目中说明到场时间、迟到原因并签赛位号确认。

4. 除裁判检验过的工具、量具及书写物品外，参赛选手不允许携带任何通信及存储设备、纸质材料等物品进入赛场。

（四）现场规则

1. 参赛选手进入赛场后，必须听从现场裁判的统一布置和指挥，不得以任何方式公开参赛队及个人信息。

2. 参赛选手竞赛时须按要求着装，严格遵守安全操作规程，确保人身和设备安全，并接受现场裁判和技术人员的监督和警示。

3. 分发竞赛任务书后的，参赛选手可查阅、理解竞赛任务，摆放、检查自己所带工具，清洗有关玻璃器皿等，不可使用工具进行竞赛任务的操作。

4. 项目裁判长宣布竞赛开始，参赛选手才能动手开始竞赛任务的操作。

5. 竞赛过程中，除裁判长和现场裁判外任何人员不得主动接近参赛选手及其工作区域，参赛选手有问题只能向现场裁判和项目裁判长反映。

6. 竞赛过程中参赛选手不得随意离开赛位，不得与其他参赛选手和人员交流。因故终止竞赛或提前完成竞赛任务需要离场，应报告现场裁判，在赛场记录表的相应栏目填写离场时间、离场原因并由现场裁判签名和参赛选手签赛位号确认。

7. 竞赛过程中，参赛选手休息、饮食或如厕时间均计算在竞赛时间内。

8. 在竞赛过程中如发现问题（如设备故障等），参赛选手应立即向现场裁判反映。得到现场裁判、项目裁判长同意后，参赛选手退出到工作区外等候，等待故障处理完后方可继续竞赛。如属于设备故障，补时时间为从参赛选手示意到故障处理结束这段时间，否则不予补时。

9. 竞赛过程中，严重违反赛场纪律者，违反操作规程不听劝告者，越界影响他人竞赛者，有意损坏赛场设备或设施者，一经发现，由现场裁判判提出警告，并报告项目裁判长。由项目裁判长依情节轻重扣减 10～20 分，直至取消竞赛资格。

（五）离开赛场规则

1. 在竞赛结束前 15 分钟，项目裁判长提示一次竞赛剩余时间。

2. 竞赛结束信号给出，由项目裁判长宣布终止竞赛。

3. 宣布终止竞赛时，参赛选手应立即停止工作（补时参赛选手可以继续操作直至补时时间用完），并将竞赛试题、评分表等放在工作台上，走出自己的赛位。

4. 参赛选手完成竞赛内容并上交相应的资料后方可离开竞赛现场，不得带出任何竞赛实验室提供的设备、试剂及竞赛资料。

八、竞赛环境

（一）竞赛场地及其环境设施要求

1. 竞赛场地：容纳 40 人同时竞赛，每个赛位按要求准备相应设备，各项准备工作应符合疫情防控要求，竞赛过程采取全程实时监控。

2. 辅助场所：竞赛须设置检录隔离区、独立阅卷室等辅助场所，并全程实时监控。

3. 医疗保障：赛场设医疗服务站，竞赛时安排救护人员现场服务。

4. 安全防护：赛位配有安全警示标语、安全操作规程、安全提示、护目镜、口罩等安全保护用品；赛场设有实训室安全管理规定、应急处理规定、化学药品使用规定，洗眼器、消防沙、消防毯、医护用品等消防和个人防护用品；校园内实训楼设有紧急疏散指示、安排专职疏散人员。

（二）仪器设备及实验设施要求

根据化学实验技术核心技能的要求以及命题的需要，竞赛设备应包括实验室常规使用玻璃器皿与工具、反应与蒸馏装置、常规检测仪器与设备等内容。

1. 此次竞赛的仪器设备除规定自带的以外其他均由赛场提供。

2. 每个模块的仪器设备分为已知设备和未知设备。已知设备的主要配置清单、分析测试仪器的规格要求详见“竞赛样题”。

3. 赛位主要设施：根据竞赛需要，每个竞赛赛位应配置如下设施：竞赛仪器设备 1 套、实验台 1 张、座椅 1 把、废液杯 1 只、垃圾桶 1 个、计算器 1 台、记号笔 1 支、剪刀 1 把、实验服 1 件、标签纸 1 张、常规防护用品 1 套（含口罩、护目镜、头帽、手套，选手可自备）。

九、技术规范

竞赛项目依据行业、职业技术标准见表 14-4。

表 14-4　行业、职业技术标准

序号	标准号	标准名称
1	GB/T 601—2016	化学试剂 标准滴定溶液的制备
2	JJG 196—2006	常用玻璃量器检定规程
3	GB/T 603—2002	试验方法中所用制剂及制品的制备
4	HG/T 2631—2005	化学试剂 七水合硫酸钴（硫酸钴）
5	GB/T 3049—2006	工业用化工产品铁含量测定的通用方法 1，10- 菲啰啉分光光度法
6	GB/T 12717—2007	工业用乙酸酯类试验方法

十、技术平台

1. 本赛项的技术平台主要指竞赛所用的玻璃器皿和分析设备。

2. 玻璃量器按照国家规范和行业标准进行采购，玻璃器皿符合 JJG 196—2006 常用玻璃量器检定规程。其中设备符合国家质量监督局相关仪器检测标准，各项指标均符合或高于国家标准。

3. 分析设备最低台套数和规格要求

台套数按 32 支参赛队进行测算。

（1）分析天平，精度 0.1mg，18 台（含 2 台备用）。

（2）紫外－可见分光光度计可联机操作，18 套（含 2 套备用）。

（3）气相色谱仪，配石英毛细管色谱柱，7 套（含 1 套备用）。

十一、成绩评定

（一）评分标准

本赛项各模块按实验准备、实施操作、结果报告三个部分和项目考核内容设置评分项，并结合参赛选手能力标准规范的 7 部分权重，给出待评分的各项和分数分配（表 14-5）。

评判采用客观评判（测量 M）和主观评判（J）相结合的方式进行。主观评判采用以下方法进行，分值范围 0～3 分表示：0 分表现低于能力标准；1 分表现符合能力标准；2 分表现达到并且在特定方面超过能力标准；3 分表现完全超过能力标准，并表现优秀。

表 14-5　各项目的评分项与分数分配

模块编号	项目名称	评分内容	评分项	分数分配
A	样品中钴含量的测定	A1 实验准备	个人健康安全 药品称量 溶液配制	5
		A2 实验操作	标准溶液标定 样品制备 含量测定 文明操作	10
		A3 结果报告	数据处理 撰写报告	15
B	样品中铁含量的测定	B1 实验准备	个人健康安全 药品称量 溶液配制	5
		B2 实验操作	标准工作曲线制作 样品制备 含量测定 文明操作	10

续表

模块编号	项目名称	评分内容	评分项	分数分配
B	样品中铁含量的测定	B3 结果报告	数据处理 撰写报告	15
C	乙酸乙酯的合成及质量评价	C1 实验准备	个人健康安全 实验装置搭建 反应物用量计算	8
		C2 实验操作	有机物合成 产品分离提纯 含量分析 文明操作	12
		C3 结果报告	产率计算 质量评价 撰写报告	20

（二）评分阅卷

本赛项各模块的评分由过程性评分和结果评分组成。

过程评分：由现场裁判根据参赛选手现场实际操作表现，依据评分表进行主观评判（J）和客观评价（M）。由 1 名现场裁判同时评判 2 名参赛选手。对每个考核项目客观评分项的得分点，现场裁判只能给出一个分值，即最高分或者 0 分，否则必须另有说明。

结果评分：现场考核结束后，密封试卷。每一参赛选手的试卷由 2 名现场裁判依据真值对参赛选手现场测定的结果进行精密度和准确度的评定，并经项目裁判长、赛项裁判长的复核签字确定。上述所有行为须在监督人员监督下完成。

按参赛队总数 32 支进行测算，本赛项所需现场裁判 16 名、备用 2 名，加密裁判 3 名，项目裁判长 4 名，赛项裁判长 1 名，共计 26 名。

（三）成绩计算

在监督人员的现场监督下，由加密裁判汇总参赛选手各模块项目评分，并计算出参赛选手的总成绩，复核无误后，经裁判长、监督人员和仲裁人员签字确认后提交监督组再次复核。

（四）成绩复核

监督组对总成绩排名前 30% 的参赛选手成绩进行再次复核；对其余参赛选手成绩进行抽检复核，抽检覆盖率不得低于 15%。如发现成绩错误以书面方式及时告知赛项裁判长，由赛项裁判长更正成绩并签字确认。复核、抽检错误率出现超过 5% 的情况，则对所有参赛选手成绩进行复核。

（五）成绩公布

记分员将解密后的各参赛选手成绩汇总制表，经赛项裁判长、监督组签字后在指定地点进行公布，2 小时后无异议，将参赛选手成绩录入赛务管理系统，经赛项裁判长、监督组和仲裁在成绩单上审核签字后在闭赛式宣布。

十二、奖项设定

1. 赛项设参赛选手个人奖，以实际参赛队总数为基数，一等奖、二等奖、三等奖获奖占比分别为10%、20%、30%（小数点后四舍五入）。

2. 获得一等奖的参赛队指导教师由组委会颁发优秀指导教师证书。

十三、赛场预案

（一）指导思想

根据“安全第一，预防为主”的原则，保障大赛期间赛场安全，防范安全事故发生，对引发的突发性事故有充分的思想准备和应变措施，确保赛场在发生事故后，能科学有效地实施处置，切实有效降低和控制安全事故的危害，确保竞赛顺利开展。

（二）组织领导

成立赛项竞赛安全应急工作领导小组。

（三）突发事故及应急处理方法

1. 药品使用事故

（1）竞赛用药品由专人统一保管和更换。

（2）取用药品要佩戴专用防护手套。

（3）药品分组使用，不能串用、混用，使用后要及时归还原位置。

（4）发生涉及药品的安全事故，由现场人员依不同情况酌情实施急救，并及时上报。

（5）组织人员对事发场地外围进行封锁，严禁无关人员进入，防止危害进一步扩大。

（6）立即联系医疗救护人员到现场进行现场救护工作，同时拨打120急救电话。

2. 水电使用事故

（1）一旦发生水电路故障或停水、停电等现象，现场人员要在第一时间向应急处置小组报告，并采取有效措施，防止事故发生。

（2）应急小组接到报告后，立即启动预案。

① 发生水电路故障，立即联系承办院校后勤处，由后勤处立即安排专业人员在第一时间到现场进行检测、维修，尽快修复。

② 发生停水、停电现象，立即联系承办院校后勤部门，立即安排人员查明停水、停电原因，尽快恢复供水、供电。

（3）触电事故

① 一旦发生触电事故，首先要在安全的情况下使触电者尽快脱离电源。

② 责任人员负责协调救援工作，下达救援指令等工作。并向承办院校相关部门及主要领导报告救援信息。

③ 根据触电者症状及时进行现场紧急救护。触电者脱离电源后，救护者应立即将其就近移至干燥通风处，可依不同情况酌情实施救护。

④ 组织人员对事发场地外围进行封锁，严禁无关人员进入，防止造成更大灾害。

⑤ 立即联系医疗救护人员到现场进行医疗救护工作，同时拨打120急救电话。

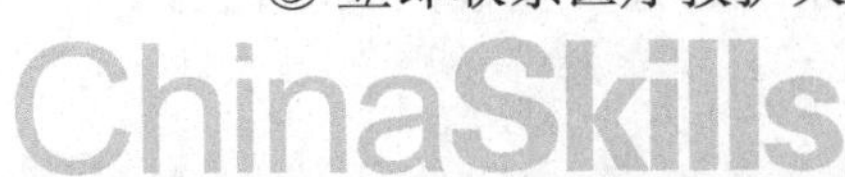

3. 其他设备安全事故

（1）玻璃器皿

① 玻璃器皿要按规定使用，防止破碎及产生继发伤害事故。

② 发生玻璃割伤事故，由现场人员依不同情况酌情实施急救，并及时上报。

③ 情况严重时由责任人员立即联系医疗救护人员到现场进行现场救护工作。或同时拨打 120 急救电话。

（2）精密仪器

① 精密仪器要按规定使用，防止触电及产生继发伤害事故。

② 如遇仪器产生故障，由责任人员负责更换。

（四）疫情下防控要点

1. 赛前了解所有参赛选手的健康状况，对于出现咳嗽、发烧等症状的参赛选手，禁止参加竞赛。

2. 对赛区实行封闭式管理，非参赛选手和工作人员不得入内。

3. 赛前工作人员打开赛场全部窗户，确保通风。赛前和每一场竞赛结束后，对赛区和考场环境进行全面消毒，不留死角。

4. 赛位原则上间隔 1m。准备备用隔离赛场，预防突发情况。

5. 所有参赛选手和工作人员进入赛区前都要进行体温测量，查验健康码，体温超过 37.3℃和健康码显示健康状况异常者不得进入赛区。

6. 所有参赛选手和工作人员必须全程佩戴口罩，没有佩戴口罩的人员不准进入赛场。

7. 赛区配备免洗手消毒液，提醒参赛选手和工作人员在赛前和赛后使用。

8. 安排医务人员在竞赛现场值班。竞赛过程中如果发现参赛选手突然出现发热状况，由专人护送至备用隔离赛场参加竞赛，或者中止其竞赛。医务人员到场处置并做好情况登记工作，必要时请求属地卫生部门协助。

十四、赛项安全

（一）安全操作

1. 参赛人员必须按规定穿戴好劳动防护服装。

2. 参赛选手在竞赛过程中，注意安全用电，不能用湿手、湿物接触电源，竞赛结束后应关闭电源。

3. 要熟悉掌握实验中的注意事项和化学试剂特性，严禁进行具有安全风险的操作。

4. 竞赛期间，若突发停电、停水等状况，应及时通知裁判，冷静处置。

5. 严禁在竞赛场地内饮食或把餐具带进竞赛场地，更不能把竞赛用器皿当作餐具。

（二）赛场安全保障

1. 领队、裁判、指导教师及参赛选手等所有人员佩戴标牌分别进入指定区域，并主动向安保管理人员出示。

2. 领队、裁判、指导教师及参赛选手等所有人员不准携带液体饮料、管制器械及易燃易爆等危险物品进入指定区域。

3. 领队、裁判、指导教师及参赛选手等所有人员不准在赛场区域和校内禁烟区吸烟。

4. 听从指挥，在规定区域内活动，不得擅自离开。

5. 参赛人员要妥善保管个人财物。

6. 竞赛期间如发生火情等特殊情况，要保持镇静，在第一时间向现场工作人员报告，并按照现场工作人员的统一指挥，参与扑救或有序撤离。

7. 竞赛期间一旦发生人员意外伤害或紧急突发病症，要服从现场救护人员指挥，医护人员要立即进入紧急施救状态，采取积极有效的医疗救治措施，对症快速处理；遇有病情严重情况时，要尽快指派专人护送病人到医院进行救治。

（三）安保工作要求

1. 在发生突发事件时安保工作负责人要掌握信息，统一布置工作，其他人员不得干扰。

2. 发生突发事件时，全体安全保卫人员必须服从命令、听从指挥，以大局为重，不得顶撞、拖延或临时逃脱。

3. 突发事件发生时，全体安全保卫人员要坚守岗位、尽职尽责，在未接到撤岗指令之前，不得离开岗位。

4. 发现安全隐患或突发事件时，现场人员应立即向保卫组汇报，保卫组接报后要火速到达案发现场，指挥并配合公安消防人员及安全保卫人员搞好抢救工作。

5. 视突发事件的具体情况，分别向上级主管部门和相关部门报告，并立即启动《赛区安全保卫突发事件处理预案》。

6. 发生火警和恶性事件时，现场人员应主动向公安机关报警并向领导汇报，立即组织抢救，以免贻误时机；启用消防应急广播，通知疏散路线，稳定人心，避免踩踏伤人。

7. 安全出口执勤人员，接到指令后立即打开出口门，疏导参赛人员有序撤离现场。

十五、竞赛须知

（一）参赛队须知

1. 参赛队对赛项执委会发布的所有文件要仔细阅读，确切了解大赛时间安排、评判细节等，以保证顺利参加大赛。

2. 参赛队领队负责本参赛队的参赛组织和与大赛的联络。

3. 竞赛前 1 天，各参赛队按时参加领队会。每场竞赛前 45 分钟参赛选手在检录处抽取竞赛赛位号。

4. 参赛选手须认真填写报名表各项内容，提供个人真实身份证明，凡弄虚作假者，将取消其竞赛资格。

5. 参赛队按照大赛赛程安排和具体时间前往指定地点，各参赛选手凭大赛组委会颁发的参赛证和有效身份证件参加竞赛及相关活动。

6. 参赛选手竞赛服装由赛场统一配备，进入赛场领取，竞赛结束交回。

7. 参赛选手应自觉遵守赛场纪律，服从裁判、听从指挥。

8. 参赛选手证件齐全，选手本人的参赛证、身份证（或其他有效证件）、检录后赛位号严格一致，自行变更参赛选手、参赛赛位的参赛队按作弊处理，取消该参赛队参赛资格。

9. 参赛队领队及指导教师做好本单位参赛选手的业务辅导、心理疏导和思想引导工作，对参赛选手及竞赛过程报以平和、包容的心态，共同维护竞赛秩序。

10. 参赛队自觉遵守竞赛规则，尊重和支持裁判工作，不随意进入竞赛现场及其他禁止入内的区域，确保竞赛进程的公平、公正、顺畅、高效。

11. 当本单位参赛选手对竞赛进程中出现异常或疑问，应及时了解情况，客观作出判断，并做好参赛选手的安抚工作，经内部进行协商，认为有必要时可在规定时限内向大赛仲裁委员会反映情况或提出书面仲裁申请。

（二）工作人员须知

1. 树立服务观念，一切为参赛选手着想，以高度负责的精神、严肃认真的态度和严谨细致的作风，积极完成本职任务。

2. 按规定统一着装，注意文明礼貌，保持良好形象，熟悉大赛指南。

3. 于赛前45分钟到达赛场或根据岗位要求提前上岗，严守工作岗位，不迟到，不早退，不无故离岗，特殊情况需向赛项执委会请假。

4. 熟悉竞赛规程，严格按照工作程序和有关规定办事，遇突发事件，按照安全工作预案，组织指挥人员疏散，确保人员安全。

5. 保持通信畅通，服从统一领导，严格遵守竞赛纪律，加强协作配合，提高工作效率。

（三）裁判员须知

1. 实行回避制度，裁判员不得担任自己所在参赛省（自治区、直辖市、计划单列市、新疆生产建设兵团）参赛选手的竞赛裁判工作，不得与参赛选手及相关人员接触联系。

2. 裁判员仪表整洁统一着装，并佩带裁判员的标牌；语言、举止文明礼貌，主动接受仲裁组成员、监督组成员和参赛人员的监督。

3. 按制度和程序领取试卷、文件和物品。

4. 裁判员和参赛选手共同进行赛前检查，清点竞赛使用仪器设备，确认设备完好。

5. 裁判员场上应该充分仔细观察尽到裁判员的职责，确保现场安全、有序。裁判应特别注意涉及安全操作的项目，参赛选手有违反安全操作规程的应及时提醒参赛选手，并做记录，确保现场操作安全。

6. 裁判员在工作中严肃赛纪，遵守公平、公正的原则。特别注意参赛选手有作弊行为时，应立即没收相关物品，取消该队的竞赛资格。

7. 裁判员认真填写竞赛过程记录表，竞赛结束后，裁判员和参赛选手一同在竞赛过程记录表上签字确认。

8. 裁判员未经同意不得擅自发布关于竞赛的言论，不得接受记者的采访，评定分数不得向参赛选手公开。

9. 裁判员执裁期间在能看清现场状况与参赛选手行为的情况下，应尽量远离参赛选手，不得影响参赛选手的工作，一般情况应与参赛选手保持1米以上的距离。

10. 裁判员完整填写现场评分记录表。

（四）可持续发展须知

1. 环境保护：赛场严格遵守《中华人民共和国环境保护法》，赛场所有废弃物应有效分类并处理，尽可能地回收利用。

2. 循环利用：提倡绿色制造的理念，所有可循环利用的材料都应分类处理和收集。

十六、申诉与仲裁

1. 本赛项在竞赛过程中若出现有失公正或有关人员违规等现象，代表队领队可在竞赛结束后 2 小时之内向仲裁组提出书面申诉。

2. 书面申诉应对申诉事件的现象、发生时间、涉及人员、申诉依据等进行充分、实事求是的叙述，并由领队亲笔签名。非书面申诉不予受理。

3. 赛项仲裁工作组在接到申诉后的 2 小时内组织复议，并及时反馈复议结果。

4. 申诉方对复议结果仍有异议，可由省（自治区、直辖市、新疆生产建设兵团）领队向赛区仲裁委员会提出申诉。赛区仲裁委员会的仲裁结果为最终结果。

十七、竞赛观摩

企业员工及院校师生等现场观摩、新闻媒体等进入赛场，必须听从现场工作人员的安排和管理，不得影响竞赛进行。竞赛前和结束前 30 分钟不开放参观。

1. 赛场内除指定的专家、裁判、工作人员外，其他人员须经赛项执委会同意或在赛项执委会负责人陪同下，佩带相应的标牌方可进入赛场。允许进入赛场的人员，只可在安全区内观摩竞赛；应遵守赛场规则，不得与参赛选手交谈，不得妨碍、干扰参赛选手竞赛。

2. 所有进入赛场的人员不得在场内进食、喝水及吸烟。

十八、竞赛直播

本赛项全程录像，包括竞赛过程和开闭赛式及赛外活动等。现场实况录像作为赛项重要资料进行存档。

十九、资源转化

在赛项结束后 30 日内向赛项执委会办公室提交资源转化方案，半年内实现教学资源转化建设工作，并分步实施。

1. 在赛项结束后 30 日内围绕大赛风采展示、技能概要、教学单元、教学整体资源等模块，确定教学资源转化形式，完成资源转化方案设计。

2. 在大赛结束 90 天内，依据竞赛项目的考核目的、技能点设置、知识应用和评价要素等关键信息，确立训练目标、技能要点和评价指标，整理编制出技能训练纲要。在大赛结束半年内，完成收集训练素材，制订教学方案和教学指导书，形成教学资源。

3. 在大赛结束半年内，完成制作应用于专业教学与技能训练环节的技能点评视频、试题库。

模块二　GZ-2020014　化学实验技术赛项技术分析报告

一、综述

1. 赛项情况

2020 年全国职业院校技能大赛改革试点赛化学实验技术赛项（高职组）已于 2020 年 11 月 26—30 日在淄博职业学院举行，本次赛项参加竞赛队伍有来自全国 30 个省、直辖市、自治区和新疆生产建设兵团 30 支代表队，每支代表队组成为领队一名、指导教师一名和参赛选手一名。

2. 赛项内容

2020 年 9 月 29 日在全国职业院校技能大赛官网上公布竞赛 3 个模块样题：A 模块——样品中钴含量的测定，B 模块——样品中铁含量的测定，C 模块——乙酸乙酯的合成及质量评价，11 月 2 日发布化学实验技术赛项（高职组）竞赛（报到）的通知，11 月 9 日发布赛项补充说明，11 月 20 日 9：00—10：00 在淄博职业学院举行了全国视频说明会，赛项专家组解读竞赛规程及技术要求；承办院校领导介绍学校及赛场情况；支持企业说明仪器设备相关情况。

竞赛分 3 个模块 2 天完成，共计 13 小时。其中 A 模块竞赛时间为 210 分钟；B 模块竞赛时间为 210 分钟；C 模块竞赛时间为 210 分钟。

二、赛项设计解读

1. 赛项的整体设计

化学实验技术是利用现代化学技术对各类天然或合成材料进行定性与定量分析、制备与合成，及其物理与化学性能测量的专门技术技能。化学实验技术人员适于在企业质量控制部门、研究和开发部门的化学实验室，或在不同行业企业的环保部门工作，应能独立地进行合成、质量控制、分析任务，制订实验室的工作计划，记录工作过程和评价工作结果。在工作中必须遵守有关劳动安全、健康保护、环境保护以及质量保证等的条例和规定。

化学实验技术赛项基于职业岗位群能力要求，面向现代化学技术，借鉴世界技能大赛办赛机制，参考世界技能大赛化学实验室技术赛项文件，以检验教学成果、体现世界技能大赛理念、促进职业教育高质量发展为指导思想，积极营造崇尚技能的氛围，推动专业教学改革与发展，实现课程内容与职业标准对接，培育学生工匠精神，提升学生化学实验技术能力而设置。

2. 命题依据

首先，是制定赛项标准。专家组命题时，充分考虑了《中华人民共和国职业分类大典（2015 年版）》中与此相关的“化工工程技术人员（GBM20206）”“环境保护工程技术人员（GBM20227）”“检验、检测和计量服务人员（GBM40805）”“环境监测服务人员（GBM40806）”“检验试验人员（GBM63103）”5 个职业小类的岗位任务要求，参照世界技能大赛标准规范，制定了参赛选手能力标准规范。

其次，是依据标准命题。专家组按照参赛选手能力标准规范设计了涉及物质的定性分析、定量分析、制备和质量控制等方面的竞赛内容。竞赛赛题能够考查学生掌握物质制备和分析的基本理论知识；考查学生执行国家及行业标准规范的能力、科学的实验工作方法和实验技巧；考查学生实事求是的科学态度，严谨细致的工作作风，清洁整齐的良好工作习惯；考查学生职业健康、安全、环保意识。赛题的 3 个模块及评分标准设计能很好地反映标准规范中所列知识点、技能点。每个模块的任务和评价重点均不同，各项目涉及的主要药品试剂标签以英文标识，同时提供专业英文词典。整体评价参赛选手解决问题的能力，准确、细致、创意和创新。

3. 赛题解读

（1）赛题模块设计

本赛项赛题由 3 个模块组成，即化学分析法、仪器分析法、产品合成和质量评价，赛项不再单独举行理论测试，而是通过实际操作模块来评估参赛选手的知识理解和技能掌握。

模块 A 化学分析法（30 分）和模块 B 仪器分析法（30 分）的命题均参考了原大赛的相关内容。其中，样品中钴含量的测定（化学分析法）维持了 2013 年大赛工业分析检验赛项的化学分析竞赛内容，样品中铁含量的测定（仪器分析法）主要参考了 2010 年、2019 年大赛赛题。参赛选手应完成的工作内容增加了溶液试剂配制、工作报告撰写，评分标准上增加了个人健康、安全与环保、结果分析与工作报告撰写的考核，主要是引导指导教师注重参赛选手职业素养养成方面的教学工作，注重提升参赛选手进行工作自我评价的能力。

模块 C 产品合成和质量评价（40 分）为新增竞赛内容，主要包括对有机物合成操作、产品用气相色谱分析的谱图分析和质量评价、工作管理以及健康和安全防护等方面的考核。该模块为一连续性任务，是参赛选手从合成到分析的工作全过程。其中，第一阶段为乙酸乙酯的合成，任务完成的难度不大；第二阶段为产品色谱分析、结果评价。评价分值指标也将重点放在产品谱图分析和质量评价上，要求在一定程度上高于世界技能大赛。

（2）赛题公布方式

由于本赛项的特殊性，竞赛准备的仪器设备、实验耗材等物件达上万件，无法命题 5 套不同试题，否则不仅赛项承办院校无法组织赛项准备工作，而且也违背了节约办赛的理念。

因此，在命题过程中，专家组对试题主要内容进行了相对固定，通过调整样品试剂浓度组卷了 5 套试题，并公布了竞赛样题。样题只公布了测试项目的主要内容和要求，溶液浓度、产物质量等具体数值均未公开。

（3）赛题评分标准

本赛项各模块按实验准备、实施操作、结果报告三个部分和项目考核内容设置评分项，并结合参赛选手能力标准规范的 7 部分权重，给出待评分的各项和分数分配见，表 14-6 分值指标分配。

在评分项设计上，沿袭了国赛原评分细则中的样品制备、测定、数据处理等关键评分点，同时吸纳了世界技能大赛评分标准中的健康安全、撰写报告等标准。

例如，模块 C 的评分则将重点放在谱图分析和校正因子、产品回收率、产品质量评价、工作报告上，相应分值分配见表 14-7。

表 14-6 分值指标分配

评分内容	评分项	分数分配		
		模块 A	模块 B	模块 C
实验准备	个人健康安全、药品称量、溶液配制	5	5	8
实验操作	A：标准溶液标定、样品制备、含量测定、文明操作 B：标准曲线制作、样品制备、含量测定、文明操作 C：有机物合成、产品分离提纯、含量分析、文明操作	10	10	12
结果报告	A/B：数据处理、撰写报告 C：产率计算、质量评价、撰写报告	15	15	20

表 14-7 模块 C 部分评分点分值指标分配

指标	谱图分析和校正因子	产品回收率	产品质量评价	工作报告
分值	9	6	3	2

具体的评分方式采用客观评判（测量 M）和主观评判（J）相结合的方式进行。主观评判采用以下方法进行，分值范围 0～3 分表示：0 分表现低于能力标准；1 分表现符合能力标准；2 分表现达到并且在特定方面超过能力标准；3 分表现完全超过能力标准，并表现优秀。

三、成绩解析

1. 成绩分析

本次化学实验技术赛项分为 3 个模块，每个模块分为实验准备、实验操作和结果报告 3 个部分，3 个模块合计评分点为 84 个，每个评分点最高分数为 3 分、最低分数为 0.25 分，满分为 100 分，其中现场裁判只对实验准备和实验操作评判，分数为 50 分，结果报告由评卷裁判评判，分数为 50 分。通过两天竞赛，现场裁判一看二评判现场分，结果报告裁判评分分为两个组，每个组两人对 30 名考生进行独立分项方式评判，所有成绩评判都进行了复核和审核，保证了评判尺度和标准的统一，体现公平公正评判。

经过统计分析 3 个模块中 A 模块样品中钴含量的测定总分数为 30 分，考生平均分数为 19.45 分、最高分数为 28.80 分，最低分数为 6.75 分；B 模块样品中铁含量的测定总分数为 30 分，考生平均分数为 20.23 分、最高分数为 27.30 分，最低分数为 7.65 分；C 模块乙酸乙酯的合成及质量评价平均分数为 25.37 分，最高分数为 34.75 分，最低分数为 13.00 分；考生三个模块合计平均分数为 65.05 分、最高分数为 89.10 分，最低分数为 34.30 分；考生三个模块合计平均分数段分数为 60 分以下段 10 个队、60～70 分分数段为 7 个队，70～80 分分数段为 9 个队，80～90 分分数段为 4 个队，呈正态分布。

2. 总竞赛成绩

竞赛设一等奖 3 名，二等奖 6 名，三等奖 9 名，获奖率为 60% 即 18 个学校，由于第九和十名成绩相同，并列二等奖，三等奖减少 1 名，实际二等奖 7 名、三等奖 8 名，总共奖励数量 18 名未有变化。

四、现场情况

通过竞赛现场裁判评定、结果报告评判和考生考试全部结束后电话联系部分参赛学校指导教师了解，总体看学生能够按照试题要求，独立完成审题、完成药品试剂溶液配制、完成实验操作项目的检测。结果充分体现出各个学校在专业建设、课程教学中实验基本技能训练和专业核心能力培养综合能力和水平。

由于改革试点赛，每省份出一支队伍参赛，有些省份通过选拔出竞赛队来代表省份，成绩较好，还有推荐和指定代表，参赛队报着重在参与其中，找差距，谋求进步与发展，为来年打下基础，也符合改革试点赛的大局观。通过竞赛了解情况，再有针对性组织活动，给予一定帮扶，提高全国各地高等职业学校课程教学和相关专业教学水平提高。通过试卷成绩分析也反映出一些问题。

1. 职业健康、安全、环境保护的内容，写出相应措施各校教学有差距。3 个模块此部分失分人数占 63 人次，占比 70%，具体在以下四个方面。

（1）防护用具不能正常使用和操作。

（2）对危险化学品危险性，职业防护和危险教育不够。

（3）环境保护方面废液处理两个模块有 29 人次失分。

（4）场所干净、整齐、整洁有 88 人次失分。

2. 基础知识掌握不扎实，反应教学中忽视基础知识教育。

（1）有效数字修约不正确。

（2）缓冲溶液配制 B 模块 1 分，有 29 人失分，1 人正确。

（3）样品或基准物称量范围 1.5 分，与标准的相对误差 $\leqslant\pm5\%$ 不扣分、$\geqslant\pm10\%$ 不得分，有 15 人失分。

（4）C 模块产品质量评价 3 分，有 29 人失分。

3. 审题不认真仔细，粗心。

（1）原始数据记录错误，A 模块 0.5 分，有 13 人失分。

（2）审题不仔细，C 模块内标物的相对质量校正因子计算乙酸乙酯含量（用技术人员报告数据），用自己数据则 0 分。有 21 人失分。

（3）工作场所管理不到位，A 模块为 0.5 分、B 模块为 0.5 分、C 模块为 0.75 分，有 88 人次失分。

4. 基本技能不扎实，反应教学设施设备不足，教学水平不高。反应滴定管读数，样品称量，移液管使用等器具不规范操作。

5. 忽视报告规范编制训练。C 模块为 2 分 3 档，有 28 人有失分，只有 2 人未扣分。

6. 忽视心理健康、体质、英语、基础技能（特殊）专项训练。

7. 遵循规则是化学实验技术赛项取得优异成绩的根本，也是培养技术技能人才的根本，任何专业教学和课程教学改革不能脱离教学的基本原则。

（1）本次一名考生分数为 89.1 分。其中 C 模块产物收率失去 3 分得 0 分，不是她不能完成，而是坚持科学原则完成实验，初心不改，充分体现了职业教育技能操作按照规程完成的精神。

（2）教师指导和学生自我训练相辅相成，没有千锤百炼是找不到某些技能形成技术的规律，否则很难取得优秀成绩。

（3）为了拉开分数的差距和区分度，增加试题一些难度、设置一些障碍。B模块 pH=4.5 乙酸－乙酸钠缓冲溶液制备、内标物的相对质量校正因子选用给定数据、标准物质有杂质从谱图观察等。

本次大赛淄博职业学院在赛场的硬件：天平、紫外－可见分光光度计、气相色谱仪、各种实验量具等，都达到了实验技术要求的计量性能，辅助设备满足要求，通过不同时间两场学生分析结果平均中位值分析，上午：ρ(Fe)=750.2mg/L，下午：ρ(Fe)=749.4mg/L，基准标准：ρ(Fe)=750.0mg/L，学生测定结果与基准标准值准确度偏离小，体现检测设备计量性能好、学生检测能力水平高，保证了大赛公平竞赛基础条件，体现职业学院实验室设施设备也能够达到对外检测能力。

五、行业要求对比

化学实验技术赛项，是各个学校基础课程实验技术能力反应，也是多个专业教学水平在生产实践中动手操作技能和数据处理的综合能力体现，是能够检验出各校在专业教学能力和办学水平。赛项应设计出与 1+X 证书制度对接的能力证书，也是专家组考虑赛项对基础课程和专业教学的引领。技能大赛不要完全成为教学的指挥棒，但以赛促教、以赛促学、以赛促改、以赛促建、以赛促发展的精髓要发扬光大。

检验检测随着国家经济发展，人民生活水平提高，需要大批高素质技术技能人才。在新冠疫情影响着世界经济发展，中国经济在一系列精准施策和全国上下的努力下企稳回升，各部门发布着力推进“高质量外贸”“高质量发展”“复工复产”等系列文件，助力经济高质量发展的过程中，“检验检测”行业发挥着举足轻重的作用，在医疗防疫物资、大宗产品的生产及进出口贸易中很好地发挥了质量保障作用，保障了国内外防疫物资、工业产品、产业链体系的稳定供应。

基础课程和专业教育教学需要基本技能和专业技能培养支撑，大赛要精彩，职业教育水平要提升是必须的，指导教师培训、学校间交流、学生之间的交流也是必须的，需要有专业的平台和机制，要依靠大赛办高瞻远瞩，顶层设计的引领。

赛后资源转化，赛项对课程基本技能、专业教学的专业技能、培训教材的开发、试题库、相关操作评分点和专家点评等视频整理出版发行，体现大赛推动规范教学和科学教学，引领课程和专业发展。

六、总结、意见与建议

化学实验技术赛项前期准备充分、组织服务到位、裁判执裁公平公证、未发生任何安全事故、成绩公布后未收到任何对各个方面的投诉，顺利完成竞赛任务。

建议竞赛结束后，在职业院校技能大赛改革试点赛大赛办的指导下，通过线上或线下在承办院校组织召开多种形式的赛项总结会、经验交流会，推动推动本赛项成果转化。

为今后做好试点赛化学实验技术项目，推动高等职业教育发展，为更多化学实验相关课程实验水平提高、各行业检验检测专业发展，为企业培养更多技术技能人才，建议如下：

（1）增加网上样题发布内容和评分点的评分信息量。

（2）结果报告编制表格和书写太繁琐，增加参赛选手通过计算机处理结果报告。

（3）执裁裁判由于能力差异，虽然现场实战操作培训了一天，现场个别裁判评判时还是出现尺度把握有偏离现象，建议增加替补裁判数量，发现裁判水平不达标即时更换。

（4）其一参赛队可以增加为两名参赛选手，A 和 B 模块一名参赛选手完成、C 模块另一参赛选手完成，成绩相加作为排名成绩；其二同一省份增加为两个队，使更多优秀队伍参赛。（全国各地谁承办谁获得第一，不能真实反映省份水平）。

（5）大赛技术资料等内容，组织人员尽快完成发布，增加透明性，推动赛事促教学质量提高，同时占领市场。

模块三　GZ-2020014　化学实验技术赛项工作总结

2020 年 11 月 30 日，为期 4 天的“2020 年全国职业院校技能大赛改革试点赛（高职组）化学实验技术赛项”于山东省淄博市顺利闭幕。本届试点赛实现与世界技能大赛化学实验室技术项目接轨，竞赛在名称、参赛队人员数量要求、竞赛时长、竞赛内容以及多个方面发生巨大变化，实现试点赛多方位创新，具有鲜明的化学实验技术赛项特点。同时试点赛在公平、公正、严格、精准的基础上，促进了全国职业技术院校教师、参赛选手的技能知识水平以及技能实操水平提升，同时更有效的促进了全国职业院校技能交流、教学模式改革等，更为建设知识型、技能型、创新型高技能人才队伍，为企业质量控制、产品开发提供支撑，推动所有行业的高速高质量发展打下坚实基础。具体内容如下：

一、试点赛化学实验技术赛项竞赛内容

化学实验技术项目利用现代化学技术对各类天然或合成材料进行定性与定量分析、制备与合成，及其物理与化学性能测量的竞赛项目。

化学实验技术项目是个人项目，每个参赛队由 1 位参赛选手组成。赛题包含 3 个模块，涉及物质的定性分析、定量分析、制备和质量控制，通过实际操作模块来评估参赛选手的知识理解和技能掌握，不再单独举行理论测试，每个模块单独按时考核。竞赛过程中，要求参赛选手合理的安排工作流程、注意个人防护，同时要求参赛选手完成一份包括实验过程中必须做好的健康、安全、环保措施，实验中的物料计算和过程记录、数据处理、结果的评价和问题分析的工作报告，考查参赛选手在技能操作基础上的职业综合素养。

竞赛试题库于竞赛前 1 个月在大赛信息发布平台上发布，竞赛赛卷在竞赛前 1 天的参赛队领队会上，由裁判长从试题库中随机抽取 1 套进行竞赛。

本次竞赛内容及要求具体如下：

1. 样品中钴含量的测定

要求参赛选手正确使用化学分析相关的玻璃器具，根据要求配制和使用相关试剂，用乙二胺四乙酸二钠标准滴定溶液对样品中的钴进行定量测定。

2. 样品中铁含量的测定

要求参赛选手正确使用紫外分光度计，根据要求配制和使用相关试剂，对样品中铁浓度进行定量测定。

3. 乙酸乙酯的合成及质量评价

要求参赛选手根据提供的玻璃器皿和辅助设施，完成乙酸乙酯的合成操作，同时准备

气相色谱检测所需的样品，并完成产品谱图分析和质量评价。

二、改革试点赛与2019年国赛项目的不同之处

1. 办赛理念的变化

改革试点赛办赛思路是既要对接世赛，更需要保留国赛的自身特色。因此在办赛定位上，赛项继承了“以赛促教、以赛促学、以赛促改”、推进产教融合的理念，同时增加了服务世赛参赛需要、科学选拔人才，履行职业教育的责任担当。赛项设计的变化是对接世赛标准，推动技能评比向职业能力综合考核转变。

2. 赛项内涵的变化

竞赛名称由“全国职业院校技能大赛（高职组）工业分析检验赛项”变为“全国职业院校技能大赛改革试点赛（高职组）化学实验技术赛项”，实现赛项名称与世界技能大赛化学实验室技术项目接轨。同时，赛项参考世赛要求，制定了参赛选手能力标准规范，作为学生培养和参赛选手培训的指南，也作为竞赛项目和评分方案应制定的标准依据。

3. 竞赛内容的变化

本赛项赛题由三个模块组成，即化学分析法、仪器分析法、产品合成和质量评价，内容将涵盖化学实验技术人员特定职能和整体角色的执行。与原赛项相比，模块C产品合成和质量评价为新增竞赛内容。竞赛时长由往届的3.5小时（化学分析和仪器分析合并考核）调整为13小时（化学分析3.5小时、仪器分析3.5小时、产品合成6小时）。

4. 参赛队伍和选手数量的变化

参赛省份共30个，覆盖范围广；并由1省份2支代表队变为1省份1支代表队，每队参赛人员要求数量由2名参赛选手变为1名参赛选手参赛，选拔要更精准，要求更高。

三、改革试点赛的创新与突出特点

1. 首次制订并公布参赛选手能力标准规范

专家组命题时，充分考虑了《中华人民共和国职业分类大典（2015年版）》中与此相关的“化工工程技术人员（GBM20206）”“环境保护工程技术人员（GBM20227）”“检验、检测和计量服务人员（GBM40805）”“环境监测服务人员（GBM40806）”“检验试验人员（GBM63103）”5个职业小类的岗位任务要求，参照世界技能大赛标准规范，制定了参赛选手能力标准规范。标准规范对参赛选手应知应会进行了规定，包括7个方面：组织管理、沟通交流、专业技术、数据处理、结果评价。

2. 完成了从技能评比向职业能力的综合考核转变

与往届赛题不同的是，试点赛不再单独举行理论测试，而是通过实际操作模块来评估参赛选手的知识理解和技能掌握；各模块涉及的主要药品试剂标签以英文标识，要求参赛选手能熟练选用或根据提供专业英文词典确定正确的试剂；同时在要求参赛选手应完成的工作内容中，还增加了溶液试剂配制、工作报告撰写，评分标准上也增加了个人健康、安全与环保、结果分析与工作报告撰写的考核，整体评价参赛选手解决问题的能力，准确、细致、创意和创新，进一步引导指导教师注重参赛选手职业素养养成方面的教学工作，注重提升选手进行工作自我评价的能力。

3. 实现了赛题评分标准的继承创新

本赛项各模块按实验准备、实施操作、结果报告三个部分和项目考核内容设置评分

项，并结合参赛选手能力标准规范的 7 部分权重，给出待评分的各项和分数分配。具体的评分方式采用客观评判（测量 M）和主观评判（J）相结合的方式进行，即使是主管评判亦统一了答题要点和得分设计。

在评分项设计上，沿袭了国赛原评分细则中的样品制备、测定、数据处理等关键评分点，同时吸纳了世界技能大赛评分标准中的健康安全、撰写报告等子标准。例如，模块 C 的评分则将重点放在谱图分析和校正因子、产品回收率、产品质量评价、工作报告上。

4. 三组并行确保了赛项公平公正

核心试剂样品由第三方独立准备。由于本赛项的特殊性，竞赛准备的仪器设备、实验耗材等物件达上万件，无法保证所有设备设施均由第三方准备，因此赛项在核心技术环节进行了严格保密，赛卷打印、关键试剂样品采购和配制均由专家组独立准备，尽可能确保了赛项准备工作的公平公正。

赛项执裁分工明确、标准统一。本赛项裁判员的报到时间为 11 月 26 日，比参赛队报到时间提前 1 天。11 月 27 日，专家组和裁判长对全体裁判员进行了为期一天的技术评判专项培训。赛项成绩评定分为现场操作评判和赛后结果报告评判两种。现场操作评判由现场裁判负责，每名现场裁判负责 2 名参赛选手的评判；赛后结果评判在裁判长的主持下，由 4 名阅卷裁判独立完成，初评后再交叉互查，最后由裁判长逐一检查阅卷结果。从后期的选手赛卷抽查结果来看，阅卷裁判的标准保持了较高的一致性。

5. 赛后技术点评促进交流学习

赛后现场技术点评。闭幕式上由裁判长现场点评，指出参赛选手操作时的健康安全规范、溶液配制计算、结果分析与评价等问题，分享竞赛技巧、方法，更对部分评分专项进行点评说明失分点与参赛选手问题，要求参赛队伍进行总结，促进全国职业院校教师及参赛选手综合素质的提升。

四、试点赛的意义

1. 专业人才符合行业培养需求

21 世纪是质量的世纪。近年来诸多标志性、关键性的文件发布实施，无不昭示着我们正在迈向伟大的“人人重视质量、人人创造质量、人人享受质量”的“质量时代”。

化学实验技术是利用现代化学技术对各类天然或合成材料进行定性与定量分析、制备与合成，及其物理与化学性能测量的专门技术技能。化学实验技术人员适于在企业质量控制部门、研究和开发部门的化学实验室，或在不同行业企业的环保部门工作，应能独立地进行合成、质量控制、分析任务，制订实验室的工作计划，记录工作过程和评价工作结果。

2. 世赛模式实现人才培养标准化

参考世界技能大赛化学实验技术项目竞赛评价标准体系，培训内容不只局限于某一职业（工种），涵盖化学实验技术人员特定职能和整体角色的执行，具体内容涉及物质的定性分析、定量分析、制备和质量控制。同时考核内容增加了产品合成模块，这不只局限于纯粹意义上的技能提升，还包括个人健康、安全与环保管理、英文标识识读、溶液试剂计算与配制、工作报告撰写，评分标准上也增加了、结果分析与工作报告撰写的考核，整体评价参赛选手解决问题的能力。通过技能和职业素养的双提升，培养高素质的技术技能人才。

3. 以赛促教、以赛促训、以赛促技、以赛促改

通过竞赛促进全国职业院校化学实验技术相关专业完善技术技能教学环节，有效提高参赛选手实操技能、教练教师教学能力。化学实验技术项目涵盖物质的定性分析、定量分析、制备和质量控制三大模块的专业内容，这也极大促进相关专业改革教学内容，让教学内容贴近试点赛赛项内容，实现院校人才培育贴近行业需求，促进校企人才供需接轨，助力行业可持续、高质量发展。

五、试点赛的建议

1. 进一步完善竞赛设计与组织

（1）参赛队数量：各地人才培养水平有高低、院校数量有多有少，建议参赛名额可以适当考虑上述因素。如：上届获得一等奖的省份，可以增加 1 个参赛指标。

（2）竞赛承办院校：为确保竞赛组织的公平公正，竞赛应由第三方（非参赛校）承办，或承办院校不占获奖名额。

（3）相关方职责：建议大赛办明确行指委、赛项执委会、承办院校在大赛中的职责定位，明确专家组长、裁判长、监督仲裁长职责安排。建议监督、仲裁分开。

2. 进一步加强裁判队伍的建设

（1）裁判库建设：进一步充实裁判员队伍，负责独立执裁每个参赛选手的裁判员数量越多，评判结果的公正性越高。

（2）裁判员水平：委托专家组定期组织开展裁判员队伍的专项培训，建立裁判员继续教育制度，提高裁判员的执裁能力。

（3）裁判员遴选：赛项执委会遴选当年赛项的执裁裁判后，可以与行指委初步沟通，以避免一些执裁水平、个人素养不高的裁判入选。

3. 进一步推动赛项资源的标准化建设

在监督仲裁手册要求“提出申诉的时间应在竞赛结束后（参赛选手赛场竞赛内容全部完成）2 小时内。超过时效不予受理。”

而化学实验技术赛项分为 3 个独立模块，建议调整为：针对某一模块、任务的现场执裁、仪器设备的申诉，应为该模块工作结束后 2 小时内。而公示成绩期间的申诉，应该明确为针对参赛选手个人成绩的复核。

4. 进一步推动赛项资源的标准化建设

委托专家组尽快编制与赛项相关的团体标准，以指导各省份院校的学生培养和参赛选手培训工作。

项目十五 健康与社会照护赛项

模块一 GZ-2020015 健康与社会照护赛项规程

一、赛项名称

赛项编号：GZ-2020015

赛项名称：健康与社会照护

英文名称：Health and Social Care

赛项组别：高职组

赛项归属产业：健康产业

二、竞赛目的

本次技能大赛以推动落实《国家职业教育改革实施方案》，以世界技能大赛为引领，“以赛促教、以赛促改、赛教融合、赛训融合”，对接国际、行业等标准，遵循安全、质量、公平、廉洁的原则，以培养选拔世界技能大赛选手和促进职业教育高质量发展为目标，综合考核参赛选手在健康与社会照护方面的能力，选拔、储备、培养优秀的技术技能型人才，示范并促进职业院校教育制度创新，促进职业教育高质量发展。

（一）检验高等职业院校教学成果

本次大赛以“人”为中心实现整体照护服务，以此理念检验高等职业院校相关专业的教育教学成果与其服务人群的契合度，检验供给侧与行业、产业需求的融合度，检验深化产教融合、校企合作、现代学徒制等建设成果。

（二）深化专业融合发展，促进教学改革

健康与社会照护赛项与医护行业相关度高，通过大赛引领职业院校适应行业、产业的发展趋势，加快相关专业人才培养模式改革，以需求为导向，深化与所服务的人群、与行业及产业深度融合，提升学生创新思维、创造能力、实践能力、解决问题能力等，加快服务社会需求的步伐，为健康中国贡献力量。

（三）瞄准世界高水平，提升职业者综合能力

世界技能大赛健康与社会服务赛项是以“人”为中心的整体照护，使从业者在各种环

境中工作，能够给服务对象提供健康管理和对其成长与发展、照护、康复的支持。本次大赛吸纳世界技能大赛健康与社会照护相关技术标准，结合我国实际，突出世界技能大赛的核心知识点、考核点和组织形式。对参赛选手知识技能、责任、体力、精力、耐力进行综合考验。在贴近真实照护环境下，参赛选手利用有限的时间，突出以“服务对象”为中心，既要动手操作，又要注重过程沟通交流；既要高质量完成任务，又要确保安全照护；既要注意完成某项任务的点，更要注重整体照护的面。

（四）营造崇尚技能的社会氛围

通过大赛让更多人了解职业技能的专业性和实际贡献，营造尊重劳动、崇尚技能的浓厚氛围，让更多青年走技能成才之路。

三、竞赛内容

健康与社会照护赛项考核内容包括参赛者在不同场合，包括医院、长期照护中心、日间照护中心及家庭，直接为需要的人群提供专业服务，通过评估、计划、实施和评价等，确保促进他们的生理和心理健康、疾病康复，并改善其生活质量，使其整体照护需求得到满足。通过理论学习和实践操作，掌握健康与社会照护需要的知识和技能。同时，因为健康与社会照护的对象是人，从业者不仅需要提升组织与管理能力、沟通和人际交往能力、解决问题能力，还需要具备灵活性、创新性，以及用同理心去理解和激励他人的能力。为此，本赛项根据参赛选手应具备的六个方面能力及完成整体照护的不同场景，设定医院、长期照护中心、日间照护中心及家庭四个竞赛模块。

（一）参赛选手应具备的六个方面能力

1. 工作中的组织与管理能力

（1）遵循健康、安全、卫生标准、规则、法规。

（2）采取适当的卫生措施预防感染。

（3）识别和使用适当的制服和个人防护服（包括安全鞋）。

（4）正确选择、有效使用并安全储存材料。

（5）根据条例安全储存药物。

（6）根据需要计划、安排工作及重新分配优先顺序。

（7）确保工作实践安全且符合工效学。

（8）以环保的方式处理废弃物。

（9）高效与他人协作。

（10）及时了解新的实践和规则（如运动安全、健康与安全）。

2. 沟通和人际交往能力

（1）对服务对象保持专业而敏锐的观察能力。

（2）真诚、谨慎地与服务对象合作。

（3）保持良好的职业行为，注意仪容仪表。

（4）在合适的情境下，与服务对象进行开放式或闭合式交流，建立和谐关系。

（5）尊重服务对象接受或拒绝照护的自主性和权利，始终对服务对象诚实。

（6）尊重服务对象的文化和宗教信仰。

（7）照护过程中采用治疗性沟通方式，包括：主动倾听、提问技巧、解读非语言信号，以及采用合适的教育方法。

（8）指导服务对象学会新的“生活技能”。

（9）以专业的方法跟有沟通或理解障碍的服务对象沟通。

（10）以适当的方式与服务对象家属进行专业有效的沟通，确保以服务对象需求为中心。

（11）与同事、医务人员、服务对象及其家属讨论，以寻求最合适的照护类型和水平，同时满足服务对象的自主性和需求。

（12）与同事保持一贯有效的口头和书面沟通。

（13）用正确的格式（如沟通簿和记录单）记录服务对象信息，以专业方式讨论和描述服务对象的案例。

3. 解决问题能力和创新能力

（1）重视服务对象，对服务对象感兴趣并深入了解其性格特征。

（2）取得服务对象信任，使其愿意讨论他们的问题。

（3）迅速认识问题并自主解决问题。

（4）通过仔细的结构化的讨论、询问和观察，找出服务对象问题的根本原因。

（5）根据具体情况的要求，主动地变更服务对象问题的优先顺序。

（6）在解决服务对象问题过程中，认清自己的专业能力和权力的限制，适当参考同事和其他专业人士的意见。

（7）创新工作方式以改善服务对象的生活质量和幸福程度（如利用辅助工具来改善服务对象的活动性）。

（8）识别机会并主动提出改进服务对象照护的想法，例如，通过一种新的方式有效地利用服务对象的环境，在适当的时间与服务对象交谈。

4. 评估需求和规划服务对象照护能力

（1）仔细评估服务对象的环境和情况，确定其照护需求，并认清职业界限。

（2）评估服务对象及其家属的能力。

（3）确定服务对象的营养状况和需求。

（4）计划如何实施以服务对象为中心的照护。

（5）备齐所需物品以便实施照护计划。

（6）计划如何促进服务对象康复。

（7）实施前征求服务对象同意。

（8）视情况向临床护理等专业人员咨询。

5. 管理和提供服务对象照护的能力

（1）促进服务对象的生理和心理健康，照护和支持其在疾病过程中康复、自我成长和不断发展。

（2）在照护过程中，尊重服务对象，遵守道德、法律和伦理要求。

（3）为服务对象构建积极的、促进健康的环境，提供安全的照护。

（4）根据需要满足卫生需求，并尊重服务对象的亲密需求。

（5）在提供照护时要考虑服务对象的能力。

（6）在执业范围内，执行相关的医疗任务，如急救、伤口护理、呼吸训练等。

（7）监测各种健康相关参数，如血压、脉搏、体温、血糖、体重，并告知服务对象相关信息。

（8）对常见危险因素采取预防措施，如褥疮、肺炎等。

（9）持续观察服务对象，迅速识别需要关注和转诊的新问题，如压力性损伤等。

（10）准确判断何时需要紧急医疗帮助，必要时采取急救措施。

（11）实施能促进服务对象独立的措施。

（12）教育服务对象养成健康的生活方式，如经常锻炼、戒烟等。

（13）在实践范畴和法规允许下，给予服务对象营养建议，并采取合适措施改善其营养状况。

（14）在实践范畴和法规允许下，指导服务对象正确使用常见药物并观察疗效和预防副作用，如正确使用降压药物、镇痛药物等。

（15）在实践范畴和法规允许下，指导服务对象正确管理和存储药物。

（16）合理安排时间，使每位服务对象都获得其需要的时间。

（17）组织健康指导和康复锻炼活动，满足不同年龄段（成年）服务对象的需求。

（18）结合服务对象自身资源，促进活动；尊重服务对象的需求，提供充分而恰当的移动技术。

（19）有效且高效地利用资源。

（20）提高生活质量。

6. 评估服务对象照护结果的能力

（1）通过与服务对象的认真仔细讨论，了解其对照护的满意程度。

（2）从服务对象家属、同事和相关专业人员那里获得信息。

（3）了解服务对象的喜好及他们对“健康”的理解。

（4）认真倾听并积极回应任何问题，努力寻求解决方案。

（5）评价照护计划给予服务对象多少帮助。

（6）与服务对象及其家属、同事和相关专业人士商讨照护计划的任何调整，就照护计划的修改达成共识。

（7）记录评估结果。

（8）制订计划时考虑可利用的资源。

（9）向相关各方报告并记录任何值得关注的情况。

（10）反思反馈并评价自己的工作实践。

（二）竞赛模块

竞赛设计对接世界技能大赛标准，分为四个模块，分别考核医院、长期照护中心、日间照护中心及家庭场景内的健康与社会照护技能。本赛项重点考核参赛选手的文字表达能力、实践操作能力和沟通交流能力。文字表达能力通过书写计划、制作健康教育海报或撰写反思报告来考核；实践操作能力和沟通交流能力融合在具体的案例中。为了更好体现技能大赛对于人文综合能力的要求，如沟通和人际交流能力、解决问题能力、现场应变和创新能力等，本赛项将与世界技能大赛项目技术要求接轨，同时重视非技术技能及技术性的操作考核（见表15-1）。

表 15-1　竞赛模块内容、时间与分数

模块编号	模块名称	竞赛时间 / min	分数（每个案例 100 分，总分 400 分）		
			评价分	测量分	合计
A1	医院案例照护计划	20	0	10	10
A2	医院案例实际照护	25	3	77	80
A3	医院案例健康教育海报或反思报告	25	0	10	10
B1	长期照护中心案例照护计划	20	0	10	10
B2	长期照护中心案例实际照护	25	3	77	80
B3	长期照护中心案例健康教育海报或反思报告	25	0	10	10
C1	日间照护中心案例照护计划	20	0	10	10
C2	日间照护中心案例实际照护	25	3	77	80
C3	日间照护中心案例健康教育海报或反思报告	25	0	10	10
D1	家庭案例照护计划	20	0	10	10
D2	家庭案例实际照护	25	3	77	80
D3	家庭案例健康教育海报或反思报告	25	0	10	10
总计		280	12	388	400

模块 A：医院案例

该模块设置场景在医院内，主要选择的案例具有医院场景下常见或是危重病情的照护特色。重点考核参赛选手的评估能力、医疗仪器设备的使用能力，以及虚弱患者的照护能力。每位参赛选手参赛 1 个案例，每个案例用时 70 分钟。

模块 B：长期照护中心案例

该模块设置场景在长期照护中心（养老机构）内，主要选择的案例具有老年人在长期照护中的照护特色。重点考核评估、疾病照护、营养改善及心理社会支持等能力。每位选手参赛 1 个案例，每个案例用时 70 分钟。

模块 C：日间照护中心案例

该模块设置场景在日间照护中心内，主要选择的案例为慢性疾病、日常居家照护，遇到特殊医疗需求，在日间照护中心得到满足为特征。重点考核日常情况下的照护能力。每位选手参赛 1 个案例，每个案例用时 70 分钟。

模块 D：家庭案例

该模块设置场景在家庭内，主要选择的案例为慢性疾病案例，以需要长期照护服务对象的居家照护为特征。重点考核参赛选手的日常评估、健康教育和沟通能力。每位参赛选手参赛 1 个案例，每个案例用时 70 分钟。

* 标准化病人（Standard Patient，以下简称“SP”）

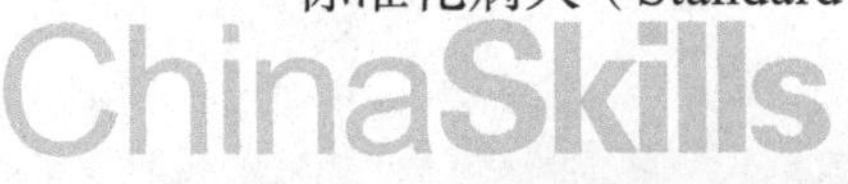

本赛项使用标准化病人配合案例展现。选择愿意参与并能够保证培训及竞赛时间的人员，一般需要8～10名。针对这一竞赛，SP事先接受统一的培训，学习公布的竞赛文件。竞赛当日早晨，SP按照选择案例要求及场景表演。工作人员当场发放脚本并告知SP配合的要求，包括回答问题的内容、被测量的结果报告、需要语言表达和肢体表现的具体要求等，并在这个案例中统一呈现，为每一名参赛选手提供公平一致的配合。

（三）竞赛形式

本赛项采用单人竞赛模式。每名参赛选手竞赛A、B、C、D四个模块，每个竞赛模块程序相同，竞赛时间相同，均为70分钟。每个模块有1个案例，每个案例分为3个部分，分别是照护计划（20分钟）、实际照护（25分钟）、健康教育海报或反思报告（25分钟）。

例如，参赛选手参加A模块竞赛，首先进入照护计划竞赛区，在规定的时间（20分钟）阅读案例及相关信息资料，制订并撰写案例照护计划；然后进入此模块的实际照护竞赛区，利用现有的资源，自取用物，与SP配合，完成规定的任务，实现对SP的自主和独立的健康与社会照护过程；最后进入此模块健康教育海报或反思报告竞赛区完成最后任务。裁判在旁观察及评分，不予提问和干扰。参赛选手不需要向裁判做任何解释。每个竞赛区独立计时。

（四）竞赛时长

每个模块竞赛时间为70分钟，其中照护计划部分20分钟，实际照护部分25分钟，健康教育海报或反思报告部分25分钟。每位参赛选手在两天时间内完成四个模块的所有任务。参赛选手每天竞赛时长140分钟，竞赛总时长280分钟。

（五）成绩比例

竞赛成绩采用每个模块百分制、分步计分，最后总和。分为A、B、C、D四个模块，每个模块100分，满分为400分。

四、竞赛方式

健康与社会照护项目是一项个人参赛的技能竞赛。报名资格按照《2020年全国职业院校技能大赛改革试点赛实施方案》的有关要求。

（一）参赛队组成

1. 省、自治区、直辖市可组织高职组参赛队。

2. 各地限额推荐1人参赛。

3. 参赛选手可配指导教师。指导教师须为本校专兼职教师，每名参赛选手限报1名指导教师，指导教师负责参赛选手的报名、训练指导、服务、竞赛期间的日常管理等。

4. 由省、自治区、直辖市、计划单列市、新疆生产建设兵团教育行政部门确定赛项领队1人。赛项领队应该由熟悉赛项流程的教育行政部门人员或参赛院校中层以上管理人员担任，主要负责传达赛前相关会议精神、组织本地区参赛队参加各项赛事活动、协调本地区参赛队与赛项组织机构及承办院校的对接，处理参赛队的投诉申请等事宜。

（二）报名资格

1. 普通高等职业院校全日制在籍学生。年龄不超过 25 周岁。年龄计算的截止时间以 2020 年 11 月 1 日为准。

2. 凡在往届全国职业院校技能大赛中获一等奖的参赛选手，不能再参加竞赛。

3. 各地区的省内选拔、名额分配和参赛师生资格审查工作由省级教育行政部门负责。大赛执委会办公室行使对参赛人员资格进行抽查的权利。

4. 不邀请境外代表队参赛或到场观赛。

（三）人员变更

参赛选手和指导教师报名获得确认后不得随意更换。如竞赛前参赛选手和指导教师因故无法参赛，须由省级教育行政部门于赛项开赛前 10 个工作日内出具书面说明，经大赛执委会办公室核实后予以更换。

（四）抽签及分组方法

1. 由赛项执委会按照竞赛流程，组织参赛选手在指定地点集合，统一公开抽签登记确定参赛选手参加竞赛模块和参赛顺序。

2. 各参赛选手竞赛前 45 分钟到赛项指定地点接受检录。由检录工作人员依照检录表进行点名核对，检查确定无误后向裁判长递交检录单。

3. 参赛选手每天检录后在抽签区进行两次抽签加密，加密后参赛选手中途不得擅自离开赛场。分别由两组加密裁判组织实施加密工作，管理加密结果。监督员全程监督加密过程。

第一次抽签加密：第一组加密裁判组织参赛选手进行第一次抽签，抽取第二次抽签顺序号，由参赛选手本人核对登记表上的姓名、性别、身份证号和地区，确认无误后填写顺序号并签字。加密裁判替换参赛选手参赛证等个人身份信息，并发放第二次抽签顺序牌。第一次加密登记表完成后，加密裁判连同参赛选手参赛证等个人身份信息证件，装入第一次加密结果密封袋中单独保管（见附件 1）。

第二次抽签加密：第二组加密裁判组织参赛选手按照第一次抽签的顺序牌进行第二次抽签，抽取当天两个竞赛模块的参赛编号（如编号“A1-1，B1-1”，为同一个参赛选手所用编号，即本参赛选手上午在 A1 模块第 1 个进入竞赛，下午在 B1 模块第 1 个进入竞赛），由加密裁判核对登记表上顺序牌号，填写参赛编号。加密裁判替换参赛选手第一次抽取的顺序牌，发放参赛编号号码（例如胶贴）。加密裁判将第二次加密记录表、连同参赛选手顺序牌装入二次加密结果密封袋中单独保管（见附件 2）。

4. 由引导员负责引导参赛选手进入对应的候赛区等待竞赛指令，接到竞赛通知后进入竞赛区，按照照护计划、实际照护、健康教育海报或反思报告三个竞赛区顺序依次完成模块规定的竞赛任务。

5. 每天进行两个竞赛模块，参赛选手因抽签自动分为两大组。第一天进行 A、B 模块，第二天进行 C、D 模块。

例如，上午，A 组参赛选手参加 A 模块竞赛，按照参赛号码顺序，在引导员带领下，依次进入该模块的照护计划竞赛区、实际照护竞赛区、健康教育海报或反思报告竞赛区参加竞赛。完成本模块竞赛后，在引导员指引下进入休息室休息。B 组参赛选手参加 B 模块

竞赛（过程同上）。两组参赛选手不得有任何接触。下午，A、B 两组对换竞赛模块。

6. 竞赛开始前，在没得到裁判允许的情况下，严禁随意触碰竞赛设施和阅读赛题内容。竞赛中途不得离开赛场。

五、竞赛流程

竞赛日程见表 15-2。

表 15-2 竞赛日程表

<table>
<tr><th colspan="2">日期</th><th>时间</th><th>内容</th><th>地点</th></tr>
<tr><td colspan="2">竞赛前 4 天</td><td>08：30—17：30</td><td>专家组报到，领取专家证和专家服（蓝色）</td><td>承办院校</td></tr>
<tr><td colspan="2" rowspan="2">竞赛前 3 天</td><td>08：30—17：30</td><td>专家组检查赛场和物品等</td><td>竞赛现场</td></tr>
<tr><td>14：30—17：30</td><td>裁判员报到，领取裁判证和裁判服（红色）</td><td>承办院校</td></tr>
<tr><td colspan="2">竞赛前 2 天内</td><td>08：30—17：30</td><td>裁判员参加培训</td><td>承办院校</td></tr>
<tr><td colspan="2" rowspan="4">竞赛前 1 天</td><td>08：30—11：30</td><td>参赛选手及领队报到，领取准考证</td><td>承办院校</td></tr>
<tr><td>14：00—15：00</td><td>领队会议</td><td>承办院校</td></tr>
<tr><td>15：00—16：00</td><td>参赛选手熟悉赛场</td><td>竞赛现场</td></tr>
<tr><td>15：00—20：00</td><td>裁判长抽取正式赛卷及备用赛卷、专家布置赛场、督导监督</td><td>竞赛现场 / 保密室</td></tr>
<tr><td rowspan="7">竞赛第 1 天</td><td rowspan="5">上午</td><td>06：30—08：00</td><td>裁判、标准化病人培训</td><td>竞赛现场</td></tr>
<tr><td>07：45 以前</td><td>参赛选手检录、抽签加密</td><td>竞赛现场</td></tr>
<tr><td>08：10—08：30</td><td>裁判抽签进入执裁赛室</td><td>竞赛现场</td></tr>
<tr><td>08：30—12：30</td><td>竞赛模块一、二同时进行比赛</td><td>竞赛现场</td></tr>
<tr><td>08：30—12：30</td><td>现场直播</td><td>直播室</td></tr>
<tr><td rowspan="2">下午</td><td>13：00—20：30</td><td>竞赛模块一、二同时进行比赛</td><td>竞赛现场</td></tr>
<tr><td>13：00—20：30</td><td>现场直播</td><td>直播室</td></tr>
<tr><td rowspan="7">竞赛第 2 天</td><td rowspan="4">上午</td><td>06：30—08：00</td><td>裁判、标准化病人培训</td><td>竞赛现场</td></tr>
<tr><td>07：45 以前</td><td>参赛选手检录、抽签加密</td><td>竞赛现场</td></tr>
<tr><td>08：30—12：30</td><td>竞赛模块三、四同时进行比赛</td><td>竞赛现场</td></tr>
<tr><td>08：30—12：30</td><td>现场直播</td><td>直播室</td></tr>
<tr><td rowspan="3">下午</td><td>13：00—20：30</td><td>竞赛模块三、四同时进行比赛</td><td>竞赛现场</td></tr>
<tr><td>13：00—20：30</td><td>现场直播</td><td>直播室</td></tr>
<tr><td></td><td>核分</td><td>核分室</td></tr>
<tr><td rowspan="3">竞赛后第 1 天</td><td rowspan="2">上午</td><td>09：00—10：00</td><td>专家、裁判赛项总结会</td><td>承办院校</td></tr>
<tr><td></td><td>闭幕式，宣布名次，颁奖</td><td>承办院校</td></tr>
<tr><td>下午</td><td colspan="3">返程</td></tr>
</table>

注：① 所有报到人员出示健康码，测量体温，无异常方可进入。

② 赛场工作人员服装为绿色。

六、竞赛赛卷

建立赛题库，并在正式竞赛前一个月，在大赛网站公布。正式赛卷于竞赛前一天，把赛卷随机排序后，在监督组的监督下，由裁判长抽取正式赛卷与备用赛卷，由专家组根据情况修改不超过30%的内容。大赛结束后一周内在大赛网站上公布竞赛正式赛卷及评分标准。赛项说明见表15-3。

表15-3　健康与社会照护赛项说明

流程	内容	时间/min
1	照护计划说明：各参赛选手按抽取的参赛号依次进入相应竞赛模块，首先进入该模块的“照护计划竞赛区”，本模块的案例会放在桌上（此案例单可以一直携带），请认真阅读，本模块之后的竞赛部分全部用此案例。阅读后，以书面形式写出照护计划包括的所有任务、有逻辑顺序的时间计划、拟完成的目标等。	20
2	实际照护说明：各参赛选手完成照护计划后，在引导员引导下进入“实际照护竞赛区”，将案例单放在门口桌上。按照案例，利用现有的资源，自取用物，与SP配合，完成规定任务，实现对SP的自主和独立的健康与社会照护过程。此竞赛区不可以再看案例单。	25
3	健康教育海报或反思报告说明：参赛选手完成实际照护竞赛区的任务后，携带案例单，在引导下进入“健康教育海报或反思报告竞赛区”，按照任务要求，完成健康教育海报或反思报告。此竞赛区可以看案例单。 完成所有任务后，将案例单放在桌上，离开竞赛区。	25

七、竞赛规则

1. 参赛资格：高等职业院校全日制在籍学生。年龄不超过25周岁。年龄计算的截止时间以2020年11月1日为准。

2. 参赛选手统一着装进入赛场。参赛选手必须着大赛统一提供的制服（男参赛选手着浅蓝色制服、女参赛选手着浅粉色制服），自备鞋袜，不得在参赛服饰上做任何标识。进入赛场须携带身份证、准考证，不得携带其他任何物品，违规者取消本次竞赛成绩。

3. 按照赛项执委会竞赛流程检录抽签。各参赛队竞赛前60分钟到赛项指定地点进行第一次检录。全体参赛选手检录完成后，抽签确定参赛区，分别进入竞赛场地参赛。各考场参赛选手竞赛前45分钟到赛项指定地点接受第二次检录。检录完成后，进场前20分钟，参赛选手抽签决定进入竞赛模块的竞赛区。各参赛选手在工作人员的带领下进入候赛室，接到竞赛通知后，到相应的竞赛区完成竞赛规定的赛项任务。

4. 竞赛过程中，参赛选手须严格遵守操作流程和规则，并自觉接受裁判的监督和警示。若因突发故障导致竞赛中断，应提请裁判确认其原因，并视具体情况做出裁决。

5. 参赛选手竞赛开始、终止时间由竞赛区工作人员记录在案；竞赛时间到，由裁判组长示意参赛选手终止操作，选手即刻离开竞赛区。参赛选手提前结束竞赛后不得再进行任何操作。参赛选手在竞赛过程中不得擅自离开竞赛区，如有特殊情况，需经裁判组长和裁判长同意后另行处理。

6. 为保证竞赛按时完成，按照时间顺序有序开展。在竞赛过程中，竞赛的进程由裁判长总体控制，裁判组长控制本模块赛程。

7. 赛场各类工作人员必须统一佩戴由赛项执委会印制的相应证件，统一着装，进入工作岗位。

8. 赛场除赛项执委会成员、专家组成员、裁判、赛场工作人员外，其他人员未经赛项执委会允许不得进入赛场。

9. 新闻媒体人员等进入赛场必须经过赛项执委会允许持证入场，并且听从现场工作人员的安排和指挥，不得影响竞赛正常进行。

10. 各参赛队的领队、指导教师及随行人员在直播室进行观摩，不得携带任何通信、摄录设备，一旦进入观摩区，需待最后一名参赛选手竞赛完成后方可离开。

11. 全部竞赛结束后，可根据情况择时公布名次。

八、竞赛环境

竞赛场地要求通风、宽敞明亮、适合单体封闭观摩体验，配备双线路供电系统和漏电保护装置，配备实况监控视频转播系统。在规定赛场内，模拟医院、长期照护中心、日间照护中心及家庭场景。须设置：

（一）检录抽签区

检录抽签区分检录室、抽签室。

（二）竞赛区

竞赛区分上下两层楼。每层包括候赛区、照护计划竞赛区、实际照护竞赛区、健康教育海报或反思报告竞赛区。

其中同一竞赛模块有一个照护计划竞赛区、一个健康教育海报或反思报告竞赛区（每个区同时容纳 2 人，内部需用屏风分隔）、两个实际照护竞赛区（面积约 $30m^2$/ 间）。

各模块竞赛区要标识显著，相同场景模块竞赛区要用不同颜色标识，防止引导员错误引导。

（三）工作区

工作区包括核分室、监督室、仲裁室、裁判休息室、专家休息室、工作人员休息室、医务室、安保室。

参赛选手通道与工作人员通道、考核后参赛选手与未考核参赛选手进出赛场的路径分别隔离，不相互交叉。

（四）观摩区

观摩区包括直播室、媒体休息室。

九、技术规范

本赛项遵循的技术规范如下。

（1）《基础护理学》《内科护理学》《外科护理学》《老年护理学》；

（2）《国家职业技能标准——养老护理员（2019 年版）》；

（3）《国家职业资格培训教程——养老护理员系列》中国劳动保障出版社和中国人事出版社；

（4）《养老护理员国家职业资格鉴定指导》。

十、技术平台

竞赛工作平台大赛使用的物品、考试系统和管理系统由全国职业院校技能大赛执委会办公室提供。

十一、成绩评定

（一）评分方案

本次评分方案主要参照世界技能大赛评分方案，同时结合国内实际情况，进行部分调整。世界技能大赛评分方案按照其标准规范进行赋分，主要考核参赛选手应该具备的能力。优秀的从业者应该具备工作组织和自我管理、沟通和人际交往能力，解决问题的能力、创新能力，理解、同情客户并与客户合作以提高其生活质量的能力。受过专业训练或有经验的参赛选手具有较强的个人责任感与自主性。

为此，专家组从工作组织与管理、沟通和人际交往能力、解决问题的能力和创新能力、评估需求和规划服务对象照护、管理和提供服务对象照护，以及评估评价服务对象照护六方面进行评价。

四个竞赛模块总分为 400 分，每个竞赛模块 100 分。每个竞赛模块有三部分，分数分配为：照护计划 10 分，实际照护 80 分，健康教育海报或反思报告 10 分。

（二）评分标准

本赛项评分标准分为评判和测量两类。凡需要采用主观描述进行的评价为评判（Judgement），凡可采用客观数据表述的评价为测量（Measurement）。

1. 裁判人员

裁判长 1 名，裁判 28 名，年龄在 55 周岁以内。其中加密、监考、计时、核分等裁判 16 名，现场执裁裁判 12 名（每组 3 名执裁裁判），每个模块分两个竞赛区，每个竞赛区设 1 名裁判组长。配备现场计时和核分人员 8 名。

裁判基本条件：① 现场执裁裁判是具有医学和护理背景，有丰富的教学和一线经验，同时具有大赛执裁经验的中高级职称人员；② 加密裁判具有大赛执裁经验。

2. 评判分

打分方式：3 名裁判各自单独评分。评分结果是 0～3 级，最后授予的分数根据评分组中 3 名裁判评分结果的平均数计算得出。裁判相互间分差必须≤1 分，否则需要给出确切理由并在裁判组长或裁判长的监督下进行调分。0～3 级评分与行业标准的关系如下：

0 级：各方面表现均低于行业标准，包括本评分项目未完成；

1 级：各方面表现符合行业标准；

2 级：各方面表现达到行业标准，并在特定方面超出行业标准；

3 级：各方面表现超出行业标准，并被评为优秀或杰出。

3. 测量分

测量分打分方式：3 名裁判共同按评分标准要求进行赋分。

测量评分分数：

达到标准——满分

达到部分标准——部分分数

未达到标准——零分

4. 评分标准（见表 15-4）

表 15-4　评 分 标 准

子标准编号	子标准名称	评分类型 M= 测量，J= 评判	评分项目描述	具体内容描述
A1	×× 计划	M	照护计划包括的所有任务	至少 4 个
		M	照护计划包括的时间计划	有逻辑顺序
		M	制订拟完成目标	
		M	目标以“人”为中心	至少达到目标的 50%
		M	照护计划单页上有参赛者编号	
A2	沟通与实际照护	M	参赛者穿着得体	
		M	核实客户身份	询问客户全名并检查腕带或是床头卡等
		M	与客户建立融洽关系	保持眼神交流，与客户保持相同的高度。当客户给出答案时，使用鼓励的语言，确保客户理解所说的话
		M	评估客户现在的感受和感觉	客户的一般情况（饮食、睡眠、二便、情绪等），环境及疾病相关的症状（口渴、头晕等）。如心情好吗？感觉怎样？有无不舒服等
		M	评估客户对于疾病的理解，侧重于健康教育需求、情感和社会、心理支持的需要	例如，你如何理解这个疾病？对现状和治疗情况有什么感受？疾病对客户生活、家庭、经济收入等的影响
		M	描述健康相关的信息	例如，左侧肢体不灵活、疼痛
		M	告诉客户照护目的、意义	例如，这是一种预防措施……
		M	参赛者确认客户已理解	向客户讲解照护过程等，询问客户是否了解，取得她 / 他的配合
		M	第 1 部分：×××（任务名称）	具体步骤
		M	第 2 部分：×××（任务名称）	具体步骤
		M	离开前整理客户的床位和环境	使床位和环境干净舒适
		M	参赛者记录评估或是照护记录结果	记录所有数据，且数据真实，如言语正常或模糊

续表

子标准编号	子标准名称	评分类型 M= 测量，J= 评判	评分项目描述	具体内容描述
A2	沟通与实际照护	M	确保客户舒适并给予积极支持	照护过程中随时观察，保证客户舒适，及时给予相应支持
		M	鼓励客户最大限度发挥能动性	及时疏导不良情绪，鼓励良好表现等
		M	保护客户的隐私	例如，正确使用设施，遮盖患者的身体等
		M	参赛者完成照护前充分跟客户沟通其需求	了解客户对照护有无疑问，是否还有其他需求，是否还需要其他帮助。如您认为您会应对吗？您在家有问题吗？
		M	为客户提供安全措施	保证客户处在安全之中
		M	坚持卫生原则	坚持 WHO 原则，手部卫生五个时刻，七步洗手法，必要时戴手套（护目镜和围裙），为客户使用保护性材料（屏障）
		M	劳动保护	参赛者运用人体力学原理，注意节力和自身劳动保护。
		M	妥善处理废弃物	对废弃物进行分类
		M	讨论如何从他人/社会获得帮助	至少 1 条建议
		M	参赛者提出相关健康指导	至少 3～5 个主题健康教育
		M	对法律、法规、公约、标准等有无违反的言行	出现任何错误，零分
		J	共情沟通，积极倾听	
		M	按时完成所有任务	
A3	×× 海报	M	字体足够大，1m 外可看到	文字高度至少 1.5cm
		M	字迹清晰	海报没有修改和删除
		M	至少使用 4 种不同颜色	
		M	绘制元素多于书写元素	至少 3 个绘制元素
		M	文字简短易懂	
		M	疾病或是健康教育信息清晰易懂	4 个主题得最高分
		M	避免诱发因素信息	4 个最高分

续表

子标准编号	子标准名称	评分类型 M= 测量，J= 评判	评分项目描述	具体内容描述
A4	×× 反思报告	M	描述	描述在本项目中某一个你需要反思的学习事件，描述发生了什么
		M	感受 1	在处理这一学习事件的过程中，你有什么感受和想法？
		M	感受 2	在处理这一学习事件的过程中，你采取的是什么行动去应对的？
		M	评价 1	在这个学习事件中，好的方面有哪些？好的体验有哪些？
		M	评价 2	在这个学习事件中，你有什么问题 / 困难？有什么不足之处？
		M	分析	为什么会出现这些问题 / 困难？
		M	总结	你还能做什么？
		M	提升计划 1	你将采取哪些措施去改进和提升？怎样去克服困难和问题？
		M	提升计划 2	如果类似的事情再发生一次，你将会有哪些不同的做法和改变？

（三）评分流程说明

在各个模块中，动手操作能力和沟通交流能力在现场操作过程中予以评分，文字部分在参赛选手完成后递交，裁判根据结果进行评分；倒数 5 分钟计时提醒，倒计时为 0 即停止竞赛，未完成部分不得分。

评分采用纸质版评分表，所有裁判完成工作签名后，由大赛执委会指定专人核定分数，输入计算机系统进行统计。

（四）评分结果

1. 评分结果

经监督人员复核两遍无误后，由裁判长、监督人员和仲裁人员签字确认。

2. 抽检复核

（1）为保障成绩评判的准确性，监督组对赛项总成绩排名前 30% 的所有参赛选手的成绩进行复核；对其余成绩进行抽检复核，抽检覆盖率不低于 15%。

（2）监督组须将复核中发现的错误以书面形式及时告知裁判长，由裁判长更正成绩并签字确认。

（3）若复核、抽检错误率超过 5%，则认定为非小概率事件，裁判组须对所有成绩进行复核。

3. 解密

裁判长正式提交评分结果并复核无误后，加密裁判在监督人员监督下对加密结果进行逐层解密。

4. 公布

记分员将解密后的各参赛选手成绩汇总成最终成绩单，经裁判长、监督组人员签字后进行排名。确定无异议后，由仲裁长和监督组长在排名单上签字，并在闭幕式上公布排名。

十二、奖项设定

（一）参赛选手奖

设个人一、二、三等奖。以实际参赛选手总数为基数，一、二、三等奖获奖比例分别为 10%、20%、30%（小数点后四舍五入）。

（二）优秀指导教师奖

获得一等奖参赛选手的指导教师由大赛组委会颁发“优秀指导教师”证书。

十三、赛场预案

竞赛期间发生意外事故，发现者应第一时间报告执委会，同时采取措施避免事态扩大。执委会应立即启动预案予以解决并报告组委会办公室，事后执委会应向组委会报告详细情况。

（一）管理方面

1. 加强领导，健全组织，强化安全意识，妥善落实各项措施。
2. 对参赛选手进行安全教育。
3. 注意食品安全与水的安全，关注天气状况，必要时备好雨伞或雨衣。
4. 赛场配有安保人员，确保无关人等不得进入赛场。
5. 遭遇突发火灾时，现场第一发现人、防火责任区责任人应迅速向大赛安全防火委员会报告，向消防部门报警。信息发布组第一时间向上级领导部门通报情况。通知应急处理小组在最短时间内到达事故现场，分楼层按照安全指示标记有序疏散人员，协助火场人员迅速有序逃生。
6. 赛场指定区域配备救护车和医护人员及相应的药品，现场不能处理的及时送 120 急救中心。

（二）赛事应急

1. 物品耗材紧缺应急：对参赛选手备赛中客观上出现的所需备赛物品数量不足或结构性紧缺时，现场组工作人员需从备用仓库中及时取出备用物品和耗材，保证参赛选手所需。
2. 赛事过程出现问题应急：竞赛过程中如果出现赛卷缺页、字迹模糊等异常现象，参赛选手应第一时间举手示意，裁判长确认后回应处理。对竞赛过程中出现的问题，如参赛选手使用设备、工具的方法明显错误、个人信息泄露等，且会直接影响到参赛选手的操作得分时，由裁判组现场及时制止，报裁判长同意后停止参赛选手本操作项目竞赛。
3. 赛后出现问题应急：对参赛选手竞赛后出现的不正常现象，如精神颓废、情绪低落等，及时给予心理疏导，并告知领队及指导教师时刻关注，避免不必要的悲剧发生。

（三）其他方面管理

因停电、停水和非人为因素造成设备故障，经裁判长确认后，参赛选手可暂停竞赛，

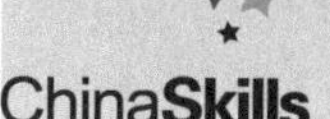

视解决情况所需时间长短，决定延续或调整竞赛时间。

十四、赛项安全

根据《全国职业院校技能大赛安全管理规定》的有关要求，采取切实有效的措施保证大赛期间参赛选手、指导教师、工作人员等的人身安全，根据本规定提出的安全要点，制订相应的制度和文件，落实相关责任。具体措施如下。

（一）赛项安全管理

竞赛所涉器材、设备均符合国家有关安全规定。赛项执委会将在赛前对本赛项全体裁判员、工作人员进行安全培训，并制订专门方案保证竞赛命题、赛题保管、发放、回收和评判过程的安全。

（二）竞赛环境安全管理

赛项执委会须在赛前组织专人对竞赛现场、住宿场所和交通保障进行考察，并对安全工作提出明确要求。赛场周围设立警戒线，防止无关人员进入，发生意外事件。承办院校提供保障应急预案实施的条件。赛项执委会会同承办院校制订开放赛场和体验区的人员疏导方案。大赛期间，赛项承办院校在赛场管理的关键岗位，增强安保力量，建立安全管理日志。在参赛选手进入赛位，赛项裁判工作人员进入工作场所时，赛项承办院校负责提醒、督促参赛选手、赛项裁判工作人员严禁携带通信、照相摄录设备，禁止携带未经许可的记录用具。

（三）生活条件保障

竞赛期间，由赛事承办院校统一安排参赛选手和指导教师食宿。承办院校尊重少数民族参赛人员的宗教信仰及文化习俗，根据国家相关的民族、宗教政策，安排好少数民族参赛选手和教师的饮食起居。竞赛期间安排的住宿地须具有宾馆、住宿经营许可资质。

十五、竞赛须知

（一）参赛队须知

1. 所有参赛选手、指导教师、领队往返的交通费、食宿费及保险费等由参赛院校自理。

2. 各省参赛队由领队、指导教师和参赛选手组成，由省级教育行政部门指定领队带队，否则不予接洽。

3. 各参赛队的领队、指导教师可凭证件进入赛场直播室进行观摩。

4. 参赛选手及指导教师对本赛项在竞赛过程中及竞赛结果提出质疑，应由领队在规定时间内向赛项执委会提出书面陈述。领队、指导教师、参赛选手不得与大赛工作人员直接交涉。

（二）指导教师须知

1. 指导教师必须是参赛选手所在学校的在职专任教师，每名参赛选手限 1 名指导教师。在竞赛期间及往返竞赛地点的途中，指导教师要注意参赛选手的交通安全、饮食安全，既要鼓励参赛选手以饱满的热情参赛，又要以正确的心态对待竞赛结果。

2. 指导教师一经确定不得随意变更。

（三）参赛选手须知

1. 由赛项执委会按照竞赛流程召开竞赛预备会议，组织参赛选手统一公开经抽签确定的参赛顺序。各参赛选手竞赛前 45 分钟到赛项指定地点接受检录。各参赛选手由工作人员引导进入候赛室，接到竞赛的通知后进入赛场，按顺序完成竞赛规定的赛项任务。

2. 参赛选手统一着装进入赛场。参赛选手必须着大赛统一提供的护理员制服（男参赛选手着浅蓝色制服、女参赛选手着浅粉色制服），自备白鞋、白色纯棉袜子，不得在参赛服饰上做任何标识。进入赛场须携带身份证、准考证，不得携带其他任何物品，违规者取消本次竞赛成绩。

3. 竞赛过程中，参赛选手须严格遵守竞赛流程和规则，并自觉接受裁判的监督和警示。若因突发故障原因导致竞赛中断，应提请裁判确认其原因，并视具体情况做出裁决。

4. 参赛选手竞赛开始、终止时间由工作人员记录在案；竞赛时间到，由裁判示意参赛选手终止操作。参赛选手提前结束竞赛后不得再进行任何操作。参赛选手在竞赛过程中不得擅自离开赛场，如有特殊情况，需经裁判组长和裁判长同意后做特殊处理。

5. 赛场各类工作人员都统一佩戴由赛项执委会印制的相应证件，有问题可以询问工作人员。

（四）工作人员须知

1. 赛场各类工作人员必须统一佩戴由赛项执委会印制的相应证件，着装整齐，进入工作岗位。

2. 除赛项执委会成员、专家组成员、现场裁判、赛场配备的工作人员外，其他人员未经赛项执委会允许不得进入赛场。

3. 新闻媒体人员等进入赛场必须经过赛项执委会允许，并且听从现场工作人员的安排和指挥，不得影响竞赛正常进行。

十六、申诉与仲裁

本赛项设赛项仲裁工作组。仲裁工作组人员从大赛仲裁员库中选取，人数为 3 人，设组长 1 人。

申诉与仲裁的程序如下。

（1）各参赛队对不符合大赛和赛项规程规定的仪器、设备、工装、材料、物件、计算机软硬件、竞赛使用工具和用品，竞赛执裁、赛场管理等，以及工作人员的不规范行为，可向赛项仲裁组提出申诉。

（2）申诉主体为参赛队领队。

（3）申诉启动时，参赛队以该队领队亲笔签字同意的书面报告形式递交赛项仲裁组。报告应对申诉事件的现象、发生时间、涉及人员、申诉依据等进行充分、实事求是的叙述。非书面申诉不予受理。

（4）申诉应在赛项竞赛结束后不超过 2 小时内提出，超过时效不予受理。

（5）赛项仲裁工作组在接到申诉报告后的 2 小时内组织复议，并及时将复议结果以书面形式告知申诉方。申诉方对复议结果仍有异议，可由省（市）领队向赛区仲裁委员会提出申诉。赛区仲裁委员会的仲裁结果为最终结果。

（6）申诉方不得以任何理由拒绝接收仲裁结果；不得以任何理由采取过激行为扰乱赛

场秩序；仲裁结果由申诉人签收，不能代收；如申诉人在约定时间和地点离开，视为自行放弃申诉。

（7）申诉方可随时提出放弃申诉。

十七、竞赛观摩

（1）赛场内部安置无盲点录像设备，能实时录制并播送赛场情况。

（2）赛场外有大屏幕或投影，音视频同步显示赛场内竞赛状况。

（3）多机位拍摄开闭赛式和抽签加密，制作优秀参赛选手采访、优秀指导教师采访、裁判专家点评和优秀企业人士采访视频资料，突出赛项的技能重点与优势特色。为宣传、仲裁、资源转化提供全面的信息资料。

十八、资源转化

根据《全国职业院校技能大赛赛项资源转化工作办法》的有关要求，赛项执委会负责资源转化工作，按要求于赛后 30 日内向大赛执委会办公室提交资源转化方案，半年内完成资源转化工作。

赛项资源转化的内容是赛项竞赛全过程的各类资源，包括但不限于：竞赛样题、赛题库，竞赛技能考核评分案例，考核环境描述，竞赛过程音视频记录，评委、裁判、专家点评，优秀参赛选手、指导教师访谈。资源转化成果包含基本资源和拓展资源。

（一）基本资源

1. 风采展示。赛后即时制作时长 15 分钟左右的赛项宣传片，以及时长 10 分钟左右的获奖代表队（参赛选手）的风采展示片，供专业媒体进行宣传播放。

2. 技能概要。包括技能介绍、技能操作要点、评价指标等。

3. 教学资源。包括教学方案、训练指导、作业 / 任务、实验 / 实训 / 实习资源等。

（二）拓展资源

拓展资源包括评点视频、访谈视频、赛题库、案例库、素材资源库等。制作完成的资源上传至大赛指定的互联网发布平台。

各赛项执委会组织的公开技能竞赛，其赛项资源转化成果的版权由技能大赛执委会和赛项执委会共享。

模块二　GZ-2020015　健康与社会照护赛项技术分析报告

一、综述

1. 竞赛情况

健康与社会照护赛项（编号 GZ-2020015），于 2020 年 11 月 29—30 日在淄博职业学院举办。共有来自全国 28 个省、自治区、直辖市的 28 支代表队参赛。每支代表队组成为一名领队、一名指导教师、一名参赛选手。

2. 竞赛内容

2020 年 9 月 16—26 日在北京国开会议中心，专家组 5 名成员进行编写赛程和赛题工作。共编制赛程 1 份、赛题 5 套，9 月 30 日在全国职业院校技能大赛官网公布。

健康与社会照护赛项与世界技能大赛健康与社会照护赛项充分对接，并保留原赛项特色，形成新赛项、新特色。

竞赛分 2 天完成，参赛选手每天竞赛时长 140 分钟，竞赛总时长 280 分钟。采用单人竞赛模式。每名参赛选手在两天时间完成医院、日间照料、长期照护、家庭照护四个模块的所有任务。每个竞赛模块程序相同，竞赛时间相同，均为 70 分钟。

每个模块有 1 个案例，每个案例分为 3 个部分，分别是书面照护计划（20 分钟）、实际照护部分（25 分钟）、健康教育海报或反思报告（25 分钟）。11 月 29 日进行医院照护和日间照护模块竞赛，11 月 30 日进行长期照护和家庭照护模块竞赛。

结合竞赛过程，分别考核医院、长期照护中心、日间照护中心及家庭场景内的健康与社会照护技能。竞赛成绩采用每个模块百分制、分步计分，最后总和，即 A、B、C、D 四个模块，每个模块 100 分，满分为 400 分。

二、赛项设计解读

1. 赛项整体设计

健康与社会照护赛项竞赛设计对接世界技能大赛标准，针对医院、长期照护中心、日间照护中心及家庭四个场景内的健康与社会照护技能来设计竞赛内容。新设计，首次进行试点赛。

本赛项以世界技能大赛为引领，“以赛促教、以赛促改、赛教融合、赛训融合”，对接国际、行业等标准，遵循安全、质量、公平、廉洁的原则，以培养、选拔世界技能大赛选手和促进职业教育高质量发展为目标，综合考核参赛选手在健康和社会照护方面的能力，选拔、储备、培养优秀的技术技能型人才，示范并促进职业院校教育制度创新，促进职业教育高质量发展，是高等职业院校教学成果的检验和展示。通过竞赛深化专业融合发展，促进教学改革、瞄准世界高水平，提升职业者综合能力、营造崇尚技能的社会氛围。

2. 命题依据

为了更好地体现技能大赛对于人文综合能力的要求，如沟通和人际交流能力、解决问题能力、现场应变能力和创新能力等，本赛项与世界技能大赛项目技术要求接轨，结合国内实际，针对医院、长期照护中心、日间照护中心及家庭场景内的健康与社会照护技能来考核参赛选手。重点考核参赛选手的文字表达能力、实践操作能力、沟通交流能力。文字表达能力通过书写照护计划、制作健康教育海报或撰写反思报告来考核；实践操作和沟通交流能力融合在具体的案例中。同时重视非技术技能及技术性的操作考核。

3. 赛题解读

本赛项主要考查参赛选手六方面能力。在不同场合下的实践操作、沟通系统、解决问题能力、现场应变和创新能力等，重视操作考核。

三、成绩解析

1. 赛项分项任务成绩

从赛项成绩看，符合专家组命题思路，达到命题设定的结果。裁判评分主要集中在每

个模块的实际照护部分评定上。

分模块成绩可以看出，医院和长期照护成绩偏低，日间照护成绩最好，说明参赛选手对医院及养老院不熟，影响整体成绩。

2. 总竞赛成绩

竞赛设一等奖 3 名，二等奖 6 名，三等奖 8 名，有 11 支代表队未得奖，见表 15-9。

从成绩分布看，从地域分布看，职业教育发达地区的成绩好于欠发达地区。一等奖队伍为山东省、上海市和江苏省代表队，二等奖队伍为浙江省、江西省、广西壮族自治区、湖南省、广东省、重庆市代表队，未获奖中中西部地区代表队成绩仍有很大上升空间，需要引起专家组重视，以便有针对性把脉，帮助他们提高竞赛水平，提高专业建设和课程建设水平。

四、典型实例评析

专家组对打分表细化，赛前专家组严格培训裁判，全体裁判员严格执裁，最大程度地体现了大赛的公平、公正，保证大赛的客观、规范，同时也考验和提升了裁判员的执裁能力。

优秀的参赛选手的专业形象、职业操作技能和沟通能力很好，许多参赛选手在急救、饮食、用药、预防方面做出了教科书式的示范，体现出对照护对象的人文关怀。部分参赛选手服务观念未能完全转变、仍以护理操作为主，照护评估不全面、照护计划和照护记录撰写不够规范。

（一）日间照护模块典型案例评析

1. 优秀案例评析

（1）照护计划：任务具体，目标明确，逻辑顺序合理，规定时间内完了任务。

（2）实际照护：微笑服务到位，与照护者沟通比较舒服，能主动征求照护者的意见，操作前评估比较全面，操作过程顺畅、重点环节到位，能关注到照护者的安全和舒适，送照护者回家后与家属交代具体到位。

（3）海报：图文并茂、色彩多样，宣传主题突出。

2. 得分低案例评析

（1）照护计划：任务不明确，目标不清楚，更无相关依据。

（2）实际照护：与照护者沟通面无表情，看不出友好，与照护者沟通很欠缺，简单告知照护者用餐后就去准备食物，未能征求照护者进食的意愿。准备物品放置不合理，甚至将软枕放在备好的餐碗上。实操过程中步骤有欠缺，如未测食物温度、未确认照护者是否咽下、轮椅检查欠缺等，将照护者送回家与家属沟通不到位。

（3）海报：主题不突出，缺乏诱因。

（二）家庭照护模块典型案例评析

1. 优秀案例评析

（1）照护计划：照护任务和照护目标明确，但是目标依据稍欠缺。

（2）实际照护：亲和力好，沟通自然、真诚，共情沟通。评估与收集资料贯穿照护全过程，信息收集完整。尊重照护者，关注照护者需要，向照护者说明照护目的、意义、过程，获得同意后操作。和照护者关系融洽，关注心理疏导。操作规范，完成操作任务，达成照护目标，贯彻卫生原则，洗手无疏漏，未发生安全风险。鼓励照护者，发挥调动照护者的能动性，参赛选手有节力意识，充分应用资源，有效安排照护各环节。

（3）海报：健康宣教内容有针对性，且具体、完整。不足是照护结束，照护记录不够完整；计算力训练，遗漏数量多少的训练。反思报告：能够分析自己的照护过程，描述感受和触动，反思不足，能分析原因并提出改进提升方案。

2. 得分低案例评析

（1）照护计划：照护任务不明确，没有逻辑顺序；照护目标不清晰，目标表述不是以照护者为中心。

（2）实际照护：欠缺以照护对象为中心的照护理念。以照护操作展示为中心，表演痕迹明显。理解但不能贯彻计划—实施—反思的工作方法，三者分离。评估意识不足。在照护实施中，没有对场景中的信息进一步核实、确认、补充，为满足照护者的需要提供依据。尤其对失智症照护者的心理和情绪异常信息忽略，没有进行针对性的疏导。血压测量欠严谨、规范和实事求是，血压值虚报，袖带上下缘颠倒。记忆训练没有由易到难，循序渐进。欠缺卫生意识，入户照护前和照护后均无洗手。照护记录不够完整。

（3）海报：健康宣教内容不具体，空洞；尤其针对失智症宣教欠缺。反思报告内容空洞、堆砌，不是对自己工作的反思。

在改革试点赛中健康与社会照护赛项是全新赛项，每省份出 1 支代表队参赛。有些省份的代表队水平高，发挥好；有些省份的代表队以学习为主，重在参与。在参与中，寻找差距，谋求进步与发展，符合改革试点赛的大局观。专家组在赛后要考虑重点帮扶对象，在了解情况的基础上，有针对性地组织活动，帮助其提高。

五、行业要求对比

健康与社会照护赛项以“人”为中心实现整体照护服务，以此理念检验高等职业院校相关专业的教育教学成果与其服务人群的契合度，检验供给侧与行业、产业需求的融合度，检验深化产教融合、校企合作、现代学徒制等建设成果。

赛项与 1+X 证书制度对接，对专业教学有一定的引领。技能大赛不是教学的指挥棒，但“以赛促教、以赛促学、以赛促改、以赛促建、以赛促发展”的精髓要发扬光大。

本赛项对接的专业教育教学与技能培养，与新时代发展要求相契合，具有很大的发展空间。大赛要精彩、要专业，职业教育水平提升是必须的，指导教师培训、交流也是必须的。这就需要有专业的平台，需要大赛办顶层设计的引领。

在赛后资源转化方面，本赛项对专业教材、培训教材的开发，对三教改革能发挥积极的作用。

六、总结、意见与建议

专家组命题对接世赛标准，原以为整体得分会很低。从竞赛结果看，规程中规定的获奖数量与竞赛成绩相当吻合。从竞赛成绩看，超出专家期望。

建议赛后，在大赛办的指导下，召开多种形式的赛项总结会、经验交流会，举办培训班，让参赛教师和选手知道，好在哪里；差在哪里，应该怎么去进行健康与社会照护。

模块三　GZ-2020015　健康与社会照护赛项工作总结

2020 年 12 月 1 日，为期 4 天的“2020 年全国职业院校技能大赛改革试点赛（高职组）健康与社会照护赛项”于山东淄博职业学院顺利闭幕。本届试点赛实现零突破，与世界技能大赛健康与社会照护项目接轨，竞赛在名称、参赛队人员数量要求、竞赛时长、竞赛内容等多个方面与国赛相近，健康领域赛项有巨大变化，实现试点赛多方位创新，具有鲜明的健康与社会照护赛项特点。同时试点赛在安全、质量、公平、廉洁的基础上，促进了全国职业技术院校教师、参赛选手的技能知识水平及技能实操水平提升，同时更有效地促进了全国职业院校技能交流、教学理念与模式改革等，更为建设知识型、技能型、创新型高技能人才队伍，推动国内大健康产业与相应行业高速高质量发展打下坚实基础。具体内容如下。

一、试点赛健康与社会照护赛项竞赛内容

健康与社会照护赛项是指参赛者在不同场合，包括医院、长期照料中心、日间照料中心及家庭，直接为需要的人群提供专业支持，通过评估、计划、实施和评价等，确保促进他们的生理和心理健康、疾病康复，并改善其生活质量，使其整体照护需求得到满足。参赛者通过理论学习和实践操作，掌握健康与社会照护需要的知识和技能。健康与社会照护的对象是“人”，从业者不仅需要提升组织管理能力、沟通和人际交往能力、解决问题等能力，还需要具备灵活性、创新性，以及用同理心去理解和激励他人的能力。本赛项主要考查参赛选手六个方面的能力：① 工作中的组织与管理能力；② 沟通和人际交往能力；③ 解决问题能力和创新能力；④ 评估需求和规划服务对象照护能力；⑤ 管理和提供服务对象照护的能力；⑥ 评估服务对象照护结果的能力。

健康与社会照护项目是一项个人参赛的技能竞赛。每个参赛队选派 1 位参赛选手，要求每位参赛选手每天竞赛时长 140 分钟，共 2 天，竞赛总时长 280 分钟，分医院模块、长期照料中心模块、日间照料中心模块、家庭模块四个模块，2 个赛道。每个模块为一个案例。每个案例分为 3 个部分共 70 分钟，分别是照护计划（20 分钟）、实际照护（25 分钟）、健康教育海报或反思报告（25 分钟）。

竞赛赛题库于竞赛前 1 个月在大赛信息发布平台上发布，竞赛赛题在竞赛前 1 天由裁判长从赛题库中随机抽取 1 套进行竞赛。赛卷由赛题、评分标准（分测量和评判评分标准两部分）组成，同时有物品准备要求。

二、试点赛的创新点与突出特点

1. 以“人”为中心的照护

健康与社会照护赛项的精髓是体现以“服务对象”为中心，也就是以“人”为中心。在照护过程中注重用语言、非语言的方式与照护对象沟通交流。通过沟通了解照护对象的需求和心理、情绪变化，为照护对象实施连续的整体照护。在照护过程中要最大限度地激发照护对象的主观能动性，体现照护对象的社会价值，并能达到让照护对象感到安全、舒

适、有尊严、被鼓励、被认可的目的。

2. 计划、实施、反思有机衔接，体现整体照护

健康与社会服务赛项是全新赛项，是以“人”为中心的整体照护，使从业者在各种环境中工作，能够给照护对象提供健康管理和对其成长与发展、照护和康复的支持。本赛项撰写照护计划、实际照护、健康教育海报或反思报告三个环节紧密联系，非独立。参赛者在不同场合，包括医院、长期照料中心、日间照料中心及家庭，直接为需要的人群提供专业支持，通过评估、计划、实施和评价等，确保促进他们的生理和心理健康、疾病康复，并改善其生活质量，使其整体照护需求得到满足。

3. 高度对接大健康服务产业

健康与社会服务赛项与医护行业相关度高，是大健康服务产业中急需的健康照护服务行业的重要要素，与提高人民群众高质量生活水平关系度高，会给百姓带来切身感受。同时，由于是与人打交道，“融入文化”“渗入人心”在本赛项中体现尤为深厚。

通过大赛引领职业院校适应行业、产业的发展趋势，可加快相关专业人才培养模式改革，以需求为导向，深化与所服务的人群、与行业及产业深度融合，提升学生创新与批判思维、创造与实践能力、沟通与交流能力和解决问题能力等，体现的是整体思维而非片段知识结构，加快服务社会需求的步伐，为健康中国贡献力量。

4. 两组赛道并行，共同执裁，体现公平公正

第三方执裁：大赛随机抽取第三方裁判执裁，执裁裁判与参赛队伍无关联，保证裁判工作公平、公正。

三组并行：由专家组、监督仲裁组、裁判组配合共同完成工作。其中专家组负责赛项赛程等技术方面问题，监督仲裁组负责监督竞赛及执裁过程公平公正，裁判组负责现场执裁。为体现公平公正，赛前充分培训裁判，使两组裁判统一思想。评分参照世赛分为客观评分和主观评分两种。客观评分为 3 位裁判共同打分，主观评分 3 位裁判评分相差不能超过 1 分。按照大赛要求，严格核分录分。虽然赛后有一所院校提出申诉，经过协商已撤回申诉。

5. 竞赛平台促进交流学习

教育部大赛办提供了一个交流、学习、分享和创新的平台。本次试点赛 28 个省队同台竞技，展现了 28 个省不同的技能水平、训练成果，增进了友谊，也提高了认识和技能水平，达到了转变思想、带动改革的目的。

竞赛前一天，安排全部参赛院校到达赛场，让所有院校在知晓竞赛环境、场地、设备物品情况下参赛，不仅体现公平，更为学习交流提供条件。

闭幕式结束后，专家组和裁判组交流、研讨竞赛情况，并于赛后由裁判长和专家组长进行技术点评，指出参赛选手角色定位、以“照护对象”为中心及整体照护情况，点评选手存在的问题，促进全国职业院校教师及参赛选手技能提升。

三、试点赛的意义

1. 导航作用

世赛“健康与社会照护”项目，在我国目前对应的相关职业是健康照护师，虽没有明确的专业与其对应，但此赛项的理念与我国的提倡“健康中国 2030”及十九大以来提到的大健康理念相契合，就是以“照护对象”为本，对健康（或病躯）进行整体照护，对目前

我国相关健康服务类职业教育发展的未来起到定向与引领作用。相信在不久的将来，会建立良性发展的机制。

2. 以需求为导向，深化职业教育服务社会的功能

通过参赛选手赛前准备与赛时竞技，促进公共管理与服务专业、护理学专业、老年服务与管理专业等不断深化课程建设、人才培养，按照“照护对象”的需求建设课程体系和人才培养方案，加深校企合作，培养复合型照护技能人才，为大健康服务行业“人人皆可成才、人人尽展其才”创造基础条件，助力建设技能型社会、技能中国，为美丽中国的建设做出应有的贡献。

3. 转变理念，服务人民群众

通过大赛，转换单纯完成技能操作的培养方法，将计划、实施与反思有机结合，以“人”为中心进行人才培养，从参赛选手到指导教师到教研组再到学校，转变理念，不忘初心，培养符合“人”与社会需要的急需人才。

4. 实现成果孵化，促进高质量就业

通过大赛推动职业教育成果转化和技术应用，培育更多“会计划、懂实操、能反思”的掌握照护技能的能手，使学生能够知其然并知其所以然，不仅能举一反三，而且能创新和担当，并由此孵化出更好的成果，并促进高质量就业，能为健康中国贡献教育领域的智慧与方案。

四、试点赛的建议

1. 融入大健康产业

健康与社会照护赛项是对“人”的整体照护，为此，赛项让参赛选手根据案例撰写照护计划，然后依据自己撰写的照护计划实施实际照护，最后根据任务要求完成海报制作或是反思报告。从参赛队的整体表现来看，部分参赛队能够理解赛项理念，能够以“人”为中心实施照护。但有部分参赛队没能转变理念，没有把每个案例的三部分融合为一个整体照护，表演痕迹较重，说明职业教育欠缺融入大健康产业与其服务行业中，还有相当大的提升空间。

建议建立健康与社会照护相关专业，对接大健康行业中的相关职业，或是在已有的专业（如公共服务与管理、护理专业、老年服务与管理等专业）基础上开设辅修课程或是第二学位等，注重以“人”为中心和整体性。

2. 角色定位

健康与社会照护赛项考核的是在贴近真实照护的环境中，参赛选手利用有限的时间，突出以“照护对象”为中心，对服务对象进行整体连续的照护过程，并注重沟通与人文关怀。参赛选手的定位是照护人员而非护士、康复治疗师、养老护理员。因此，要明确自己的定位，不能越界。

3. 增加竞赛材料、设备赞助行业企业

让行业企业以赞助形式加入，在解决部分费用为组织单位减轻负担的同时，将职业教育、赛训活动转化为拉动大健康服务行业经济的新型内生动力，构成产业链、产品链、供应链、资金链、信息链有机融合，扩大职业教育活动的影响面，推动校企发展、行业的发展。

4. 更多抽选有创新思维的裁判

由于赛事时间长，不仅考验参赛选手，同时也是在考验裁判的知识构架、专业素养及身体素质。建议更多抽选55周岁以下、思维活跃、能够接受新事物、有创新思维、应变能力强的裁判。

5. 不断标准化、个性化赛事赛项流程

因赛项不同，赛事和赛项的基本要求（要素）一致，但要体现赛项独特魅力就要个性化，故而要进一步完善赛事赛项标准化和个性化流程，让赛事做到公平、公正、可复制；更好地培育高技能照护人才，塑大国工匠，实现“人人出彩，技能强国”。

ChinaSkills

项目十六
餐厅服务赛项

模块一　GZ-2020016　餐厅服务赛项规程

一、赛项名称

赛项编号：GZ-2020016
赛项名称：餐厅服务
英文名称：Restaurant Service
赛项组别：高职组
赛项归属产业：现代服务业（酒店业）

二、竞赛目的

本赛项的举办，旨在推动高职酒店管理专业教育教学改革，促进高素质、技术技能型酒店管理专业人才培养，以适应当今酒店业国际化发展的需要。

（1）通过竞赛，检验高职酒店管理专业学生在餐饮服务工作中的创新设计能力、对客服务能力、社会交往能力、工作组织能力、服务技术技能等酒店管理专业核心能力。

（2）通过竞赛，引导高职酒店管理专业教育从职业岗位能力分析、课程模块设计、教学内容组织、实践教学安排等方面加强研究，引领专业建设和教学改革。

（3）通过竞赛，促进高职酒店管理专业教育教学对接世界技能大赛标准，强化学生规则意识、服务意识、卫生安全意识、环境保护意识等职业素养的培养。

（4）通过竞赛，展示酒店管理专业学生的风采和工匠精神，营造支持职业教育发展、宣传崇尚技艺技能的社会氛围，促进职业院校与行业企业在专业人才培养方面的深度融合。

三、竞赛内容

本赛项由中餐服务和西餐服务两部分内容组成，共五个模块。中餐服务分为主题宴会设计、宴会服务两个模块；西餐服务分为鸡尾酒调制与服务、咖啡制作与服务、休闲餐厅服务三个模块。赛项内容涵盖了酒店管理专业教学的核心技能和职业素养，强调操作的规范化、流程化与职业化（见表 16-1）。

表 16-1 竞赛内容

赛项	分项	模块编号	模块名称	竞赛时间 /min
餐厅服务	中餐服务	模块 A	主题宴会设计	120
		模块 B	宴会服务	
	西餐服务	模块 C	鸡尾酒调制与服务	135
		模块 D	咖啡制作与服务	
		模块 E	休闲餐厅服务	

（一）中餐服务

1. 主题宴会设计

竞赛时间：25 分钟

每位参赛选手根据抽取赛卷规定的主题，完成创意设计，竞赛现场完成 8 人宴会台面的布置，包括工作准备、宴会摆台、主题创意布置、餐巾折花、菜单展示等。

2. 宴会服务

竞赛时间：95 分钟

每位参赛选手根据抽取赛卷规定的水果种类进行果盘制作。每位选手需要为 3 位客人提供服务，包括果盘服务、餐前服务、酒水服务、菜品服务和餐后服务等。

（二）西餐服务

1. 鸡尾酒调制与服务

竞赛时间：30 分钟

每位参赛选手根据抽取赛卷规定的 1 款鸡尾酒，制作 2 份，并为客人提供服务，包括准备工作、鸡尾酒调制、鸡尾酒服务等。

2. 咖啡制作与服务

竞赛时间：30 分钟

每位参赛选手根据抽取赛卷规定的 1 款咖啡，制作 2 份，并为客人提供服务，包括准备工作、咖啡制作、咖啡服务等。

3. 休闲餐厅服务

竞赛时间：75 分钟

每位参赛选手根据抽取赛卷规定的休闲餐厅菜单，进行餐前准备。每位选手需完成 2 桌、每桌 2 位客人的服务，包括餐前准备（含包边台等）、酒水服务、餐食服务等。

四、竞赛方式

（1）本赛项为团体赛。

（2）每省选派 1 支代表队，每支代表队由 2 位参赛选手组成，具体分工由参赛队报名时确定。其中 1 位参赛选手完成中餐服务分项内容；另 1 位参赛选手完成西餐服务分项内容。

（3）每队指导教师不超过 2 人。

（4）不允许跨校组队。

五、竞赛流程

（一）竞赛流程

竞赛通过抽签分组进行，每组两个代表队。每队两名参赛选手分别按分组顺序完成竞赛项目。

（二）轮转模式（见表 16-2）

表 16-2　轮转模式示例

日期	参赛队组别	中餐服务竞赛时间	西餐服务竞赛时间
第 1 天	第一组	8:00—11:05	8:00—11:30
	第二组	9:35—12:45	9:35—13:05
	第三组	11:50—15:10	11:50—15:20
	第四组	13:25—16:50	13:25—16:55
	第五组	15:00—18:30	15:00—18:30
	第六组	17:35—21:05	17:35—21:05
第 2 天	第七组	8:00—11:05	8:00—11:30
	第八组	9:35—12:45	9:35—13:05
	第九组	11:50—15:10	11:50—15:20
	第十组	13:25—16:50	13:25—16:55
	第十一组	15:00—18:30	15:00—18:30
	第十二组	17:35—21:05	17:35—21:05
第 3 天	第十三组	8:00—11:05	8:00—11:30
	第十四组	9:35—12:45	9:35—13:05
	第十五组	11:50—15:10	11:50—15:20
	第十六组	13:25—16:50	13:25—16:55

（三）竞赛轮次（见表 16-3 和表 16-4）

表 16-3　中餐服务竞赛轮次示例

进程	第一组	第二组	第三组	第四组	第五组	第六组
参赛选手检录	8:00	9:35	11:50	13:25	15:00	17:35
参赛选手进场	8:30	10:10	12:35	14:05	15:55	18:30
主题宴会设计	8:50—9:15	10:30—10:55	12:55—13:20	14:35—15:00	16:15—16:40	18:50—19:15
参赛选手转场	9:15—9:25	10:55—11:05	13:20—13:30	15:00—15:10	16:40—16:50	19:15—19:25
宴会服务	9:25—11:00	11:05—12:40	13:30—15:05	15:10—16:45	16:50—18:25	19:25—21:00
竞赛结束	11:05	12:45	15:10	16:50	18:30	21:05

表 16-4 西餐服务竞赛轮次示例

进程	第一组	第二组	第三组	第四组	第五组	第六组
参赛选手检录	8:00	9:35	11:50	13:25	15:00	17:35
参赛选手进场	8:30	10:05	12:20	13:55	15:30	18:05
鸡尾酒调制与服务	8:40—9:10	10:15—10:45	12:30—13:00	14:05—14:35	15:40—16:10	18:15—18:45
参赛选手转场	9:10—9:20	10:45—10:55	13:00—13:10	14:35—14:45	16:10—16:20	18:45—18:55
咖啡制作与服务	9:20—9:50	10:55—11:25	13:10—13:40	14:45—15:15	16:20—16:50	18:55—19:25
参赛选手转场	9:50—10:10	11:25—11:45	13:40—14:00	15:15—15:35	16:50—17:10	19:25—19:45
休闲餐厅服务	10:10—11:25	11:45—13:00	14:00—15:15	15:35—16:50	17:10—18:25	19:45—21:00
竞赛结束	11:30	13:05	15:20	16:55	18:30	21:05

注：以上轮次时间表以承办方最终公布的实施方案为准。

六、竞赛赛卷

（1）本赛项不设理论考试，在各模块考核中涉及与涵盖理论知识。

（2）本赛项设立 5 套赛卷，于赛前统一公布。

（3）每套赛卷包含中餐创意主题宴会设计、宴会服务、鸡尾酒调制与服务、咖啡制作与服务、休闲餐厅服务等内容。

七、竞赛规则

（1）参赛队检录时抽取赛卷 1 套（5 选 1）。中餐服务、西餐服务参赛选手分别根据此套赛卷规定进行竞赛。

（2）各模块竞赛的起止时间听从裁判指令。

（3）参赛选手准备工作结束后举手示意裁判，经裁判指令后，客人即可进入赛场。休闲餐厅服务的第二批客人在第一批客人进入后 5 分钟再进入。

（4）中餐服务分项参赛选手全程使用普通话进行服务，西餐服务分项参赛选手全程使用英语进行服务。

（5）主题宴会设计模块所需物品提前放置在工作台，其他竞赛模块所需物品均需要选手在竞赛时间内到指定地点进行选取。

（6）主题宴会设计模块主题创意说明书（内容含菜单设计创意）需准备一式六份，不少于 1 000 字。检录时提交给工作人员。

（7）竞赛过程中，不能说明自己的代表队或参赛院校。主题创意说明书、自备餐具、布草等上面不能出现 ×× 代表队或 ×× 院校字样。

（8）主题宴会设计中心主题装饰物须由参赛选手现场制作完成。

（9）在果盘的制作中，如果将水果完全去皮，则必须用完该水果。

（10）宴会服务中，参赛选手服务的三位客人分别为主人、副主人、主宾。主人酒水指定为红葡萄酒，副主人、主宾酒水现场点单确定，三位客人酒水不重复。宴会服务包括餐前果盘服务，菜品包括热菜、汤各 1 道，热菜 3 份由厨房按位提供，汤现场分三份。上菜需要报菜名，热菜需向客人进行详细介绍。

（11）休闲餐厅服务竞赛过程中只对红葡萄酒进行鉴酒，每位参赛选手只需提供一次鉴酒服务。餐食服务采用美式服务方式，每位客人点两道菜，这两道菜可以是“开胃菜＋主菜”或“开胃菜＋甜点”或“主菜＋甜点”。

八、竞赛环境

赛场设置竞赛区、裁判区、观摩区、后勤保障区。其中中餐宴会服务竞赛区设4个赛位，每组竞赛使用2个赛位，每个赛位面积不少于20㎡；西餐服务竞赛区包括休闲餐厅服务、鸡尾酒调制与服务、咖啡制作与服务赛位。其中休闲餐厅服务竞赛区设4个赛位，每组竞赛使用2个赛位，每个赛位面积不少于30㎡；鸡尾酒调制与服务竞赛区设2个赛位，每组竞赛使用2个赛位，每个赛位面积不少于10㎡；咖啡制作与服务竞赛区设2个赛位，每组竞赛使用2个赛位，每个赛位面积不少于10㎡。后勤保障区提供餐用具、菜品、酒水、水果及保鲜、冷藏设施，设置参赛选手休息、更衣区域。

九、技术规范

（1）教育部制订的《高等职业学校酒店管理专业教学标准》中专业教学要求。

（2）文化和旅游部全国旅游行业饭店服务技能大赛中餐、西餐、调酒等项目相关标准。

（3）第44届、45届世界技能大赛餐厅服务项目相关标准。

（4）第46届世界技能大赛国内部分省份选拔赛餐厅服务项目相关标准。

十、技术平台

竞赛器材除赛会提供的统一设备、器材及用品外，其他设备、器材均由参赛队根据竞赛需要自行准备，不做任何指定。

（一）中餐服务

中餐服务竞赛器材及参考技术参数见表16-5。

表16-5　中餐服务竞赛器材及参考技术参数

品名	参考技术参数	备注
餐台	圆形，直径180cm、高75cm	统一提供
餐椅	软面无扶手椅，餐椅总高度95cm 椅背宽41.4cm、长46.5cm	统一提供
工作台	长方形，180cm×90cm	统一提供
桌裙（装饰布）	铺好后离地面不超过3cm	自备
台布	与桌裙（装饰布）协调	自备
餐巾	边长45～60cm	自备
主题装饰物	突出设计主题	自备
牙签	与餐具协调，符合主题创意	自备
菜单	菜品及装帧符合主题创意	自备

续表

品名	参考技术参数	备注
桌号牌	美观，符合主题创意	自备
托盘	防滑，圆形直径35～40cm，长方形40cm×55cm	统一提供，可自备
平盘	圆形，18寸	统一提供
餐酒具	骨碟、汤碗、筷子、味碟、汤勺、筷架、长柄勺、白酒杯、红酒杯、水杯	统一提供
水果盘	8寸	统一提供
水果叉	—	统一提供
瓷盘	10寸	统一提供
砧板	—	统一提供
果盘制作工具	—	自备
垃圾桶	—	统一提供
果篮	—	统一提供
茶壶、茶杯	—	统一提供
汤碗	—	统一提供
分汤勺	—	统一提供
红葡萄酒	瓶装，750mL	统一提供
白酒	瓶装，500mL	统一提供
碳酸饮料	听装，330mL	统一提供
水果	—	统一提供
葡萄酒开瓶器	—	统一提供，可自备
消毒巾	棉质，30cm×30cm	统一提供
相关一次性耗材	—	统一提供

（二）西餐服务

西餐服务竞赛器材及参考技术参数见表16-6。

表16-6　西餐服务竞赛器材及参考技术参数

品名	参考技术参数	备注
半自动咖啡机	—	统一提供
磨豆机	—	统一提供
配套咖啡制作工具	—	统一提供
咖啡杯	瓷器	统一提供
咖啡垫、碟	瓷器	统一提供
咖啡勺	不锈钢	统一提供
拉花缸	—	统一提供，可自备

续表

品名	参考技术参数	备注
餐桌	120cm × 120cm	统一提供
餐椅	软面无扶手椅，餐椅总高度 95cm 椅背宽 41.4cm、长 46.5cm	统一提供
边台	120cm × 60cm	统一提供
边台台布	纯棉，190cm × 150cm，2 块	统一提供
托盘	防滑，圆形直径 35～40cm，长方形 40cm × 55cm	统一提供，可自备
台布	180cm × 180cm	统一提供
展示盘	瓷器，10.5 寸	统一提供
开胃菜刀叉	不锈钢	统一提供
鱼刀叉	不锈钢	统一提供
主菜刀叉	不锈钢	统一提供
浓汤勺	不锈钢	统一提供
甜品叉勺	不锈钢	统一提供
水杯	玻璃，高脚	统一提供
红葡萄酒杯	玻璃，高脚	统一提供
白葡萄酒杯	玻璃，高脚	统一提供
咖啡壶	玻璃 / 瓷器	统一提供
茶壶	玻璃 / 瓷器	统一提供
糖盅、奶盅	瓷器	统一提供
餐巾	（白色）全棉（50cm）	统一提供
开胃菜盘	瓷器，8 寸	统一提供
主菜盘	瓷器，10 寸	统一提供
葡萄酒开瓶器	—	统一提供， 可自备
沙司盅	—	统一提供
甜品盘	—	统一提供
花瓶	—	统一提供
盐、胡椒、牙签盅	—	统一提供
冰桶及冰夹	—	统一提供
电动搅拌机	—	统一提供
制冰机	—	统一提供
木锤	—	统一提供
操作吧台	—	统一提供
酒柜	—	统一提供
吧台高凳	—	统一提供

续表

品名	参考技术参数	备注
置物架	—	统一提供
调酒器具	—	统一提供，可自备
鸡尾酒杯具	—	统一提供
相关一次性耗材	—	统一提供

十一、成绩评定

（一）评分标准制定原则

1. 本着“公平、公正、公开、科学、规范”的原则设计评分标准，组织竞赛。
2. 以教育部《高等职业学校酒店管理专业教学标准》中专业技能要求为依据。
3. 以现代酒店业餐厅服务与酒吧服务的行业要求为参考。
4. 借鉴世界技能大赛餐厅服务项目竞赛标准。

（二）评分组成（见表 16-7）

表 16-7　评 分 组 成

赛项	分项	模块编号	模块名称	分数		
				测量分	评价分	合计
餐厅服务	中餐服务	模块 A	主题宴会设计	11	9	20
		模块 B	宴会服务	18	12	30
	西餐服务	模块 C	鸡尾酒调制与服务	7	3	10
		模块 D	咖啡制作与服务	6	4	10
		模块 E	休闲餐厅服务	21	9	30
合计				63	37	100

（三）评分办法

本赛项由裁判组对参赛选手进行评分。评分的方式分为测量和评价两类，主要为过程性评分。凡可采用客观数据表述的评判称为测量；凡需要采用主观描述进行的评判称为评价。

1. 测量分（客观）

测量分打分方式：按模块设置若干个评分组，每组由 3 名及以上裁判构成。每个组所有裁判一起商议，在对该参赛选手在该项中的实际得分达成一致后最终只给出一个分值。表 16-8 为“仪容仪态”测量示例表。

表 16-8　“仪容仪态”测量示例表

类型	示例	最高分值	正确分值	不正确分值
满分或零分	制服干净整洁，熨烫挺括合身，符合行业标准	0.2	0 或 0.2	0～0.2

续表

类型	示例	最高分值	正确分值	不正确分值
满分或零分	工作鞋干净，且符合行业标准	0.2	0 或 0.2	0～0.2
	具有较高标准的卫生习惯；男士修面，胡须修理整齐；女士淡妆	0.2	0 或 0.2	0～0.2
	身体部位没有可见标记；不佩戴过于醒目饰物；指甲干净整齐，不涂有色指甲油	0.2	0 或 0.2	0～0.2
	合适的发型，符合职业要求	0.2	0 或 0.2	0～0.2
	工作中站姿、走姿优美，表现专业	0.5	0 或 0.5	0～0.5

2. 评价分（主观）

评价分打分方式：按模块设置若干个评分组，裁判各自单独评权重分，计算出平均权重分，除以 3 后再乘以该子项的分值计算出实际得分。裁判相互间分差必须小于等于 1 档，否则需要给出解释并在小组长或裁判长的监督下进行调分。表 16-9 为“社交能力”评价权重表。

表 16-9　“社交能力”评价示权重表

权重	要求描述
0	参赛选手没有社交能力或与客人无交流
1	参赛选手与客人有一定的沟通，在工作任务中展现一定水平的自信
2	参赛选手展现较高水平的自信，与客人沟通良好，整体印象良好
3	参赛选手展现优异的人际沟通能力，自然得体，有关注细节的能力

（四）统分方法

各组裁判进行复核后由工作人员录入、统计，裁判组长签字，裁判长进行审核签字，最后由大赛仲裁组组长确认后发布。

（五）裁判构成

本赛项共设裁判 24 名，设裁判长 1 名，裁判 23 名，其中评分裁判 21 名，加密裁判 2 名。表 16-10 为裁判构成。

表 16-10　裁 判 构 成

分项	模块	评分裁判	加密裁判	裁判长
中餐服务	主题宴会设计	5	2	1
	宴会服务	5		
西餐服务	咖啡调制与服务	3		
	鸡尾酒调制与服务	3		
	休闲餐厅服务	5		
合计		24		

注：服务过程中的客人由裁判员或志愿者担任；志愿者需经过选拔和培训。

（六）评分细则

评分细则（见表 16-11~表 16-15）

表 16-11　主题宴会设计模块评分表

序号	M= 测量 J= 评判	标准名称或描述	权重	评分
A1 仪容仪态 2 分	M	制服干净整洁，熨烫挺括合身，符合行业标准	0.2	Y|N
	M	工作鞋干净，且符合行业标准	0.2	Y|N
	M	具有较高标准的卫生习惯；男士修面，胡须修理整齐；女士淡妆	0.2	Y|N
	M	身体部位没有可见标记；不佩戴过于醒目饰物；指甲干净整齐，不涂有色指甲油	0.2	Y|N
	M	合适的发型，符合职业要求	0.2	Y|N
	J	所有的工作中站姿、走姿标准低，仪态未能展示工作任务所需的自信	1	0
		所有的工作中站姿、走姿一般，完成有挑战性的工作任务时仪态较差		1
		所有的工作中站姿、走姿良好，表现较专业，但是仍有瑕疵		2
		所有的工作中站姿、走姿优美，表现非常专业		3
A2 工作准备 1 分	M	巡视工作环境，进行安全、环保检查	0.5	Y|N
	M	检查服务用品，工作台物品摆放正确	0.5	Y|N
A3 宴会摆台 8 分	M	台布平整，凸缝朝向正、副主人位	0.4	Y|N
	M	台布下垂均等	0.3	Y|N
	M	装饰布平整且四周下垂均等	0.3	Y|N
	M	从主人位开始拉餐椅	0.2	Y|N
	M	座位中心与餐碟中心对齐	0.2	Y|N
	M	餐椅之间距离均等	0.2	Y|N
	M	餐椅座面边缘与台布下垂部分相切	0.1	Y|N
	M	餐碟间距离均等	0.2	Y|N
	M	相对餐碟、餐桌中心、椅背中心五点一线	0.2	Y|N
	M	餐碟距桌沿 1.5cm	0.05 × 8	
	M	餐碟卫生，拿碟手法正确（手拿餐碟边缘部分）	0.1	Y|N
	M	味碟位于餐碟正上方，相距 1cm	0.05 × 8	
	M	汤碗位于味碟左侧，与味碟在一条直线上，汤碗、汤勺摆放正确、美观	0.1	Y|N
	M	筷架摆在餐碟右边，位于筷子上部三分之一处	0.2	Y|N
	M	筷子、长柄勺搁摆在筷架上，长柄勺距餐碟距离均等	0.1	Y|N

续表

序号	M= 测量 J= 评判	标准名称或描述	权重	评分
A3 宴会摆台 8 分	M	筷子的筷尾距餐桌沿 1.5cm，筷套正面朝上	0.2	Y|N
	M	牙签位于长柄勺和筷子之间，牙签套正面朝上，底部与长柄勺齐平	0.1	Y|N
	M	葡萄酒杯在味碟正上方 2cm	0.05 × 8	
	M	白酒杯摆在葡萄酒杯的右侧，水杯位于葡萄酒杯左侧，杯肚间隔 1cm	0.05 × 8	
	M	三杯成斜直线	0.3	Y|N
	M	酒杯卫生，摆杯手法正确（手拿杯柄或中下部）	0.2	Y|N
	M	使用托盘操作（台布、桌裙或装饰布、花瓶或其他装饰物和主题名称牌除外）	0.1	Y|N
	M	按照顺时针方向操作	0.3	Y|N
	M	操作中物品无掉落	0.2	Y|N
	M	操作中物品无碰倒	0.2	Y|N
	M	操作中物品无遗漏	0.2	Y|N
	J	操作不熟练，有重大操作失误，整体表现差，美观度较差，参赛选手精神不饱满	2	0
		操作较熟练，有明显失误，整体表现一般，美观度一般，选手精神较饱满		1
		操作较熟练，无明显失误，整体表现较好，美观度优良，选手精神较饱满		2
		操作很熟练，无任何失误，整体表现优，美观度高，参赛选手精神饱满		3
A4 餐巾折花 1 分	M	餐巾平整，无折痕	0.1	Y|N
	M	花型突出主位	0.2	Y|N
	M	使用托盘摆放餐巾	0.2	Y|N
	J	花型不美观，整体不挺括，与主题无关、无创意	0.5	0
		花型欠美观，整体缺少挺括，与主题关联低、缺少创意		1
		花型较美观，整体较挺括，与主题有关联、有创意		2
		花型美观，整体挺括、和谐，突显主题、有创意		3
A5 主题创意 设计与 布置 5 分	M	台面物品、布草（含台布、餐巾、椅套等）的质地环保，选择符合酒店经营实际	0.2	Y|N
	M	台面布草色彩、图案与主题相呼应	0.1	Y|N
	M	现场制作台面中心主题装饰物	0.3	Y|N
	M	中心主题装饰物设计规格与餐桌比例恰当，不影响就餐客人餐中交流	0.2	Y|N

续表

<table>
<tr><th>序号</th><th>M= 测量
J= 评判</th><th>标准名称或描述</th><th>权重</th><th>评分</th></tr>
<tr><td rowspan="9">A5
主题创意
设计与
布置
5 分</td><td>M</td><td>参赛选手服装与台面主题创意呼应、协调</td><td>0.2</td><td>Y|N</td></tr>
<tr><td rowspan="4">J</td><td>中心主题创意新颖性差，设计外形美观度差，观赏性差，文化性差</td><td rowspan="4">2</td><td>0</td></tr>
<tr><td>中心主题创意新颖性一般，设计外形美观度一般，观赏性一般，文化性一般</td><td>1</td></tr>
<tr><td>中心主题创意较新颖，设计外形较美观，具有较强的观赏性和文化性</td><td>2</td></tr>
<tr><td>中心主题创意十分新颖，设计外形十分美观，具有很强的观赏性和文化性</td><td>3</td></tr>
<tr><td rowspan="4">J</td><td>台面整体设计未按照选定主题进行，整体效果较差，不符合酒店经营实际，应用价值低</td><td rowspan="4">2</td><td>0</td></tr>
<tr><td>台面整体设计依据选定主题进行，整体效果一般，基本符合酒店经营实际，具有一定的应用价值</td><td>1</td></tr>
<tr><td>台面整体设计依据选定主题进行，整体效果较好，符合酒店经营实际，具有较好的市场推广价值</td><td>2</td></tr>
<tr><td>台面整体设计依据选定主题进行，整体效果优秀，完全符合酒店经营实际，具有很好的市场推广价值</td><td>3</td></tr>
<tr><td rowspan="9">A6
菜单设计
2 分</td><td>M</td><td>菜单设计的各要素（如颜色、背景图案、字体、字号等）与主题一致</td><td>0.2</td><td>Y|N</td></tr>
<tr><td>M</td><td>菜品设计能充分考虑成本等因素，符合酒店经营实际</td><td>0.2</td><td>Y|N</td></tr>
<tr><td>M</td><td>菜品设计注重食材选择，体现鲜明的主题特色和文化特色</td><td>0.2</td><td>Y|N</td></tr>
<tr><td>M</td><td>菜单外形设计富有创意，形式新颖</td><td>0.2</td><td>Y|N</td></tr>
<tr><td>M</td><td>菜品设计（菜品搭配、数量及名称）合理，符合主题</td><td>0.2</td><td>Y|N</td></tr>
<tr><td rowspan="4">J</td><td>菜单设计整体创意较差，艺术性较差，文化气息较差，设计水平较差，不具有可推广性</td><td rowspan="4">1</td><td>0</td></tr>
<tr><td>菜单设计整体创意一般，艺术性一般，文化气息一般，设计水平一般，具有一定推广性</td><td>1</td></tr>
<tr><td>菜单设计整体较有创意，较有艺术性，较有文化气息，设计水平较高，具有较强的可推广性</td><td>2</td></tr>
<tr><td>菜单设计整体富有创意，富有艺术性，富有文化气息，设计水平高，具有很强的可推广性</td><td>3</td></tr>
<tr><td rowspan="3">A7
主题创意
说明书
1 分</td><td>M</td><td>设计精美、图文并茂；材质精良、制作考究</td><td>0.2</td><td>Y|N</td></tr>
<tr><td>M</td><td>文字表达简练、清晰、优美；能够准确阐述主题</td><td>0.1</td><td>Y|N</td></tr>
<tr><td>M</td><td>创意说明书制作与整体设计主题呼应，协调一致</td><td>0.2</td><td>Y|N</td></tr>
</table>

续表

序号	M= 测量 J= 评判	标准名称或描述	权重	评分
A7 主题创意 说明书 1 分	J	创意说明书结构较混乱，层次不清楚，逻辑不严密	0.5	0
		创意说明书机构欠合理，层次欠清楚，逻辑欠严密		1
		创意说明书总体结构较合理，层次较清楚，逻辑较严密		2
		创意说明书总体结构十分合理，层次十分清楚，逻辑十分严密		3

表 16-12 宴会服务模块评分表

任务	M= 测量 J= 评判	标准名称或描述	权重	评分
B1 仪容仪态 2 分	M	制服干净整洁，熨烫挺括合身，符合行业标准	0.2	Y|N
	M	工作鞋干净，且符合行业标准	0.2	Y|N
	M	具有较高标准的卫生习惯；男士修面，胡须修理整齐；女士淡妆	0.2	Y|N
	M	身体部位没有可见标记；不佩戴过于醒目饰物；指甲干净整齐，不涂有色指甲油	0.2	Y|N
	M	合适的发型，符合职业要求	0.2	Y|N
	J	所有的工作中站姿、走姿标准低，仪态未能展示工作任务所需的自信	1	0
		所有的工作中站姿、走姿一般，完成有挑战性的工作任务时仪态较差		1
		所有的工作中站姿、走姿良好，表现较专业，但是仍有瑕疵		2
		所有的工作中站姿、走姿优美，表现非常专业		3
B2 餐前服务 6 分	M	检查餐台摆设状态，查验餐台物品	0.2	Y|N
	M	准备服务用品，工作台摆放合理、安全整齐	0.2	Y|N
	M	主动、友好地问候客人，欢迎客人光临	0.3	Y|N
	M	引领方式正确、规范	0.3	Y|N
	M	为宾客拉椅入座，顺序正确	0.5	Y|N
	M	拆餐巾、拆筷套服务客人顺序正确	0.5	Y|N
	M	拆餐巾、拆筷套动作正确、熟练、优雅	0.2×3	
	M	正确使用托盘上茶	0.4	Y|N
	M	上茶服务顺序正确	0.4	Y|N
	M	茶水适量，无滴洒，分量均等	0.2×3	
	J	参赛选手社交能力欠缺或与客人无交流	2	0
		参赛选手与客人有一定的沟通，在工作任务中展现一定水平的自信		1

续表

任务	M= 测量 J= 评判	标准名称或描述	权重	评分
B2 餐前服务 6 分	J	参赛选手展现较高水平的自信，与客人沟通良好，整体印象良好	2	2
		参赛选手展现优异的人际沟通能力，自然得体，有关注细节的能力		3
B3 果盘制作与服务 8 分	M	使用四种水果	0.2	Y|N
	M	使用指定的两种水果	0.3	Y|N
	M	出品分量、大小相等	0.3 × 4	
	M	水果切成适于食用的小块	0.6	Y|N
	M	果盘呈现无污迹	0.4	Y|N
	M	已经去皮的完整水果必须完全使用，将没有完全去皮的水果放回	0.3	Y|N
	M	操作过程卫生	1.0	Y|N
	M	操作流程安全	0.5	Y|N
	M	上果盘服务顺序正确	0.5	Y|N
	J	果盘制作技术差，卫生差，最终展示差，未达到合格标准	3	0
		果盘制作技术一般，存在一些浪费，符合一定要求		1
		果盘制作技术较好，存在一些浪费，卫生情况良好，有一些创造力，最终展示良好		2
		出色的果盘制作技巧，有激情和创造力，最终展示出色		3
B4 酒水服务 6 分	M	向客人正确介绍酒水	0.2	Y|N
	M	服务用语恰当	0.2	Y|N
	M	准确提供客人所点酒水	0.1 × 3	
	M	正确调整和更换客人器具	0.3 × 3	
	M	示酒姿势标准，站位正确	0.3	Y|N
	M	用正确方式开瓶，安全卫生	0.5	Y|N
	M	正确为客人提供鉴酒服务	0.4	Y|N
	M	按顺序斟倒酒水	0.3	Y|N
	M	斟倒酒量符合标准，不滴酒	0.3 × 3	
	J	托盘技术差，有明显失误现象，最终服务效果差，未达到合格标准	2	0
		托盘技术一般，有晃动，操作动作基本符合规范要求		1
		托盘技术稳定，操作动作协调，注重卫生和安全，最终展示效果良好		2
		托盘技术稳定，服务流畅，动作优雅，最终效果出色		3

续表

任务	M= 测量 J= 评判	标准名称或描述	权重	评分
B5 菜品服务 6 分	M	服务顺序正确	0.1 × 3	
	M	站位准确，上菜手法正确	0.6	Y|N
	M	菜肴摆放位置准确	0.1 × 3	
	M	正确报菜名，声音清晰，站位准确	0.2	Y|N
	M	分汤过程安全、卫生	0.5	Y|N
	M	汤的分量均等	0.2 × 3	
	M	桌面保持整洁、卫生	0.5	Y|N
	J	菜品介绍简单，表达不流畅	1	0
		菜品介绍有内容，表达流畅，无感染力		1
		菜品介绍内容丰富，表达流畅，有一定的感染力		2
		菜品介绍表达流畅，感染力强，内容丰富，有文化内涵		3
	J	服务技术差，动作不流畅，几乎没有对客交流	2	0
		服务技术一般，动作基本流畅，有一些对客交流		1
		服务技术良好，比较自然得体，对客交流良好，动作流畅		2
		服务技术优秀，对客交流好，自然得体，动作流畅		3
B6 餐后服务 2 分	M	主动征询客人意见	0.3	Y|N
	M	提醒客人带好随身物品，检查、确认客人无遗留物品	0.2	Y|N
	M	送客热情、有礼貌	0.2	Y|N
	M	服务用具归位	0.3	Y|N
	J	参赛选手缺乏社交能力或与客人无交流	1	0
		参赛选手与客人有一定的沟通，在工作任务中展现一定的自信		1
		参赛选手展现较高水平的自信，与客人沟通良好，整体印象良好		2
		参赛选手展现优异的人际沟通能力，自然得体，有关注细节的能力		3

表 16-13　鸡尾酒调制与服务模块评分表

任务	M= 测量 J= 评判	标准名称或描述	权重	评分
C1 仪容仪态 1.5 分	M	制服干净整洁，熨烫挺括合身，符合行业标准	0.2	Y|N
	M	工作鞋干净，且符合行业标准	0.2	Y|N

续表

任务	M= 测量 J= 评判	标准名称或描述	权重	评分
C1 仪容仪态 1.5 分	M	具有较高标准的卫生习惯；男士修面，胡须修理整齐；女士淡妆	0.2	Y|N
	M	身体部位没有可见标记；不佩戴过于醒目饰物；指甲干净整齐，不涂有色指甲油	0.2	Y|N
	M	合适的发型，符合职业要求	0.2	Y|N
	M	工作中姿态优美，表现专业	0.5	Y|N
C2 准备工作 0.8 分	M	鸡尾酒所有必需设备和材料全部领取正确并可用	0.4	Y|N
	M	操作台整洁有序，用具与材料摆放整齐，符合卫生要求	0.4	Y|N
C3 鸡尾酒 调制 4.4 分	M	鸡尾酒调制杯子使用正确	0.2×2	
	M	鸡尾酒配料使用正确（包括装饰物）	0.2×2	
	M	鸡尾酒调酒器具使用正确	0.2×2	
	M	鸡尾酒调制方法正确	0.2×2	
	M	鸡尾酒调制的投料顺序正确	0.2×2	
	M	摇酒器里的酒液应倒尽	0.2×2	
	M	两杯鸡尾酒液面等高，相差不超过 1cm	0.3	Y|N
	M	器具和材料使用完毕后复归原位，并为下一轮参赛选手做好准备	0.3	Y|N
	M	鸡尾酒出品口感正确，体现该产品口味	0.2×2	
	J	对酒吧任务不自信，缺乏展示技巧，无法提供最终作品或最终作品无法饮用	1	0
		对酒吧服务技巧有一定了解，展示技巧一般，提供的最终作品可以饮用		1
		对任务充满自信，对酒吧技巧的了解较多，作品呈现与装饰物展现较好		2
		对任务非常有自信，与宾客有极好的眼神交流，酒吧技术知识丰富，作品呈现优秀，装饰物完美		3
C4 鸡尾酒 服务 3.3 分	M	礼貌地迎接、送别客人	0.4	Y|N
	M	向客人推荐并介绍鸡尾酒	0.5	Y|N
	M	为客人提供鸡尾酒服务时使用杯垫	0.4	Y|N
	J	全程没有或较少使用英语服务	1	0
		全程大部分使用英语服务，但不流利		1
		全程使用英语服务，较为流利，但专业术语欠缺		2
		全程使用英语服务，整体流利，使用专业术语		3

续表

任务	M= 测量 J= 评判	标准名称或描述	权重	评分
C4 鸡尾酒 服务 3.3 分	J	在服务过程中没有互动，没有解释和服务风格	1	0
		与客人有一些互动，对鸡尾酒有介绍，具有适当的服务风格		1
		在服务过程中有良好自信，对鸡尾酒有大致的介绍，有良好的互动，在服务过程中始终如一		2
		与宾客具有极好的互动，对鸡尾酒有清晰的介绍，在服务过程中具有高度的激情和高水平的技法		3

表 16-14　咖啡制作与服务模块评分表

任务	M= 测量 J= 评判	标准名称或描述	权重	评分
D1 仪容仪态 1.5 分	M	制服干净整洁，熨烫挺括合身，符合行业标准	0.2	Y|N
	M	工作鞋干净，且符合行业标准	0.2	Y|N
	M	具有较高标准的卫生习惯；男士修面，胡须修理整齐；女士淡妆	0.2	Y|N
	M	身体部位没有可见标记；不佩戴过于醒目饰物；指甲干净整齐，不涂有色指甲油	0.2	Y|N
	M	合适的发型，符合职业要求	0.2	Y|N
	M	工作中姿态优美，表现专业	0.5	Y|N
D2 准备工作 1 分	J	准备较差，卫生习惯差	1	0
		对咖啡机进行检查和清洁，有一定的卫生习惯		1
		对咖啡机进行检查和清洁，有较好的卫生习惯		2
		对咖啡机进行检查和清洁，有很好的卫生习惯		3
D3 咖啡制作 4.2 分	M	工作时保持清洁，使用不同的抹布	0.4	Y|N
	M	咖啡粉没有散落溢出	0.4	Y|N
	M	咖啡、牛奶的浪费很少，在可接受范围内	0.4	Y|N
	M	咖啡杯具选用正确	0.2 × 2	
	M	咖啡制作方法正确	0.4 × 2	
	M	咖啡器具和设备清洗干净并归回原位	0.4	Y|N
	M	咖啡出品口感正确，能体现该产品应有风味	0.2 × 2	
	J	咖啡最终呈现差，卫生习惯差，使用不能接受的操作标准	1	0
		完成情况可接受，具有足够的卫生习惯，具有一定的操作标准		1
		咖啡最终呈现好，具有较好的技能和卫生习惯		2
		出品优秀，展示了高水平的技能，具有良好的时间点掌控和卫生习惯		3

续表

任务	M= 测量 J= 评判	标准名称或描述	权重	评分
D4 咖啡服务 3.3 分	M	礼貌地迎接、送别客人	0.4	Y|N
	M	向客人推荐并介绍咖啡	0.5	Y|N
	M	为客人提供咖啡服务时使用正确的用具	0.4	Y|N
	J	全程没有或较少使用英语服务	1	0
		全程大部分使用英语服务，但不流利		1
		全程使用英语服务较为流利，但专业术语欠缺		2
		全程使用英语服务整体流利，使用专业术语		3
	J	在服务过程中缺乏热情，没有互动，没有介绍作品	1	0
		与客人有一些互动，介绍作品不完整		1
		与客人进行良好互动，服务过程中体现一定的自信和热情，能完成作品的介绍		2
		在服务过程中始终与宾客产生极好的互动，具有很高的热情，能很好地完成作品的介绍		3

表 16-15　休闲餐厅服务模块评分表

任务	M= 测量 J= 评判	标准名称或描述	权重	评分
E1 仪容仪态 4 分	M	制服干净整洁，熨烫挺括，合身，符合行业标准	0.5	Y|N
	M	鞋子干净且符合行业标准	0.5	Y|N
	M	男士修面，胡须修理整齐；女士淡妆，身体部位没有可见标记	0.5	Y|N
	M	发型符合职业要求	0.5	Y|N
	M	不佩戴过于醒目的饰物	0.5	Y|N
	M	指甲干净整齐，不涂有色指甲油	0.5	Y|N
	J	所有的工作中站姿、走姿标准低，仪态未能展示工作任务所需的自信	1	0
		所有的工作中站姿、走姿一般，完成有挑战性的工作任务时仪态较差		1
		所有的工作中站姿、走姿良好，表现较专业，但是仍有瑕疵		2
		所有的工作中站姿、走姿优美，表现非常专业		3
E2 餐前准备 6 分	M	正确领取必需的餐用具	0.5	Y|N
	M	确认餐用具的清洁，确保卫生安全	0.5	Y|N
	M	包边台操作正确规范、卫生	1	Y|N
	M	边台布不接触地面，距离地面 1～3cm	0.5	Y|N

续表

任务	M= 测量 J= 评判	标准名称或描述	权重	评分
E2 餐前准备 6 分	M	包好边台四个角，台面平整，无多余褶皱	0.25×4	
	M	边台物品摆放整洁有序，符合卫生要求	0.5	Y|N
	M	餐台桌布摆放平整美观	0.25×2	
	M	餐台餐用具摆放整齐、美观，方便客人使用	0.25×2	
	M	餐巾挺括整洁	0.125×4	
	M	花型一致，符合休闲餐厅需求	0.125×4	
E3 社交技能 6 分	J	全程没有或较少使用英语服务	2	0
		全程大部分使用英语服务，但不流利		1
		全程使用英语服务，较为流利，但专业术语欠缺		2
		全程使用英语服务，整体流利，使用专业术语		3
	J	与客人无交流，客人需要自己解决问题，服务缓慢	2	0
		有一些交流，呈送菜单，有基本服务		1
		与客人交流良好，帮助客人入座，呈送菜单并介绍		2
		热情且真诚地迎宾，帮助客人入座，呈送菜单并介绍，关注细节，展现良好的服务水平		3
	J	参赛选手没有社交能力或与客人无交流	2	0
		参赛选手与客人有一定的沟通，在工作任务中展现一定水平的自信		1
		参赛选手展现较高水平的自信，与客人沟通良好，整体印象良好		2
		参赛选手展现优异的人际沟通能力，自然得体，有关注细节的能力		3
E4 酒水服务 4 分	M	向客人询问并提供倒水服务	0.125×4	
	M	示酒手势标准，站位合理	0.5	Y|N
	M	正确介绍酒品	0.125×4	
	M	酒与餐食搭配正确	0.5	Y|N
	M	正确方式开瓶，安全卫生	0.5	Y|N
	M	正确为客人提供鉴酒服务	0.5	Y|N
	M	正确服务酒水	0.25×4	
E5 餐食服务 10 分	M	正确调整客人餐用具	0.125×8	
	M	提供餐食与客人点单内容相符	0.125×8	
	M	正确服务调味汁	0.5	Y|N
	M	正确询问烹制要求	0.5	Y|N
	M	正确采用美式服务方式进行餐食服务	0.125×8	

续表

<table>
<tr><th>任务</th><th>M= 测量
J= 评判</th><th>标准名称或描述</th><th>权重</th><th>评分</th></tr>
<tr><td rowspan="9">E5
餐食服务
10 分</td><td>M</td><td>上菜顺序正确</td><td>0.25×2</td><td></td></tr>
<tr><td>M</td><td>餐食摆放方式正确</td><td>0.125×8</td><td></td></tr>
<tr><td>M</td><td>正确提供咖啡或茶服务</td><td>0.5×2</td><td></td></tr>
<tr><td>M</td><td>水杯留到用餐结束</td><td>0.125×4</td><td></td></tr>
<tr><td>M</td><td>用餐结束，正确清理收尾</td><td>0.5×2</td><td></td></tr>
<tr><td rowspan="4">J</td><td>服务不自然，流程不流畅，服务与清台技术差，缺乏组织管理能力</td><td rowspan="4">2</td><td>0</td></tr>
<tr><td>服务流程比较流畅，服务与清台技术一般，有一定组织管理能力</td><td>1</td></tr>
<tr><td>服务流程良好，服务与清台技术良好，服务中自然得体，服务中有一定创意</td><td>2</td></tr>
<tr><td>服务与清台流程优秀，对客交流能力强，组织管理能力强，服务非常自然得体，有创意</td><td>3</td></tr>
</table>

十二、奖项设定

竞赛设团队奖。一等奖占比 10%，二等奖占比 20%，三等奖占比 30%。获得一等奖的参赛队指导教师由组委会颁发优秀指导教师证书。

十三、赛场预案

（一）制订安全应急预案，建立应急处置机制

1. 活动过程中接到突发安全事故后，有关人员必须及时向后勤安保组组长、副组长报告，并及时向公安、交警、卫生、消防等相关部门报案请求援助。本着“先控制、后处置，救人第一、减少损失”的原则，后勤安保组应果断处理，积极抢救，指导现场参赛师生离开危险区域，保卫好大赛区域内的贵重物品，维护现场秩序，做好事故现场保护工作，做好善后处理工作。

2. 后勤安保组接到大赛突发安全事故报告后，应在最短时间内到达事故现场，组织抢救和善后处置工作，并根据事故情况及时向上级部门汇报。

3. 如发生食物中毒，后勤安保组要做好人员救治，立即封存相关食物，同时，联系食品药品监督部门和 120 急救中心进行应急处置。

4. 竞赛期间供水供电设施发生故障时，由后勤安保组协调相关部门开展设施维护，保障竞赛水电设施正常运行。停电时，立即启用应急电源恢复供电。

5. 安排专门人员负责现场人身、财产事故处理，当领导、专家、参赛师生到赛场后如发生迷路、被盗、被抢、被骗、人身受到伤害等情况时，能第一时间负责现场指挥。

（二）疫情常态化防控方案

1. 成立大赛疫情防控处置工作领导小组，加强对疫情防控工作的领导。

2. 如测体温≥37.3℃，工作人员要第一时间启动疫情防控工作预案。根据承办院校疫情防控预案进行处置。

3. 如参赛选手出现温度异常不能按期参加竞赛，由大赛仲裁组会同疫情防控工作领导小组研究决定，并报送大赛组委会批准。

（三）突发疫情预案

1. 大赛期间，承办校所在地如果是低风险地区，则按照本规程的疫情常态化防控预案执行。

2. 大赛期间，承办校所在地如果突发疫情，被定义为中风险地区或者高风险地区，大赛应立即停止举办。参赛队按照属地化管理的原则，根据承办院校大赛疫情防控工作领导小组的要求执行相关防控措施。

3. 大赛期间，如承办院校突发疫情，大赛应立即停止举办，并立即启动疫情防控预案，在承办院校所在地疫情防控指挥部的领导下开展防控工作，防止疫情扩散。

十四、赛项安全

（一）赛场设计充分考虑安全因素

场地设计、流程设计注重人流、物流的路线设计，合理划分竞赛区域和观摩区。在各区域设立临时分界线，选派志愿者维持考场秩序，避免混乱。赛场各出入口设保安岗，加强管控，确保赛场各出入口安全通畅。

（二）现场安全保障措施

1. 技能大赛前，后勤安保组要组织一次消防设施的全面检查，包括消防栓、灭火器、应急疏散标志等，消除安全隐患。竞赛期间，做好竞赛场地安全保卫，防止火灾、盗窃现象发生，确保大赛期间的人身财产安全。

2. 技能大赛前，与供电部门签订保电协议，后勤安保组要检查用电线路；大赛期间，后勤安保组巡视用电线路及配电、开关，发现问题及时解决。同时，要保证食品和交通安全。

3. 所有工作人员都要参加安全责任意识培训。大赛各组责任人要对工作人员进行严格的安全教育，强调纪律卫生，行为规范，掌握进场、退场路线，防止拥挤、踩踏和人员失控，防止发生人身伤害事故。

4. 后勤安保组要增强责任意识，严格检查进出车辆及人员，禁止与竞赛无关的闲杂人员与机动车辆进入竞赛现场，发现异常情况及时报告。

5. 配齐医疗救护人员，赛场设置医疗救护站配备应急救护箱。

（三）疫情防控措施

1. 制订大赛疫情防控方案，遇到疫情突发事件按照预案执行。

2. 参赛选手、指导教师及相关工作人员报到时提供健康绿码。

3. 参赛选手进入竞赛场地，指导教师进入观摩区等都需要测温，温度≥37.3℃不得进入场地。

4. 大赛开闭幕式、点评会、主题论坛等大型活动均实施测温和限流措施。

十五、竞赛须知

（一）参赛队须知

1. 领队负责本参赛队的参赛组织和与大赛相关方的联络。

2. 高职组参赛选手须为普通高等学校全日制在籍高职学生。本科院校中高职类全日制在籍学生可报名参加高职组竞赛。五年制高职学生报名参赛的，一至三年级（含三年级）学生参加中职组竞赛，四、五年级学生参加高职组竞赛。高职组参赛选手年龄一般不超过 25 周岁，年龄计算的截止时间以 2020 年 11 月 1 日为准。参赛选手须认真填写报名表各项内容，提供个人真实身份证明，凡弄虚作假者，将取消其参赛资格。

3. 凡在往届全国职业院校技能大赛中获一等奖的参赛选手，不能再参加同一项目同一组别的竞赛。团体赛不得跨校组队。

4. 竞赛期间，各参赛队应为参赛选手购买人身意外保险。

5. 各代表队须按照大赛赛程安排前往指定地点参加竞赛及相关活动。

6. 参赛队可以在规定的时间进入竞赛场地进行适应练习。

7. 为避免影响其他参赛选手，竞赛中不允许播放背景音乐。

（二）指导教师须知

1. 每个参赛队最多可配 2 名指导教师。指导教师经报名、审核后确定，一经确定不得更换。

2. 严格遵守赛场规章制度，尽职尽责。

3. 竞赛过程中，指导教师不得进入竞赛场地。

4. 指导教师应按时参加赛区组织的相关会议。

5. 指导教师要做好本队参赛选手的有关组织工作，督促参赛选手按指定时间和地点报到；做好参赛选手的后勤保障、安全工作；自觉维护赛场秩序。

（三）参赛选手须知

1. 参赛选手按规定时间到达指定地点，凭参赛证、学生证和身份证（三证必须齐全）进行检录，加密之后进入赛场，同时将参赛设施设备带入场地。参赛选手迟到 10 分钟取消参赛资格。

2. 竞赛过程中，参赛选手须严格遵守操作标准和规范，保证自身安全，并接受裁判员的监督和警示，文明竞赛；若因设备故障等因素导致参赛选手中断或终止竞赛，由大赛裁判长视具体情况做出裁决。参赛选手在竞赛过程中，严重违背竞赛纪律和规则的，现场裁判员有权中止其竞赛。

3. 参赛选手竞赛时需听从裁判员的统一指令。参赛选手提前结束竞赛不加分，应向裁判员举手示意，不得再进行任何操作；竞赛时间到须停止操作。现场竞赛结束，经裁判员确认后参赛选手方可离开赛场。

4. 在竞赛过程中，参赛选手不得故意干扰其他队参赛选手的竞赛。

5. 参赛选手有义务参加赛项执委会组织的座谈、报告会等活动。

（四）工作人员须知

1. 大赛期间，工作人员须佩戴组委会核发的证件进入赛场，统一着装，并遵守赛场相关规定。

2. 树立服务观念，一切为参赛选手着想，以高度负责的精神、严肃认真的态度和严谨细致的作风，积极完成本职任务。注意文明礼貌，保持良好形象，明确职责，规范言行。

3. 开赛前 60 分钟到达赛场，严守工作岗位，不迟到，不早退，不无故离岗，特殊情况需向赛区赛项执委会请假。

4. 在参赛选手竞赛时，工作人员及赛场所有人员必须保持安静，不得随意走动、喧哗、提示或出现对参赛选手有影响的动作。除经特别允许，工作人员进入赛场后请关闭手机。

5. 竞赛期间，严格按照工作程序和有关规定办事，如遇突发事件，应按照安全工作预案，组织指挥人员疏散，确保人员安全。

6. 新闻媒体等进入赛场必须经大赛执委会允许，由专人陪同并且听从现场工作人员的安排和管理，不能影响竞赛进行。

十六、申诉与仲裁

本赛项在竞赛过程中若出现有失公正或有关人员违规等现象，代表队领队可在竞赛结束后 2 小时之内向仲裁组提出申诉。大赛采取两级仲裁机制。赛项设仲裁工作组，赛区设仲裁委员会。大赛执委会办公室选派人员参加赛区仲裁委员会工作。赛项仲裁工作组在接到申诉后的 2 小时内组织复议，并及时反馈复议结果。申诉方对复议结果仍有异议，可由省（自治区、直辖市）领队向赛区仲裁委员会提出申诉。赛区仲裁委员会的仲裁结果为最终结果。

十七、竞赛观摩

本着开放办赛的方针，本赛项在竞赛场地设置观摩区。大赛组织方向参赛队发放观摩证，持证可进入观摩区观摩竞赛。观摩须知如下。

1. 根据竞赛场地情况，向各参赛队发放观摩证 3 个。

2. 观摩人员需凭证入场。

3. 观摩人员可以凭证在观摩区观摩竞赛，也可以通过直播平台观看实况直播。

4. 各观摩院校可与各自省（区、市）代表队领队联系，观摩证将在各代表队报到时统一发给各领队。其他观摩单位人员可与赛项工作人员联系，并将观摩人数提前告知赛项工作人员。

5. 观摩人员须遵守场地规则，服从工作人员管理。

6. 当观摩人数超出赛场容量时，赛项承办院校须根据现场情况调节场地观摩人数。

十八、竞赛直播

建立大赛直播专用通道，分主题宴会设计、宴会服务、鸡尾酒调制与服务、咖啡制作与服务、休闲餐厅服务五个模块进行全网直播，保障大赛公正公平，提升大赛的影响力和知名度。

为了更好地向大家呈现竞赛盛况，共享竞赛精彩瞬间，突出赛项的技能重点与优势特色，为宣传、仲裁、资源转化提供全面的信息资料，赛项将对竞赛过程、开闭幕式及赛项点评等环节全程录像。

十九、资源转化

根据大赛竞赛规程，按照主题宴会设计、宴会服务、鸡尾酒调制与服务、咖啡制作与服务和休闲餐厅服务五个模块，制作服务操作规范视频及作品图片，供院校学习使用。

整理竞赛规程等大赛的技术标准文件，结合大赛评审和专家点评会的要点，形成技术标准资源和大赛点评资源，供院校学习使用。

模块二　GZ-2020016　餐厅服务赛项
技术分析报告

一、综述

（一）竞赛情况

餐厅服务赛项（编号 GZ-2020016），于 2020 年 11 月 24—28 日在山东省青岛市青岛酒店管理职业技术学院成功举办，本赛项参赛队伍来自全国 30 个省（自治区、直辖市），共 30 支代表队。每支代表队由一名领队、一名指导教师、两名参赛选手组成。

（二）竞赛内容

2020 年 9 月，专家组 5 名成员进行编写赛程和赛题工作，共编制赛程 1 份、赛题 5 套，并于 9 月 29 日在全国职业院校技能大赛官网公布。

餐厅服务赛项（编号 GZ-2020016），旨在推动高职酒店管理专业教育教学改革，促进高素质、技术技能型酒店管理专业人才培养，以适应当今酒店业国际化发展的需要。

本赛项由中餐服务和西餐服务两部分内容组成，共五个模块。中餐服务分为主题宴会设计、宴会服务两个模块；西餐服务分为鸡尾酒调制与服务、咖啡制作与服务、休闲餐厅服务三个模块。赛项内容涵盖了酒店管理专业教学的核心技能和职业素养，强调操作的规范化、流程化与职业化。

二、赛项设计解读

餐厅服务赛项按照行业企业运行的实际情况进行，充分考虑了餐前、餐中和餐后服务的各环节和实际，并增加了行业标准化和产品创新的酒店管理过程来设计竞赛内容。

参赛选手通过竞赛，能够获得酒店行业发展需要的核心技能、创新思维和管理能力，培育技能娴熟、技术精湛的创新型人才，使得学生能够更好地认同本行业、热爱本行业。为我国酒店行业的发展储备后备人才力量，创造社会价值。

餐厅服务赛项面向全国酒店行业企业，充分借鉴世界技能大赛优点，结合本土行业企业实际情况和职业院校发展情况与目标，本着“赛教融合、校行企共进、以赛促发展”的目的和宗旨，提高社会对技术技能人才的重视，关注技术技能人才的成长，创造社会

价值。

三、成绩解析

1. 赛项分项任务成绩

赛项成绩看，符合专家组命题思路，达到命题设定的结果。

问题：

（1）东部地区教育与西部地区教育的均衡性。

（2）餐饮与酒店管理专业发展的迫切性。

（3）旅游管理及酒店专业的技术性。

（4）教师授课水平的专业性。

（5）中西餐饮文化的融合性。

在所有获奖选手中，最高分 93.00，最低分 46.44，平均分 70.00。

中餐最高分 45.78，最低分 27.72，平均分 36.16，得分率 72.32%。

西餐最高分 48.05，最低分 18.73，平均分 33.04，得分率 66.08%。

裁判评分主要集中在动态服务成果评定上。主观任务部分失误，说明参赛选手有偏项，掌握的知识、技能不全面，还不是全能型参赛选手。这与赛项两名参赛选手和指导教师的培养有关。

毋庸置疑，分工协作对学生来说很重要，与人合作、与人交流是职业教育应该着力培养的，这也是参赛选手的异同所在。既要有特长，又要有全面服务沟通能力，职业教育也要多角度适应用人市场需求。同时，也要为学生未来留有可持续发展空间。

2. 总竞赛成绩

竞赛设一等奖 3 名，二等奖 6 名，三等奖 9 名，有 12 支代表队未得奖，（其中有 1 支代表队因迟到被取消参赛资格）。

改革试点赛中，各省（自治区、直辖市）出一支代表队参赛。不同省（自治区、直辖市）代表队间水平差异大，水平高者，可发挥示范作用；水平低者重在参与，在参与中，寻找差距，谋求进步与发展，这符合改革试点赛的大局观。赛后，专家组要重点考虑帮扶这些省份，先了解情况，再有针对性地组织活动，鼓励他们参与，帮助他们提高。

四、行业要求对比

餐厅服务赛项有两个展示成果的手段，一个是服务标准，另一个是待客服务。为适应行业需要，服务程序的多样化和学校的教学是矛盾的。专家组与裁判组考虑广泛征询学校的意见，尤其参赛校的建议，确定下一年度赛项规程所涉及的餐厅服务规程。对比学校教育和一般企业，先进旅游企业在理念、技术、工艺等方面都走在前面，是学校教育需要吸纳的养分。

赛后资源转化，赛项对旅游及酒店的专业教材和培训教材的开发，对职业教育的改革都能发挥很好的作用。

五、总结、意见与建议

建议赛后，在大赛办的指导下，召开多种形式的赛项总结会、经验交流会，展示餐厅服务优秀作品。总之，这次大赛的举办有助于解决旅游载体不可移动的问题，进一步丰富旅游实践教学资源；有助于解决旅游企业核心运营业务难以触及的问题，增强学生实战能力；有助于解决旅游活动不可逆的问题，提高实践教学效率；有助于解决旅游活动不可经历的问题，提升实践教学效果；有助于解决旅游实验资源建设与维护成本高的问题，降低实践教学成本。

模块三　GZ-2020016　餐厅服务赛项工作总结

2020 年 11 月 24—28 日，2020 年全国职业院校技能大赛改革试点赛高职组餐厅服务赛项在青岛酒店管理职业技术学院顺利举行，在赛项专家组指导下，在承办院校和竞赛裁判组的配合下，竞赛圆满结束，实现赛项零投诉。共 30 支代表队参加竞赛，其中 1 支代表队因竞赛迟到被取消竞赛资格，竞赛评选出一等奖 3 队，二等奖 6 队，三等奖 9 队。此次竞赛，经过改革的竞赛方案经受了检验，竞赛规程的改革思路得到参赛院校和裁判专家的认可，但仍有些细节问题需要进一步完善。现将情况总结如下。

一、试点赛餐厅服务赛项竞赛内容

本赛项由中餐服务和西餐服务两部分内容组成，共五个模块。中餐服务分为主题宴会设计、宴会服务两个模块；西餐服务分为鸡尾酒调制与服务、咖啡制作与服务、休闲餐厅服务三个模块。赛项内容涵盖了酒店管理专业教学的核心技能和职业素养，强调操作的规范化、流程化与职业化。

二、改革试点赛与 2019 年国赛的不同之处

（一）赛项名称

原全国职业院校技能大赛包括两个赛项，分别为中餐主题宴会设计和西餐服务，试点赛将两个赛项合并为餐厅服务，实现赛项名称与世界技能大赛项目接轨。

（二）参赛选手数量与竞赛时间

每队参赛人员数量由 4 名参赛选手（中餐主题宴会设计 2 名、西餐服务 1 名）变为 2 名。

（三）竞赛赛场布置

为了贴近工作实际，规程要求承办院校设置竞赛区、裁判区、观摩区、后勤保障区。其中中餐宴会服务竞赛区设 4 个赛位，每组竞赛使用 2 个赛位；西餐服务竞赛区包括休闲餐厅服务、鸡尾酒调制与服务、咖啡制作与服务赛位。其中休闲餐厅服务竞赛区设 4 个赛位，每组竞赛使用 2 个赛位；鸡尾酒调制与服务竞赛区设 2 个赛位，每组竞赛使用 2 个赛位；咖啡制作与服务竞赛区设 2 个赛位，每组竞赛使用 2 个赛位。后勤保障区提供餐用具、菜品、酒水、水果及其保鲜、冷藏设施，设置参赛选手休息、更衣区域。

（四）参赛队伍

参赛省（自治区、直辖市）共 30 个，覆盖范围广；由 1 省 2 支代表队变为 1 省 1 支代表队，人才选拔更精准，要求更高。

三、改革试点赛的创新与突出特点

（一）强化服务全过程的考核

竞赛要求参赛选手要完成中餐宴会的创意设计、设计成果展示、服务工作准备、服务的全过程、现场收尾、服务中果盘和饮品制作等。为实现赛场的真实感，竞赛中提供真实的菜品、水果、酒水等。

（二）全程直播，公开办赛

为体现公开办赛的原则，赛前增加了参赛选手适应场地、熟悉设备的环节。因疫情防控的要求，取消了现场观摩的安排，通过全程的现场直播形式，在确保公平竞争的基础上，促进参赛队伍相互学习、相互进步，提高参赛选手技能水平。

（三）注重服务过程人际交往能力

考核中除了检验参赛选手的服务技能、服务流程，重点关注参赛选手在对客服务中与“客人”交流互动的表现，以及语言表达、行为姿态。为体现世赛理念，强调节约、环保、安全等意识。

（四）集体评判，公平执裁

对接世界技能大赛评分办法，将评分的方式分为测量和评价两类，有效降低主观因素的影响。测量分打分方式按模块设置若干个评分组，每组由 3 名及以上裁判构成。每个组所有裁判一起商议，在对该参赛选手在该项中的实际得分达成一致后最终只给出一个分值。评价分打分方式按模块设置若干个评分组，裁判各自单独评权重分，计算出平均权重分，除以 3 后再乘以该子项的分值计算出实际得分。裁判相互间分差必须小于等于 1 档，否则需要给出解释并在小组长或裁判长的监督下进行调分。

（五）赛后点评全面，促进交流学习

赛后召开点评会议，由各竞赛模块的裁判组组长及裁判长向参赛选手、指导教师做点评，指出参赛选手竞赛中出现的问题，指导参赛队伍进行总结，促进全国职业院校教师及参赛选手技能提升。

四、试点赛的意义

本赛项的举办，在一定程度上起到了推动高职院校酒店管理专业教育教学改革，促进了校企合作、工学结合人才培养模式的创新发展。

（1）通过竞赛，检验了高职酒店管理专业学生在餐饮服务工作中的创新设计能力、对客服务能力、社会交往能力、工作组织能力、服务技术技能等酒店管理专业核心能力。

（2）通过竞赛，促进了高职酒店管理专业教育在职业岗位能力分析、课程模块设计、教学内容组织、实践教学安排等方面加强研究，引领专业建设和教学改革。

（3）通过竞赛，提高了高职院校对接世界技能大赛标准的认识，更加重视强化学生规则意识、服务意识、卫生安全意识、环境保护意识等职业素养的培养。

（4）通过竞赛，展示酒店管理专业学生的风采和工匠精神，营造了支持职业教育发展、宣传崇尚技艺技能的社会氛围，促进职业院校与行业企业在专业人才培养方面的深度

融合。

五、试点赛的建议

（一）加强赛前培训

加强赛前对承办院校的培训，包括场地服务人员、志愿者、模拟顾客等，熟悉竞赛流程、场地设计要求、安全管理要求、应急预案等。

（二）增加竞赛投入

试点赛规程对承办院校在场地准备、竞赛器材、耗材等方面的要求高，需较大投入才能满足竞赛需要，除了承办院校投入、政府补贴外，还应出台政策让行业企业以赞助形式加入，在减轻承办院校负担的同时，推动校企合作的深入开展。

（三）提高裁判执裁能力

裁判组成员组成要加大来自企业的人员比例，赛前组织专题培训，了解规程和评判标准，从培训合格的人员中抽选裁判，竞赛期间可按照公平的抽选方式将参赛队伍的指导教师补充到裁判队伍中。

项目十七
建筑工程识图赛项

模块一　GZ-2020018　建筑工程识图赛项规程

一、赛项名称

赛项编号：GZ2020018

赛项名称：建筑工程识图

英文名称：Reading and Drafting of Construction Drawings

赛项组别：高职组

赛项归属产业：建筑业

二、竞赛目的

（一）有利于促进土建类职业教育专业建设和教学改革

通过竞赛，进一步贯彻教育部有关文件精神，深化高等职业教育教学改革，创新并践行校企深度融合、工学结合的职业教育人才培养模式；进一步推进专业建设、课程改革与队伍建设，积极探索课程、教学手段及教学资源创新与应用的有效途径，更好地推动高职院校土木建筑类专业建设；认真领会国赛制度改革思路，积极实践，努力实现“赛教融合”与“赛训融合”的大赛格局。

（二）有利于技术技能型人才培养

通过竞赛，强化学生创新能力和实践能力训练，进一步实现专业知识与技能的有效转化，提升高职院校土木建筑类相关专业学生技术技能水平与职业操守，提升院校所培养专业人才的市场匹配度；满足我国建筑产业转型发展和“新基建”对技术技能型人才知识与技能的新需求，适应新时期建筑生产一线基层技术及管理岗位的职业要求。

（三）有利于突出工程与岗位技能特色

以 1+X 建筑工程识图技能为基础，以实际工程施工图纸为载体，以实际岗位的工作过程为序列，以学生就业首个职业岗位要求为标准，以国家现行规范标准为依据来设计大赛题目。注重考核学生准确识读建筑工程图及熟练使用 CAD 软件绘制建筑工程图的核心技能，促进院校及师生对技能训练的重视，有利于学生工程素养的养成。

（四）有利于竞赛与院校教学相互促进

竞赛内容与有关课程和训练的知识、技能内涵有机结合，通过这类工程特色鲜明、职场氛围浓厚的竞赛内容再现真实的工作环境，侧重考量学生领会设计任务书或设计变更文书、熟练并准确识读土木建筑专业施工图及配套技术文件、根据工程实际或给定的任务绘制建筑专业及结构专业施工图（竣工图）的能力，促进院校课程教学与岗位需求的有效对接。

（五）有利于技能与素养相互结合

通过竞赛，展示参赛师生的精神风貌和技能水平，培养学生“认知、领会、策划、实施、自检”的职业素养和操守，培育学生的工匠精神，推介与识图能力培养相关课程与训练的教学设计、教学方法、教学资源和先进的教学手段，促进广大开设土木建筑类专业的高职院校相关课程与训练的改革与创新。

（六）有利于培养学生的独立工作与协作精神

借鉴世界技能大赛的办赛理念和组织形式，凸显参赛选手的个体技能水平。结合本赛项的特点，设计独立工作与团队合作的竞赛方式，培养参赛选手“独立工作、协同合作”的职业素养，做到既考评参赛选手的团队合作能力，更考评参赛选手的个人技能水平。

（七）有利于提升各方对识图技能的重视度

通过竞赛，提升院校教师对实际工程能力的重视程度和应用水平，有利于双师型教师的培养，促进课程教学与工程实际进一步贴近，与岗位需求有效互通。

三、竞赛内容

参赛选手需在规定的时间内，独立与合作完成以下两个竞赛模块的任务：建筑工程识图、建筑工程绘图。

（一）建筑工程识图模块

参赛选手应独立完成竞赛任务。参赛选手在阅读给定的建筑工程施工图纸、图纸会审记录、设计变更单等资料之后，发现图纸中存在的错误、缺陷、疏漏，各自完成施工图识读相关知识与技能的答题。

（二）建筑工程绘图模块

参赛选手独立与合作完成竞赛任务。参赛选手根据给定的建筑工程施工图纸、图纸会审纪要、设计变更单等资料，运用CAD绘图软件绘制指定的建筑专业、建筑工程施工图（例如平面图、剖面图、节点详图等）。

具体竞赛模块、任务、权重及用时安排见表17-1。

表17-1　竞赛模块、任务、权重及用时安排

竞赛模块	竞赛任务	分数	分值比例	竞赛时间 /min
建筑工程识图	（一）建筑专业施工图识图	80	26.67%	120
	（二）结构专业施工图识图及综合识图	100	33.33%	180

续表

竞赛模块	竞赛任务	分数	分值比例	竞赛时间 /min
建筑工程绘图	（三）建筑专业竣工图绘图	50	16.67%	150
	（四）建筑工程施工详图绘图	70	23.33%	150
合计		300	100%	600

四、竞赛方式

1. 竞赛为团体赛。

2. 以省、自治区、直辖市、新疆生产建设兵团（以下简称省区）为单位组织报名参赛。报名通过全国职业院校技能大赛网络报名系统统一进行。

3. 每支参赛队由 2 名参赛选手组成，性别和年级不限。每名学生可配 1 名指导教师。

4. 参赛选手须为普通高职高专院校全日制在籍专科生，本科院校中的高职类全日制在籍学生以及初中起点五年制高职的四、五年级学生，年龄不超过 25 周岁（年龄计算的截止时间以 2020 年 5 月 1 日为准）。

5. 因受国（境）内外规范、标准通用性的限制，暂不邀请境外代表队参赛，但欢迎国内相关企业、机构与境外同类院校派员观摩。

五、竞赛流程

具体竞赛内容与时间安排见表 17-2。

表 17-2　竞赛内容与时间安排

日期	时间	内容	备注
竞赛前 1 天	8:00—14:00	参赛选手报到、熟悉场地	承办院校
竞赛第 1 天	8:00—8:30	抽签、检录入场	1.“建筑工程识图”模块总时长为 300 min； 2.“建筑专业施工图识图”竞赛时间为 120 min，只提供建筑专业施工图，上午 11:00 竞赛答题系统自动停止运行； 3.“结构专业施工图识图”与“综合识图”竞赛时间为 180 min，提供结构专业施工图，参赛选手结合提供的结构专业施工图及建筑专业施工图完成竞赛任务，下午 16:30 竞赛答题系统自动停止运行； 4.“建筑工程绘图”模块总时长为 300 min；
	8:30—9:00	赛前准备	
	9:00—11:00	建筑专业施工图识图	
	11:00—13:00	中午休息	
	13:00—13:30	赛前准备	
	13:30—16:30	结构专业施工图识图 综合识图	
竞赛第 2 天	8:00—8:30	抽签、检录入场	
	8:30—9:00	赛前准备	
	9:00—11:30	建筑专业竣工图绘图	
	11:30—13:00	中午休息	
	13:00—13:30	赛前准备	

续表

日期	时间	内容	备注
竞赛 第 2 天	13:30—16:00	建筑工程施工详图绘图	5.“建筑专业竣工图绘图”竞赛时间为 150 min； 6.“建筑工程施工详图绘图”竞赛时间为 150 min
竞赛 后 1 天	9:00—10:00	大赛闭幕式	具体安排见《竞赛手册》

注：报到及竞赛闭幕式时段可根据实际进行调整，以《竞赛通知》或《竞赛手册》的规定为准。

六、竞赛赛卷

本次竞赛公开赛题。

竞赛采用的工程载体为钢筋混凝土结构高层民用建筑。

（一）建筑工程识图模块

建筑工程识图模块包括建筑专业施工图识图、结构专业施工图识图、综合识图三个任务。参赛选手通过阅读给定的建筑工程施工图纸、图纸会审记录、设计变更单等资料，全面掌握图纸的技术信息，发现图纸中存在的错误、缺陷、疏漏并按照赛卷要求作答，每名参赛选手应独立完成识图模块的竞赛任务。识图部分赛题均为客观题，题型分为：单项选择题、多项选择题。

（二）建筑工程绘图模块

建筑工程绘图模块包括建筑专业竣工图绘图、建筑工程施工详图绘图两个任务。每队参赛选手根据给定的建筑工程施工图纸、图纸会审纪要、设计变更单等资料，运用 CAD 绘图软件完成绘图竞赛任务。建筑专业竣工图绘图应独立完成，建筑工程施工详图绘图可合作完成。

七、竞赛规则

（一）赛项组织机构

赛区组委会、赛项执委会遵守大赛制度，服从全国职业院校技能大赛执委会的领导和监督。成立专家工作组，在全国职业院校技能大赛执委会的领导下按照有关制度开展赛项技术文件编撰、竞赛命题、赛场设计、设备配置、裁判员培训、赛项说明会组织、赛项安全预案、赛事咨询、教学成果展示体验、赛事宣传方案设计、竞赛成绩分析、赛事技术评点、赛事成果转化等工作。保证公开、公平、公正办赛。

（二）裁判

裁判组在裁判长领导下工作，负责竞赛成绩的评判，严格执行裁判工作的有关规定、公正执裁。裁判长对赛项执委会负责，并接受赛项执委会及专家工作组的协调和指导。

（三）参赛队

各省区推荐的参赛队通过全国职业院校技能大赛网络报名系统统一进行报名、注册。注册后，参赛队不得更换参赛选手。参赛选手在竞赛前因故不能参赛的，应事先由所在报名单位的省级教育行政部门出具书面申请、经大赛执委会审核批准后方可更换参赛选手。

（四）场地

按照竞赛日程安排，赛项执委会组织各参赛队在规定时间段内熟悉竞赛场地。

（五）竞赛要求

1. 参赛选手必须持参赛证、本人身份证和学生证入场参加竞赛。各参赛队领队和指导教师及其他无关人员均不得私自进入赛场。

2. 参赛选手应在规定时间到达赛场，到检录处注册，参赛队通过抽签确定赛场和机位，入场、检查竞赛设备。

抽签采用两次加密，两次加密分别由两组加密裁判负责。通过检录的参赛选手抽签取得第一次加密号，第一次加密统计制表签字后由第一组加密裁判交保密室封存；然后参赛选手用第一次加密号抽签换取第二次加密号，第二次加密号即为赛场机位号，第二次加密统计制表签字后由第二组加密裁判交保密室封存。

3. 竞赛正式开始 20 分钟以后参赛选手不得再入场参加竞赛，按弃权处理。竞赛时间段内参赛选手不得离开赛场，如有特殊情况需暂时离开赛场，应报告监考人员同意，离开赛场期间应有流动监考人员陪同。竞赛结束之后，参赛选手确认提交竞赛成果后，在监考人员的组织下离开赛场。

4. 参赛选手按照抽签决定的赛场及机位对号入座，监考人员应对每位参赛选手的证件进行认真检查、复核、认证。参赛选手在竞赛正式开始之前应对计算机进行开机检查，但只准浏览和试用建筑工程识图答题系统、试运行 CAD 软件。

5. 竞赛开始前 20 分钟，由竞赛监考人员当众拆封竞赛试题与图纸，并对数量及完好情况进行认真检查，在竞赛正式开始前 10 分钟分发试题与图纸，并提醒参赛选手检查与核对。

6. 在竞赛过程中，参赛选手如遇问题需举手向监考人员示意，参赛队与参赛队之间不得互相交流，否则按作弊行为处理；本队参赛选手之间在“建筑工程施工图识图”及“建筑专业竣工图绘图”环节不可交流，否则按作弊行为处理；本队参赛选手之间在“建筑工程施工详图绘图”环节可以交流，但不能影响其他参赛队；参赛选手不得擅自启封或破坏计算机 USB 接口的封条，否则按作弊行为处理。

7. 参赛选手遇到计算机、应用软件或答题系统故障时，应及时向监考人员报告，对于因故障而耽搁的时间，由监考人员请示裁判长同意后将该参赛选手的竞赛时间相应后延。竞赛结束前，参赛选手应按照答题系统的操作要求提交识图部分的竞赛成果，完成的绘图部分竞赛成果要按要求保存在计算机的指定位置，竞赛成果不得做任何标记，否则按“0”分计。听到竞赛结束信号后，参赛选手应立即停止操作，不得以任何理由拖延竞赛时间，试题、图纸及草稿纸不得带出考场。对违反赛场规则，不服从监考人员劝阻者，经赛项执委会裁决可取消其竞赛资格。

8. 竞赛所需的设备及绘图软件由承办院校提供，参赛选手不可携带规范、技术资料、标准图集、教材、工具书、相关软件等，不得使用自带的计算机、键盘、鼠标、移动存储器等各类设备，不得携带通信工具及有通信功能的手表等进入竞赛现场。竞赛所需的笔、草稿纸等由承办院校统一提供。

（六）成果提交

识图成果通过局域网自动提交到答题系统，在成绩汇总之前应在系统中稳妥保留，封闭服务器。绘图成果用U盘提交，每个参赛队一支U盘，并按规定编号。参赛选手按照统一的命名规则为绘图成果命名，并保存在计算机指定位置的文件夹内。竞赛结束时，由参赛选手把竞赛成果保存到U盘，监考人员负责核对文件夹内文件数量，并与参赛选手履行交接手续。

（七）文明参赛要求

1. 参赛队领队和指导教师应严格遵守赛场规章制度，按时参加赛区（赛项）组织的相关会议。竞赛过程中，领队和指导教师不得进入竞赛现场。

2. 参赛选手应严格遵守赛场规章、操作规程，保证人身及设备安全，接受监考人员的监督和警示，文明竞赛。

（八）成绩确认与公布

识图与绘图成绩分项统计并汇总折算成总成绩后，经裁判长审核无误，由裁判长、监督人员和仲裁人员签字确认。裁判长或赛项执委会相关人员接受参赛队的咨询。

仲裁组负责接受参赛队的投诉，并负责仲裁。

八、竞赛环境

（一）竞赛场所及计算机

技能竞赛应安排在计算机绘图实训室或其他符合竞赛要求的室内场所进行，竞赛时每位参赛选手2台计算机，1台用于竞赛识图与绘图，1台用于展示电子版图纸，所有计算机设备应为相同（或相近）配置；赛场布置和机位布置应符合竞赛要求，确保同一参赛队2名参赛选手机位相邻布置，“建筑工程识图”与“建筑专业竣工图绘图”环节的参赛选手之间应采取必要的遮挡措施，“建筑工程施工详图绘图”环节应撤除同一参赛队选手之间的遮挡措施。

（二）计算机操作系统

计算机操作系统为Windows7，系统提供的输入法包括：搜狗五笔、搜狗拼音、智能ABC等。

（三）计算机配置

处理器i3或更高，内存2G或更高，显示器19寸或更大，其他配置不做要求，但应保证各赛场的设备规格相同。赛场应按1/20的比例配置备用机，备用机配置与竞赛机配置完全相同。竞赛时USB接口全部封闭，“建筑工程识图”环节需利用赛场局域网，“建筑工程绘图”环节中断局域网连接。

九、技术规范

主要依据相关国家职业技能规范和标准，注重考核基本技能，体现标准程序，结合生产实际，考核职业综合能力，并对技术技能型人才培养起到示范引领作用。根据竞赛技术文件制定标准，主要采用以下标准、规范及工具软件见表 17-3

表 17-3　行业、职业技术标准

序号	标准号	标准名称
1	GB/T 50001—2017	房屋建筑制图统一标准
2	GB/T 50103—2010	总图制图标准
3	GB/T 50104—2010	建筑制图标准
4	GB/T 50105—2010	建筑结构制图标准
5	16G101—1	混凝土结构施工图平面整体表示方法制图规则和构造详图（现浇混凝土框架、剪力墙、梁、板）
6	16G101—2	混凝土结构施工图平面整体表示方法制图规则和构造详图（现浇混凝土板式楼梯）
7	16G101—3	混凝土结构施混凝土结构施工图平面整体表示方法制图规则和构造详图（现浇混凝土板式楼梯）工图平面整体表示方法制图规则和构造详图（独立基础、条形基础、筏型基础及桩基承台）

十、技术平台

竞赛使用的所有计算机及工具均由承办院校统一提供。包括：

（一）答题系统

建筑工程识图答题系统，其性能应包括：题目的导入、题目按专业分区、分区内题目的随机排序、题目的全览、成绩的自动统计、成绩汇总及解密等。

（二）绘图软件

CAD 绘图工具软件。

十一、成绩评定

（一）评分标准

1. 以现行国家或行业的建筑设计、制图、施工规范及有关技术标准作为制订评分标准的依据。

2. 主要参照行业标准《建筑与市政工程施工现场专业人员职业标准》（JGJ/T 250—2011）及国家相关《专业标准》对岗位知识和技能的要求确定竞赛题目的范围、权重及程度。

（二）评分方法

1. 建筑工程识图模块

本模块为计算机智能评分。参赛选手在计算机上利用建筑工程识图答题系统答题，由答题系统自动评分。流程如下：

（1）参赛选手登录答题系统，核实个人信息后限时答题，竞赛结束前保存成果并提交。

（2）答题系统后台自动评分。

（3）裁判长组织相关人员实时汇总各机位成绩，经复核无误，由裁判长、监督人员和仲裁人员签字确认、留存。

2. 建筑工程绘图模块

本模块为结果评分，“建筑专业竣工图绘图”由每位参赛选手独立完成；“建筑工程施工详图绘图”可由 2 名参赛选手合作完成，每个参赛队提交 1 套竞赛成果。

（三）成绩评定

分值分配：“建筑工程识图”模块的卷面分值为 180 分，其中“建筑专业施工图识图”为 80 分，“结构专业施工图识图及综合识图”为 100 分，精确到小数点后两位；“建筑工程绘图”模块的卷面分值为 120 分，其中“建筑专业竣工图绘图”为 50 分，“建筑工程施工详图绘图”为 70 分，精确到小数点后两位；合计卷面分值为 300 分，精确到小数点后两位。把两部分卷面分数汇总后按照百分制计算汇总竞赛成绩，精确到小数点后 2 位。

参赛选手应独立完成建筑工程识图模块竞赛任务，2 名参赛选手得分的平均值为本队识图模块的分数。2 名参赛选手独立完成“建筑专业竣工图绘图”竞赛任务，2 名参赛选手得分的平均值为本队该竞赛任务的分数；2 名参赛选手可合作完成“建筑工程施工详图绘图”竞赛任务，每队提交 1 套竞赛成果，该成果的得分为本队该竞赛任务的分数。

识图模块和绘图模块的得分之和为本队的团体赛最终成绩。当出现总分相同时，“建筑工程识图”模块分数高的队排名靠前；如“建筑工程识图”模块分数也相同，“建筑工程施工详图绘图”分数高的队排名靠前。

成绩经复核无误，由裁判长、监督人员和仲裁人员签字确认后公布。

十二、奖项设定

竞赛设团体奖。一等奖占比 10%，二等奖占比 20%，三等奖占比 30%（小数点后四舍五入）。

获得一等奖团队的指导教师由国赛组委会颁发“优秀指导教师奖”证书。

十三、赛场预案

（一）电源保障

承办院校应事先协调当地供电部门，保证竞赛当天的正常供电。如赛场有双路供电条件的应事先进行测试；如承办院校有自备发电设备应事先进行检修、试运行；服务器应配有不间断电源。

（二）计算机保障

竞赛用计算机与备用机应在赛前逐台进行测试，在装入 CAD 绘图软件及答题系统后，应进行运行测试，测试后应封闭赛场。如在竞赛期间发生计算机死机、卡顿以及其他设备故障时，经参赛选手提出维修要求后，技术保障人员应及时予以排除。维修设备所用的时间按照有关规定给予参赛选手“等时补偿”，并按相关规定履行报批、备案程序。

（三）成果存留

竞赛用计算机与备用机在赛前需卸载“一键还原”系统。在竞赛结束之后封闭赛场，所有计算机保持在开机状态，待成绩评判、汇总之后方可恢复原状。

十四、赛项安全

为了确保竞赛的顺利进行，应采取切实有效措施保证大赛期间参赛选手、指导教师、工作人员的人身安全。赛项执委会应成立相应的安全管理机构，负责本赛项筹备和竞赛期间的各项安全工作，赛项执委会主任为第一责任人。具体措施如下：

1. 承办院校应按照国赛有关规章制度，在赛区组委会及赛项执委会的指导下制订有关安全工作预案。

2. 赛项执委会在赛前组织专门班子按照要求对竞赛现场、住宿场所和交通保障进行安全考察，及时排除安全隐患。

3. 竞赛期间，承办院校应在赛场管理的关键岗位增加力量，建立安全管理日志。

4. 应在赛场周围设立警戒线，防止无关人员进入，避免发生意外事件。竞赛期间所有车辆、人员均应凭证进入赛场，车辆应在指定区域停放。

5. 赛项执委会与承办院校共同制订赛场、交流区及体验区的人员疏导方案。《入场须知》和应急疏散图应作为《竞赛手册》的必备内容，并在赛区及赛场张贴，要求参赛师生认真阅读。

6. 赛项执委会与承办院校应按照《2020 年全国职业院校技能大赛改革试点赛新冠肺炎疫情防控指南》及当地人民政府和国赛执委会的有关规定，共同制订新冠肺炎疫情管控安全预案，并配备必要的防护设施与防护品。

7. 竞赛涉及的计算机设备需符合国家有关安全规定。

8. 赛区应能提供稳定的水、电等竞赛与生活必备的资源，并有供电应急设备。保安、公安、医护、消防、设备维修和电力抢险人员应专班值守，以防突发事件。

9. 赛项执委会应制订专项方案保证竞赛命题、赛题保管、发放、回收和评判过程的安全。

10. 赛场严禁无关人员携带通信、照相摄录设备进入。赛场配置安检设备，对进入赛场重要区域的人员进行安检，在赛场相关区域安放信号屏蔽设备。

11. 竞赛期间，承办院校统一安排参赛选手和教师食宿、驻地与赛地交通。承办院校应制订相关措施保证参赛人员的住宿、交通、饮食和设备应用安全。承办院校应充分尊重少数民族参赛人员的宗教信仰及文化习俗，根据国家相关的民族、宗教政策，安排好少数民族参赛师生和有关人员的饮食起居。

十五、竞赛须知

（一）参赛队须知

1. 每队参赛选手必须为同一学校的在校学生，不得跨校组队，违者取消竞赛资格。

2. 准确领会竞赛规程和赛项须知的全部内容，并严格执行。领队是参赛队的第一责任人，负责做好本参赛队竞赛期间的管理工作，竞赛过程中领队不得进入竞赛现场。参赛选手在报名获得注册确认后，原则上不再更换。如备赛过程中，队员因故不能参赛，须由所在省级教育行政部门于开赛 10 个工作日之前出具书面说明，经大赛执委会办公室核实后予以替换；参赛选手报到后，不得更换，允许参赛选手缺席竞赛。

3. 参赛选手按照大赛规程安排，凭参赛证、本人身份证和学生证参加竞赛及相关活动。

4. 参赛选手可统一着装，但不应出现地域及院校的信息，并符合安全及竞赛要求。

5. 参赛队统一使用赛场提供的计算机、竞赛用软件和工具等。

6. 各参赛队必须按相关操作规程要求参与竞赛，在竞赛过程中不按操作要求，出现人为损坏赛项提供设备的情况，由参赛队照价赔偿。

（二）指导教师须知

1. 每个参赛队最多可配 2 名指导教师，指导教师经报名、审核后备案确定。指导教师一经确定不得更换，允许指导教师缺席竞赛。

2. 严格遵守赛场规章制度，尽职尽责。

3. 竞赛过程中，指导教师不得进入竞赛现场。

4. 指导教师应按时参加赛区（赛项）组织的相关会议。

5. 指导教师要做好本队参赛选手的有关组织工作，督促参赛选手按指定时间和地点报到；做好参赛选手的后勤保障、安全工作；自觉维护赛场秩序。

（三）参赛选手须知

1. 参赛选手应严格遵守赛场规章、操作规程，保证人身及设备安全，接受现场工作人员的监督和警示，文明竞赛。

2. 参赛选手在赛场内应始终佩带参赛凭证。

3. 参赛选手应自觉遵守赛场纪律，服从裁判、听从指挥、文明竞赛。禁止将参考资料及通信工具带入赛场。

4. 参赛选手竞赛过程中，严重违反竞赛纪律和规则的，现场裁判员有权中止其竞赛。

5. 在竞赛过程中，参赛选手不得故意干扰其他队参赛选手的竞赛。

6. 参赛选手有义务参加赛项执委会组织的座谈、报告会、采访等活动。

（四）工作人员须知

1. 树立服务观念，一切为参赛选手着想，以高度负责的精神、严肃认真的态度和严谨细致的作风，圆满完成赛项任务。

2. 注意文明礼貌，保持良好形象，明确职责，规范言行。

3. 积极参加有关的培训、学习，规范上岗、规范工作。

4. 赛前 60 分钟到达赛场，严守工作岗位，不迟到，不早退，不无故离岗，特殊情况

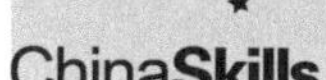

需向赛区赛项执委会请假。

5. 严格按照工作程序和有关规定办事，如遇突发事件，应按照安全工作预案，指挥组织人员疏散，确保人员安全。

6. 保持通信畅通，服从统一领导，严格遵守竞赛纪律，加强协作配合，提高工作效率。

十六、申诉与仲裁

竞赛采取两级仲裁机制，赛项设仲裁工作组，赛区设仲裁委员会。在竞赛过程中若出现有失公正或有关人员违规等情况，参赛队领队可在竞赛结束后 2 小时之内向仲裁工作组提出书面申诉。赛项执委会选派人员参加赛区仲裁委员会工作。赛项仲裁工作组在接到书面申诉后的 2 小时内组织复议，并及时反馈复议结果。申诉方对复议结果仍有异议，可由省（市）领队向赛区仲裁委员会提出申诉，赛区仲裁委员会的仲裁结果为最终结果。

十七、竞赛观摩

竞赛期间赛场指定区域对外开放，在竞赛不受干扰的前提下，开辟观摩路线和观摩区，观摩人员应严格遵守赛场观摩要求并服从工作人员管理，不得干扰竞赛。

十八、竞赛直播

竞赛期间在指定区域全程直播赛场情况，并录制竞赛开赛式、闭赛式和竞赛部分重要环节和精彩片段、优秀参赛选手采访、优秀指导教师采访、裁判及专家点评和企业人士采访等视频资料，并在承办院校网站和全国职业院校技能大赛官网公布。

十九、资源转化

在大赛执委会的领导与监督下，赛后 30 日内向大赛执委会办公室提交资源转化方案，半年内完成资源转化工作。

（一）竞赛过程中获得的主要资源

1. 竞赛样题。
2. 竞赛技能考核评分案例（包括对竞赛成果中出现的典型和常见错误、缺陷的分析）。
3. 考核环境描述。
4. 竞赛过程音、视频记录。
5. 评委、裁判、专家点评。
6. 优秀参赛选手、指导教师访谈。

（二）资源转化基本方案与呈现形式

资源转化成果为符合行业标准、满足职业教育教学需求、适应高职土木建筑类专业人才培养要求、契合课程标准与内涵、突出技能特色、反映竞赛优势、体现先进教学模式、展示职业教育先进水平的共享性教育教学资源。资源转化成果包含基本资源和拓展资源，充分体现本赛项技能考核特点。

1. 基本资源

基本资源按照技能概要、训练单元、训练资源三大模块设置：

（1）技能概要包括：技能介绍、训练大纲、技能要点、评价指标等。

（2）训练单元按任务模块或技能模块组织设置，主要包括：演示文稿、操作流程演示视频 / 动画等。

（3）训练资源主要包括：教学方案、训练指导、作业 / 任务、实验 / 实训 / 实习资源等。训练资源模块可单独列出，也可融入各训练单元。

2. 拓展资源

拓展资源以反映技能特色、应用于各教学与训练环节、支持技能教学和训练过程、较为成熟的多样性辅助资源为主。例如：点评视频、访谈视频、试题库、案例库、素材资源库等。

（三）资源的技术标准

资源转化成果包括文本文档、演示文稿、视频文件、Flash 文件、图形 / 图像素材和网页型资源等。

（四）资源的提交方式与版权

制作完成的资源上传：全国职业院校技能大赛网站，各赛项执委会组织的公开技能竞赛，其赛项资源转化成果的版权由大赛执委会和赛项执委会共享。

（五）资源的使用与管理

资源转化成果由国赛组委会统一使用与管理，会同赛项承办院校、赛项有关专家、有关出版单位编辑出版赛项试题库、岗位典型操作流程等精品资源。

模块二　GZ-2020018　建筑工程识图赛项
技术分析报告

一、综述

1. 竞赛情况

建筑工程识图赛项（编号 GZ-2020018），于 2020 年 11 月 27—30 日在日照职业技术学院成功举办，本次竞赛共有来自全国各省、直辖市、自治区及新疆生产建设兵团的 32 支队伍参赛。每支代表队由一名领队、两名指导教师、两名参赛选手组成。

2. 竞赛内容

本赛项工程载体为综合商务楼，地下 2 层，地上 21 层，建筑面积 38 952m^2，建筑和结构共计 76 张施工图纸。

与往届大赛相比，本次赛项在赛程上从 1 天 5 个小时增加到 2 天 10 个小时，由两个竞赛任务增加到四个竞赛任务，前三个竞赛任务要求参赛队每位参赛选手独立完成，最后一个竞赛任务由参赛队 2 位参赛选手合作完成，重新组合构建竞赛模块，与改革试点赛要求接轨。详见表 17-4。

表 17-4 竞赛模块、任务、权重及用时安排

竞赛模块	竞赛任务	权重	竞赛时间 /min
建筑工程识图	（一）建筑专业施工图识图	25%	120
	（二）结构专业施工图及综合识图	35%	180
建筑工程绘图	（三）建筑专业竣工图绘图	20%	150
	（四）建筑工程施工详图绘图	20%	150
合计		100%	600

二、赛项设计解读

1. 赛项的设计真题思路与命题依据

（1）有利于促进土木建筑类职业教育专业建设和教学改革

（2）有利于技术技能型人才培养

（3）有利于突出工程与岗位技能特色

（4）有利于竞赛与院校教学相互促进

（5）有利于技能与素养相互结合

（6）有利于培养学生的独立工作与协作精神

（7）有利于提升各方对识图技能的重视度

2. 赛题解读

本赛项以学生初始就业岗位的职业能力需求为出发点，以 1+X 建筑工程识图技能为基础，以实际工程为载体、实际工作过程为序列、国家现行规范标准为依据来设计大赛题目。

大赛注重考核学生建筑专业施工图识图、结构专业施工图识图及综合识图，以及熟练应用 CAD 软件绘制建筑专业竣工图和建筑工程施工详图的绘图核心技能，促进高职院校师生对技能训练的重视。

本赛项为团队赛，每支参赛队由 2 名参赛选手组成。竞赛内容详见表 17-3 竞赛模块、任务、权重及用时安排。

根据竞赛安排设计赛题，专家组对识图环节的赛题数量进行了两个方案的比对，最后选择题量较少的方案，因为实践工作中，识图是一个反复读图的过程，从粗看到细看、到前后对照综合看图，在图纸量如此大的前提下，让参赛选手能有时间认真读图，校对审核，发现自己的问题并进行改正，留给参赛选手思考探索的时间较少。

三、成绩解析

1. 赛项分项任务成绩

从赛项成绩看，符合专家组命题思路，达到命题设定的结果。本次大赛，32 支参赛队决出一等奖 3 个、二等奖 6 个、三等奖 10 个。竞赛总分 300 分，参赛队最高分 219.28 分，最低分 91.36 分，平均分 169.46 分。折算成百分制，参赛队最高分 73.09 分，最低分 30.45 分，平均分 56.49 分。从地域分布看，职业教育发达地区，成绩好于欠发达地区。

成绩结果分析具体详见表 17-5 成绩汇总分析、表 17-6 建筑专业施工图识图成绩分析、表 17-7 结构专业施工图识图及综合识图成绩分析。

表 17-5　成绩汇总分析

场次	竞赛任务	满分	平均分	最高分	最低分
第 1 场	建筑专业施工图识图（按参赛选手）	80	61.77	77.25	30.25
第 2 场	结构专业及综合识图（按参赛选手）	100	53.68	91.5	24
“建筑工程识图”模块小计（按参赛选手）		180	115.45	160.25	58.5
第 3 场	建筑专业竣工图绘图（按参赛选手）	50	19.58	38.27	5.67
第 4 场	建筑施工详图绘图（按参赛队）	70	34.42	55.85	2.60
“建筑工程绘图”（按参赛队）模块小计		120	54.00	85.28	13.09
总分（按参赛队）		300	169.45	219.28	91.36

表 17-6　建筑专业施工图识图成绩分析

类别		正确率	排序
单选题	建筑设计总说明识图能力	95.00%	1
	建筑立面图、剖面图识图能力	83.59%	2
	建筑详图识图能力	76.99%	3
	建筑平面图识图能力	75.88%	4
	建筑总平面图识图能力	74.61%	5
多选题		55.64%	/

表 17-7　结构专业施工图识图及综合识图成绩分析

类别		正确率	排序
单选题	结构详图识图能力	78.12%	1
	结构设计总说明识图能力	71.48%	2
	基础施工图识图能力	60.00%	3
	梁平法施工图识图能力	57.81%	4
	板施工图识图能力	48.96%	5
	墙、柱施工图识图能力	42.19%	6
多选题		25.94%	/

2. 总竞赛成绩

竞赛设一等奖 3 名，二等奖 6 名，三等奖 10 名，有 13 支代表队未得奖。

从成绩分布看，原赛项传统强队依然实力强劲。比如一等奖有两支是 2019 年的一等奖队伍，二等奖中有四支为以往一等奖队伍。中西部地区代表队成绩仍有较大上升空间，需要引起专家组重视，赛后专家组已经与相关地区代表队领队联系，以便有针对性把脉，帮助他们提高竞赛水平，提高专业建设和课程建设水平。

四、典型实例评析

本次试点赛因赛程改革，将建筑和结构的识图和绘图完全分开，参赛选手对每个模块的掌握程度能够更加直观和准确地反映出来。

建筑说明和结构说明的准确率都非常高，说明训练过程中对这一项的重视度在提高，建筑说明相关试题正确率更是达到了95%，非常难得。相反，建筑和结构平面图相关试题的准确度却较低，其中墙、柱施工图识图试题正确率只有42%，各个参赛队伍下一步的训练应有所侧重。

绘图成绩比往年都有提高，但仍存在许多问题，有些参赛选手看似掌握了必要知识点，但在绘制时不按标准和规范来，得分点不能体现。专家组制订打分标准时尤其注重这一点，从严谨、规范和契合实际角度出发，尽量以图集典型案例为判分依据，对作品信息混乱、不完整或不准确的一律扣分，这也体现了裁判组执行专家组对待赛项科学、公平和公正的态度。

获得一等奖的作品中，建筑施工详图绘图单项得分最高的队伍为56分，失误较少，信息完整，绘制规范，是较好的示例。

由于改革试点赛，每省出一支队伍参赛。有些省份水平较高，有些省份则水平明显偏低，从赛项规程的理解到绘图作品的质量都有很大的提升空间。当然，通过大赛的参与、找问题、共同进步、提高教学质量，也正是试点赛举办的初衷。

五、行业要求对比

建筑工程识图赛项，主要分为识图和绘图两个模块，识图反映参赛选手对图纸的理解，绘图则反映参赛选手对规范的掌握、对实际施工的需求以及对CAD软件的应用。

实际工程中存在的问题远超参赛选手的日常所学，如何更好地将知识应用到工作当中，发现问题、解决问题，是提高识图能力的重点。在平时的学习和训练中，应多思考，灵活应变，扩展知识面，多学习先进的工艺和技术。

绘图采用的软件是大赛指定的，但实际工作中，因环境和企业习惯不同，软件的选择面更广，参赛选手在软件学习中应更注重规范和实际，注重计算机绘图操作的熟练度，而不是致力于软件应用的研究。专家命题和制订评分标准时也向这一方面倾斜，尽量将软件作为表现的工具，而不是学习的重点。这一点也得到了参赛院校的高度认可。

竞赛过程中，专家也开设了1+X建筑工程识图认证考试的讲座，详细讲解了如何将认证考试与本赛项密切结合。中望软件公司也从技术支持等方面做了阐述，引领工艺、融入实际、提高办学质量，1+X认证考试和本赛项出发点是一致的。

技能大赛虽不能完全成为教学的指挥棒，但以赛促教、以赛促学、以赛促改、以赛促建、以赛促发展的精髓要发扬光大。

赛后资源转化，赛项对专业教材、培训教材的开发，对三教改革都能发挥很好的作用。

六、总结、意见与建议

专家组命题目标是优秀作品占参赛队伍提交作品总数的10%左右，良好的作品占参赛队伍提交作品总数的20%左右，合格的作品占参赛队伍提交作品总数的30%左右。从竞赛结果看，规程中规定的获奖数量与竞赛成绩相当吻合。从竞赛成绩看，吻合度非常高。

建议赛后，在教育部大赛办的指导下，召开多种形式的赛项总结会、经验交流会，赏析优秀作品。让参赛指导教师和参赛选手知道，好在哪里，差在哪里。同时各参赛院校应以此次大赛为契机，不断努力，不断进取，进一步提升高等职业院校人才培养质量，使各院校土木建筑类专业的办学水平再上新台阶。

模块三 GZ-2020018 建筑工程识图赛项工作总结

2020 年 11 月 27—30 日，2020 年全国职业院校技能大赛改革试点赛高职组“建筑工程识图”赛项在日照职业技术学院顺利完成。

为提升高职院校土木建筑类学生技术技能水平，满足我国建筑产业转型发展和“新基建”对技术技能型人才知识与技能的新需求，现将 2020 年全国职业院校技能大赛改革试点赛高职组“建筑工程识图”赛项总结如下：

一、大赛规模

本赛项是高职组土木建筑类唯一赛项，共有来自全国 32 个省、自治区、直辖市、新疆生产建设兵团的 64 名选手参赛。整个大赛领导重视，准备充分，布置周密，组织有序，赛事安排合理，程序规范。参赛院校精心准备，参赛选手精神饱满，发挥稳定，圆满完成了 2 天 10 个小时 4 个模块的竞赛任务。本次大赛是一次高水平、高标准、高质量的大赛。

二、大赛命题

本赛项以学生初始就业岗位的职业能力需求为出发点、1+X 建筑工程识图技能为基础，以实际工程为载体、实际工作过程为序列、国家现行规范标准为依据来设计大赛题目。

本赛项为团队赛，每支参赛队由 2 名参赛选手组成。竞赛内容详见表 1 竞赛模块、任务、权重及用时安排。

根据竞赛安排设计赛题，专家组对识图环节的赛题数量进行了两个方案的比对，最后选择题量较少的方案，因为实践工作中，识图是一个反复读图的过程，从粗看到细看、到前后对照综合看图，在图纸量如此之大的前提下，让参赛选手能有时间认真读图，校对审核，发现自己的问题并进行改正，留给参赛选手思考探索的时间。

三、大赛裁判

大赛办在全国范围内选拔裁判，到场裁判共计 24 人，包含裁判长 1 人。

“建筑工程识图”模块采用答题系统软件自动评分，“建筑工程绘图”模块的“建筑专业竣工图绘图”和“建筑工程施工详图绘图”均采用人工裁判评分，因此对到场裁判进行了两轮培训。第一轮培训，结合评分需求，要求裁判应用 CAD 软件限时完成建筑施工图和结构详图的绘制任务。根据培训情况，进行裁判员分工，其中加密裁判 4 人、现场裁判

4人、评分裁判15人。第二轮培训，学习本赛项竞赛规则、评分方式、评分标准、成绩管理流程、工作纪律等相关文件，明确各自工作职责、工作流程和工作要求。

全体裁判员在执裁过程中严格执行裁判人员工作规则，以高度的责任感和公平、公正、严肃、认真的精神开展裁判工作，严格执行评分标准，不徇私情，秉公办事，表现出了良好的道德风尚和专业裁判员的精神风貌，确保了裁判工作的准确、无误，圆满完成了本届技能竞赛的评判任务。

四、大赛交流

大赛期间，日照职业技术学院联合中国建筑工业出版社、机械工业出版社、北京大学出版社、清华大学出版社等举办教材展览，加强交流，推进教材建设。

同时，为促进各参赛院校之间的研讨交流，大赛期间还举办了论坛交流活动。论坛中，日照职业技术学院与广州中望龙腾软件股份有限公司签署校企合作框架协议，共同为“建筑工程识图职业技能等级证书师资培训基地”揭牌。

授牌仪式后，中国建设教育协会赵研教授就1+X证书制度的现状、建筑工程识图行业应用、书证融通育人实施、企业技能应用、如何促进识图人才培养做了专题演讲。广州中望龙腾软件股份有限公司课程中心总监董锴展示了中望软件核心技术作为服务现代职业教育的信息化手段，如何行之有效解决教学痛点，搭建推进产教融合、校企合作的创新模型做了精彩分享。

通过此次论坛，与会专家和老师们深度沟通，将努力推动赛项成果转化，使各类课程与思想政治理论课同向同行，建设技能人才培养高地，打造技术技能创新服务平台。

五、成绩结果分析

本次大赛，32支参赛队决出了一等奖3个、二等奖6个、三等奖10个。竞赛总分300分，参赛队最高分219.28分，最低分91.36分，平均分169.46分。折算成百分制，参赛队最高分73.09分，最低分30.45分，平均分56.49分。

六、创新特色

与往届相比，本次大赛摈弃了传统的纸质图纸与试卷，吸取施工图电子审图系统的经验并做了提升，图纸采用彩色DWF格式电子版，图纸清晰、查看便捷，为方便参赛选手，将同一类别的图纸组合在一个DWF文件中显示。

同时，每位参赛选手一台计算机，配备双屏显示器，一个屏读图，一个屏完成竞赛任务。

本次大赛依托硬件、软件新技术，充分体现了绿色节能环保的理念。

七、存在问题

本次大赛中，我们也发现了一些问题。

1. 识图能力和绘图能力相比，绘图成绩偏低，反映了我们参赛选手的动手操作能力偏弱，有待提高。

2. 建筑专业和结构专业的施工图识图能力相比，结构专业的识图能力较弱，反映了我们参赛选手对结构构造要求的理解和计算能力偏弱，需要加强。

3. 参赛选手的竞赛水平，也反映了我们教师教学能力上的一些薄弱环节，对规范的了解、对标准的把握有待提升，“双师素质”教师队伍有待进一步加强。

4. 裁判的素质有待提高，职业院校的老师对担任大赛裁判积极性很高，踊跃报名参加，承诺自己满足要求，可以胜任大赛裁判的工作，但是事实上有一定数量的老师既不会建筑绘图，也不会结构绘图，无法胜任评分裁判的工作，后来安排做了加密裁判和现场裁判。

本次大赛比拼的不仅仅是技能，更是一次各方面潜能的展现，在关注结果的同时，更希望参赛选手们能享受竞赛的过程，这是进入职场前的一场历练，3 场个人环节，看到参赛选手们个个都很严肃，感受到大家紧张不安的情绪，最后一场合作环节，大家神情放松，队友们悄声细语、相互提点、分工完成任务，令人欣慰。将来进入工作岗位，就会深刻体会到没有一幢建筑是一个人可以独立完成的，一定是团队共同努力的成果，大家应该感谢自己的队友，曾经一起携手作战。

同时，我们也关注到有的学校成绩不理想，2020 年是特殊的一年，由于疫情原因，上学期学校基本都是以网课为主，有的学校甚至没有开学，本次大赛在暑假后才发布通知，因此留给大家备战的时间不多，希望成绩受疫情影响的学校师生们能振作精神、来年再战，也希望各参赛院校以此次大赛为契机，不断努力，不断进取，进一步提升高等职业院校人才培养质量，使各院校土木建筑类专业的办学水平再上新台阶。

项目十八
护理技能赛项

模块一　GZ-2020019　护理技能赛项规程

一、赛项名称

赛项编号：GZ-2020019
赛项名称：护理技能
英文名称：nursing skills
赛项组别：高职组
赛项归属产业：医药卫生大类

二、竞赛目的

全面贯彻落实《国家职业教育改革实施方案》，通过竞赛，全面考核参赛选手对危重症患者呼吸心搏骤停抢救能力、气管切开患者气道护理能力以及人文关怀素质，检验学校教学成果；引领高等职业学校适应行业现状及技术发展趋势，促进护理专业的教育教学改革；搭建校企合作培养高素质护理人才的平台；瞄准世界先进水平，不断提高国内护理人才的素质和能力；引导护生崇尚工匠精神，营造尊重劳动、崇尚技能的社会氛围，提升社会对职业教育的认可度，培养能够顺利进入护理岗位胜任临床工作的护理人才。

三、竞赛内容

以临床工作任务为导向，按照临床护理岗位工作要求，对患者实施连续的、科学的护理。竞赛分别设置理论考试站和技能考试站两个考评站点。理论考试站，占总成绩的10%，竞赛时长为40分钟，参赛选手根据赛项提供的理论考卷（选择题）进行作答，主要考核参赛选手的知识应用能力、临床思维能力、分析问题和解决问题的能力。技能考试站，占总成绩的90%，分为2个技能操作赛道。第一赛道，呼吸心搏骤停患者救护（操作项目：心肺复苏、心电监测、静脉输液），主要考核参赛选手临床思维和决策能力、紧急救护能力、判断能力及临床常用护理操作执行能力，竞赛时长为20分钟；第二赛道，脑卒中气管切开患者气道护理（操作项目：评估、气道湿化、翻身叩背、吸痰），重点考核参赛选手对脑卒中患者的呼吸道管理能力、评判性思维能力、职业防护意识、注重患者安全意识、护患沟通及人文关怀能力，竞赛时长为15分钟。

四、竞赛方式

（一）参赛对象

高等职业院校全日制在籍学生，本科院校高职类全日制在籍学生；五年制高职四、五年级学生可报名参加高职组竞赛。高职组参赛选手年龄须不超过25周岁，年龄计算的截止时间以2020年11月1日为准。凡在往届全国职业院校护理技能大赛中获一等奖的选手，不再参加本赛项。

（二）竞赛队伍组成

1. 本赛项为个人赛，以团队方式报名参赛。

2. 各省、自治区、直辖市和新疆生产建设兵团挑选1名优秀选手参加全国大赛，每名参赛选手限1名指导教师。

3. 参赛选手和指导教师报名获得确认后不得随意更换。如竞赛前参赛选手和指导教师因故无法参赛，须由省级教育行政部门于本赛项开赛10个工作日之前出具书面说明，经大赛执委会办公室核实后予以更换。如未经报备，发现实际参赛选手与报名信息不符的情况，不得入场参赛。

4. 不邀请境外代表队参赛，欢迎境外代表队到场观赛。

五、竞赛流程

（一）竞赛时间安排

安排在2020年11月进行。

（二）竞赛日程

竞赛日程安排表（拟定）见表18-1。

表18-1　竞赛日程安排表

日期	时间	内容	地点
第1天	8:00—12:00	参赛选手报到	入住酒店
	8:00—12:00	专家、裁判报到	入住酒店
	14:00—14:30	赛项说明会	承办学校
	14:30—15:00	参赛选手熟悉赛场	竞赛现场
	15:10—15:50	理论考试	承办学校
	15:10—18:00	裁判培训	竞赛现场
	18:00	专家检查场地，封闭赛场	竞赛现场
第2天	8:00—8:30	参赛队检录抽签	竞赛现场
	8:30—11:30	裁判分组、现场评分	竞赛现场
	8:30—11:30	组织现场观摩	竞赛现场
	11:30—12:00	午餐	承办学校

续表

日期	时间	内容	地点
第 2 天	13:00—17:00	裁判分组、现场评分	竞赛现场
	13:00—17:00	组织现场观摩	竞赛现场
第 3 天	8:00—8:30	参赛队检录抽签	竞赛现场
	8:30—11:30	裁判分组、现场评分	竞赛现场
	8:30—11:30	组织现场观摩	竞赛现场
	11:30—12:00	午餐	承办学校
	12:00—15:00	裁判分组、现场评分	竞赛现场
	12:00—15:00	组织现场观摩	竞赛现场
	16:30—17:00	闭赛式	承办学校

六、竞赛赛卷

根据大赛赛题管理办法规定，建立理论赛题库，课程涉及范围与护士执业资格考试一致，并于赛前一个月在大赛网络信息平台上公开全部赛题库。赛前建立竞赛赛卷，将赛卷随机排序后，在监督组的监督下，由裁判长指定相关人员抽取正式赛卷与备用赛卷。测试参赛选手分析问题、解决问题的综合能力，结束后统一读卡阅卷。

竞赛结束后一周内，正式赛卷（包括评分标准）通过大赛官网公布。

七、竞赛规则

2020 年全国职业院校技能大赛秉承公益性、统一性、专门化和普惠性原则，建立和完善卫生职业院校技能大赛制度，以学生为主体，全面提升护理学生的操作技能和实践能力，展示卫生职业教育的办学成果，进一步深化“校企合作、产教融合”，提高社会参与面和专业覆盖面，完善制度建设，提升办赛水平，努力扩大社会影响力。

（一）坚持公开、公平、公正原则

赛项组织与筹备的各环节均须公开、公平、公正，通过公布技术文件，合理设计竞赛规则、项目操作规程、技术标准，公开执行过程，严格裁判回避制度等措施，保证竞赛公平。加强裁判员培训，细化执裁分工，学习评分细则，严格评判纪律，规范仲裁行为，努力提升评判工作的精准度，避免相同的操作内容各组裁判之间的评分差异，保证竞赛的公平、公正。在教育部职成司、卫健委科教司直接领导和具体指导下，自觉接受各方面的监督。

（二）坚持赛项关联专业人才需求原则

中共中央、国务院印发《“健康中国 2030”规划纲要》中提出健康中国 2030 的实现需要更多高质量的护理人才。护理专业人才需求量大，护理行业人才紧缺，卫生职业院校开设专业点多、影响面广，本赛项的设计充分体现护理专业人才需求原则。

（三）坚持竞赛内容与职业岗位对接原则

赛项设计应源于护理职业岗位具体要求，卫生行业、用人单位直接参与赛项设计、竞赛过程和裁判工作。本赛项以真实案例的护理工作流程为路径，贴近临床、贴近岗位、贴近服务对象，全面考核和展现当代护理专业学生的岗位操作技能、护患沟通能力、分析解决问题的实际能力和人文关怀、爱岗敬业精神等方面的专业核心能力与核心知识。

（四）竞赛平台成熟与稳定原则

本赛项已经历七届运行，平台不断升级并趋于成熟。根据护理专业特点，赛项设计的技术平台及其器材均为竞赛所需，通用性强，与考核技能无关器材不列入技术平台。

八、竞赛环境

（一）理论考核区

标准笔试考场。

（二）技能操作考核区

模拟医院工作情境，设置等候区和技能竞赛区。

1. 等候区。

2. 技能竞赛区。

（1）准备室：配备技术操作相关用物。

（2）技能考试站：操作场地宽敞、明亮；配备病床、床旁桌椅、医学模型人等。

（3）标准化病人（家属）由专家组统一培训后上岗。

（4）工作区：包括登分室、监督室、阅卷室、仲裁室、裁判休息室、专家休息室、标准化病人（家属）等候室、工作人员休息室、医务室、核分室、抽签室。

（5）参赛选手通道与工作人员通道、考核后参赛选手与未考核参赛选手进出赛场的路径分别隔离，不相互交叉。

（6）观摩区。

九、技术规范

本次大赛引用的职业标准和专业技术标准有：中华人民共和国《护士条例》、中华护理学会《护士守则》、美国心脏协会（AHA）《心肺复苏及心血管急救指南》2015 版。

（一）第一赛道：呼吸心搏骤停患者救护（心肺复苏 + 心电监测 + 静脉输液）

技术操作规范：

呼吸心搏骤停患者救护技术操作规范，见表 18-2。

表 18-2　呼吸心搏骤停患者救护技术操作规范

项目名称	操作流程	技术要求
基本要求	行为举止，自我介绍，礼貌用语	
	结合案例现场评估（患者、环境、安全）	

续表

项目名称	操作流程	技术要求
护士巡视病房，发现患者意识丧失，给予心肺复苏		
心肺复苏操作过程	判断与呼救	• 检查患者有无反应 • 检查是否无呼吸（终末叹气应看作无呼吸），并同时检查脉搏，5~10 秒完成 • 确认患者意识丧失，立即呼叫，启动应急反应系统 • 取得 AED 及急救设备（或请旁人帮忙获得）（口述）
	安置体位	• 确保患者仰卧在坚固的平坦表面上 • 去枕，头、颈、躯干在同一轴线上，双手放于两侧，身体无扭曲（口述）
	心脏按压	• 在患者一侧，解开衣领、腰带，暴露患者胸腹部 • 按压部位：患者胸部中央，胸骨下半部 • 按压方法：手掌根部重叠，手指翘起，两臂伸直，使双肩位于双手的正上方。垂直向下用力快速按压 • 按压深度：5～6cm • 按压速率：100～120 次 / 分 • 胸廓回弹：每次按压后使胸廓充分回弹（按压时间：放松时间为 1：1）；尽量不要按压中断：中断时间控制在 10 秒内
	开放气道	• 如有明确呼吸道分泌物，应当清理患者呼吸道，取下活动义齿 • 仰头提颏法（怀疑患者头部或颈部损伤时使用推举下颌法），充分开放气道
	人工呼吸	• 立即给予人工呼吸 2 次 • 送气时捏住患者鼻子，呼气时松开，送气时间为 1 秒，见明显的胸廓隆起即可 • 施以人工呼吸时应产生明显的胸廓隆起，避免过度通气，吹气同时，观察胸廓情况 • 按压与人工呼吸之比为 30：2，连续 5 个循环
	判断复苏效果	操作 5 个循环后，判断并报告复苏效果 • 颈动脉恢复搏动 • 自主呼吸恢复 • 散大的瞳孔缩小，对光反射存在 • 收缩压大于 60mmHg（体现测血压动作） • 面色、口唇、甲床和皮肤色泽转红，昏迷变浅，出现反射、挣扎或躁动
	整理记录	• 整理用物，分类放置 • 七步洗手，记录患者病情变化和抢救情况
患者复苏成功，遵医嘱给予患者心电监测和静脉输液		
心电监测操作过程	评估解释	• 核对患者，解释目的并取得合作 • 评估患者病情、意识状态、皮肤情况、指甲情况、有无过敏史、有无起搏器 • 评估患者周围环境、光照情况及有无电磁波干扰 • 七步洗手，戴口罩

续表

项目名称	操作流程	技术要求
心电监测操作过程	舒适体位	• 安置患者于舒适的仰卧位
	连接电源开机	• 连接监护仪电源，打开主机开关，检查监护仪功能是否完好
	连接导联和插件	• 连接心电导联线，五电极连接正确，连接血氧饱和度插件，连接血压计袖带
	心电监测	• 暴露胸部，正确定位，清洁皮肤 • 右上（RA）：胸骨右缘锁骨中线第一肋间；左上（LA）：胸骨左缘锁骨中线第一肋间；右下（RL）：右锁骨中线剑突水平处；左下（LL）：左锁骨中线剑突水平处；胸导联（C）：胸骨左缘第四肋间 • 为患者系好衣扣
	SpO_2 和血压监测	• 将 SpO_2 传感器安放在患者身体的合适部位，红点照指甲，与血压计袖带相反肢体 • 测血压时被测肢体与心脏处于同一水平；伸肘并稍外展，将袖带平整地缠于上臂中部；袖带下缘应距肘窝 2～3cm；松紧以能放入 1～2 指为宜 • 按测量键，设定测量间隔时间
	设定参数	• 打开报警系统，根据患者情况，设定正常成人各报警上下限参数
	调节波形	• 选择标准Ⅱ导联，清晰显示 P 波，调节波形大小；七步洗手，记录医嘱执行时间
	心电图判读	• 根据所给常见异常心电图图示，进行准确判读
静脉输液操作过程	评估解释	• 核对患者信息（床号、姓名、住院号），解释输液目的并取得合作 • 评估患者皮肤、血管、肢体活动情况 • 七步洗手，戴口罩
	核对检查	• 二人核对医嘱、输液卡和瓶贴 • 核对药液标签 • 检查药液质量
	准备药液	• 贴瓶贴，启瓶盖，两次消毒瓶塞至瓶颈 • 检查输液器包装、有效期与质量，将输液器针头插入瓶塞
	核对解释	• 备齐用物携至患者床旁，核对患者信息（床号、姓名、住院号） • 解释取得合作
	初步排气	• 关闭调节夹，旋紧头皮针连接处 • 再次检查药液质量后将输液瓶挂于输液架上 • 排气（首次排气原则上不滴出药液），检查有无气泡
	皮肤消毒	• 协助患者取舒适体位，垫小垫枕与治疗巾 • 选择静脉，扎止血带（距穿刺点上方 6～10cm） • 消毒皮肤（直径大于 5cm；消毒两次或遵循消毒剂使用说明书）

续表

项目名称	操作流程	技术要求
静脉输液操作过程	静脉穿刺	• 再次核对 • 再次排气至有少量药液滴出，检查有无气泡，取下护针帽 • 固定血管，嘱患者握拳，进针，见回血后再将针头沿血管方向潜行少许
	固定针头	• 穿刺成功后，松开止血带，打开调节器，嘱患者松拳 • 待液体滴入通畅后用输液贴固定
	调节滴速	• 根据患者的年龄、病情和药物性质调节滴速（口述） • 调节滴速时间至少 15 s，并报告滴速 • 操作后核对患者 • 告知注意事项
	整理记录	• 安置患者于安全、舒适体位，放呼叫器于易取处，整理床单位及用物 • 七步洗手，填写输液执行记录卡
	停止输液	• 核对解释 • 揭去输液贴，轻压穿刺点上方，关闭调节夹，迅速拔针 • 嘱患者按压至无出血，并告知注意事项 • 协助患者取安全、舒适体位，询问需要 • 清理治疗用物，分类放置 • 七步洗手，取下口罩，记录输液结束时间及患者反应
综合评价	人文关怀	• 注意保护患者安全和职业防护 • 沟通有效，充分体现人文关怀
	关键环节	• 临床思维：根据案例，护理措施全面正确 • 正确完成 5 个循环复苏，人工呼吸与心脏按压指标显示有效（以打印单为准） • 查对到位 • 无菌观念强 • 一次排气成功 • 一次穿刺成功，皮下退针应减分

（二）第二赛道：脑卒中气管切开患者气道护理（评估 + 气道湿化 + 翻身叩背 + 吸痰）

技术操作规范：

脑卒中气管切开患者气道护理技术操作规范，见表 18-3。

表 18-3　脑卒中气管切开患者气道护理技术操作规范

项目名称	操作流程	技术要求
基本要求	行为举止，自我介绍，礼貌用语	
	结合案例现场评估（患者、环境、安全）	

续表

<table>
<tr><th>项目名称</th><th>操作流程</th><th>技术要求</th></tr>
<tr><td colspan="3">遵医嘱给予脑卒中气管切开患者气道湿化</td></tr>
<tr><td rowspan="2">评估</td><td>核对解释</td><td>• 核对患者信息（床号、姓名、住院号）
• 向患者或家属解释并取得合作</td></tr>
<tr><td>评估患者</td><td>• 评估患者病情、意识、肢体活动能力、生命体征、SpO_2
• 七步洗手，戴口罩
• 肺部听诊痰鸣音（带听诊器），部位正确（左右锁骨中线上、中、下）
• 评估气管套管固定情况、气管切口敷料，取下患者气管切开处敷料
• 检查雾化装置性能，各配件是否齐全</td></tr>
<tr><td rowspan="3">气道湿化操作过程</td><td>安置体位</td><td>• 协助患者取安全、舒适体位
• 铺治疗巾于患者颌下</td></tr>
<tr><td>加入药液</td><td>• 核对医嘱、治疗单（卡）、药物
• 按医嘱将药液注入雾化杯内，不超过规定刻度
• 连接气切面罩、螺纹管、雾化杯
• 将导管一头与雾化杯相连，另一头连接雾化器出气口</td></tr>
<tr><td>雾化吸入</td><td>• 接通电源，打开雾化器
• 用气切面罩罩住患者气管切开处，并固定好
• 告知患者或家属注意事项
• 雾化吸入时间一次不超过 20 min，雾化完毕（口述）
• 取下气切面罩、治疗巾，关闭电源开关</td></tr>
<tr><td rowspan="2">翻身叩背操作过程</td><td>协助翻身</td><td>• 告知患者或家属翻身叩背的目的及方法，取得配合
• 护士站在床的一侧，移动枕头至操作者侧
• 护士轻轻将患者转向近侧，安置于侧卧位</td></tr>
<tr><td>叩背排痰</td><td>• 叩击方法：将五指并拢呈空杯状，利用腕力，快速有力叩击背部
• 叩击原则：从下至上、从外至内，背部从第十肋间隙开始向上叩击至肩部
• 指导患者有效咳痰
• 询问患者的感受，观察生命体征、痰液情况
• 协助患者取舒适体位</td></tr>
<tr><td colspan="3">翻身叩背后评估患者排痰效果不佳，给予患者吸痰</td></tr>
<tr><td rowspan="2">吸痰技术操作过程</td><td>解释目的</td><td>• 向患者或家属解释吸痰目的并取得合作</td></tr>
<tr><td>吸痰准备</td><td>• 给予患者高流量吸氧 3～5 min（口述）
• 检查吸引器各处连接是否正确、有无漏气
• 打开吸痰器开关，反折连接管前端，调节负压
• 七步洗手
• 核对药液标签
• 检查药液质量
• 打开瓶装生理盐水</td></tr>
</table>

续表

项目名称	操作流程	技术要求
吸痰技术操作过程	吸痰准备	• 倒生理盐水（瓶签向掌心，冲洗瓶口，从原处倒出） • 注明开瓶日期和时间
	吸痰操作	• 协助患者取去枕仰卧位 • 铺治疗巾于颌下 • 检查吸痰管型号、有效期 • 打开吸痰管包装，戴无菌手套，取出吸痰管 • 连接吸痰管与连接管 • 试吸生理盐水，检查吸痰管是否通畅 • 阻断负压，将吸痰管经气管套管插入气管内，遇阻力后略上提 • 吸痰时左右旋转，自深部向上吸净痰液 • 吸痰过程中密切观察患者痰液情况、生命体征、SpO_2（口述） • 每次吸痰 < 15 s • 吸痰后给予患者高流量吸氧 3～5 min（口述） • 抽吸生理盐水冲洗吸痰管，将吸痰管与连接管断开 • 将吸痰管连同手套弃于污染垃圾桶内，关闭吸引器，将连接管放置妥当
	整理记录	• 肺部听诊判断吸痰效果（左右锁骨中线上、中、下部） • 必要时按无菌原则清洁并更换敷料（口述） • 套管口覆盖湿润纱布并固定 • 妥善安置患者，整理用物 • 七步洗手，取下口罩，记录医嘱执行时间，痰液量、色、性状、黏稠度
综合评价	人文关怀	• 注意保护患者安全 • 注意保暖和隐私保护 • 注意职业防护 • 沟通有效，充分体现人文关怀
	关键环节	• 临床思维：根据案例，护理措施全面正确 • 程序整齐、操作熟练、动作轻柔 • 注意遵循节力原则 • 无菌观念强 • 垃圾分类处理

十、技术平台

本赛项所使用的器材，均为目前全国高等职业院校护理专业实训的通用器材，包括：

1. 单人徒手心肺复苏术：在“心肺复苏训练及考核系统医学模型人”上进行操作。
2. 心电监测技术：在模拟患者身上进行心电监护操作。
3. 静脉输液技术：与标准化病人沟通，在“静脉输液仿真手臂”上进行操作。

4. 气道湿化、翻身叩背、吸痰技术：与标准化病人沟通，在“成人气管切开吸痰护理模拟人”上进行操作。

十一、成绩评定

（一）评分标准制定原则

评分标准由赛项专家组根据学生的职业操守（包括专业态度、仪表、沟通能力等），操作前的准备，操作过程的规范性、准确性及熟练程度以及对患者的人文关怀情况进行评定，全面考量学生分析问题和解决问题的实际应用能力。

（二）评分方法

1. 成绩评定

（1）竞赛成绩采用百分制、分步计分。每名参赛选手总分为 100 分，其中，理论考试 10 分，技能操作 90 分（第一赛道 50 分，第二赛道 40 分）。

（2）理论考试按照评分标准给分；技术操作每一赛道一个裁判组，每组的裁判员不少于 5 人，依据评分标准去掉一个最高分和最低分后，取其余裁判给分之和的算术平均值为参赛选手技能操作得分；两项成绩之和记入参赛选手个人成绩。

2. 成绩审核及公布方法

（1）成绩审核方法：为保障成绩评判的准确性，监督组对赛项总成绩排名前 30% 的所有参赛选手的成绩进行复核；对其余成绩进行抽检复核，抽检覆盖率不得低于 15% 参赛选手的成绩。经复核无误，由裁判长、监督人员和仲裁人员签字确认。

（2）成绩公布方法：理论考试成绩在次日竞赛结束时公布，当日技能操作成绩在当日竞赛结束 2 小时后公布，赛项成绩在指定地点，以电子屏形式向全体参赛队进行公布。成绩无异议后，在闭赛式上宣布并颁发证书。

3. 参赛选手的成绩排序，依据竞赛成绩由高到低排列名次。成绩相同的参赛选手名次并列。若并列名次参赛选手为三人及以上则进行理论加试，加试范围为《护士条例》《护士守则》相关内容，依据加试成绩由高到低排列名次。

（三）评分标准

1. 第一赛道：呼吸心搏骤停患者救护（心肺复苏 + 心电监测 + 静脉输液）

呼吸心搏骤停患者救护技术操作流程及评分标准见表 18-4。

表 18-4 呼吸心搏骤停患者救护技术操作流程及评分标准

准备时间：20 分钟　　完成时间：20 分钟内完成

参赛选手赛位号：　　赛室号：

项目名称	操作流程	技术要求	分值	扣分
参赛选手报告参赛号码，竞赛计时开始				
基本要求（1 分）	行为举止，自我介绍，礼貌用语		0.5	
	结合案例现场评估（患者、环境、安全）		0.5	

续表

项目名称	操作流程	技术要求	分值	扣分
心肺复苏操作过程（13分）	判断与呼救（2分）	• 检查患者有无反应 • 检查是否无呼吸（终末叹气应看作无呼吸），并同时检查脉搏，5～10s 完成 • 确认患者意识丧失，立即呼叫，启动应急反应系统 • 取得 AED 及急救设备（或请旁人帮忙获得）（口述）	0.5 0.5 0.5 0.5	
	安置体位（1分）	• 确保患者仰卧在坚固的平坦表面上 • 去枕，头、颈、躯干在同一轴线上，双手放于两侧，身体无扭曲（口述）	0.5 0.5	
	心脏按压（3分）	• 在患者一侧，解开衣领、腰带，暴露患者胸腹部 • 按压部位：患者胸部中央，胸骨下半部 • 按压方法：手掌根部重叠，手指翘起，两臂伸直，使双肩位于双手的正上方。垂直向下用力快速按压 • 按压深度：5～6cm • 按压速率：100～120 次 / 分 • 胸廓回弹：每次按压后使胸廓充分回弹（按压时间：放松时间为 1∶1），尽量不要按压中断：中断时间控制在 10s 内	0.5 0.5 0.5 0.5 0.5 0.5	
	开放气道（1分）	• 如有明确呼吸道分泌物，应当清理患者呼吸道，取下活动义齿 • 仰头提颏法（怀疑患者头部或颈部损伤时使用推举下颌法），充分开放气道	0.5 0.5	
	人工呼吸（2分）	• 立即给予人工呼吸 2 次 • 送气时捏住患者鼻子，呼气时松开，送气时间为 1 秒，见明显的胸廓隆起即可 • 施以人工呼吸时应产生明显的胸廓隆起，避免过度通气，吹气同时，观察胸廓情况 • 按压与人工呼吸之比为 30∶2，连续 5 个循环	0.5 0.5 0.5 0.5	
	判断复苏效果（3分）	操作 5 个循环后，判断并报告复苏效果 • 颈动脉恢复搏动 • 自主呼吸恢复 • 散大的瞳孔缩小，对光反射存在 • 收缩压大于 60mmHg（体现测血压动作） • 面色、口唇、甲床和皮肤色泽转红，昏迷变浅，出现反射、挣扎或躁动	 0.5 0.5 0.5 1 0.5	
	整理记录（1分）	• 整理用物，分类放置 • 七步洗手，记录患者病情变化和抢救情况	0.5 0.5	

续表

项目名称	操作流程	技术要求	分值	扣分
心电监测操作过程（9分）	评估解释（2分）	• 核对患者，解释目的并取得合作	0.5	
		• 评估患者病情、意识状态、皮肤情况、指甲情况、有无过敏史、有无起搏器	0.5	
		• 评估患者周围环境、光照情况及有无电磁波干扰	0.5	
		• 七步洗手，戴口罩	0.5	
	舒适体位（0.5分）	• 安置患者于舒适的仰卧位	0.5	
	连接电源开机（0.5分）	• 连接监护仪电源，打开主机开关，检查监护仪功能是否完好	0.5	
	连接导联和插件（0.5分）	• 连接心电导联线，五电极连接正确，连接血氧饱和度插件，连接血压计袖带	0.5	
	心电监测（2分）	• 暴露胸部，正确定位，清洁皮肤	0.5	
		• 右上（RA）：胸骨右缘锁骨中线第一肋间；左上（LA）：胸骨左缘锁骨中线第一肋间；右下（RL）：右锁骨中线剑突水平处；左下（LL）：左锁骨中线剑突水平处；胸导联（C）：胸骨左缘第四肋间	1	
		• 为患者系好衣扣	0.5	
	SpO_2和血压监测（2分）	• 将SpO_2传感器安放在患者身体的合适部位，红点照指甲，与血压计袖带相反肢体	0.5	
		• 测血压时被测肢体与心脏处于同一水平；伸肘并稍外展，将袖带平整地缠于上臂中部；袖带下缘应距肘窝2～3cm；松紧以能放入1～2指为宜	1	
		• 按测量键；设定测量间隔时间	0.5	
	设定参数（0.5分）	• 打开报警系统，根据患者情况，设定正常成人各报警上下限参数	0.5	
	调节波形（0.5分）	• 选择标准Ⅱ导联，清晰显示P波，调节波形大小；七步洗手，记录医嘱执行时间	0.5	
	心电图判读（0.5分）	• 根据所给常见异常心电图图示，进行准确判读	0.5	
静脉输液操作过程（19分）	评估解释（1.5分）	• 核对患者信息（床号、姓名、住院号），解释输液目的并取得合作	0.5	
		• 评估患者皮肤、血管、肢体活动情况	0.5	
		• 七步洗手，戴口罩	0.5	
	核对检查（1.5分）	• 二人核对医嘱、输液卡和瓶贴	0.5	
		• 核对药液标签	0.5	
		• 检查药液质量	0.5	

续表

项目名称	操作流程	技术要求	分值	扣分
静脉输液操作过程（19分）	准备药液（1.5分）	• 贴瓶贴，启瓶盖，两次消毒瓶塞至瓶颈 • 检查输液器包装、有效期与质量，将输液器针头插入瓶塞	1 0.5	
	核对解释（1分）	• 备齐用物携至患者床旁，核对患者信息（床号、姓名、住院号） • 解释取得合作	0.5 0.5	
	初步排气（1.5分）	• 关闭调节夹，旋紧头皮针连接处 • 再次检查药液质量后将输液瓶挂于输液架上 • 排气（首次排气原则上不滴出药液），检查有无气泡	0.5 0.5 0.5	
	皮肤消毒（2分）	• 协助患者取舒适体位，垫小垫枕与治疗巾 • 选择静脉，扎止血带（距穿刺点上方6～10cm） • 消毒皮肤（直径大于5cm；消毒两次或遵循消毒剂使用说明书）	0.5 0.5 1	
	静脉穿刺（3分）	• 再次核对 • 再次排气至有少量药液滴出，检查有无气泡，取下护针帽 • 固定血管，嘱患者握拳，进针，见回血后再将针头沿血管方向潜行少许	0.5 0.5 2	
	固定针头（1分）	• 穿刺成功后，松开止血带，打开调节器，嘱患者松拳 • 待液体滴入通畅后用输液贴固定	0.5 0.5	
	调节滴速（2分）	• 根据患者的年龄、病情和药物性质调节滴速（口述） • 调节滴速时间至少15s，并报告滴速 • 操作后核对患者 • 告知注意事项	0.5 0.5 0.5 0.5	
	整理记录（1分）	• 安置患者于安全、舒适体位，放呼叫器于易取处，整理床单位及用物 • 七步洗手，填写输液执行记录卡	0.5 0.5	
	停止输液（3分）	• 核对解释 • 揭去输液贴，轻压穿刺点上方，关闭调节夹，迅速拔针 • 嘱患者按压至无出血，并告知注意事项 • 协助患者取安全、舒适体位，询问需要 • 清理治疗用物，分类放置 • 七步洗手，取下口罩，记录输液结束时间及患者反应 报告操作完毕（计时结束）	0.5 0.5 0.5 0.5 0.5 0.5	

续表

项目名称	操作流程	技术要求	分值	扣分
综合评价（8分）	人文关怀（1分）	• 注意保护患者安全和职业防护	0.5	
		• 沟通有效，充分体现人文关怀	0.5	
	关键环节（7分）	• 临床思维：根据案例，护理措施全面正确	1	
		• 正确完成5个循环复苏，人工呼吸与心脏按压指标显示有效（以打印单为准）	4	
		• 查对到位	0.5	
		• 无菌观念强	0.5	
		• 一次排气成功	0.5	
		• 一次穿刺成功，皮下退针应减分	0.5	
操作时间		________min		
项目总分			50	
参赛选手得分				

裁判签名：

2. 第二赛道：脑卒中气管切开患者气道护理（评估+气道湿化+翻身叩背+吸痰）

脑卒中气管切开患者气道护理技术操作流程及评分标准见表18-5。

表18-5　脑卒中气管切开患者气道护理技术操作流程及评分标准

准备时间：15分钟　　　　完成时间：15分钟内完成

参赛选手赛位号：　　　　赛室号：

项目名称	操作流程	技术要求	分值	扣分
参赛选手报告参赛号码，竞赛计时开始				
基本要求（1分）	行为举止，自我介绍，礼貌用语		0.5	
	结合案例现场评估（患者、环境、安全）		0.5	
评估（3.5分）	核对解释（1.5分）	• 七步洗手，戴口罩	0.5	
		• 核对患者信息（床号、姓名、住院号）	0.5	
		• 向患者或家属解释并取得合作	0.5	
	评估患者（2分）	• 评估患者病情、意识、肢体活动能力、生命体征、SpO_2	0.5	
		• 肺部听诊痰鸣音（带听诊器），部位正确（左右锁骨中线上、中、下）	0.5	
		• 评估气管套管固定情况、气管切口敷料，取下患者气管切开处敷料	0.5	
		• 检查雾化装置性能，各配件是否齐全	0.5	

续表

项目名称	操作流程	技术要求	分值	扣分
气道湿化操作过程（5.5分）	安置体位（1分）	• 协助患者取安全、舒适体位 • 铺治疗巾于患者颌下	0.5 0.5	
	加入药液（2分）	• 核对医嘱、治疗单（卡）、药物 • 按医嘱将药液注入雾化杯内，不超过规定刻度 • 连接气切面罩、螺纹管、雾化杯 • 将导管一头与雾化杯相连，另一头连接雾化器出气口	0.5 0.5 0.5 0.5	
	雾化吸入（2.5分）	• 接通电源，打开雾化器 • 用气切面罩罩住患者气管切开处，并固定好 • 告知患者或家属注意事项 • 雾化吸入时间一次不超过20min，雾化完毕（口述） • 取下气切面罩、治疗巾，关闭电源开关	0.5 0.5 0.5 0.5 0.5	
翻身叩背操作过程（6分）	协助翻身（2分）	• 告知患者或家属翻身叩背的目的及方法，取得配合 • 护士站在床的一侧，移动枕头至操作者侧 • 护士轻轻将患者转向近侧，安置于侧卧位	0.5 0.5 1	
	叩背排痰（4分）	• 叩击方法：将五指并拢呈空杯状，利用腕力，快速有力叩击背部 • 叩击原则：从下至上、从外至内，背部从第十肋间隙开始向上叩击至肩部 • 指导患者有效咳痰 • 询问患者的感受，观察生命体征、痰液情况 • 协助患者取舒适体位	1 1 1 0.5 0.5	
吸痰技术操作过程（16分）	解释目的（0.5分）	• 向患者或家属解释吸痰目的并取得合作	0.5	
	吸痰准备（5分）	• 给予患者高流量吸氧3～5min（口述） • 检查吸引器各处连接是否正确、有无漏气 • 打开吸痰器开关，反折连接管前端，调节负压 • 七步洗手 • 核对药液标签 • 检查药液质量 • 打开瓶装生理盐水 • 倒生理盐水（瓶签向掌心，冲洗瓶口，从原处倒出） • 注明开瓶日期和时间	0.5 0.5 0.5 0.5 0.5 0.5 0.5 1 0.5	

续表

项目名称	操作流程	技术要求	分值	扣分
吸痰技术操作过程（16分）	吸痰操作（8分）	• 协助患者取去枕仰卧位	0.5	
		• 铺治疗巾于颌下	0.5	
		• 检查吸痰管型号、有效期	0.5	
		• 打开吸痰管包装，戴无菌手套，取出吸痰管	1	
		• 连接吸痰管与连接管	0.5	
		• 试吸生理盐水，检查吸痰管是否通畅	0.5	
		• 阻断负压，将吸痰管经气管套管插入气管内，遇阻力后略上提	1	
		• 吸痰时左右旋转，自深部向上吸净痰液	1	
		• 吸痰过程中密切观察患者痰液情况、生命体征、SpO_2（口述）	0.5	
		• 每次吸痰＜15s	0.5	
		• 吸痰后给予患者高流量吸氧3～5min（口述）	0.5	
		• 抽吸生理盐水冲洗吸痰管，将吸痰管与连接管断开	0.5	
		• 将吸痰管连同手套弃于污染垃圾桶内，关闭吸引器，将连接管放置妥当	0.5	
	整理记录（2.5分）	• 肺部听诊判断吸痰效果（左右锁骨中线上、中、下部）	0.5	
		• 必要时按无菌原则清洁并更换敷料（口述）	0.5	
		• 套管口覆盖湿润纱布并固定	0.5	
		• 妥善安置患者，整理用物	0.5	
		• 七步洗手，取下口罩，记录医嘱执行时间，痰液量、色、性状、黏稠度	0.5	
综合评价（8分）	人文关怀（4分）	• 注意保护患者安全	1	
		• 注意保暖和隐私保护	1	
		• 注意职业防护	1	
		• 沟通有效，充分体现人文关怀	1	
	关键环节（4分）	• 临床思维：根据案例，护理措施全面正确	1	
		• 程序整齐、操作熟练、动作轻柔	1	
		• 注意遵循节力原则	0.5	
		• 无菌观念强	1	
		• 垃圾分类处理	0.5	
操作时间		______min		
项目总分			40	
参赛选手得分				

裁判签名：

十二、奖项设定

2020年全国职业院校技能大赛改革试点赛高职组护理技能赛项设参赛选手奖和优秀指导教师奖。

（一）参赛选手奖

设个人一、二、三等奖。以实际参赛选手总数为基数，一、二、三等奖获奖比例分别为10%、20%、30%（小数点后四舍五入）。

（二）优秀指导教师奖

获得一等奖参赛选手的指导教师由大赛组委会颁发“优秀指导教师”证书。

十三、赛场预案

（一）疫情防控紧急处理预案

每支代表队报到时需提供所有人的健康情况声明书，提供近14天的行程轨迹，竞赛期间每天上报代表队人员的体温及身体健康情况。在承办院校入口设立体温监测岗位，如发现体温异常者，禁止入校。如参赛选手体温异常，就医后由专家组和裁判长决定是否启动备用赛场以供其单独完成竞赛。

（二）火灾安全事故紧急处理预案

若发生火灾，及时通知安保负责人，组织人员疏散、切断电源，将易燃易爆物品及时转移到安全地带，同时组织人员使用适宜的灭火器材灭火。对轻伤人员由医护人员进行处置；对重伤人员及时送往医院救治。

（三）电力供应事故紧急处理预案

若竞赛过程中突发临时停电，安保负责人维持秩序的同时，积极调配专业电工，查明停电原因，采取相应措施。同时现场配有动力电，以备停电时使用。

（四）赛场人员突发伤病紧急处理预案

赛场指定区域配备医护人员以及相应的药品，现场不能处理的及时送120急救中心。

（五）设备事故紧急处理预案

正式开赛前，在监督人员的监视下，进行综合模拟演训，确保设备正常运行、预案可靠可行。赛前准备备用设备和备用赛场，若竞赛过程中出现技术平台故障，技术人员立即汇报给裁判长，暂停该赛室竞赛，及时配合裁判长等相关人员，提出妥善的处置方案，对设备进行调试或更换。若需要更换设备，经专家组组长、裁判长批准后启动备用设备或备用赛场。

十四、赛项安全

赛项执委会采取切实有效措施，保证大赛期间参赛选手、指导教师、工作人员及观众的人身安全，确保本赛项一切工作顺利开展。

（一）竞赛环境

1. 赛项执委会须在赛前组织专人对竞赛现场、住宿场所和交通保障进行考察，并对安全工作提出明确要求。赛场的布置，赛场内的器材、设备，应符合国家有关安全规定。如有必要，也可进行赛场仿真模拟测试，以发现可能出现的问题。承办院校赛前须按照赛项执委会要求排除安全隐患。

2. 赛场周围要设立警戒线，防止无关人员进入，发生意外事件。竞赛现场内应参照相关职业岗位的要求为参赛选手提供必要的劳动保护。在具有危险性的操作环节，裁判员要严防参赛选手出现错误操作。

3. 赛项执委会须会同承办院校制订开放赛场和体验区的人员疏导方案。赛场环境中如存在人员密集、车流与人流交错的区域，除了设置齐全的指示标志外，须增加引导人员，并开辟备用通道。

4. 竞赛期间，赛项承办院校须在赛场设置医疗工作站。在管理的关键岗位，增加力量，建立安全管理日志。

5. 参赛选手、赛项裁判、工作人员严禁携带通信、摄录设备和未经许可的记录用具进入竞赛区域；如确有需要，由赛项承办院校统一配置，统一管理。赛项可根据需要配置安检设备，对进入赛场重要区域的人员进行安检，可在赛场相关区域安放无线屏蔽设备。

（二）生活条件

1. 竞赛期间，原则上由赛项执委会统一安排参赛选手和指导教师食宿。承办院校须尊重少数民族参赛人员的信仰及文化，根据国家相关的民族、宗教政策，安排好少数民族参赛选手和教师的饮食起居。

2. 竞赛期间安排的住宿场所应具有旅游业经营许可资质。

3. 竞赛期间有组织的参观和观摩活动的交通安全由赛区组委会负责。赛项执委会和承办院校须保证竞赛期间参赛选手、指导教师、裁判员和工作人员的交通安全。

4. 各赛项的安全管理，除必要的安全隔离措施外，应严格遵守国家相关法律法规，保护个人隐私和人身自由。

（三）参赛队职责

1. 各省、自治区、直辖市和新疆生产建设兵团在组织参赛队时，须为参赛选手购买竞赛期间的人身意外伤害保险。

2. 各省、自治区、直辖市和新疆生产建设兵团参赛队组成后，须制定相关安全管理制度，落实安全责任制，确定安全责任人，签订安全承诺书，与赛项责任单位一起共同确保参赛期间参赛人员的人身财产安全。

3. 各参赛队领队须加强参赛人员的安全管理，实现与赛场安全管理的对接。

（四）应对突发事件的措施

竞赛期间一旦发生突发性事件，安全工作领导小组成员必须立即做出反应，及时了解和分析事件的起因和发展态势，采取措施控制事件的发展和影响范围，将损失降到最小。

1. 当遇到突发事件时，参赛人员按照方案要求坚守岗位，各司其职，听从赛项执委

会统一指挥；相关人员开展救护工作，将事故的危害降到最小，严禁私自行动。

2. 如有赛场外人员私自进入场地滋事，与赛场内人员发生冲突，应及时予以制止，拒不配合且情节严重的，视情况报公安机关。

3. 事件发生后，赛项执委会领导、专家组成员及各参赛代表队的领队、指导教师应积极处理，严禁擅离职守、先行撤离。

4. 竞赛中，如果出现各种不可预知的紧急情况，由相关项目责任人与各参赛代表队的领队、指导教师及时组织好参赛选手，听从赛项执委会的统一指挥，按指定的路线有序撤离。

5. 任何人员如不坚守岗位、不认真履行职责，将取消参加竞赛的机会；如因工作失职造成安全事故，其损失由当事人全部承担并按竞赛工作制度进行相关处理。情节严重并造成重大安全事故的，报相关部门按相关政策法规追究相应责任。

十五、竞赛须知

（一）参赛队须知

1. 所有参赛学生往返的交通费、食宿费及保险费由各参赛队自理。

2. 每支参赛队由领队、指导教师和参赛学生组成。

3. 所有参赛院校均由教师带队，否则不予接洽。

4. 各参赛队领队负责竞赛的协调工作，应按赛项执委会要求准时参加领队会议，并认真传达会议精神；要妥善管理本参赛队人员的日常生活及安全，坚决执行赛项的各项规定，加强对参赛选手的管理，做好赛前准备工作。

5. 各参赛队的领队、指导教师只可以在本参赛队竞赛的时间段凭证件进入赛场进行观摩，其他竞赛时间段谢绝进入。

6. 领队负责申诉工作。参赛队认为存在不符合竞赛规定的设备、工具、软件，有失公正的评判、奖励，以及工作人员的违规行为等情况时，须由领队在该赛项竞赛结束后 2 小时内，向赛项仲裁组提交书面申诉材料。领队、指导教师、参赛选手不得与大赛工作人员直接交涉。

（二）指导教师须知

1. 指导教师应该根据专业教学计划和赛项规程合理制订训练方案，认真指导参赛选手训练，培养参赛选手的综合职业能力和良好的职业素养，克服功利化思想，避免为赛而学、以赛代学。

2. 指导教师应该根据赛项规程要求做好参赛选手保险办理工作，并积极做好参赛选手的安全教育。

3. 指导教师应自觉遵守大赛各项制度，尊重专家、裁判、仲裁及赛项承办院校工作人员。要引导和教育参赛选手对于认为有影响个人竞赛成绩的裁判行为或设备故障，按照赛项指南规定和大赛制度与裁判、工作人员进行充分沟通或赛后提出申诉，不得在网络、微信群等各种媒体发表、传播有待核实信息和过激言论。对竞赛过程中的争议问题，要按大赛制度规定程序处理，不得采取过激行为。

4. 指导教师必须是参赛选手所在学校的在职专任教师，每名参赛选手限 1 名指导教师。指导教师一经确定不得随意变更。

（三）参赛选手须知

1. 参赛选手统一着装进入赛场，女选手必须着大赛统一提供的护士服、护士帽、头花、白色护士鞋及自备肤色丝袜；男选手着白工作服、圆顶帽、白鞋及自备白色棉袜。

2. 参赛选手须严格按照规定时间进入候考区和竞赛场地，不允许携带任何竞赛规程禁止使用的电子产品及通信工具，以及其他与竞赛有关的资料和书籍，不得以任何方式泄露参赛院校、参赛选手姓名等竞赛场上应该保密的信息，违规者取消本次竞赛成绩。

3. 每个时段参赛队竞赛前 30 分钟到赛项指定地点接受检录，由赛场工作人员负责检录，各参赛选手必须参赛证、身份证和学生证三证齐全。进场前 20 分钟，由本参赛队的参赛选手抽签决定进入赛室的赛位号。各参赛选手在工作人员的带领下进入侯赛室，接到竞赛的通知后，到相应的赛室完成竞赛规定的赛项任务。

4. 竞赛过程中，参赛选手须严格遵守操作流程和规则，并自觉接受裁判的监督和警示。若因突发故障原因导致竞赛中断，应提请裁判确认其原因，并视具体情况做出裁决。

5. 竞赛时间到，由裁判示意参赛选手终止操作。参赛选手提前结束竞赛后不得再进行任何操作。参赛选手在竞赛过程中不得擅自离开赛场，如有特殊情况，需经裁判同意后做特殊处理。

6. 参赛选手对于认为有影响个人竞赛成绩的裁判行为或设备故障等，应向指导老师反映，由指导老师按大赛制度规定进行申诉。参赛选手不得利用竞赛相关的微信群、QQ 群发表虚假信息和不当言论。

（四）工作人员须知

1. 赛场各类工作人员必须统一佩戴由赛项执委会印制的相应证件，着装整齐，进入工作岗位。

2. 除赛项执委会成员、专家组成员、现场裁判、赛场配备的工作人员外，其他人员未经赛项执委会允许不得进入赛场。

3. 新闻媒体人员等进入赛场必须经过赛项执委会允许，并且听从现场工作人员的安排和指挥，不得影响竞赛正常进行。

4. 按分工于赛前 30 分钟准时到岗，严守工作岗位，不迟到，不早退，不得无故离岗，尽职尽责做好职责内各项工作，保证竞赛顺利进行。

5. 熟悉竞赛规程，严格按照工作程序和有关规定办事，如遇突发事件，及时向赛项执委会报告，同时按照安全工作预案组织指挥人员疏散，确保人员安全，避免重大事故发生。

十六、申诉与仲裁

1. 各参赛队对不符合大赛和赛项规程规定的仪器、设备、服装，竞赛使用耗材、用品，竞赛执裁、赛场管理，以及工作人员的不规范行为等，可向赛项仲裁组提出申诉。申诉主体为参赛队领队。

2. 仲裁人员的姓名、联系方式、工作地点在竞赛期间向参赛队和工作人员公示，确保信息畅通并同时接受大众监督。

3. 申诉启动时，由参赛队领队向赛项仲裁工作组递交亲笔签字同意的书面申诉报告。申诉报告应对申诉事件的现象、发生时间、涉及人员、申诉依据等进行充分、实事求是的叙述。非书面申诉不予受理。

4. 提出申诉的时间应在竞赛结束后（参赛选手赛场竞赛内容全部完成）2 小时内。超过时效不予受理。

5. 赛项仲裁工作组在接到申诉报告后的 2 小时内组织复议，并及时将复议结果以书面形式告知申诉方。

6. 仲裁结果由申诉人签收，不能代收，如在约定时间和地点申诉人离开，视为自行放弃申诉。

7. 申诉方可随时放弃申诉。

8. 申诉方必须提供真实的申诉信息并严格遵守申诉程序，不得以任何理由采取过激行为扰乱赛场秩序。

十七、竞赛观摩

竞赛过程在公平和不干扰参赛选手的前提下向各参赛队开放。各参赛队的领队、指导教师等只可以在本参赛队竞赛的时间段凭证件进入赛场直播室进行观摩，其他竞赛时间段谢绝进入，观摩人员不得违反赛项规定进入赛场，不得同参赛选手、裁判交流，不得传递信息，不得采录竞赛现场数据资料，不得影响竞赛正常进行。

十八、竞赛直播

1. 赛场内布置无盲点录像设备，能实时录制并播送赛场情况。

2. 赛场外有大屏幕，同步显示赛场内竞赛状况。

3. 多机位拍摄开闭赛式和抽签加密，制作优秀参赛选手采访、优秀指导教师采访、裁判专家点评和企业人士采访视频资料，突出赛项的技能重点与优势特色，为宣传、仲裁、资源转化提供全面的信息资料。

十九、资源转化

资源转化工作由赛项执委会负责，具体如下：

（一）利用获奖选手风采展示推广大赛

赛后即时制作画面精美、伴音动听、播放流畅、时长 15 分钟左右的赛项宣传片，以及时长 10 分钟左右的获奖代表队（参赛选手）、指导老师的风采展示片，供有影响力的媒体进行播放，展示我国卫生职业类院校学生的护理技能综合水平，进一步推广大赛的影响力，扩大社会参与面和专业覆盖面，提升社会对职业教育的认可度。

（二）利用竞赛成果进行教学资源建设

1. 竞赛过程视频资源转化

竞赛过程中所有参赛选手的录像资料，通过教师的点评与后期加工制作，在赛后三个月内制成影像资料，为各个学校护理实践教学提供真实生动的视频资源，有利于学生对相关知识与技能的认识和掌握，促进教学方式和评价方式的改革。专家及裁判的点评和访谈视频使各高职院校的领导和师生进一步明确目前护理教学存在的问题和今后改革的方向，促进学校教学与临床岗位应用无缝对接。

2. 完善理论赛题库

由大赛专家组成员参与建设及不断完善，建立讨论互动平台，这样既能使全国各职业院校之间加强专业交流，又能让竞赛内容融入教学改革中，推动专业教学改革，从而培养适合临床需要的高素质技能人才，提高学生的岗位执行能力、分析解决问题的综合能力。

3. 标准化病人应用于实践教学

组织教师参加标准化病人（SP）师资培训班，通过师资培训让教师能够学会标准化病人的组织与管理、角色脚本的设计、角色的培训等方面的专业知识。使教师在实践教学中能够通过专门培训的“真实病人”作为实践教学客体，引导学生在课堂以临床案例为基础进行临床情境教学，从而有效促进课堂教学与临床实际应用有机结合，训练学生临床护理思维能力，提高人文素养和实际应用能力，全面提升教学质量和人才培养质量。

（三）建设临床护理专家和教师信息交流平台

为了扩大“以赛促教、以赛促改、以赛促管、以赛促建”的成效，建立全国知名医院临床一线护理专家和职业院校的护理教育专家信息库。通过举办专家研讨会、参赛院校交流会，建立高职组护理技能赛项官方微博、微信群等，搭建交流平台，加强护理专业教师和临床护理专家沟通交流，及时了解临床护理新理论、新知识、新技术，实现临床护理专家与学校护理教师互兼互聘，在深层次共享教育资源，使护理教学贴近岗位、贴近临床、贴近服务对象。

（四）应用竞赛“范式”提高实训内容与岗位应用的契合度

竞赛的技术操作项目、技术标准、路径、考核环境等均是仿照现行的临床护理技术操作规范及医院工作情境而设定的，使之更加贴近临床护理工作岗位，为护理专业的实践教学改革提供了一种“范式”。为了更好地实施这种“范式”，必须进行实践教学模式的改革创新，即改革以课程为中心开展实训向以完成工作任务开展实训的模式转变，在加强对护理岗位工作任务调研分析的基础上，针对完成岗位工作任务应具备的能力来确定实训项目，按照完成工作任务的必备条件设置工作情境，按照技术操作项目的流程进行规范化实训，并通过建立正常的考评制度和竞赛等形式不断提高实践教学质量，全面提高学生未来就业岗位的适应能力和就业竞争力。

（五）利用大赛成果召开专题研讨交流会推进专业建设

本次竞赛内容以临床真实案例为导向，理论考试侧重考量参赛选手专业基本理论和基本知识；相关的技术操作项目是在仿真情境中以现行的护理工作流程为路径和技术标准为标杆，侧重考量参赛选手技术操作的规范和熟练程度及职业素养，使之更贴近临床、贴近岗位、贴近服务对象，为深化护理专业的教育教学改革起到导向作用。在暑假期间召开一次护理技能大赛专题研讨会，总结经验，针对存在问题研讨改进措施，如重新整合教学内容，构建新的课程体系，改进教学方式和创新培养模式，使竞赛资源“落地生根”，全面提升专业建设水平。

模块二　GZ-2020019　护理技能赛项技术分析报告

一、综述

护理技能（高职组）赛项（编号 GZ-2020019），于 2020 年 11 月 26—28 日在山东省滨州市滨州职业学院成功举办。赛项参赛队伍来自全国 31 个省、直辖市、自治区，共 31 支代表队。每支代表队组成为一名领队、一名指导教师、一名参赛选手。

二、赛项设计解读

1. 参赛对象

须为高等职业院校全日制在籍学生；本科院校高职类全日制在籍学生；五年制高职四、五年级学生可报名参加高职组竞赛。高职组参赛选手年龄须不超过 25 周岁，年龄计算的截止时间以 2020 年 11 月 1 日为准。凡在往届全国职业院校护理技能大赛中获一等奖的选手，不再参加本赛项。

2. 组队要求

（1）本赛项为个人赛，以团队方式报名参赛。

（2）各省、自治区、直辖市和新疆生产建设兵团挑选 1 名优秀参赛选手参加全国大赛，每名参赛选手限 1 名指导教师。

（3）参赛选手和指导教师报名获得确认后不得随意更换。如竞赛前参赛选手和指导教师因故无法参赛，须由省级教育行政部门于本赛项开赛 10 个工作日之前出具书面说明，经大赛执委会办公室核实后予以更换。如未经报备，发现实际参赛选手与报名信息不符的情况，不得入场竞赛。

（4）不邀请境外代表队参赛，欢迎境外代表队到场观赛。

3. 竞赛考核区（见“竞赛指南”）

根据大赛赛题管理办法规定，建立理论赛题库，课程涉及范围与护士执业资格考试一致，并于赛前一个月在大赛网络信息平台上公开全部赛题库。赛前建立竞赛赛卷，将赛卷随机排序后，在监督组的监督下，由裁判长指定相关人员抽取正式赛卷与备用赛卷。测试参赛选手分析问题、解决问题的综合能力，结束后统一读卡阅卷。

三、成绩评定

评分标准由赛项专家组根据学生的职业操守（包括专业态度、仪表、沟通能力等），操作前的准备，操作过程的规范性、准确性及熟练程度以及对患者的人文关怀情况进行评定，全面考量学生分析问题和解决问题的实际应用能力。

四、意见与建议

1. 护理人员作为目前国家紧缺型人才，需要通过护理职业教育培养出高质量、有理论、有技能、讲奉献、敢担当的大量优秀护士（高职护理专业教育应该发挥积极的作用）。由于改革试点赛，每省份只能派出一支队伍参赛，各地各学校给予高度重视。但是时间紧、任务重、压力更大，今后不建议这样进行竞赛。

建议：竞赛中参加地区、学校、参赛选手应适当增加，参与人数适当增加。

2. 职业教育（护理专业）的技能竞赛已经走过十年，积累了大量的经验，“卫生专业委员会”历届组织严格，管理有序，2020 年试点赛由学校承办时，学校既是承办院校又是参赛单位，核分、统分人员是承办院校工作人员，缺乏管理经验，也不能落实“回避制度”，部分参赛学校对此有所意见。

建议：加强制度管理，发挥“卫生专业委员会”负责竞赛工作作用，学校办赛不可取，浪费人力、物力（尤其是 2～3 年更换地点，标准不统一），“卫生专业委员会”负责竞赛有利于统一策划、统一管理。

3. 关于裁判人员的问题：护理专业是实践能力很强的专业，要求理论必须与实践相结合，所学内容要贴近临床。而此次竞赛的裁判人员大多数来自学校，医院行业裁判很少。尤其许多新裁判从来没有参加过竞赛，对于竞赛项目标准不熟悉、不理解，不能够结合临床实践进行执裁，另外学校老师做裁判时认识参赛选手，学校之间相通，直接影响裁判水平，这样的人员不符合做裁判标准。

建议：以后再选用裁判的时候，应增加选用临床专业人员；并且要认真进行培训，熟悉竞赛标准，保证裁判的公平、公正和公开，保证竞赛的严肃性。

4. 此次“试点赛”中有些省份的参赛选手是从省赛中选派参赛选手前来参赛，训练严格，发挥水平，成绩突出；有些省份属于混场（省内“独苗”，无可比性），基本不懂得竞赛标准，只为参与。给他们机会，参与其中，找差距，谋求进步与发展。

建议：对于此种现象在赛后需要考虑重点帮扶，有针对性地组织活动，以赛促教，提高质量。

模块三　GZ-2020019　护理技能
赛项工作总结

2020 年 11 月 28 日，为期 3 天的“2020 年全国职业院校技能大赛改革试点赛（高职组）护理赛项”已于山东滨州顺利举行。大赛在教育部职成司的直接领导下，依托教育部和山东省共建的国家职业教育创新发展高地，秉持“精彩、专业、安全、廉洁”的办赛要求，得到全国各相关部门、行业组织的大力支持。本次试点赛在原有竞赛模式上进行改革，拥有全新的运行模式，实行“政府主导、行业指导、学校主体、企业参与、社会支持”五位一体的办赛模式，“以赛促教促学、以赛促建促改”成效，效果显著。具体总结如下：

一、试点赛护理赛项竞赛内容科学

2020 年高职护理赛项试点赛是个人赛，每支代表队 1 名参赛选手，要求在规定的时间内完成规定赛项内容。本赛项通过设置理论考试和技能 2 个考试站点，竞赛过程中，依据标准全面考查参赛选手专业基本理论和基本知识、临床思维和决策能力、紧急救护能力、判断能力及临床常用护理操作执行能力、职业防护意识、注重患者安全意识、护患沟通及人文关怀能力。

理论考试站，占总成绩的10%，竞赛时长为40分钟，参赛选手根据赛项提供的理论考卷（选择题）进行作答，主要考核参赛选手的知识应用能力、临床思维能力、分析问题和解决问题的能力。根据大赛赛题管理办法规定建设理论赛题库，理论赛题库于赛前一个月在大赛网络信息平台上公开，课程涉及范围与护士执业资格考试一致。赛前建立竞赛赛卷，将赛卷随机排序后，在监督组的监督下，由裁判长抽取正式赛卷与备用赛卷。

技能考试站，占总成绩的90%，分为2个技能操作赛道。在对每位参赛选手的操作过程的规范、娴熟进行评判的基础上，第一赛道，呼吸心搏骤停患者救护（操作项目：心肺复苏、心电监测、静脉输液），主要考核参赛选手临床思维和决策能力、紧急救护能力、判断能力及临床常用护理操作执行能力，竞赛时长为20分钟；第二赛道，脑卒中气管切开患者气道护理（操作项目：评估、气道湿化、翻身叩背、吸痰），重点考核参赛选手对脑卒中患者的呼吸道管理能力、评判性思维能力、职业防护意识、注重患者安全意识、护患沟通及人文关怀能力，竞赛时长为15分钟。

二、改革试点赛与2019年国赛项目的不同之处

1. 赛项名称

竞赛名称由“全国职业院校技能大赛(高职组)护理技能赛项”改为“全国职业院校技能大赛改革试点赛（高职组）护理技能赛项”。

2. 参赛队伍和参赛选手数量

本赛项为个人赛，以团队方式报名参赛。每一参赛队选手要求数量由4-5名参赛选手变为每一参赛队1名参赛选手参赛。2020年改革试点赛参赛的省份有31个共31名参赛选手参赛，1省份1支代表队，人才选拔更精准，要求更高。

3. 赛项规程和题库量的调整

在2019年全国职业院校技能大赛项目规程和题库的基础上进行修改和调整，题库在2020年改革试点赛题库的基础上进行了调整，专家审核理论题库和规程，使试题和赛项表述更加严谨规范。提升赛项的高水平，体现精英赛的特征，与世赛标准对接，体现世赛理念，以大赛引领教学质量提升、促进教学改革、促进护理专业发展。

4. 标准化病人（家属）的引入

赛项设置环节，引入了与世赛对接的标准化病人或标准化家属，这在竞赛过程中，可有效评价参赛选手与患者及家属的沟通能力，考核情景的真实性更强，同时可有效评价参赛选手的临场应变能力及问题的处理能力。

三、改革试点赛的创新与突出特点

1. 项目内容设置上更体现护理人文特质

试点赛护理赛项竞赛内容设置，以临床工作任务为导向，按照临床护理岗位工作要求，对患者实施连续的、科学的整体护理。2019年全国职业院校技能大赛中，参赛选手依次完成心肺复苏、静脉输液、气管切开或置胃管技术的操作，仅仅是单一地完成技能操作。试点赛将几项操作融合到一起，形成情景案例，实施整体护理，符合临床岗位对护生的职业能力要求培养。1个赛道1个案例贯穿始终，参赛选手以护理程序科学护理工作方法融入竞赛，进行患者问题的解决，更贴近护理岗位需求。

护理岗位综合能力元素充分体现在理论知识点的考核与竞赛项目设置上，理论分布有

内科护理、外科护理、妇产科护理、儿科护理、基础护理、急危重症护理、健康评估和护理伦理与法规 8 门护理专业核心课程的 3000 道试题，有单项选择题和多项选择题，可全面考核参赛选手的综合能力。操作项目有心肺复苏、心电监测、静脉输液、气管切开患者的气道评估、气道湿化、翻身叩背、吸痰。项目具有专业典型代表性，护理专业特征明显，且不仅突出技能竞赛，更突出护理人文特质，参赛选手的思维、防护、安全、沟通与人文关怀能力的考核融入其中，突出人性护理，凸显专业特征，专业覆盖面有代表性。

2. 技术操作与规范评分标准的设置更凸显核心素养

技能操作评分标准与技术操作规范一致，要求参赛选手结合案例现场评估（患者、环境、安全），全面考核参赛选手与患者沟通、发现问题、分析问题的能力。操作过程中不仅评价选手的程序整齐、操作熟练、动作轻柔，更注重参赛选手与患者或患者家属的沟通贯穿始终，沟通有效，健康教育针对性强，充分体现人文关怀，尊重患者和家属，注意保暖和隐私保护，操作过程中全面考核参赛选手的临床思维能力、患者安全和自身安全意识和行为、注意职业防护，消除机械操作、刻意模仿的痕迹。

3. 裁判分阶段递进式培训，最大限度降低误差

本届试点赛对裁判进行了分阶段分项目递进式培训，赛前由专家组负责裁判员两轮的严格培训，明确关键点评分和综合评价在标准中的评价切入点，模拟评分，分析组间差，找出差距的原因。经过分阶段分项目递进式培训，使组间差和裁判主观分差异性降低到最低水平，使大赛评分更加客观、更加精准。

4. 始终坚持“三贴近”原则，全面考核参赛选手综合素质

本届试点赛项目设置及评价标准贴近临床、贴近岗位、贴近服务对象，符合实际工作情景。第一赛道静脉输液项目设置了标准化病人，第二赛道气道护理项目设置了标准化家属，标准化病人根据剧本结合案例在参赛选手操作过程中提问，重点考查参赛选手的临床思维能力、实践能力、沟通交流能力、分析问题和解决问题能力，达到了理论知识与临床实际的紧密结合，做到了学以致用。

5. 参赛选手水平较高，不同参赛选手间差异性显著缩小

试点赛每个省份遴选出一名参赛选手，参赛选手水平较高，不同参赛选手间差异性显著缩小，在限定时间内展示专业技能的同时，处处渗透人文关怀，赛出了水平，展示了风采。

四、试点赛的意义

1. 进一步贴近了临床护理岗位需求

以真实案例的护理工作流程为路径，贴近临床、贴近岗位、贴近服务对象，全面考核和展现当代护理专业学生的岗位操作技能、护患沟通能力、分析解决问题的实际能力和人文关怀、爱岗敬业精神等方面的专业核心能力与核心知识。

2. 进一步对接了世赛理念和做法，实现全人护理

评价标准的设置有效对接世赛理念和做法，力求形似，更努力注重神似，体现了对人的护理。更坚定将标准化病人（SP）进一步融入大赛，使大赛的情境性更强，参赛选手在情境护理中除了技能规范得体外，更融入内心的体验和感受。

3. 进一步引领考查了参赛选手护理核心能力

有效引领大赛全面考查参赛选手专业基本理论和基本知识、临床思维和决策能力、紧

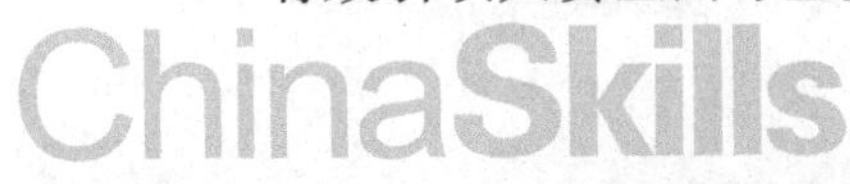

急救护能力、判断能力及临床常用护理操作执行能力、职业防护意识、注重患者安全意识、护患沟通及人文关怀能力。

4. 进一步提升了大赛的综合作用

通过竞赛，全面考核参赛选手对危重症患者呼吸心搏骤停抢救能力、气管切开患者气道护理能力以及人文关怀素质，检验学校教学成果；引领高等职业学校适应行业现状及技术发展趋势，促进护理专业的教育教学改革；搭建校企合作培养高素质护理人才的平台；瞄准世界先进水平，不断提高国内护理人才的素质和能力；引导护生崇尚工匠精神，营造尊重劳动、崇尚技能的社会氛围，提升社会对职业教育的认可度，培养能够顺利进入护理岗位胜任临床工作的护理人才。

五、试点赛的建议

1. 建议完善专家裁判库

建议每年完善专家裁判库，筛除连续 3 次拒绝执裁的裁判，裁判库由临床裁判库与院校裁判库两部分组成，确保抽取裁判时来自临床与学校的裁判比例不小于 3 ∶ 2。

2. 建议增加省份参赛选手的参与人数

尽管是改革试点赛，每省份出一支队伍参赛，体现了精英赛，但从另一角度上来看也限制了同省份的强队参与大赛，为提供院校的参赛积极性，建议每省份增加参赛队名额，多给一些学校参与的机会，以锻炼师资队伍的成长，更大范围地起到以赛促教促学促改促建的作用。

3. 建议完善以客观结构化临床考试（OSCE）形式设计赛项

在以往大赛经验基础上，理论考站设计，继续采用选择题题型（单项选择题和多项选择题），考核结果客观公正。技能考站，基于客观结构化临床考试（OSCE）进行赛项设计，通过一系列案例、情境的设计的考站，在今年的基础上增加考站内容和考核时间进行技能考站设计，继续引入标准化病人（Standardized Patients，简称 SP），并结合在医学模拟人上进行实际操作、临床资料的采集分析，既考核护理技能，同时进行知识、技能和态度并重的临床护理综合能力考核。

4. 建议加强大赛成果转换工作

赛后应加快实现技能大赛成果转换工作，以开放的姿态组织交流分享研讨，共同提升，使技能大赛逐步成为师生成长成才的重要平台和重要经历，构成良好的学习氛围，以积极饱满的激情专注学习、工作和生活，为中国护理事业培养更多的优秀护理人才做贡献，为推进全国职业教育的发展贡献力量。

项目十九
学前教育专业教育技能赛项

模块一　GZ-2020020　学前教育专业教育技能赛项规程

一、赛项名称

赛项编号：GZ-2020020

赛项名称：学前教育专业教育技能

英文名称：Teaching Skills of Pre-school Education

赛项组别：高职组

赛项归属产业：学前教育

二、竞赛目的

根据教育部关于举办2020年全国职业院校技能大赛改革试点赛的精神，举办学前教育专业教育技能赛项，旨在检验学前教育的教学成果，向世界高水平看齐，为促进教学改革，提升学前教育质量，加快我国学前教育事业的发展做出新贡献。

当前，我国学前教育已上升为国家发展战略，党的十九大报告提出：幼有所育、学有所教。本赛项以习近平新时代中国特色社会主义教育思想及《中共中央　国务院关于学前教育深化改革规范发展的若干意见》（以下简称"《若干意见》"）《国家职业教育改革实施方案》精神为指导，依据《教师教育课程标准（试行）》（以下简称"《课程标准》"）《高等职业学校专业教学标准》《幼儿园教师专业标准（试行）》（以下简称"《专业标准》"）《幼儿园教育指导纲要（试行）》（以下简称"《纲要》"）和《3—6岁儿童学习与发展指南》（以下简称"《指南》"）等要求进行技术规范的设计。办好学前教育，关系亿万儿童的健康成长，关系千家万户的切身利益，关系党和国家事业未来。根据《若干意见》的要求"到2020年，全国学前三年毛入园率达到85%，""基本形成以本专科为主体的幼儿园教师培养体系，本专科学前教育专业毕业生规模达到20万人以上"。近年来，随着社会对高质量学前教育需求的不断提升，对幼儿教师培养规模和质量的要求也随之剧增，全面提高幼儿教师专业化水平和职业技能已成为当务之急。举办本赛项，是对学前教育事业和学前教育专业发展的使命担当。其目的如下。

（一）落实《幼儿园教师专业标准（试行）》，助推学前教育事业发展

全国职业院校技能大赛学前教育专业教育技能赛项的举行，可以持续激发高职院校与

相关部门对幼儿园教师专业标准的研究，确保竞赛的正面导向作用，从而全面落实教育部《课程标准》《专业标准》《纲要》《指南》和《中小学和幼儿园教师资格考试标准（试行）》等精神，助推学前教育事业蓬勃发展。

（二）检验学生适岗综合能力，促进人才培养质量的提升

学前教师的专业基本功不仅是能弹会唱，能说会跳，还要具有扎实的专业理论知识和良好的职业道德素养，具备教育活动设计能力、观察能力、分析能力、评价能力、信息化教学能力及创新能力等。学前教育专业教育技能赛项改革的重点之一，就是要求每位参赛选手参与所有赛项的竞赛，充分体现学前教育师资培养的整体性，有效检验学前教育专业教育教学改革的内容和人才培养质量，更大范围为学前教育专业在校生提供职业素养与实践技能训练展示与交流的平台，以赛促教、以赛促学、以赛促练、以赛促改，推动学前教育专业师资培养质量的提升，促进学生的全面发展。

（三）增进校际办学经验交流，助推学前教育专业的均衡发展

全国职业院校技能大赛学前教育专业教育技能赛项的举行，能展示高职院校学前教育专业的办学成果，密切职业院校之间的交流、学习与合作，推动各院校加强教育教学改革，尤其是发挥对中西部地区学前教育的辐射和引领作用，将最终实现我国学前教育专业的均衡发展。

三、竞赛内容

根据幼儿园保教工作基本规范，结合当前幼儿园保教工作现状与发展需要，为通过赛项更好地提升学生综合职业能力，全国职业院校技能大赛学前教育专业教育技能赛项内容设置如下。

（一）项目 1：幼儿园教师综合技能测评

运用相关的知识与技能，表达对素材、作品的理解，表现出较强的儿童意识，作品适宜幼儿欣赏与学习。

项目 1-1：幼儿园保教活动课件制作（完成时间：60 分钟）

运用现代信息技术手段，制作保教活动辅助课件。项目提供包括图片、文字、视频等在内的素材包。

项目 1-2：幼儿故事讲述

运用口语表达对文学作品的理解，考查参赛选手的语言表现力。项目提供幼儿故事。

项目 1-3：幼儿歌曲弹唱与歌表演

运用弹唱技能与歌表演表达对作品的理解，考查参赛选手对音乐的感受、理解及表现能力。两个项目运用同一音乐素材，组合呈现。

（项目 1-2、1-3 合计完成时间：8 分钟）

项目 1-4：命题画（完成时间：30 分钟）

借助铅笔、油画棒等工具，运用绘画技能表现命题内容，考查参赛选手的美术理解和表现能力。项目提供主题内容和绘画工具（8 开图画纸、2B 铅笔、高级绘图橡皮擦，24 色普通油画棒，黑色勾线笔等）。

（二）项目 2：幼儿园保教活动分析与幼儿教师职业素养测评

幼儿园保教活动分析（完成时间：40 分钟）。通过观看视频，对师幼互动中幼儿的心理发展特点进行分析，如认知、情感、意志等心理过程及个性、社会性发展、学习心理等，并对教师的保教言行进行评价分析，提出建议。项目提供 5 分钟左右时长的师幼互动视频。

幼儿教师职业素养测评部分（完成时间：40 分钟）。包括 50 道选择题和 1 道案例分析题，赛题均从大赛的赛题库中抽取，其中选择题包含职业基本素养与保育教育两个类别，根据答题正确率和答题时间计算得分；案例分析题主要考查参赛选手的职业认知、职业道德和思维品质。

（三）项目 3：幼儿园教育活动设计（完成时间：7 分钟）

该项目以“规定主题”为设计范围，参赛选手根据给定的素材与幼儿年龄段，进行幼儿园教育活动设计，主要考查参赛选手的主题网络图设计、集体教学活动设计、说课等综合能力。

四、竞赛方式

三位参赛选手参加全部项目的竞赛。大赛设 A、B、C 三个赛场，其中 A 赛场的参赛选手参加幼儿故事讲述、幼儿歌曲弹唱与歌表演的赛项；B 赛场的参赛选手参加幼儿园保教活动分析、幼儿教师职业素养测评和命题画赛项；C 赛场的参赛选手参加幼儿园教育活动设计赛项。

本赛项竞赛为团体赛，每队由三位参赛选手组成，分别参加所有赛项的竞赛，最后累加得分形成本队最终成绩。

五、竞赛流程

（一）竞赛流程

所有参赛选手参加 B 赛场的竞赛后，按三个半天分 3 个场次参加 A、C 赛场竞赛。每位选手参加 A 赛场的竞赛后，立即转入 C 赛场的竞赛，完成该参赛选手的全部赛项。各院校的三位参赛选手在正式竞赛前一天通过抽签分别确定 A、C 赛场竞赛的场次，每个场次开赛前参赛选手抽取赛位号。团体总分采用各院校三位参赛选手得分之和的计分方式。

（二）竞赛时间安排（以竞赛指南为准）

具体安排见表 19−1。

表 19−1　竞赛时间安排

日程	环节	时间	内容
第 1 天	报到	9:30—15:00	报到，领取竞赛资料
	领队会议	15:30—18:00	1. 赛前说明会 2. 抽取各队参赛选手的竞赛赛场。随机抽取每队三位参赛选手在第二天下午（A1−C1）、第三天上午（A2−C2）与第三天下午（A3−C3）的赛场，每个赛场约 30 人 3. 参赛选手熟悉考场

续表

日程	环节	时间	内容
第 2 天	B 赛场选手赛项		
	B 赛场候考	6:30—7:00	1. 参赛选手抽取赛位号 2. B 赛场选手检录、一次加密，等待室二次加密、宣讲竞赛纪律（禁用各类通信工具、存储设备和参考资料）
	B 赛场竞赛	7:00—7:20	进入竞赛室，等候竞赛
		7:20—8:20	赛项 1：幼儿园保教活动课件制作
		8:20—8:40	中场休息、原地等候
		8:40—9:20	赛项 2：幼儿园保教活动分析
		9:20—9:40	中场休息、原地等候
		9:40—10:20	赛项 3：幼儿教师职业素养测评
		10:20—10:40	进入命题画竞赛室，等候竞赛
		10:40—11:10	赛项 4：命题画
		11:10—11:30	进入等待室，待同一赛场选手全部赛完之后方能离开赛场
	A1-C1 赛场选手赛项		
	A1-C1 赛场候考	12:30—13:00	1. 参赛选手抽取赛位号 2. A1-C1 赛场选手检录、一次加密，等待室二次加密、宣讲竞赛纪律（禁用各类通信工具、存储设备和参考资料） 3. 赛项执委会抽取 A1-C1 赛场的赛题（本赛场赛题相同，但与 A2-C2、A3-C3 赛场赛题不相同）
	A1-C1 赛场备考	13:00—14:30	1. 13:00 开始，A1-C1 赛场 1 号选手进入备考室，赛项执委会公布竞赛题目，参赛选手开始准备，准备时间 90min 2. 每隔 8min，后面的选手依次进入备考室，公布竞赛题目，开始准备，以此类推
	A1-C1 赛场竞赛	14:30—18:40	1. 14:30 开始，A1-C1 赛场 1 号选手进入竞赛室 A1 进行“幼儿故事讲述”“幼儿歌曲弹唱与歌表演”赛项的竞赛 2. 完成该赛项后，立即进入竞赛室 C1，进行“幼儿园教育活动设计”赛项的竞赛 3. 每隔 8min，后面参赛选手依次进入竞赛室竞赛，以此类推 4. 每位参赛选手赛完要在休息室等候，待同一赛场选手全部赛完之后方能离开赛场
第 3 天	A2-C2 赛场选手赛项		
	A2-C2 赛场候考	6:30—7:00	1. 参赛选手抽取赛位号 2. A2-C2 赛场选手检录、一次加密，等待室二次加密、宣讲竞赛纪律（禁用各类通信工具、存储设备和参考资料）。 3. 赛项执委会抽取 A2-C2 赛场的赛题（本赛场赛题相同，但与 A1-C1、A3-C3 赛场赛题不相同）

续表

<table>
<tr><th>日程</th><th>环节</th><th>时间</th><th>内容</th></tr>
<tr><td rowspan="6">第 3 天</td><td>A2−C2
赛场
备考</td><td>7:00—</td><td>1. 7:00 开始，A2−C2 赛场 1 号选手进入备考室，赛项执委会公布竞赛题目，参赛选手开始准备，准备时间 90min
2. 每隔 8min，后面的参赛选手依次进入备考室，公布竞赛题目，开始准备，以此类推</td></tr>
<tr><td>A2−C2
赛场
竞赛</td><td>8:30—12:40</td><td>1. 8:30 开始，A2−C2 赛场 1 号选手进入竞赛室 A2 进行“幼儿故事讲述”“幼儿歌曲弹唱与歌表演”赛项的竞赛
2. 完成该赛项后，立即进入竞赛室 C2，进行“幼儿园教育活动设计”赛项的竞赛
3. 每隔 8min，后面参赛选手依次进入竞赛室竞赛，以此类推
4. 每位参赛选手赛完要在休息室等候，待同一赛场选手全部赛完之后方能离开赛场</td></tr>
<tr><td colspan="3">A3−C3 赛场选手赛项</td></tr>
<tr><td>A3−C3
赛场
候考</td><td>12:40—13:10</td><td>1. 参赛选手抽取赛位号
2. A3−C3 赛场选手检录、一次加密，等待室二次加密、宣讲竞赛纪律（禁用各类通信工具、存储设备和参考资料）
3. 赛项执委会抽取 A3−C3 赛场的赛题（本赛场考题相同，但与 A1−C1、A2−C2 赛场赛题不相同）</td></tr>
<tr><td>A3−C3
赛场
备考</td><td>13:10—</td><td>1. 13:10 开始，A3−C3 赛场 1 号选手进入备考室，赛项执委会公布竞赛题目，参赛选手开始准备，准备时间 90min
2. 每隔 8min，后面的参赛选手依次进入备考室，公布竞赛题目，开始准备，以此类推</td></tr>
<tr><td>A3−C3
赛场
竞赛</td><td>14:40—18:50</td><td>1. 14:40 开始，A3−C3 赛场 1 号选手进入竞赛室 A3 进行“幼儿故事讲述”“幼儿歌曲弹唱与歌表演”赛项的竞赛
2. 完成该赛项后，立即进入竞赛室 C3，进行“幼儿园教育活动设计”赛项的竞赛
3. 每隔 8min，后面参赛选手依次进入竞赛室竞赛，以此类推
4. 每位参赛选手赛完要在休息室等候，待同一赛场选手全部赛完之后方能离开赛场</td></tr>
<tr><td rowspan="2">第 4 天</td><td></td><td>8:00—10:00</td><td>大赛成绩公布</td></tr>
<tr><td></td><td>10:00—11:30</td><td>大赛点评、颁奖、闭赛式</td></tr>
</table>

说明：

A、C 赛场共有三场竞赛，A1−C1 代表第一场竞赛；A2−C2 代表第二场竞赛；A3−C3 代表第三场竞赛。

A 赛场选手在进行“幼儿故事讲述”“幼儿歌曲弹唱与歌表演”赛项时，裁判进行现场评分。

B 赛场选手在竞赛结束时要及时保存提交“幼儿园保教活动课件”“幼儿园保教活动分析”“幼儿教师职业素养测评”答题材料、“命题画”作品，竞赛后赛项裁判集中对参赛选手答题材料予以评分。

C 赛场选手在完成“幼儿园教育活动设计”赛项后，赛项裁判随即对参赛选手予以评分。

全部参赛选手集中参加 B 赛场赛项，其他 A 组与 C 组赛项结合在同一场次举办，通过抽签，每个职业院校参赛队伍的参赛选手分别参加三个赛场的 A−C 项竞赛。

六、竞赛赛卷

1. 本赛项由赛项专家组负责建立赛题库，并于赛前一个月发布在大赛网络信息平台上。

2. 本赛项于赛前 1 个月公开竞赛样题，竞赛样题在竞赛规程附件中。

3. 竞赛时使用的赛题，按照相关规定，在现场监督人员的监督下，由裁判长组织随机抽取，按照保密规定印刷、存放和领用。

七、竞赛规则

（一）参赛选手报名

普通高等学校全日制在籍专科学前教育专业的学生（年级和性别不限）；本科院校中高职类全日制在籍学生；五年制高职四、五年级全日制在籍学生。高职组参赛选手年龄须不超过 25 周岁，年龄计算的截止时间以 2020 年 11 月 1 日为准。

参赛选手报名获得确认后不得随意更换。如竞赛前参赛选手因故无法参赛，须由省级教育行政部门于相应赛项开赛 10 个工作日之前出具书面说明，经大赛执委会办公室核实同意后予以更换；竞赛开始后，参赛队不得更换参赛选手。

（二）熟悉场地

参赛选手应在竞赛日程规定的时间熟悉竞赛场地，参赛选手可进入竞赛场地体验。参赛队熟悉竞赛场地后，认为所提供的设备、工具等不符合竞赛规定或有异议时，必须在 2 小时内由领队提出书面报告送交竞赛仲裁组，提请赛项执委会安排整改，超过时效将不予受理。

（三）领队会议

竞赛日前一天 15:30 召开领队会议，由各参赛队的领队和指导教师参加，会议讲解竞赛注意事项，进行赛前答疑。

（四）抽签环节

领队会议后举行抽签环节，由各参赛队的领队或指导教师参加，通过抽签确定各职业院校参赛队选手的赛场场次。在正式竞赛前，参赛选手必须携带身份证、学生证、参赛证（以下简称“三证”），抽取当天参赛的赛位号，并按抽签顺序参加竞赛。

（五）参赛选手入场

参赛选手应提前 15 分钟到达赛场，凭三证检录，不得迟到早退，并根据抽签结果在对应的赛位入座，裁判负责核对参赛选手信息；严禁参赛选手携带与竞赛无关的电子设备、通信设备及其他相关资料与用品入场。

（六）正式竞赛

参赛选手凭二次加密号牌进入备考室，根据竞赛内容，合理安排计划。

各参赛队统一听从裁判长发布竞赛开始指令后正式开始竞赛，合理利用现场提供的所有条件完成竞赛任务。

竞赛过程中，参赛选手须自觉接受裁判员的监督和警示，以确保人身及设备安全。参赛选手因个人误操作造成人身安全事故和设备故障时，裁判长有权中止该队参赛选手竞赛；如非参赛选手个人因素出现设备故障而无法竞赛时，由裁判长视具体情况做出裁决，如裁判长确定设备故障可由技术支持人员排除故障后继续竞赛时，将给参赛队补足所耽误的竞赛时间。

竞赛过程中，参赛选手须严格遵守相关操作规程，确保设备及人身安全，并接受裁判员的监督和警示。竞赛结束，参赛选手须完成现场清理并经裁判员同意后方可离开。

（七）成绩公布

成绩在赛项监督组、赛项工作人员监督下，由监督组对竞赛成绩进行抽检复核，无误后由裁判长和监督组人员签字确认并报赛项执委会备案，由大赛执委会办公室公布成绩。

（八）竞赛纪律

任何人不得以任何方式暗示、指导、帮助、影响参赛选手。对造成后果的视情节轻重酌情扣除参赛选手成绩，并处理相关人员。

竞赛过程中，除参加当场次竞赛的选手、执行裁判员、现场工作人员和经批准的人员外，其他人员一律不得进入赛场，参赛选手竞赛完毕应及时回到休息室等候。对不听劝阻、无理取闹者追究责任，并通报批评。

对违反竞赛纪律的参赛选手及其所在代表队和单位，视情节轻重及影响后果，取消竞赛评奖资格或通报批评。

专家和裁判工作纪律将严格参照《全国职业院校技能大赛专家和裁判工作管理办法》执行。

八、竞赛环境

（一）A 赛场竞赛环境

1. 竞赛器材：竞赛室提供品牌钢琴 1 架；备考室：提供课桌椅 1 套，签字笔（红、黑各 1 支），A4 赛题纸 3 张，A4 草稿纸 3 张。

2. 场地要求：等候室、备考室的大小、数量要与参赛选手人数相匹配，并配有应急考场。各场地根据要求在适当的位置配备录像设备、钢琴，并有能转播赛况供师生共同观摩的场地。

3. 场地声学要求：场内不能有明显的回音，声音要清晰，隔音效果良好。

4. 场地光学要求：场内光线充足、明亮，可以轻松地阅读白纸上的黑色 5 号字。

（二）B 赛场竞赛环境

1. 竞赛器材：8 开图画纸 1 张，2B 铅笔、HB 铅笔、黑色勾线笔、高级绘图橡皮数量各 1，24 色普通油画棒 1 盒。

2. 场地要求：标准化计算机教室，场地大小要与参赛人数相匹配，参赛选手独立座位；命题画竞赛室配备桌椅。

3. 场地光学要求：场内光线充足、明亮，可以轻松地阅读白纸上的黑色 5 号字；不可有引起屏幕反光的强光影响观看计算机屏幕的内容。

4. 在适当的位置配备录像设备。

（三）C 赛场竞赛环境

1. 竞赛器材：赛项执委会提供课桌椅一套，签字笔（红、黑各 1 支）、HB 铅笔、高级绘图橡皮数量各 1，A4 赛题纸 3 张、A4 草稿纸 3 张。

2. 场地要求：等候室、备考室的大小、数量要与参赛选手人数相匹配，为参赛选手提供独立座位，并配有应急考场。

3. 场地声学要求：竞赛室（说课）场内不能有明显的回音，有利于参赛选手声音的传递，隔音效果良好。

4. 场地光学要求：场内光线充足、明亮，可以轻松地阅读白纸上的黑色 5 号字。

5. 其他：在适当的位置配备录像设备。

九、技术规范

本赛项设计符合《课程标准》《专业标准》《纲要》《指南》《中小学和幼儿园教师资格考试标准（试行）》等文件精神，以及各竞赛项目相应学科知识及技能方面的教学要求和技术规范（表 19-2）。

表 19-2 技 术 规 范

教学要求	技术规范
儿童发展心理学	关爱幼儿，重视幼儿身心健康，将保护幼儿生命安全放在首位。尊重幼儿人格，维护幼儿合法权益，平等对待每一个幼儿。不讽刺、挖苦、歧视幼儿，不体罚或变相体罚幼儿。信任幼儿，尊重个体差异，主动了解和满足有益于幼儿身心发展的不同需求。能运用学前儿童心理发展的年龄阶段特征分析教育的适宜性，熟悉学前儿童动作发展、认知发展、情绪情感发展、个性、社会性发展的基本规律和特点，能运用观察、谈话、作品分析、实验等基本研究方法初步了解幼儿的发展状况和教育需求。建立对幼儿发展的合理期望，实施科学的保育和教育，促进幼儿身心全面协调发展，让幼儿拥有快乐的幼儿园生活
学前教育学	了解并逐步树立正确的儿童观和教育观；了解学前教育工作者的基本职责。掌握儿童观内涵、基本观点；理解幼儿教师的素质结构与要求，重视自身日常态度言行对幼儿发展的重要影响与作用。富有爱心、责任心、耐心和细心。乐观向上、热情开朗，有亲和力。善于自我调节情绪，保持平和心态。理解我国学前教育目标与内容的基本观点；掌握幼儿园环境的概念、作用与创设方法；了解幼儿园生活活动、游戏与教学的基本观点；珍视游戏和生活的独特价值，重视环境和游戏对幼儿发展的独特作用，创设富有教育意义的环境氛围，将游戏作为幼儿的主要活动。创设丰富的教育环境，合理安排一日生活，重视丰富幼儿多方面的直接经验，将探索、交往等实践活动作为幼儿最重要的学习方式。最大限度地支持和满足幼儿通过直接感知、实际操作和亲身体验获取经验的需要。了解家园合作、幼小衔接的方法，重视幼儿园、家庭和社区的合作，能够综合利用各种资源
教育活动的设计与实施	掌握幼儿园领域教育的特点与基本知识，包括幼儿园教育活动的概念、类型、目的、内容、实施、评价，教育活动设计的具体要求；掌握不同领域的幼儿园教育活动设计的流程、思路，熟悉幼儿园教育活动实施的策略；掌握幼儿园一日生活活动的目的、内容、组织与指导策略；在教育活动的设计和实施中体现趣味性、综合性和生活化，灵活运用各种组织形式

续表

教学要求	技术规范
教育活动的设计与实施	和适宜的教育方式。了解幼儿园教育活动的新趋势和幼儿园教育活动的新理念。在教育活动中观察幼儿，根据幼儿的表现和需要，调整活动，给予适宜的指导。要充分尊重和保护幼儿的好奇心和学习兴趣，帮助幼儿逐步形成积极主动、认真专注、不怕困难、敢于探究和尝试、乐于想象和创造等良好学习品质，提供更多的操作和探索、交流和合作、表达和表现的机会，支持和促进幼儿主动学习
幼儿教师口语	普通话发音标准，达到普通话水平测试二级乙等以上水平；掌握诗歌、散文和儿童诗歌、散文的朗诵技巧；掌握态势语的使用要求和技巧，并能够在演讲、朗诵、讲故事等口语表达形式中恰当使用态势语配合；掌握即兴发言、演讲、交谈、讨论和辩论等一般口语表达和交流技巧；掌握幼儿教师职业口语技巧，能够在各教学环节得体表达；能够与幼儿进行有效的沟通；尊重和接纳幼儿的说话方式，认真倾听并给予积极回应，鼓励和支持幼儿与同伴一起玩耍、交谈；能够与家长进行良好沟通与交流
幼儿歌曲弹唱	具有相应的艺术欣赏与表现能力。掌握声乐基础理论和技能技巧，逐步树立正确的声音概念；能以正确姿势、积极心理状态歌唱，逐步养成良好的歌唱习惯；能运用正确的呼吸方法，体会气息对声音的支持；能分析处理一般声乐作品，有一定歌唱能力；具有对歌曲美的感受、体验和表现；能够手口一致边弹边唱
幼儿歌表演	掌握歌表演的基本舞汇和表演技能，能合理运用各种舞蹈语汇进行创编和表演；肢体动作协调，动作连接顺畅，舞蹈动作优美；表情适宜，表演与歌曲情绪相一致，适合幼儿学习与欣赏
命题画（油画棒）	掌握油画棒绘画的基本知识和技能；能合理运用绘画技巧进行命题作画，构图美观，造型生动，主题鲜明，线条简洁、流畅，色彩鲜艳，搭配协调，画面内容丰富，富有美感和儿童趣味，具有新颖性和个性表现
现代教育技术	具有一定的现代教育技术知识。掌握教学资源获取与利用、幼儿园课件的设计与开发的基本能力；能根据幼儿年龄阶段及活动领域，设计和处理文字、图片、声音、视频等素材，合理运用超链接、切换、动画效果等技术制作课，效果形象直观，幼儿喜闻乐见。熟悉信息化教学环境及其教学应用，掌握信息化教学设计的一般过程，提高幼儿教师现代教育技术的运用水平

十、技术平台

机房软件环境（项目 1-1“幼儿园保教活动课件制作”及项目 2“幼儿园保教活动分析与幼儿教师职业素养测评”需要）：Windows 7 及以上、Office2010 及以上（含 Word、Excel、PowerPoint）、Flash 8 及以上、Windows 图片查看器、Photoshop CS5 及以上。输入法包括：搜狗拼音输入法、微软拼音 2010、万能五笔输入法、智能 ABC。

技术要求：《YLM-02 技能大赛培训系统》专业的摄录系统，高清的多媒体投影系统，能实现远程竞赛直播。

十一、成绩评定

（一）裁判人数

本赛项共安排 16 名裁判，1 名裁判长，15 名裁判，A、B、C 三个赛场各设 5 名裁判；另有加密裁判 4 人，负责检录与加密解密环节的裁判工作。

（二）评分方式

本赛项为团体赛，参赛队由 3 位参赛选手组成，分别按规定参加所有赛项的竞赛，由各组裁判逐项分组评判，最后累加各队 3 位参赛选手的竞赛成绩，为最终竞赛结果。

（三）成绩产生

在监督组监督下，由裁判长指定解密裁判启封检录抽签二次加密档案、一次加密档案，找出各参赛队与加密对应关系；将竞赛结果分别由加密号转换为参赛队；将相应赛项的分值加和，其中参赛队总分取三名参赛选手的个人成绩加和，得出总分；然后进行分值排序；打印封装。团队总分构成见表 19-3。

表 19-3　团队总分构成

<table>
<tr><th>竞赛项目</th><th colspan="2">项目总分</th><th>参赛选手总分</th><th>团队总分</th></tr>
<tr><td>幼儿故事讲述</td><td>5</td><td rowspan="3">25</td><td rowspan="8">100</td><td rowspan="8">300</td></tr>
<tr><td>幼儿歌曲弹唱与歌表演</td><td>15</td></tr>
<tr><td>命题画</td><td>5</td></tr>
<tr><td>幼儿园保教活动课件制作</td><td>10</td><td rowspan="3">40</td></tr>
<tr><td>幼儿园保教活动分析</td><td>15</td></tr>
<tr><td>幼儿教师职业素养测评</td><td>15</td></tr>
<tr><td>幼儿园教育活动设计</td><td>15</td><td rowspan="2">35</td></tr>
<tr><td>说课</td><td>20</td></tr>
</table>

对于总分相同的团体，按照“幼儿园教育活动设计”“幼儿园保教活动分析”“幼儿教师职业素养测评”“幼儿园教师综合技能测评”赛项的顺序，依次比较各项目得分，得分高者排在前面。如果每项的得分都一样，名次并列。

（四）成绩复核

为保障成绩评判的准确性，监督组将对赛项总成绩排名前 30% 的所有参赛队伍（选手）的成绩进行复核；对其余成绩进行抽检复核，抽检覆盖率不得低于 15%。如发现成绩错误，以书面方式及时告知裁判长，由裁判长更正成绩并签字确认。复核、抽检错误率超过 5% 的，裁判组将对所有成绩进行复核。

（五）成绩公布

团队成绩按 100 分制计分。最终成绩经复核无误，由裁判长、监督人员共同签字确认后公布，公布2小时无异议后即可宣布，在闭赛式上予以公布。

（六）特殊情况

1. 出现损坏赛场提供的设备等不符合职业规范的行为，视情节扣5～10分。

2. 在竞赛时段，参赛选手有不服从裁判及监考、扰乱赛场秩序等行为情节严重的，取消参赛队评奖资格。有作弊行为的，取消参赛队评奖资格。裁判宣布竞赛时间到，参赛选手仍强行操作的，取消参赛队奖项评比资格。

（七）评分标准

项目1 幼儿园教师综合技能测评（基本功）（共35分）

幼儿园教师综合技能测评评分标准见表19-4～表19-7。

表19-4 项目1-1 幼儿园保教活动课件制作（共10分）

内容	评分标准		分值
课件制作10分	科学性	取材适宜，内容科学、正确、规范，体现幼儿年龄特点和领域适宜性	2
	教育性	片段教学内容设计完整，符合幼儿园保教活动的主题要求，结构清晰，能激发幼儿兴趣	3
	技术性	1. 课件的制作和使用，满足各项技术性要求 2. 操作简便、快捷、演示流畅、结构合理，能较好服务于保教活动	3
	艺术性	1. 色彩协调，风格统一 2. 画面设计新颖，富有童趣	2
评分分档	科学性高，教育性好，技术性强，富有艺术性，符合幼儿学习特点		9～10
	科学性较高，教育性较好，技术质量较强，有一定艺术性，基本符合幼儿学习特点		7～8.9
	科学性、教育性、技术性、艺术性均一般，不太符合幼儿学习特点		5～6.9
	课件内容不完整或提交未成功		0～4.9

表19-5 项目1-2 幼儿故事讲述（共5分）

内容	评分标准		分值
幼儿故事讲述5分	基本功	1. 语音标准，口齿清晰，语速适宜，表达流畅，内容完整 2. 恰当、自然地运用语言技巧；感情充沛、精神饱满、抑扬顿挫 3. 脱稿讲述	2
	表现力	1. 语气、语调、动作、表情符合角色形象，符合故事内容和特点，有感染力 2. 故事内容加工合理，表现具有个性	1
	儿童化	1. 讲述富有童趣，适合幼儿学习与欣赏 2. 恰当运用态势语言，能激发幼儿倾听兴趣，亲和力好	2

续表

内容	评分标准	分值
评分分档	基本功扎实，表现力好，创意好，幼儿意识好	4～5
	基本功较扎实，表现力较好，创意较好，幼儿意识较好	3～3.9
	基本功较一般，表现力一般，创意一般，幼儿意识一般	2～2.9
	该项未完成	0～1.9

表 19-6　项目 1-3　幼儿歌曲弹唱与歌表演（共 15 分）

内容		评分标准	分值
幼儿歌曲弹唱 8 分	基本功	1. 幼儿歌曲弹唱完整，音准节奏准确，咬字吐字清晰，歌词准确无误；真假声结合自然，声音通畅 2. 根据幼儿歌曲的原调准确弹奏，指法、触键规范；和弦编配、和声织体运用恰当 3. 弹唱配合协调，声部平衡，弹唱流畅、完整	2
	表现力	1. 演唱情绪的处理独到，彰显歌曲个性 2. 根据歌曲意境编配和声织体，旋律演奏具有美感；准确处理伴奏音色，合理配合歌曲演唱	2
	儿童化	1. 歌曲弹唱富有美感和童趣，能引发幼儿欣赏的兴趣 2. 设计的前奏、间奏、尾奏符合歌曲特点，适合幼儿感受与欣赏、表现与创造 3. 声音能准确表达歌曲情感，塑造幼儿歌曲音乐形象，适合幼儿感受与欣赏、表现与创造	4
歌表演 7 分	基本功	1. 肢体动作协调、优美，动作连接顺畅 2. 能合理运用各种舞蹈语汇进行创编 3. 幼儿歌曲演唱完整，音准节奏准确，演唱时气息稳定，歌曲演唱情绪与舞蹈动作所表达的情绪相一致	2
	表现力	1. 歌曲所表达的情绪与意境把握准确，体现幼儿歌曲的风格特点 2. 动作流畅，能够把握幼儿的年龄特点	2
	儿童化	1. 歌表演富有美感和童趣 2. 歌曲演唱能准确表达歌曲情感，舞蹈动作创编符合歌曲特点 3. 适合幼儿感受与欣赏、表现与创造	3
评分分档		基本功扎实，表现力好，创意好，符合幼儿学习特点	13～15
		基本功较扎实，表现力较好，创意较好，基本符合幼儿学习特点	10～12.9
		基本功较一般，表现力一般，创意一般，不太符合幼儿学习特点	7～9.9
		该项未完成	0～6.9

表 19-7　项目 1-4　命题画（共 5 分）

<table>
<tr><th>内容</th><th colspan="2">评分标准</th><th>分值</th></tr>
<tr><td rowspan="3">命题画（油画棒）5 分</td><td>基本功</td><td>1. 构图合理，线条简洁、流畅
2. 造型形象、生动，色彩鲜艳、搭配协调，主题鲜明，画面丰富</td><td>2</td></tr>
<tr><td>表现力</td><td>画面富有美感，具有新颖性和个性表现</td><td>1</td></tr>
<tr><td>儿童化</td><td>1. 画面生动，富有童趣，适合幼儿欣赏
2. 巧妙运用油画棒绘画技能，充满儿童稚朴纯真之美</td><td>2</td></tr>
<tr><td rowspan="4">评分分档</td><td colspan="2">基本功扎实，表现力好，创意好，幼儿意识好</td><td>4～5</td></tr>
<tr><td colspan="2">基本功较扎实，表现力较好，创意较好，幼儿意识较好</td><td>3～3.9</td></tr>
<tr><td colspan="2">基本功较一般，表现力一般，创意一般，幼儿意识一般</td><td>2～2.9</td></tr>
<tr><td colspan="2">该项未完成</td><td>0～1.9</td></tr>
</table>

项目 2　幼儿园保教活动分析与幼儿教师职业素养测评评分标准见表 19-8

表 19-8　项目 2　幼儿园保教活动分析与幼儿教师职业素养测评（共 30 分）

<table>
<tr><th>内容</th><th colspan="3">评分标准</th><th colspan="2">分值</th></tr>
<tr><td rowspan="5">幼儿园保教活动分析 15 分</td><td>思维品质</td><td colspan="2">1. 观点正确鲜明，思路清晰，分析透彻，内容详尽，逻辑性好
2. 用词准确，语句通顺，格式规范、条理清楚、卷面整洁</td><td colspan="2">4</td></tr>
<tr><td rowspan="2">教育理念</td><td colspan="2">1. 具有科学儿童观，对幼儿心理发展水平或特点分析正确</td><td>2</td><td rowspan="2">6</td></tr>
<tr><td colspan="2">2. 具有科学教育观、教师观，能对教师的保教言行、职业道德做出正确判断与分析，理由科学、充分，符合《纲要》《指南》精神</td><td>4</td></tr>
<tr><td rowspan="2">教育建议</td><td colspan="2">1. 有建设性或创新性的观点和建议</td><td>3</td><td rowspan="2">5</td></tr>
<tr><td colspan="2">2. 建议具有针对性、科学性、合理性，能促进幼儿发展</td><td>2</td></tr>
<tr><td rowspan="4">评分分档</td><td colspan="3">教育理念科学，教育建议符合幼儿特点，思维品质优秀</td><td colspan="2">13～15</td></tr>
<tr><td colspan="3">教育理念较科学，教育建议基本符合幼儿特点，思维品质较不错</td><td colspan="2">10～12.9</td></tr>
<tr><td colspan="3">教育理念科学性一般，教育建议不太符合幼儿特点，思维品质一般</td><td colspan="2">7～9.9</td></tr>
<tr><td colspan="3">该项未完成</td><td colspan="2">0～6.9</td></tr>
<tr><td rowspan="7">幼儿教师职业素养测评 15 分</td><td>选择题</td><td colspan="2">大赛的考核系统根据参赛选手 50 道题目（选择题）作答的正确率自动计分，每答对一题得 0.2 分，包含职业基本素养与保教保育两大类别</td><td colspan="2">10</td></tr>
<tr><td rowspan="2">案例分析题</td><td>职业素养</td><td>1. 具有科学儿童观，对幼儿心理发展水平或特点分析正确
2. 具有科学的职业认知，能对教师的保教言行、职业道德作出正确的判断与分析，理由科学、充分，符合《纲要》《指南》等精神</td><td colspan="2">3</td></tr>
<tr><td>思维品质</td><td>1. 观点正确鲜明，思路清晰，分析透彻，逻辑性好
2. 用词准确，语句通顺，格式规范，条理清楚，卷面整洁</td><td colspan="2">2</td></tr>
<tr><td rowspan="4">评分分档</td><td colspan="2">职业认知好，职业道德好，思维品质优秀</td><td colspan="2">4～5</td></tr>
<tr><td colspan="2">职业认知较好，职业道德较好，思维品质较优秀</td><td colspan="2">3～3.9</td></tr>
<tr><td colspan="2">职业认知一般，职业道德一般，思维品质一般</td><td colspan="2">2～2.9</td></tr>
<tr><td colspan="2">该项未完成</td><td colspan="2">0～1.9</td></tr>
</table>

项目 3　幼儿园教育活动设计评分标准见表 19-9

表 19-9　项目 3　幼儿园教育活动设计（共 35 分）

<table>
<tr><th colspan="2">内容</th><th>评价标准</th><th colspan="2">分值</th></tr>
<tr><td rowspan="10">教学活动设计15分</td><td rowspan="2">主题网络图</td><td>1. 能充分运用给定的资源，并能依据自己对主题的认识，拓展相关的资源</td><td>2</td><td rowspan="2">5</td></tr>
<tr><td>2. 主题网络图绘制具有丰富性、科学性、具体化和操作性等特点，充分考虑到生活化、兴趣性、适宜性、幼儿主体性和家园合作等因素。网络图至少有三个层级（包含主题名称一级），第二、三层级至少有三个活动</td><td>3</td></tr>
<tr><td>活动目标</td><td>1. 活动目标符合《纲要》和《指南》精神，符合各领域的总目标和幼儿年龄阶段特点，切合幼儿的发展水平和发展需要
2. 具有全面性，能围绕给定的主题，难度适当，对整个活动具有导向作用
3. 陈述简洁明了，主体统一，针对性强，具体可操作，充分体现本领域特点，能考虑到各领域间相互渗透</td><td colspan="2">2</td></tr>
<tr><td>活动准备</td><td>1. 活动前的知识储备、环境创设（墙饰布置、区域材料准备、活动材料准备、空间安排等）均符合实现教学活动目标的要求
2. 环境材料适宜，最大限度地支持和满足幼儿学习、探索、操作活动的需要
3. 有效利用现代化教学手段，适用、适时、适当地增加活动的实效性和趣味性</td><td colspan="2">2</td></tr>
<tr><td rowspan="4">活动过程</td><td>1. 过程设计结构严谨，层次清晰，各环节之间过渡自然流畅，体现循序渐进，有层次感</td><td>1</td><td rowspan="4">4</td></tr>
<tr><td>2. 教学方法和活动组织形式选择适宜，能体现幼儿的主体性，为幼儿提供感知与操作的机会，安排充分的思考和探索时间</td><td>1</td></tr>
<tr><td>3. 提问具有思考性、启发性、开放性特点；能预测教学活动过程可能出现的问题并能设计出相应教学活动策略</td><td>1</td></tr>
<tr><td>4. 活动详略得当，重难点突破时间充分，能较好地突出重点，突破难点；教学手段设计针对性强，既适合于幼儿的认知特点，支持幼儿的学习，又有利于学习目标的达成</td><td>1</td></tr>
<tr><td>其他</td><td>1. 文字表述逻辑清楚，格式规范完整，无错别字
2. 活动设计新颖，教学方法巧妙独特，有一定创新和突破</td><td colspan="2">2</td></tr>
<tr><td rowspan="4">评分分档</td><td colspan="2">设计合理，层次清晰，目标明确，符合幼儿特点</td><td colspan="2">13～15</td></tr>
<tr><td colspan="2">设计较合理，层次较清晰，目标较明确，基本符合幼儿特点</td><td colspan="2">10～12.9</td></tr>
<tr><td colspan="2">设计一般，层次不太清晰，目标不够明确，不太符合幼儿特点</td><td colspan="2">7～9.9</td></tr>
<tr><td colspan="2">该项未完成</td><td colspan="2">0～6.9</td></tr>
</table>

续表

<table>
<tr><th colspan="2">内容</th><th>评价标准</th><th colspan="2">分值</th></tr>
<tr><td rowspan="6">说课
20 分</td><td>说内容</td><td>1. 能结合主题网络图、根据幼儿年龄特征和发展水平阐述内容选择的理由
2. 能正确分析、理解教学活动内容（素材），在客观分析幼儿的发展状况和已有经验的基础上，充分挖掘教材的价值，选取适合幼儿学习的内容</td><td colspan="2">4</td></tr>
<tr><td>说目标</td><td>1. 阐述目标的具体内容并说明目标制订的理由和依据
2. 准确把握重点和难点，说明确定重难点的理由和解决重难点的方法和策略</td><td colspan="2">4</td></tr>
<tr><td rowspan="3">说过程和方法</td><td>1. 能清晰说明各环节的设计与目标达成的关系</td><td>3</td><td rowspan="3">8</td></tr>
<tr><td>2. 能清楚阐述主要的教学方法及选用的理由</td><td>3</td></tr>
<tr><td>3. 合理设计，准确预估教学效果，措施得当，应变性强</td><td>2</td></tr>
<tr><td>现场表现</td><td>1. 仪表大方，举止文雅，表情自然、丰富，有亲和力
2. 语言规范，条理清楚，逻辑性强，表达流畅，有感染力
3. 时间把握准确（超时相应扣分）</td><td colspan="2">4</td></tr>
<tr><td rowspan="4">评分分档</td><td colspan="2">思路清晰合理，符合领域特点和幼儿特点</td><td colspan="2">18～20</td></tr>
<tr><td colspan="2">思路较清晰合理，基本符合领域特点和幼儿特点</td><td colspan="2">15～17.9</td></tr>
<tr><td colspan="2">思路清晰合理欠缺，不太符合领域特点和幼儿特点</td><td colspan="2">12～14.9</td></tr>
<tr><td colspan="2">该项未完成</td><td colspan="2">0～11.9</td></tr>
</table>

十二、奖项设定

（1）按照《全国职业院校技能大赛奖惩办法》的有关规定执行；

（2）大赛设团体奖。分别设立团队一等奖、二等奖、三等奖，获奖比例分别为：10%，20%，30%。获得团体一等奖项学生的指导老师，为优秀指导教师。

十三、赛项预案

本届大赛活动现场突发事件应急处理工作由 2020 年全国职业院校技能大赛学前教育专业教育技能赛项执委会统一领导，承办院校成立安全应急小组，明确组织机构，落实相关责任，实行统一领导，分级负责。

（一）大赛应急处置原则

1. 把握全局，注重预防

要增强忧患意识和责任意识，充分考虑各种可能发生的事故和事件，提前做好各项安全保卫工作；高度重视疫情防控工作，加大疫情防控的监管力度，确保竞赛的顺利进行。

2. 快速反应，有效控制

突发事件发生后，大赛现场安全保卫负责人应迅速到位，第一时间作出反应，立即采取措施控制事态发展，组织开展应急救援和处置工作，并立即向学院安全应急小组报告应

急处理情况。对于不能消除或者不能有效控制突发事件从而引起的严重社会危害的，应当及时向大赛组委会报告，协调有关部门，及时采取措施，共同解决突发问题。

3. 发现问题，及时上报

突发事件发生后，负责大赛现场的安全应急小组人员应及时报告上级领导。

（二）大赛应急处置程序

1. 大赛过程中现场发生漏电、火灾、设施倒塌等重大安全事故时：

（1）现场负责人立即宣布停止一切活动；

（2）现场工作人员迅速切断电源；

（3）各安全通道附近工作人员迅速打开全部安全通道，现场负责人统一指挥在场裁判员迅速带领参赛人员撤至安全地带；及时清点统计人数，查看有无伤员并提出应急时期纪律要求和防范措施；

（4）发生火灾时根据火情大小，赛场负责人迅速组织在场工作人员扑灭初起火灾；火势蔓延，拨打“119”火警；有参赛人员被埋或被烧伤时，拨打“119”“120”；

（5）事故发生后应立即报告总指挥，总指挥立即向上级有关负责人报告并视情启动应急处置预案；

（6）在等待救援的同时，发动工作人员及附属医院、校医务人员积极做好自救自护工作；有人员受伤时，立即联系通知家属；

（7）迅速划定现场保护范围，严禁无关人员进入；尽可能保护好现场，为事故调查及责任认定做好准备。

2. 参赛选手在车辆接送过程中发生车辆交通事故时：

（1）现场人员立即疏散事故车内人员，抢救伤员并拨打急救电话“120”，同时拨打“122”向交警部门报案；

（2）事故发生后应立即报告总指挥，总指挥立即向上级有关负责人报告并视情况启动应急处置预案；

（3）确认伤员身份，立即联系通知家属；

（4）做好其他参赛人员的稳定工作，以免出现混乱，现场负责人要尽快安排其他车辆继续前行或返回；

（5）保护好现场，等待交警、医疗人员到达现场进行处理。

（三）疫情防控应急预案

1. 建立严格的信息报告制度，若参赛选手出现发热（体温在37.3℃及以上）等身体异常症状，赛场工作人员应立即上报大赛疫情防控办公室，并及时通知医疗工作人员进行复检。

2. 竞赛前3天内有发热症状的工作人员不得参与大赛工作，大赛期间如有发热等身体异常的工作人员应立即停止其工作，按规定流程就医，并安排其他工作人员顶岗。

3. 一旦发生疑似新冠肺炎疫情，及时向卫生健康部门和疾控部门报告，并由专业部门开展流行病学调查、隔离留观、检测排查等应急处置工作。

（四）安全事故应急预案

1. 人身意外伤害及疾病应急预案

（1）在大赛中参赛选手出现摔伤、扭伤、撞伤或中暑、腹泻等疾病，现场工作人员应立即向疏导协调与医疗救护组进行报告，由医护人员进入现场进行治疗，如伤情较重则应马上送医院治疗，并及时上报病由、病情。

（2）参赛选手出现危险旧病复发或出现心脏病突发，医务人员应边做紧急处理边及时护送前往就近的医院进行抢救治疗。

（3）如遇治安突发事件、现场工作人员要镇静，要机智应对，巧妙周旋，尽可能赢得时间，报告大赛安全应急办公室及有关领导要迅速查明情况，并根据需要拨打“110”报警处理。

2. 食品安全与医疗卫生预案

（1）建立严格的信息报告制度，若发生类似食物中毒症状，赛场工作人员应立即上报大赛安全应急办公室，并及时通知疏导协调与医疗救护组医生进行救护。

（2）学校应对赛场及食堂等卫生公共场所做好卫生防疫检查，食堂的每样食物需留样检查并保存 48 小时。

（3）如出现食物中毒症状时，现场医生做应急处理，根据症状确定是否送医院紧急治疗或临时治疗，如有需要应派救护车及时送往。

（4）校医务室认真做好常用药品、器材的消毒准备工作，严格规范安全用药。

（5）有患者时，现场医疗人员应了解病情、及时诊断、合理用药并跟踪服务。遇到急救病人时，对患病人员进行现场紧急救治，严重患者及时送往指定医院。与医院积极联系，建立绿色通道，有意外发生立即送达进行救治。

3. 交通事故安全预案

（1）如遇车辆故障：随车负责人应立即上报大赛安全应急办公室，然后联系后勤保障组安排备用车辆进行换车接送。

（2）如发生交通事故，随车负责人要记住肇事车的车型、车牌、颜色，拨打“110”报警电话，并及时向大赛安全应急办公室报告出事地点及详细情况，同时组织考生实施自救，承办院校立即组织力量以最快的速度赶到事发现场。

（3）自救措施：

① 如有参赛人员受伤，尽快由随车工作人员送往离出事点最近的医院进行抢救。如有重伤者立即送往市中心医院进行抢救。

② 将车上其他参赛人员带离出事点，随车负责人立刻将其转移到安全地带。

③ 如遇交通堵塞，参赛人员来不及参赛，随车负责人立即与后勤保障组联系，派机动车辆接应。

④ 如遇车辆自燃、翻车、撞车等情况，随车工作人员应立刻组织参赛人员有序迅速撤离至安全地带。如撤离时车门无法畅通，应立刻设法砸破车窗以便逃生。

⑤ 接送参赛人员的车辆必须配备手提灭火器和铁锤、且放置于车辆固定位置，随车工作人员应知道灭火器的操作方法及铁锤的位置。

⑥ 随车负责人是随行车辆安全的第一责任人，负责指挥人员保护现场、查明事故原因和损害情况，并以书面材料上报大赛安全应急办公室。

4. 火灾安全事故紧急处理应急预案

（1）在每个竞赛场地准备一个干粉灭火器备勤和多块湿毛巾，并对现场工作人员做好相关的灭火器使用培训及现场人员自救培训工作。

（2）若因竞赛设备超负荷运载产生明火而导致火灾事故时，现场工作人员应立即切断

现场总电源开关，现场总负责人应立即将火灾发生的情况报告给大赛安全应急办公室，并视火灾发生的严重情况决定启动1～3级应急方案。

1级预案：当引发的明火为零星小火且没有快速蔓延的趋势时，启动1级预案。

（1）立即组织现场工作人员使用备勤干粉灭火器对其明火进行扑灭。

（2）稳定参赛选手情绪，尽可能地使参赛选手保持镇定、安静。

（3）将受影响的参赛队伍带到备用赛场继续进行竞赛，并由裁判长根据实际情况做适当延时决定。

（4）待明火扑灭后，保留事故现场，在赛后由相关专家做出事故判断。

（5）记录事故发生经过，并在事后以事故分析报告的形式上交给大赛安全应急办公室。

2级预案：当引发的明火火势较大，但没有快速蔓延的趋势时，启动2级预案。

（1）立即向参赛选手发放湿毛巾，由现场工作人员组织参赛选手有序离开赛场。

（2）立即组织现场全部工作人员使用备勤干粉灭火器对其明火进行扑灭，并拨打“119”电话，通知消防队进行应急待命。

（3）待明火扑灭后，保留事故现场，在赛后由相关专家做出事故判断。

（4）记录事故发生经过，并在事后以事故分析报告的形式上交给大赛安全应急办公室。

3级预案：当引发的明火火势迅猛，且有快速蔓延的趋势时，启动3级预案。

（1）立即向参赛选手发放湿毛巾，由现场工作人员组织参赛选手快速离开赛场。

（2）拨打“119”电话，通知消防队进行紧急施救。

（3）组织现场全部工作人员一边使用备勤干粉灭火器对明火进行扑灭，一边组织其逐步撤离现场。

（4）待明火扑灭后，保留事故现场，在赛后由相关专家做出事故判断。

（5）记录事故发生经过，并在事后以事故分析报告的形式上交给大赛安全应急办公室。

（五）竞赛用机房异常情况应急预案

1. 异常情况应急处置原则

一是预防为主，从管理、技术、人员等方面加强预警，采取多种措施共同构筑保障体系；二是快速反应，突发事件发生时，按照快速反应机制，及时获取充分而准确的信息，跟踪研判，果断决策，迅速处置，最大限度地减少危害和影响；三是分级负责，按照“谁主管，谁负责”的原则，建立和完善安全责任制及联动工作机制；四是常备不懈，加强技术储备，规范应急处置措施与操作流程，定期进行预案演练，确保应急预案切实有效。

2. 赛前机位冗余

竞赛机房现场按竞赛赛位数的20%提供备用计算机及相应的配件。同时备用机房按国赛标准提前做好布置，随时做好启用准备。

3. 赛前安全检查

竞赛前，及时进行机房电力、灯光、空调、计算机、网络、软件等的复查，发现故障及时报告并处理。

4. 赛中秩序维护

安排足够的机房管理人员及计算机维护人员，及时通过机房监控巡视设备及系统运行情况，发生异常情况及时处理，消除故障隐患。及时检查服务器运行，对各种数据实施备份，每比完一组做一次数据的完全备份。

5. 突发事件应急流程

（1）个别异常情况处置。在竞赛过程中，若某一台或某几台计算机突发故障时，由现场裁判判断其是否为人为操作不当所引发的故障。若非人为故障，则立即安排设备技术人员为其进行更换，并由裁判根据实际情况做适当延时处理。若判断为人为误操作引发的故障，则由裁判组决定是否为其更换设备处理。

（2）大面积异常可简单修复情况。在竞赛过程中，若大面积计算机突发故障时，由现场裁判提出要求，由现场技术人员进行评估，并将评估结果提交现场裁判。如能快速修复的，则立即安排设备技术人员进行修复，并由裁判根据实际情况做适当延时处理；若不能快速修复，应立即报告现场总指挥，经批准后将竞赛延后。

（3）大面积异常无法修复情况。在竞赛过程中，大面积计算机突发故障，现场技术人员进行评估不能快速修复，经批准后启用备用机房，将竞赛延至下午举行。具体包括：疏散参赛人员至安全教室，并传达竞赛变更的应急通知，包括变更的竞赛时间和地点；马上安排技术人员，实施备用机房赛卷安装及检查、验收等工作；根据竞赛变更，做好参赛人员引导到备用机房的工作。

（六）其他突发事件应急处理

1. 大赛中，全体领导均要以高度的责任心对每个参赛人员的安全负责。所有工作人员要监守自己的岗位，确保安全第一，不得擅离职守。

2. 各岗位对大赛前后出现的其他问题要及时和赛项执委会汇报，不能违反规定擅自处理。

十四、赛项安全

按照《全国职业院校技能大赛安全管理规定》的有关要求，大赛期间疫情常态化防控和安保工作，将在赛事组织委员会的领导下成立疫情防控和安全保卫工作小组，按照赛事组织委员会的要求，围绕“保安全、保畅通、保稳定”的总目标，制订周密详细的工作方案，确保大赛期间参赛选手、指导教师、裁判员、工作人员及观众的人身安全，确保大赛顺利进行。

（一）赛项环境

1. 赛项执委会须在赛前组织专人对竞赛现场、住宿场所和交通保障进行考察，并对疫情常态化防控工作提出明确要求。赛场的布置，赛场内的器材、设备，应符合国家有关安全规定。如有必要，也可进行赛场仿真模拟测试，以发现可能出现的问题。承办院校赛前须按照赛项执委会要求排除安全隐患。

2. 赛场周围要设立警戒线，防止无关人员进入发生意外事件。根据疫情防控等实际需要合理划定警戒区域范围，无关人员不得进出，在警戒区域范围外设置告示牌，防止赛场外人员聚集。赛场入口处设置具备防护隔离措施的专用防疫特殊通道、医学隔离观察室

等。赛场内应参照相关职业岗位的要求为参赛选手提供必要的劳动保护，要明确标识考生流动路线，实行单向流动，保持安全距离。在具有危险性的操作环节，裁判员要严防参赛选手出现错误操作。

3. 承办院校应提供保证应急预案实施的条件，并配备急救人员与设施。

4. 赛项执委会须会同承办院校制订开放赛场和体验区的人员疏导方案。赛场环境中存在人员密集、车流人流交错的区域，除了设置齐全的指示标识外，须增加引导人员，并开辟备用通道。

5. 大赛期间，承办院校须在赛场管理的关键岗位，增加力量，建立安全管理日志。

6. 在参赛选手进入赛位、赛事裁判员进入工作场所后，赛项承办院校有责任提醒、督促参赛选手、赛事裁判员、工作人员严禁携带通信、摄录设备，禁止携带未经许可的记录用具。如确有需要，由赛场统一配置、统一管理。

7. 大赛期间要对赛场、设施设备和竞赛用品进行全面消毒，并在明显处张贴完成标识。要保证环境卫生和良好通风，尽可能使用自然通风。

8. 承办院校要配足所必需的疫情防控物资，包括口罩、护目镜、手套、测温枪、水银体温计、消毒液、消毒设备、洗手液、应急药品等。工作人员的口罩，按每人每半天 1 只标准数量配备。同时，为参赛选手预备一些口罩及一次性乳胶手套。

（二）生活条件

1. 大赛期间，原则上由赛项承办院校统一安排参赛选手和指导教师食宿。承办院校须尊重少数民族的宗教信仰及民俗习惯，根据国家相关的民族、宗教等政策，安排好少数民族参赛选手和指导教师的饮食起居。采取错峰分时就餐，合理引导有序就餐，提高就餐人员分散度，加大就餐座位间距，保持单向就座就餐。

2. 大赛期间安排的住宿地应具有相应经营许可资质。大赛期间的住宿、卫生、饮食安全等由赛项执委会和承办院校共同负责。接待酒店视情况在客房配备医用口罩、洗手液、酒精消毒片等个人卫生防护用品。加强对客房桌面、座椅、门把手、水龙头等重点部位擦拭消毒。定时对电梯、公共卫生间等进行清洁消毒，保持空气流通，确保下水道畅通。

3. 大赛期间组织的参观和观摩活动的交通安全由赛项执委会负责。赛项执委会和承办院校须保证竞赛期间参赛选手、指导教师、裁判员和工作人员的交通安全。

4. 各赛项的安全管理，除了可以采取必要的安全隔离措施外，应严格遵守国家相关法律法规，保护个人隐私和人身自由。

（三）参赛队职责

1. 各省、自治区、直辖市、新疆生产建设兵团在组织代表队时，须安排为参赛选手购买大赛期间的人身意外伤害保险。

2. 各省、自治区、直辖市、新疆生产建设兵团参赛队组成后，须制订相关安全管理制度，落实安全责任制，确定安全责任人，并对所有参赛选手、指导教师进行赴赛途中和参赛时的疫情防控等安全教育，报到时各参赛队应提交单位出具的参赛指导教师和选手的健康证明。

3. 各参赛单位须加强对参赛人员的安全教育与管理，并与赛场安全管理对接。

（四）应急处理

大赛期间发生意外事故，发现者应第一时间报告赛项执委会，同时采取措施，避免事态扩大。赛项执委会应立即启动预案予以解决并报告赛区执委会。赛项出现重大安全问题可以停赛，是否停赛由赛区执委会决定。事后，赛区执委会应向大赛执委会报告详细情况。

（五）处罚措施

1. 因参赛队原因造成重大安全事故的，取消其获奖资格。

2. 参赛队有发生重大安全事故的隐患，经赛场工作人员提示、警告无效的，可取消其继续竞赛的资格。

3. 赛事工作人员违规的，按照相应的制度追究责任。情节恶劣并造成重大安全事故的，由司法机关追究相应法律责任。

十五、竞赛须知

（一）参赛队须知

1. 参赛队名称：统一使用规定的地区代表队，不得使用其他组织、团体的名称。

2. 参赛队组成：每支参赛队由3名符合报名参赛条件的参赛选手组成，不得跨校组队。

3. 指导教师：每支参赛队可配指导教师2名，指导教师经报名并通过资格审查后确定。

4. 所有参赛学生往返的交通费、食宿费及保险费由各参赛队自理。

5. 各参赛队须按规定时间到规定地点报到，按要求履行报到手续，领取赛项材料，了解竞赛安排等情况，有问题须由领队及时与接待人员或赛项执委会联系。

6. 竞赛过程中或竞赛后发现问题，应由领队在当天向赛项执委会提出陈述。

7. 各参赛队要提供参赛队员和指导教师的健康报告，并提前两周进行体温检测，保证队员无发烧、咳嗽等症状，并无疫区行迹。

（二）指导教师须知

1. 各参赛队要发扬良好道德风尚，听从指挥，服从裁判，不弄虚作假。如发现弄虚作假者，取消参赛资格，名次无效。

2. 学习领会本赛项规程各项要义，准时参加领队会、开赛式、闭赛式等会议或仪式，认真贯彻落实规程要求和会议精神，协助赛项执委会安排好本队参赛选手参赛的各项事宜。

3. 按时参加领队会上A、C赛场的场次抽签活动，确认本队参赛选手竞赛出场顺序，确保本队参赛选手准时、顺利参加各项竞赛。

4. 熟悉竞赛流程，妥善安排好本队人员每天的吃、住、行等日常生活，保证安全，并与相关赛务工作小组保持联系。

5. 严格执行竞赛各项规定，加强对参赛人员的管理，指导选手做好赛前的一切技术准备和应试准备。竞赛期间不得私自接触赛项裁判。

6. 参赛队对评分、评奖、处罚等有异议拟申诉的，统一由领队在评分、评奖结果和处罚决定公布后2小时内，向赛项仲裁工作组递交书面申诉报告。口头报告或其他人员要求解释处理，仲裁委员会将不予受理。

7. 做好本队人员的思想教育和参赛选手业务辅导、心理疏导工作，引导参赛选手树立正确的竞赛观，团结互助，弘扬优良赛风。

8. 自觉遵守竞赛规则，尊重、支持裁判和赛项工作人员的工作，不进入竞赛及其他禁止入内的区域，确保竞赛有序、高效、公平、公正进行。

（三）参赛选手须知

1. 参赛选手须认真学习本赛项规程，熟知竞赛规则，严格按照规则参加各项竞赛，保证人身及设备安全，接受裁判员的监督和警示，文明竞赛。

2. 参赛选手报到和赛前检录须持本人身份证、学生证及参赛证；赛前检录迟到超过15分钟的参赛选手，视作弃权，不得入场竞赛；已检录入场的参赛选手未经允许，不得擅自离开赛场。赛前练习和走台须按统一安排的时间及场地；具体竞赛时间、顺序在参赛队领队会议抽签决定。

3. 参赛选手由引导员引导进入赛场，并在指定地点等候竞赛，不得随意走动，不得大声喧哗。

4. 在竞赛过程中，要尊重裁判员和赛场工作人员，自觉遵守赛场纪律和秩序。严格按照规定程序操作，爱护赛场的设备和器材，注意安全，防止意外事故发生。

5. 参赛选手应遵守赛场纪律，服从赛项执委会的指挥和工作人员的安排。诚信参赛，拒绝舞弊，竞赛期间不准携带任何通信工具、移动存储器、照相器材等与竞赛无关的用品。一旦发现弄虚作假等舞弊行为，即取消该参赛选手的竞赛资格和成绩，并通报批评。

6. 参赛选手赛场外的管理由各参赛队领队和指导教师负责。

7. 参赛选手在竞赛中，不可出现所在院校及参赛选手本人的任何信息。

（四）工作人员须知

1. 赛项各类工作人员须佩戴由赛项执委会统一印制的相应证件，着装整齐，按时进入工作岗位。

2. 服从统一指挥，认真履行职责，做好竞赛各项服务工作，尽职尽责完成分配的抽签、检录、计时、计分等各项任务，保证竞赛顺利进行。

3. 除赛项执委会成员、专家组成员、现场裁判、赛场配备的工作人员外，其他人员未经赛项执委会允许不得进入赛场。

4. 严格执行赛项规程，认真维护赛场秩序，仔细检查、核准参赛选手证件，引导参赛选手进入和离开赛场，不得带领非参赛选手进入赛场。未经赛项执委会同意，任何无关人员不得进入竞赛区域。

5. 新闻媒体人员等进入赛场必须经过赛项执委会允许，并且听从现场工作人员的安排和指挥，不得影响竞赛正常进行。

6. 竞赛出现技术问题（包括设备、器材等）应与裁判组及时汇报，按照裁判员要求进行相关处理。

7. 如遇突发事件，要及时向赛项执委会报告，同时做好疏导工作，避免重大事故发生。

8. 坚守岗位，不做与工作无关的事情。裁判员及监场人员在竞赛进行时一律关闭并上交手机，集中保管。

十六、申诉与仲裁

1. 本赛项在竞赛过程中若出现有失公正或有关人员违规等现象，代表队领队可在竞赛结束后 2 小时之内向仲裁组提出书面申诉。大赛采取两级仲裁机制，赛项设仲裁工作组，赛区设仲裁委员会，申诉主体为参赛队领队。

2. 申诉应在竞赛结束后 2 小时内向赛项仲裁工作组提出，超过时效不予受理。申诉启动时，参赛队向赛项仲裁工作组递交领队亲笔签字同意的书面报告。书面报告应对申诉事件的现象、发生时间、涉及人员、申诉依据等进行充分、实事求是地叙述。非书面申诉不予受理。

3. 赛项仲裁工作组在接到申诉后的 2 小时内组织复议，并及时反馈复议结果。申诉方对复议结果仍有异议，可由省份领队向赛区仲裁委员会提出申诉。赛区仲裁委员会的仲裁结果为最终结果。

4. 申诉方不得以任何理由拒绝接受仲裁结果，不得以任何理由采取过激行为扰乱赛场秩序。仲裁结果由申诉人签收，不能代收，如在约定时间和地点申诉人离开，视为自行放弃申诉。申诉方可随时提出放弃申诉。

十七、竞赛观摩

竞赛设置了专门的观摩室，竞赛观摩对象为参赛院校师生及相关从业人员。观摩要求如下。

（1）观摩凭观摩证、选手证、领队证、指导教师证、工作证等相关证件入场，按工作人员要求在指定区域内观摩。

（2）保持安静，不得喧哗。

（3）若出现干扰竞赛正常进行的行为，工作人员有权将相关人员带离现场。

十八、竞赛直播

本赛项从抽签加密开始，对竞赛过程进行直播或录播。竞赛视频将组织专业人员进行竞赛过程及开、闭赛式的摄录工作，在赛场设立专业的摄录系统，高清的多媒体投影系统，能实现远程竞赛直播。通过摄录像，记录竞赛全过程，在赛后制作优秀参赛选手获奖作品、裁判专家点评等视频资料，突出赛项的技能重点与优势特色。突出赛项的核心技能重点与优势特色。为宣传、仲裁、资源转化提供全面的信息资料。

十九、资源转化

充分发挥大赛的引领作用，促进高职院校学前教育专业综合培养模式的改革与发展，进一步提高教育教学质量。计划建立专门的教学资源转化小组，积极推进教学资源转化，力求使大赛创造的好经验好做法尽快得到推广。

1. 本赛项资源转化工作由本赛项执委会负责，于赛后 15 日向大赛组委会办公室提交

资源转化方案，60天内完成资源转化工作。

2. 本赛项资源转化的内容包括竞赛通知、竞赛规程、竞赛题库等赛事指导性资源及竞赛获奖选手的优秀作品和过程视频类资源。资源转化成果应符合行业标准，契合课程标准，突出技能特色，展现竞争优势，形成满足职业教育教学需求、体现先进教学模式、反映职业教育先进水平的共享性职业教育教学资源。资源转化成果共享至全国职业院校技能大赛官方网站。

3. 建设相关的网站，用于高职院校学前教育专业相关知识与信息的发布，方便大家相互学习与交流，达到共同提高的目的。网站同时可以作为学前教育专业教育技能大赛信息发布的平台，以便及时引领、指导各地学校的技能训练。

4. 本赛项资源转化成果包含基本资源和拓展资源，充分体现本赛项教育技能考核特点。资源转化成果具体如下。

（1）研究建立学前教育专业教育技能赛项的题库。邀请学前教育专业专家和各高职院校参与建设，以期在建设过程中锻炼队伍、培养人才，促进各校交流，提高教育教学质量。

（2）竞赛当年的学前教育专业教育技能赛项一等奖获得者的获奖影音资料，分项优秀作品的影音资料（数字化教学资源）。

（3）学前教育专业教育技能赛项相关培训资料。含赛项技能要点解析、获奖选手感想与体会等。

（4）制作赛项技能要点。包括技能介绍、技能要点、评价指标等，出版赛项手册，包括技能介绍、技能操作要点、评价指标等，将其链接到学前教育专业教学资源库，为学前教育人才培养建立开放的公共教育平台。

（5）编写年度赛事分析报告，就单项得分进行数据分析，进一步指导、改进教学，为今后竞赛、优化赛项内容提供数据对比分析资料。

（6）制作大赛宣传片、主要获奖代表队的风采展示片。制作时长15分钟左右的赛项宣传片，让更多的院校了解赛事和分享赛事经验，进而更好地参与赛事，扩大学前教育技能大赛的影响力；制作时长10分钟左右的获奖代表队（参赛选手）的风采展示片，供媒体进行宣传播放，并为全国各院校学前教育专业人才培养提供教育教学辅导材料。

模块二　GZ-2020020　学前教育专业教育技能赛项技术分析报告

一、综述

1. 竞赛情况

学前教育专业教育技能（编号GZ-2020020），于2020年11月27—29日在山东省青岛市青岛职业技术学院成功举办，来自全国各省、自治区、直辖市及新疆生产建设兵团的32支代表队参加了竞赛。每支代表队由一名领队、两名指导教师、三名参赛选手组成。

2. 竞赛内容

2020年9月开始，专家组成员进行编写赛程和赛题工作。共编制赛程1份、赛题5

套，9月30日在全国职业院校技能大赛官网公布。

学前教育专业教育技能（编号GZ-2020020）目前还没有可以对接的世界技能大赛，本次竞赛在保留原赛项特色的基础上，通过增加每位参赛选手的竞赛内容延长了竞赛时间，增加了竞赛难度，形成新的赛项特色。

竞赛分三个阶段完成，三位参赛选手参加全部项目的竞赛。大赛设A、B、C三个赛场，其中A赛场的选手参加幼儿故事讲述、幼儿歌曲弹唱与歌表演赛项（图19-6）；B赛场的选手参加幼儿园保教活动课件制作、幼儿园保教活动分析、幼儿教师职业素养测评和命题画赛项；C赛场选手参加幼儿园教育活动设计赛项。旨在检验学前教育专业的教学成果，向世界高水平看齐，促进教学改革，提升学前教育质量，加快我国学前教育事业的发展。

学前教育专业教育技能赛项竞赛内容、分值与竞赛时间见表19-10。

表19-10 竞赛内容、分值与竞赛时间

竞赛内容	任务名称	描述	分值	时间/min
第一阶段：B赛项	赛项1：幼儿园保教活动课件制作	运用现代信息技术手段，制作保教活动辅助课件。项目提供包括图片、文字、视频等在内的素材包	10	170
	赛项2：幼儿园保教活动分析	通过观看视频，对师幼互动中幼儿的心理发展特点进行分析，如认知、情感、意志等心理过程及个性、社会性发展、学习心理等，并对教师的保教言行进行评价分析，提出建议。项目提供5min左右时长的师幼互动视频	15	
	赛项3：幼儿教师职业素养测评	包括50道选择题和1道案例分析题，试题均从大赛试题库中抽取，其中选择题包含职业基本素养与保育教育两个类别，根据答题正确率和答题时间计算得分；案例分析题主要考查参赛选手的职业认知、职业道德和思维品质	15	
	赛项4：命题画	借助铅笔、油画棒等工具，运用绘画技能表现命题内容，考查参赛选手的美术理解和表现能力。项目提供主题内容和绘画工具（8开图画纸、2B铅笔、高级绘图橡皮擦、24色普通油画棒、黑色勾线笔等）	5	
第二阶段：A赛项	赛项1：幼儿故事讲述	运用口语表达对文学作品的理解，考查语言表现力。项目提供幼儿故事	5	48（含准备时间）
	赛项2：幼儿歌曲弹唱与歌表演	运用弹唱技能与歌表演表达对作品的理解，考查参赛选手的音乐感受、理解及表现能力。两个项目运用同一音乐素材，组合呈现	15	

续表

竞赛内容	任务名称	描述	分值	时间 / min
第三阶段：C 赛项	赛项：幼儿园教育活动设计	项目以“规定主题”为设计范围，参赛选手根据给定的素材与幼儿年龄段，进行幼儿园教育活动设计，提交教育活动设计方案并按要求进行说课，主要考查参赛选手的主题网络图设计、集体教学活动设计、说课等综合能力	35	57（含准备时间）

二、赛项设计解读

1. 赛项的整体设计

学前教育专业教育技能赛项按照行业企业岗位真实工作需求设计竞赛内容。

参赛选手通过幼儿园教师综合技能测评、幼儿园保教活动分析与幼儿教师职业素养测评、幼儿园教育活动设计三个大项的竞赛，能够获得幼儿园教师所应具备的先进教育理念，为培育理论与实践相结合的全能型创新人才、激发参赛选手热爱本专业岗位工作提供了明确的方向和有力的支撑，待到学生学成毕业后，能够选择其喜欢的岗位，努力工作，实现自己的人生价值，为社会做出更大贡献。

整个赛项的设计面向学前教育的主流发展趋势，与世界学前教育发展接轨，“以赛促学、以赛促教、以赛促改”，弘扬工匠精神，引导全社会尊重、重视、关心技能人才的培养和成长，宣传技能人才的重要贡献和重大作用，营造尊敬技能人才的社会氛围，让尊重劳动、尊重技术、尊重创造成为社会共识。

2. 命题依据

专家组命题时，充分考虑《教师教育课程标准（试行）》《幼儿园教师专业标准（试行）》《幼儿园教育指导纲要（试行）》《3—6 岁儿童学习与发展指南》《中小学和幼儿园教师资格考试标准（试行）》《高等职业学校学前教育专业教学标准》等文件精神及各竞赛项目相应学科知识及技能方面的教学要求和技术规范，力求在教育实践项目中全面考察学生的教育观、儿童观、课程观。

3. 赛题解读

本次试点赛由于时间紧迫，在题目的类型上没有进行很大的改动，但是与 2019 年国赛相比，每一位参赛选手承担的任务加重，参赛时间延长，参赛难度加大了。2019 年国赛是 A 选手完成 A 赛项（3 项），B 选手完成 B 赛项（4 项），C 选手完成 C 赛项（3 项），每位选手参赛不超过 4 项。今年的试点赛竞赛时长由往届的 1 天变为 2 天，时间加长。试点赛难度加大，要求每一位参赛选手分别完成 A、B、C 三个赛场的 10 个赛项，充分体现了“人人出彩”和“全能型幼儿教师培养”的大赛导向。

三、成绩解析

1. 赛项分项任务成绩

赛项分项任务成绩见表 19-11。

表 19-11 赛项分项任务成绩

排序	项目	最高分	最低分	分差值
1	B 视频分析	14.433 3	7.666 7	6.766 7
2	C 说课	18.100 0	13.833 3	4.266 7
3	B 课件制作	9.800 0	6.133 3	3.666 7
4	B 单选题	10.000 0	6.600 0	3.400 0
5	B 材料分析	4.766 7	1.700 0	3.066 7
6	B 命题画	4.800 0	2.733 3	2.066 7
7	C 活动设计	8.700 0	6.766 7	1.933 4
8	A 歌曲弹唱	7.700 0	6.000 0	1.700 0
9	C 网络图	4.500 0	3.233 3	1.266 7
10	A 歌表演	6.633 3	5.433 3	1.200 0
11	A 故事讲述	4.766 7	3.833 3	0.933 4

从赛项分差看，单项间的分差较小，说明参赛选手水平相差不大。从地域分布看，职业教育发达地区的成绩好于欠发达地区。

2. 赛项总成绩

本赛项设一等奖 3 名，二等奖 6 名，三等奖 10 名，有 13 支代表队未得奖。

从成绩分布看，原赛项传统强队依然实力强劲。中西部地区代表队成绩仍有很大上升空间，需要引起专家组重视，赛后专家组将与代表队领队联系，以便有针对性把脉，帮助他们提高竞赛水平，提高专业建设和课程建设水平。

四、典型特征评析

作为全国职业院校技能大赛改革试点赛，本届技能大赛既有对以往大赛的继承，又有鲜明的特点。

其一，设计理念和赛项内容体现了一定的延续性：首先，设计理念是一脉相承的，都遵循了《幼儿园教育指导纲要（试行）》《3—6 岁儿童学习与发展指南》及《幼儿园教师专业标准（试行）》的指导思想与专业精神，保证大赛方向的科学性。其次，从赛项内容来看，今年的赛项与往年大致相当，主动对接幼儿园教师岗位工作任务，包括故事讲述、歌曲弹唱与歌表演、课件制作、命题画、职业素养测评、保教活动分析、活动设计与说课等方面的内容，几乎涵盖了幼儿园教师工作过程中用到的所有专业知识、技能与素养。

其二，大赛评价导向及观念转变体现了一定的创新与突破。首先，是评价导向的转变，从关注教师自身艺术水平提升向关注儿童发展需要转变，儿童意识不断增强，参赛选手们眼中有孩子了，这是一个很重要的导向转变，这一转变有利于帮助职业院校革新人才培养理念，帮助学生树立正确的儿童观和教育观，进而促进学前教育质量的提升。其次，是展示平台的拓展。本次大赛与以往明显不同的一点是给予参赛选手更大的展示平台，所有参赛选手都要参加所有项目的展示，大家同台竞技，让参赛选手们有更多的展示机会，达到了人人出彩的目的，参赛选手们得到了更好的锻炼与提高。

总体来看，本次试点赛，基本上达到了以赛促学、以赛促教、以赛促质量提升的目标，对推动职业院校学前教育专业人才培养理念的转变及人才培养质量的提升有积极的意义和价值。

五、行业要求对比

赛项设置与《幼儿园教师专业标准（试行）》和高等职业学校学前教育专业教学的要求相吻合，要求每位参赛选手参加所有赛项（10项），竞赛内容对接幼儿园教师岗位工作任务，几乎涵盖了幼儿园教师工作过程中用到的所有专业知识、技能与素养，不仅要求参赛选手能弹会唱，能说会跳，还要具备教师职业素养、专业理论基础知识、课程设计能力、观察能力、评价能力、信息化教学能力及创新能力等，体现幼儿园教师综合培养、全面发展的要求，符合幼儿教师岗位的职业需要。例如，“幼儿园教育活动设计”立足于“教育活动的设计过程”，从整体的主题网络图规划设计到一次具体的集体教育活动设计，从教师的设计理念、设计过程考察幼儿教师活动设计的内涵和外延，能典型反映教师的教育观、儿童观和课程观。

六、总结、意见与建议

专家组命题目标是优秀的参赛选手占参赛队伍的10%左右，良好的参赛选手占参赛队伍的20%左右，合格的参赛选手占参赛队伍的30%左右。从竞赛结果看，规程中规定的获奖数量与竞赛成绩相当吻合。从竞赛成绩看，吻合度非常高。

建议赛后，在大赛办的指导下，召开多种形式的赛项总结会、经验交流会，赏析优秀作品。让指导教师和参赛选手知道获奖作品，好在哪里，差在哪里。

模块三　GZ-2020020　学前教育专业教育技能赛项工作总结

2020年11月27—29日，以“德能兼修，人人出彩”为主题的“2020年全国职业院校技能大赛改革试点赛（高职组）学前教育专业教育技能赛项”于青岛职业技术学院成功举办。本届试点赛在大赛办和赛项执委会的领导下，借鉴世赛理念，在赛项名称、竞赛时长、竞赛难度、组织机构等方面发生较大变化，实现试点赛多方位创新，具有鲜明的学前教育专业教育技能赛项特点。试点赛在公平、公正、严格、严密的基础上，检验学前教育的教学成果，促进了全国高职高专院校学前教育专业教师、学生的师德素养、专业知识和能力水平的提高，有效地推动全国高职高专院校学前教育专业人才培养模式和教育教学方法改革，赛项达到了“安全、质量、公平、廉政”的预期效果，为促进我国学前教育事业高质量发展做出积极贡献。现将工作内容总结如下。

一、试点赛的概况

“2020年全国职业院校技能大赛改革试点赛（高职组）学前教育专业教育技能赛项”由青岛职业技术学院承办并顺利举行。全国各省、自治区、直辖市和新疆生产建设兵团的32支参赛代表队96名参赛选手同台切磋技艺，共同展示学前教育学子的风采。竞赛持续两天，为团体赛制，3 位参赛选手参加 A、B、C 3 个赛场竞赛，内容包含幼儿园保教活动课件制作、幼儿园保教活动分析、幼儿教师职业素养测评、命题画、幼儿故事讲述、幼儿歌曲弹唱与歌表演、幼儿园教育活动设计，全面考查参赛选手的专业理论基础知识、基本功和创新、应变能力等适岗综合能力。大赛组织科学规范、公开透明，按照赛项规程的内容和要求，赛项执委会（青岛职业技术学院）组织管理严谨、规范，为整个大赛提供了高水平的服务，赛项全体专家、裁判、监督仲裁尽职尽责，参赛代表队零投诉，达到了预期的效果。

经过激烈的角逐，大赛共评选出一等奖 3 个、二等奖 6 个、三等奖 10 个，其中青岛职业技术学院、重庆幼儿师范高等专科学校、金华职业技术学院 3 支代表队荣获一等奖，湖北三峡职业技术学院、九江职业大学等 6 支代表队荣获二等奖，四川幼儿师范高等专科学校、盐城幼儿师范高等专科学校等 10 支代表队荣获三等奖。

教育部职业院校教育类专业教学指导委员会主任刘兰明教授出席闭赛式并作了总结讲话。

本次学前教育专业教育技能改革试点赛创新了赛项的运行机制，总结了改革试点赛的特色经验，促进了学前教育专业高质量发展，为全国高职高专院校学前教育专业师生互相借鉴、互相学习搭建了切磋交流的平台，也为高职高专院校向社会展示学前教育人才培养成果提供了绝佳机会。

二、试点赛的设置目的

当前发展学前教育已上升为国家发展战略，学前教育发展的关键是师资。为提升高职高专院校学前教育专业人才培养质量，适应社会对幼儿教师的强烈需求，本次试点赛设置的目的如下。第一，通过竞赛，为我国学前教育专业的未来发展导航定向。展示学前教育专业学生的职业素养，检验学生运用专业理论知识，设计幼儿园教育教学活动，剖析保教活动等职业技能的适岗能力，引领全国高职高专院校专业建设，达到“以赛促教，以赛促学、以赛促改”的目的。第二，通过竞赛，促进学前教育专业教学标准不断优化升级。深入理解并落实学前教育专业教学标准和《幼儿园教师专业标准（试行）》，对标建设，助推我国学前教育事业的发展。第三，通过竞赛，增进校际的交流、学习与合作，特别是对西部地区的影响和辐射，促进我国学前教育专业人才培养的整体提升，试点赛达到了预期目的。

三、试点赛的竞赛内容

幼儿教师的专业基本功不仅是传统意义上的能弹会唱、能说会跳，还要与世界学前教育发展接轨，培养学生课程设计能力、观察能力、评价能力、信息化教学能力及创新能力等。

该竞赛为团体赛，共计 300 分，三位参赛选手均需参加个人综合项目的竞赛，个人总分 100 分，其中，幼儿园教师综合技能测评（基本功）35 分，幼儿园保教活动分析与幼儿教师职业素养测评 30 分，幼儿园教育活动设计 35 分。

四、试点赛的竞赛方式

本赛项三位参赛选手参加全部项目的竞赛。大赛设A、B、C三个赛场，其中A赛场选手参加幼儿故事讲述、幼儿歌曲弹唱和歌表演的赛项；B赛场选手参加幼儿园保教活动课件制作、幼儿园保教活动分析、幼儿教师职业素养测评、案例分析和命题画的赛项；C赛场选手参加幼儿园教育活动设计和说课的赛项。所有参赛选手参加B赛场的竞赛后，按三个半天分3个场次参加A、C赛场竞赛。每位参赛选手参加A赛场的竞赛后，立即转入C赛场的竞赛，完成该参赛选手的全部赛项。各院校的三位参赛选手在正式竞赛前一天通过抽签确定A、C赛场竞赛的场次，每个场次开赛前参赛选手抽取赛位号。团体总分采用各院校三位参赛选手得分之和的计分方式。

五、试点赛与2019年国赛的区别

1. 赛项名称改变

赛项名称由“全国职业院校技能大赛（高职组）学前教育专业教育技能赛项”改为“全国职业院校技能大赛改革试点赛（高职组）学前教育专业教育技能赛项”，凸显改革创新的导向。

2. 时间与难度调整

2019年国赛是A选手完成A赛项（3项），B选手完成B赛项（4项），C选手完成C赛项（3项），每位参赛选手参赛不超过4项。试点赛竞赛时长由往届的1天变为2天，时间加长。试点赛难度加大，要求每一位参赛选手分别完成A、B、C三个赛场的10个赛项，虽难度加大，但体现最大的创新点：人人出彩和全能型幼儿教师培养的导向，有效考量教师和参赛选手的知识水平和心理素质，这样的改革得到了所有参赛院校、专家、裁判和幼儿园的赞赏。

3. 参赛区域拓展

2019年国赛，来自全国30个省、自治区、直辖市和新疆生产建设兵团，共177人参赛。2020年试点赛参赛省份共32个，较2019年的国赛多了2个省份，西藏自治区、新疆生产建设兵团首次参赛，覆盖范围更广；并由1省份2支代表队变为1省份1支代表队，人才选拔更精准，要求更高。

4. 评价标准转向

评价标准与往届国赛相比发生了变化。从关注参赛选手自身艺术水平提升，向关注儿童发展需要转变，儿童意识不断增强，选手们眼中有孩子了，这是一个很重要的导向转变，这一导向有利于帮助高职高专院校更新人才培养理念，帮助学生树立正确的儿童观和教育观，进而促进学前教育质量的提升。

5. 组织机构精简

本次大赛组织机构变化比较大。赛项执行委员会以地方政府和承办院校为主体，赛项监督组和仲裁组合并为一个小组，精简机构，提高了赛事监督、执裁的效率。

六、试点赛的创新点

1. 凸显师德——注重师德素养和职业情怀

师德素养和职业情怀是一个教育工作者的灵魂。本赛项选手们的活动方案设计和说课中，能充分结合《幼儿园教师专业标准（试行）》，体现出“以德育人”的教育理念。主要表现在以下几个方面：师德教育的目标定位，以教师职业情怀培养为基础。因此，说课活动中，大多数参赛选手态度热忱、教态亲切，表现出了较好的师范生素养和对幼儿教育事业的热爱。幼儿教师必须以幼儿为本，热爱儿童，关注儿童的发展。因此，活动设计考虑了幼儿自主活动的空间，尊重个体差异，活动提供了不同层次的操作材料，并有不同方面的评价点；在幼儿故事讲述、幼儿歌曲弹唱与歌表演、命题画三大类考题中，设置“儿童化”考评项目，专项考评参赛选手的相关课程设计，如“如何关注儿童的需求？”“如何启发儿童的情趣？”“如何调动儿童参与？”等考题立意明确。

2. 拓展内容——涵盖学前教育专业的核心技能

竞赛要求每位参赛选手参加所有赛项（8 项）竞赛，参赛内容对接幼儿园教师岗位工作任务，几乎涵盖了幼儿园教师工作过程中用到的所有专业知识、技能与素养，不仅要求参赛选手能弹会唱，能说会跳，还要具备教师职业素养、专业理论基础知识、课程设计能力、观察能力、评价能力、信息化教学能力以及创新能力等，体现幼儿园教师综合培养、全面发展的要求。根据今年防控疫情的实际，赛项还设置了《白衣天使抗疫情》的主题画内容。

3. 对接标准——紧密对接岗位核心知识与能力

赛项设置与《高等职业学校学前教育专业教学标准》《幼儿园教师专业标准（试行）》的要求相吻合，有利于推动高职高专学前教育专业对标建设和人才培养质量的整体提升。例如，“教育活动设计”立足于“教育的设计过程”，从整体的主题网络图规划设计到一次具体的集体教育活动设计，从教师的设计理念、设计过程考察幼儿教师活动设计的内涵和外延，能典型反映教师的教育观、儿童观和课程改革的动向。这不仅符合幼儿教师岗位的职业需要，也是对当前学前教育发展进行专业性的引导。

4. 注重能力——课程改革与能力培养有机融合

赛项注重与世界学前教育理念接轨，培养学生的职业精神和职业能力。赛项设置了“幼儿园教师综合技能测评”“幼儿园保教活动分析与幼儿教师职业素养测评”“幼儿园教育活动设计”三个项目，其分值占比分别为 35%、30%、35%，反映了幼儿园教师“综合技能”“保教素养”和“活动设计”的能力结构。“教育活动设计”侧重于考察学生专业能力素养中教育活动的计划与实施能力，并综合考虑活动的资源建设与利用，活动中的保育融合，游戏活动的支持与引导，过程中的激励与评价，以及对教育反思和再设计。参赛选手的教育活动设计和说课表现出游戏化和生活化，与幼儿园一线教育教学结合较为紧密，充分表明高职高专学前教育专业的课程改革符合当前幼儿园对人才的需求。总体来看，参赛选手们基本上都能按照赛项要求完成各项竞赛内容，展示出了良好的精神面貌和职业素养。比如，参赛选手在幼儿视频活动分析和幼儿园案例分析中，对师幼互动中幼儿的心理发展，如认知、情感、意志等心理过程，个性、社会性发展，学习心理等特点进行分析，并对教师的保教言行进行评价分析（优点和不足），分析具有专业理论支撑，并依据《幼儿园教育指导纲要（试行）》《幼儿园教师专业标准（试行）》《3—6 岁儿童学习与发展指南》等相关要求，对教师的保教言行进行评价分析，在此基础上，提出与问题相对应的建议，做到有理有据；还能分析如何接住幼儿抛过来的球并及时回应需求，善于捕捉和挖掘鼓励幼儿各种需求中包含的教育价值，生成有价值的幼儿自主活动。可见，通过赛项，参赛选手的教师职业能力有了很大提升。

5. 均衡发展——注重校际均衡发展与学生均衡发展

本次大赛的目的之一是增进校际办学交流，尤其是对中西部地区精准扶持、辐射和引领，助推我国学前教育专业建设的均衡发展。这次大赛有来自西藏自治区、新疆维吾尔自治区和新疆生产建设兵团的参赛选手，新疆昌吉职业技术学院荣获三等奖，师生非常振奋，对办好学前教育专业充满信心。大赛不仅是校际的比拼，也是校际的交流学习，充分展现了各院校的育人能力，也展现出了各院校的办学优势和特点。各院校在参赛过程的收获和反思如果能加以汇聚和提炼，将有效提升学前教育专业的整体办学水平。本次大赛使用赛场观摩室观赛，让更多参赛高校的师生有机会了解赛事实况，进行观摩学习，并反思人才培养的过程，促进越来越多的高职高专院校学前教育专业的均衡发展。

6. 公平执裁——三组并行保证执裁公正、严格、精准

由专家组、监督仲裁组、裁判组三组并行，共同配合完成赛事工作。其中专家组负责竞赛规程和命题的编制、场地建设方案制订、平台技术支撑、裁判培训和资源转化等方面工作，监督仲裁组负责监督竞赛及执裁过程公平公正，裁判组负责现场执裁，公平、公正评分。统分在专家组、监督仲裁组及裁判长的监督下由合作企业技术人员采用“赛事计分系统”完成分值核算及录入，确保竞赛结果高效无误，实现竞赛零投诉。

7. 综合点评——促进校际、选手间的学习与交流

赛后现场技术点评。由专家组组长主持、裁判长现场点评讲解，指出参赛选手竞赛期间显著的进步和普遍存在的问题，分享竞赛技巧、方法，并对部分赛项进行专项点评，说明得分技巧与失分原因，要求参赛队伍进行总结，促进全国高职高专院校学前教育专业教师及参赛选手能力提升。

本次试点赛有 32 个代表队同台竞技，展现了 32 个不同区域代表队的技能水平与训练成果，不仅实现了试点赛以赛促教、以赛促训、以赛促技、以赛促改的根本宗旨，也极大地促进了各省之间的相互交流、相互学习，实现共同提高。

七、试点赛对幼儿教师培养的启示

教育大计，教师为本。当前，学前教育事业快速发展对教师专业化的需求及参赛选手赛场上表现出来的优势和不足，倒逼我们要以更高的站位和广阔的视野，全面审视和提升学前教育专业人才培养的质量。

1. 围绕立德树人，树立“幼儿为本”理念

《幼儿园教师专业标准（试行）》在关于幼儿教师素质要求第八条中提出：关爱幼儿，尊重幼儿人格，富有爱心、责任心和耐心，做幼儿健康成长的启蒙者和引路人。在竞赛过程中，各位参赛选手充满了对幼儿的热爱和关注，主要表现在：A 组选手的“弹、唱、跳、画、讲”富有美感和童趣，符合幼儿的年龄特点，适合幼儿感受、欣赏、表现与创造；在 B 组课件制作中，能根据幼儿学习特点，设计符合幼儿学习的课件，激发幼儿学习兴趣；在 C 组活动设计的竞赛中，活动设计充分考虑了幼儿自主活动的空间，尊重幼儿的个体差异，不仅提供了不同层次的操作材料，并有不同方面的评价点。我们希望通过竞赛，引导学生进一步树立幼儿为本的理念，能够根据幼儿的年龄特点，基于幼儿生活经验、以幼儿为主体设计、组织和实施幼儿园保教活动，多元评价幼儿的发展；能够根据幼儿的年龄特点和实际需要，打造丰富的物质和精神环境；能够在活动设计中关注幼儿的需求，启发幼儿的情趣，调动幼儿参与。在专业教学过程中，教师要培养和训练学生富有童趣的专业技能，提高学生的审美情趣，以便在未来的工作岗位上，激发幼儿自主表现与创造，提供适合幼儿发展的教育资源，促进幼儿的全面发展。

2. 对接两个标准，培养学生职业能力

《高等职业学校学前教育专业教学标准》提出：幼儿园教师应该具有观察了解并分析幼儿、设计和实施活动、挖掘和利用资源、创设环境、评价课程与幼儿等十种专业能力。这些专业能力在大赛的保教活动视频材料分析和教育活动设计赛项中都充分地得到体现。因此，各参赛学校要认真研读《高等职业学校学前教育专业教学标准》《幼儿园教师专业标准（试行）》，梳理幼儿教师岗位任务，科学分析工作岗位所需的核心能力，将核心能力培养渗透到课程教学和实习实训中，真正实现赛教融合、以赛促教。专业理论课程要结合幼儿园保教案例，围绕保教中的各种现象或问题，运用专业理论进行分析和评价，使学生能够充分了解“是什么”“为什么”及可以怎么做等问题，进一步提高分析和解决问题的能力。在这里我们尤其要强调学生观察能力的培养，观察能力是幼儿园保教活动的基础，只有在观察的基础上，才能更加科学地进行活动方案设计、实施和评价，才能更加科学地进行保育，促进幼儿健康成长。

3. 深化课程改革，提高学生职业能力

职业能力的训练和考核，是高职高专院校学前教育专业的特色所在。大赛的举办搭建了一个由高校和行业专家对学生教育技能培养质量的检验平台。通过参赛选手观、研、评、写、说、弹、唱、跳、画等方式反映参赛选手掌握教育技能的程度。如说课这项教育技能，是课堂教学行为的延伸与扩展，是教师总结经验、发现教学问题、提升教学指导的重要手段和桥梁。本次大赛提前一个月公开赛题，既反映参赛选手的水平，更反映教师指导的水平，建议各校认真总结参赛经验，推进面向幼儿教师工作岗位的课程综合化改革。如讲故事时要进一步理解作品，深入挖掘，抓住主题，突出表现中心思想，在表现上要从生活出发，提炼和选择符合故事内容特点的声音、表情，以及态势与动作。又如艺术专业技能课程，要根据学生专业技能习得的规律和幼儿园教师所需技能尝试开展“唱跳”结合、“弹唱”结合的课程改革，并开展多层面的训练、考核和竞赛，促进学生掌握扎实教育技能及每项技能背后的专业理论支撑，达到“赛改相长”参赛目的。

4. 深化产教融合，推动园校一体化发展

《国家职业教育改革方案》要求：要推进学校与行业企业形成命运共同体。“园校一体化、园校共同体”是学前教育专业适应现代职业教育发展，提升人才培养质量，增强服务地方学前教育事业发展能力的必经之路。从本次大赛中不难发现，教育见习、实习和研习较有保证的高职高专院校，其参赛选手综合表现力较强。如弹唱更富有儿童情趣、课件制作内容和形式更富有幼儿教育特色，教育活动设计更符合幼儿的年龄特点，说课更富有亲和力。因此，我们建议，各参赛院校要积极推动“政园校”三位一体合作机制的建设，为学前教育专业建设一批智能化、高水平的实习实训平台；各院校学前教育专业要深化校园融合机制，建立包括教师互聘、共同开展项目研究、课程建设等合作机制，推动学前教育专业与幼儿园事业的一体化发展；各参赛院校要不断完善实践教学体系，探索建立由课程实训、观摩见习、教育实习、毕业实习、研习等组成的全程实践教学体系，将教育实践贯穿教师培养全过程，形成适合各自专业的人才培养模式。

5. 增强校际合作，助推专业均衡发展

本届大赛通过全程观摩、参赛选手技能展示等活动设计，为全国各地高职高专院校，

提供了一个分享办学经验、交流办学成果的舞台。我们欣喜地看到，各院校之间已经建立起联系的通道，形成了学前教育人才培养比学赶帮的良好合作氛围，希望今后各院校之间，针对各自发展需求形成姊妹校、兄弟校，进而形成发展联盟，定期和不定期召开联席会议，分层次分阶段就专业建设、技能训练、人才培养等开展深度合作，形成成果并广泛分享。还可以通过教师互派，学生访学等方式，构建多渠道的校际交流机制，推动我国不同区域学前教育专业建设的均衡发展。

八、若干建议

1. 增加各省份参赛名额

以往国赛各省份可以有 2~3 支代表队参加，仍有部分人口大省、教育大省提出增加参赛名额的建议。试点赛要求各省份有 1 支代表队参加，对于高职高专院校比较多的人口大省，感觉国赛遥不可及。为了鼓励各院校参赛的积极性，建议增加参赛名额，可参照其他赛项，按照各省份赛一等奖团队数量分配国赛参赛名额。

2. 举办校企合作成果展示

建议在大赛期间，召开全国高职高专院校学前教育专业校企合作成果展示会，展示会内容涵盖园校合作高峰论坛、高职高专院校成果展示、校企合作签约、学前教育专业人才供需双向见面会等。

3. 提升资源转化的时效性

及时转化竞赛题库等赛事指导性资源及竞赛获奖选手的优秀作品和过程视频类资源，力求使大赛创造的好经验好做法尽快得到推广。

4. 构建赛项信息交流平台

通过学前资源库或网站发布学前教育专业赛项相关信息，方便大家相互学习与交流，达到共同提高的目的。网站同时可以作为学前教育专业教育技能大赛信息发布的平台，以便及时引领、指导各地学校的技能训练。

5. 举办技能赛项相关培训

通过培训，进行赛项技能要点解析、获奖选手交流体会等。还可以通过教师互派，学生访学等方式，构建多渠道的校际交流机制，推动我国不同区域学前教育专业均衡发展。

综上所述，此次试点赛的成功举办，对我国高职高专院校学前教育专业人才培养理念的转变及人才培养质量的提升具有积极的意义和价值。赛项全方位检验了全国高职高专院校学前教育专业人才培养的成效，集中展示了教育教学改革的创新成果，彰显了学前教育专业人才的职业能力和职业精神。对于推动全国学前教育专业的改革与发展，为我国学前教育专业的未来发展导航定向及学前教育专业教学标准不断优化升级等方面皆奠定了坚实的基础。

后　记

物不因不生，不革不成。对全国职业院校技能大赛进行改革既是大赛健康、可持续发展的内生需求，又是经济、职业教育发展到高质量阶段的外生要求。知易行难，改革之路从来就不是一帆风顺的，大赛是一项系统性的工作，牵一发而动全身，仅改革方案的制定就用了半年之久，可见改革之难、挑战之大。改革既不能一蹴而就，也不可能一劳永逸，改革试点赛不是细枝末节的修补，也不是革命性的颠覆，是在继承 12 年来大赛发展的基础架构上的一次创新、一次探索，是在申办机制、赛项设计等方面的根本性变革，在办赛过程中我们坚持问题导向、破立并举，面对改革的非议、不解和困惑，在大赛组委会坚强领导下大赛执委会和山东省教育厅密切合作按照改革方案的要求，充分调动多方力量，确保了大赛的成功举办。

为总结改革试点赛的成功经验，确保下一年大赛的顺利进行，大赛执委会将本次大赛的智力成果结集出版，以飨读者，以期在宏观层面为国家培养高素质劳动者提供有益借鉴，在中观层面为大赛的改革发展提供决策依据，在微观层面能够发挥大赛对职业教育教学改革的引领作用。该书作者均为深耕大赛一线、掌握第一手资料的大赛组织者、见证者、实践者。书籍内容真实，材料丰富，数据翔实，可为全国职业院校师生参与大赛、各级教育行政部门和各院校申报、组织和承办大赛，社会各界支持大赛提供参考。

本书在教育部职业技术教育中心研究所所长、大赛执委会主任王扬南领导下开展编写工作。由教育部职业技术教育中心研究所副所长、大赛执委会副主任兼大赛办主任曾天山确定了书名、拟定了编写提纲、审阅了全书，具体策划实施，并进行了审稿、统稿工作。大赛办工作人员袁涛、纪付荣、陈斌、郭晓璞、江齐乐、孔德俊在联络工作和资料收集中发挥了重要作用。

本书的顺利出版发行，得益于各赛项专家组和裁判组的辛勤付出，得到了高等教育出版社的襄助，在此深表感谢。

书中来自专家组、裁判组的观点，大赛执委会和编写组并不完全认同，但不影响本书的出版发行，我们认为这是学术的百家争鸣，允许倾听对大赛的不同意见，更能推动大赛的健康发展。由于专业、能力和时间所限，书中内容和观点难免存在疏漏和不妥之处，敬请读者批评指正。

编写组

2021 年 6 月